심리학사전

양돈규 저

박학사

머리말

필자는 앞서서 2003년에 『심리학소사전』을 출간한 바 있다. 당시 출간했던 『심리학소사전(2003, 학지사)』은 심리학을 접하는 학생들이나 연구자들에게 심리학 용어의 간략한 개념을 전달하는 데 목적을 두었다. 당시만 하더라도 국내에서는 심리학 전공자가 집필한 심리학사전을 찾아볼 수 없었던 터라 처음 시도였던 것으로 이해되는 필자의 심리학사전 집필은 조심스러웠고 또 그 나름의 의미도 있었다고 생각한다. 하지만 다른 한편으로는 많은 심리학 용어들과 그 개념을 충분히 담아내지 못한 한계점도 있었다. 자연히 지난 10여 년의 세월이 흐르는 동안 새로이 등장한 용어들과 전문적인 용어들, 그리고 일상생활 속에서 접하고 있지만 그 의미를 정확히 알지 못해 궁금하게 생각해온 기본적이고 필수적인 많은 심리학 용어들을 망라한 '심리학사전'의 필요성이 꾸준히 제기되어 왔다. 이에 필자는 지난 10여 년간의 준비와 집필 과정을 통해 이번에 새로이 『심리학사전』을 내놓게 되었다.

심리학을 처음으로 공부하기 시작한 대학과 대학원 시절에 접한 많은 심리학 용어들의 정확한 의미에 대한 궁금증과 그 의미를 소개하는 심리학사전의 필요성에 대한 열망에서 시작한 일이었지만 방대한 작업이었기에 지난 여러 해 동안 나름 최선을 다해 준비하였다. 본 사전 집필을 위해 그동안 국내·외의 심리학 서적 및 심리학 관련 서적 약 600여 권을 참고하면서 심리학 용어들의 의미와 개념을 탐구하고 정리해왔다. 이를 바탕으로 본 사전에는 약 5,100여 개의 심리학 용어들을 담아 그 정의와 개념을 소개하였다. 특히 심리학의 기본적인 용어들과 전문적인 용어들을 망라하여 그 핵심적인 개념을 담고자 하였고, 동시에 심리학 분야에서 큰 업적을 남긴 다수의 심리학자들에 대해서도 소개하였다. 따라서 본 사전을 통해 독자들은 심리학 서적을 보거나 학업을 진행하면서 접하게 되는 주요 심리학 용어들의 의미와 개념을 이해하는 데 많은 도움을 받을 수 있을 것으로 기대한다.

그동안 필자는 최근에 새로이 등장한 심리학 용어는 물론이고, 평소 자주 접하면서도 그 의미를 정확히 알지 못해 궁금하게 생각해온 기본적이고 일상적인 심리학 용어들, 심리학 전반의 학술서적을 읽고 이해하기 위해 꼭 알아야만 하는 필수적인 심리학 용어들, 상대적으로 그 사용빈도는 낮지만 심리학 전공자들이 꼭 알아야만 책과 논문을 읽고 이해할 수 있는 심리학 용어들을 담아 소개하고자 노력하였다. 각 용어의 주요 개념을 쉽게 파악할 수 있도록 설명하는 동시에, 독자들이 알고 싶어 하는 심리학 용어들을 가능한 한 모두 찾아볼 수 있도록 많은 용어를 소개하기 위해 힘썼다. 따라서 본 『심리학사전』은 심리학을 전공하는 대학원생이나 학부생은 물론이고 심리학 연구자들, 그리고 평소 심리학 관련 서적이나 심리학 용어들을 많이 접하는 상담학, 교육학, 유아교육, 아동학, 청소년학, 성년 및 노년학, 사회복지학 등과 같은 심리학 유관 분야의 전공자들과 심리학 분야에 관심이 있는 일반인에게도 많은 도움이 될 것으로 기대한다.

본 사전의 몇 가지 특징을 소개하면 다음과 같다.

첫째, 전문적인 심리학 용어들뿐만 아니라 최근에 새로이 등장한 심리학 용어들, 평소 자주 접하는 기본적인 심리학 용어들, 그리고 심리학 전반의 내용과 지식을 이해하기 위해 꼭 알아야 하는 필수적인 심리학 용어들을 망라하여 소개함으로써 독자들이 알고 싶어 하는 심리학 용어들을 가능한 한 모두 찾아볼 수 있도록 하였다.

둘째, 각각의 심리학 용어들을『한글–한자–영어』의 순으로 표기한 후 그 개념을 설명하였다. 따라서 독자들은 본 사전을 통해 심리학 용어들의 한글 표기, 한자 표기 및 영어 표기를 모두 확인할 수 있고, 동시에 그 주요 개념을 파악할 수 있다. 한편으로는 각각의 심리학 용어들을 영어 표현 중심으로 찾아볼 수 있도록 하기 위해 책의 뒷부분에『영어 표기–한글 표기–한자 표기』의 순으로 제시한 후, 각 용어의 개념을 소개하고 있는 페이지(쪽) 번호를 함께 적어줌으로써 손쉽게 찾아볼 수 있도록 하였다.

셋째, 다수의 주요 심리학자들을 소개하였다. 특히 심리학자의 전체 이름 표기뿐만 아니라 출생 및 사망 연도와 주요 활동 및 업적 등에 관한 내용을 개괄적으로 쉽게 파악할 수 있도록 소개하였다.

본『심리학사전』을 출간하기까지 많은 분의 성원과 도움이 있었다. 이 자리를 통해 깊이 감사드리고 싶다. 먼저 평소 따듯한 격려 말씀과 가르침을 아끼지 않으신 조남근 교수님께 깊이 감사를 드린다. 심리학 공부를 시작하면서부터 오늘에 이르기까지 많은 지도와 따뜻한 성원을 보내주신 성옥련 교수님, 고홍화 교수님, 이현수 교수님, 최상진 교수님 그리고 심응철 교수님께 깊이 감사드린다. 늘 많은 도움과 성원을 보내주신 중앙대학교, 강원대학교, 세명대학교의 교수님들과 한국양성평등교육진흥원 원장님, 여러 교수님 그리고 여러 선생님께 깊이 감사를 드린다. 끝으로, 필자의 성장과 발전을 위해 지도와 성원을 아끼지 않으셨던 선생님들과 지인들께 이 자리를 빌려 깊은 감사의 마음을 전한다.

이 책을 출간하는 과정에서 좋은 책이 되도록 지원을 아끼지 않으신 박학사 구본하 사장님께 깊이 감사드린다. 편집과정에서 정성과 수고를 다해주신 박학사 편집부의 과장님과 직원 여러분께도 감사를 드린다. 원고 정리 과정에서 많은 도움을 주었던 제자 박윤희와 김수진에게도 고마운 마음을 전한다.

곁에서 늘 변함없는 사랑과 지지를 보내준 아내 성영과 자기 일을 스스로 하면서 꿋꿋하게 미래를 만들어가고 있는 멋진 딸 지우, 그리고 사랑하는 부모님과 가족들 모두에게도 깊은 감사의 마음을 전한다.

2013년 2월 多文里에서

필자 **양돈규**

차례

ㄱ

심리학사전

가계【家系】family tree / pedigree 혈연관계나 결혼관계를 통해 이루어진 한 집안의 계통체계.

가계도【家系圖】genogram 심리학적 가계도. 상담이나 심리치료 또는 가족치료에서 사용되는 심리학적 가계도로, 3세대 또는 그 이상 세대에서 나타나는 관계를 구조적으로 도식화한 그림. 또는 그렇게 나타내는 방식.

가계도【家系圖】pedigree 혈연관계나 결혼관계를 나타낸 가계(家系)의 그림 또는 도표.

가능한 자기【可能한 自己】possible self '나(자기)'를 구성하고 있거나 나와 의미 있게 관련되어 있어 '나'를 특징짓는다고 여겨지는 모든 속성들에 대한 지각이나 인식을 '자기(自己)' 또는 '자아(自我)'라고 한다. 이러한 '자기' 중에서 '미래에 되어 있을 자신의 모습' 또는 '미래에 될 수 있는 자신의 모습'에 대한 지각이나 인식을 '가능한 자기'라고 한다. 즉 '가능한 자기'란 '자기'를 구성하는 한 부분으로, '미래에 되어 있을 자신의 모습' 또는 '미래에 될 수 있는 자신의 모습'에 대한 개념이나 지각 또는 인식을 의미한다.

가드너 Gardner (1943~) 미국의 심리학자. 'Gardner, Haward Earl (1943~)' 참조.

가려짐 occlusion 특정 물체가 앞쪽에 위치해 있는 다른 물체에 의해서 그 일부분이 가려지는 현상을 말한다. 지각과정에서 주요 단서가 된다. '가림'이라고도 한다.

가르시아 Garcia (1917~) 미국의 심리학자. 'Garcia, John (1917~)' 참조.

가르시아효과【가르시아效果】Garcia effect 쥐와 같은 동물들이 특정한 먹이(또는 음식)의 맛과 그에 따르는 질병 간의 관계를 학습하는 과정에서 특정한 음식과 연합되는 횟수가 적은 경우에도(심지어 연합 경험이 단 1회인 경우에도) 신기할 정도로 뛰어난 학습 능력을 보이는 현상. 이처럼 특정한 먹이(또는 음식)의 맛과 그에 따르는 질병 간의 관계를 매우 잘 학습하는 동물들의 능력 혹은 그러한 현상을 지칭하여 '가르시아효과'라고 한다. 이 명칭은 발견자인 John Garcia (1917~)의 이름을 따서 붙여진 명칭이다.

가림 occlusion '가려짐'이라고도 한다. '가려짐' 참조.

가법적 색채혼합【加法的 色彩混合】additive color mixture / additive color mixing '가산적 색상혼합' 참조.

가벼운 정신지체【가벼운 精神遲滯】mild mental retardation '정신지체' 참조.

가변간격계획【可變間隔計劃】variable interval schedule (VI) '변동간격계획' 참조.

가변비율계획【可變比率計劃】variable ratio schedule (VR) '변동비율계획' 참조.

가병【假病】malingering 어떤 의도를 가지고 자신의 질병 또는 질병의 상태를 거짓으로 표현하거나 과장하는 행위. '꾀병'이라고도 한다.

가산적 색상혼합【加算的 色相混合】additive color mixture / additive color mixing 두 개 또는 그 이상의 빛 파장이 동시에 눈을 자극하여 색을 혼합하는 과정. 또는 상이한 두 개 이상의 파장이 가지고 있는 색상을 혼합하여 새로운 색상을 만드는 과정을 지칭한다. '가법적 색채혼합'이라고도 한다.

가상공간【假想空間】cyberspace '사이버공간' 참조.

가상놀이【假想놀이】pretend play 인지적 능력에서의 질적인 발달에 따라 유아기부터 나타나기 시작하는 놀이의 한 형태로, 어떤 대상(사람, 동물, 물체 등)이나 상황 또는 사건에 대하여 실제와 다르게 가상의 설정과 변형 및 의미 부여를 하여 진행하는 놀이를 말한다. '가장놀이'라고도 한다.

가상대학【假想大學】cyber university '사이버대학' 참조.

가상학습【假想學習】virtual learning (VL) 인터넷이나 컴퓨터통신이 제공하는 사이버 환경을 이용하여 학생과 교사, 학생과 학생 간에 양방향적으로 의사소통이 가능한 교육환경에서 이루어지는 학습 또는 학습방법을 말한다.

가상현실【假想現實】virtual reality (VR) 인간이 실제로 체험하기 어렵기 때문에 컴퓨터를 이용하여 인공적으로 만들어낸 가상의 상황 또는 가상의 세계를 지칭한다.

가상현실 노출치료【假想現實 露出治療】virtual reality exposure therapy 가상현실을 이용하여 공포증과 같은 불안장애를 치료하기 위해 사용되는 기법의 하나로, 공포증이나 심한 불안을 유발하는 자극(뱀, 거미, 쥐, 비행기, 엘리베이터, 대중연설 등)을 가상현실에 구현한 후, 가상현실 속의 자극강도를 점차적으로 높여가면서 그 자극에 노출시킴으로써 공포증이나 불안에서 벗어나도록 하는 치료기법.

가석방【假釋放】parole 범죄를 저질러 교도소나 소년원 등에서 수감생활을 하고 있는 사람을 복역기간이 끝나지 않은 시점에서 조건부로 석방시켜 사회로 돌아가도록 하는 것. 또는 그러한 제도를 지칭한다. '가출옥(假出獄)'이라고도 한다.

가석방자【假釋放者】parolee 가석방(假釋放: parole)된 사람.

가설【假說】hypothesis 검증될 수 있는 진술 또는 잠정적인 예언. 구체적으로, 가설이란 둘 이상의 변인들 간의 관계에 대한 잠정적인 결론을 포함하는 검증 가능한 진술을 의미한다. 만일 가설이 경험적 증거에 의해 지지를 받게 되면 하나의 이론 또는 원리로 발전하게 된다. '만일 A변인이 특정한 수준에서 조작될 경우에 이 영향을 받은 다른 변인 B는 일정한 수준의 변화를 나타낼 것이다'와 같은 형식으로 표현된다.

가설검정【假說檢定】hypothesis testing '가설검증' 참조.

가설검증【假說檢證】hypothesis testing 경험적 자료를 이용하여 연구에서 설정한 가설이 맞는지, 아니면 맞지 않는지를 확인하는 연구 절차. 흔히 심리학 연구에서는 통계적 추론 절차를 적용한다. '가설검정'이라고도 한다.

가설-연역적 방법【假說-演繹的 方法】hypothetical deductive method / hypothetico-deductive method 연구의 근본적인 전제가 되는 이론(또는 공리)로부터 가설이 연역되고, 이 가설을 연구(실험 등과 같은 과학적 절차를 통한 연구)를 통해 검증한 후, 그 결과에 따라 가설의 지지 또는 기각여부가 결정되며, 나아가 이 결과를 바탕으로 그 전제가 되었던 이론(또는 공리)을 지지하거나 기각(이 경우에는 전제가 되는 이론이나 공리에 대한 수정이나 파기가 이루어진다)하는 연구 방법 또는 절차.

가설-연역적 추론【假說-演繹的 推論】hypothetico-deductive reasoning 추론의 한 유형으로, 가설을 세우는 과정을 거쳐 이루어지는 추론 방식. 연역적 추론(deductive reasoning)은 일반적인 지식이나 정보에서 특별한 지식이나 정보를 이끌어내는(생각해내는) 추론 방식을 말하며, 가설-연역적 추론은 먼저 가설을 세운 후에 이것에 근거하여 연역적 추론을 하는 방식을 말한다. '가설-연역적 추리', '가설-연역 추론' 또는 '가설-연역 추리'라고도 한다.

가설-연역적 추리【假說-演繹的 推理】hypothetico-deductive reasoning '가설-연역적 추론' 참조.

가설-연역 추론【假說-演繹 推論】hypothetico-deductive reasoning '가설-연역적 추론' 참조.

가설-연역 추리【假說-演繹 推理】hypothetico-deductive reasoning '가설-연역적 추론' 참조.

가설적 구성개념【假說的 構成槪念】hypothetical construct 과학으로서의 심리학 연구에서 매우 중요하게 다루는 개념으로서 직접적인 관찰을 통해 연구하기 어려운 인간의 심리적인 또는 내적인 현상이나 과정(예를 들면, 성격, 사회성, 지능 등)을 체계적으로 연구해 가기 위해 연구자가 관련된 변인들을 조작적으로 정의하여 구성한 심리학적 개념을 지칭한다. 가설적 구인(假說的 構因)이라고도 하며, 경우에 따라 가설적 설명개념(假說的 說明槪念)으로 번역되기도 한다.

가설적 구인【假說的 構因】hypothetical construct '가설적 구성개념' 참조.

가소성【可塑性】plasticity (1) 물체 등의 대상에 대하여 외부로부터 힘이 가해졌을 때 부서지거나 물리적 성질이 변하는 일 없이 다만 모양의 변화가 일어나고 외부의 힘이 사라진 뒤에도 변화된 모양 또는 상태를 그대로 유지하는 성질 또는 특성을 의미한다. (2) 발달심리학이나 아동학, 유아교육 등과 같은 발달 관련 학문들에서 사용되는 '가소성'의 의미는, 긍정적이거나 부정적인 생활과 같은 다양한 경험에 대한 반응에서의 변화능력(또는 반응잠재력)을 갖는 심리적 또는 발달적 특성을 의미한다. 흔히 발달(發達)은 유전과 환경의 영향으로 설명된다. 그 중에서도 환경의 영향을 받아 촉진될 수 있는 발달 가능성 또는 잠재력을 일컬어 가소성이라고 한다.

가시광선 【可視光線】 visible ray 인간의 시각을 통해 감각(또는 지각)할 수 있는 광선. 즉, 육안(눈)으로 볼 수 있는 보통의 광선으로 자외선과 적외선 사이에 있는 일곱 가지의 빛(빨강, 주황, 노랑, 초록, 파랑, 남, 보라 등의 빛)을 말한다.

가시스펙트럼 【可視스펙트럼】 visible spectrum 인간의 시각 또는 눈이 감각 또는 지각할 수 있는 빛의 파장 범위를 말한다.

가십 gossip 신문이나 잡지 또는 기타의 매체들에 실리는 기사 가운데 사실 여부를 판단 또는 확인할 수 없는 내용이나 정보를 말한다. 흔히 세상에 이름이 알려져 있는 유명인들에 관한 좋지 않은 내용을 포함하는 경우가 많다. '공론(空論)' 또는 '험담(險談)'이라고도 한다.

가역 도형 【可逆 圖形】 reversible figure '가역성 도형' 참조.

가역성 【可逆性】 reversibility 어떤 특정한 활동을 역순으로 진행하면 처음의 상태로 되돌릴 수 있다는 것을 이해하는 능력. 인지발달 영역 가운데 특히 보존개념의 발달과 관련하여 중요하게 작용하는 인지능력이다.

가역성 도형 【可逆性 圖形】 reversible figure 보는 관점에 따라 다양한 형태나 모습으로 보이는 도형. '가역 도형'이라고도 한다.

가외변인 【加外變因】 extraneous variable 실험연구에서, 연구자가 조작하여 그 효과를 밝히고자 하는 독립변인 이외의 다른 모든 변인을 지칭하여 가외변인이라고 한다.

가우스 Gauss (1777~1855) 독일의 수학자 · 물리학자 · 천문학자. 'Gauss, Carl Friedrich (1777~1855)' 참조.

가우스곡선 【가우스曲線】 Gaussian curve 오차의 분포상태를 나타내기 위해 사용되며, 중앙에 위치한 평균값을 기준으로 좌우대칭형태의 종 모양을 하고 있는 정상분포곡선을 지칭한다. 독일 태생의 세계적인 수학자인 Gauss (1777~1855)의 이름을 따서 명명된 것이다.

가운데귀 middle ear / drum / tympanum '중이(中耳)'라고도 한다. '중이' 참조.

가이던스 guidance '생활지도'라고도 한다. '생활지도' 참조.

가장놀이 【假裝놀이】 pretend play '가상놀이' 참조.

가정방문 프로그램 【家庭訪問 프로그램】 Home Visiting Program (HVP) 특정 가족 구성원들 가운데 일부 또는 전체의 건강, 재정, 자녀양육 및 교육 등의 문제를 돕기 위해 가정을 직접 방문하여 이루어지는 절차 또는 프로그램을 지칭한다.

가정의 【家庭醫】 family doctor 가정의학(家庭醫學: family medicine)을 전공한 의사를 지칭한다.

가정의학【家庭醫學】family medicine 가족 내의 모든 연령층 및 성별의 사람들을 대상으로 이들의 질병 종류와 관계없이 포괄적이고 지속적인 의료 서비스를 제공하는 의학의 한 전문 분야를 말한다.

가정폭력【家庭暴力】domestic violence 가정 내에서 가족 구성원 상호 간에 이루어지는 모든 신체적, 언어적 및 정신적 폭력 또는 폭력행동을 총칭한다.

가정폭력을 당하는 아내【家庭暴力을 當하는 아내】battered wife 가정에서 남편으로부터 상습적으로 폭력 또는 구타를 당하는 아내를 지칭한다.

가정학【家政學】domestic science 가정생활과 관계된 다양한 문제들을 사회생활 또는 사회활동과의 관계 속에서 연구하는 학문 분야.

가정환경【家庭環境】home environment 가정의 구성원들에게 영향을 미칠 수 있는 가정 내의 물리적, 심리적, 사회적 및 기타 요인들.

가족【家族】family 결혼, 출생 및 입양 등으로 관계 맺어져 정서적 유대감과 책임감을 갖는 두 명 이상의 사람들로 구성된 집단 또는 공동체.

가족 간 차이【家族 間 差異】between-family difference 가족 또는 가정환경의 차이를 나타내기 위해 사용되는 개념으로, 부모의 교육수준, 부모의 자녀 양육방식이나 태도, 부부 간의 관계 및 역할행동, 가족의 사회경제적 지위, 가족의 종교 등과 같은 환경 요인들에 있어서 가족들 간에 보이는 차이를 말한다. 인간의 발달 및 적응에 대한 환경의 영향이나 역할을 연구할 때 자주 사용되는 개념이다.

가족계획【家族計劃】family planning 가족의 중심인 부부가 가족 구성과 관련하여 계획을 세우는 일. 국가 및 사회의 인구조절과도 관련이 있지만, 그보다는 가족 내의 부부가 자신들의 삶의 질 향상에 초점을 맞추고 있는 경우가 많다. 흔히 부부의 연령, 경제능력 및 가치관 등이 중요한 변인으로 고려된다.

가족관계【家族關係】family relation 가족 구성원들 사이에서 이루어지는 모든 상호작용 또는 관계를 지칭하는 표현이다.

가족규칙【家族規則】family rule 한 가족이 자체적으로 가족 구성원들을 관리하기 위해 적용하는 공식적 또는 암묵적인 규칙.

가족상담【家族相談】family counseling 흔히 개인상담의 문제로만 고려하기 쉬운 한 개인의 고민이나 심리적 또는 행동상의 부적응, 그리고 대인관계(특히 가족관계)에서의 갈등과 같은 문제들은 그 원인이 당사자에게만 있다기보다는 전체 가족 구성원들 간의 관계문제에서 비롯된다는 가정하에 가족 구성원 전체 또는 다수를 대상으로 상담을 진행해 가는 접근방법을 지칭한다. '상담' 참조.

가족생활주기【家族生活週期】family life cycle 결혼을 통해 형성된 가족은 자녀가 태어나고 이들이 성장하여 출가하게 되는 시기를 맞이하게 된다. 또한 부부는 중년기를 지나 노년기로 접어들면서 직장으로부터 은퇴하는 시기를 맞이하게 된다. 이처럼 한 가족이 일정한 단계를 거치면서 순차적으로 변화·발달해 가는 과정을 지칭하여 가족생활주기라고 한다. '가족주기'라고도 한다.

가족스트레스【家族스트레스】family stress 가족의 체계와 기능 또는 가족 구성원 전반에 영향을 미치는 스트레스.

가족 외적인 영향【家族 外的인 影響】extrafamilial influences 가족 이외의 요인들에 의한 영향.

가족요법【家族療法】family therapy '가족치료' 참조.

가족응집성【家族凝集性】family cohesion 가족 구성원들이 서로에 대해 가지는 정서적 유대감의 정도를 의미한다. 즉, 가족 구성원들 간에 정서적으로 연결 또는 분리되어 있는 정도라고 할 수 있다. 가족응집성 수준이 적절한 경우에는 가족에 대한 구성원들의 소속감, 애착, 개인의 자율성 및 정서 등에서 균형적인 발달이 이루어지고, 나아가 전반적으로 가족체계가 보다 더 잘 기능하게 되는 반면에, 가족응집성 수준이 너무 낮거나 너무 높은 경우에는 오히려 역기능을 나타내기 쉬운 것으로 알려져 있다.

가족주기【家族週期】family life cycle '가족생활주기' 참조.

가족치료【家族治療】family therapy 한 개인이 가지고 있는 심리 또는 행동상의 이상이나 장애나 부부간 갈등의 원인이 당사자에게만 있는 것이 아니고 전체 가족 구성원들 간의 관계문제에서 비롯된다는 가정 하에 가족 구성원 전체 또는 다수를 대상으로 치료를 진행해 가는 접근방법. '가족요법(家族療法)'이라고도 한다.

가족화【家族畵】family drawing 가족 또는 가족 구성원들의 활동하는 모습이나 관계 등을 담아 그린 그림. 또는 그러한 그림을 이용하는 기법. 흔히 심리치료 또는 상담에서 가족 구성원들 간의 관계와 분위기, 친밀성, 상호작용 등을 파악하고 이해하기 위한 목적으로 사용된다. '가족화 검사' 또는 '가족화 기법(family drawing technique)'이라고도 한다.

가족화 검사【家族畵 檢査】family drawing '가족화' 참조.

가족화 기법【家族畵 技法】family drawing technique '가족화' 참조.

가짜약【가짜藥】placebo 실제로는 화학적 및 의학적으로 전혀 효과를 갖지 못하지만, 약효가 있다고 믿거나 믿게 만든 약. '위약(僞藥)' 또는 '플라시보'라고도 한다. '위약' 참조.

가짜약 효과【가짜藥 效果】placebo effect 가짜약에 의하여 나타나는 심리적 또는 신체 · 생리적 효과. '위약효과' 또는 '플라시보효과'라고도 한다. '위약효과' 참조.

가출【家出】runaway 가정에서의 자신의 지위와 역할을 포기하고 새로운 대안을 찾아 집을 나가는 것.

가출소녀【家出少女】runaway girl '가출청소년' 참조.

가출소년【家出少年】runaway boy '가출청소년' 참조.

가출청소년【家出青少年】runaway teenager 가

정에서의 자신의 지위와 역할을 포기하고 새로운 대안을 찾아 집을 나온 청소년. 여자청소년의 경우에는 '가출소녀', 남자청소년의 경우에는 '가출소년'이라는 표현을 사용하기도 한다.

가출옥【假出獄】 parole '가석방' 참조.

가치【價値】 value 인간의 행위, 사물 및 기타 사상(事象)들이 갖는 중요한 정도나 의미를 지칭한다.

가치관【價値觀】 sense of value 개인이 사람이나 세상에 대하여 가지는 견해나 가치체계 또는 평가태도를 말한다. 이러한 가치관은 개인의 삶의 방식을 지배하거나 행동에 많은 영향을 미치게 된다.

가학성 변태성욕자【加虐性 變態性慾者】 sadist 가학증(sadism)을 가지고 있는 사람을 지칭한다. '가학증환자'라고도 한다. '가학증' 참조.

가학성 음란증【加虐性 淫亂症】 sadism '가학증' 참조.

가학증【加虐症】 sadism 상대방에게 괴롭거나 고통스러운 육체적(또는 신체적) 자극을 가함으로써 성적인 흥분이나 쾌감을 경험하는 병적인 증상을 지칭한다. sadism의 발음을 따라 '사디즘' 또는 '새디즘'이라고도 하며, '가학성음란증', '학대음란증' 또는 '가학애욕' 등으로 번역하는 경우도 있다. 성도착에 관한 글로 유명한 프랑스의 작가 마르키 드 사드(Marquis de Sade: 1740~1814)의 이름에서 유래되었다. 한편, 이러한 증상을 가지고 있는 사람을 지칭하여 '가학성 변태성욕자' 또는 '가학증 환자'라고 한다.

가학증 환자【加虐症 患者】 sadist 가학증(sadism)을 가진 사람을 지칭한다. '가학성 변태성욕자'라고도 한다. '가학증' 참조.

가학-피가학증【加虐-被加虐症】 sado-masochism 가학증(加虐症: sadism)과 피가학증(被加虐症: masochism)을 모두 가지고 있는 병적인 상태 또는 증상을 지칭한다. 즉, 상대방에게 신체적으로 고통을 가하거나 상대방으로부터 신체적인 고통을 받음으로써 성적인 흥분이나 쾌감을 경험하는 병적인 상태 또는 증상을 말한다. 가학-피학증(加虐-被虐症), 가학-피학대증(加虐-被虐待症), 가학-피학성 성도착증(加虐-被虐性性倒錯症), 가학피학애증(加虐被虐愛症) 및 새도매저키즘이라고도 한다. '가학증' 및 '피가학증' 참조.

가학-피학성격【加虐-被虐性格】 sado-masochistic personality 가학-피가학증(加虐-被加虐症: sado-masochism)적인 경향을 가지고 있거나 그러한 상태를 선호하는 성격을 지칭한다.

가학피학애증【加虐被虐愛症】 sadomasochism '가학-피가학증' 참조.

가현운동【假現運動】 apparent movement 실제로는 움직이지 않는 두 물체가 움직이는 것처럼 지각되는 심리적 현상을 지칭한다. 구체적으로, 고정되어 있는 두 불빛 또는 광원(光源)을 시간 간격을 두고 번갈아 점멸(點滅: 켜졌다 꺼졌다하는 것)하게 되면 두 불빛은 실제로 움직이지는 않지만, 마치 하나의 불빛이 움직이고 있는 것으로 지각되는데 이러한 현상을 가현운동이라고 한다. '파이운동(phi movement)' 또는 '스트로보스코프운동(stroboscopic movement)'이라고도 한다.

가현적 크기【假現的 크기】apparent size 주관적으로 지각된 사물의 크기를 말한다. 사물의 실제크기와 상대되는 개념이다.

각막【角膜】cornea 안구의 앞쪽 전면을 싸고 있는 둥근 모양의 투명한 막.

각성【覺醒】arousal 사전적으로는, 정신이 깨어 있는 상태를 나타내는 말로, 유기체 특히 인간이나 동물들이 자신의 외부에 존재하는 사상 또는 정보에 대하여 주의(attention)를 기울이고 있는 상태를 의미한다.

각성귀인이론【覺醒歸因理論】attribution-of-arousal theory 특정 자극에 의해 유발된 각성(상태)은 현재 개인이 처해 있는 상황에 의해 지각 및 해석되고, 그 결과로 특정한 정서경험을 하게 된다고 보는 접근. 정서에 대한 인지적인 접근을 시도하는 이론과 신체적인 피드백을 중요시하는 James-Lange의 입장이 접목된 이론체계라고 할 수 있다.

각성의 오귀인【覺醒의 誤歸因】misattribution of arousal 특정 자극이나 상황에 의해 유발된 각성(상태) 중에서 그 자극이나 상황이 종료된 이후까지 남아 있던 각성(상태)이 새로운 상황에 잘못 귀인됨으로써 새로운 상황에 대한 각성반응을 증가 또는 강화시키는 현상.

각성제【覺醒劑】stimulant / stimulant drug 중추신경계를 흥분시킴으로써 인지, 정서 및 행동상의 변화를 초래하는 작용을 하는 물질이나 의약품을 총칭한다. 흔히 일시적으로 피로감을 감소시키거나 수면을 억제하는 효과를 나타내며, 중독을 유발할 가능성이 높다.

각인【刻印】imprinting 특정 동물, 특히 오리와 같은 조류가 생후 초기 결정적 시기에 접한 대상에게 강력한 애착을 형성하게 되는 현상. 부화가 이루어진 후 12시간에서 며칠간의 결정적 시기 동안 접했던 움직이는 대상에 대해 각인이 형성된다. 그 결과 각인을 형성한 새끼는 각인 대상을 어미로 인식하고 지속적으로 따라다니는 행동을 하게 된다. 일종의 학습된 행동으로 보는 견해가 많다. 흔히 각인의 대상은 자연상태에서는 대부분 어미이지만, 반드시 어미만 될 수 있는 것은 아니다.

간격【間隔】interval (1) 두 사건이나 사태 간의 시간적 격차. (2) 측정이나 평가에 이용되는 척도에서 측정 단위들 간의 거리나 차이.

간격강화【間隔强化】interval reinforcement 조작적 조건형성 과정에서 사용되는 강화방법의 한 가지. 일정한 시간이 경과한 다음에 일어나는 첫 번째 반응(행동)에 강화가 주어지는 강화방법. 고정간격강화와 변동간격강화로 나뉨. '간격계획' 참조.

간격강화계획【間隔强化計劃】interval reinforcement schedule '간격계획' 참조.

간격계획【間隔計劃】interval schedule 조작적 조건형성 과정에서 강화가 주어지는 방법(강화계획)은 크게 계속적 강화와 부분강화로 나뉘는데, 간격계획은 부분강화계획의 하나이다. 간격계획은 일정한 시간이 경과한 다음에 일어나는 첫 번째 반응(행동)에 강화가 주어지는 강화계획을 말하며, 고정간격계획과 변동간격계획이 있다. '간격강화계획'이라고도 한다.

간격기록법【間隔記錄法】 interval recording　연구대상의 행동을 관찰하여 기록하는 방법의 한 형태로, 연구를 위한 관찰기간을 일정한 간격으로 나누어 각 간격기간 동안에 나타나는 행동을 관찰하여 기록하는 방법을 말한다.

간격척도【間隔尺度】 interval scale　평가를 위한 측정도구 또는 측정의 수준을 척도(尺度: scale)라고 하며, 여기에는 명목척도(名目尺度), 서열척도(序列尺度), 간격척도(間隔尺度) 및 비율척도(比率尺度) 등이 있다. 이 중 간격척도는 점수들 간 차이의 크기가 같은 척도로서, 이 척도에서는 점수들 간에 가감산(加減算)이 가능한 반면에, 절대영점이 없다는 특징이 있다. 이에 해당되는 척도로는 온도계의 눈금, 지능검사 등을 들 수 있다. '등간척도(等間尺度)', '동간척도(同間尺度)' 또는 '거리척도(距離尺度)'라고도 한다.

간뇌【間腦】 interbrain / diencephalon　인간을 포함한 척추동물의 중추신경계의 핵심부분인 뇌(腦: brain)를 영역에 따라 구분하면 대뇌(大腦: cerebrum), 간뇌(間腦: diencephalon), 중뇌(中腦: midbrain), 소뇌(小腦: cerebellum) 및 연수(延髓: hindbrain) 등으로 나뉨. 간뇌는 뇌의 일부분으로 대뇌와 소뇌 사이에 위치하며, 내장과 혈관의 활동을 조절하는 기능을 한다.

간상체【杆狀體】 rods　약한 밝기의 빛에 반응하며 무채색의 감각을 생성하는 시각수용기를 지칭한다.

간섭【干涉】 interference　망각(忘却)의 한 원인으로 생각되고 있는 인지적 현상의 하나로 기억 또는 학습된 정보들 가운데 인출하려 하는(즉, 기억해 내고자 하는) 특정 정보가 다른 정보로 인하여 방해받게 되는 현상을 지칭한다. 또는 위상이 서로 다른 빛이나 소리 자극들이 동시에 제시될 때 발생하는 지각의 변화현상을 나타내는 의미로도 사용된다. '간섭작용(干涉作用)'이라고도 한다.

간섭이론【干涉理論】 interference theory　망각(忘却)을 설명하는 이론들 가운데 하나로, 어떤 특정 정보나 항목에 대한 기억이 그 이전에 기억(또는 학습)했거나 그 이후에 기억한 다른 정보(항목)들의 간섭(방해)으로 인하여 망각하게 된다고 보는 견해를 말한다.

간섭작용【干涉作用】 interference　'간섭' 참조.

간신경원【間神經元】 interneuron　신경세포로부터 전달받은 신경충격을 다른 신경세포로 전달하는 역할을 하는 신경세포를 말한다.

간접사정【間接査定】 indirect assessment　'간접평가' 참조.

간접질문【間接質問】 indirect question　직접질문과는 달리, 평서문(또는 서술문) 형식의 질문을 지칭하여 간접질문이라고 한다. 예컨대, "그때 친구가 너에게 무슨 말을 했을 것 같은데...", "아버지와 너와의 관계가 어떤지..." 또는 "아버지와 너와의 관계에 대해 알고 싶구나." 등과 같은 형식의 질문이 간접질문에 해당한다. 이와는 달리, 일반적으로 흔히 사용되는 질문의 형태로, 질문의 끝에 물음표가 붙는 의문문 형식의 질문을 직접질문(direct question)이라고 한다.

예컨대, “그때 친구가 너에게 뭐라고 했니?”, “아버지와 너와의 관계에 대해 말해주겠니?” 등과 같은 형식의 질문이 직접질문에 해당한다.

간접평가【間接評價】indirect assessment 내담자 또는 피검자의 상태나 행동 특징을 파악하고 평가하기 위해 그 개인의 상태나 행동을 직접 관찰하는 방법을 사용하기보다는 간접적인 방법(예를 들면, 면접이나 질문지법, 타인의 진술 등)을 사용하여 정보와 자료를 수집하고 이를 바탕으로 평가하는 방법. ‘간접사정’이라고도 한다.

간접흡연【間接吸煙】secondhand smoke 비흡연자가 본인의 의사와 관계없이 흡연자가 내뿜은 담배연기를 들이마시게 되는 것을 말한다. 비록 본인의 적극적 행위 또는 직접행위를 통해 이루어진 것은 아니지만 실제적으로 흡연한 것과 같은 상태가 초래된다. ‘수동흡연(受動吸煙: passive smoking)’이라고도 한다.

간질【癎疾】epilepsy 뇌의 전기적 활동에서의 이상과 함께 발작적으로 경련을 일으키거나 의식상실을 나타내는 장애로 증상의 정도에 따라 크게 두 가지 유형으로 구분된다. 하나는 중증의 간질인 대발작(grand mal)으로, 이 경우의 환자는 심한 경련과 함께 비교적 오랜 시간 동안의 의식상실을 보인다. 다른 한 유형은 경증의 간질인 소발작(petit mal)으로, 이 경우에는 비교적 짧은 시간 동안의 의식상실이나 현기증 정도의 증상을 나타낸다. 신경계통의 문제에서 비롯되는 것으로 이해되고 있으나 아직 정확한 발생기제는 밝혀지지 않은 상태이다. 그 동안 많은 연구를 통해 간질의 발작을 통제하는 좋은 약물이 개발되어 왔으나 아직 완전한 치료단계에는 이르지 못하고 있다. ‘발작장애(seizure disorder)’라고도 한다.

간헐강화【間歇强化】intermittent reinforcement ‘간헐적 강화’ 참조.

간헐강화계획【間歇强化計劃】intermittent reinforcement schedules ‘간헐적 강화계획’ 또는 ‘부분강화계획(partial reinforcement schedules)’이라고도 한다. ‘부분강화계획’ 참조.

간헐성 폭발장애【間歇性 暴發障碍】intermittent explosive disorder 공격적 충동을 통제하지 못하여 타인에 대한 공격 행동이나 재산 혹은 물건이나 시설 등을 파괴하는 공격 행동을 반복적으로 나타내는 장애. ‘충동통제장애(impulse-control disorders)’의 한 유형으로, ‘간헐적 폭발성 장애’라고도 한다.

간헐적 강화【間歇的 强化】intermittent reinforcement 조작적 조건형성(操作的 條件形成) 과정에서 사용되는 강화방법의 한 가지. 학습시키기 위한 표적행동 또는 반응에 대하여 간헐적으로 강화가 이루어지는, 즉 표적행동이나 반응에 대하여 때로는 강화가 이루어지기도 하고 때로는 강화가 이루어지지 않는 형태의 강화방법을 말한다. ‘간헐강화’ 또는 ‘부분강화(partial reinforcement)’라고도 한다.

간헐적 강화계획【間歇的 强化計劃】intermittent reinforcement schedules ‘간헐강화계획’ 또는 ‘부분강화계획(partial reinforcement schedules)’이라고도 한다. ‘부분강화계획’ 참조.

간헐적 짝지움【間歇的 짝지움】intermittent pairing 고전적 조건형성 과정에서 조건자극(최초 중성자극)

과 무조건자극을 연합시키기 위해서는 두 자극을 짝짓는 절차가 필요하다. 이처럼 두 자극을 짝짓는 절차를 모든 학습시행에서 적용하는 것이 아니라 일부의 학습시행에서만 적용하는 것을 '간헐적 짝지움' 또는 '간헐적 짝짓기'라고 한다.

간헐적 짝짓기【間歇的 짝짓기】intermittent pairing '간헐적 짝지움' 참조.

간헐적 폭발성 장애【間歇的 暴發性 障碍】intermittent explosive disorder '간헐성 폭발장애'라고도 한다. '간헐성 폭발장애' 참조.

갈등【葛藤】conflict 양립하기 어려운 또는 서로 상반되는 두 가지 이상의 충동, 욕구, 동기, 신념 또는 가치들이 동시에 존재하는 상태를 지칭한다. 구체적인 갈등의 유형으로는 접근-접근 갈등(approach-approach conflict), 회피-회피 갈등(avoidance-avoidance conflict), 접근-회피 갈등(approach-avoidance conflict), 이중 접근-회피 갈등(double approach-avoidance conflict) 등이 있다. 한편, 갈등은 스트레스를 유발하는 주요 요인이 된다.

갈등범죄【葛藤犯罪】conflict crime 기존의 법에서는 범죄로 규정하고 있음에도 불구하고, 사회적으로 범죄 여부에 대하여 논쟁 또는 논란이 되는 범죄 유형을 지칭한다. 예를 들면, 안락사, 낙태 등이 해당된다.

갈등해소【葛藤解消】conflict resolution 갈등관계에 있는 주체들 간의 갈등요인을 없애거나 줄임으로써 갈등을 해결해 가는 과정을 지칭한다. 갈등의 주체로는 개인과 개인, 개인과 집단(또는 조직) 및 집단과 집단 등이 될 수 있다.

갈증【渴症】thirst 목마름. 수분(물)에 대한 생리적 욕구의 심리적 표현.

갈톤 Galton (1822~1911) 영국의 유전학자. 'Galton, Francis (1822~1911)' 참조.

감각【感覺】sensation 빛, 소리 및 냄새 등과 같은 환경으로부터의 물리적인 자극 또는 에너지가 눈, 귀 및 입과 같은 신체의 감각기관을 거쳐 신경정보로 전환되는 과정 또는 그 경험을 지칭한다. 지각(知覺: perception)에 앞서서 이루어지는 과정이다.

감각기억【感覺記憶】sensory memory 감각기관으로 들어온 물리적 자극에 대하여 아주 짧은 시간동안 지속되는 기억. 원 자극이 사라진 후에도 아주 짧은 시간(100분의 수초에서 1초 이내) 동안 비교적 인지적으로 처리되지 않은 원형대로 자극에 대한 정보가 유지되는 특징이 있다. 시각, 청각, 후각 및 촉각 등 감각기관들에 따라서 각각의 감각기억을 갖는 것으로 알려져 있다. '감각저장(sensory store)' 또는 '감각저장소'라고도 하며, 또한 감각자극(또는 감각정보)이 기억 체계에 처음으로 등록되는 장소라는 의미에서 '감각등록기(sensory register)'라고도 한다.

감각뉴런【感覺뉴런】sensory neuron 말초신경계의 감각수용기로 들어온 자극이나 정보를 중추신경계(뇌 및 척수)로 전달하는 기능을 하는 뉴런을 말한다. '구심성뉴런(求心性뉴런: afferent neuron)'이라고도 한다.

감각등록기【感覺登錄器】sensory register '감각기억' 참조.

감각박탈【感覺剝奪】sensory deprivation 우리가 일상적인 생활을 통해 경험하게 되는 빛, 소리, 냄새 및 음식물 등과 같은 감각자극을 일정한 시간 동안 차단(박탈)하는 처치(방법). 이와 같은 실험상황에 처하게 되면, 사람들은 흔히 매우 빠르게 지루함과 환각을 경험하게 되고 동시에 이로부터 벗어나려는 시도를 하는 경향을 보인다.

감각부호【感覺符號】sensory code 신경계에서 감각자극이 감각수용기로부터 뇌로 전달되는 과정에서 자극이 가진 특징이 경험의 차원으로 번역 · 전환된 부호. 즉, 외부로부터 감각수용기로 들어온 감각자극을 뇌로 전달하는 과정에서 자극이 가지고 있는 다양한 측면의 특징들이 경험될 수 있는 방식으로 번역 · 전환된 부호를 말한다.

감각부호화【感覺符號化】sensory coding 신경계에서 감각자극이 감각수용기로부터 뇌로 전달되는 과정에서 자극이 가진 다양한 측면의 특징들이 경험의 차원으로 번역 · 전환되는 과정.

감각순응【感覺順應】sensory adaptation 감각기관이나 감각체계에서 나타나는 현상으로, 동일 자극에 대한 노출이 지속됨에 따라 그 자극에 대한 감각기관이나 감각체계의 민감도 또는 민감성이 약화되는 현상.

감각신경【感覺神經】sensory nerves '체성신경계(體性神經系: somatic nervous system)' 중에서 피부, 관절 및 근육 등을 통해 들어오는 외적 자극에 관한 정보를 중추신경계로 전달하는 기능을 하는 신경.

감각운동기【感覺運動期】sensorimotor stage Jean Piaget (1896~1980)의 인지발달이론에서 제시되고 있는 인지발달의 네 단계 가운데 첫 번째 단계로 생후 약 2세경까지의 시기에 해당한다. 이 시기의 영아는 선천적으로 타고난 기본적인 감각운동적 반사행동을 통해 다양한 사상(事象)들에 반응하게 되고, 이러한 경험을 통해 점차적으로 세상을 이해하는 능력을 발달시켜 가는 것으로 본다. '감각운동단계(感覺運動段階)'라고도 한다.

감각운동단계【感覺運動段階】sensorimotor stage '감각운동기' 참조.

감각운동(적)지능【感覺運動(的)知能】sensorimotor intelligence Piaget의 인지발달이론에서 첫 번째 단계(감각운동기: 생후 약 2세경까지의 시기) 동안에 영아가 감각운동적 경험을 통해 이루게 되는 인지적 성장 또는 발달을 지칭한다.

감각운동지능단계【感覺運動知能段階】sensorimotor intelligence stage '감각운동지능(感覺運動知能)'의 발달이 이루어지는 단계 또는 시기. '감각운동기' 참조.

감각저장【感覺貯藏】sensory store / sensory storage '감각저장소' 참조.

감각저장소【感覺貯藏所】sensory store / sensory storage 세 가지 기억모형(감각기억, 단기기억, 장기기억 등)에서 가정하는 정보 저장소의 한 유형으로, 감각기억 과정에서 외부로부터 신경계의 감각수용기로 들어온 자극정보가 최초로 머무는(저장되는) 저장소. 세 기억모형의 저장소들 중에서 저장 용량이 가장 적고 저장 후 지속시간(100분의 수초에서 1초 이내)도 가장 짧다. '감각저장'이라고도 하며, '감각기억'과도 같은 의미로 사용된다.

감각추구【感覺追求】sensation seeking '감각추구성향' 참조.

감각추구성향【感覺追求性向】sensation seeking 다양하고 진기하며, 복잡하고 강렬한 감각이나 경험을 추구하려는 경향으로, 이러한 경험을 위해 신체적, 사회적, 법적 및 재정상의 위험을 감수하는 심리적 특성을 지칭한다. 따라서 감각추구성향이 높은 사람은 낮은 사람에 비해 신기한 감각과 강도가 높은 경험을 선호하는 경향을 보이며, 이러한 감각추구성향은 다른 심리적 변인들 및 행동(예를 들면, 위험행동)과 많은 관련이 있는 것으로 보고되고 있다. 1960년대 초에 이를 측정하는 척도가 개발된 이래로 많은 관심을 받으며 연구되어 오고 있는 개념이다. '감각추구'라고도 한다.

감각추구행동【感覺追求行動】sensation seeking behavior 감각추구적인 행동. 즉, 진기하고 복잡하며, 강렬한 자극을 추구하기 위해 이루어지는 행동을 총칭한다. 고공낙하(skydiving), 스키장 이외의 높은 산에서 행해지는 스키활강, 오토바이 폭주, 그리고 기타 일반인들이 잘 하지 않는 새롭고 위험이 따르는 다양한 활동이 포함될 수 있다.

감각통합【感覺統合】sensory integration 유기체가 외부로부터 들어온 감각자극을 통합하고 조직화하여 특정한 반응을 생성해 가는 과정을 말한다.

감각화【感覺化】sensitization 유기체가 외부로부터의 특정 자극에 대한 감각경험 후에 그 자극에 대한 반응경향성이 더 증가되는 현상. 상대되는 개념으로 둔감화(鈍感化: desensitization)라는 표현이 사용된다.

감마아미노낙산【감마아미노酪酸】gamma-aminobutyric acid (GABA) 주요 신경전달물질의 하나. 'GABA' 참조.

감마아미노뷰티르산【감마아미노뷰티르酸】gamma-aminobutyric acid (GABA) 주요 신경전달물질의 하나. 'GABA' 참조.

감별진단【鑑別診斷】differential diagnosis 한 개인의 정신이나 신체적 상태에 관한 평가 결과를 토대로 하여 내리는 일종의 판단이나 해석을 진단(診斷: diagnosis)이라고 하는데, 그러한 진단 방법의 한 형태가 감별진단이다. 구체적으로 감별진단은 한 개인(또는 환자)이 나타내는 증상의 특징을 통해 어떤 특정한 장애(또는 질병)인지의 여부를 판단할 때, 그 장애(또는 질병)와 비슷한 특징을 나타내는 다른 장애(또는 질병)들을 열거한 후, 그들 간의 상호 유사성과 차이점을 비교 및 검토하는 과정을 거쳐 최종적인 장애(또는 질병)의 명칭을 확정하는 진단 방법.

감수분열【減數分裂】meiosis 세포분열의 한 형태로, 특히 생식세포인 정자나 난자가 만들어질 때 나타나는 세포분열을 지칭한다. 모세포가 가지고 있는 염색체가 반으로 나뉘어져 반의 염색체를 포함하는 생식세포(정자 및 난자)를 만드는 분열 또는 분열과정을 말한다. 인간의 생식세포가 만들어지는 과정에서는, 감수분열의 결과로 23개의 염색체를 갖는 생식세포가 만들어진다.

감수성【感受性】sensitivity 자극이나 타인에 대한 반응과 관련된 능력을 말하는 것으로, 자극과 관련하여 설명할 때는 유기체가 내 · 외부로부터 오는 자극의 강도 및 변화에 대하여 보이는 반응성을 의미하며, 사회적 관계에서 설명할 때는 타인의 감정에 민감하게 반응하는 경향 또는 특성을 나타내는 의미로 사용된다.

감수성 훈련【感受性 訓練】 sensitivity training 참가자들의 자유로운 정서표출을 중요시하는 심리치료법의 하나로, 참가자 개개인이 자신의 내면에 대한 감수성을 향상시키거나 대인관계 및 그 과정에서의 의사소통을 향상시키는 것을 목적으로 실시하는 훈련기법이다.

감시【監視】 monitoring ‘모니터링’ 참조.

감정【感情】 feeling 어떤 일이나 사건 또는 현상에 대해 일어나는 느낌. 감정을 감각(感覺: sensation)과 같은 개념으로 보는 학자들도 있지만, 그 보다는 이 두 개념을 구분하여 사용하는 경우가 많다. 즉, 감각은 상대적으로 객관적인 과정으로 보는데 비해, 감정은 상대적으로 주관적인 과정으로 보려는 경우가 많다.

감정둔마【感情鈍痲】 dullness of emotion ‘정서둔마’ 참조.

감정이입【感情移入】 empathy 타인이 경험하고 있는 특정한 상태의 감정, 지각 또는 사고를 자신이 하고 있는 것처럼 경험하는 것. 또는 그렇게 하는 태도를 말하기도 한다.

감정전이【感情轉移】 transference ‘전이’ 참조.

감정정화【感情淨化】 catharsis ‘정화’ 참조.

감찰【監察】 monitoring ‘모니터링’ 참조.

갑상샘【甲狀샘】 thyroid gland / thyroid ‘갑상선’ 참조.

갑상샘기능부전증【甲狀샘機能不全症】 hypothyroidism ‘갑상선기능저하증’ 참조.

갑상샘기능저하증【甲狀샘機能低下症】 hypothyroidism ‘갑상선기능저하증’ 참조.

갑상샘기능항진증【甲狀샘機能亢進症】 hyperthyroidism ‘갑상선기능항진증’ 참조.

갑상선【甲狀腺】 thyroid gland / thyroid 성대 바로 아래에 위치하고 있는 내분비선의 하나로, 신체의 신진대사 속도를 조절하는 호르몬인 티록신(thyroxin)을 분비한다. ‘갑상샘’이라고도 한다.

갑상선기능부전증【甲狀腺機能不全症】 hypothyroidism ‘갑상선기능저하증’ 참조.

갑상선기능저하증【甲狀腺機能低下症】 hypothyroidism 내분비선의 하나인 갑상선의 기능저하로 인해 갑상선 호르몬의 분비량이 감소하고, 이에 따라 신진대사에서의 이상과 함께 기력 및 식욕 감퇴, 체중 변화, 부종 등의 특정한 증상을 보이는 상태 또는 그러한 상태를 나타내는 질병. ‘갑상샘기능저하증’, ‘갑상선기능부전증’ 또는 ‘갑상샘기능부전증’이라고도 한다.

갑상선기능항진증【甲狀腺機能亢進症】 hyperthyroidism 내분비선의 하나인 갑상선의 과분비 활동으로 인하여 갑상선 호르몬의 분비량이 증가하고, 이에 따라 신진대사가 증대하고 과도한 활동과 흥분이 초래되는 증상 또는 그러한 증상을 보이는 질병. 여러 가지 원인에서 비롯되는 것으로 알려져 있다. '갑상샘기능항진증'이라고도 한다.

강간【强姦】rape 상대방의 의사에 반하거나 동의 없이 강제적 또는 폭력적으로 이루어지는 성교(性交) 행위.

강경증【强硬症】catalepsy 최면 또는 히스테리의 상태에서 나타나기 쉬우며, 근육이 경직되고 감각이 없어지는 상태가 지속되는 증상을 말한다. '강직증(强直症)' 또는 '카탈렙시'라고도 한다.

강박관념【强迫觀念】obsession 자신의 의도와는 관계없이 지속적으로 반복되는 비합리적인 생각이나 관념. '강박사고' 또는 '강박적 사고'라고도 한다.

강박관념적-강박행동적 장애【强迫觀念的-强迫行動的 障碍】obsessive-compulsive disorder '강박장애' 참조.

강박사고【强迫思考】obsession '강박관념' 참조.

강박신경증【强迫神經症】obsessive-compulsive neurosis 강박관념 또는 강박적 사고와 함께, 이에 동반되는 비합리적이고 반복적인 특정 행위를 하는 경향을 특징으로 하는 신경증. '강박증'이라고도 한다.

강박장애【强迫障碍】obsessive-compulsive disorder 강박관념(强迫觀念) 및 강박행동(强迫行動)을 증상으로 하는 장애를 지칭한다. 강박관념적-강박행동적 장애(强迫觀念的-强迫行動的 障碍)라고도 한다. '강박관념' 및 '강박행동' 참조.

강박증【强迫症】obsessive-compulsion '강박신경증' 참조.

강박충동【强迫衝動】compulsion 자신의 의도나 의지와는 다른 행동(흔히 비합리적이거나 무의미한 행동)을 하려고 하는 집요하고 강한 충동 또는 욕구.

강박행동【强迫行動】compulsive behavior 개인의 의도 또는 의지와는 관계없이 지속적으로 반복되는 비합리적인 행동을 지칭한다. 흔히 강박관념(强迫觀念)에 수반되는 경우가 많다. '강박행위'라고도 한다.

강박행위【强迫行爲】compulsive behavior '강박행동' 참조.

강신술【降神術】spiritualism '심령술' 참조.

강압적인 가정환경【强壓的인 家庭環境】coercive home environment 자율적이고 민주적인 경향보다는 자율성이 제한되고 강제적 경향이 지배적인 분위기. 또는 그러한 환경을 특징으로 하는 가정 또는 가정환경을 말한다.

강요된 응종【强要된 應從】forced compliance 사회상황에서 타인이나 상황의 압력에 따라 자신의 태도나 생각과 다른 또는 반대되는 말이나 행동을 하게 되는 것.

강요된 응종효과【强要된 應從效果】forced compliance effect 타인이나 상황의 압력에 따라 자신의 태도나 생각과 다른 또는 반대되는 말이나 행동을 하게 되면, 실제로 행해진 말이나 행동의 방향으로 태도나 생각이 변화되는 현상이 나타날 수 있는 효과.

강인성【强靭性】hardiness 스트레스(고난과 역경)에 취약한 사람들과 달리 큰 스트레스 상황에서도 별 손상을 입지 않고 이를 꿋꿋하게 극복하면서 심리적 및 신체적으로 건강을 유지해가는 개인의 강한 성격 특성. '강함'이라고도 한다. 한편, 'hardiness'를 '내구성(耐久性)'이라고 번역하는 경우도 있다.

강제선택【强制選擇】forced-choice 응답자 또는 조사 대상자(연구 참여자, 피험자 또는 피검자)에게 두 개 이상의 항목(또는 선택지)을 제시한 후, 그 가운데 하나 또는 둘 이상의 지정된 개수의 항목(또는 선택지)을 반드시 선택하도록 하는 것. '강제선택형'이라고도 한다.

강제선택검사【强制選擇檢査】forced-choice test 강제선택기법(forced-choice technique)이 적용된 검사 또는 검사법. '강제선택기법' 참조.

강제선택기법【强制選擇技法】forced-choice technique 응답자 또는 조사 대상자(연구 참여자, 피험자 또는 피검자)가 제시된 두 개 이상의 항목 또는 선택지 가운데 반드시 하나를 선택하도록 하는 방법 또는 기법. '강제선택법'이라고도 한다.

강제선택법【强制選擇法】forced-choice method '강제선택기법' 참조.

강제선택형【强制選擇型】forced-choice '강제선택' 참조.

강제선택형문항【强制選擇型問項】forced-choice item 두 개 이상의 항목 또는 선택지 가운데 반드시 하나를 선택하도록 구성된 문항.

강직증【强直症】catalepsy '강경증' 참조.

강함【强함】hardiness 성격특성의 한 유형으로, '강인성(强靭性)'이라고도 한다. '강인성' 참조.

강화【强化】reinforcement 학습의 한 유형인 조작적 조건형성(operant conditioning)에서 중심이 되는 개념. 반응 또는 행동이 일어난 뒤에 보상(또는 정적 강화인)이 주어지거나 혐오적 자극(또는 부적 강화인)이 제거되는 절차를 지칭하여 강화라고 한다. 이 같은 강화의 결과로, 강화를 받은 반응(또는 조작적 반응)의 발생확률은 증가된다. 강화의 유형에는 정적 강화(positive reinforcement)와 부적 강화(negative reinforcement) 등 두 가지 형태가 있다. 한편, 고전적 조건형성(classical conditioning) 과정에서는 조건자극에 뒤이어 무조건자극이 따라오는 절차(또는 과정)를 강화로 본다. 그 결과로 조건자극에 대한 조건반응의 강도가 증가된다.

강화가치【强化價値】reinforcement values 강화(reinforcement)에 사용되는 특정한 강화인(reinforcer)이 학습자에게서 차지하는 가치. 구체적으로, 학습자가 특정한 강화인을 선호하는 정도를 말하며, 이는 강화의 효과에 영향을 미치는 주요 변인으로 작용한다.

강화계획【强化計劃】reinforcement schedules / schedules of reinforcement 조작적 조건형성 과정에서 사용되는 체계적인 강화 방법을 말한다. 구체적

으로 특정 행동 또는 반응을 언제 어떤 비율로 강화할 지를 결정하는 규칙을 말한다. 강화계획에는 비율강화계획(比率强化計劃)과 간격강화계획(間隔强化計劃)이 있으며, 이는 다시 고정비율강화계획과 변동비율강화계획, 그리고 고정간격강화계획과 변동간격강화계획 등으로 구분된다. 강화계획은 '강화스케줄' 또는 '강화일정'이라고도 한다.

강화기울기【强化기울기】 gradient of reinforcement 조작적 조건형성이론에서 사용되는 용어로, 동물이나 인간의 반응행동과 강화제시(强化提示)간의 시간 간격이 증가함에 따라 강화의 효과 또는 효율성이 감소되는 경향을 나타내는 기울기 곡선을 지칭한다.

강화물【强化物】 reinforcer '강화인' 참조.

강화스케줄【强化스케줄】 reinforcement schedules / schedules of reinforcement '강화계획' 참조.

강화시행【强化施行】 reinforced trial 조작적 조건형성에서 피험 동물의 반응행동에 뒤이어 강화가 주어지는 시행을 말한다. 고전적 조건형성의 경우에는 조건자극(CS)에 이어 무조건자극(UCS)이 제시되는 시행을 지칭한다.

강화원【强化源】 reinforcer '강화인' 참조.

강화인【强化因】 reinforcer 강화(reinforcement)에 사용되는 자극 또는 사상(事象). 일차적 강화인(primary reinforcer), 이차적 강화인(secondary reinforcer) 및 일반화된 강화인(generalized reinforcer) 등으로 구분된다. '강화인'은 또 다른 표현으로 '강화물', '강화원' 또는 '강화제'라고도 한다.

강화일정【强化日程】 reinforcement schedules / schedules of reinforcement '강화계획' 참조.

강화제【强化劑】 reinforcer '강화인' 참조.

강화 후 휴지【强化 後 休止】 postreinforcement pause 조작적 조건형성의 강화계획 가운데 고정비율계획 및 고정간격계획에 참여하는 피험동물들에서 주로 나타나는 현상으로, 피험동물이 강화를 받은 다음에 한동안 반응행동을 하지 않는 현상을 지칭한다.

개념【概念】 concept 사물이나 사건 또는 현상에 대한 일반적인 관념이나 지식.

개념발달【概念發達】 concept development 개념이란 사물이나 사건 또는 현상에 대한 일반적인 관념이나 지식을 말하는 것으로 인지 또는 인지적 능력의 주요 측면을 형성한다. 이러한 개념이 연령 변화에 따라 형성되고 확대되는 등의 변화 과정을 거치는 발달 또는 발달현상을 지칭하여 '개념발달'이라고 한다.

개방된 집단【開放된 集團】 open group 외부인들도 본인이 원하는 경우에는 언제든지 가입하거나 참여할 수 있는 열려진 집단을 말한다. '개방집단' 참조.

개방적 질문【開放的 質問】 open-ended question '개방형 질문' 참조.

개방집단【開放集團】 open group 집단이나 단체의 구성과 관련하여 가입 및 참여의 기회가 열려 있어서 외부인들이라도 본인이 원하는 경우에는 언제든지 가입하거나 참여할 수 있는 집단을 말한다. '개방된 집단'이라고도 한다. 한편, 개방된 집단과는 달리, 가입 및 참여의 기회가 없거나 닫혀 있어서 외부인들이 마음대로 가입하거나 참여할 수 없는 경우를 '폐쇄집단(閉鎖集團: closed group)'이라고 한다.

개방형 질문【開放型 質問】open-ended question 질문지 또는 설문지를 문항 구성방식에 따라 구분하면, 크게 개방형 질문과 폐쇄형 질문으로 구분할 수 있는데, 그 중에서 개방형 질문은 선택지나 항목을 미리 준비하거나 답을 일정한 양으로 제한하지 않고 응답자가 자신의 견해나 태도를 자유롭게 표현할 수 있도록 구성된 질문을 말한다. '개방적 질문'이라고도 한다. 한편, 개방형 질문과는 달리, 폐쇄형 질문은 미리 준비된 선택지 또는 항목 중에서 답을 선택하도록 하거나 또는 제한된 수만큼의 단어로 답하도록 구성된 질문을 말한다. 폐쇄형 질문은 '폐쇄적 질문'이라고도 한다.

개인검사【個人檢査】individual test 개인을 대상으로 실시되는 검사 또는 검사기법을 총칭하는 용어. 주로 개인의 지능이나 성격을 검사하기 위해 사용되며, 집단검사에 비해 더 많은 시간, 비용 및 노력이 들어간다는 단점이 있다. 하지만 개인검사는 집단검사에 비하여 개인에 관해 더 많은 정보를 얻을 수 있고, 또한 검사의 타당도가 비교적 더 높다는 장점을 갖는다.

개인공간【個人空間】personal space 사회심리학 분야에서 많이 사용하는 용어 중 하나. 사람들은 개개인마다 자유스럽게 사용할 수 있고 또 타인의 침범을 받지 않는 적절한 물리적 공간이나 영역을 확보하려는 경향을 가지고 있는데, 이러한 개인의 물리적 공간 또는 영역을 지칭하여 개인공간이라고 한다. 개인공간의 규모나 크기는 개인, 상황 및 사회 · 문화에 따라 차이를 나타낸다. '개인적 공간'이라고도 한다.

개인구념【個人構念】personal construct '개인적 구성개념' 참조.

개인구성개념【個人構成概念】personal construct '개인적 구성개념' 참조.

개인구인【個人構因】personal construct '개인적 구성개념' 참조.

개인상담【個人相談】individual counseling 상담(counseling)의 한 형태. 상담은 그 대상이 되는 내담자의 수를 기준으로 개인상담과 집단상담으로 구분할 수 있다. 흔히 개인상담이 상담자(counselor) 1명과 내담자(client) 1명이 만나 진행되는 1대 1의 상담을 지칭하며, 집단상담은 1명의 상담자(또는 1명의 상담자와 1~2명 보조상담자)와 7~8명 내외의 내담자집단이 참여하여 진행되는 상담 형태를 지칭한다. 일반적으로 상담이라는 표현을 사용할 때 그 의미는 '개인상담'을 지칭한다. '상담' 및 '집단상담' 참조.

개인성향【個人性向】personal disposition 개개인이 가지고 있는 성격특성을 나타내기 위해 Allport (1897~1967)가 사용한 개념으로, '개인특성(individual trait)'이라고도 한다.

개인심리학【個人心理學】individual psychology Adler (1870~1937)에 의해 창시된 심리학파 또는 심리학의 이론 체계. 개인심리학에서는 사람들이 삶의 과정에서 우월을 추구하는 경향이 있고, 그 과정에서 흔히 실패와 좌절을 겪게 되는데, 이 과정에서 자연히 발생하는 열등감과 이 열등감을 극복하려는 동기 및 노력을 강조한다. 흔히 삶의 과정에서 개인들이 이루는 성취와 발달은 그와 같은 열등감을 극복하려는 동기와 노력의 결과물이라고 본다. 'Adler, Alfred (1870~1937)' 참조.

개인요법【個人療法】individual therapy '개인치료' 참조.

개인용 컴퓨터【個人用 컴퓨터】personal computer (PC) 가정이나 기업 등에서 개인이 손쉽게 사용할 수 있도록 만들어진 컴퓨터.

개인우화【個人寓話】personal fable '개인적 우화' 참조.

개인적 공간【個人的 空間】personal space '개인 공간' 참조.

개인적 구념【個人的 構念】personal construct '개인적 구성개념' 참조.

개인적 구성개념【個人的 構成概念】personal construct 개인이 자신과 자신이 경험하고 있는 사회나 세상을 묘사하기 위해 사용하는 구성개념. 즉, 개인이 자신의 경험을 토대로 나름대로 형성하여 사용하는 구성개념으로, 개인의 사고와 행동에 매우 큰 영향을 미친다. 그 이유는 사람들은 각자 자신이 구성한 개인적 구성개념을 통해 세상을 바라보고 해석하며, 나아가 그러한 관점과 해석이 개인의 행동으로 이어지거나 큰 영향을 미치게 되기 때문이다. '개인 구성개념', '개인적 구인', '개인적 구념', '개인 구인', '개인 구념' 등의 표현으로도 사용된다. '구성개념' 참조.

개인적 구인【個人的 構因】personal construct '개인적 구성개념' 참조.

개인적 우화【個人的 寓話】personal fable 청소년기에 나타나는 자기중심성의 두 가지 형태 중 하나. 청소년기에는 이 시기에 이루어지는 인지발달의 결과로 새로운 자기중심성이 나타나는데, 그 중 하나는 '개인적 우화'이고, 다른 하나는 '상상 속의 청중(imaginary audience)'이다. 이 중 '개인적 우화'는 자기의 경험은 매우 개별적이고 특별하여 다른 사람들은 이에 대해 알 수 없다고 믿는 사고 경향을 말한다. '개인우화'라고도 한다. 한편, '상상 속의 청중'은 자기의 모습이나 행동에 대해 자기 자신이 관심을 갖는 것처럼 다른 사람들도 자기에 대해 관심을 갖고 있을 것이라고 믿는 사고 경향을 말한다.

개인주의【個人主義】individualism 특정 사회 및 문화에 따라 두드러지게 나타나는 성격 또는 성향의 차이를 특징짓기 위해 사용하는 개념 중 하나로, 일반적으로 개인주의 사회에서는 사회나 집단의 기대, 가치, 목표보다는 개인이 가지고 있는 견해, 가치 및 목표를 강조한다. 상대되는 의미의 '집단주의' 참조.

개인주의 사회【個人主義 社會】individualistic society 사회나 집단의 기대, 가치, 목표보다는 개인이 가지고 있는 견해, 가치 및 목표를 강조하고 존중하는 사회. 이와 상대되는 개념이 '집단주의 사회'이다.

개인차【個人差】individual difference 신체적, 심리적 및 행동적 측면에서 나타나는 개인들 간의 차이를 총칭하는 용어. 좁은 의미로 심리적 측면에서의 개인들 간 차이를 지칭하기도 하는데, 이 경우에는 개인의 성격, 지능 또는 인지능력, 도덕성, 적성, 그리고 기타 다른 심리적 특성들이 포함될 수 있다. 동물들의 경우에는 같은 종에 속하는 개체들 간의 구조나 행동상의 차이를 의미하기도 한다. '개인차이(個人差異)'라고도 한다.

개인차이【個人差異】 individual difference ‘개인차’ 참조.

개인치료【個人治療】 individual therapy 심리적 또는 행동적 문제나 장애를 치료하는 과정에서 치료 대상을 개인에 국한하여 진행하는 가장 일반적인 치료기법을 말한다. 한 번에 여러 사람을 대상으로 진행되는 집단치료(集團治療)와 구분하여 사용되는 표현이다. ‘개인요법(個人療法)’이라고도 한다.

개인특성【個人特性】 individual trait ‘개인성향’ 참조.

개입【介入】 intervention ‘중재’ 참조.

개재뉴런【介在뉴런】 interneuron 감각뉴런과 운동뉴런 사이에서 두 뉴런을 이어주는, 즉 한 뉴런으로부터 다른 뉴런으로 정보(또는 메시지)를 전달하는 기능을 하는 뉴런을 말한다. 중추신경계에 있는 모든 뉴런의 약 99%를 차지하고 있는 개재뉴런은 신경계에서 이루어지는 활동 대부분을 담당하는 것으로 알려져 있다. ‘중간뉴런(中間뉴런)’ 또는 ‘연합뉴런(聯合뉴런: association neuron)’이라고도 한다.

개체발생【個體發生】 ontogeny 개개의 유기체가 수정란 또는 포자 상태에서부터 시작하여 성숙한 개체로 되어 가는 발달의 과정.

개체발생적 발달【個體發生的 發達】 ontogenetic development 한 개체(또는 개인)가 일생을 통해 나타내는 발달. 즉, 한 개체(개인)가 한 평생을 살아가는 동안 나타내는 발달적 변화를 지칭하여 개체발생적 발달이라고 한다. ‘개체발생학적 발달’이라고도 한다.

개체발생학적 발달【個體發生學的 發達】 ontogenetic development ‘개체발생적 발달’ 참조.

개체보편적【個體普遍的】 nomothetic 개체들에 따라 신체적, 심리적 및 행동적 측면에서 나타내는 차이 또는 독특성이 아닌 개체들 간에 보편적이고 공통적인 특징을 강조하는 표현이다.

개체특성적【個體特性的】 idiographic 개체들마다 신체적, 심리적 및 행동적 측면에서 보편적이고 공통적으로 나타나는 특징이 아닌 개체들 간의 차이 또는 독특성을 강조하는 표현이다.

객관【客觀】 objectivity 사건이나 현상에 대해 개인적인 관계나 관점에서 벗어나 제3자의 입장 또는 제3자적 입장에 있는 사람들의 관점에서 보거나 생각하는 것. ‘객관성’이라는 표현과 같은 의미로 사용된다. ‘객관성’ 참조.

객관도【客觀度】 objectivity ‘객관성’ 참조.

객관성【客觀性】 objectivity 과학적 연구에서 중요하게 고려하는 특성 중 하나로, 특히 특정 사건이나 현상에 대해 개인적인 관계나 관점에서 벗어나 제3자의 입장 또는 제3자적 입장에 있는 사람들의 관점에서 보거나 생각하는 것. 또는 그러한 관점에서 보거나 생각하는 정도. ‘객관도’라고도 하며, ‘객관’이라는 표현과도 같은 의미로 사용된다.

객관식 검사【客觀式 檢査】 objective test '객관적 검사' 참조.

객관적 검사【客觀的 檢査】 objective test 검사결과를 채점하는 사람, 즉 채점자의 주관적인 판단이나 의견 개입 없이 점수화 또는 채점이 이루어지는 검사를 지칭한다. 흔히 객관적인 검사는 여러 개의 선택지를 포함하고 있다. 대표적인 객관적 검사의 예를 들면, 대부분의 지능검사들과 미네소타 다면적 인성검사(MMPI) 등이 있다. '객관식 검사'라고도 한다.

객관적 문항【客觀的 問項】 objective item 객관적 측정 또는 평가가 가능하도록 만들어진 문항. 흔히 응답자(또는 측정 대상자)에게 두 개 이상의 항목이나 선택지를 제시한 후에 그 중에서 한 개 또는 지정된 개수의 항목을 반드시 선택하도록 요구하는 형식을 취한다.

객관적 불안【客觀的 不安】 objective anxiety 객관적 또는 현실적으로 제시된 위험에 대해 느끼는 불안 또는 두려움.

객관적 측정【客觀的 測定】 objective measures 표준화 및 구조화된 질문과 반응을 통해 자료를 수집, 채점 및 해석하는 측정 또는 측정절차를 지칭한다.

객관화이론【客觀化理論】 objectification theory '대상화이론(對象化理論)'이라고도 한다. '대상화이론' 참조.

갤럽 Gallup (1901~1984) 미국의 통계학자 · 심리학자. 'Gallup, George Horace (1901~1984)' 참조.

갤럽여론조사【갤럽輿論調査】 Gallup poll 미국의 통계학자인 Gallup (1901~1984)이 1935년 프린스턴 대학교에 설립한 미국여론연구소(American Institute of Public Opinion)의 여론조사기법을 말한다. 전체 집단 또는 모집단(母集團: population)의 의견 또는 동향을 파악하기 위해 통계적으로 조작 처리가 가능한 표본(標本: sample)을 대상으로 측정 및 조사하는 기법.

갤럽조사【갤럽調査】 Gallup poll '갤럽여론조사' 참조.

갱년기【更年期】 climacteric / climacterium / involutionalperiod 흔히 중년기의 여성들에게서 폐경현상과 함께 심리적 우울과 불안이 수반되는 시기를 지칭하는 것으로, 개인차가 있으며, 오늘날의 경제수준 및 영양상태 등의 향상에 따라 전반적으로 갱년기가 늦게 나타나는 경향을 보이고 있다. 즉, 갱년기란 중년기로 접어드는 40대 또는 40대 중반에서 50대 정도 시기의 여성들에게서 신체적으로는 성호르몬의 변화와 함께 생식기능이 사라지는 폐경현상이 나타나며, 심리적으로는 우울과 불안 증상이 나타나는 시기로 '폐경기(閉經期: menopause)'라고도 한다.

거리단서【距離端緖】 distance cue 물체와 물체 또는 장소 간의 거리 지각 및 깊이 지각을 가능하게 해주는 시각적 단서.

거리척도【距離尺度】 interval scale '간격척도' 참조.

거미공포증【거미恐怖症】 arachnophobia 동물공포증(動物恐怖症)의 일종으로, 특히 거미에 대하여 나타내는 공포증을 지칭한다.

거부당하는 아동【拒否當하는 兒童】 rejected child / rejected children '거부된 아동' 참조.

거부된 아동【拒否된 兒童】 rejected child / rejected children 또래들로부터의 인기와 수용의 측면에서 분류하는 아동의 유형 중 하나로, 좋아하는 또래들이 거의 없으며, 많은 또래들이 싫어하고 거부하는 아동. '거부당하는 아동'이라고도 한다.

거세【去勢】 castration 어떤 방법을 사용하여 수컷의 고환(睾丸) 또는 암컷의 난소(卵巢)를 제거하는 것. 그 결과 거세를 당한 개체는 생식기능을 상실하게 된다. 흔히 수컷의 고환이 제거되는 경우를 지칭하는 경우가 많다.

거세불안【去勢不安】 castration anxiety Sigmund Freud (1856~1939)의 정신분석이론에서 사용되는 주요 용어의 하나로, 남근기(男根期) 동안의 남자 아동들이 라이벌 관계에 있는 아버지에 의하여 자신의 남근이 제거될지 모른다는 인식에 따라 갖게 되는 두려움 또는 불안을 지칭한다. 이러한 상태는 외디푸스 콤플렉스의 해결과정에서 가장 중요한 기능을 하는 것으로 생각되고 있다.

거시체계【巨視體系】 macrosystem 러시아 태생의 미국 심리학자인 Bronfenbrenner (1917~2005)가 제안한 '생태학적 체계이론'의 다섯 환경체계(미시체계, 중간체계, 외체계, 거시체계 및 시간체계 등) 중 하나. 환경체계 중 가장 바깥층인 네 번째 층에 위치하는 체계로, 발달하는 개인(또는 아동)이 살아가는 문화, 법, 제도 등과 같은 환경 측면을 지칭한다.

거식증【拒食症】 anorexia nervosa '신경성 식욕부진증' 참조.

거짓말 lie 어떤 목적을 이루기 위해서 또는 의도적으로 사실이 아닌 것을 사실인 것처럼 진술하는 행위.

거짓말 탐지검사【거짓말 探知檢查】 lie-test 거짓말을 했거나 또는 하고 있는지의 여부를 탐지하기 위해 사용되는 검사. 기계를 사용한 거짓말 탐지방법으로 '거짓말 탐지기(거짓말 探知機: lie detector 또는 polygraph)'를 이용하는 경우가 많다.

거짓말 탐지기【거짓말 探知機】 lie detector/polygraph 흔히 피험자 또는 피조사자가 거짓말을 하는 경우에 심장박동률, 피부전기반응, 혈압, 호흡 등과 같은 생리적 반응을 포함하는 정서(情緖: emotion)에서의 변화가 나타난다는 가정에 따라 이러한 생리적 반응을 측정함으로써 거짓말을 하고 있는지의 여부를 탐지하기 위한 기계. 폴리그래프(polygraph), 라이디텍터(lie detector)라고도 한다.

건강교육【健康敎育】 health education 대학이나 지역사회센터 등에서 개인 및 가족의 건강행동, 건강증진 및 건강생활 등에 도움을 주기 위해 진행되는 교육 또는 교육 프로그램을 지칭한다.

건강심리학【健康心理學】 health psychology 건강을 증진시키고, 질병 발생을 예방하며, 나아가 질병의 치료에 도움을 줄 목적으로 심리학적 지식과 원리를 연구하고 응용하는 심리학의 한 분야. 건강심리학 분야의 학자 및 종사자들의 학술단체인 건강심리학회는 미국의 경우에 1978년 미국심리학회(APA)의 제38번째 분과로 창립되었고, 한국의 경우에는 한국심리학회(KPA) 산하의 한국건강심리학회가 1994년에 창립되었다. 현재 우리나라를 포함하여 전 세계적으로 건강심리학 분야에 관한 관심 및 활동이 증가해 가고 있는데, 그 이유는 현대인들의 다수가 건강증진 및 회복에 많은 관심을 가지고 있고, 동시에 현대인들의 건강을 해치고 나아가 사망에 이르게 하는 주요 원인이 건강심리학의 연구대상인 심리 · 사회적 요인과 밀접하게 관련되어 있음이 밝혀지고 있기 때문이다.

건강심리학자【健康心理學者】health psychologist '건강심리학' 분야에서 활동하는 심리학자를 지칭한다.

건강심리학회【健康心理學會】Health Psychological Association 건강심리학 분야의 학자들 및 종사자들로 구성되어 있고, 건강심리학 분야의 발전과 구성원들 간의 학술적 교류 및 친목을 도모하는 데 목적을 둔 학술단체. '한국건강심리학회' 참조.

건강염려증【健康念慮症】hypochondrias 자신의 건강에 대하여 지나칠 만큼 과도한 주의와 불안을 보임으로써, 실제로는 신체에 이상이 없음에도 불구하고 자신이 병에 걸렸다고 지각하거나 걱정하는 상태를 말한다. 이들은 자신의 신체적 상태나 증상을 부정확하게 지각하거나 해석하는 경향을 보인다. 따라서 '건강염려증'을 가지고 있는 사람들은 흔히 정상적인 생활을 하지 못하거나 아니면 정상적인 생활에 많은 지장을 초래하게 된다. 이들에게는 정신과적인 상담 또는 치료가 요구되는 경우가 많으며, 최근에는 약물치료가 매우 효과적이라는 연구결과도 제기되고 있다.

건강지식【健康知識】health knowledge 건강과 관련된 지식이나 정보를 총칭한다. 구체적으로 건강의 유지와 증진 및 질병발생의 원인, 치료 및 예방 등과 관련된 지식이 포함된다.

건강행동【健康行動】health behavior 개인의 건강생활, 즉 건강을 유지하거나 증진시키는 데 도움이 되는 모든 행동이나 생활방식을 지칭한다.

건설적 대처【建設的 對處】constructive coping 스트레스를 유발하는 자극이나 상황에 대하여 적응적이고 건강한 방식으로 이루어지는 대처행동이나 노력을 지칭한다.

걷기반사【걷기反射】stepping reflex 선천적으로 가지고 태어나는 반사들 중 하나로, 생후 초기 영아의 겨드랑이를 잡고 들어 올린 후 편평한 면 위에 살며시 내려놓으면서 발바닥이 닿도록 해주면 마치 걷듯이 무릎을 구부렸다 펴는 동작을 반복하는데, 이와 같은 선천적인 반사 행동을 '걷기반사'라고 한다. 걷기반사는 원시반사의 하나로 분류된다. '걸음마반사'라고도 한다.

걸식증【乞食症】bulimia nervosa '신경성 폭식증' 참조.

걸음마반사【걸음마反射】stepping reflex '걷기반사' 참조.

검사【檢査】test 개인 또는 집단을 대상으로 한 측정을 통해 그(들)의 심리적, 행동적 및 신체적 특성이나 상태에 관한 정보를 얻는 도구나 활동. 심리학이나 교육학 분야에서 표현되거나 사용되는 검사는 대부분 심리검사(psychological test)를 지칭한다.

검사 규준 【檢査 規準】 norm 어떤 특정한 집단 전체(흔히 이러한 집단을 지칭하여 '모집단'이라고 함)를 대표하는 값이나 점수를 지칭하여 규준(norm)이라고 한다. 그 중에서도, 심리적 특성이나 행동적 특성을 측정하거나 평가하기 위해 사용되는 검사에서 개인이나 집단이 획득한 점수(예를 들면, 지능검사나 성격검사에서 획득한 점수)가 어느 정도의 수준이나 위치에 해당하는지를 알기 위해 그 점수를 비교하여 상대적인 해석이 가능하도록 해주는 '기준이 되는 점수 또는 값'을 지칭하여 검사 규준이라고 한다.

검사배터리 【檢査배터리】 test battery 개인(또는 피검자)의 특성이나 인격 또는 상태를 평가하기 위해 심리측정을 실시할 때, 특성이나 인격 또는 상태의 어느 한 측면이나 영역만을 측정하는 단일의 검사에 의존하는 것보다 다양한 측면이나 영역들을 측정하여 개인에 대한 다면적 평가와 이해를 하는 것이 필요하고 도움이 될 수 있다. 이러한 필요성에 따라, 개인(또는 피검자)의 여러 측면이나 영역들을 측정하고 검사하기 위해 두 가지 이상의 검사들을 조합하여 구성한 검사의 세트(set)를 지칭하여 '검사배터리'라고 한다. '검사총집'이라고도 한다.

검사불안 【檢査不安】 test anxiety 검사나 시험상황에 대하여 나타내는 불안이나 공포를 말한다. 흔히 검사나 시험의 결과에 부정적인 영향을 미치게 된다. '시험불안(試驗不安)'과 같은 의미로 사용된다.

검사요령 【檢査要領】 test wiseness 검사를 받았던 경험이 있거나 많아서 검사에 대해, 특히 이전에 실시해본 경험이 있는 검사 또는 그 검사와 유사한 검사에 대해 친숙도가 높고 검사의 내용이나 의도 및 목적 등에 대한 이해도가 높아 검사(또는 검사문항)를 능숙하고 효과적으로 풀어내는 능력. '검사현명도'라고도 한다.

검사자 【檢査者】 tester 검사를 실시하는 사람. 즉 한 명 또는 그 이상의 피검사자(testee: 검사를 받는 사람)를 대상으로 성격검사나 지능검사와 같은 심리검사를 실시하거나 또는 기타의 목적에 따라 다양한 검사를 실시하는 사람들을 총칭한다.

검사-재검사 신뢰도 【檢査-再檢査 信賴度】 test-retest reliability 신뢰도를 산출해내는 한 가지 방식으로, 동일한 검사를 이용하여 특정한 개인(집단)에게 한 차례 검사를 실시하고 나서 다시 일정한 시간이 경과한 후에 동일한 대상(집단)에 대해 다시 검사를 실시하여 두 차례 검사점수들 간의 상관계수를 계산하여 추정해낸 신뢰도 또는 신뢰도 측정치.

검사점수 【檢査點數】 test score 특정 검사에서 개인(또는 피검자)이 획득한 점수.

검사총집 【檢査總集】 test battery '검사배터리' 참조.

검사프로파일 【檢査프로파일】 test profile 여러 부분으로 구분되는 특정 검사에서 나온 개인의 수행결과를 표나 그림으로 나타낸 것을 말한다. 상담이나 정신과 또는 임상심리학적인 평가에서 매우 중요한 자료로 활용된다.

검사현명도 【檢査賢明度】 test wiseness '검사요령' 참조.

검시 【檢屍】 necropsy / autopsy / postmortem /

postmortem examination ‘부검’ 참조.

검열【檢閱】censorship 정신분석학에서 사용되는 용어의 하나. 자아에게 위협이 되거나 불안을 유발하는 욕구나 충동 또는 생각이 의식화되지 못하도록 하기 위해 이를 억압하여 무의식 상태에 머물도록 하는 것.

검증【檢證】test 가설이나 명제 등의 진위 여부를 연구나 검사를 통해 증명하는 것.

검증가능성【檢證可能性】testability ‘연구를 통해 진위(眞僞)를 밝힐 수 있는 가능성 또는 확률’을 의미한다. 좋은 이론은 반드시 검증될 수 있어야 한다.

검증가능한 가설【檢證可能한 假說】testable hypothesis 측정대상, 내용, 방법 및 연구를 위한 조작 등에 관하여 자세히 기술되어 있어서, 연구를 통해 그것의 진위(眞僞)를 밝힐 수 있는 가설.

검증력【檢證力】power of test 가설의 진위를 검증하는 능력, 특히 영가설이 거짓이고 대안가설이 참일 경우에 영가설을 기각하고 대안가설을 채택하는 능력.

게놈 genome / genom 유전자를 나타내는 말인 gene과 염색체를 나타내는 말인 chromosome의 두 단어가 합쳐져 만들어진 용어로, 생물의 유전형질을 나타내는 모든 유전정보를 담고 있는 한 쌍의 염색체를 말한다. 이 용어의 개념을 확립하고 처음으로 사용하기 시작한 것은 1920년대 H. Winkler에 의해서였다.

게놈설【게놈說】genome theory 게놈(genome)의 개념을 사용하여 유전의 제반 현상을 밝히려 하는 학설 또는 이론을 말한다. ‘게놈이론’이라고도 한다.

게놈이론【게놈理論】genome theory ‘게놈설’ 참조.

게쉬탈트 gestalt ‘게슈탈트’ 참조.

게슈탈트 gestalt 형태(form), 전체(whole), 윤곽 또는 모습 등의 뜻을 가진 독일어로, 그 의미를 정확히 담아 다른 언어로 표현하는 것이 힘들기 때문에 영어권에서는 독일어 그대로 ‘gestalt’라는 표현이 사용되고 있다. 우리말에서도 ‘형태(形態)’로 번역하여 사용하는 경우가 종종 있지만, 최근에는 독일어 그대로 gestalt(게슈탈트)로 표현하고 발음하는 경우가 많다. ‘gestalt psychology(형태주의 심리학)’에서 사용되는 ‘gestalt’의 의미는 통일되어 있어서 부분이나 요소로 나뉠 수 없는 전체로서의 형태를 말한다. 따라서 특정 대상, 물체 또는 도형을 부분이나 요소로 분석하려 하는 것은 그 대상의 전체 형태를 상실하게 만드는 결과를 초래하는 것으로 본다. 즉 어떤 특정한 대상이나 물체의 형태는 그 부분 또는 요소들의 합(合)으로 설명될 수 없음을 강조한다. 일반적으로 사람들은 지각(知覺) 과정에서 어떤 대상 또는 물체를 보고서 그 대상을 배경으로부터 구별하며, 또한 일부의 단서를 가지고 전체 또는 전체의 윤곽을 완성하려는 경향이 있다. ‘게쉬탈트’, ‘게스탈트’ 등으로도 표현된다.

게슈탈트 심리학【게슈탈트 心理學】gestalt psychology 20세기 초 독일을 중심으로 등장했던 심리학 이론의 하나로, 주로 지각(知覺)의 문제를 다룸. 대상 또는 물체를 지각하는 과정에서 사람들이 대상을 어떻게 전체적인 형태로 지각하고 경험하게 되는가에 관하여 연구한다. 그 당시 심리학 분야에서 주류라고 할 수 있었던 연합주의 또는 연합주의이론에서 주장하는 요소주의적 입장과 달리 전체주의적 또는 게슈탈트적인 입장을 강조한다. 대표적인 학자로는 Wertheimer (1880~1943), Kohler (1887~1867) 및 Koffka (1886~1941) 등이 있다. '형태심리학' 또는 '형태주의 심리학'이라고도 한다.

게슈탈트 심리학자 **【게슈탈트 心理學者】** gestalt psychologist 게슈탈트 심리학적 접근을 취하거나 또는 그 분야에서 활동하는 심리학자를 지칭한다.

게슈탈트 치료 **【게슈탈트 治療】** gestalt therapy 심리 및 행동상에서 나타나는 비정상적 기능의 원인은 전경–배경 지각에서의 불균형과 자신의 타고난 소질 또는 장점을 부정하는 데서 비롯되는 것으로 보는 Fritz Perls의 연구에 기초를 둔 인본주의적 치료접근법의 하나로, 이 기법에서의 치료목표는 내담자에게 자신이 하고 있는 경험의 전체성을 자각할 수 있도록 도와주는 데 있다. '여기'와 '현재'에 초점을 맞추며, 개인과 환경 간의 통일에 대한 내담자의 자각을 중요시한다. '형태주의 치료' 또는 '게스탈트 치료'라고도 한다.

게스탈트 gestalt '게슈탈트' 참조.

게스탈트 치료 **【게스탈트 治療】** gestalt therapy '게슈탈트 치료' 참조.

게스탈트 심리학 **【게스탈트 心理學】** gestalt psychology '게슈탈트 심리학' 참조.

게이 gay 동성애자 중에서 특히 남성 동성애자를 일컫는다. 흔히 남성동성애자들이 자신들을 지칭할 때 호모(homo)라는 표현 대신에 게이(gay)라는 표현을 선호한다고 한다. 이 말은 '성적 정체성을 찾아서 인생의 기쁨을 되찾았다'는 의미를 가지고 있는 것으로 알려져 있다. 이와는 달리 여성동성애자는 '레즈비언(lesbian)'이라고 한다. 한편, '게이(gay)'나 '레즈비언(lesbian)' 등과 같은 동성애자들은 성적 대상 또는 성적 지향이 동성을 향하고 있을 뿐인 반면에, 트랜스젠더(transgender)의 경우에는 자신이 타고난 성(性), 즉 남성 또는 여성으로서의 정체성에서 기존의 성을 부인하고 반대의 성정체감을 나타내는 경우라는 점에서 차이가 있다.

게이트볼 Gate Ball 골프 및 당구의 기법을 합쳐 개발된 운동경기. 일본에서 처음으로 개발되었고 우리나라에는 1978년에 도입되었다. 골프나 축구 등과 같은 스포츠에 비해 좁은 공간에서 진행할 수 있고, 격하지 않으면서도 쉽게 즐길 수 있다는 면에서 중년 이후의 성인들, 특히 노인들의 건강과 여가생활에 적합한 운동종목으로 각광을 받고 있다.

게임 game (1) (놀이 분야에서 사용될 때) 승부의 규칙을 정해놓고 진행하는 놀이. (2) (스포츠 분야에서 사용될 때) 시합이나 경기. (3) (게임이론에서 사용될 때) 경제적 상황이나 군사적 상황 등에서 경쟁 관계에 있는 각 주체들은 상대방이 취할 수 있는 대처행동을 고려하면서 자신의 이익을 효과적으로 성취할 수 있는 방향으로 수단 또는 행동 선택하게 된다고 보는데, 이러한 주체들 간의 경쟁 관계를 나타내기 위해 '게임'이라는 표현을 사용하고 있다. (4) (교류분석에서 사용될 때) 의사소통 및 교류 과정에서 상대방과의 친밀한 관계를 방해하고 부정적인 정서 및 감정을 유발시키는 부정적인 의사소통 및 교류의 과정 또는 방식.

게임분석 【게임分析】 game analysis 교류분석에서, 상대방과의 친밀한 관계를 이루고 긍정적인 감정과 정서를 경험할 수 있도록 하기 위해, 현재의 관계에서 이루어지고 있는 부정적인 의사소통 및 교류의 과정인 게임을 분석하는 것 또는 그러한 기법. 구체적으로, 게임의 발생 원인과 과정 및 결과 등을 관찰하고 이를 통해 자신이 해오고 있는 게임을 이해하도록 도와주며, 나아가 이러한 관찰과 이해를 바탕으로 건강하고 긍정적이며 친밀한 관계가 될 수 있도록 도와주는 것을 목표로 한다.

게임이론 【게임理論】 theory of games / game theory 사회적 관계들, 특히 경제적 상황이나 군사적 상황 등에서 경쟁 관계에 있는 주체들이 상대방과의 관계에서 취하는 전략 및 대처행동의 선택을 설명하고 이를 수학적으로 계산해내고자 하는 이론 또는 이론적 접근. 특히 이 이론에서는 경쟁 과정에서 주체들의 합리적인 수단 또는 행동의 선택을 강조한다. 즉, 경쟁 관계에 있는 각 주체들은 상대방이 취할 수 있는 대처행동을 고려하면서 자신의 이익을 효과적으로 성취할 수 있는 방향으로 수단 또는 행동을 선택하게 된다고 보며, 이를 수학적으로 분석하려고 한다.

게임중독 【게임中毒】 game addiction 최근 컴퓨터 및 인터넷 사용 증가와 함께 새롭게 등장한 행위중독(行爲中毒) 또는 과정 중독(過程 中毒)의 한 형태로, 컴퓨터나 인터넷 상의 게임 활동에 병적으로 과도하게 몰입되어 이에 강박적으로 의존하게 되고 동시에 사용시간 등을 적절하게 조절하지 못함으로써, 건강, 학업, 가족이나 다른 사회적 관계, 그리고 직장에서의 업무 등에 심각한 부적응을 초래하는 중독 상태를 지칭한다. 게임중독자들 가운데는 신체적인 문제뿐만 아니라 금전문제, 공격성이나 폭력성의 증가 등이 초래됨에 따라 각종 범죄로 이어지는 경우가 적지 않은 것으로 알려지고 있다. 오늘날에는 컴퓨터나 인터넷을 이용하여 이루어지는 게임이 주류를 이루고 있고, 이에 따라 그러한 사이버공간을 활용한 게임에 중독되는 경우가 많다는 의미에서 볼 때, 게임중독이라는 표현은 사이버게임중독이라는 표현과 거의 같은 의미로 해석될 수 있다. '중독', '인터넷중독' 및 '사이버중독' 참조.

게젤 Gesell (1880~1961) 미국의 심리학자. 'Gesell, Arnold Lucius (1880~1961)' 참조.

게젤의 발달규준 【게젤의 發達規準】 Gesell development norms 미국의 심리학자 Gesell (1880~1961)에 의해 정리된 영 · 유아기 동안의 운동능력(또는 행동) 등에서 이루어지는 발달에 관한 규준.

격리불안 【隔離不安】 separation anxiety 아이가 애착대상(흔히, 어머니나 양육자)으로부터 격리(또는 분리)될 때 나타내는 불안 반응. '분리불안'이라고도 한다. '분리불안' 참조.

결손가정 【缺損家庭】 broken home / broken family 일반적인 가정 또는 정상적인 가정이 되기 위해 요구되는 기본적인 환경(또는 조건)의 측면에서 불충분하거나 결손이 있는 가정 또는 가족. 일반적으로 '구조적 결손가정'과 '기능적 결손가정'으로 구분된다. 구조적 결손가정이란 부모의 사망, 이혼, 별거 등으로 인해 부모 중 한 명 또는 두 명 모두가 없는 가정을 말하며, 기능적 결손가정이란 부모 모두가 있지만 이들의 자녀양육행동이나 부모역할의 기능이 부재하거나 역기능적이어서 실제적으로 부모의 결손상태를 나타내는 가정을 말한다. 기능적 결손가정은 '심리적 결손가정' 또는 '비구조적 결손가정'이라고도 한다. 한편, '결손가정'이라는 표현 이외에도 '결손가족'이라는 표현이 같은 의미로 사용된다.

결손가족【缺損家族】broken family / broken home '결손가정' 참조.

결정론【決定論】determinism 세상의 사건들이 원인과 결과의 관련성에 따라 결정되어 있다고 보는 관점. 심리학 분야에서 결정론적인 관점을 취하는 학자들은 개개인의 심리나 행동적 특징은 과거의 원인에 의해 결정된 것이라고 본다.

결정론자【決定論者】determinist 결정론(決定論: determinism)을 주장하는 사람 또는 그러한 관점을 가진 사람을 지칭한다.

결정성 지능【結晶性 知能】crystallized intelligence '결정적 지능' 참조.

결정적 시기【決定的 時期】critical period 인간이나 동물의 발달과정에서 특정 능력이나 기술을 발달시킬 수 있는 준비가 가장 잘 이루어져 있는 시기를 지칭한다. 이 시기가 지나게 되면 동일한 환경자극이나 조건이 제공되더라도 이 시기에서와 같은 정도의 발달을 이루기가 어려워진다. 특히 인간의 발달에 대해서는 '민감기(sensitive period)'라는 표현을 사용하는 경우가 많다.

결정적 지능【結晶的 知能】crystallized intelligence 세상의 여러 사상(事象)들에 대한 지식처럼 교육이나 경험을 통해 습득되고 축적되는 다양한 정보나 지식, 인지적 기술이나 능력 및 문제해결책략의 목록 등을 지칭하여 결정적 지능이라고 한다. 흔히 연령증가에 따라 증가되는 경향이 있다. '결정성 지능', '결정지능' 또는 '결정화된 지능'이라고도 한다. 유동적 지능(fluid intelligence)과 구분하여 사용되는 개념이다.

결정지능【結晶知能】crystallized intelligence '결정적 지능' 참조.

결정화된 지능【結晶化된 知能】crystallized intelligence '결정적 지능' 참조.

결집【結集】chunking '청킹' 또는 '청크 만들기'라고도 한다. '청킹' 및 '청크' 참조.

결핍【缺乏】deficiency 있어야 할 것(또는 필요한 것)이 없거나 부족한 상태.

결핍동기【缺乏動機】deficiency motive '결핍욕구' 참조.

결핍성 왜소증【缺乏性 矮小症】deprivation dwarfism '박탈 왜소증' 참조.

결핍욕구【缺乏慾求】deficiency need 특정한 요소의 결핍에 의해 유발되는 욕구. 즉, 결핍된 요소나 상태를 충족시키고자 하는 욕구를 말한다. 대표적으로 생리적 욕구가 여기에 해당된다. 이 욕구가 결핍되거나 충족되지 못할 경우에 불만족을 유발하게 되며, 그 결과는 인간의 심리와 행동 및 적응 과정에 영향을 미치게 된다. Maslow (1908~1970)에 의해 처음으로 제시되고 사용된 개념으로, '결핍동기'와 같은 의미로 사용된다.

경계선(의) 【境界線(의)】 borderline (1) (일반적으로 사용되는 의미) 두 지역 또는 두 지점의 경계가 되는 선. (2) (상담, 임상심리학, 정신의학 등의 분야에서 사용되는 의미) 두 개의 범주 사이에 위치한 특징 또는 상태를 지칭할 때 사용되는 표현이다. 이상심리학, 임상심리학 및 정신의학 등의 분야에서 사용되고 있는 '경계선'이란 용어는 처음에는 신경증과 정신증의 경계라는 의미로 사용되기 시작했는데, 구체적으로 신경증과 정신증 모두에 속하는 특징을 부분적으로 나타내면서도 그 어느 한 쪽으로 분류하기 어려운 중간 지점에 위치한 개인이나 집단을 지칭하기 위해 사용되기 시작한 것으로 알려져 있다.

경계선 성격장애 【境界線 性格障碍】 borderline personality disorder 생활 전반에서 감정, 정서, 사고, 자아상, 대인관계 및 전반적인 행동에서의 심한 불안정성과 함께 심한 충동성을 특징으로 나타내는 성격장애. 미국정신의학회(APA)에서 발행하는 DSM-IV(정신장애 진단 및 통계 편람, 제4판)와 그 수정판에서는 정체감 혼란, 자살과 관련된 반복적인 시도와 위협, 현저한 기분변화에 따른 정서의 불안정성, 만성적인 공허감, 스트레스 관련 망상적 사고 또는 심한 해리증상, 자신에게 손상을 초래할 수 있는 충동성이 최소 2가지 영역에서 나타남, 극단적인 평가절하와 이상화가 특징적으로 나타나는 불안정하고 강렬한 대인관계 양식, 실제적 또는 가상적 유기(버림받음)를 피하기 위한 필사적인 노력, 부적절하고 심한 분노나 분노조절의 어려움 등 총 9개의 증상들을 제시하고 이 가운데 5개 이상의 항목에 해당하는 경우에 경계선 성격장애로 진단한다. '경계성 성격장애', '경계선 인격장애' 또는 '경계성 인격장애'라고도 한다.

경계선 인격장애 【境界線 人格障碍】 borderline personality disorder '경계선 성격장애' 참조.

경계성 성격장애 【境界性 性格障碍】 borderline personality disorder '경계선 성격장애' 참조.

경계성 인격장애 【境界性 人格障碍】 borderline personality disorder '경계선 성격장애' 참조.

경계선 지능 【境界線 知能】 borderline intelligence 지능 면에서, 정상과 지체 사이에 위치하여 그 어느 한 쪽으로 분류하기 어려운 지능 수준.

경고 【警告】 warning 위험 상황이나 가능성에 대해 주의하거나 대비하도록 미리 알려주는 것.

경고반응 【警告反應】 alarm reaction '경고반응단계' 및 '일반적응증후군' 참조.

경고반응기 【警告反應期】 stage of alarm reaction / alarm reaction stage '경고반응단계' 및 '일반적응증후군' 참조.

경고반응단계 【警告反應段階】 stage of alarm reaction / alarm reaction stage 캐나다 의학자인 Hans Selye (1907~1982)는 자신의 스트레스에 관한 이론(theory of stress)에서 인간 및 동물의 생체가 외부의 자극들(이러한 자극들을 'stressor〈스트레서〉'라고 한다)에 대한 대응으로 나타내는 비특이적(非特異的)인 생리적 반응을 '일반적응증후군(general adaptation syndrome)'이라고 하였고, 이를 모두 3단계로 나누어 기술하고 있다. 그 가운데 첫 번째 단계를 경고반응단계(stage of alarm reaction) 또는 경고반응기라고 한다. 이 첫 번째 단계에서는 스트레서(stressor) 또는 스트레스원(源)에 대하여 신체의 에너지가 동원되고 방어가 이루어진다. 이 단계에서 신체의 상태는 교감신경계의 활성화를 통해 이루어지는데, 특히 힘을 극대화시킬 수 있도록 신체의 모든 체계가 활성화된다. 이러한 신체의 활성화 상태를 지칭하여 '투쟁-도피' 반응이라고도 한다. 보다 구체적으로, 이 단계에서는 아드레날린이 분비되고 심장박동 및 혈압이 증가되며, 또한 호흡이 빨라지고 땀샘이 활성화되며, 체내의 혈액은 내장기관에서 골격근 방향으로 집중되고 이에 따라 위장의 활동이 감소하는 반응이 나타나게 된다. 한편, 이러한 제1단계에 이어서 나타나는 단계로, 제2단계는 저항단계(stage of resistance) 또는 저항기라고 하고, 제3단계는 소진단계(stage of exhaustion) 또는 소진기라고 한다. '일반적응증후군' 참조.

경고시스템【警告시스템】 warning system 위험한 상황이 발생했을 때 이를 관계자나 담당자에게 알려주는 시스템. '경고체계'라고도 한다.

경고체계【警告體系】 warning system '경고시스템' 참조.

경도 정신지체【輕度 精神遲滯】 mild mental retardation '정신지체' 참조.

경련【痙攣】 convulsion 신체의 근육이 자신의 의도와 관계없이 또는 통제되지 않는 상태에서 부분적 또는 전반적으로 수축하거나 떨림 반응을 일으키는 것.

경미한 정신지체【輕微한 精神遲滯】 mild mental retardation '정신지체' 참조.

경조병【輕躁病】 hypomania '경조증 일화' 참조.

경조성 에피소드【輕躁性 에피소드】 hypomanic episode '경조증 일화' 참조.

경조증【輕躁症】 hypomania '경조증 일화' 참조.

경조증 에피소드【輕躁症 에피소드】 hypomanic episode '경조증 일화' 참조.

경조증 일화【輕躁症 逸話】 hypomanic episode 조증 일화(manic episode) 또는 조증(mania)이 비교적 경미하게 나타나는 상태. 구체적으로는, '경조증 일화'는 비정상적으로 고양된 기분 또는 흥분된 기분이 약 4일 동안 지속되는 경우를 말한다. '경조증 에피소드' 또는 '경조성 에피소드'라고도 하며, 이외에도 '경조증(hypomania)' 및 '경조병'과 같은 의미로 사용된다.

경험【經驗】 experience (1) 자신이 직접 해보거나 체험해 봄. (2) 자신의 감각기관을 통해 객관적 사상(事象)을 직접 접촉하거나 겪어봄. (3) 자신이 직접 접촉하거나 해본 체험을 통해 획득한 지식이나 능력.

경험론【經驗論】 empiricism 인식이나 지식의 근원이 경험(관찰이나 학습 등)에 있다고 보는 철학적 입장. 선천적인 능력이나 이성적인 사고 또는 초경험적인 과정이 인식의 근원이라고 보는 관점에 반대하며, 오직 경험만이 인식의 근원이라고 본다. 따라서 이 관점에서는 우리들이 가지고 있는 인식이나 지식의 내용은 경험의 내용인 것이다. '경험주의'와 같은 의미로 사용되며, '생득론(生得論: nativism)' 또는 '선천론(先天論)'과는 대비되는 개념이다.

경험주의【經驗主義】empiricism '경험론' 참조.

계간【鷄姦】sodomy / pederasty / male homosexuality / buggery '소도미' 참조.

계속(적) 강화【繼續(的) 强化】continuous reinforcement (CRF) 조작적 조건형성의 강화계획 가운데 하나로, 피험동물에게 특정 행동 또는 반응행동을 학습시키기 위해 그 행동이 나타날 때마다 강화가 이루어지는 계획 또는 방법을 지칭한다. '연속적 강화(連續的 强化)'라고도 한다.

계속적 접근【繼續的 接近】successive approximation 조작적 조건형성 이론에서 사용되는 개념의 하나로, 강화를 사용하여 특정 행동(목표행동)을 학습시킬 때, 이 목표행동에 근접된 행동을 할 때마다 강화를 줌으로써 최종적으로 목표행동을 완성해 가는 기법을 말한다.

계열적 설계【系列的 設計】sequential design 발달연구를 위한 설계 방법 가운데 하나로, 서로 다른 연령집단들을 대상으로 하여 종단적으로 수개월 또는 수년에 걸쳐 반복하여 조사하거나 검사를 진행하는 연구설계. 종단적 설계(또는 종단적 연구)와 횡단적 설계(또는 횡단적 연구)가 가지고 있는 단점을 최소화하고 장점을 최대화하기 위해 이 두 가지 접근을 결합한 연구설계이다.

계통발생적 발달【系統發生的 發達】phylogenetic development 한 개체(개인)가 한 평생을 살아가는 동안 나타내는 발달적 변화를 지칭하여 개체발생적 발달(ontogenetic development)이라고 하는데 비해, 계통발생적 발달은 상대적으로 오랜 기간(예를 들면, 수천 년 또는 수만 년에서 수백만 년)에 걸쳐 일어나는 진화 또는 진화적 발달을 의미한다. '계통발생학적 발달'이라고도 한다.

계통발생학적 발달【系統發生學的 發達】phylogenetic development '계통발생적 발달' 참조.

고나도트로핀 gonadotrophin '생식선 자극호르몬' 참조.

고독【孤獨】loneliness 자신이 홀로 된듯하여 외롭고 쓸쓸함을 느끼는 정서 상태. '고독감' 참조.

고독감【孤獨感】loneliness 자신이 홀로 된듯하여 외롭고 쓸쓸함을 느끼는 정서 상태. 구체적으로, 이런 정서 상태는 개인이 타인들과의 관계에서 기대하는 관계망이 양적인 측면에서나 또는 질적인 측면에서 자신이 기대하는 수준에 미치지 못한다고 지각될 때 발생하는 일종의 불쾌한 정서 경험을 의미한다. '외로움', '고독' 등과 같은 의미로 사용된다.

고든 올포트 Gordon Allport (1897~1967) 미국의 심리학자. 'Allport, Gordon Willard (1897~1967)' 참조.

고령사회【高齡社會】aged society '고령화 사회' 참조.

고령화【高齡化】aging / ageing 한 사회를 구성하는 인구 중에서 노인의 비율이 증가해 가는 현상.

고령화 사회【高齡化 社會】aging society 경제력 향상에 따른 생활수준 및 생활환경의 개선, 의학의 발달 등의 요인들에 의해 노령인구의 비율이 일정한 수준을 넘어 계속 증가해 가고 있는 사회를 말한다. 일반적으로 한 사회 또는 국가에서 65세 이상 인구가 전체 인구의 7% 이상인 경우를 지칭한다. 고령화 사회로의 전환에 따라 문제가 되는 것은 젊은층 인구의 상대적 감소에 따른 노동력의 부족과 함께 노인인구의 증가에 따른 부양인구 및 복지비용의 증가 등을 들 수 있다. 한편, 증가된 노령인구의 비율이 비교적 안정된 상태를 나타내는 사회를 '고령사회(aged society)'라고 한다.

고립【孤立】isolation 타인(들)과의 관계나 교류가 없이 홀로된 상태.

고소공포증【高所恐怖症】acrophobia 높은 곳에 노출되는 것에 대하여 일반적인 수준을 넘어서 병적(病的)으로 불안감 또는 공포를 경험하는 증상 또는 상태를 말한다. 신경증의 한 유형으로 분류된다.

고순위 조건형성【高順位 條件形成】higher-order conditioning '고차적 조건형성' 참조.

고용【雇傭 / 雇用】employment (1) 급료 또는 임금을 받고 다른 사람 또는 회사를 위해 일을 하는 것(雇傭). (2) 급료 또는 임금을 주고 사람을 부리는 것(雇用).

고전적 조건형성【古典的 條件形成】classical conditioning '고전적 조건화' 참조.

고전적 조건화【古典的 條件化】classical conditioning 제정(帝政) 러시아의 생리학자였던 Pavlov에 의해 발견되고 체계적으로 연구된 비교적 간단한 형태의 학습을 지칭한다. 중성자극과 무조건자극을 동시에 또는 짧은 시간간격을 두고 반복적으로 제시하게 되면 처음에는 무조건자극에 대해서만 유발되던 특정 반응(무조건반응)과 유사한 반응이 유발되는데, 이를 조건반응이라고 하고, 이 조건반응을 유발시키는 자극을 조건자극(무조건자극과 연합되기 전에는 중성자극이었음)이라고 하며, 이러한 조건반응이 형성되기까지 이루어지는 일련의 학습과정을 지칭하여 고전적 조건화라고 한다. 여러 다른 표현으로도 사용된다. 이러한 표현들로는 고전적 조건형성(classical conditioning), 반응(적) 조건형성 또는 반응(적) 조건화(respondent conditioning), 파블로프(식) 조건형성 또는 파블로프(식) 조건화(Pavlovian conditioning) 등이 있다. Pavlov가 발견하고 체계적으로 연구한 학습의 형태라는 의미에서 '파블로프 학습' 또는 '파블로프식 학습(Pavlovian learning)'이라고도 한다.

고정간격강화계획【固定間隔强化計劃】fixed interval (FI) reinforcement schedule '고정간격계획' 참조.

고정간격계획【固定間隔計劃】fixed interval (FI) schedule 조작적 조건형성의 강화계획, 특히 부분강화계획 가운데 한 형태로, 학습자가 강화를 받고 나서 일정한 시간이 경과한 후에 행해지는 반응행동에 대하여 강화가 주어지는 절차 또는 계획. '고정간격강화계획'이라고도 한다.

고정관념【固定觀念】stereotype 특정 집단이나 사람들에 대해 지나치게 일반화된(또는 고정된) 생각이나 신념. 이 같은 생각이나 신념이 정확한 경우도 있지만 그보다는 과도하게 일반화된 경우가 많으며, 그 결과 특정 집단의 구성원이라는 이유만으로 개개인이 가진 특성이나 실제와 무관하게 개개인 모두를 특정한 신념의 범주에 귀속시키기 쉽다. 이에 따라 개개인은 자신이 가진 특성이나 실제와는 관계없이 고정관념에 의해 평가됨으로써 결과적으로 고정관념에 의한 희생자가 될 가능성이 증가된다.

고정관념 위협【固定觀念 威脅】stereotype threat 특정한 집단이나 사람들에 대한 지나치게 일반화된 생각이나 신념을 지칭하여 고정관념이라고 한다. 이러한 고정관념에 의해 개개인은 그들이 가진 특성이나 실제와는 관계없이 평가됨으로써 결과적으로 고정관념에 의해 불이익을 받거나 희생자가 될 가능성이 증가된다. 이와 같은 고정관념의 부정적인 영향과 관련하여, 자신이 속한 특정 집단(예를 들면, 특정한 민족이나 인종 집단 등)에 대한 부정적인 고정관념에 의해 자신이 평가(또는 판단)되고, 나아가 그에 따르는 불이익이나 희생을 당할 가능성을 두려워하는 상태를 지칭하여 '고정관념 위협'이라고 한다. 즉, '고정관념 위협'은 자신이 소속된 집단에 대한 고정관념에 의해 자신이 받게 될지 모르는 불이익이나 희생의 가능성을 위협으로 지각하고 있는 상태라고 할 수 있다.

고정비율강화계획【固定比率强化計劃】fixed ratio (FR) reinforcement schedule '고정비율계획' 참조.

고정비율계획【固定比率計劃】fixed ratio (FR) schedule 조작적 조건형성의 강화계획, 특히 부분강화계획 가운데 한 형태로, 피험동물이 일정한 횟수의 반응행동을 나타낸 후에 강화가 주어지는 계획 또는 방법을 말한다. '고정비율강화계획'이라고도 한다.

고지에 입각한 동의【告知에 立脚한 同意】informed consent 연구를 수행하는 과정에서 연구자가 준수해야 하는 연구윤리의 중요한 측면으로, '동의'라고도 한다. '동의' 참조.

고차적 조건형성【高次的 條件形成】higher-order conditioning 고전적 조건형성 과정에서 일정한 시행을 통해 조건자극(최초 중성자극)과 무조건자극을 짝지어 주게 되면, 그 후에는 조건자극(최초 중성자극)이 무조건자극에 의해 유발되던 반응(무조건반응)과 유사한 반응을 일으키게 되는데 이러한 반응을 조건반응이라고 한다. 이처럼 조건자극에 대한 조건반응이 학습된 이후에는 조건자극을 마치 무조건자극처럼 활용하여 새로운 제2, 제3, 제4, … 의 중성자극과 짝짓게 됨으로써 새로이 2차적, 3차적, 4차적, … 조건형성을 이루어갈 수 있는데, 이러한 조건형성 절차들을 총칭하여 고차적 조건형성이라고 한다. '고차조건형성' 또는 '고순위 조건형성'이라고도 한다.

고차조건형성【高次條件形成】higher-order conditioning '고차적 조건형성' 참조.

고착【固着】fixation Freud의 성격발달이론에서, 개인이 특정 발달단계(특히 초기 단계)를 거치는 과정에서 과도한 만족이나 과도한 좌절을 겪게 됨에 따라 발달이 그 특정 단계에 머무르게 되고, 그 결과 다음 단계로의 발달이 순조롭게 진행되지 못하는 상태.

고혈압【高血壓】hypertension 동맥혈압이 일정기간 지속하여 최고혈압 140/최저혈압 90 mmHg 이상을 유지하는 상태를 지칭한다.

고혈압 환자【高血壓患者】hypertensive 고혈압증을 가지고 있는 환자.

고환【睾丸】testicles / testis 인간의 남성 및 포유류 수컷의 음낭 속에 들어 있는 공 모양의 생식기관. 정자와 남성호르몬을 생산하는 생식기관이다.

고환 여성화증후군【睾丸 女性化症候群】testicular feminization syndrome (TFS) 유전 이상에 의해 발생하는 태내기 남성 태아의 외부 생식기의 이상 발달. 이 증후군을 가진 남성 태아는 남성 호르몬이 없거나 남성 호르몬에 민감하게 반응하지 못한다. 그 결과 정상적인 남성 생식기를 발달시키지 못하고 반대로 여성의 외부 생식기를 발달시키는 이상 발달을 나타내게 된다.

골격연령【骨格年齡】skeletal age '골연령(骨年齡)'이라고도 한다. '골연령' 참조.

골다공증【骨多孔症】osteoporosis 뼈의 밀도가 감소됨으로 인하여 뼈가 약해져 골절이 되기 쉬운 상태. 중년기 이후, 특히 폐경기 이후의 여성들에게서 많이 발생한다. 발생 원인으로는 선천적 골형성 부전증, 칼슘 등의 섭취 부족, 특정 호르몬의 불균형 및 약물 등이 알려지고 있다.

골연령【骨年齡】skeletal age 출생 이후부터 달력에 근거하여 계산하는 연령과 비교되는 연령 산출 방식으로, 골(또는 골격)의 발달 정도나 수준에 근거하여 나타내는 연령을 지칭한다. '골격연령(骨格年齡)'이라고도 한다.

골칫거리(들) hassles '해슬' 참조.

공감【共感】empathy 상대방의 경험이나 감정 또는 정서상태, 그리고 생각 등을 상대방의 입장이나 관점에서 이해하고 느끼는 것 또는 그렇게 하는 능력. 공감은 타인과의 의사소통과정이나 상담과정에서 중요한 요인으로 작용한다. 특히 상담과정에서 상담자는 내담자에게 내담자에 대한 공감을 표시하는 것이 필요하며, 그 결과로 공감을 받고 있다고 느끼는 내담자는 보다 더 자연스럽게 자신의 생각이나 경험을 드러낼 수 있게 된다.

공감적 이해【共感的 理解】empathetic understanding 상담 또는 심리치료에서 사용되는 주요 기법 가운데 하나로, 상담자(또는 치료자)가 내담자의 입장이 되어 내담자가 경험하고 있는 것을 느끼고 이해하며, 나아가 이러한 느낌과 이해를 내담자에게 반응하여 전달해주는 기법 또는 그러한 능력.

공격성【攻擊性】aggression 상대방에게 고통을 주거나 피해를 줄 목적으로 행하는 행동 또는 그러한 행동을 하려는 성향이나 경향성. 특히, 행동 측면을 지칭할 때는 '공격행동(aggressive behavior)'이라는 표현을 사용하기도 한다.

공격행동【攻擊行動】aggressive behavior 상대방에게 고통을 주거나 피해를 줄 목적으로 행하는 모든 형태의 행동. 언어적, 물리적 행동을 포함한 모든 형태의 행동들이 공격행동의 범주에 포함될 수 있다.

공동리더【共同리더】co-leader '공동지도자' 참조.

공동상담【共同相談】co-counseling 두 사람 이상의 상담자가 함께 참여하여 진행하는 상담 형태.

공동우성【共同優性】co-dominance '공우성(共優性)'이라고도 한다.

공동우성적【共同優性的】co-dominant '공우성적(共優性的)'이라고도 한다.

공동지도자【共同指導者】co-leader 집단상담을 위해 집단을 이끄는 지도자(또는 상담자)가 한 명이 아니고 두 명 이상인 경우에 이 지도자들을 지칭하는 표현. '코리더' 또는 '공동리더'라고도 한다.

공동체 네트워크【共同體 네트워크】Community Network 도, 시, 군 또는 면 등과 같은 행정구역 또는 공동체가 인터넷 등과 같은 네트워크로 연결된 체계를 말한다.

공상【空想】fantasy 현실에서 실현되기 어려운 일이나 대상에 대한 바람이나 희망을 상상을 통해 그려보거나 성취해보는 일. 자신이 이러한 비현실적인 상상을 하고 있다는 것을 스스로가 알고 의식할 수 있다는 점에서 망상과 구분된다.

공소증후군【空巢症候群】empty nest syndrome '빈둥지 증후군' 참조.

공식적 비행【公式的 非行】official delinquency 발생한 이후 적발되었거나 체포된 경우의 비행을 의미하며, 대부분 검찰 및 경찰의 공식적인 통계에 포함된 경우를 의미한다.

공우성【共優性】codominance / co-dominance 이형의 대립유전자들이 동일하게 표현되어 표현형을 만드는 성질 또는 경향. '공동우성(共同優性)'이라고도 한다.

공우성적【共優性的】co-dominant '공우성의 특징 또는 경향을 나타내는'이라는 의미. '공동우성적'이라고도 한다.

공유적 환경【共有的 環境】shared environment '공유환경(共有環境)'이라고도 한다. '공유환경' 참조.

공유적 환경 경험【共有的 環境 經驗】shared environmental experience '공유환경 경험'이라고도 한다. '공유환경 경험' 참조.

공유적 환경 영향【共有的 環境 影響】shared environmental influence '공유환경 영향'이라고도 한다. '공유환경 영향' 참조.

공유환경【共有環境】shared environment 형제자매와 같이 함께 사는 사람들이 서로 공통적으로 접하는(즉, 공유하는) 환경의 측면. 예컨대, 형제자매에게 있어서 부모의 존재 여부, 부모의 성격, 가족의 사회경제적 지위 등과 같은 요소들은 서로 공유하는 환경적 측면이 될 수 있다. '공유적 환경'이라고도 한다.

공유환경 경험【共有環境 經驗】shared environmental experience 형제자매처럼 함께 살아가는(생활해가는) 사람들이 공통적으로 접하는 환경을 '공유환경(shared environment)'이라고 하며, 이런 환경을 공통적으로 접하고 경험해가는 상태를 지칭하여 '공유환경 경험'이라고 한다. '공유적 환경 경험'이라고도 한다.

공유환경 영향【共有環境 影響】shared environmental influence 형제자매처럼 함께 살아가는(생활해가는) 사람들이 공통적으로 접하는 환경을 '공유환경(shared environment)'이라고 하며, 이러한 환경을 공통적으로 접하고 경험해가는 과정에서 그 공유 환경으로부터 공통적으로 받는 영향을 지칭하여 '공유환경 영향'이라고 한다. 이와 같은 공유환경 영향으로 인해 함께 살아가는 사람들이 서로 비슷한 특성을 발달시키게 된다. '공유적 환경 영향'이라고도 한다.

공창【公娼】 licensed prostitute　성매매를 하는 여성들 중에서도 공창제도(公娼制度: state-regulated prostitution)하에서 성매매 활동을 하는 직업여성. 즉, 관청 또는 관련 행정기관의 허가를 받고 성매매 행위를 직업적으로 하는 여성을 지칭한다. '공창녀(公娼女)'라고도 한다. '사창(私娼)'에 대비되는 말이다.

공창녀【公娼女】 licensed prostitute / registered prostitute　'공창' 참조.

공포【恐怖】 fear　위협적이거나 위험한 대상 또는 상황에서 경험하는 두려움. 불안(不安: anxiety)과 비교하여 그 의미가 유사하면서도 차이가 있는 것으로 보고 사용하는 경우가 많다. 즉, 두 가지 모두 두려움의 상태라는 점에서는 공통적이지만, 흔히 불안은 구체적이지 않고 애매모호한 상황이나 그러한 상황과 관련된 위험에 대해 나타내는 두려움의 반응이라면, 공포는 구체적인 대상(동물이나 사건 또는 상황)에 대해 일어나는 두려움의 반응이라고 본다. 일반적으로 공포를 느끼는 대상을 만나거나 그러한 상황에 처하면 도피하려는 동기나 반응을 보이게 된다.

공포반응【恐怖反應】 phobic reaction　흔히 공포증을 가진 사람들이 나타내는 증상 또는 반응을 말한다. 특정한 대상이나 상황에 대하여 비합리적으로 지나치게 강한 두려움(또는 공포)이나 불안감을 나타내는 반응을 지칭하여 공포반응이라고 한다.

공포증【恐怖症】 phobia　불안장애의 하위 유형 가운데 하나로, 특정 대상이나 상황에 대하여 비합리적으로 지나치게 강한 두려움(또는 공포)이나 긴장 또는 불안감을 나타내는 것을 특징으로 하는 장애. 즉, 특정한 대상이나 상황에 대하여 일반적인 수준을 넘어 병적(病的)으로 지나치게 강한 두려움(또는 공포)이나 긴장 또는 불안감을 경험하는 상태 또는 그러한 상태를 보이는 증상을 말한다. 일반적으로 사람들이 두렵거나 위험하다고 여기지 않는 상황이나 자극에 대하여 과도하게 강한 공포를 나타내는 경우에 해당한다. 이러한 공포증의 예로는, 고소공포증(高所恐怖症), 동물공포증(動物恐怖症), 대인공포증(對人恐怖症), 이성공포증(異性恐怖症), 광장공포증(廣場恐怖症), 폐쇄공포증(閉鎖恐怖症) 및 선단공포증(先端恐怖症) 등이 있으며, 이외에도 아주 다양한 유형의 공포증이 있다.

공학심리학【工學心理學】 engineering psychology　인간과 기계, 장비 및 작업활동 간의 관계와 상호작용을 체계적으로 연구하는 심리학의 한 분야. 흔히 위 변인들 간의 관계와 상호작용을 효율적이고 긍정적인 방향으로 향상시킬 목적으로 연구를 진행한다.

공학심리학자【工學心理學者】 engineering psychologist　'공학심리학(工學心理學: engineering psychology)' 분야에서 활동하는 심리학자.

공황【恐慌】 panic　특별한 이유 없이 극도의 불안에 빠지는 상태.

공황발작【恐慌發作】 panic attack　갑자기 강한 불안이 세차게 일어나는 상태로, 일반적으로 심장박동의 증가, 숨이 차는 느낌, 발한, 가슴 통증, 떨림, 질식감, 현기증, 통제력 상실감 등의 증세들 가운데 몇 가지가 동시에 발생한다. 공황발작은 흔히 증세 발생 후 수분 이내에 최고 수준에 도달하게 된다.

공황장애【恐慌障碍】panic disorder　갑자기 극도의 불안상태에 빠지면서 발작을 나타내는 장애를 말한다. 주요 증상으로는 극도의 불안감과 함께 숨막힘, 몸의 떨림, 가슴통증 등의 신체증상들이 있다. 이 장애를 가진 사람들은 갑작스럽게 발생하는 공황발작에 대한 두려움 때문에 공공의 장소에 가는 것을 기피하게 되는 등 사회적 활동에서 많은 부적응을 경험하게 되기 쉬움.

과잉규칙화【過剩規則化】overregularization　언어발달 초기에 아동들이 문법을 미숙하게 적용하는 경향을 말하는 것으로, 특히 새로 습득한 문법 규칙을 이 문법 규칙이 적용되지 않는 문장이나 표현에까지 과잉일반화하여 적용하는 현상을 의미한다.

과잉학습【過剩學習】overlearning　학습의 효과를 유지하거나 망각을 방지하기 위해 학습이나 기억을 위해 요구되는 연습 빈도보다 더 많은 연습을 하는 것. 예를 들면, 어떤 특정 과제를 학습하기 위해 5번의 연습이 필요하지만, 그보다 많은 6번 또는 그 이상의 연습을 하는 경우가 과잉학습에 해당된다.

과잉행동【過剩行動】hyperactivity　상황에 맞지 않게 필요 이상으로 과도하게 이루어지는 행동. 구체적으로 개인의 연령, 지능, 성별 및 사회적 지위에 맞지 않게 불안정하고 부적절하며, 불규칙하고 과도하게 이루어지는 행동을 말하며, 그러한 행동이 지속되는 경우에는 일종의 장애 또는 장애의 특징으로 간주될 수 있다. 과잉행동을 특징으로 나타내는 대표적인 장애로 ADHD(주의력결핍 과잉행동장애)를 들 수 있다. 과잉행동이라는 말 대신에 과잉활동(過剩活動) 또는 과다행동(過多行動)이라는 표현이 사용되기도 한다.

과정-지향적 칭찬【過程-指向的 稱讚】process-oriented praise　'과정-지향 칭찬' 참조.

과정-지향 칭찬【過程-指向 稱讚】process-oriented praise　인물(개인)이 가지고 있는 지능이나 성격과 같은 내적 능력이나 특성에 대한 칭찬(이와 같은 형태의 칭찬을 '인물 칭찬'이라고 한다)과는 달리, 성취 과정 또는 문제해결 과정에서 좋은 결과나 성취를 위해 '노력하는 과정'의 측면에 대한 칭찬을 지칭하여 '과정-지향 칭찬'이라고 한다. '과정-지향적 칭찬'이라고도 한다.

과학【科學】science　다양한 정의가 가능하지만, 크게 내용에 초점을 맞춘 정의와 과정에 초점을 맞춘 정의로 구분하여 살펴볼 수 있다. 일반적으로 내용에 초점을 맞추면, 과학은 '자연을 설명하는 통합된 지식의 축적 또는 지식체계'라고 정의되며, 과정에 초점을 맞추면, 과학은 '자연을 설명하기 위해 자연 속의 중요한 변인을 발견하고, 나아가 변인들 간의 관계를 찾고 이러한 관계를 설명하는 체계적인 활동'이라고 정의된다.

과학기술공포증【科學技術恐怖症】technophobia　현대의 과학기술에 대해 갖는 공포증. 즉 현대 사회에서 전개되고 있는 급속하게 변화하는 놀라운 과학기술에 대하여 과도한 공포(두려움)를 느끼는 증상. '기술공포증' 또는 '테크노공포증'이라고도 한다. 한편, 과학기술공포증과 반대되는 경향이 '테크노필리아

(technophilia)'이다.

과학적 방법【科學的 方法】scientific method 지식이나 원리를 발견하기 위하여 자료를 수집하고, 가설을 설정하며, 나아가 그 가설을 경험적인 활동을 통해 검증해 가는 객관적이고 정밀하며 체계적인 접근방법. 이와 같은 과학적 방법을 적용하는 연구 또는 연구활동을 지칭하여 '과학적 연구(科學的 硏究: scientific research)'라고 한다.

과학적 연구【科學的 硏究】scientific research '과학적 방법' 참조.

과학철학【科學哲學】philosophy of science 과학적 인식, 과학적 방법과 연구 등과 같은 과학 및 과학 탐구와 관련된 기본적인 요소들과 그와 관련된 문제들을 검토하고 고찰하는 철학의 한 분야.

과학혁명【科學革命】scientific revolution 영국의 역사학자인 Herbert Butterfield (1900~1979)가 1946년에 출간한 자신의 저서 〈근대과학의 탄생(The Origins of Modern Science)〉에서 처음으로 사용한 용어로, 미국의 과학사가인 Thomas S. Kuhn (1922~1996)은 이 개념을 학문적인 용어로 널리 사용되도록 만드는데 기여한 사람으로 평가받고 있다. Kuhn은 1962년에 출간한 자신의 저서 〈과학혁명의 구조(The Structure of Scientific Revolutions)〉에서 특정 시기 동안 과학계를 지배하는 포괄적인 세계관을 패러다임(paradigm)이라고 하고, 이 패러다임의 틀 내에서 진행되는 과학활동을 지칭하여 정상과학(正常科學: normal science)이라고 했다. 이 정상과학 기간 동안 과학자들은 패러다임을 지지하는 경험적인 자료들을 찾는 방향으로 연구들을 진행하게 되는데, 그 과정에서 패러다임을 지지하지 않는, 즉 패러다임의 틀에서 제시된 예측과 다른 새로운 연구결과들이 계속해서 제시되면 패러다임에 대한 신뢰도는 약화되고, 급기야 기존의 패러다임의 틀에서 설명되던 지식이나 이론들뿐만 아니라 기존의 패러다임으로 설명하기 어려웠던 새로운 지식 또는 연구결과들까지도 포괄적으로 설명하는 새로운 패러다임이 등장하여 기존의 패러다임을 대체하게 되는데, 이러한 과정을 '과학혁명(科學革命: scientific revolution)'이라고 한다. 대표적인 과학혁명의 예로 중세의 천동설에서 지동설로의 대체, 뉴턴 물리학에서 아인슈타인 물리학으로의 대체 등이 있다. '패러다임' 참조.

관계적 공격성【關係的 攻擊性】relational aggression 상대방의 관계적 측면이나 사회적 측면에 대해 손상을 줄 목적으로 이루어지는 공격 또는 공격 성향. 관계적 공격성에서 손상을 주고자 하는 측면에는 상대방의 사회적 지위, 우정 및 친교적 관계 등이 포함된다.

관계적 자기가치감【關係的 自己價値感】relational self-worth 자기 자신을 가치 있는 존재로 느끼는 정도를 '자기가치감'이라고 하며, 그 중에서도 사회적인 관계 상황에서 형성되는 자기가치감을 지칭하여 '관계적 자기가치감'이라고 한다. 예컨대, 아버지나 친구 등과 같은 특정인과 함께 있을 때 달리 지각되는(영향을 받는) 자기가치감이 '관계적 자기가치감'의 예가 된다.

관념【觀念】idea 어떤 대상(일이나 사람, 사물 또는 물질 등)에 대한 생각이나 관점을 지칭하는 하는 용어로, 흔히 사람의 마음 속에 떠오르는 표상이나 상상 또는 개념 등과 유사한 의미로 사용된다.

관념론【觀念論】 idealism 인식과정에서 관념이 물질적인 것이나 실재적인 것에 우선한다고 보는 관점. 인간의 이성이나 정신 등의 관념은 물질을 초월하여 존재하는 것이며, 경험을 해석하는 과정에서 관념이 중심적인 역할을 한다고 본다.

관음증【觀淫症】 voyeurism 성도착증(paraphilias: 성행위 대상이나 성행위 방식에서 정상적인 기준을 벗어나 비정상적인 행태를 나타내는 장애)의 한 유형으로, 옷을 벗고 있거나 성행위를 하는 타인의 모습을 몰래 관찰하는 과정을 통해 성적 흥분이나 쾌감을 느끼는 장애.

관찰【觀察】 observation 특정 대상(사람이나 사물)의 행동이나 현상을 의식적으로 주의 깊게 살펴보는 것 또는 그러한 활동을 지칭하며, 모든 과학적 연구에서 가장 기초가 되는 자료수집 활동이라고 할 수 있다. 연구 과정에서 이루어지는 구체적인 관찰의 유형을 살펴보면, 관찰자가 자연적인 상황에서 관찰 대상자(들)의 행동을 관찰하는 자연관찰(또는 자연관찰법이라고도 함), 관찰자가 관찰 대상자(들)가 포함되어 있는 집단에 참여하여 함께 활동하면서 관찰 대상자(들)의 행동을 관찰하는 참여관찰(또는 참여관찰법이라고도 함), 그리고 관찰자가 실험실 상황에서 이루어지는 관찰 대상자(들)의 행동을 관찰하는 실험실 관찰(또는 실험실 관찰법이라고도 함) 등과 같은 다양한 유형의 관찰이 있다. 관찰을 '관찰법'이라고도 한다.

관찰법【觀察法】 method of observation / observation 연구방법의 한 형태로, 연구대상의 행동을 관찰하여 자료를 수집하는 방법. 관찰자가 자연적인 상황에서 관찰 대상자(들)의 행동을 관찰하는 자연관찰법(또는 자연관찰이라고도 함), 관찰자가 관찰 대상자(들)가 포함되어 있는 집단에 참여하여 함께 활동하면서 관찰 대상자(들)의 행동을 관찰하는 참여관찰법(또는 참여관찰이라고도 함), 그리고 실험실 상황에서 관찰 대상자(들)의 행동을 관찰하는 실험실 관찰법(또는 실험실 관찰이라고도 함) 등과 같은 다양한 유형의 관찰법이 있다.

관찰연구【觀察研究】 observational research / observational study 관찰(또는 관찰법)을 사용하여 이루어지는 연구 또는 연구방법을 지칭한다. 관찰연구의 주요 목적은 변인들 간에 상관이 있는지, 나아가 만일 상관이 있다면 그 상관의 정도는 얼마나 되는지를 알아보는 데 있다. 그러나 관찰에서 수집한 자료만으로는 변인들 간의 인과적(因果的)인 관계를 판단하기 어렵다는 한계가 있다.

관찰자【觀察者】 observer 관찰하는 사람. 구체적으로, 특정한 대상이나 사람 또는 현상을 관찰하는 사람을 지칭한다.

관찰자 영향【觀察者 影響】 observer influence 관찰의 대상이 되는 사람(또는 사람들)이 관찰자의 존재에 의해 영향을 받아 평상시와는 다르게(또는 다른 방식으로) 행동하게 되는 현상 또는 경향.

관찰자 편파【觀察者 偏頗】 observer bias '관찰자 편향' 참조.

관찰자 편향【觀察者 偏向】 observer bias 관찰연구에서 관찰결과 또는 연구결과에 영향을 미칠 수 있는 관찰자의 의식적 또는 무의식적 기대나 태도를 말한다. 또는 관찰자의 기대나 태도가 관찰결과 또는 연구결과에 미친 영향을 의미하기도 한다. '관찰자 편파'

라고도 한다.

관찰학습【觀察學習】observational learning 직접적인 행동 경험 또는 직접적인 강화의 경험이 없이 타인의 행동을 관찰함으로써 이루어지는 학습. 사회화가 이루어지는 과정에서 중요하게 작용하는 학습의 한 형태로, 흔히 발달해 가는 아동들은 모델의 행동을 관찰하고 그 과정에서 모델의 행동에 뒤따르는 결과를 반영하여 자신의 행동을 학습하게 된다. 이 학습과정에서는 대리적 강화(vicarious reinforcement) 및 대리적 처벌(vicarious punishment)이 중요한 변인으로 작용한다.

광고【廣告】advertisement 개인이나 단체 또는 회사가 의도하는 목적을 달성하기 위해 자기(또는 자사)의 상품이나 서비스 또는 가치관이나 정책 등을 소비자(집단) 또는 기타 목표로 하는 대상에게 알리려는 의도된 정보활동을 총칭한다. 현대 사회의 광고는 대부분 상업적인 목적으로 이루어지기 때문에, 흔히 광고는 상업광고를 지칭하는 의미로 사용되고 있다.

광고심리학【廣告心理學】advertising psychology 심리학적 지식 및 이론을 통해 광고를 이해하고 동시에 광고의 조건, 방법 및 효과 등과 관련된 문제를 체계적으로 연구하는 심리학의 한 분야이다. 과거에는 산업심리학 및 사회심리학의 영역에서 다루어지던 분야였으나, 오늘날 대중매체의 발달과 함께 광고의 중요성이 증가됨에 따라고 하나의 독립된 심리학 분야로 자리잡아가고 있다.

광고심리학자【廣告心理學者】advertising psychologist 광고심리학(advertising psychology) 분야에서 활동하는 심리학자를 말한다.

광선치료【光線治療】light therapy 빛(흔히 가시광선)이 가진 생물 · 생리학적 효과를 이용한 치료 방법의 한 유형. 특히 빛이 가진 생체리듬과 내분비체계의 정상화, 통증 완화, 혈관 확장, 신진대사 촉진, 기분 개선 등의 효과를 이용하는 치료 방법으로, 피부병, 황달, 내분비장애 등의 신체적 질병뿐만 아니라 우울증이나 불면증 및 섭식장애 등과 같은 정신 및 행동장애의 치료에도 활용되고 있다.

광장공포증【廣場恐怖症】agoraphobia 자신의 집을 떠나 개방되어 있거나 공개적인 장소에 있는 것에 대하여 과도한 두려움(또는 공포)을 나타내는 증상. 백화점이나 광장과 같이 다수의 사람들이 모이는 공공의 장소에 가게 되면 심장박동이 증가하거나 현기증 또는 식은 땀 분비 등의 생리적 반응과 함께 과도한 두려움이나 불안감 등과 같은 비정상적인 심리적 반응을 나타내는 경우라고 할 수 있다.

교감신경【交感神經】sympathetic nerve 자율신경계 중에서 위급하거나 스트레스적인 상황에서 신속하게 대처하는 데 요구되는 신체적 자원 또는 에너지를 동원하는 기능을 담당하는 신경 영역을 지칭한다. 교감신경과 서로 길항적으로 작용하는 신경 영역을 '부교감신경(副交感神經: parasympathetic nerve)'이라고 한다. '교감신경계' 참조.

교감신경계【交感神經系】sympathetic nervous system 신경계 중에서 혈관, 내분비선, 그리고 심장이나 위장과 같은 내장기관 등에 분포하여 이 기관들을 불수의적으로 통제하는 기능을 하는 신경계를 '자율신경계(自律神經系: autonomic nervous system)'라고 하는데, 이는 다시 교감신경계(交感神經系: sympathetic nervous system)와 부교감신경계(副交

感神經系: parasympathetic nervous system)로 나뉨. 이 중에서도 긴급하거나 스트레스적인 상황에서 신속하게 대처하는 데 요구되는 신체적 자원 또는 에너지를 동원하는 기능(예를 들면, 혈액의 양을 증가시키고 혈류의 흐름을 촉진하기 위한 혈관확장 및 심장박동 증가, 소화억제 등)을 하는 신경계통을 교감신경계라고 한다. 이러한 교감신경계의 활동은 부교감신경계와 길항적으로 작용한다.

교령술【交靈術】 spiritualism '심령술' 참조.

교류【交流】 transaction '교류분석(transactional analysis)'에서 다루는 사회적 상호작용의 기본 단위.

교류모델【交流모델】 transactional model '교류적 모델'이라고도 한다. '교류적 모델' 참조.

교류모형【交流模型】 transactional model '교류적 모델'이라고도 한다. '교류적 모델' 참조.

교류분석【交流分析】 transactional analysis (TA) 성격, 대인관계 및 의사소통에 관한 체계적인 이론의 하나로, 일반사람들 또는 환자들로 구성된 특정 집단의 구성원들 간에 이루어지는 교류(交流: transaction)의 측면에서 상호관계를 분석하는 기법 또는 이론체계. '교류분석이론'이라고도 한다. Eric Berne (1910~1970)에 의해 개발되었다.

교류분석이론【交流分析理論】 transactional analysis '교류분석' 참조.

교류적 모델【交流的 모델】 transactional model 발달(연구)에서, 자녀와 부모와의 관계에서 영향을 미치는 방향은 일방향적인 것이 아니라 부모와 자녀가 서로 상호적으로 영향을 주고 동시에 영향을 받는다고 보는 모델. 즉, 자녀의 발달과정에서 부모는 자녀에게 영향을 미칠 뿐만 아니라 동시에 영향을 받으며, 자녀 또한 부모로부터 영향을 받기만 하는 것이 아니라 영향을 미치기도 한다고 보는 관점을 말한다. 즉, 이 모델은 일방향적인 관계를 가정하는 '부모효과 모델'이나 '아동효과 모델'과 다른 입장을 취한다. 오늘날 발달학자들 가운데는 부모와 자녀가 서로 영향을 미치기도 하고 또 영향을 받기도 하는, 즉 양방향적인 영향 관계를 가정하는 '교류적 모델'을 취하는 경우가 많다. '교류적 모형', '교류모델' 또는 '교류모형'이라고도 한다.

교류적 모형【交流的 模型】 transactional model '교류적 모델'이라고도 한다. '교류적 모델' 참조.

교미【交尾】 copulation / mating / pairing 동물의 수컷과 암컷이 생식을 위해 성적(性的)인 관계를 맺는 행위를 말한다. '교접(交接)' 또는 '짝짓기'라고도 한다.

교세포【膠細胞】 glial cell / glia 신경계를 구성하고 있는 1,000여 종류의 세포들은 크게 두 가지 유형의 세포로 분류되는데, 그 중 하나가 뉴런(neuron)이고 다른 하나가 교세포(glial cell)이다. 뉴런은 다른 뉴런들과 근육, 기관 및 분비선 등에 정보를 전달하는 기능을 담당하는 반면에, 교세포는 지지세포로서 뉴런을 둘러싸 보호하고 절연작용을 하며, 동시에 뉴런에 영양을 공급하는 등의 역할을 담당하는 것으로 추측되고 있다. 교세포의 크기는 뉴런에 비해 평균적으로 10분의 1이지만, 그 수는 뉴런의 10배 정도가 되기 때문에 신경계에서 교세포가 차지하는 공간은 뉴런이 차지하는 공간과 비슷한 것으로 알려져 있다. '신경교세포(neuroglia)', '신경교(neuroglia)'라고도 한다.

교육【教育】 education 삶의 과정에서 요구되는 심리적(정신적), 행동적, 사회적 및 신체적 측면(구체적으로, 지식, 인성, 정서, 기술, 습관, 신체 등의 측면)에서의 건강한 발달과 역량 계발을 목적으로 이루어지는 체계적인 학습 활동. 교육이 이루어지는 과정은 흔히 의도적이고 목적적이며 가치지향적인 특징이 있다. 이러한 측면에서 교육은 학습(learning)의 개념과 구분된다.

교육상담【教育相談】 educational counseling 교육과정 또는 교육활동에서 파생되는 문제나 고민의 해결을 도와주기 위해 진행하는 상담. 구체적으로 교육상담에서 다루어지는 문제에는 학업, 수업, 성적, 학습, 학습방법, 진로, 진학, 전공 선택 등과 관련된 문제나 고민이 포함된다.

교육심리학【教育心理學】 educational psychology 교육 및 교육과정의 효과를 향상시킬 목적으로 수업, 교수 및 교수법, 학습 및 학습동기, 그리고 교육평가 등과 같은 교육(과정)에 심리학적 지식 및 원리를 적용하여 연구하는 심리학 또는 교육학의 한 분야를 말한다.

교육심리학자【教育心理學者】 educational psychologist 교육심리학 분야에서 활동하는 심리학자.

교접【交接】 sexual intercourse / coitus '성교' 참조.

교정심리학【矯正心理學】 correctional psychology 심리학적 지식이나 원리를 활용하여 비행이나 범죄를 저지른 청소년이나 성인을 교정(矯正)하고 나아가 이들이 건전한 사회인으로 복귀할 수 있도록 하는 것을 목적으로 하는 심리학의 한 분야.

구강기【口腔期】 oral stage Freud의 정신분석이론에서 심리성적 발달이론의 첫 번째 단계로, 생후 1년에서 18개월 동안의 시기에 해당한다. 입과 입술 등을 이용한 구강활동(빨기, 씹기, 깨물기, 먹기 등)이 쾌감과 만족의 주요 원천이 되는 단계로, 영아는 이러한 행동을 통해 긴장을 감소시키게 된다. '구순기(口脣期)' 또는 '구강 단계(口腔段階)'라고도 한다.

구강기 성격【口腔期 性格】 oral character Freud의 정신분석이론에서 심리성적 발달이 구강기에 고착됨에 따라 갖게 되는 성격 유형. 흔히 구강기 동안의 과도한 만족이나 과도한 좌절에서 비롯되는 것으로 이해되고 있다. 이 성격의 주요 특징으로는 과음, 과식, 수다 등과 같은 행동들이 포함된다. '구순기 성격(口脣期 性格)'이라고도 한다.

구강 단계【口腔 段階】 oral stage '구강기' 참조.

구경꾼놀이 onlooker play '방관자적 놀이' 참조.

구경꾼효과【구경꾼效果】 bystander effect 사람들은 개개인이 혼자 있는 경우에 비하여 다른 누군가와 함께 있는 경우에, 노약자나 범죄의 희생자 등과 같이 도움을 필요로 하는 타인에게 도움을 제공하게 될 가능성이 감소되는 현상을 지칭한다. '방관자효과(傍觀者效果)'라고도 한다. '방관자효과' 참조.

구념【構念】construct '구성개념' 참조.

구문론【構文論】syntax 한 언어에서 의미를 가진 문장을 구성하기 위해 단어들과 문법적 요소를 결합하는 규칙. '통사론'이라고도 한다.

구성개념【構成概念】construct 성격, 신념, 지능 등을 포함하는 심리적 특성과 행동적 특성 그리고 사회적 현상 등을 표상하거나 설명할 목적으로 사용하는 이론적 개념. 흔히 구성개념은 관찰 및 측정될 수 있는 행동에 의해 정의된다. '구인(構因)' 또는 '구념(構念)'이라고도 한다.

구성개념 타당도【構成概念 妥當度】construct validity 검사가 측정하려고 하는 구성개념을 적절하게 측정하는 정도. '구성타당도(構成妥當度)' 또는 '구인타당도(構因妥當度)'라고도 한다.

구성기억【構成記憶】constructive memory 사건을 경험한 후에 만들어지는 사건에 대한 기억. 이전의 경험을 통한 지식, 기대 또는 도식이 기초가 되어 새로운 경험에 대한 기억을 만들게 된다. 따라서 한 개인이 앞으로 발생할 사건이나 경험에 대해 어떤 기억을 형성하게 될 지는 앞으로 발생하게 될 사건의 객관적 자료와 함께 그가 이미 가지고 있는 지식, 기대 또는 도식이 영향을 미치게 된다. '구성적 기억'이라고도 한다.

구성적 과정【構成的 過程】constructive process 개인이 경험하는 사건의 객관적 자료와 함께 그 개인이 가지고 있는 기존의 지식, 기대 또는 도식이 기초가 되어 지각과 기억을 구축해 가는 과정.

구성적 기억【構成的 記憶】constructive memory '구성기억' 참조.

구성주의【構成主義】structuralism 인간의 정신, 특히 의식을 구성하는 요소와 그 구조를 분석하고자 했던 최초의 심리학파. 현대 심리학의 시조로 일컬어지고 있는 Wundt (1832~1920)의 제자인 Tichener (1867~1927)에 의해 창시되었다. '구조주의'라고도 번역된다. '구조주의 심리학'에 대한 또 다른 표현. '구조주의 심리학' 참조.

구성주의 심리학【構成主義 心理學】structural psychology '구조주의 심리학' 참조.

구성타당도【構成妥當度】construct validity 검사가 측정하려고 하는 구성개념을 적절하게 측정하는 정도. '구인타당도(構因妥當度)' 또는 '구성개념 타당도(構成概念妥當度)'라고도 한다.

구순기【口脣期】oral stage Freud의 정신분석이론에서 심리성적 발달단계 가운데 첫 번째 단계로 생후 1년 동안의 시기에 해당한다. 입과 입술 등을 이용한 구강활동(빨기와 먹기 등)이 쾌감의 주요 원천이 되는 단계이다. '구순기(口脣期)' 또는 '구강 단계(口腔段階)'라고도 한다.

구순기 성격【口脣期 性格】oral character Freud의 정신분석이론에서 심리성적 발달이 구강기에 고착됨에 따라 갖게 되는 성격 유형. 흔히 구강기 동안의 과도한 만족이나 과도한 좌절에서 비롯되며, 주요 특징으로는 과음, 과식, 수다 등의 행동들이 포함된다. '구강기 성격(口腔期 性格)'이라고도 한다.

구스타브 페히너 Fechner (1801~1887)　독일의 물리학자 · 철학자. 'Fechner, Gustav Theodor (1801~1887)' 참조.

구심성뉴런【求心性뉴런】 afferent neuron　'감각뉴런' 참조.

구심성신경【求心性神經】 afferent nerve　외부로부터 신체에 가해진 자극 또는 정보를 말초를 거쳐 중추(척수 및 뇌)로 전달하는 기능을 하는 신경을 말한다. '구심신경(求心神經)'이라고도 한다. 이에 대응하는 용어로 '원심성신경(遠心性神經: efferent nerve)'이 있다.

구애행동【求愛行動】 mating behavior　동물의 세계에서 수컷과 암컷이 생식을 위한 교미 또는 짝짓기를 하기에 앞서서 상대에 대한 확인, 유인 및 흥분 등의 목적으로 이루어지는 일련의 행동을 지칭한다.

구연동화【口演童話】 orally narrated fairy tale　전래된 동화나 창작된 동화와 같은 이야기의 내용을 글이나 문자를 사용하지 않고 입으로, 즉 말로써 연기하듯이 하면서 전해주는(들려주는) 동화. 흔히 어린 유아나 아동들을 대상으로 이루어진다. 전기불이 없던 과거에는 노인들이나 부모들이 어두워진 저녁 또는 밤에 잠 못 이루는 어린 자녀들을 위해 전래동화를 들려주기 위해 행하는 경우가 대부분이었으나 오늘날에는 텔레비전이나 라디오와 같은 다양한 대중매체와 공교육 기관의 교사, 그리고 구연동화 전문가들에 의해 이루어지는 경우가 많다.

구인【構因】 construct　'구성개념' 참조.

구인타당도【構因妥當度】 construct validity　검사가 측정하려고 하는 구인(또는 구성개념)을 적절하게 측정하는 정도. '구성타당도' 또는 '구성개념 타당도'라고도 한다.

구조심리학【構造心理學】 structural psychology　'구조주의 심리학' 참조.

구조적 결손가정【構造的 缺損家庭】 structural broken home / structural broken family　결손가정의 주요 형태 가운데 하나로, 부모의 사망, 이혼, 별거 등으로 인해 부모 중 한 명 또는 두 명 모두가 없는 가정. 이와는 달리, 기능적 결손가정이란 부모 모두가 있지만 이들의 자녀양육행동이나 부모역할의 기능이 부재하거나 역기능적이어서 실제적으로 부모의 결손 상태를 나타내는 가정을 말한다. 결손가정을 말할 때 흔히 구조적 결손가정을 지칭하는 경우가 많지만, 이것은 구조적 결손가정의 역기능과 문제가 기능적 결손가정에 비해 상대적으로 더 크거나 강함을 의미하는 것은 아니다. '구조적 결손가족'이라고도 한다.

구조적 결손가족【構造的 缺損家族】 structural broken family / structural broken home　'구조적 결손가정' 참조.

구조적 관찰【構造的 觀察】 structured observation　'구조화된 관찰' 참조.

구조적 관찰법【構造的 觀察法】 structured observation　'구조화된 관찰' 참조.

구조주의【構造主義】 structuralism　'구조주의 심리학'에 대한 또 다른 표현. '구성주의'라고도 번역된다.

'구조주의 심리학' 참조.

구조주의 심리학 【構造主義 心理學】 structural psychology 정신, 특히 의식을 감정이나 감각 등과 같은 심적인 요소들로 환원해서 그 구성내용을 분석해 내고자 했던 초기 심리학파의 하나. 이처럼 의식의 내용을 강조한 체계였기 때문에 '내용심리학(content psychology)'이라고도 한다. 주로 사용된 연구방법은 내성법(內省法: introspection)으로, 이 방법은 별도의 훈련을 받은 연구자들에 의해 수행되었다. 현대 심리학의 시조로 알려져 있는 Wundt (1832~1920)로부터 시작되었으며, '구조주의 심리학(structural psychology)'이라는 명칭을 처음 사용한 사람은 Wundt의 제자였던 Titchener (1867~1927)였다. '구조심리학(構造心理學)' 또는 '구성주의 심리학(構成主義心理學)'이라고도 한다.

구조화된 관찰 【構造化된 觀察】 structured observation 연구자료 수집을 위한 관찰법의 한 형태로, 자연적인 상황에서 관찰하기 어려운 특정한 행동이 유발될 수 있는 상황을 만들어 연구 대상자(참가자)들을 그 상황에 처하게 만든 후에 특정한 행동이 발생하는지를 관찰하는 방법. 이 과정에서 관찰은 흔히 비밀리에 이루어지며, 이를 위해 일방경(one-way mirror)이나 폐쇄회로 카메라(CCTC)를 사용하는 경우가 많다. '구조화된 관찰법', '구조적 관찰' 또는 '구조적 관찰법'이라고도 한다.

구조화된 관찰법 【構造化된 觀察法】 structured observation '구조화된 관찰' 참조.

구체적 조작기 【具體的 操作期】 concrete operational stage / concrete-operational period Jean Piaget의 인지발달이론에서 제시하고 있는 인지발달이 이루어지는 네 단계 가운데 세 번째 단계. 약 7세부터 11, 12세경까지의 시기에 해당한다. 이 시기의 아동은 가역성 및 탈중심화와 같은 인지적 능력을 발달시키게 되고, 이에 따라 구체적 대상, 행동 및 경험에 대하여 체계적이고 논리적인 조작적 사고를 할 수 있게 되며, 또한 보존능력을 획득하게 된다. 그러나 이 시기의 조작적 사고 능력은 구체적인 사상(事象)에만 적용되며, 추상적인 문제나 과제에 대한 조작능력은 아직 발달하지 못한 상태이다. '구체적 조작단계'라고도 한다.

구체적 조작단계 【具體的 操作段階】 concrete operational stage / concrete-operational period '구체적 조작기' 참조.

구체적 조작적 사고 【具體的 操作的 思考】 concrete operational thinking Jean Piaget의 인지발달이론의 세 번째 단계인 구체적 조작기(具體的 操作期: 약 7세부터 11, 12세경까지의 시기)의 아동들이 보이는 사고능력을 지칭한다. 즉, 이 시기의 아동들은 구체적인 대상, 행동 및 경험에 대하여 체계적이고 논리적인 사고를 하는 것이 가능하며, 그 적용범위는 구체적인 사상(事象)에 국한된다. 반면에 추상적인 문제나 과제에 대한 조작적 사고는 하지 못하며, 이러한 사고능력은 Piaget 인지발달이론의 마지막 네 번째 단계인 형식적 조작기(形式的 操作期: 약 11, 12세 이후)에 가서야 가능해진다.

구타 【毆打】 blow / beating / assault and battery 손, 발과 다리 등의 신체기관 및 몽둥이나 흉기 등을 사용하여 상대방의 신체를 마구 때리는 행위를 지칭한다.

구획 무선화【區劃 無選化】block randomization 처치 순서들이 그 조건들을 제시하고 있는 연속적인 구획 내에서 무선화되는 상대 균형화 기법.

국제심리과학연맹【國際心理科學聯盟】International Union of Psychological Science '국제심리학연맹(國際心理學聯盟)'으로도 번역된다.

국제심리학연맹【國際心理學聯盟】International Union of Psychological Science '국제심리과학연맹(國際心理科學聯盟)'으로도 번역된다.

국제연합교육과학문화기구【國際聯合敎育科學文化機構】United Nations Educational, Scientific and Cultural Organization (UNESCO) '유네스코' 참조.

국제질병분류체계【國際疾病分類體系】International Classification of Diseases (ICD) 세계보건기구(WHO)에서 발표해오고 있는 '국제질병분류체계'의 내용 가운데는 정신장애의 유형에 따른 분류 및 진단 기준에 관한 내용이 포함되어 있다. '아이씨디(ICD)'라고도 한다.

군사심리학【軍事心理學】military psychology 군의 목표달성 및 제반활동의 효율성을 극대화할 목적으로 군사상(軍事上)의 제반문제들에 심리학적 지식과 원리를 응용하는 심리학 또는 관련 학문분야를 지칭한다. 이러한 군사심리학의 연구대상이 되는 문제들로는 신병 선발, 교육훈련 및 배치, 이와 관련된 성격 및 적성검사, 부하통솔 및 지휘, 사기진작, 전장심리, 그리고 심리전 등의 주제들이 포함된다.

군사심리학자【軍事心理學者】military psychologist 군사심리학(military psychology) 분야에서 활동하는 심리학자 또는 관련 학자를 지칭한다.

군중【群衆】crowd 한 시각에 같은 장소에 모인 조직화되지 않은 많은 사람들의 무리. 흔히 특정한 규범이 없이 일시적으로 형성된 집단으로, 정서적이고 비합리적이며 비이성적인 사고 및 행동 특징을 보이기 쉽다.

군중심【群衆心】crowd mind '군중심리' 참조.

군중심리【群衆心理】crowd mind / crowd psychology / mob psychology 군중(crowd)이 나타내는 일시적인 특수한 심리 상태. 군중은 한 시각에 같은 장소에 모인 조직화되지 않은 많은 사람들의 무리를 지칭한다. 이들은 특정한 규범이 없이 일시적으로 형성된 집단으로, 정서적으로 쉽게 흥분하고 사람들의 말과 행동에 휩쓸리기 쉬우며, 동시에 비합리적이고 비이성적이며 무책임한 사고와 판단을 하기 쉽다. 이와 같은 군중의 심리 상태 또는 심리적 특징을 지칭하여 '군중심리'라고 한다. '군중심(群衆心)'이라고도 한다.

군중심리학【群衆心理學】crowd psychology / mob psychology / mass psychology 군중(crowd)의 심리 및 행동 특징과 경향을 연구하는 심리학의 한 분야. 사회심리학의 한 분야로 분류된다.

군중행동【群衆行動】crowd behavior / mob behavior 특정한 자극이나 상황에 대해 군중(crowd)이 나타내는 집단적인 행동.

군중효과【群衆效果】crowd effect 일종의 군중심리가 반영되어 나타나는 현상을 말하는 것으로, 군중 속에 들어간 개인이 자신도 모르게 군중에 따라 행동하는 경향 또는 현상.

권력행사【權力行使】power assertion 부모가 자녀 양육 과정에서 사용하는 훈련 방법의 한 가지로, 자녀의 잘못된 행동이나 태도를 수정하기 위해 체벌이나 특정한 기회 또는 권리의 박탈과 같이 부모의 권력을 사용하는 훈육 방식. '권력행사기법' 또는 '권력행사법'이라고도 한다.

권력행사기법【權力行使技法】power assertion '권력행사' 참조.

권력행사법【權力行使法】power assertion '권력행사' 참조.

권위 있는 양육【權威 있는 養育】authoritative parenting 자녀 양육방식의 한 유형으로, 자녀의 요구에 대해 수용적이고 애정적인 행동을 할 뿐만 아니라 다른 한편으로는 삶의 길잡이로서 적절한 안내와 통제를 하기도 하는 유연한 양육방식. '권위 있는 양육방식', '권위적 양육' 또는 '권위적 양육방식'이라고도 하며, '민주적 양육' 또는 '민주적 양육방식' 등과도 비슷한 의미로 사용된다.

권위 있는 양육방식【權威 있는 養育方式】authoritative parenting '권위 있는 양육' 참조.

권위적 양육【權威的 養育】authoritative parenting '권위 있는 양육' 참조.

권위적 양육방식【權威的 養育方式】authoritative parenting '권위 있는 양육' 참조.

권위주의 성격【權威主義 性格】authoritarian personality 권위에 대하여 무조건적인 복종 또는 존경을 나타내는 경향을 가진 성격을 지칭한다. 일반적으로 권위주의적 성격을 가진 사람들('권위주의자'라고도 함)은 그렇지 않은 사람들에 비하여 상대적으로 윗사람 또는 상급자(들)에 대해서는 더 강한 복종이나 존경을 나타내면서, 동시에 하급자(들)에 대해서는 더 강한 복종이나 존경을 기대하는 경향을 보인다.

권위주의적 양육【權威主義的 養育】authoritarian parenting 자녀 양육방식의 한 유형으로, 자녀의 요구에 대해 수용적이고 애정적인 태도나 행동을 하기보다는 엄격한 기준과 규칙을 제시하고 이를 준수하도록 요구하며, 이를 지키지 않을 때는 합리적인 설명이나 이해 과정을 거치지 않고 부모의 권력을 사용하여 강력한 처벌이나 제재를 가하는 방식으로 진행되는 경직된 양육방식. '권위주의적 양육방식', '독재적 양육' 또는 '독재적 양육방식'이라고도 한다.

권위주의적 양육방식【權威主義的 養育方式】authoritarian parenting '권위주의적 양육' 참조.

귀납적 추론【歸納的 推論】inductive reasoning 추론의 한 유형으로, 특수한 지식이나 정보에서 일반적인 지식이나 정보를 이끌어내는(또는 생각해내는) 추론 방식. 이와 반대로, 일반적인 지식이나 정보에서 특수한 지식이나 정보를 이끌어내는(또는 생각해내는) 추론 방식을 '연역적 추론'이라고 한다. '귀납적 추론'은 '귀납적 추리', '귀납 추론' 또는 '귀납 추리'라고도 한다.

귀납적 추리【歸納的 推理】inductive reasoning '귀납적 추론' 참조.

귀납 추론【歸納 推論】inductive reasoning '귀납적 추론' 참조.

귀납 추리【歸納 推理】inductive reasoning '귀납적 추론' 참조.

귀무가설【歸無假說】null hypothesis '영가설' 참조.

귀무가정【歸無假定】null hypothesis '영가설' 참조.

귀소본능【歸巢本能】homing instinct 송어나 연어와 같은 동물들에게서 나타나는 행동경향으로, 자신이 산란되었거나 서식했던 장소를 떠났던 동물들이 다시 그 장소로 되돌아오는 본능적 경향을 지칭한다. '회귀성(回歸性)' 또는 '귀소성(歸巢性)'이라고도 한다.

귀인【歸因】attribution 행동이나 사건을 인과적(因果的)인 용어를 사용하여 추론하는 인지과정. 귀인(歸因)이라는 말을 글자의 의미에 따라 풀이하면 '어떤 것으로 원인을 돌리다'라는 뜻이 된다. 즉, 귀인이란 자신의 행동이나 타인의 행동에 대해 그 행동을 하게 된 원인을 어떤 것으로 귀착시키는(돌리는) 것 또는 그러한 추론과정을 말한다. 평소 사람들이 하고 있는 귀인은 그들이 어떻게 느끼고 행동할지에 큰 영향을 미치는 변인이다.

귀인방식【歸因方式】attributional style '귀인양식' 참조.

귀인양식【歸因樣式】attributional style 한 개인이 생활해 가면서 경험하게 되는 많은 사건이나 상황들에 대하여 유사한 방식으로 인과적 설명을 하는 양식 또는 방식. 즉 개인이 귀인하는 양식 또는 방식을 말한다. '귀인방식'이라고도 한다.

귀인이론【歸因理論】attribution theory 귀인(歸因: attribution)에 관한 이론. 즉 자신이나 타인의 행동을 이해하고 설명하는 귀인에 관한 이론으로, 특히 사회심리학 분야에서 중요하게 다루어지는 분야이다.

귀인 재훈련【歸因 再訓練】attribution retraining 실패의 원인을 능력 부족으로 돌리는 귀인 방식을 훈련을 통해 수정해줌으로써 무기력한 상태에서 벗어나 노력과 활력을 찾아가도록 도와주는 치료적 훈련. 무기력한 상태에 빠져 있는 아동이나 청소년들에게 효과적으로 사용할 수 있는 훈련 방식이다.

귀인 편파【歸因 偏跛】attributional bias '귀인 편향' 참조.

귀인 편향【歸因 偏向】attributional bias '귀인(attribution)'이란 자신이나 타인의 행동에 대해 그 행동을 하게 된 원인을 어떤 것으로 귀결시키는 추론 과정을 말한다. 이와 같은 귀인 과정에서 공정하지 못하거나 객관적이지 못한 기준 또는 편견에 따라 어느 한쪽 방향으로 치우쳐 이루어지는 귀인을 지칭하여 '귀인 편향'이라고 한다. '귀인 편파'라고도 한다.

귀찮은 일 hassles '해슬' 참조.

귀환【歸還】feedback '피드백' 참조.

귀환반응【歸還反應】feedback '피드백' 참조.

규범【規範】norm 사회의 구성원들이 따르고 지켜야 한다고 기대하는 생각과 행동의 기준 또는 규칙.

규범과학【規範科學】normal science '정상과학' 참조.

규준【規準】norm 어떤 특정한 집단 전체('모집단'이라고도 함)를 대표하는 값이나 점수를 말하는 것으로, 개인의 검사점수(지능지수 등)를 비교하여 상대적인 해석이 가능하도록 해주는 점수를 말한다. 하나의 수치로 나타낼 수도 있고 일정한 범위로 나타낼 수도 있다. 통계학에서 특정 집단을 대표하는 집중경향치로 사용하는 평균, 최빈치, 중앙치 등이 일종의 규준이 될 수 있다.

규준적 발달【規準的 發達】normative development 특정 종이나 집단의 구성원 전체를 대표하는(또는 특징짓는) 전형적인 발달적 변화 또는 발달적 패턴.

규준집단【規準集團】norm group 한 개인의 검사결과 또는 수행평가결과의 정도와 모집단에서 차지하는 상대적 위치를 판단하기 위해 비교하는 집단. 흔히 해당 검사(test)가 대상으로 하는 모집단을 대표하는 집단(표본)이다.

규준표【規準表】norm table '규준(規準: norm)'이란 어떤 특정한 집단 전체('모집단'이라고도 함)를 대표하는 값이나 점수를 말하는 것으로, 개인의 검사점수(지능지수 등)를 비교하여 상대적인 해석이 가능하도록 해주는 점수를 말한다. 이 규준은 집단을 대표하는 표본집단이라고 할 수 있는 규준집단에서 얻어진 값(또는 점수)을 말하며, 이 규준집단에 포함된 개개인들이 얻은 점수들을 분포로 나타낸 표를 '규준표'라고 한다.

그것이 전부가 아닙니다 기법【그것이 全部가 아닙니다 技法】that's not all technique / that's-not-all technique 대인관계에서 부탁이나 요구에 대해 상대방의 승낙(또는 동의)을 효과적으로 얻어내는 설득방법의 하나로, 특히 상품 판매에 자주 사용되는 기법이다. 구체적으로, 상대방에게 특정한 요구(예를 들면, 상품 구매)에 대한 승낙을 이끌어내기 위해, 요구조건(예를 들면, 상품의 가격)을 제시한 후 곧이어 상대방이 반응이나 결정을 하기 전에 새로운 조건(예를 들면, 덤으로 주는 물건이나 가격 할인 또는 포인트 등)을 추가적으로 제시함으로써 상대방의 승낙 가능성을 높이는 기법. 여기서 추가적으로 제시하는 새로운 조건들은 설득(또는 판매 개시) 전부터 이미 제공하기로 계획되었던 것들이지만, 마치 새로이 추가되는 혜택인 것처럼 제시함으로써 상대방의 호감을 증가시키고 그 결과 승낙 가능성을 높이게 된다.

그래프 graph 서로 관련이 있는 두 개 이상의 변인의 양 또는 수준을 비교할 수 있도록 그 변인별 값 또는 수치를 나타낸 그림표를 말한다. '도표(圖表)'라고도 한다.

그리드 GRID GRID는 'gay related immunodeficiency disease'의 약자로, '동성애 관련 면역결핍질환'이라고 번역된다. 현재 사용되고 있는 AIDS(후천성 면역결핍증)라는 용어가 공식화되기 전에 사용되던 명칭이다.

극단이행【極端移行】extremity shift 집단적 토의과정을 통해 이루어지는 의사결정이 개인적으로 하는 의사결정에 비해 보다 더 모험적인 방향으로 이루어지는 현상을 지칭하여 '모험이행(冒險移行: risky shift)'이라고 하는데, 이와 관련하여 진행된 후속 연구에 따르면 집단토의를 거친 후에 이루어지는 의사결정이 개인적으로 이루어지는 의사결정에 비해 항상 모험 지향적인 방향으로만 이루어지는 것이 아니라 오히려 개인적인 의사결정에 비해 더 보수적인 방향으로도 의사결정이 이루어지는 경우가 있다는 것을 발견하였다. 이와 같이 집단토의 과정을 통해 이루어지는 의사결정이 개인적으로 이루어지는 의사결정에 비해 보다 더 극단적인 방향(즉, 더 모험 지향적인 방향이거나 더 보수적인 방향)으로 이루어지는 현상을 지칭하여 '극단이행'이라고 한다. '극단적 이행'이라고도 한다. 한편, '극단이행'은 '집단극화' 또는 '집단극화 현상'과 같은 의미로 사용된다.

극단적 이행【極端的 移行】 extremity shift '극단이행'이라고도 한다. '극단이행' 참조.

극심한 심리적 고통【極甚한 心理的 苦痛】 psychache 감내하기 어려울 정도로 극심한 심리적 고통 또는 그러한 고통을 느끼는 상태. '심리적 극통'이라고도 한다. '심리적 극통' 참조.

극심한 정신적 고통【極甚한 精神的 苦痛】 psychache '심리적 극통' 또는 '극심한 심리적 고통'이라고도 한다. '심리적 극통' 참조.

극심한 정신지체【極甚한 精神遲滯】 profound mental retardation '정신지체' 참조.

근사체험【近死體驗】 near-death experience 죽음의 문턱에 다다랐던 상태 또는 죽음 판정을 받았던 상태에서 겪었던 체험으로, 생존 시의 일반적인 정신적 상태나 경험과 다른 신비롭고 특별한 정신적 체험. 즉, 수술, 사고 및 심장마비 등으로 죽음에 근접한 상태에까지 이르렀던 사람들과, 의학적으로 사망 판정을 받고 사망 상태에까지 갔다가 되살아난 사람들의 보고를 통해 알려지고 있다. 근사체험을 보고하는 사람들의 보고 내용 중에는 평화로운 감정, 밝은 빛의 발견, 터널을 빠져나가는 경험, 사람들이 자신의 곁에서 웅성거리는 소리, 가족들이 자신의 곁에서 우는 소리, 자신에 대해 사망 선고를 하는 의사의 말소리, 과거에 자신보다 앞서서 사망했던 영혼들과의 접촉, 자신의 영혼이 신체를 벗어나 떨어진 곳에서 자신의 신체를 바라보는 경험(유체이탈 경험) 등과 같은 경험 내용이 포함된다. '임사체험(臨死體驗)'이라고도 한다. '임사체험' 참조.

근원【近遠】 proximodistal '중심말단(中心末端)' 또는 '중심말초(中心末梢)'라고도 한다. '근원의' 참조.

근원경향【近遠傾向】 proximodistal trend '중심말단경향(中心末端傾向)' 또는 '중심말초경향(中心末梢傾向)'이라고도 한다. '중심말단방향', '중심말초방향' 및 '근원방향' 등과 같은 의미로 사용된다. '근원방향' 참조.

근원반사【根源反射】 rooting reflex '찾기반사' 참조.

근원방향【近遠方向】 proximodistal direction 발달이 진행되는 방향적 특징 가운데 하나로, 발달이 중심부(中心部: 몸통부)에서 가까운 부분부터 시작하여 먼 부분(말단부) 방향으로 진행되는 순서적 경향. '중심말단방향' 또는 '중심말초방향'이라고도 한다. '중심말단경향', '중심말초경향' 및 '근원경향' 등과 같은 의미로 사용된다.

근원방향 발달【近遠方向 發達】proximodistal development ‘근원방향으로의 발달’ 참조.

근원방향으로의 발달【近遠方向으로의 發達】proximodistal development 발달의 진행 방향을 나타내는 것으로, 중심부(中心部: 몸통부)에서 가까운 부분부터 시작하여 먼 부분(말단부) 방향으로 진행되는 발달 또는 발달 순서. ‘중심말단방향으로의 발달’, ‘중심말초방향으로의 발달’, ‘근원방향의 발달’, ‘중심말단방향의 발달’, ‘중심말초방향의 발달’ 및 ‘근원방향 발달’ 등의 표현과 같은 의미로 사용된다.

근원방향의 발달【近遠方向의 發達】proximodistal development ‘근원방향으로의 발달’ 참조.

근원의【近遠의】proximodistal 중심부에서 가까운 부분에서부터 먼 부분(말단부)으로. ‘중심말단의’, ‘중심말초의’, ‘근원’, ‘중심말단’ 또는 ‘중심말초’라고도 한다.

근접발달영역【近接發達領域】zone of proximal development (ZPD) 구소련의 심리학자인 Vygotsky (1896~1934)가 사용하기 시작한 용어로, 개인(흔히 아동)이 독립적으로 성취할 수 있는 발달수준과 그 개인보다 더 능숙한(숙련된) 사람의 조언과 도움을 받아 성취할 수 있는 발달수준 간의 차이를 지칭한다. 즉 학습자 혼자서 숙달해 가기에는 너무 어렵고 복잡하지만, 좀 더 능숙한 조력자(부모, 형제 또는 교사 등)의 지도와 격려가 제공되는 경우에 성취 또는 도달할 수 있는 발달의 범위(또는 영역)를 지칭한다.

근접성【近接性】proximity 두 자극 간 또는 두 사람 간 물리적으로 가까운 정도. 즉 두 자극이나 두 사람 간의 거리 또는 간격의 정도를 말한다. 지각 과정에서 두 자극 간의 간격이 가까울수록 두 자극은 집단화될 가능성이 높고, 대인관계의 측면에서도 두 사람 간의 근접성은 친밀감이나 호감 형성의 주요 변인으로 작용하게 된다.

글루타메이트 glutamate 신경계(특히 뇌)에서 분비되어 정보전달과정에 작용하는 신경전달물질의 한 종류로, 학습과 기억과정에서 중요하게 작용한다.

금단증상【禁斷症狀】withdrawal symptom 의존상태에 있는 특정한 약물이나 물질 또는 활동을 적절하게 공급받지 못하거나 중단하게 됨에 따라 나타나는 일시적인 고통스러운 신체적 및 심리적 반응 또는 증상. 약한 의존상태(수준)에서 나타나는 금단증상으로는 구역질, 불안 및 수면장애 등이 있고, 강한 의존상태에서 나타나는 금단증상으로는 구토, 환각 및 발작 등이 포함된다. ‘금단증후(禁斷症候)’라고도 한다.

금단증후【禁斷症候】withdrawal symptom ‘금단증상’이라고도 한다. ‘금단증상’ 참조.

급속안구운동【急速眼球運動】rapid eye movement (REM) ‘렘’ 참조.

급속안구운동수면【急速眼球運動睡眠】rapid eye movement sleep (REM sleep) ‘렘수면’ 참조.

긍정심리학【肯定心理學】positive psychology 인간이 적응적이고 건강하며 나아가 자기실현적이고 행복한 삶을 살아갈 수 있도록 도와주는 것을 목적으로, 인간의 긍정적인 측면들, 특히 긍정적인 심리 및 행동의 측면들(예를 들면, 낙관적 사고, 자아존중감, 유머,

감사, 용서, 여가, 직무, 결혼, 종교, 건강 그리고 기타 다양한 긍정 경험과 긍정 정서 등)을 과학적으로 연구하는 심리학의 한 분야. 흔히 인간 삶의 궁극적인 목적을 행복이라 한다면, 긍정심리학의 궁극적인 목적은 인간의 행복을 증진하고 나아가 인간의 행복을 증진시키는 환경(조직환경, 사회환경 및 국가환경 등)을 조성해 가는 데 있다고 할 수 있다. 구체적으로, 긍정심리학에서는 행복의 의미를 연구할 뿐만 아니라 과학적인 방법을 사용하여 인간의 삶을 행복하고 풍요롭게 만드는 요인들, 즉 성격적 특성과 강점 및 제반 조건들을 탐구하고 그러한 요인들을 증진시킬 수 있는 방법을 연구한다. 이 분야의 창시자로 평가받고 있는 사람은 미국의 임상심리학자인 Martin Seligman이다. 'Positive psychology(긍정심리학)'라는 용어는 Martin Seligman이 1998년 미국심리학회에서 했던 연설에서 이 용어를 사용하면서부터 공식적으로 사용되기 시작했다. 그는 긍정심리학을 가능한 범위 내에서 인간이 누릴 수 있는 최고의 행복을 누리며 살 수 있는 방법을 탐구하는 학문이라고 보고 있다.

긍정임상심리학【肯定臨床心理學】positive clinical psychology 긍정심리학적 관점을 정신건강 분야에 응용하는 임상심리학의 새로운 접근. 기존의 임상심리학이 인간의 이상행동이나 정신장애를 연구하고 치료하는데 초점을 맞추었던 반면에, 긍정임상심리학에서는 긍정심리학에서 강조하는 인간의 긍정적인 측면들(즉, 긍정심리학 분야에서 중요하게 강조하는 변인으로, 행복과 밀접하게 관련되어 있는 인간의 성격적 강점이나 덕성 및 기타 긍정적인 요인들)을 응용하여 인간의 행복을 증진시키고 동시에 정신장애를 예방하며 나아가 정신장애를 보다 더 효과적으로 치료해 가는데 초점을 맞추고 있는 학문이다. 긍정임상심리학을 처음으로 주창한 학자는 긍정심리학을 창시한 Martin Seligman과 미시건대학교 심리학과 교수인 Christopher Peterson이다.

기계번역【機械飜譯】machine translation 기계적 장치(흔히 컴퓨터)를 이용하여 특정 언어로 된 문장이나 문서 파일을 다른 언어로 번역하는 것을 말한다. '자동번역(自動飜譯: automatic translation)'이라고도 한다.

기계적 되뇌기【機械的 되뇌기】rote rehearsal 되뇌기(또는 시연)의 한 형태로, 특히 단기기억의 자극이나 정보를 단순하게 반복 되풀이하는 시연형태를 말한다. '기계적 시연(機械的試演)', '유지되뇌기(維持되뇌기)' 또는 '유지시연(維持試演)'이라고도 한다. '유지시연' 참조.

기계적 시연【機械的 試演】rote rehearsal '기계적 되뇌기', '유지되뇌기' 또는 '유지시연'이라고도 한다. '유지시연' 참조.

기관【器官】organ 동물의 눈이나 심장 또는 식물의 잎과 같이 일정한 형태를 가지고 생물체를 구성하면서 특유의 기능을 하는 신체의 한 부분. 흔히 기관은 일정한 모양을 하고 있으며, 특유의 기능을 담당하면서 동시에 다른 신체의 부분들과 유기적으로 작용한다. 한편, '기관'의 영어 표현인 'organ'의 형용사형인 'organic'은 '기관의'라는 의미로 사용되는 동시에, '기질의(器質의)', '기질적(器質的)', '기질적인(器質的인)', '기질성(器質性)' 또는 '기질성의(器質性의)' 등과 같은 표현으로도 사용된다. 여기서 말하는 '기질(器質)'은 '기관의 생물학적또는 해부학적 특성이나 바탕'이라는 의미를 가진 말로, 이 말은 '기질(氣質: temperament)'이라는 말과는 다른 의미를 가진 말이다. 따라서 '기질적(器質的)', '기질적인(器質的인)', '기질성(器質性)' 또는 '기질성의(器質性의)' 등과 같은 말들은 '기관 또는 기관의 특성이나 바탕과 관련이 있는'이라는 의미를 가진 표현으로 이해할 수 있다.

기관열등【器官劣等】organ inferiority '기관열등감' 참조.

기관열등감【器官劣等感】organ inferiority Adler가 사용한 개념의 하나로, 자신의 기관(혹은 신체적 부분)의 결함에 대한 지각을 말하며, 이러한 결함을 극복하기 위하여 이루어지는 것이 보상적 노력이라고 보았다. '기관열등(器官劣等)'이라고도 한다.

기능【機能】function 다음과 같은 여러 가지 의미로 사용된다. (1) 유기체나 기관(organ)의 활동, (2) 어떤 기관이 담당하는 목적이나 결과

기능적【機能的】functional '기능적인' 참조.

기능적인【機能的인】functional '기능이 있는' 또는 '기능과 관련된' 등과 같은 의미로 사용된다. 특히 '심리적, 행동적 또는 생리적 기능'과 관련된 표현이나 맥락에서 '기능적인(functional)'이라는 표현을 사용하는 경우가 많다.

기능적 결손가정【機能的 缺損家庭】functional broken home / functional broken family 결손가정의 주요 형태 가운데 하나로, 부모 모두가 있지만 이들의 자녀양육행동이나 부모역할의 기능이 부재하거나 역기능적이어서 실제적으로 부모의 결손상태를 나타내는 가정을 말한다. 이와는 달리, 구조적 결손가정이란 부모의 사망, 이혼, 별거 등으로 인해 부모 중 한 명 또는 두 명 모두가 없는 가정을 말한다. 기능적 결손가정은 '심리적 결손가정' 또는 '비구조적 결손가정'이라고도 한다.

기능적 결손가족【機能的 缺損家族】functional broken family / functional broken home '기능적 결손가정' 참조.

기능적 국재화【機能的 局在化】localization of function 감각, 지각 및 인지 처리 등과 같이 뇌가 담당하는 기능의 측면에서, 뇌의 특정 구조 또는 영역에 따라 담당하는 기능이 다르게 분포하는 경향.

기능적 고착【機能的 固着】functional fixedness 문제해결이 요구되는 장면에서 어떤 사물(事物)을 활용할 때, 그 사물이 가진 전형적인 기능(또는 용도) 이외의 기능을 떠올리기나 인식해내지 못하는 경향. 이에 따라 전형적인 기능에 국한된 적용을 통해 문제해결을 시도할 뿐 다른 기능을 찾아 문제해결에 적용하지 못하는 한계를 나타낸다.

기능주의【機能主義】functionalism 의식을 구성하는 요소와 그 구조를 알고자 했던 구성주의(structuralism)와는 달리, 인간을 포함한 유기체의 마음과 행동이 어떻게 기능하여 적응과 생존에 기여하게 되는지를 밝히는데 초점을 맞춘 심리학파. William James (1842~1910)에 의해 시작된 학파이다. '기능주의 이론' 참조.

기능주의 이론【機能主義 理論】functional theory 미국의 심리학자인 William James (1842~1910)가 제시한 이론체계로, 인간을 포함한 유기체의 마음과 행동(구체적으로 지각 및 학습능력 등)이 환경 속에서

어떻게 기능하여 그 유기체의 적응과 생존에 기여하게 되는지에 초점을 맞춘 심리학 이론체계. '기능주의' 참조.

기능주의자【機能主義者】functionalist '기능주의(functionalism)'적 입장이나 관점을 가진 사람 또는 학자. '기능주의' 및 '기능주의 이론' 참조.

기대【期待】expectation 앞으로 어떤 결과나 상황이 일어나기를 바라고 기다림. 과거의 경험과 현재 상황에 대한 이해가 반영되어 나타나는 심리적 상태이다.

기둥그래프 histogram '히스토그램' 참조.

기둥도표【기둥圖表】histogram '히스토그램' 참조.

기면발작【嗜眠發作】narcolepsy 주요 증상인 '수면발작(睡眠發作: sleep attack)'이 반복적이고 지속적으로 나타나는 수면장애. '수면발작증' 또는 '발작성 수면'이라고도 한다. '수면발작' 참조.

기밀성【機密性】confidentiality 연구자가 연구를 수행하는 과정에서 준수해야 하는 중요한 연구윤리 가운데 하나로, '비밀보장', '비밀보장성' 또는 '비밀성'이라고도 한다. '비밀보장' 참조.

기본 귀인오류【基本 歸因誤謬】fundamental attribution error '기본적 귀인오류' 참조.

기본적 귀인오류【基本的 歸因誤謬】fundamental attribution error 사회적 상황 또는 대인관계 상황에서 행하는 사람들의 행동은 그 사람의 성향 또는 성격특성에서 비롯된 것일 수도 있지만 상황적 요인의 영향을 받아 그렇게 행동하게 된 것일 수도 있다. 하지만 흔히 사람들(다른 사람의 행동을 목격하고 그 행동의 원인을 설명 또는 추측하는 사람들)은 타인이 행한 행동의 원인을 설명할 때, 상황적 요인을 과소평가하는 반면에 행위자의 성향 또는 성격특성 요인을 과대평가하는 경향이 있는데 이러한 경향을 기본적 귀인오류라고 한다. 즉 기본적 귀인오류란 흔히 사람들이 타인이 행한 행동의 원인을 설명할 때 상황(요인)으로 귀인하기보다는 행위자의 성향이나 성격 요인으로 귀인하는 경향을 지칭한다. '기본 귀인오류'라고도 한다.

기본적 정서【基本的 情緖】basic emotions '기본 정서' 참조.

기본 정서【基本 情緖】basic emotions 놀람, 즐거움, 분노, 슬픔, 공포, 혐오 등과 같이 출생 시부터 가지고 태어나거나 또는 생후 초기(대략 생후 1년 이내)에 나타나는 정서. 이와 같이 '기본 정서'가 나타나는 것은 그것에 관한 정보가 생물학적으로 유전자 안에 프로그램화되어 나타나기 때문이라고 보는 견해가 많다. '기본적 정서', '일차 정서', '일차적 정서'라고도 한다.

기분【氣分】mood 외부로부터의 자극이 없는 상태에서 내적인 요인에 의해 일어나 일정기간 동안 지속되는 감정 상태(feeling state) 또는 정동 상태(affective state). 예컨대, 직접적 또는 외부적인 자극(또는 사건)이 없는 상황에서 일정한 기간 동안 지속적으로 경험되는 우울, 즐거움, 불쾌, 유쾌 등의 감정 상태를 그 예로 들 수 있다.

기분부전장애【氣分不全障碍】dysthymic disorder 우울한 기분이 거의 하루종일 지속되는 상태가 2년 이상 계속되는 경우를 말한다. '우울장애' 참조.

기분장애【氣分障碍】mood disorder 일상생활에서 느끼는 기분 또는 정서의 조절이 어려운 정신장애. 특히 객관적인 요인이 없이 우울한 기분이나 고양된 기분 또는 두 기분 상태의 반복 양상이 지속되는 병적인 상태를 지칭한다. 그 하위 유형으로는 우울기분을 주요 증상으로 하는 우울장애(depressive disorder)와 우울기분과 고양된 기분이 반복적으로 나타나는 양극성장애(bipolar disorder)가 있다. '정동장애(情動障碍: affective disorder)'라고도 한다.

기쁨 joy 자신이 원하는 일 또는 목표가 성취될 때 경험하게 되는 즐거운 감정 또는 정서 반응. 일반적으로 일(목표)의 중요성, 이를 성취하는 과정에서의 노력 및 우연성의 정도 등에 의해 기쁨의 정도가 달라진다.

기술【記述】description 어떤 사물이나 사상(事象)들의 내용 또는 그에 관한 자료나 정보를 기록하여 사물의 내용을 서술하는 것을 의미한다.

기술공포증【技術恐怖症】technophobia '과학기술공포증' 또는 '테크노공포증'이라고도 한다. '과학기술공포증' 참조.

기술통계【記述統計】descriptive statistics 특정 대상이나 사상(事象)에 대한 체계적인 관찰을 통해 수집한 양적인 정보(또는 측정치)를 요약하고 기술하는 통계를 말한다. '기술통계학' 참조.

기술통계학【記述統計學】descriptive statistics 특정 대상이나 사상(事象)에 대한 체계적인 관찰을 통해 수집한 양적인 정보 또는 측정치를 기술하고 해석하는 방법을 연구하는 학문 또는 그에 관한 학문을 '통계학(統計學: statistics)'이라고 하며, 이 중에서도 양적인 정보나 측정치들을 체계화, 요약 및 기술하는 통계학분야를 기술통계학이라고 한다. 빈도(frequency), 집중경향치(measures of central tendency), 회귀(regression), 및 상관관계(correlation) 등이 포함된다. '기술통계(記述統計)'라고도 한다.

기시감【既視感】déjà-vu 현재 경험하고 있는 상황(예를 들면, 어떤 사람을 만나거나 어떤 장소에 와 있는 상황 등)이 과거에 보거나 경험한 적이 없는 처음 겪는 상황인데도 마치 과거에 본적이 있거나 경험한 적이 있는 것처럼 느끼는 심리상태 또는 현상. '데자뷔' 참조.

기억【記憶】memory 정보의 부호화, 저장 및 인출을 포함하는 일련의 정신활동 또는 정신능력. 즉 외부로부터 정보를 받아들이고 저장하고 필요에 따라 이 정보를 회상 또는 재인 등의 형태로 인출하여 활용하는 일련의 정신활동 또는 정신능력을 지칭한다.

기억법【記憶法】mnemonics '기억술' 참조.

기억상실【記憶喪失】amnesia '기억상실증' 참조.

기억상실증【記憶喪失症】amnesia 기질적인 뇌 손상이나 심리적 외상에 의해 유발된 기억의 상실 또는 그 증상을 말하는 것으로, 기억의 상실 정도는 부분적일 수도 있고 전반적일 수도 있다. 기억상실증은 증상이 발생하기 이전의 기억에 상실이 오는 역행성 기억상실증과 증상이 발생한 이후의 새로운 정보나 경험을 장기기억으로 전환시키지 못하는 순행성 기억상실증으로 구분된다.

기억술【記憶術】mnemonics 기억, 특히 장기기억을 돕거나 향상시키기 위한 계획적이고 체계적인 기억책략. 핵심단어법, 장소법 및 심상법 등이 있다. '기억법', '기억증진법', '기억전략', '기억책략'이라고도 한다.

기억술사【記憶術師】mnemonist 효과적인 기억책략을 사용하여 뛰어난 기억 능력을 발휘하는 사람 또는 기억하는 능력이 뛰어난 사람.

기억술 시스템【記憶術 시스템】mnemonic system '기억술 체계' 참조.

기억술 체계【記憶術 體系】mnemonic system 기억을 효과적으로 할 수 있도록 하기(돕기) 위한 책략 또는 방략들의 집합. '기억술 시스템'이라고도 한다.

기억전략【記憶戰略】memory strategy '기억술' 참조.

기억전문가【記憶專門家】mnemonist 기억(記憶)에 관하여, 특히 기억법(記憶法: mnemonics) 또는 기억술에 있어서 매우 뛰어난(또는 발달된) 능력을 가지고 있는 사람을 지칭한다.

기억증진법【記憶增進法】mnemonics '기억술' 참조.

기억착각【記憶錯覺】memory illusion 발생하지 않았던 사건을 발생한 것으로 기억하거나 발생한 사건에 포함되지 않은 내용(장면 등의 정보)을 그 사건에 포함된 것으로 기억하는 현상. 사람들의 기억이 정확하지 않은 경우가 많음을 보여주는 현상으로, 일반인들의 정상적인 기억과정에 대한 연구뿐만 아니라 범죄 수사과정에서 목격자 증언을 적용하고 이해하는 데 있어서 중요하게 고려되어야 하는 현상이다.

기억책략【記憶策略】memory strategy '기억술' 참조.

기억탐사【記憶探査】memory search '기억탐색' 참조.

기억탐색【記憶探索】memory search 기억과정에서 저장된 특정 기억정보를 인출하기에 앞서서 많은 기억정보들 중에서 인출하고자 하는 특정 정보를 찾는 내적 탐색과정. 흔히 자각 없이 매우 빠르게 진행된다. '기억탐사(記憶探査)'라고도 한다.

기억폭【記憶幅】memory span 작업기억(作業記憶: working memory)에서 제시된 정보를 한 번 보거나 들은 후에 기억해 낼 수 있는 항목의 수. 평균적인 기억폭은 일곱 개 항목에서 둘을 빼거나 더한 수(7±2), 즉 5개에서 9개 사이의 항목이 된다. 이것은 사람에 따라서 어떤 사람은 5개 항목을 기억해낼 수 있는 반면에 다른 사람은 9개의 항목을 기억해낼 수 있다는 것을 의미하는 것으로, 이러한 현상은 기억능력에서 개인 간의 차이가 상당히 크다는 것을 보여주는 것이다.

기저선【基底線】baseline 실험이나 심리치료(또는 상담)에서 독립변인의 효과를 밝히기 위한 처치를 하거나 치료를 진행하기에 앞서서, 독립변인 처치의 결과(효과)나 치료의 결과(효과)를 평가(또는 비교)하기 위해 처치나 치료 전 단계에서 측정하거나 조사하는 표적행동(target behavior: 실험이나 치료에서 목표로 하는 행동. '목표행동'이라고도 함)의 전형적인 또는 일반적인 수준이나 상태. '기초선'이라고도 한다.

기질【氣質】temperament 기분 및 정서적 반응과 관련이 있는 개인의 특성으로, 개인이 경험하는 환경적 사건들이나 상황에 대해 예측 가능한 방식으로 반응하도록 만드는 개인의 경향성을 의미한다. 생후 초기부터 가시화되며 유전적 요인과 환경적 요인이 기질에 영향을 미치는 것으로 알려지고 있다. 한편, 여기서 말하는 '기질(氣質)'은 '기질적(器質的)', '기질적인(器質的인)' 또는 '기질성(器質性)' 등의 표현들에 포함되어 있는 '기질(器質)'과는 다른 의미이다. '기질(器質)'은 '기관의 생물학적또는 해부학적 특성이나 바탕'이라는 의미를 가진 말로 '기질(氣質: temperament)'과 다른 의미를 가진 말이다. '기관' 참조.

기질 가설【氣質 假說】temperament hypothesis 영아의 애착 유형을 분류할 때, 그 유형의 차이(또는 구분)를 가져오는 요인은 양육자와의 관계에서 형성된 애착의 질이 아니고 영아 자신이 가지고 있는 기질이라고 보는 견해. 이 가설에서는 영아가 가지고 있는 기질(temperament)이 애착 유형을 구분 짓는 주요 요인으로 작용한다고 본다.

기질성【器質性】organic '기질적' 참조.

기질성 기억상실증【器質性 記憶喪失症】organic amnesia 심한 스트레스로 인한 긴장이나 불안 등과 같은 심리적 요인에 의해 발생하는 심인성 기억상실증(心因性 記憶喪失症: psychogenic amnesia)과 달리, 뇌와 같은 기질적(器質的: organic) 요인의 손상이나 이상으로 인해 초래되는 기억상실증을 지칭하여 기질성 기억상실증이라고 한다.

기질성의【器質性의】organic '기질적' 참조.

기질적【器質的】organic '생물체(또는 유기체)의 생물학적 기관(器官)이나 조직과 관련된'이라는 의미를 가진 말이다. '기질적인', '기질성' 또는 '기질성의' 등과 같은 표현들과 같은 의미로 사용된다. 한편, '기질적'이라는 표현과 반대의 의미를 가진 말로 '비기질적(非器質的: nonorganic)'이라는 표현이 사용된다. '비기질적' 및 '기관' 참조.

기질적인【器質的인】organic '기질적' 참조.

기초선【基礎線】baseline '기저선' 참조.

기초심리학【基礎心理學】basic psychology 현실적 또는 실제적인 문제를 해결하기보다는 인간과 동물의 행동과 심리 그 자체에 관한 지식(이론)을 발견하고자 하는 목적으로 연구하는 심리학 분야들을 총칭한다. 이와는 달리 현실적 또는 실제적인 문제해결을 목적으로 기초심리학 분야에서 이룬 성과나 지식(또는 이론)을 응용하는 연구를 진행하는 심리학 분야를 총칭하여 응용심리학(applied psychology)이라고 한다.

기초연구【基礎硏究】basic research 실용적 또는 실제적인 문제해결을 목적으로 하는 연구(즉, 응용연구)와는 달리, 연구대상이나 연구영역 그 자체를 이해하고 이에 관한 기초적인 지식을 발견할 목적으로 진행하는 연구(또는 연구 활동)를 지칭한다.

기형발생물질 【畸形發生物質】 teratogens '기형유발물질'이라고도 한다. '기형유발물질' 참조.

기형아 【畸形兒】 deformed child / malformed child 선천적으로 신체의 특정 부분의 구조가 정상이 아닌 형태로 태어난 아이.

기형유발물질 【畸形誘發物質】 teratogens 태내의 배아나 태아의 발달에 해를 입혀 신체적 기형, 뇌손상, 정신지체 또는 사망 등의 다양한 이상발달을 유발할 수 있는 외부 작용물. 여기에는 세균이나 바이러스, 약물을 포함한 다양한 화학물질, 방사선 등이 포함된다. '기형발생물질'이라고도 한다.

길리건 Gilligan (1936~) 미국의 심리학자 · 페미니스트 · 윤리학자. 'Gilligan, Carol (1936~)' 참조.

길포드 Guilford (1897~1987) 미국의 심리학자. 'Guilford, Joy Paul (1897~1987)' 참조.

길항 【拮抗】 antagonism 특정한 물질(또는 약물), 근육, 신경 등에 대하여 반대되는 효과를 갖거나 반대작용을 하는 또 다른 물질, 근육, 신경 등이 서로 간에 동등한 힘으로 대항하거나 상쇄되는 현상.

길항근 【拮抗筋】 antagonistic muscle 두 개 또는 한 쌍의 근육이 동시에 작용하면서 서로 반대되는 작용을 하는 경우의 근육들을 지칭한다.

길항작용 【拮抗作用】 antagonism 약물학, 생리학 및 의학 또는 생리심리학 등의 분야에서 많이 사용되는 개념으로, 기능, 작용 또는 효과가 서로 반대되는 두 가지의 요인들(약물, 신경 및 근육 등의 요인들)이 동시에 작용하여 각각의 효과를 서로 상쇄시키는 현상. 이와 관련된 예로는 특정 약물이 갖는 효과 또는 부작용을 감소시키거나 제거할 목적으로 그 약물에 대하여 길항작용을 하는 다른 약물을 사용하는 경우를 들 수 있다. 해독제 제조 및 활용은 바로 길항작용을 응용한 것이라고 할 수 있다.

길항제 【拮抗劑】 antagonist 길항작용을 나타내는 물질(또는 약물). '길항작용' 참조. 한편, 길항제와 반대되는 작용을 하는 물질(또는 약물)을 '효능제(agonist)'라고 한다.

깊이단서 【깊이端緖】 depth cue 깊이지각(depth perception)과정에서 특정 대상이나 현상이 지각자로부터 어느 정도 떨어져 있는가를 판단할 수 있는 정보를 제공하는 지각요소를 말하며, 크게 양안깊이단서(binocular cues)와 단안깊이단서(monocular cues)로 구분된다.

깊이지각 【깊이知覺】 depth perception 감각기관을 통해 들어온 대상이 지각자로부터 어느 정도 거리에 위치하고 있는지에 관한 인식 또는 이해하는 능력을 지칭하며, 두 가지의 주요 깊이단서인 양안깊이단서와 단안깊이단서에 의존한다.

까다로운 기질 【까다로운 氣質】 difficult temperament Thomas와 Chess에 의해 제시된 기질의 세 가지 유형 중 하나로, 새로운 상황이나 경험에 대해 강하고 부정적인 반응을 보이고, 적응이 느리며, 수면과 섭식 등의 일상생활 행동에서 불규칙한 경향을 나타내는 기질. 이러한 기질 특성을 가진 아이를 '까다로운 아이

(difficult child)'라고 한다.

까다로운 아이 difficult child 까다로운 기질의 특성을 가진 아이. '까다로운 기질' 참조.

깨진 유리창 이론【깨진 琉璃窓 理論】broken window theory 사회심리학 및 범죄심리학 분야에서 사회적 무질서 및 범죄를 설명하는 영향력 있는 이론들 가운데 하나로, 깨진 유리창 하나를 방치하면 그 곁을 지나면서 이 모습을 본 행인들이 그 건물을 관리하지 않는 방치된 건물로 인식하게 될 가능성이 높아지고, 그에 따라 깨진 유리창을 중심으로 다른 유리창들도 깨뜨리게 되며, 종국에는 건물 전체가 큰 손상을 입게 되는 지경에 이르게 된다는 이론. 이처럼, 깨진 유리창 이론은 사소한 무질서나 범죄를 방치하면 점차 더 심각한 무질서나 범죄로 확산될 가능성이 높아진다는 점을 강조한다.

꾀병【꾀病】malingering '가병' 참조.

꾸르륵 소리내기 cooing '쿠잉' 참조.

꿈 분석【꿈 分析】dream analysis '꿈의 분석' 참조.

꿈의 분석【꿈의 分析】dream analysis 정신분석적 치료에서 사용하는 치료기법의 하나. 내담자(또는 환자)의 심리적 고민이나 문제와 관련이 있거나 원인으로 작용하고 있는 무의식적인 세계에 위치하는 근원적 요인에 대해 이해하고 그에 관한 정보를 얻기 위해 내담자의 꿈의 내용(즉, 꿈 속에 담겨 있는 내담자의 성적 또는 공격적 욕망이나 기타의 동기 등)을 분석하는 치료적 활동. 꿈의 분석을 위해 내담자에게 자신의 꿈과 꿈의 내용에 대해 자유롭게 이야기하도록 하며, 그 과정에서 분석가(또는 치료자)는 꿈에 담긴 상징과 상징의 의미를 해석하며, 이를 통해 내담자가 꿈의 의미에 대한 이해를 높이고 통찰할 수 있도록 도와준다. '꿈 분석'이라고도 한다.

꿈의 해석【꿈의 解釋】dream interpretation / interpretation of dream 정신분석적 심리치료에서 사용하는 치료기법의 하나로, 특히 '꿈의 분석(dream analysis)' 과정에서 이루어지는 꿈의 내용에 포함된 상징과 상징의 의미를 해석하는 치료적 활동. 내담자(또는 환자)의 심리적 문제의 근원에 대한 정보를 얻기 위해 사용하는 방법으로 내담자의 꿈속에 내재된 무의식적 욕망이나 동기를 밝히기 위해 내담자에게 자신의 꿈의 내용에 대한 자유연상을 하도록 하는 절차가 포함되며, 이를 통해 꿈의 상징적인 의미를 해석하는 절차를 말한다. '꿈 해석'이라고도 한다.

꿈 작업【꿈 作業】dream work Freud (1856~1939)의 정신분석에서 사용되는 개념으로, 원초아(id: '이드'라고도 표기한다)가 가지고 있는 원망(願望)이 꿈으로 또는 꿈(dream)의 소재로 전환되는 과정을 말한다. 이러한 과정은 무의식적으로 진행되는 것으로 본다.

꿈 해석【꿈 解釋】dream interpretation / interpretation of dream '꿈의 해석' 참조.

나날의 골칫거리(들) daily hassles '해슬' 참조.

나르시시즘 narcissism 정신분석학에서 사용되기 시작한 용어로 리비도가 타인이 아닌 자기 자신에게로 향한 상태를 의미한다. 흔히 자신의 외모나 신체적 속성, 행위 또는 능력이 뛰어나다고 느끼는 정도가 과도하며 동시에 자기를 지나치게 사랑하여 스스로에게 도취되는 심리상태를 지칭한다. '자기애', '자기도취' 또는 '자기도취증'이라고도 한다.

나팔관【喇叭管】 fallopian tube / oviduct 여성의 신체의 일부로, 난소에서 배출된 난자를 자궁으로 운반하는 기능을 하는 나팔 모양의 관. '난관' 또는 '자궁관'이라고도 한다.

낙관성【樂觀性】 optimism '낙관주의'라는 표현으로도 사용되며, '미래에 일어날 상황 또는 결과들에 대하여 긍정적으로 생각하는(또는 기대하는) 성향 또는 경향성'이라고 정의된다. 이와 반대되는 말로 '비관성' 또는 '비관주의'라는 표현이 사용된다. 일반적으로, 낙관성은 사람들의 숙면 및 휴식을 도와주고 인생을 긍정적으로 지각하도록 하는 기능을 하는 것으로 알려지고 있으며, 이에 따라 낙관성 수준이 높은 사람일수록 어려운 상황에서 심리적인 고통 및 스트레스를 적게 경험하는 것으로 알려지고 있다.

낙인【烙印】 stigma (1) 불에 달구어 찍는 금속으로 만든 도장. (2) 회복하기 어려운(즉, 씻기 어려운) 욕되거나 불명예스런 평가 또는 판정. 한편, '낙인'이란 말 대신에 '스티그마'라고도 한다.

낙인효과【烙印效果】 stigma effect 특정한 대상에 대해 부여하는 회복하기 어려운(즉, 씻기 어려운) 부정적이거나 불명예스런 평가 또는 판정을 '낙인(stigma)'이라고 한다. 이런 낙인이 찍힌 후에, 그 개인은 결국 낙인에 부합되는 부정적인 행위를 하는 경향이 있는데, 이런 현상을 지칭하여 '낙인효과'라고 한다. '오점효과(汚點效果)' 또는 '스티그마효과'라고도 한다.

난관【卵管】 fallopian tube / oviduct '나팔관' 또는 '자궁관'이라고도 한다. '나팔관' 참조.

난소【卵巢】 ovary 인간의 여성 및 기타 유성생식(有性生殖)을 하는 동물들의 암컷의 생식세포인 난세포를 만드는 신체 기관을 말한다.

난수【亂數】 random numbers 어떤 순서나 배열의 규칙 없이 무질서하게 배열된 숫자 또는 숫자들의 집합.

난수표【亂數表】 table of random numbers / table of random sampling numbers 숫자들이 특별한 순서나 배열의 규칙 없이 무질서하게 배열되어 있는 표(表: table)를 말하는 것으로, 이 표에서는 0에서부터 9까지의 숫자가 나올(선택될) 확률이 동일하다.

난자【卵子】 ovum 유성생식과정에서 정자와 결합하여 수정란을 만들게 되는 자성(雌性) 생식세포를 말한다. 즉, 인간의 여성 및 기타 유성생식(有性生殖)을 하는 동물들의 암컷의 생식세포를 말한다.

남근기【男根期】 phallic stage Freud (1856~1939)의 심리성적 발달이론에서 항문기 다음으로 오는 세 번째 단계에 해당하는 시기로, 대략 3세에서 5,6세경까지의 시기에 해당한다. 이 시기 동안의 쾌감과 만족은 주로 성기관(생식기)의 자극과 관련되어 있고, 이성의 부모를 향한 성적 애착(또는 욕구)을 발달시키게 된다. 이와 같이 이성의 부모를 향한 성적 애착(또는 욕구)을 발달시키게 되는 현상을 지칭하여 남아의 경우에는 외디푸스 콤플렉스라고 칭하고, 여아의 경우에는 엘렉트라 콤플렉스라고 칭한다. 이러한 콤플렉스를 거치면서 경험하게 되는 강한 불안은 아동들이 동성 부모의 성역할 특성과 도덕기준을 자신의 내면세계로 받아들이게 되는 내면화 과정을 이끈다. '남근단계'라고도 한다.

남근단계【男根段階】 phallic stage '남근기'라고도 한다. '남근기' 참조.

남녀차별주의【男女差別主義】 sexism 성별에 근거하여 남자와 여자를 차별하는 경향.

남색【男色】 sodomy / pederasty / male homosexuality / buggery '소도미' 참조.

남성발기장애【男性勃起障碍】 male erectile disorder 남성에게서 나타나는 '성흥분장애(sexual arousal disorder: 성행위가 진행된 이후 성행위가 끝날 때까지 성적 흥분상태가 반복 및 지속되지 않아 정상적인 성행위를 하는데 있어서 어려움을 겪는 성기능장애)의 한 형태로, 성행위를 할 때 성적 흥분에 따른 발기 상태가 성행위가 끝날 때까지 지속적이고 반복적으로 유지되지 못하는 장애이다. 성적 대인관계(성적 관계를 나누는 대상과의 대인관계)에서 어려움을 겪기 쉽다.

남성 오르가슴 장애【男性 오르가슴 障碍】 male orgasmic disorder '남성 절정감 장애'라고도 한다. '남성 절정감 장애' 참조.

남성 절정감 장애【男性 絶頂感 障碍】 male orgasmic disorder '절정감 장애(orgasmic disorder)'는 성행위의 최종 순간에 목표로 하는 성적 절정감(orgasm)을 느끼는데 지속적이고 반복적인 어려움을 겪는 성기능 장애를 말하는데, 그 중 남성에게서 나타나는 절정감 장애가 '남성 절정감 장애'이다. '남성 오르가슴 장애'라고도 한다.

남성화된 여성【男性化된 女性】 androgenized female 임신 중에 남성호르몬에 노출되어 남아의 외부 생식기와 같은 외부 생식기를 발달시킨 여아. 이 여아들은 출생 후의 발달과정에서도 여아들의 놀이나 활동보다 남아들의 놀이나 활동을 선호하며, 정신능력 측면에서도 남성적인 특징을 보이는 경향이 있다. '안드로겐화 여성'이라고도 한다.

남성호르몬【男性호르몬】male hormone 인간의 남성 및 척추동물 수컷의 정소에서 주로 분비되는 성 호르몬으로 제 2차 성징 및 성기의 발육 및 기타 생식 기능에 관여한다. 남성의 고환에서 분비된다. 여러 가지의 남성호르몬을 총칭하여 안드로겐이라고도 하며, 안드로스테론, 테스토스테론 등이 있다.

남용【濫用】abuse 의사의 처방이나 지시에 의하지 않은 상태에서 의학적인 목적이나 용도와 관계없이 특정 물질이나 약물(특히 향정신성 약물)을 자신의 감정이나 사고 또는 행동상의 변화를 유발할 목적으로 사용하는 경우 또는 행위를 지칭한다. 흔히 남용은 행위자의 심리적, 신체적 및 사회적 기능이나 건강 등에서 다양한 수준의 문제 또는 부작용을 초래하게 된다.

낮은 공 기법【낮은 공 技法】low ball technique 대인관계에서 부탁이나 요구에 대해 상대방의 승낙(또는 동의)을 효과적으로 얻어내는 설득 방법의 하나로, 상대방에게 부탁이나 요구를 할 때 처음에는 쉬운 듯이 제시함으로써 상대방이 비교적 쉽게 승낙하도록 만들고, 승낙이 이루어진 후에는 부탁이나 요구의 구체적인 내용(처음부터 제시했을 때는 승낙하지 않을 가능성이 많은 부담이 되는 내용)을 제시하여 뜻을 이루는(즉, 상대방이 부탁이나 요구를 받아들이도록 만드는) 기법.

낯가림 stranger anxiety 영아가 낯선 사람이 다가오는 것에 대해 나타내는 불안, 초조, 경계 및 피하려는 반응 경향. 생후 약 7~10개월경에 최고조를 나타내다가 그 이후에는 강도가 점차 줄어든다. '낯선이 불안'이라고도 한다.

낯선 상황【낯선 狀況】strange situation 영아가 성인(대개 부모나 보호자)에 대해 발달시킨 애착의 질을 평가하기 위해 영아를 친숙하지 않은 상황(장면)에 놓아두는 실험. 흔히 성인(부모나 보호자)이 아이를 두고 방을 떠났다가 다시 돌아왔을 때 아이가 성인에 대해 보이는 반응을 관찰하고 평가하는 방식으로 연구가 진행된다.

낯선이 불안 stranger anxiety '낯가림' 참조.

내관【內觀】introspection '내성' 및 '내성법' 참조.

내관법【內觀法】introspection method / introspective method / introspection '내성' 및 '내성법' 참조.

내구성【耐久性】hardiness 성격특성의 한 유형을 나타내는 'hardiness'는 일반적으로 '강인성(强靭性)' 또는 '강함'이라는 표현으로 번역하여 사용하는 경우가 많다. 일부에서는 'hardiness'를 '내구성'으로 번역하여 사용하기도 한다. '강인성' 참조.

내담자【來談者】client 일반적으로 상담자의 도움을 받기 위해 찾아온 개인을 지칭하지만, 보다 넓은 의미에서는 개인 이외에도 가족이나 집단도 내담자로 분류된다. 정신의학분야에서는 내담자라는 표현보다는 환자(患者: patient)라는 표현을 사용하는 경우가 많다. 한편, 내담자라는 표현 대신에 영어발음 그대로 '클라이언트'라고도 하며, 이외에도 같은 의미로 '피상담자(被相談者)', '카운설리(counselee)'라는 표현이 사용된다.

내담자중심치료【來談者中心治療】client-centered therapy 상담이나 심리치료과정에서 사용하는 치료기법의 하나로, 상담자나 치료자가 내담자에 대하여 무조건적인 관심과 수용 및 공감적 이해를 하게 되며, 나아가 이러한 분위기 속에서 내담자가 가지고 있는 문제의 해결이나 치료 방향 및 방법의 선택, 그리고 치료 속도 등을 내담자가 중심이 되어 진행해 가는 접근방법이다. '인간중심치료(person-centered therapy)'라고도 한다.

내면화【內面化】 internalization　행동을 통제하던 외적 기준이나 원칙들(즉, 타인이나 외부에서 주어지는 기준이나 원칙들)이 발달 및 사회화 과정을 거치면서 자신의 내면(심리 또는 정신)의 세계로 자리 잡아가는 과정. 그 결과 개인은 내면화 이전 단계에서 외적 기준이나 원칙의 통제를 받아 행동하던 단계를 넘어 이제는 자신의 내면에 자리 잡고 있는 기준(즉, 내적 기준)과 원칙에 따라 행동할 수 있게 된다. '내재화(內在化)'라고도 한다.

내분비【內分泌】 endocrine / internal secretion　인간 및 동물들의 신체에서 호르몬과 같은 특정 작용을 하는 물질을 방출하는 현상을 분비(分泌)라고 하며, 이는 다시 내분비와 외분비로 구분된다. 이 가운데 내분비는 분비작용을 하는 분비세포 또는 분비선(다수의 분비세포들로 구성된 조직 또는 기관을 지칭함)에서 분비되는 특정 물질(또는 호르몬)을 신체 밖이 아니라 신체 내부로 분비하는 현상을 말한다. 흔히 내분비는 도관(導管)을 거치지 않고 직접 혈액 속으로 분비된다.

내분비계【內分泌系】 endocrine system　유기체의 체내에서 일어나는 내분비활동과 관련된 조직체계. '내분비체계'라고도 한다. '내분비' 참조.

내분비선【內分泌腺】 endocrine gland　인간 및 동물들의 신체에서 호르몬과 같은 특정 작용을 하는 물질을 방출하는 현상을 분비(分泌)라고 하며, 이는 다시 내분비(內分泌)와 외분비(外分泌)로 구분된다. 한편, 이러한 분비작용을 하는 세포를 분비세포라고 하고, 다수의 분비세포들로 구성된 조직 또는 기관을 지칭하여 선(腺) 또는 분비선(分泌腺)이라고 하며, 그 중에서도 내분비 작용을 하는 선(腺) 또는 분비선(分泌腺)을 내분비선이라고 한다. 내분비라고 함은 분비세포 또는 분비선에서 분비되는 특정 물질(또는 호르몬)이 신체 밖이 아니라 신체 내부로 분비되는 현상을 말한다. 흔히 내분비는 도관(導管)을 거치지 않고 직접 혈액 속으로 분비된다.

내분비체계【內分泌體系】 endocrine system　'내분비계'라고도 한다. '내분비계' 참조.

내분비학【內分泌學】 endocrinology　내분비 현상, 즉 신체의 다양한 분비선에서 분비되는 호르몬의 종류 및 각각의 작용 그리고 그것들의 화학적 구조 등에 관하여 연구하는 학문 분야. 생리학의 한 분야이다.

내사【內射】 introjection　다른 사람의 가치관이나 사고방식, 신념 또는 기준 등을 분석 과정이나 비판 과정이 없이 자기의 내면의 체계로 받아들이는 심리 현상. 이와 같은 내사는 타인의 어떤 특성이나 측면에 대한 무비판적인 수용 과정을 거쳐 진행되기 때문에 자신이 가지고 있는 기존의 내면의 체계와 조화를 이루기 어렵다는 문제점을 가진 방어기제이다. 내사는 또 다른 방어기제의 하나인 투사(投射: projection)와 반대되는 심리현상이다.

내생의【內生의】 endogenous '유기체의 몸 안에서 생기는'의 의미를 가진 표현이다. 즉, '어떤 질병이나 문제 또는 그 증상이 유기체의 몸(신체) 안에서 발생하는'이라는 의미를 나타내는 표현이다. '내생적', '내생적인', '내인성' 또는 '내인성의'라고도 한다.

내생적【內生的】 endogenous '내생의' 참조.

내생적인【內生的인】 endogenous '내생의' 참조.

내성【耐性】 tolerance 특정한 약물이나 물질을 반복 사용하는 과정에서 약물(또는 물질)의 사용량과 그에 따른 효과 사이에서 나타나는 변화 현상으로, 특히 약물(또는 물질)의 사용량을 이전과 동일하게 하는 경우에는 동일한 효과를 얻지 못하기 때문에 이전과 동일한 효과를 얻기 위해서 점차 더 많은 양의 약물(또는 물질)을 필요로 하게 되는 상태를 지칭한다.

내성【內省】 introspection 개인이 자신의 감각, 지각, 사고, 기억, 정서나 감정 등의 내적 경험을 스스로 관찰하는 것 또는 관찰하여 분석하는 것. '내관'이라고도 하며, '내성법(introspection method: '내관법'이라고도 함)'과 같은 의미로 사용되기도 한다. '내성법' 참조.

내성법【內省法】 introspection method / introspective method / introspection 개인의 내적 경험(감각, 지각, 사고, 기억, 정서나 감정 등)을 스스로 관찰한 후 또는 관찰하여 분석한 후에 이를 기록하거나 보고하도록 하는 연구방법. 심리학사(心理學史)에서 최초로 심리 연구를 위한 실험실을 개설(1879년)하고 인간 심리를 과학적으로 밝히기 위한 실험을 진행했던 학자로 평가받고 있는 Wilhelm Wundt (1832~1920)가 사용했던 주요 연구 방법. '내관법'이라고도 하며, '내성' 또는 '내관'과 같은 의미로 사용되기도 한다.

내성적인 사람【內省的인 사람】 introvert '내향적인 사람'이라고도 한다. '내향적인 사람' 참조.

내성주의자【內省主義者】 introspectionist 인간 심리 또는 인간 정신의 이해 방법으로 내성법(introspection)을 사용하고 있거나 사용하려는 학자.

내용【內容】 content (1) 어떤 것의 안에 들어 있는 것. (2) 책, 글, 말, 심리, 반응 등에 나타나 있거나 포함되어 있는 것 또는 그러한 사항.

내용심리학【內容心理學】 content psychology '구조주의 심리학' 참조.

내인성【內因性】 endogenous '내생의' 참조.

내인성의【內因性의】 endogenous '내생의' 참조.

내장반응【內臟反應】 visceral responses 우리의 신체는 자신이 의도하지 않거나 의식하지 못하더라도 외적 자극이나 상황(예를 들면 스트레스 상황)에 대하여 반응(예를 들면 심장박동과 혈압의 증가, 호르몬 분비 등)을 일으킨다. 이와 같이 개인의 의도나 의식 여부와 관계없이 신체 내부의 장기들이 일으키는 반응을 '내장반응'이라고 한다.

내장지각【內臟知覺】 visceral perception 자신에게서 일어나고 있는 각성 또는 각성 상태에 대한 지각.

내재적 동기【內在的 動機】 intrinsic motivation 생리적 욕구 또는 일차적 욕구의 충족과 관계없이 호기심, 만족감, 성취감, 유능감, 정체감, 사회적 인정 등과 같은 내재적 요인(또는 내적 요인)에 의해 유발된 동기. '내적 동기'라고도 한다.

내재적 정의【內在的 正義】 immanent justice Piaget (1896~1980)의 도덕발달이론에서, 도덕발달 첫 번째 단계인 '타율적 도덕성 단계'의 아동들이 갖는 사회적 규칙 위반에 대한 사고 경향. 구체적으로, 타율적 도덕성 단계의 아동들은 사회적 규칙은 절대적 존재에 의해 만들어진 것으로, 이를 위반하면 반드시 처벌을 받게 된다고 믿는다. 이와 같은 믿음을 지칭하여 '내재적 정의'라고 한다.

내재적 표상【內在的 表象】 internal representation 넓은 의미에서, '표상(表象)'은 실제의 대상(물체나 현상)을 다른 어떤 것으로 대표한다는 의미를 가지고 있으며, 크게 외재적 표상과 내재적 표상 등 두 가지 유형으로 구분할 수 있다. 그 중 하나는 지형이나 건물의 위치를 도면상에 나타내는 지도나 어떤 사람을 조각한 동상 등과 같이 '외부의 대상을 모사하여 외적으로 나타낸 표상'을 '외재적 표상(external representation)'이라고 한다. 다른 하나는 외부의 대상에 대한 지각 및 인식이 이루어지는 과정에서 '외부의 대상을 어떤 형태로 추상화하고 심상화하여 내적으로 나타낸 표상'을 '내재적 표상'이라고 한다. 한편, '외재적 표상'은 '외적 표상'이라고도 하고, '내재적 표상'은 '내적 표상'이라고도 한다. '표상' 참조.

내재화【內在化】 internalization 행동을 통제하던 외적 기준이나 원칙들(즉, 타인이나 외부에서 주어지는 기준이나 원칙들)이 발달과정을 거치면서 자신의 것으로 자리 잡아 가는 과정. '내면화'라고도 한다. '내면화' 참조.

내적 동기【內的 動機】 intrinsic motivation '내재적 동기'라고도 한다. '내재적 동기' 참조.

내적 스트레서【內的 스트레서】 internal stressor 스트레스를 유발하는 개인 내부의 요인 또는 원인. 즉, 외적 스트레서(external stressor)의 상대되는 개념으로, 개인 내부에서 비롯되는 스트레서(stressor)를 말한다. 개인이 가진 부정적이거나 비관적인 사고나 태도 또는 가치관, 완벽주의적인 성격, 과도한 걱정이나 분노 등과 같이 개인 내부에 존재하는 성격 또는 특성들은 일종의 스트레서로 작용하여 개인 스스로 스트레스를 유발하게 될 가능성을 증가시킨다.

내적 스트레스【內的 스트레스】 internal stress 외부의 원인에서 비롯되는 스트레스(즉, 외적 스트레스〈external stress〉)의 상대되는 개념으로, 스트레스를 겪는 개인 자신이 만드는 스트레스를 말한다. 개인이 가진 부정적이거나 비관적인 사고나 태도 또는 가치관, 완벽주의적인 성격, 과도한 근심과 걱정, 분노 등과 같은 개인 내부에 존재하는 성격 또는 특성들은 개인 스스로 스트레스를 유발하게 될 가능성을 증가시킨다.

내적 실험【內的 實驗】 inner experimentation Piaget (1896~1980)의 인지발달 이론에서, 감각운동기의 여섯 번째 하위 단계(생후 약 18개월~24개월 사이)에서 나타나는 영아의 활동 경향. 이 시기의 영아는 탐색적이며 시행착오적인 활동을 통해 새로운 결과를 찾고 학습하는 이전 시기의 영아들과는 달리, 앞으로 하게 될 어떤 행동과 그 행동이 가져올 결과를 내적인(또는 정신적) 수준에서 처리할 수 있게 되는데, 이와 같이 내적인 수준에서 이루어지는 탐색 및 활동 경향을 지칭하여 '내적 실험'이라고 한다.

내적 언어【內的 言語】inner speech Vygotsky (1896~1934)가 아동들이 보이는 특징적인 언어 및 사고 경향을 나타내기 위해 사용한 개념들 가운데 하나. 아동들이 보이는 특징적인 언어행동 중에서, 다른 사람 없이 혼자 있는 상황에서 하는 말인 혼잣말은 자신의 사고를 이끌어주고 자기-의사소통 기능을 하는데, 이와 같은 아동들의 언어행동을 지칭하여 사적 언어(private speech)라고 한다. Vygotsky는 이러한 사적 언어는 나이가 들어가면서 감소하다가 사라지는 듯이 보이지만 실제로는 사라지는 것이 아니라고 보았다. 즉, 발화의 형태로 나타나지 않을 뿐이지 내적 상태에서 계속 진행되면서 그 개인의 사고와 행동을 조직하고 이끄는 기능을 한다고 보았고, 이러한 언어를 지칭하기 위해 사용한 개념이 내적 언어이다. 즉, 사적 언어가 발화 없이 내적으로 진행되는 것을 지칭하여 '내적 언어'라고 한다.

내적 일치도【內的 一致度】internal consistency 검사나 척도의 신뢰도의 한 유형으로, 검사나 척도를 구성하는 문항들이 동일한 변인(또는 변수)을 측정하고 있는지를 나타내는 정도. 즉, 검사나 척도를 구성하는 문항들의 동질성을 나타내는 것이다.

내적 작동모델【內的 作動모델】internal working model 인간은 생후 자신에 대해 지속적인 돌봄을 제공하는 일차 양육자(흔히 부모)와의 지속적이고 강렬한 유대관계 또는 긴밀한 사회-정서적 관계를 형성하게 되는데, 이러한 긴밀한 유대관계를 지칭하여 애착(attachment)이라고 한다. 애착을 형성하는 과정에서 아이는 자신, 타인, 관계 및 인간 상호작용에 관한 인지적 표상 또는 기억 구조를 형성하게 되는데, 이러한 인지적 표상 또는 기억 구조를 지칭하여 '내적 작동모델'이라고 한다. 발달 과정에서 양육자의 민감하고 반응적인 양육을 통해 '긍정적인 내적 작동모델'을 형성하게 된 아동은 타인을 신뢰하고 의지할 수 있게 되지만, 둔감하고 무관심하고 나아가 학대하는 양육자 밑에서 성장한 아동은 '부정적인 내적 작동모델'을 형성하기 쉽고, 그 결과는 타인과의 관계에서 상대를 불신하고 상대와의 불안정한 관계를 형성하도록 만들 가능성을 증가시킨다.

내적 표상【內的 表象】internal representation 넓은 의미에서, '표상(表象)'은 실제의 대상(물체나 현상)을 다른 어떤 것으로 대표(代表)한다는 의미를 가지고 있으며, 크게 두 가지 유형으로 구분할 수 있다. 그 중 하나는 지형이나 건물의 위치를 도면상에 나타내는 지도나 어떤 사람을 조각한 동상 등과 같이 '외부의 대상을 모사하여 외적(外的)으로 나타낸 표상'을 '외적 표상(外的 表象: external representation)'이라고 한다. 다른 하나는 외부의 대상에 대한 지각 및 인식이 이루어지는 과정에서 '외부의 대상을 어떤 형태로 추상화하고 심상화하여 내적(內的)으로 나타낸 표상'을 '내적 표상'이라고 한다. 한편, '외적 표상'은 '외재적 표상(外在的 表象)'이라고도 하고, '내적 표상'은 '내재적 표상(內在的 表象)'이라고도 한다. '표상' 참조.

내적 학습【內的 學習】internal learning 내적인 과정이라고 할 수 있는 인지과정에 의존하는 인지학습(認知學習: cognitive learning)의 또 다른 표현이다. '인지학습' 참조.

내집단【內集團】 ingroup / in-group 가치관, 태도, 규범, 행동 등과 같은 다양한 심리적 및 행동적 측면에서 공통적인 특성을 가지고 있으며, '우리'라는 집단적 의식 또는 정체감을 공유하고 있는 사람들 또는 그런 사람들로 구성된 집단.

내집단 도식【內集團 圖式】 ingroup schema / in-group schema 도식(schema)이란 '세상의 어떤 부분(예를 들면 사람이나 물체 또는 사건 등)에 관한 정보 또는 개념들을 상호 관련지어 의미 있게 조직화하고 있는 인지적 구조'를 의미한다. 개인이 가진 세상에 관한 다양한 도식 또는 인지적 구조들 가운데 '내집단(ingroup)'에 대해 형성하고 있는 도식을 지칭하여 '내집단 도식'이라고 한다.

내집단 편파【內集團 偏跛】 ingroup bias / in-group bias '내집단 편향' 참조.

내집단 편향【內集團 偏向】 ingroup bias / in-group bias 외집단에 비해 내집단을 편애 또는 선호하는 경향. '내집단 편파'라고도 한다.

내향성【內向性】 introversion '내향성-외향성' 참조.

내향성-외향성【內向性-外向性】 introversion-extraversion Jung (1875~1961)에 의해 처음으로 제시되고, Eysenck (1916~1997)의 특질이론에서 주요 차원 가운데 하나로 제시되고 있는 개념으로, 개인의 에너지 또는 관심이나 사상 등의 지향이 자신의 내부로 향하는지 아니면 외부(타인, 타인과의 관계 및 기타 외부의 대상)로 향하는지를 나타내는 성격 차원. 내향성(introversion)은 에너지 또는 지향이 자신의 내부로 향하고 수줍은 경향을 보이는 성격인 반면에, 외향성(extraversion)은 에너지 또는 지향이 자신의 외부(타인, 타인과의 관계 및 외부의 대상 등)로 향하여 타인과 함께 있거나 타인과의 관계 또는 활동을 선호하는 사교적 경향을 보이는 성격을 말한다.

내향성의 사람【內向性의 사람】 introvert '내향적인 사람' 참조.

내향적 문제【內向的 問題】 internalizing problem 문제란 심리적 문제, 행동문제, 이성문제 등과 같이 곤란함을 초래하거나 해결을 위해 어려움이 따르는 사건이나 상태를 의미하는데, 그러한 문제들 중에서도 내적으로 또는 심리적으로 진행되는 문제를 지칭하여 내향적 문제라고 하며, 여기에는 우울, 불안, 공포증 등과 같은 심리적 또는 정신적인 고민이나 장애들이 포함된다. 한편, 내향적 문제와는 달리 외적으로 관찰 가능한 형태로 행동화되어 표출된 문제를 지칭하여 외향적 문제(externalizing problem)라고 한다. 예를 들면, 아동 및 청소년의 가출, 폭력행동, 흡연 등과 같은 문제행동들이 포함된다.

내향적인 사람【內向的인 사람】 introvert 개인의 에너지 또는 관심이나 사상 등의 지향이 자신의 내부로 향하는지, 아니면 외부(타인, 타인과의 관계 및 기타 외부의 대상)로 향하는지를 나타내는 성격 차원(내향성-외향성) 중에서, '에너지 또는 관심이나 사상 등의 지향이 자신의 내부로 향하고 수줍은 경향을 보이는 성격'을 내향성(introversion)이라고 하고, 이러한 성격을 가진 사람을 '내향적인 사람'이라고 한다. 이와 반대되는 성격을 가진 사람을 '외향적인 사람'이라고 한다. 내향적인 사람은 다른 사람들을 만나거나 어울리기보다는 조용히 사색하거나 혼자만의 시간을 보내

는 것을 선호하는 경향이 있다. '내성적인 사람' 또는 '내향성의 사람'이라고도 한다.

내현성격이론【內顯性格理論】implicit personality theory 학자들이 제시하고 논의하는 성격이론이 아닌, 일반인들이 다른 사람의 성격을 판단하거나 논할 때 사용하는 성격에 관한 이론 또는 이해의 틀을 지칭한다. 흔히 사람들은 삶을 살아가는 과정에서 그가 속한 사회와 문화로부터 사람들의 특성과 판단에 관한 통념을 배우게 되고 동시에 각자 자신의 생활 과정에서 겪은 경험을 토대로 사람들을 이해하고 판단하는 나름대로의 이론, 즉 성격이론을 구성한다. 이러한 이론은 실제 생활 속에서 다른 사람들에 대해 판단하고 행동할 때 영향을 미치게 된다. 이와 같이 일반 개개인들이 사회문화적 통념에 대한 학습과 생활 속에서의 대인관계 경험을 통해 구성하는 성격이론 또는 성격판단의 이론을 지칭하여 내현성격이론이라고 한다. '내현적 성격이론'이라고도 한다.

내현적 기억【內顯的 記憶】implicit memory 의식되지 않는 기억. 즉, 의식되지 않는 상태에서 무의식적으로 진행되어 행동에 영향을 미치는 기억을 지칭한다.

내현적 모델링【內顯的 모델링】covert modeling 행동치료 기법의 하나로, 모델의 행동을 직접적 또는 명시적으로 관찰하는 것이 아니라 모델이 어떤 상황에서 하는 행동(흔히 적절한 행동 또는 바람직한 행동)을 상상하는 과정을 통해 이루어지는 행동의 변화 또는 학습을 말한다. 또는 모델이 어떤 상황에서 하는 행동을 상상하는 과정을 통해 행동 변화나 학습을 유도하는 치료 절차를 지칭하기도 한다.

내현적 성격이론【內顯的 性格理論】implicit personality theory '내현성격이론'이라고도 한다. '내현성격이론' 참조.

내현적 행동【內顯的 行動】implicit behavior 호르몬이나 위산의 분비, 소장이나 대장 또는 신장 같은 장기의 활동, 그리고 후두 등과 같이 말할 때 작용하는 발성기관의 활동 등과 같이 직접적으로 관찰되지 않는 행동을 지칭한다. 흔히 이러한 행동들은 별도로 고안된 도구를 사용하여 간접적으로 관찰 또는 확인할 수 있다. 최초로 행동주의를 주창했던 Watson (1878~1958)은 인간의 사고(思考: thinking)도 내현적 행동의 한 부분으로 보았다.

냉동정액【冷凍精液】frozen sperm 인공수정이나 연구를 목적으로 냉동상태에서 저장 · 보관되고 있는 인간이나 동물(흔히 가축)의 정액을 말한다.

넌렘수면【넌렘睡眠】non-REM sleep (NREM sleep) 인간의 수면단계를 크게 다섯 단계로 구분할 때, 그 중 신체는 혼수상태의 특징을 나타내고, 동시에 대부분의 수면자들이 선명한 꿈을 꾸면서 빠른 안구운동(눈운동)을 나타내는 수면상태를 지칭하여 렘수면(렘睡眠: REM sleep) 또는 렘수면 단계라고 한다. 이와는 달리 렘수면 단계를 전후하여 빠른 안구운동이 일어나지 않는 모든 수면단계를 지칭하여 '넌렘수면' 또는 '넌렘수면 단계'라고 한다. '비렘수면(非렘睡眠)'이라고도 한다.

네트워크 network (1) 통신선, 컴퓨터, 신경, 도로, 방송국 등이 서로 연결되어 있는 체계 또는 망. (2) 사람과 사람, 사람과 조직, 조직과 조직 간 서로 유기적으로 연결되어 있는 관계의 체계 또는 망.

네트워킹 networking 네트워크를 형성하거나 구축하는 것(또는 활동).

네티즌 netizen 인터넷이나 PC통신 등과 같은 network을 이용하는 사람을 지칭한다. network과 citizen의 합성어.

네포티즘 nepotism '정실주의' 참조.

넷세대【넷世代】 net generation '엔세대' 참조.

노년기【老年期】 senescence 인간의 발달과정을 태내기에서부터 사망할 때까지의 전체 기간으로 볼 때, 제일 마지막 단계에 해당하는 발달단계를 말한다. 노인기(老人期) 또는 성인후기(成人後期)라고도 한다. 그 동안 진행되어온 노년심리학 분야의 연구결과들은 노년기 동안에도 신체적 측면에서의 변화뿐만 아니라 심리적, 행동적 및 사회적 측면에서의 다양한 변화들이 일어나고 있음을 시사해 주고 있다.

노년심리학【老年心理學】 senescent psychology / psychology of senescence 노인 또는 노년기에 초점을 맞추어 연구를 진행하는 발달심리학의 한 분야. '노인심리학'이라고도 한다.

노년심리학자【老年心理學者】 senescent psychologist / psychologist of senescence 노년심리학 분야에서 활동하는 심리학자. '노인심리학자'라고도 한다.

노년학【老年學】 gerontology 노화현상에 관해 연구하는 학문. 흔히 나이가 들어감에 따라 나타나는 신체적 및 생리적 영역 전반에서 나타나는 노화의 과정 및 그 원인과 결과를 과학적이고 종합적인 접근을 통해 규명하고, 나아가 노화과정에서 발생하는 다양한 문제들과 그 해결방안에 대해서도 연구한다. '노인학'이라고도 한다.

노년학자【老年學者】 gerontologist '노년학' 분야에서 활동하는 학자. '노인학자'라고도 한다.

노동【勞動】 labor 필요한 것(또는 필요한 물자)을 얻거나 만들기 위해 신체적 또는 정신적으로 노력을 들이는 활동(또는 행위).

노령화 지수【老齡化 指數】 index of aging 노년 인구의 양적인 증가와 구조적인 변화를 알아보기 위한 수치로, 65세 이상의 인구수를 0~14세 미만의 인구수로 나눈 후, 여기에 100을 곱해준 값이다. 즉, (65세 이상의 인구수 / 0~14세 미만의 인구수)×100.

노르아드레날린 noradrenaline 부신수질(adrenal medulla)에서 분비되는 호르몬의 한 종류로, '노르에피네프린'이라고도 한다. '노르에피네프린' 참조

노르에피네프린 norepinephrine (NE) 부신수질(adrenal medulla)에서 에피네프린과 함께 분비되는 호르몬의 한 종류로, 노르아드레날린이라고도 한다. 혈압을 상승시키는 기능을 한다.

노름 gambling '도박' 참조.

노암 촘스키 Noam Chomsky (1928~) 미국의 언어학자 · 철학자 · 인지과학자. 'Chomsky, Avram Noam (1928~)' 참조.

노어에피네프린 norepinephrine 신경전달물질의

한 종류로, 뇌의 뇌간에 있는 뉴런에 의해 생산되며, 이 물질의 증가 또는 감소는 기분의 변화와 관련이 있다.

노이로제 neurose ‘신경증’ 참조.

노인【老人】 the old / the aged / old person / aged person 연령을 기준으로 노인을 구분할 때, 인구학, 사회학 및 심리학 등의 분야에서는 일반적으로 65세 이상 된 사람들을 지칭한다. 흔히 연령 증가에 따라 신체적, 생리적, 심리적 및 행동상의 기능 약화와 함께 사회적인 역할의 축소 경향을 나타낸다.

노인기【老人期】 old age / senescence ‘노년기’ 참조.

노인심리학【老人心理學】 senescent psychology / psychology of senescence 노인 또는 노년기에 초점을 맞추어 연구를 진행하는 발달심리학의 한 분야. ‘노년심리학’이라고도 한다.

노인심리학자【老人心理學者】 senescent psychologist / psychologist of senescence 노인심리학 분야에서 활동하는 심리학자. ‘노년심리학자’라고도 한다.

노인학【老人學】 gerontology ‘노년학’이라고도 한다. ‘노년학’ 참조.

노인학자【老人學者】 gerontologist ‘노인학’ 혹은 ‘노년학’ 분야에서 활동하는 학자. ‘노년학자’라고도 한다. ‘노년학’ 참조.

노출증【露出症】 exhibitionism 성도착증(性倒錯症: paraphilias-성행위 대상이나 성행위 방식에서 정상적인 기준을 벗어나 비정상적인 행태를 나타내는 장애)의 한 유형으로, 타인에게 자신의 성기를 노출시키는 과정을 통해 성적 흥분이나 쾌감을 느끼는 장애.

노화【老化】 aging / ageing 일반적으로 늙어가는 과정을 지칭한다. 보다 구체적으로, 인간(또는 유기체)의 발달과정에서 연령 증가와 함께 특히 신체적 및 생리적 측면의 다양한 조직 및 기관들의 기능이 약화 또는 저하되어 가는 과정을 말한다. 일반적으로 노화는 항상성(恒常性)의 붕괴로 이어진다.

논란이 많은 아동【論難이 많은 兒童】 controversial child / controversial children 또래들로부터의 인기와 수용의 측면에서 분류하는 아동의 유형 가운데 하나로, 그를 좋아하는 또래들도 많고 싫어하는 또래들도 많은 아동.

논리【論理】 logic 사고나 추론 또는 말이나 글 속에 담긴 추론을 법칙이나 이치에 맞게 전개해 가는 원리나 법칙.

논리적【論理的】 logical (1) 논리에 맞는. (2) 사고나 추론이 이치에 맞는. 또는 사고나 추론이 이치에 맞게 전개되는.

논리적인【論理的인】 logical ‘논리적’과 같은 의미를 가진 표현이다.

놀이요법【놀이療法】 play therapy ‘놀이치료’ 참조.

놀이치료【놀이治療】 play therapy 흔히 심리적 및 행동상의 문제를 가지고 있는 아동들을 진단 및 치료하거나 아동들의 성격을 이해할 목적으로 유희 또는 놀이를 사용하는 기법을 말한다. 아동이 놀이를 하는 과정에서 자신의 감정과 갈등을 표현하고 동시에 정화되는 효과를 갖는 것으로 알려지고 있다. 놀이치료는 '놀이요법', '유희치료' 또는 '유희요법'이라고도 한다.

뇌【腦】 brain　인간의 신경계(神經系)를 구분하면 크게 중추신경계(中樞神經系)와 말초신경계(末梢神經系)로 나뉘며, 이 가운데 중추신경계는 다시 뇌와 척수(脊髓)로 구분된다. 뇌는 머리 안에 위치한 중추신경계의 핵심 부분으로, 신경계통 중에서도 가장 중요하고 고차적인 기능을 수행하는 기관이다. 인간을 포함한 척추동물(脊椎動物)의 뇌는 대뇌(大腦: cerebrum), 간뇌(間腦: diencephalon), 중뇌(中腦: midbrain), 소뇌(小腦: cerebellum) 및 후뇌(後腦: hindbrain) 등으로 구분된다.

뇌교【腦橋】 pons　뇌의 조직 가운데 일부. 뇌의 윗부분에 위치하는 대뇌피질과 소뇌를 연결하는 부분으로, 연수 바로 위에 위치한다.

뇌량【腦梁】 corpus callosum　인간의 뇌 구조 가운데 좌우 대칭적인 형태를 이루고 있는 두 대뇌반구를 연결해주는 두꺼운 신경섬유의 다발. 좌우 반구의 안쪽에 자리 잡고 있다.

뇌성장 급등【腦成長 急騰】 brain growth spurt　특정한 시기 동안에 뇌의 성장이 급격하게 이루어지는 현상. 일반적으로 태내기(즉, 임신 시간)의 마지막 3개월 동안과 출생 후 약 2년까지의 시기 동안에 뇌가 급격하게 성장하는 현상을 지칭한다. 성인 뇌무게의 약 50% 이상이 이 시기 동안에 성장한다.

뇌진탕【腦震蕩】 concussion of the brain / cerebral concussion　두부(頭部: 머리 부분)를 세게 얻어맞거나 강하게 부딪치는 등의 충격으로 뇌가 심하게 울리거나 흔들림으로 인해 발생하는 뇌기능 장애를 말한다. 흔히 뇌의 기질적 장애나 이상이 없이 일시적인 얼굴의 창백 상태, 구토, 맥박감소 및 의식상실이 발생한 후 회복되는 경우가 많지만, 경우에 따라서는 기억상실증이나 기타의 정신장애 또는 사망으로까지 이어질 수 있다.

뇌하수체【腦下垂體】 pituitary gland / pituitary　척추동물의 신체 내에 존재하는 호르몬을 분비하는 내분비선의 하나로, 인간의 경우에는 시상하부 바로 아래에 위치하며, 무게는 약 0.5g 정도가 채 되지 않는다. 시상하부의 영향을 크게 받으며, 시상하부와 함께 다른 호르몬의 분비여부와 분비량을 통제하는 기능을 한다. 뇌하수체는 전엽, 중엽 그리고 후엽 등 세 부분으로 구성되어 있다. '뇌하수체선' 또는 '우두머리선(master gland)'이라고도 한다.

뇌하수체선【腦下垂體腺】 pituitary gland　'뇌하수체' 참조.

눈깜박거리기반사【눈깜박거리기反射】 blinking reflex / blink reflex / eye-blink reflex　'눈깜박반사' 참조.

눈깜박반사【눈깜박反射】 blinking reflex / blink reflex / eye-blink reflex　인간이 선천적으로 가지고 태어나는 반사들 가운데 하나로, 눈에 바람이나 이물질 등과 같은 자극이 들어오면 자동적이고 무의식적으로 눈을 깜박이는 반사 행동을 나타내는데, 이와 같은 선천적인 반사 행동을 '눈깜박반사'라고 한다. 눈깜박반사는 생존반사의 하나로 분류된다. '눈깜박거리기반사', '순목반사'라고도 한다.

뉴런 neuron 신경계의 기본단위가 되는 신경세포(神經細胞: nerve cell). 다른 뉴런들과의 연접(시냅스)을 형성하고, 이를 통해 외부로부터의 정보를 받아들이고 신체의 다른 조직이나 기관들에 신경충동 또는 정보를 전달하는 기능을 한다. 이와 같은 뉴런의 기능을 통해 우리는 외부로부터의 자극들을 감각, 지각 및 인식하고, 나아가 그 자극들에 대한 반응 또는 대처행동을 하게 되는 것이다. 신경계를 구성하는 뉴런은 여러 유형이 있고 각기 모양과 크기 등에서 차이가 있지만, 공통적으로 세포체(cell body), 수상돌기(dendrite), 축색(axon) 및 종말단추(terminal button) 등으로 구성된다. '신경세포(nerve cell)' 또는 '뉴우런'이라고도 한다.

뉴로리긴 neuroligin 뇌의 편도체(amygdala: 뇌의 주요한 한 부분으로 정서 통제 중추로 알려져 있음)에 있는 유전자로, 자폐증과 관련이 있는 것으로 밝혀져 왔다. 특히 뉴로리긴 유전자의 돌연변이가 자폐증과 밀접한 관련이 있는 것으로 보고되어 왔는데, 그 기제와 관련하여 최근의 연구결과는 뉴로리긴 유전자의 돌연변이가 신경정보 전달의 강도와 시냅스의 기능을 약화시키게 되고 그 결과 자폐증에서 나타나는 기억의 약화와 환경적응 곤란으로 이어질 가능성을 시사해 주고 있다.

뉴우런 neuron '뉴런' 참조.

능동성-수동성 논쟁【能動性-受動性 論爭】 activity-passivity debate '능동성-수동성 이슈'라고도 한다. '능동성-수동성 이슈' 참조.

능동성-수동성 이슈【能動性-受動性 이슈】 activity-passivity issue 인간의 발달 또는 발달적 변화에 대해 발달학자들 사이에서 오랫동안 제기되어온 논쟁점 가운데 하나로, 인간(영아 및 유아를 포함한 발달의 당사자인 인간)은 자신의 발달(또는 발달적 변화)에 대해 능동적으로 기여하는 존재인지 아니면 환경의 영향을 수동적으로 받는 존재인지에 관한 논쟁 또는 이슈. '능동성-수동성 논쟁(能動性-受動性 論爭: activity-passivity debate)'이라고도 한다.

능력검사【能力檢査】 ability test 특정 분야에서 한 개인이 현재 가지고 있는 능력의 정도를 측정하기 위한 검사. 향후 그 개인이 특정 과제를 수행해낼 수 있는 능력을 추정하는 기초자료로 활용될 수 있다. '최대수행검사(maximal performance test)'와 같은 의미로 사용된다.

니코틴 nicotine 가지과 식물들에 포함되어 있는 염기성 유기화합물로 가지, 토마토, 감자, 피망 등에도 소량이 함유되어 있으나 특히 담배에 많이 함유되어 있으며, 인체에 작용하여 각성효과를 나타낸다. 중독성이 매우 강하며, 흔히 담배중독 또는 흡연중독의 또 다른 표현으로 니코틴중독이라는 표현을 사용할 정도로 담배중독을 일으키는 주요 원인 물질로 지목되고 있다.

니콜라스 틴버겐 Nikolaas Tinbergen (1907~1988) 네덜란드 태생의 영국 동물행동학자. 'Tinbergen, Nikolaas (1907~1988)' 참조.

니트 NEET 'Not in Education, Employment or Training'의 약자. '니트족' 참조.

니트족 【니트族】 NEET ‘Not in Education, Employment or Training’의 약자. ‘학생도 아니고, 취업한 상태도 아니며 교육훈련을 받고 있지도 않은 상태’라는 의미로 직역할 수 있다. 학생신분이나 취업자신분이 아닌 상황에서 일이나 취업에 대한 관심이나 의욕이 없이 구직을 위한 별다른 노력을 하지 않고 살아가는 사람들을 지칭한다. 일자리를 원하지만 아직 구하지 못한 상태에 있는 실업자와 구분하기 위해 니트족을 ‘무업자(無業者)’라고 표현하기도 한다. 1990년대 고용환경이 나빠져 심각한 취업난을 겪고 있던 영국 등 유럽에서 처음으로 니트족이 사회문제화 되기 시작했고, 그 이후 아시아의 일본 등지에서 주요 사회문제로 등장하였다.

님비 NIMBY ‘Not in My Backyard’의 약자. ‘나의 뒷마당에는 안 됨’으로 직역되며, 의역하면 ‘우리 거주지역에는 안 됨’이라는 의미로 해석된다. ‘님비증후군’ 참조.

님비증후군 【님비症候群】 NIMBY syndrome 지역이기주의 현상의 하나. NIMBY는 ‘Not in My Backyard(‘나의 뒷마당에는 안 됨’으로 직역되며, 의역하면 ‘우리 거주지역에는 안 됨’이라는 의미로 해석됨)’라는 영어 표현의 약자이다. 현대 사회에서 증가하고 있는 다양한 사회적 요구나 문제들을 해결하기 위한 시설물들(예를 들면, 핵폐기물이나 산업폐기물 처리시설, 화장장, 마약 등의 약물중독자를 위한 수용 및 치료시설 등)이 대체로 불쾌하거나 혐오적이라는 이유로 이를 특정 지역에 건축하거나 배치하는 것에 대하여 해당 거주지역의 주민들 또는 지방자치단체가 나서서 강력하게 반대하는 현상을 지칭한다. ‘님비현상’이라고도 한다. 이와 반대되는 현상으로 ‘임피증후군(IMFY syndrome)’이 있다.

님비현상 【님비現象】 NIMBY syndrome ‘님비증후군’ 참조.

다수인 대상 애착단계 【多數人 對象 愛着段階】 phase of multiple attachment '다수인 애착단계' 참조.

다수인 애착단계 【多數人 愛着段階】 phase of multiple attachment 애착발달 과정에서 생후 여러 사람들에게 애착을 형성하는 생후 약 9~18개월 사이의 기간. 이 기간에 영아는 특정인 한 명(흔히, 주 양육자인 어머니)에 대해 애착을 형성하던 이전의 시기와는 달리 다른 여러 사회적 대상들(예를 들면, 아버지, 고모, 할아버지, 삼촌 등)에 대해서 애착을 형성한다. '다수인 대상 애착단계'라고도 한다.

다운 Down (1828~1896) 영국의 의사. 'Down, John Langdon Haydon (1828~1896)' 참조.

다운로드 download 인터넷을 통해 다른 사람들이 올려놓은 다양한 유형의 자료(음성자료, 문서자료 및 그림자료 등) 또는 프로그램을 자신의 컴퓨터로 받아오거나 복사하는 행위를 말한다.

다운로딩 downloading 다운로드(download)를 하는 것. '다운로드' 참조.

다운씨증후군 【다운氏症候群】 Down's syndrome / Down syndrome '다운증후군' 참조.

다운증후군 【다운症候群】 Down syndrome / Down's syndrome 염색체 이상에서 비롯되는 선천성 장애의 하나로, 인간이 가지고 있는 23쌍의 염색체 중 21번째 염색체를 정상에 비해 1개 더 가지게 됨에 따라 나타나는 염색체 이상 장애이다. 인간의 염색체(총 23쌍)를 분류하면 1번째 염색체부터 22번째 염색체까지를 상염색체(常染色體)라고 하고, 23번째 염색체를 성염색체(性染色體)라고 하는데, 다운증후군을 가진 사람은 이 염색체들 중 상염색체에 해당하는 21번째 염색체가 쌍(2개)이 아니라 3개인 삼염색체성(Trisomy)이다. 그 결과 이 증후군을 가진 사람은 신체적 장애와 지적 장애를 동반하게 된다. 구체적으로 작은 머리와 납작한 코 등 얼굴과 머리 그리고 손과 다리 등 신체의 여러 부분에서 독특한 외모를 나타내고, 심장이나 신장 등의 장기에서 기형을 나타내며, 중간 정도에서 심한 정도에 이르는 정신지체를 보인다. 1866년 영국의 의사 Langdon Down (1828~1896)에 의해 처음으로 보고되면서 알려지게 되었지만, 아직까지도 그 발생 원인은 명확하게 밝혀져 있지 않으며, 다만 35세 이상의 여성들이나 청소년기의 저연령 산모에게서 발생비율이 높은 것으로 나타나고 있다. 다운씨증후군 또는 21 삼염색체성(Trisomy 21)이라고도 한다. 과거에는 다운증후군이라는 표현 대신에 몽고증(蒙古症) 또는 몽골리즘(Mongolism)이라는 표현도 사용되었지만 현재는 이 표현은 거의 사용되지 않고 있다.

다원론【多元論】pluralism 세상에는 여러 가지 것들이 실재하며 그것들마다 서로 다른 존재 방식이 있기 때문에 세상에 존재하는 것들, 대상 또는 현상은 서로 다른 여러 가지의 원리와 방식으로 설명될 수 있다고 보는 이론 또는 관점. 이와 상대되는 개념으로 일원론(一元論: monism)이 있다.

다원유전자【多源遺傳子】polygene 하나의 특성(또는 형질)의 결정에 영향을 미치는 복수의 유전자. '다중유전자' 또는 '폴리진'이라고도 한다.

다원유전자 특질【多源遺傳子 特質】polygenic trait '다중유전자 특질' 참조.

다원유전적【多源遺傳的】polygenic 하나의 특성(또는 형질)을 결정하는 과정에 복수의 유전자가 관여하는 경향이나 특징을 지칭하여 '다원유전적' 또는 '다중유전적'이라고 한다.

다원유전적 특질【多源遺傳的 特質】polygenic trait '다중유전자 특질' 참조.

다윈 Darwin (1766~1848) 영국의 의사. 진화론으로 유명한 영국의 박물학자 '찰스 다윈(Charles Robert Darwin: 1809~1882)'의 아버지.

다윈 Darwin (1809~1882) 영국의 박물학자. 'Darwin, Charles Robert (1809~1882)' 참조.

다이어트장애【다이어트障碍】diet disorder '신경성 식욕부진증' 참조.

다중기억모델【多重記憶모델】multistore model '다중저장모형' 참조.

다중기억모형【多重記憶模型】multistore model '다중저장모형' 참조.

다중매체【多重媒體】multimedia '멀티미디어' 참조.

다중성격【多重性格】multiple personality 한 개인의 내면세계에 비교적 잘 통합된 두 개 이상의 성격체계가 존재하는 상태. 이와 같은 성격체계들은 상황에 따라 번갈아가면서 등장하여 각기 독립적인 인격체로 기능하게 된다. '다중인격'이라고도 한다.

다중성격장애【多重性格障碍】multiple personality disorder '다중인격장애'라고도 하며, 최근에 와서는 '해리성 정체감장애'로도 불리고 있다. DSM-III(정신장애 진단 및 통계 편람-제3판)에서 'multiple personality disorder(다중성격장애 또는 다중인격장애라고 함)'로 표현되다가 DSM-IV(정신장애 진단 및 통계 편람-제4판)서부터는 'dissociative identity disorser(해리성 정체감장애)'라는 용어로 표현되고 있다. '해리성 정체감장애' 참조.

다중유전자【多重遺傳子】polygene 하나의 특성(또는 형질)의 결정에 영향을 미치는 복수의 유전자. '다원유전자' 또는 '폴리진'이라고도 한다.

다중유전자 특질【多重遺傳子 特質】polygenic trait 복수의 유전자의 영향을 받아 결정되는(형성되는) 특질. '다원유전자 특질', '다중유전적 특질', '다원유전적 특질'이라고도 한다.

다중유전적【多重遺傳的】polygenic 하나의 특성

(또는 형질)을 결정하는 과정에 복수의 유전자가 관여하는 경향이나 특징을 지칭하여 '다중유전적' 또는 '다원유전적'이라고 한다.

다중유전적 특질【多重遺傳的 特質】polygenic trait '다중유전자 특질' 참조.

다중인격【多重人格】multiple personality '다중성격' 참조.

다중인격장애【多重人格障碍】multiple personality disorder '다중성격장애'라고도 하며, 최근에 와서는 '해리성 정체감장애'라고도 한다. '다중성격장애' 및 '해리성 정체감장애' 참조.

다중저장모델【多重貯藏모델】multistore model '다중저장모형' 참조.

다중저장모형【多重貯藏模型】multistore model 기억(또는 정보의 저장)은 아주 잠시 동안 이루어지는 감각기억(또는 감각저장), 감각기억보다는 조금 더 길지만 약 수초 정도로 짧게 지속되는 단기기억(또는 단기저장), 그리고 단기기억보다 훨씬 더 길고 비교적 영속적으로 지속되는 장기기억(또는 장기저장) 등으로 이루어진다고 보는 기억에 관한 모형 또는 이론. '다중저장모델', '다중기억모형' 또는 '다중기억모델'이라고도 한다.

다중지능이론【多重知能理論】theory of multiple intelligence 미국의 심리학자인 Gardner (1943~)가 제안한 지능에 관한 이론. 이 이론에서는 인간의 지능은 하나의 숫자로 표현되는 단일의 능력이 아니라 서로 다른 여러 종류의 지능으로 구성되어 있으며, 이러한 여러 지능들은 각기 다른 뇌의 특정 부위와 관련이 있고, 나름대로의 규칙에 의해 작동된다고 본다. Gardner는 처음에 인간의 지능은 서로 독립적으로 기능하는 7가지의 지능으로 구성된다고 제안하였으나, 그 이후에 8번째 지능을 추가하였고, 최근에는 9번째 지능을 추가하는 것을 검토하고 있다. 이와 같은 검토가 실제로 반영된다면, Gardner의 이론에서는 인간의 지능이 총 9개의 서로 다른 지능들로 구성된다고 보는 셈이다. Gardner가 제시하고 있는 다중지능에는 다음과 같은 하위 영역들이 포함된다. 언어적 지능, 논리-수학적 지능, 공간적 지능, 신체-운동적 지능, 음악적 지능, 개인 내적 지능, 개인 간 지능(대인관계적 지능), 자연주의적 지능, 그리고 가장 최근에 새로운 지능의 한 영역으로 포함시키는 문제를 고려하고 있는 정신적 및 존재론적 지능 등이다. 한편, Gardner는 인간의 지능들 가운데 여러 부분은 기존의 지능검사로는 측정되지 않는다고 주장한다.

다혈질【多血質】 (1) 다혈질(sanguine): 의학의 아버지로 일컬어지고 있는 고대 그리스의 의사 히포크라테스(Hippocrates)가 가정했던 인간 기질의 하나. 히포크라테스는 인체를 구성하는 4가지의 체액(혈액, 점액, 담즙, 흑담즙)이 있다고 보았으며, 그 구성 비율에 따라 다혈질, 점액질, 담즙질, 흑담즙질(또는 우울질이라고도 함) 등 상이한 특성을 갖는 기질이 결정된다고 보았다. 다혈질은 체액 중 혈액이 지배적일 때 나타나는 기질로, 외향적이고 사교적이며 낙천적인 특성을 나타낸다고 보았다. (2) 다혈질(hot temperament): 자극이나 상황에 따라 감정의 변화와 기복이 크고 쉽게 흥분하지만 그 상태가 오래 가지 않으며 성급하고 인내력이 부족한 특성을 나타내는 성격. 일반적으로 많이 사용하는 다혈질의 의미에 가까움.

단계적 감강법【段階的 感降法】 systematic desensitization '체계적 둔감화' 참조.

단계적 감도감강법【段階的 感度感降法】 systematic desensitization '체계적 둔감화' 참조.

단계적 둔감법【段階的 鈍感法】 systematic desensitization '체계적 둔감화' 참조.

단계적 둔감화【段階的 鈍感化】 systematic desensitization '체계적 둔감화' 참조.

단기기억【短期記憶】 short-term memory (STM) 전화를 걸기 위해 전화버튼을 누르거나 다이얼을 돌리는 경우와 같이, 감각기관을 거쳐 들어온 정보(즉, 감각정보)들 중에서 선택한 정보를 비교적 짧은 시간(약 30초 내외 정도) 동안 파지(또는 저장)하는 기억을 말한다. 단기기억은 일부의 정보를 잠시 동안 저장할 뿐만 아니라 그 정보들을 처리 또는 사용하기 때문에 '작업기억' 또는 '활동기억'이라고도 하며, '단기저장' 및 '단기저장소'와 같은 의미로 사용된다.

단기저장【短期貯藏】 short-term store (STS) '단기저장소'라고도 하며, '단기기억'과도 같은 의미로 사용된다. '단기저장소' 참조.

단기저장소【短期貯藏所】 short-term store (STS) 세 가지 기억모형(감각기억, 단기기억, 장기기억 등)에서 가정하는 정보 저장소의 한 유형으로, 단기기억 과정에서 정보가 머무는 저장소. 저장 용량 면에서는, 세 기억모형의 저장소들 중에서 감각기억의 저장소보다는 많고 장기기억의 저장소보다는 적은 저장 용량(약 7개 내외의 항목)을 가지며, 정보 저장 후 지속시간은 30초 내외 정도로 짧다. '단기저장'이라고도 하며, '단기기억'과도 같은 의미로 사용된다.

단색시【單色視】 monochromatism '단색형 색각' 참조.

단색시각자【單色視覺者】 monochromat 색조를 전혀 구분하지 못하는 사람. 매우 드문 경우에 해당한다. '전색맹자', '완전색맹자' 또는 '단색형 색각자'라고도 한다.

단색형 색각【單色型 色覺】 monochromatism 색조를 구분하지 못하는 전체 색맹을 지칭하는 표현으로 매우 드문 경우이다. '완전색맹', '전색맹' 또는 '단색시'라고도 한다.

단색형 색각자【單色型 色覺者】 monochromat 색조를 전혀 구분하지 못하는 사람. 매우 드문 경우에 해당한다. '전색맹자', '완전색맹자' 또는 '단색시각자'라고도 한다.

단서【端緖】 cue (1) 행위자(또는 피험자, 학습자, 유기체 등)의 행동을 이끌거나 통제하는 변별 자극 또는 신호. (2) 기억 또는 정보처리 과정에서 인출해야 할 기억정보나 처리해야 할 대상을 나타내는 제 2의 자극 또는 정보.

단서가 제공된【端緖가 提供된】 cued 특정한 과제 수행이나 기억 또는 정보처리 과정에서 처리해야 할 과제나 인출해야 할 기억정보와 관련된 단서가 미리 제공되어 있는. '단서가 주어진'이라고도 한다.

단서가 주어진【端緖가 주어진】 cued '단서가 제공된'이라는 표현과 같은 의미로 사용된다. '단서가 제공된' 참조.

단서 의존 망각【端緖 依存 忘却】 망각(forgetting)의 한 유형. 특히 기억체계 속에 저장된 정보를 인출하는데 실패하는 망각의 이유가 인출하려는 정보에 관한 단서 부재로 인한 경우를 지칭할 때 '단서 의존 망각'이라는 표현을 사용한다. 즉, '단서 의존 망각'이란 기억체계 속에 저장된 정보에 관한 단서가 없어서(또는 저장된 정보에 관한 단서를 찾지 못해서) 발생하는 망각을 의미한다.

단서 제공하기【端緖 提供하기】 cueing '단서 주기' 참조.

단서 주기【端緖 주기】 cueing 처리해야 할 과제나 인출해야 할 기억정보와 관련된 단서를 주는 것. '단서 제공하기'라고도 한다.

단서회상【端緖回想】 cued recall 과거의 정보 입력 과정을 통해 기억체계 속에 저장되어 있는 정보를 단서가 없이 또는 단서가 있더라도 제한적이고 일반적인 단서만이 제공된 상태에서 인출해내는 인지 과정 또는 정보처리 과정을 지칭하여 '회상(recall)'이라고 한다. 이러한 회상 중에서도 인출할 정보와 관련된 특정한 단서가 제공된 상태에서 이루어지는 회상의 형태를 지칭하여 '단서회상'이라고 한다. 이와 달리, 인출할 정보와 관련된 특정한 단서나 도움이 없이 이루어지는 회상의 형태를 지칭하여 '자유회상'이라고 한다.

단순공포증【單純恐怖症】 simple phobia 공포증의 한 유형으로, 실제로 위협적인 대상이 아니거나 또는 그런 위협이 존재하지 않기 때문에 흔히 사람들이 두려워하지 않는 특정한 자극이나 대상 또는 상황(예를 들면, 뱀과 같은 특정한 동물이나 피, 세균, 어둠, 고소(높은 장소) 등)에 대하여 과도한 공포(두려움)를 지속적으로 나타내는 공포증을 말한다. '특정공포증'이라고도 한다.

단순노출효과【單純露出效果】 mere exposure effect 특정 자극(또는 대상)에 대하여 반복적으로 노출이 이루어지는 것만으로도 그 자극(또는 대상)에 대한 호감도가 증가되는 현상.

달력에 의한 나이【달曆에 의한 나이】 chronological age '생활연령' 참조.

달력에 의한 연령【달曆에 의한 年齡】 chronological age '생활연령' 참조.

당뇨혼수상태【糖尿昏睡狀態】 diabetic coma 인슐린의 과다결핍으로 인해 일어나는 상태로, 근육통 및 혼수상태를 나타낸다.

당위적 자기【當爲的 自己】 ought self '나(또는 자신)'를 구성하고 있거나 나와 의미 있게 관련되어 있어 '나'를 특징짓는다고 여겨지는 모든 속성들에 대한 지각이나 인식을 '자기(自己)' 또는 '자아(自我)'라고 한다. 이러한 '자기' 중에서 자신이 마땅히 그렇게 되어야 한다고 믿는 자기 또는 마땅히 가지고 있어야 한다고 믿는 자기의 모습이나 속성을 '당위적 자기'라고 한다.

대가보복형 성희롱【代價報復型 性戲弄】 quid pro quo sexual harassment '대가형 성희롱', '대가성 성희롱' 또는 '조건형 성희롱'이라고도 한다. '대가형 성희롱' 참조.

대가성 성희롱【代價性 性戱弄】 quid pro quo sexual harassment '대가형 성희롱', '대가보복형 성희롱' 또는 '조건형 성희롱'이라고도 한다. '대가형 성희롱' 참조.

대가형 성희롱【代價型 性戱弄】 quid pro quo sexual harassment 직장이나 조직 상황에서 발생하는 성희롱의 한 형태로, 특히 고용(재계약 포함)이나 승진 또는 해고 등과 같이 업무와 관련된 이익이나 손실(보복)을 조건으로 내걸면서 성적 접촉을 시도하거나 성과 관련된 요구(성 관계 등)를 하는 형태의 성희롱을 지칭한다. '대가보복형 성희롱', '대가성 성희롱' 또는 '조건형 성희롱'이라고도 한다.

대뇌【大腦】 cerebrum 뇌의 구조에서 가장 큰 부분을 차지하는 조직으로 뇌의 위쪽에 위치하고 있으며, 그 중 표층을 구성하고 있는 회백질의 조직을 대뇌피질이라고 한다. 좌우 두 개의 반구로 구성되어 있으며, 감각, 기억, 판단, 언어, 운동 등의 기능을 담당하는 중추이다.

대뇌반구【大腦半球】 cerebral hemisphere 대뇌(cerebrum)의 좌우에 위치하고 있는 반구 형태의 부분. 좌측의 반구를 좌반구(left hemisphere)라고 하고 우측의 반구를 우반구(right hemisphere)라고 한다. 고등정신 기능을 담당하며, 두 개의 반구는 중심부의 안쪽에 위치하고 있는 뇌량(corpus callosum)에 의해 연결되어 있다.

대뇌 편재화【大腦 偏在化】 cerebral lateralization 대뇌 반구의 기능 분화. 즉, 대뇌피질을 구성하고 있는 각 반구, 즉 좌반구와 우반구가 각각 담당하고 있는 기능이 분화되어 있는 것을 지칭하여 대뇌 편재화라고 한다. 구체적으로, 두 반구 중 좌측에 위치하고 있는 좌반구는 신체의 우측을 통제하며, 동시에 듣기, 말하기 등의 언어적 기능과 의사결정 및 긍정적 감정의 표현 등의 기능을 담당한다. 이에 비해 두 반구 중 우측에 위치하고 있는 우반구는 신체의 좌측을 통제하며, 동시에 시공간 관련 정보와 음악, 촉각 및 부정적 감정의 표현 등의 기능을 담당한다. 이와 같은 각 반구의 기능은 출생 시부터 분리되기 시작한다. 한편, 언어적 기능 가운데 많은 부분을 좌반구에서 담당하고 있는 것은 사실이지만, 모든 언어적 기능을 좌반구에서만 담당하는 것은 아니다. 예컨대, 문맥에 맞는 적절한 언어의 사용이나 은유 및 비유 등과 같은 언어처리는 우반구에 담당하고 있는 것으로 밝혀지고 있다. 또한 논리적 사고나 창의적 사고 등과 같은 복잡한 사고 기능에 있어서도, 좌반구나 우반구 가운데 어느 한쪽에서만 담당하는 것이 아니라 양쪽이 서로 상호작용하는 과정에서 이루어진다는 사실이 밝혀지고 있다. 이와 같은 사실은 대뇌 편재화가 두 반구의 완전한 기능 분리나 분화를 의미하는 것이 아님을 보여준다. 한편, '대뇌 편재화'는 '편재화' 또는 '반구 전문화'라고도 한다.

대뇌피질【大腦皮質】 cerebral cortex / cortex 인간을 포함한 고등동물의 대뇌(cerebrum)의 표층을 구성하고 있는 회백질의 조직. 전뇌(forebrain)의 두 반구의 피질부분을 구성하며, 가장 복잡한 행동을 조절하는 기능을 담당한다. 신경계 중에서 가장 최근에 진화되었고, 동물들 중에서도 인간에게서 가장 잘 발달되어 있으며, 특히 인간의 경우에는 대뇌피질이 뇌 전체 무게의 약 80%를 차지한다.

ㄷ

대리강화【代理强化】 vicarious reinforcement '대리적 강화' 참조.

대리적 강화【代理的 强化】 vicarious reinforcement Bandura (1925~)의 사회학습이론(social learning theory)에서 사용되는 주요 개념들 가운데 하나이다. 관찰자가 타인(모델)이 특정 행동을 한 후에 강화(reinforcement)를 받는 장면을 관찰하게 되면, 관찰자는 이러한 간접적인 경험을 통해 자신이 직접 강화를 받지는 않았어도 마치 강화를 받은 것과 같은 효과를 나타내게 되는데, 이러한 간접적인 강화효과를 지칭하여 대리적 강화라고 한다. 따라서, 만일 관찰자가 모델이 행한 특정 행동 후에 강화(보상)를 받는 장면을 관찰하게 된다면, 관찰자도 간접적인 강화(즉, 대리적 강화)를 받게 되고, 그 결과 관찰자가 앞서서 모델이 처했던 것과 유사한 상황에 놓이게 되면 모델이 했던 행동 또는 그와 유사한 행동을 하게 될 가능성이 증가하게 된다. '대리강화(代理强化)'라고도 한다.

대리적 처벌【代理的 處罰】 vicarious punishment Bandura (1925~)로 대표되는 사회학습이론(social learning theory)에서 사용되는 주요 용어 가운데 하나이다. 관찰자가 타인(모델)이 특정 행동을 한 후에 처벌(punishment)을 받는 장면을 관찰하게 되면, 관찰자는 이러한 간접적인 경험을 통해 자신이 직접 처벌을 받지는 않았어도 마치 처벌을 받은 것과 같은 효과를 나타내게 되는데, 이러한 간접적인 처벌효과를 지칭하여 대리적 처벌이라고 한다. 따라서, 만일 관찰자가 모델이 행한 특정 행동 후에 처벌을 받는 장면을 관찰하게 된다면, 관찰자도 간접적인 처벌(즉, 대리적 처벌)을 받게 되고, 그 결과 관찰자가 앞서서 모델이 처했던 것과 유사한 상황에 놓이게 되면 모델이 했던 행동을 하지 않거나 또는 다른 행동(흔히 모델이 처벌받았던 행동과 반대되는 행동)을 하게 될 가능성이 증가된다. '대리처벌'이라고도 한다.

대리적 학습【代理的 學習】 vicarious learning Bandura (1925~)로 대표되는 사회학습이론(social learning theory)에서 사용되는 주요 용어들 가운데 하나로, 직접적인 경험을 통해 이루어지는 학습 또는 학습유형과 달리, 학습자가 타인(모델)의 행동을 관찰하는 과정을 통해 이루어지는 학습 또는 학습유형을 지칭한다. 구체적으로, 모델이 행동 후에 보상(또는 강화)을 받는지, 처벌을 받는지, 아니면 보상도 처벌도 없이 무시되고 있는지 등의 결과에 따라 학습이 결정된다. 만일, 관찰자(학습자)가 모델이 행한 특정 행동 후에 보상받는 장면을 관찰하게 된다면 학습자는 유사한 상황에서 모델이 했던 행동을 하게 될 가능성이 증가되고(대리적 강화: vicarious reinforcement), 반대로 모델이 특정 행동을 한 후에 처벌받는 장면을 관찰하게 된다면 관찰자(학습자)는 유사한 상황에서 모델이 했던 행동을 하지 않거나(대리적 처벌: vicarious punishment) 다른 행동을 하게 될 가능성이 증가된다. '대리학습'이라고도 한다.

대리처벌【代理處罰】 vicarious punishment '대리적 처벌' 참조.

대리학습【代理學習】 vicarious learning '대리적 학습' 참조.

대립가설【對立假說】 alternative hypothesis 통계학에서 사용하는 가설 가운데 하나로, 영가설(null hypothesis: 실험집단에서 나타난 결과와 통제집단에서 나타난 결과 간에는 통계학적인 유의한 차이 〈significant difference〉가 없을 것이라는 예측을 포함하고 있는 가설)에 대립하는 가설, 즉 영가설이 사실이 아니라는 예측을 포함하는 가설을 지칭하여 대립가설이라고 한다. 대립가설에서는 실험집단에서 나타난 결과와 통제집단에서 나타난 결과 간의 차이는 통계학적으로 '유의한 차이'이므로, 통제집단과 달리 실험집단에 대한 처치효과가 있다고 가정한다.

대립유전자【對立遺傳子】allele 염색체상의 특정한 유전자 자리에 위치하여 쌍이 될 수 있는 대립형질의 유전자로, 흔히 우성과 열성의 관계를 나타낸다.

대마초【大麻草】marihuana / cannabis / hashish 환각작용을 일으키는 마약의 하나로 대마의 잎과 꽃 등에서 얻어진다. 대마초의 재료가 되는 대마는 원래 삼베옷의 원료로 옛날부터 이용되어 오던 식물이었으나 1960년대 중반 미군들을 통해서 환각작용을 일으키기 위한 용도로 우리 사회에 전파되기 시작한 것으로 알려져 있으며, 그 이후 1970년대의 인기 연예인들의 대마초 사건 등을 거치면서, 오늘날에 우리 사회에서 가장 보편적인 마약물질의 하나로 문제가 되고 있다. 환각제로 분류되며, '마리화나'라고도 한다.

대면집단【對面集團】encounter group 흔히 개인의 성장을 돕기 위한 집단경험의 한 형태로, 다른 사람과의 관계뿐만 아니라 자신의 심리적 상태나 과정을 탐색하고 경험하는 훈련집단을 말한다.

대발작【大發作】grand mal seizure / grand mal 흔히 간질의 대표적인 한 유형인 대발작 간질에서 나타나는 발작의 형태로, 신체의 전반에서 일어나는 발작을 의미한다. 가장 심한 발작에 해당하며, 대발작을 일으키는 환자들 가운데는 대발작이 일어나기 전 단계에서 기분의 변화나 근육 경련과 같은 전조 경험을 하는 경우가 많으며, 대발작 시에는 의식의 상실과 함께 자율신경계의 기능 이상에 따른 다양한 증상들이 수반된다.

대상【對象】object (1) 사람이나 사물 등과 같은 관계의 상대가 되거나 목적 또는 목표가 되는 환경 속의 어떤 것. (2) 대상관계이론(對象關係理論: object relations theory) 또는 대상관계(object relations)에서 말하는 대상(object)은 개인이 가진 욕망이나 행동이 지향하는(또는 관련되어 있는) 상대를 의미한다. 예를 들면, 우리가 무엇인가를 갈망할 때 그 상대가 되는 것이 하나의 '대상'이다. 우리가 누군가를 좋아할 때 그 상대방 또한 '대상'이다. 따라서 인간의 희노애락과 관련된 모든 감정이나 정서에는 각기 그 '대상'이 존재한다고 볼 수 있다.

대상관계【對象關係】object relations 대상관계이론(對象關係理論: object relations theory)에서 사용되는 주요 개념 가운데 하나로, 개인이 가진 욕망이나 행동이 지향하는(또는 관련되어 있는) 상대를 대상(object)이라고 하며, 이러한 대상에 대한 내적 경험이나 태도를 대상관계(object relations)라고 한다. 즉, 대상관계란 어떤 대상과 관련하여 개인 내적으로 표상된 경험이나 태도를 지칭하는 것으로, 이것은 실제 생활 속에서 개인의 상호작용과 행동에 큰 영향을 미치게 된다.

대상관계이론【對象關係理論】object relations theory 일종의 정신분석적 접근을 통해 발달과정을 설명하는 이론으로, 발달과정, 특히 영아기, 유아기 및 아동기 동안에 이루어지는 개인들 간의 상호작용과 그 과정에서 발달하는 타인에 대한 애착을 중요하게 다루는 이론. 고전적인 정신분석이론에 비해 자아의 기능을 중요하게 고려한다.

대상영속성【對象永續性】object permanence　특정 대상(물체나 사람 등)이 현재 눈앞에 없기 때문에 보이지는 않지만 어딘가에 계속해서 존재한다는 사실을 인식하는 것. 예를 들면, 눈앞에 보이던 장난감을 수건이나 다른 물체로 가린 경우에 이 장난감이 현재 자신의 시각상에서 바로 보이지는 않지만 이를 가리고 있는 수건이나 물체의 밑이나 뒤에 있다는 것을 인식하는 것, 또 자신과 함께 있다가 방을 나간 사람(어머니 등)이 문밖이나 다른 방 또는 다른 어딘가에 있다는 것을 인식하는 것 등을 그 예로 들 수 있다.

대상화이론【對象化理論】objectification theory　사회문화적으로 여성의 신체를 대상화시키는 경향이 지배적인 흐름 속에서 여성들은 자신들도 채 의식하지 못하는 사이에 이상적인 신체에 과도하게 몰두하게 되고 스스로 자신의 신체를 대상화시키게 되며, 그러한 경험을 하는 과정에서 각종 차별과 함께 병리적인 현상과 문제들(이상적인 외모와 신체상에 대한 지나친 평가와 집착, 거식증과 같은 섭식장애, 우울, 성기능 장애 등)이 비롯된다고 보는 이론. 1990년대 후반 여성 사회학자인 Fredrickson과 Roberts 등에 의해 제안된 이론이다. '객관화이론(客觀化理論)'이라고도 한다.

대안교육【代案敎育】alternative education　기존의 공교육이 가진 문제점을 지적하면서 이에 대한 대안적인 프로그램을 갖추고 진행되는 교육. 대안교육 프로그램을 갖추고 운영되는 학교를 대안학교라고 한다.

대안선택형 문항【代案選擇型 問項】alternate-form item　문항 또는 문제의 한 유형으로, 하나의 질문 또는 문제에 대안적인 복수의 선택지들을 제시하고, 응답자가 이 가운데 하나 또는 지정된 수만큼의 선택지를 선택하도록 요구하는 문항. 또는 그러한 형태의 문항들로 구성된 검사나 측정도구.

대안학교【代案學校】alternative school　기존의 공교육 제도가 가진 문제점을 지적하면서 이에 대한 대안적인 교육프로그램을 갖추고 운영되는 학교. 흔히 학습자 중심의 교육프로그램 운영과 학습자의 자율적인 참여 등을 주요 특징으로 한다.

대중매체【大衆媒體】mass media　다수의 사람들 또는 대규모의 문화 및 정보 소비자들과 그에 비해 상대적으로 소수인 전문화된 문화 및 정보 생산자들 사이를 중개하는 문화 · 정보의 소통분배 기능을 하는 현대적 전달체제. 대표적인 대중매체로 텔레비전, 라디오, 신문, 잡지 그리고 최근에 오면서 급속한 대중화 추세를 보이고 있는 인터넷 등을 들 수 있다. '매스미디어'라고도 한다.

대처【對處】coping　스트레스(stress)를 유발하는 문제 또는 문제 상황을 해결 또는 완화하거나 관리하기 위해 취하는 일련의 노력 또는 활동.

대처기술【對處技術】coping skill　인간이나 동물이 자신이 처한 스트레스 유발 상황(또는 문제상황)을 적절하게 해결해 가거나 또는 그 환경에 잘 적응해 가기 위해 사용하는 일련의 기술을 말한다. 대처행동(對處行動: coping behavior)과 비슷한 의미로 사용된다.

대처행동【對處行動】coping behavior　스트레스를 유발하는 문제 또는 문제상황을 적절하게(또는 효과적으로) 해결하기 위해 취하는 일련의 행동(또는 행동방략이나 행동기술이라고도 함)을 지칭한다. 인간에 대해서 뿐만 아니라 동물들의 행동에도 적용되는 표현이다.

대표성 있는 표본【代表性 있는 標本】representative sample 어떤 특성 또는 변인과 관련하여 모집단(population)을 대표할 수 있는 표본. 일반적으로 무선화 과정을 통해 표집된 표본(무선표본)이 그러한 조건을 갖춘 것으로 본다.

대학수학능력검사【大學修學能力檢査】Scholastic Aptitude Test 'SAT' 참조.

대항문화【對抗文化】counterculture 가치관이나 사고방식 및 관습 등을 포함한 기성의 문화에 반항적인 태도를 보이는 경향 또는 문화를 일컫는다. 흔히 젊은이들에 의한 경우가 많다.

대화치료【對話治療】talking therapy 내담자(또는 환자)와 상담자(또는 치료자) 간의 대화(특히 언어적 대화)와 이를 통한 의사소통 과정을 통해 내담자(또는 환자)가 가진 문제나 장애를 해결하고 치료하는 상담(또는 치료) 활동.

더딘 기질【더딘 氣質】slow-to-warm-up temperament Thomas와 Chess에 의해 제시된 기질의 세 가지 유형 중 하나로, 새로운 상황이나 경험에 적응하는 과정에서 까다로운 기질의 아이들에 비해 다소 부드럽지만 수동적인 방식으로 반응하며, 활달하지 못하고 순한 기질의 아이들에 비해 적응하는 데 더 느린 경향을 나타내는 기질. 이러한 기질 특성을 가진 아이를 '더딘 아이(slow-to-warm-up child)'라고 한다.

더딘 아이 slow-to-warm-up child 더딘 기질의 특성을 가진 아이. '더딘 기질' 참조.

데이비드 웩슬러 David Wechsler (1896~1981) 루마니아 출신의 미국 심리학자. 'Wechsler, David (1896~1981)' 참조.

데이비드 프리맥 David Premack (1925~) 미국의 심리학자. 'Premack, David (1925~)' 참조.

데이터 베이스 data base 하나 이상의 자료 또는 데이터를 체계적으로 정리해 놓음으로써 이용자들의 필요에 따라 그 자료(또는 데이터)의 검색, 수정 및 갱신을 효율적으로 진행할 수 있도록 구조화시켜 놓은 '자료의 집합체 또는 기지'를 말한다. 1963년 미국에서 처음으로 이 용어가 사용되기 시작하였다.

데이트 date (1) (정한) 날짜, 시기. (2) 이성 친구(또는 상대)와의 만남. 또는 이성 친구와의 만남을 위한 약속.

데이트강간【데이트强姦】date rape 데이트 과정에서 두 사람 중 한 사람이 상대에 대해 저지르는 강간. 흔히 데이트강간은 데이트하는 두 사람 중 남성이 상대 여성에 대해 저지르는 경우가 대부분이다. 넓은 의미에서 보면 데이트강간은 데이트폭력의 한 유형이다. '데이트폭력' 참조.

데이트폭력【데이트暴力】dating violence / date violence / violence in dating relationships 데이트 과정에서 두 사람 간에 발생하는 신체적, 심리적 또는 성적 측면에서의 폭력. 흔히 데이트폭력은 데이트하는 두 사람 중 남성이 상대 여성에 대해 폭력을 가하는 경우가 대부분을 차지한다.

데자뷔 déjà-vu 현재 경험하고 있는 상황(예를 들면, 어떤 사람을 만나거나 어떤 장소에 와 있는 상황 등)이 과거에 보거나 경험한 적이 없는 처음 겪는 상황인데도 마치 과거에 본 적이 있거나 경험한 적이 있는 것처럼 느끼는 심리상태 또는 심리현상. 이 현상은 일종의 기억 착오로 이해되고 있으며, 그 원인은 아직 분명하게 밝혀지지 않고 있지만 과거의 경험이 일반화되어 나타난다고 보는 견해와 기억을 담당하는 뇌의 한 부분인 '해마(hippocampus)'가 손상되어 발생한다고 보는 견해가 대안적인 설명으로 제시되고 있다. '기시감(旣視感)', '기지감(旣知感)', '기체험감(旣體驗感)'이라고도 한다. 한편, '데자뷔'와는 반대로 과거에 보았거나 경험한 일이 있어서 잘 알고 있는 현재의 상황을 마치 처음 보거나 경험하는 것처럼 생소하게 느끼는 심리상태 또는 심리현상을 지칭하여 '자메뷔(jamais vu)'라고 한다.

도구적 공격【道具的 攻擊】 instrumental aggression '도구적 공격성' 참조.

도구적 공격성【道具的 攻擊性】 instrumental aggression 상대방에 대한 공격의 주요 목적이 상대방을 해치거나 고통을 주는데 있는 것(이러한 공격성을 지칭하여 '적대적 공격성'이라고 함)이 아니라 다른 특정한 목적을 이루기 위한 수단으로 사용되는 경우를 지칭한다. 즉, 다른 특정한 목적을 이루기 위한 수단으로 행해지는 상대방에 대한 공격 또는 공격 성향을 지칭하여 '도구적 공격성'이라고 한다. 예컨대, 아동들이 좋아하는 장난감을 차지하기 위해 상대방을 밀치거나 때리는 행동을 한 후에 장난감을 차지하는 행동을 도구적 공격성의 한 예로 들 수 있다. '도구적 공격'이라고도 한다. '적대적 공격성' 참조.

도구적 조건형성【道具的 條件形成】 instrumental conditioning '도구적 조건화' 또는 '도구적 학습'이라고도 하며, '조작적 조건형성'과 같은 의미로 사용된다. '조작적 조건형성' 참조.

도구적 조건화【道具的 條件化】 instrumental conditioning '도구적 조건형성' 또는 '도구적 학습'이라고도 하며, '조작적 조건형성'과 같은 의미로 사용된다. '조작적 조건형성' 참조.

도구적 학습【道具的 學習】 instrumental learning '도구적 조건형성' 또는 '도구적 조건화'와 같은 의미로 사용된다. '도구적 조건형성' 및 '조작적 조건형성' 참조.

도덕【道德】 morals 삶을 살아가는 과정에서 선악(善惡) 및 옳고 그름을 구분하고, 나아가 관습이나 양심 등에 비추어 사회적 관계에서 지켜야 할 규범.

도덕발달【道德發達】 moral development 도덕성 또는 도덕적 능력(도덕적 감정 또는 정서, 도덕적 사고 또는 추론 그리고 도덕적 행동 등)이 형성되는 발달 또는 발달 과정. '도덕성 발달(道德性 發達)'이라고도 한다.

도덕성【道德性】 morality 선악(善惡)과 옳고 그름을 구분하고 판단하며(사고〈思考〉 측면), 이러한 구분과 판단에 따라 행동하고(행동〈行動〉 측면), 나아가 그러한 구분과 판단에 따라 행동을 한 것에 대해서는 긍정적 감정을 경험하지만 반대로 그러한 행동을 하지 못한 것에 대해서는 죄책감을 느끼는 것과 같은 부정적 감정을 경험하는(감정〈感情〉 또는 정서〈情緖〉 측면) 특성 또는 능력.

도덕성 발달 **【道德性 發達】** moral development 도덕성 또는 도덕적 능력(도덕적 감정 또는 정서, 도덕적 사고 또는 추론 그리고 도덕적 행동 등)이 형성되는 발달 또는 발달 과정. '도덕발달(道德發達)'이라고도 한다.

도덕적 정서 **【道德的 情緖】** moral affect 도덕성(道德性: morality)을 구성하는 요소들 중 정서적 측면을 지칭하는 것으로, 내면화된 도덕적 규범 또는 도덕적 기준에 따라 행동하거나 행동하지 못했을 때 느끼는 자부심(긍정적 감정)이나 수치심 또는 죄책감(부정적 감정) 등과 같은 감정 또는 정서. '도덕정서(道德情緖)'라고도 한다.

도덕적 추론 **【道德的 推論】** moral reasoning 도덕성(道德性: morality)을 구성하는 요소들 중 인지적 측면을 지칭하는 것으로, 삶을 살아가는 과정에서 만나게 되는 다양한 행동들이나 상황들에 대해 옳고 그름을 판단하거나 결정하는 과정에서 하는 사고(思考) 또는 생각. '도덕추론(道德推論)'이라고도 한다.

도덕적 판단 **【道德的 判斷】** moral judgement 도덕적 주제나 문제에 대한 이해 또는 판단. 즉 삶을 살아가는 과정에서 선악(善惡)이나 옳고 그름을 구분하고 지켜야할 규범에 대해 이해 또는 판단하는 것. '도덕판단(道德判斷)'이라고도 한다.

도덕적 행동 **【道德的 行動】** moral behavior 도덕성(道德性: morality)을 구성하는 요소들 중 행동적 측면을 지칭하는 것으로, 내면화된 도덕적 규범 또는 도덕적 기준에 일치하는 행동. '도덕행동(道德行動)'이라고도 한다.

도덕정서 **【道德情緖】** moral affect '도덕적 정서'라고도 한다. '도덕적 정서' 참조.

도덕추론 **【道德推論】** moral reasoning '도덕적 추론'이라고도 한다. '도덕적 추론' 참조.

도덕판단 **【道德判斷】** moral judgement '도덕적 판단'이라고도 한다. '도덕적 판단' 참조.

도덕행동 **【道德行動】** moral behavior '도덕적 행동'이라고도 한다. '도덕적 행동' 참조.

도박 **【賭博】** gambling 돈이나 재물 또는 이에 상응하는 대가를 걸고 내기를 하는 행위. 구체적으로, 화투놀이, 포커게임, 경마, 경륜 및 기타의 게임이나 시합 등과 같이 승부의 결과가 다분히 불확실하거나 요행적인 것에 대하여 행운을 기대하면서 돈이나 재물 또는 이에 상응하는 대가를 걸고 내기를 하는 행위를 말한다. '노름'이라고도 한다.

도발적 피해자 **【挑發的 被害者】** provocative victim (1) 피해를 입기 전에 그 원인이 되는 행위(예를 들면, 상대방에 대한 공격이나 괴롭힘)를 함으로써 그에 대한 반격이나 보복을 받아 피해를 입은 사람. (2) (만성적인 도발적 피해자의 경우) 피해를 입기 전에 그 원인이 되는 행위(예를 들면, 상대방에 대한 공격이나 괴롭힘)를 함으로써 그에 대한 반격이나 보복을 받아 피해를 입는 일이 되풀이 되는 사람.

도벽광 **【盜癖狂】** kleptomania '충동통제장애

(impulse-control disorders)'의 한 유형으로, '도벽증', '병적 도벽' 또는 '절도광'이라고도 한다. '도벽증' 참조.

도벽증【盜癖症】kleptomania 타인의 물건이나 상품을 훔치고 싶은 충동을 통제하지 못하여 도둑질을 반복하는 장애. '충동통제장애(impulse-control disorders)'의 한 유형으로, '도벽광', '병적 도벽' 또는 '절도광'이라고도 한다.

도수다각형【度數多角形】frequency polygon '빈도다각형' 참조.

도수분포【度數分布】frequency distribution '빈도분포(頻度分布)'라고도 한다. '빈도분포' 참조.

도스 DOS 'disk operating system'의 약자로, '디스크 운영체제'라고 한다.

도식【圖式】schema / scheme 영어 표현인 'schema('스키마'로 발음)', 프랑스어 표현인 'scheme('셰마'로 발음)' 모두 우리말 '도식(圖式)'으로 번역되어 사용되고 있다. 이 용어는 사고와 인지, 정보처리 및 기억 등의 주제를 연구하는 인지심리학, 발달심리학, 사회심리학 및 여러 인지과학의 분야에서 사용되는 주요 개념 가운데 하나로, 사고, 기억 및 정보처리를 주로 다루는 분야에서는, '세상의 어떤 부분(예를 들면, 사람이나 물체 또는 사건 등)에 관한 정보들을 또는 개념들을 상호 관련지어 의미 있게 조직화하는 인지적 구조'라는 의미로 사용하는 경우가 많다. Piaget (1896~1890)의 인지발달이론에서는 '스키마(schema)' 대신 프랑스어인 '셰마(scheme)'라는 표현을 사용하는 경우가 많으며, 이 말은 아동이 자신이 생활하는 환경의 어떤 측면들을 이해하거나 그 상황들에 적응하기 위해 구성하는 사고나 행동의 패턴(유형)을 의미한다.

도식적 처리【圖式的 處理】schematic processing 외부로부터 새로이 입력된(들어온) 자극 정보를 처리하는 인지 과정의 한 형태로, 기존의 기억 체계 속에서, 새로이 입력된 자극 정보와 가장 일치하는(또는 부합하는) 도식(schema)을 탐색하는 인지적 과정을 지칭한다. '도식적 처리과정', '스키마식 처리' 또는 '스키마식 처리과정'이라고도 한다.

도식적 처리과정【圖式的 處理過程】schematic processing '도식적 처리'라고도 한다. '도식적 처리' 참조.

도움동맹【도움同盟】helping alliance '작업동맹', '치료적 관계', '치료적 동맹' 또는 '상담관계'라고도 한다. '작업동맹' 참조.

도태【淘汰】selection 쓸모가 없거나 적당하지 못한 것이 줄어 없어지거나 또는 그러한 것을 없애는 것. 생물학적으로는 환경에 적응하지 못한 생물종의 집단이나 개체가 사라지거나 멸종하게 되는 기제를 말한다.

도파민 dopamine 신경전달물질의 한 종류로, 뇌의 특정 영역에서의 도파민 방출은 강한 쾌감을 유발하는 효과가 있으며, 중독(addiction)과 밀접하게 관련되어 있는 것으로 밝혀지고 있다. 또한 뇌의 특정 영역에서 도파민이 과다하게 많은 상태는 정신분열증 발생과 밀접한 관련이 있고, 반대로 특정 영역에서 도파민이 지나치게 적은 상태는 파킨슨병('파킨슨씨병'

이라고도 함)과 밀접한 관련이 있다.

도표【圖表】 graph ‘그래프’ 참조.

도플러 Doppler (1803~1853) 오스트리아의 물리학자 · 수학자. ‘Doppler, Christian Johann (1803~1853)’ 참조.

도플러효과【도플러效果】 Doppler effect 1842년 Doppler (1803~1853)에 의해 발견된 현상으로, 파장을 일으키는 빛이나 소리 등의 파원(波源)이 관측자에게 접근하거나 멀어짐에 따라 그 파장이 증가 또는 감소하게 되는 현상을 말한다.

도피【逃避】 escape 어떤 자극이나 상황으로부터 벗어나기 위해 취하는 심리적 또는 행동적 반응.

도피행동【逃避行動】 escape behavior 혐오자극(또는 상황)을 피하거나 없애기 위해 하는 행동. 특정 행동을 함으로써 기존의 혐오자극(또는 상황)이 사라지거나 제거되는 결과로 이어질 때, 그 선행한 특정 행동을 지칭하여 도피행동이라고 한다.

독립변수【獨立變數】 independent variable ‘독립변인’ 참조.

독립변인【獨立變因】 independent variable 둘 이상의 변인들 간의 관계성을 확인하고 나아가 그 관계성이 인과적(因果的)인지의 여부를 밝히는 연구에서 연구자가 체계적으로 변화시키거나 조작하는 변인으로, 특히 변인들 간의 관계에서 다른 변인에 영향을 미치거나 예언해 주는 변인을 말한다. 반면에 독립변인의 영향을 받아 변화하거나 예언되는 변인을 종속변인(dependent variable)이라고 한다. 흔히 실험연구에서 조작된 독립변인의 처치에 대한 효과를 평가하기 위해 관찰되는 변인을 말한다. 독립변인은 실험자에 의해 처치되는 변인이라는 의미에서 ‘처치변인’ 또는 ‘실험변인’이라고도 한다. 또한 ‘변인’과 같은 의미로 사용되는 ‘변수’라는 표현을 사용하여 ‘독립변수’, ‘처치변수’ 또는 ‘실험변수’라고도 한다.

독서요법【讀書療法】 bibliotherapy ‘독서치료’ 참조.

독서치료【讀書治療】 bibliotherapy 독서를 이용하여 내담자가 가진 심리적 고민이나 행동적 문제의 해결을 도와주는 심리치료의 한 형태. 독서치료가 진행되는 과정을 살펴보면, 먼저 독서가 진행되기 전에 내담자와의 상담(또는 면접) 과정을 통해 내담자가 호소하는 고민이나 문제를 파악한 후, 이와 관련하여 모범이나 도움이 될 수 있는 책을 선정하고, 이를 내담자에게 읽도록 한 다음에 이에 대한 토론과 시연 및 실천 과정을 거쳐 변화를 이끌고 이 변화를 생활화해가도록 도와주는 절차를 따른다. ‘독서요법’이라고도 하며, ‘읽기치료(reading therapy)’ 또는 ‘읽기요법’과 같은 의미로 사용된다.

독심술【讀心術】 mindreading / mind reading 인간의 감각기관에 의존하지 않고 상대방의 마음(생각이나 감정 등)을 읽어내는 기술 또는 방법. 일종의 초능력으로 볼 수 있지만, 이러한 능력을 과학적으로 입증 받은 경우는 아직까지 알려져 있지 않다.

독재적 양육【獨裁的 養育】 authoritarian parenting ‘권위주의적 양육’ 참조.

독재적 양육방식【獨裁的 養育方式】 authoritarian

parenting '권위주의적 양육' 참조.

돌연변이【突然變異】 mutation 생물체 내에서 우연히 또는 환경요인에 의해 유전물질인 DNA가 갑자기 변화를 일으킴으로써 어버이의 계통에 없던 형질이 나타나는 현상. 이 변화된 형질은 자손에게 유전된다.

동간척도【同間尺度】 interval scale '간격척도' 참조.

동거【同居】 cohabitation 법으로 인정받는 결혼절차 없이 성교를 포함하여 성적(性的)으로 친밀관계를 맺으면서 함께 생활하는 것 또는 그러한 행위를 지칭한다.

동기【動機】 motivation 유기체가 행동하도록 활성화시키고 동시에 그 행동이 특정한 방향(또는 목표)을 향해 진행되도록 방향 지어주는 유기체의 내적 및 외적 요소들의 집합.

동기집단【同期集團】 cohort '동시대집단' 참조.

동기집단효과【同期集團效果】 cohort effect '동시대집단효과', '동시대출생집단효과', '동년배효과' 또는 '동년배집단효과'라고도 한다. '동시대집단효과' 참조.

동년배집단【同年輩集團】 cohort '동시대집단' 참조.

동년배효과【同年輩效果】 cohort effect '동시대집단효과', '동시대출생집단효과', '동기집단효과' 또는 '동년배집단효과'라고도 한다. '동시대집단효과' 참조.

동년배집단효과【同年輩集團效果】 cohort effect '동시대집단효과', '동시대출생집단효과', '동기집단효과' 또는 '동년배효과'라고도 한다. '동시대집단효과' 참조.

동료애【同僚愛】 companionate love 삶의 과정에서 서로 밀접하게 연결되어 있는 사람들에 대해 느끼는 깊고 따뜻한 애정 또는 애착.

동물심리학【動物心理學】 animal psychology 다양한 동물종(種)들 간의 행동 및 심리과정을 비교하여 연구하는 심리학의 한 분야. 특히 인간과 다른 동물 종들 간의 관계를 비교 연구한다. '비교심리학(comparative psychology)'이라고도 한다.

동물심리학자【動物心理學者】 animal psychologist 동물심리학 분야에서 활동하는 심리학자.

동물학【動物學】 zoology 동물을 연구하는 학문분야로 동물의 생리적 측면과 행동측면 등에 관한 연구가 포함된다. 특히 동물행동에 관한 연구는 비교심리학(comparative psychology) 또는 동물심리학(animal psychology)분야에서의 연구와 중복되는 경우가 많다.

동물행동학【動物行動學】 ethology 동물들의 행동에 관한 연구를 하는 학문 분야. 특히, 자연적 서식지와 같은 자연 상태에서 나타내는 동물들의 행동을 비교 · 연구하는 학문으로, 오스트리아 출신의 학자인 Lorenz (1903~1989)에 의해 창시되었다. 이 분야에서 연구하는 주요 주제들 중에는 다양한 동물 종들의 본능, 종 특유의 행동, 그리고 해발기제 등과 같은 주제들이 포함된다. 생물학의 한 분야로 분류하기도 하며, 인간과 동물의 행동과 정신을 연구하는 학문인 심리학(특히 동물심리학 또는 비교심리학) 분야와도 많은 관련이 있다.

동물행동학자【動物行動學者】 ethologist 동물행동학 분야에서 활동하는 학자.

동성애【同性愛】 homosexuality / homosexual love 동성(同性)을 성애(性愛: 성적 사랑)의 대상으로 하는 행동 또는 그러한 경향. 즉 남성과 남성 또는 여성과 여성 간에 이루어지는 성적 관계 또는 성적 지향을 지칭한다. '동성연애(同性戀愛)'라고도 한다. 특히, 여성 간의 동성애를 지칭하여 레즈비언이즘(lesbianism)이라고 한다. 한편, '동성애(同性愛)'의 상대적인 개념으로 정상적인 남녀 간의 성애 또는 성적 사랑을 지칭하여 '이성애(異性愛)'라는 표현이 사용된다.

동성애 공포【同性愛 恐怖】 homophobia '동성애 공포증' 참조.

동성애 공포증【同性愛 恐怖症】 homophobia 동성애(同性愛: homosexuality)에 대하여 심한 혐오와 공포 등의 과민한 반응을 나타내는 증상을 말한다. '동성애 혐오(同性愛 嫌惡)' 또는 '동성애 혐오증(同性愛 嫌惡症)'이라고도 한다. 흔히 일반적인 이성애자(異性愛者)들 가운데 자신의 의도와는 관계없이 동성애자(同性愛者)로부터 과도한 구애 또는 위협을 받은 경험이 있는 사람들에게서 나타나는 것으로 알려져 있다.

동성애자【同性愛者】 homo / homosexual 정상인들과는 달리 이성(異性)에 대한 성적인 관심이 매우 적거나 없는 반면에, 동성(同性)을 성애(性愛: 성적 사랑)의 대상으로 하는 사람 또는 그러한 경향을 가진 사람을 지칭한다. '동성연애자(同性戀愛者)'라고도 한다. 특히, 남성동성애자를 일컬어 '게이(gay)'라고 하고, 여성동성애자를 일컬어 '레즈비언(lesbian)'이라고 한다. 발생원인으로는 선천적 발생을 주장하는 선천론과 성장 환경 및 경험에서 원인을 찾는 환경론 등이 있다. '호모(homo)'라고도 한다.

동성애 혐오【同性愛 嫌惡】 homophobia '동성애 공포증' 참조.

동성애 혐오증【同性愛 嫌惡症】 homophobia '동성애 공포증' 참조.

동성애 혐오자【同性愛 嫌惡者】 homophobe '동성애 혐오증(同性愛 嫌惡症)' 또는 '동성애 공포증(同性愛 恐怖症: homophobia)'을 가진 사람을 지칭한다.

동성연애【同性戀愛】 homosexuality / homosexual love '동성애' 참조.

동성연애자【同性戀愛者】 homo / homosexual '동성애자' 참조.

동시대집단【同時代集團】 cohort 같거나 비슷한 연령의 사람들로서, 비슷한 사회적, 문화적 환경을 공유하면서 동일한 역사적 사건이나 배경하에서 발달해 온 사람들의 집단. '동기집단', '동시대출생집단' 또는 '동년배집단'이라고도 한다. '동시대집단효과' 참조.

동시대집단효과【同時代集團效果】 cohort effect 동일한 시대에 태어나 동일한 사회적, 문화적 및 역사적 배경하에서 자란 사람들의 집단은 출생연도가 서로 다르고 상이한 사회적, 문화적 및 역사적 배경을 가지고 자란 사람들의 집단에 비하여 보다 더 비슷한 환경 하에서 비슷한 경험을 하면서 성장 및 발달을 하였기 때문에 다양한 발달적 특성들, 즉 가치관, 인생관, 사고방식, 지능 및 다양한 사회적 태도와 행동 등에서 보다 더 많은 유사성 및 공통점을 나타내는 경향이 있는데, 이러한 경향 또는 효과를 지칭하여 동시대집단효과라고 한다. '동시대출생집단효과', '동기집단효과', '동년배집단효과' 또는 '동년배효과'라고도 한다.

동시대출생집단【同時代出生集團】cohort　'동시대집단' 참조.

동시대출생집단효과【同時代出生集團效果】cohort effect　'동시대집단효과' 참조.

동시적 조건형성【同時的 條件形成】simultaneous conditioning　고전적 조건형성이 이루어지는 한 형태로 조건자극(conditioned stimulus: CS)과 무조건자극(unconditioned stimulus: UCS)이 동시에 제시되는 조건형성을 지칭한다. '동시조건형성(同時條件形成)'이라고도 한다. 한편 동시적 조건형성을 위해 조건자극과 무조건자극이 동시에 제시되는(즉, 두 자극이 함께 제시되는) 절차 또는 과정만을 지칭할 때는 '동시적 짝짓기(simultaneous paring)'라는 표현을 사용하기도 한다.

동시조건형성【同時條件形成】simultaneous conditioning　'동시적 조건형성' 참조.

동의【同意】informed consent　연구를 수행하는 과정에서 연구자가 준수해야 하는 연구윤리의 중요한 측면으로, 연구자는 연구 참가자(또는 피험자)가 연구 참가 여부를 결정하는 데 영향을 줄 수 있는 연구의 여러 측면들에 관한 정보들을 알릴 의무와 책임이 있고, 반대로 연구 참가자는 그러한 정보들을 들을 권리를 갖는다. 이런 정보 전달(또는 고지) 및 접수 과정을 거친 후에 연구 참가자가 연구에 대한 참가를 결정하고 승낙하는 일련의 과정을 '동의'라고 한다. '고지(告知)에 입각한 동의'라고도 한다.

동일성 훈련【同一性 訓練】identity training　보존개념의 발달에서, 아직 보존개념을 발달시키지 못한 아동(흔히 전조작기의 아동)에게 훈련을 통해 보존개념을 갖도록(학습하도록) 만드는 과정. 즉, 동일성 훈련은 보존 과제에서 어떤 대상(물체나 물질)의 겉모양이 변해도 그 수나 양에서는 차이가 없는 동일한 것임을 이해하도록 학습시키는 훈련 절차를 말한다.

동일시【同一視】identification　자신이 좋아하거나 중요시하는 개인이나 집단 또는 사물에 대해 강한 유대감을 형성하고 호감이나 일체감을 나타내기 위해 그들이 가진 어떤 특징이나 모습의 전부 또는 부분을 받아들이거나 모방하는 심리현상. Freud의 정신분석학에서는 남근기의 아동이 동성인 부모의 행동 및 태도를 모방하는 일종의 방어기제 또는 과정을 지칭한다.

동작성 가족화【動作性 家族畵】Kinetic Family Drawing (KFD)　심리치료 또는 상담 과정에서 내담자의 가족체계, 환경, 가족 구성원들 간의 관계 및 특징 등을 파악하고 이해할 목적으로 내담자(또는 피검자)에게 자신의 가족 구성원들이 무엇을 하고 있는지를 그리게 하는 투사적 그림검사 또는 그러한 그림검사를 활용하는 기법. '동적 가족화', '동작성 가족화검사', '동적 가족화검사', '동작성 가족화기법' 또는

'동적 가족화기법'이라고도 한다.

동작성 가족화검사【動作性 家族畵檢査】Kinetic Family Drawing (KFD) '동작성 가족화' 참조.

동작성 가족화기법【動作性 家族畵技法】Kinetic Family Drawing technique '동적 가족화' 참조.

동적 가족화【動的 家族畵】Kinetic Family Drawing technique '동작성 가족화' 참조.

동적 가족화검사【動的 家族畵檢査】Kinetic Family Drawing technique '동작성 가족화' 참조.

동적 가족화기법【動的 家族畵技法】Kinetic Family Drawing technique '동적 가족화' 참조.

동조【同調】conformity 집단의 규범에 일치하는 방향으로 자신의 의견이나 행동 또는 두 가지 모두를 바꾸는 것.

동조압력【同調壓力】conformity pressure 어떤 대상에 대해 특정한 요구나 기대에 따르도록 요구하는 심리적 힘 또는 압박을 지칭하여 압력(pressure)이라고 하는데, 그 중에서도 어떤 의견이나 규범 등에 대해 보조를 맞추거나 일치시키도록 기대하거나 요구하는 형태의 압력을 동조압력이라고 한다.

동질정체【同質正體】homeostasis 유기체(또는 생물)가 자신의 체온, 수분, 혈당 및 산소 등과 같은 생리적인 조건 또는 상태를 일정하게 유지시키려는 자기조절 경향성을 지칭한다. 이 용어는 20세기 초 미국의 생리학자인 Cannon (1871~1945)이 '동일함'을 의미하는 'homeo'와 '평형상태'를 의미하는 'stasis'를 합성하여 만든 용어로, 이 용어가 가지고 있는 개념은 이후 Hans Selye (1907~1982)가 제안한 스트레스학설의 중요한 기초가 되어오고 있다. '동질정체성' 또는 '항상성'이라고도 한다.

동질정체성【同質正體性】homeostasis '동질정체' 또는 '항상성'이라고도 한다. '동질정체' 참조.

동질정체기제【同質正體機制】homeostatic mechanism 유기체(또는 생물)가 자신의 체온, 수분, 혈당 및 산소 등과 같은 생리적인 상태를 일정하게 유지시키려는 자기조절 경향성을 동질정체(homeostasis)라고 하는데, 특히 유기체 내에서 동질정체를 유지시키기 위해 자율적으로 진행되는 조절 과정을 지칭하여 동질정체기제라고 한다. '항상성기제'라고도 한다.

동질정체적 수면추동【同質正體的 睡眠推動】homeostatic sleep drive '항상성 수면추동' 또는 '항상적 수면추동'이라고도 한다. '항상성 수면추동' 참조.

동화【同化】assimilation Piaget (1896~1980)의 인지발달이론에서 사용되는 주요 개념들 가운데 하나로, 새로운 대상이나 사건 또는 경험을 이마 자신이 가지고 있는 도식(scheme)에 따라 해석하고 이해하는 과정.

동화【童話】fairy tale / nursery story / nursery tale / children´s story / juvenile story 어린이에게 읽히거나 들려줄 목적으로 동심을 바탕으로 하여 지은 이야기 또는 문학작품.

되뇌기 rehearsal 기억 및 기억과정 연구에서 중요하게 사용되는 개념 가운데 하나로, 단기기억의 정보를 장기기억으로 전환하기 위해 이 정보를 의식적으로 반복하는 것. 흔히 '말하기' 방식으로 진행되며, 그 결과는 해당 정보의 단기적 회상과 장기기억으로의 전환을 촉진한다. '시연', '리허설' 또는 '암송'이라고도 한다. 한편, 되뇌기에는 크게 '유지 되뇌기(maintenance rehearsal)'와 정교화 되뇌기(elaborative rehearsal) 등 두 가지 형태가 있다.

두뇌집단【頭腦集團】 think tank '싱크탱크' 참조.

두뇌회사【頭腦會社】 think tank '싱크탱크' 참조.

되먹임 feedback '피드백' 참조.

두미【頭尾】 cephalocaudal '두미의' 참조.

두미경향【頭尾傾向】 cephalocaudal trend '두미방향'과 같은 의미로 사용되는 말이다. '두미방향' 참조.

두미발달【頭尾發達】 cephalocaudal development 발달의 진행 경향을 나타내는 것으로, 두부(머리 부분)에서부터 시작하여 미부(꼬리 부분) 방향의 순서로 진행되는 발달. '두미방향 발달'이라고도 한다.

두미방향【頭尾方向】 cephalocaudal direction 발달이 진행되는 방향적 특징 가운데 하나로, 발달이 두부(머리 부분)에서부터 시작하여 미부(꼬리 부분) 방향으로 진행되는 순서적 경향. '두미경향'과 같은 의미로 사용된다.

두미방향 발달【頭尾方向 發達】 cephalocaudal development '두미발달'이라고도 한다. '두미발달' 참조.

두미의【頭眉의】 cephalocaudal 머리부터 꼬리로, 두부(머리 부분)에서 미부(꼬리 부분)로.

두려움 fear '공포' 참조.

두 세대 중재【두 世代 仲裁】 two-generation intervention '보상중재(compensatory intervention)'의 한 형태로, 한 세대(예를 들면, 자녀와 부모를 포함하는 두 세대 중에서 어느 한 쪽 세대)에만 초점을 맞추어 지원하는 것이 아니라 두 세대 모두(즉, 자녀와 부모 세대 모두)에 초점을 맞추어 이루어지는 보상중재의 형태를 지칭한다. 즉, 아동을 위해 조기교육 등의 지원을 하는 동시에 부모를 위해서는 경제적 지원이나 직업훈련 및 일자리 지원 등을 병행하는 중재 형태를 말한다.

두정엽【頭頂葉】 parietal lobe 대뇌반구의 위쪽부터 뒤쪽에 걸쳐 위치한 피질 영역으로 체성감각 입력을 받아들이는 역할을 한다.

둔감화【鈍感化】 desensitization 특정 자극에 대한 반응경향성이 점점 더 감소되는 현상을 말한다. 흔히, 특정 자극이나 상황에 대한 비정상적인 불안이나 공포를 나타내는 사람들을 치료하기 위한 심리치료기법의 하나로 응용되고 있다. 한편, 둔감화에 상대되는 개념으로 '감각화(sensitization)'라는 표현이 사용된다.

둔감화 가설【鈍感化 假說】 desensitization hypothesis 현대인들이 생활 속에서 또는 사회적으

로 발생하는 폭력이나 공격 행동에 대해 점차 무덤덤해지거나 둔감해지는 현상을 설명하는 가설의 하나. 이 가설에서는 사람들이 다양한 대중매체를 통해 폭력적 또는 공격적인 자극들에 노출되는 빈도가 많아짐에 따라 점차 폭력이나 공격 행동에 대해 둔감해지게 되고, 그 결과 삶의 과정에서 발생하는 폭력이나 공격 행동들에 대해 무덤덤한 반응을 보이게 된다고 설명한다.

둔감화 치료【鈍感化 治療】desensitization therapy 둔감화 원리 또는 기법을 이용하여 특정한 상황이나 대상에 대하여 나타내는 불안(흔히, 비정상적으로 지나친 불안)을 체계적으로 감소시켜 가는 치료방법 또는 절차를 말한다.

둔위【臀位】breech presentation / breech position 출산 시 태아의 정상적인 자세는 머리가 아래를 향하고 있는 상태여야 하는데, 이와는 달리 태아의 엉덩이가 아래를 향하고 있는 비정상적인 자세를 둔위라고 한다. '역위(逆位)'라고도 한다. 한편, 둔위 상태로 진행되는 분만을 '둔위분만(breech birth)'이라고 한다.

둔위분만【臀位分娩】breech birth / breech delivery 출산 시 정상적으로 아기의 머리가 먼저 나오지 않고 엉덩이가 먼저 나오는 분만. 둔위분만은 신경파열, 산소결핍증 등과 같은 심각한 장애를 일으키거나 사망 등으로 이어질 가능성이 높기 때문에 현대 의학에서는 둔위자세의 아기를 보호하기 위해 대부분 경우에 제왕절개수술을 통한 분만을 진행하고 있다.

둔주【遁走】fugue '도망쳐 달아난다'는 뜻을 가지고 있으며, 흔히 정신장애 가운데 '해리장애(dissociative disorder)'의 한 유형인 '해리성 둔주(dissociative fugue)'를 나타낼 때 함께 사용하는 경우가 많다. '해리장애' 및 '해리성 둔주' 참조.

드랙 퀸 drag-queen 여장(여자의 복장)을 한 남자를 지칭한다. 이와는 달리 남장(남자의 복장)을 한 여자를 지칭하여 드랙 킹(drag-king)이라고 한다. 한편, 자신의 의도와는 관계없는 강한 욕망에 이끌려 행동하게 되는 크로스드레서(crossdresser)와는 달리, 드랙 퀸(drag-queen)이나 드랙 킹(drag-king)의 경우에는 자신의 자의적인 선택에 따른 행동이라는 점에서 차이를 보인다.

드랙 킹 drag-king 남장(남자의 복장)을 한 여자를 지칭한다. '드랙 퀸' 참조.

등간척도【等間尺度】interval scale '간격척도' 참조.

디브리핑 debriefing 연구(흔히, 실험연구)가 끝난 후에 이루어지는 중요한 절차 가운데 하나로, 연구자가 연구에 참여했던 참가자(흔히 피험자라고 함)에게 진행되어온 연구의 목적과 가설 및 연구절차 등에 대해 설명해주고, 동시에 연구가 진행되는 동안 연구자가 연구 참가자(피험자)에게 비밀로 했거나 속였던 정보와 그 이유 등에 대해 해명해주는 과정. 이러한 과정을 통해 연구 참가자들은 마음의 상처를 받지 않으면서 동시에 자신들이 연구에 도움이 되었다는 생각과 함께 보람을 느낄 수 있게 된다.

디스토피아 distopia 유토피아(utopia)와 반대 의미를 갖는 용어로, 현대사회와 문명의 부정적인 측면들, 무기경쟁과 전쟁, 무절제한 자원개발 및 이용으로 인한 환경오염과 파괴 그리고 그로 인한, 기상이변, 식량 및 인구문제, 기아와 빈곤문제, 선진국들과 후진국들 간 격차의 심화 등과 같은 부정적인 측면들이 심화됨에 따라 향후 초래될 위험이 있다고 보는 미래의 어두운 세계 또는 세상을 나타내는 표현이다. '역유토피아'라고도 한다.

디스트레스 distress　스트레스 중에서도 불쾌한 감정이나 고통을 유발하는 스트레스를 나타내기 위해 사용되는 표현이다. '부정적 스트레스'라고도 한다. 이와 반대되는 기능을 하는 스트레스를 지칭하여 '유스트레스(eustress)'라고 한다.

디에스엠 제4판 DSM-Ⅳ　'Diagnostic and Statistical Manual of Mental Disorders, 4th edition(정신장애 진단 및 통계 편람, 제4판)'의 약자. 이 요강은 미국정신의학회(APA)에서 다양한 정신장애를 유형별로 진단할 수 있도록 체계적으로 분류하여 출간하고 있는 자료집으로, 제4판은 1994년에 처음 발행되었다.

디에틸스틸베스트롤 diethylstilbestrol (DES)　합성 여성호르몬의 일종. 1940년대 중반부터 1965년 사이에 임신한 여성이 유산을 예방할 목적으로 사용했던 약물로, 이 약물을 사용한 어머니에게서 태어난 자녀에게서 자궁암 등과 같은 생식기관의 문제를 유발할 가능성이 상대적으로 더 높은 것으로 밝혀지고 있다. 여아의 경우에는 성장한 후에 자궁암을 포함한 생식기관의 문제가 유발될 가능성이 더 높았고, 남아의 경우에는 부분적으로 생식기 기형의 가능성이 더 높은 것으로 나타남.

디엔에이 DNA　'deoxyribonucleic acid'의 약자. 'DNA' 참조.

디옥시리보핵산 【디옥시리보核酸】 deoxyribonucleic acid (DNA)　'DNA' 참조.

디지털 digital　수량 또는 데이터를 나타내기 위해 수치로 바꾸어 처리하거나 숫자로 나타내는 일 또는 그러한 방식을 지칭한다. 데이터를 연속적인 물리량으로 나타내는 아날로그(analog)방식에 대응하는 의미로 사용된다.

디지털세대 【디지털世代】 digital generation　성장과정에서 디지털이 제공하는 기술이나 요소들이 아날로그가 제공하는 기술이나 요소들에 비하여 경제 및 사회활동의 중심이 되는 환경하에서 성장한 사람들 또는 세대를 지칭하는 용어이다. 이에 대응되는 용어로 '아날로그세대(analog generation)'가 있다.

땀샘 sweat gland / sudoriferous gland　인간을 포함한 포유동물의 진피(眞皮) 안에 있는 땀을 분비하는 분비선(分泌腺). 땀샘은 분비선 중에서도 외분비선(外分泌腺)으로 분류된다. '한선(汗腺)'이라고도 한다.

또래 peer　연령이나 발달적 수준의 측면에서 서로 같거나 비슷한 사람들.

또래수용 【또래受容】 peer acceptance　또래들로부터 호감과 인정을 받으면서 동료로 받아들여지는 상태 또는 그러한 상태의 정도.

또래집단 【또래集團】 peer group　또래로 구성된 무리 또는 집단.

심리학사전

라포 rapport 상담자와 내담자 간의 상호 신뢰하는 친밀한 관계. 즉, 라포란 상담자와 내담자가 서로 신뢰하고 존중하며 편안하고 친밀하게 느끼는 긍정적인 관계를 의미하며, 상담에서 뿐만 아니라 심리치료와 심리검사를 진행하는 과정에서 원활한 진행과 효과를 위한 필수적인 요소이다. '래포'라고도 하며, 프랑스어식 발음에 따라 '라포르'라고도 한다. 또한 이 말을 번역하여 '신뢰관계'라고 표현하기도 한다.

라포르 rapport '라포' 참조.

락토스 lactose '젖당' 또는 '유당'이라고도 한다.

란비어 Ranvier (1835~1922) 프랑스의 해부학자. 'Ranvier, Louis-Antoine (1835~1922)' 참조.

란비어 결절 Ranvier's nodes / nodes of Ranvier '랑비에 마디', '란비어 마디' 또는 '랑비에 결절'이라고도 한다. '랑비에 마디' 참조.

란비어 마디 Ranvier's nodes / nodes of Ranvier '랑비에 마디', '랑비에 결절' 또는 '란비어 결절'이라고도 한다. '랑비에 마디' 참조.

랑비에 Ranvier (1835~1922) 프랑스의 해부학자. 'Ranvier, Louis-Antoine (1835~1922)' 참조.

랑비에 결절 Ranvier's nodes / nodes of Ranvier '랑비에 마디', '란미어 마디' 또는 '란비어 결절'이라고도 한다. '랑비에 마디' 참조.

랑비에 마디 Ranvier's nodes / nodes of Ranvier 프랑스의 해부학자이자 생리학자였던 랑비에(Louis-Antoine Ranvier: 1835~1922)가 발견한 뉴런(neuron: 신경세포) 의 구조 가운데 한 부분의 명칭으로, 이 구조를 발견한 랑비에의 이름을 딴 것이다. 구체적으로 뉴런을 구성하는 여러 부분들 중 축색(axon)의 주위를 감싸고 있는 절연성 차폐물인 수초(myelin sheath)가 있는데, 이 수초가 일정한 간격을 두고 잘록하게 마디를 형성하는 부분을 지칭하여 '랑비에 마디'라고 한다. '랑비에 결절', '란비어 마디' 또는 '란비어 결절'이라고도 한다.

래취키 차일드 latchkey child / latchkey children 맞벌이 부부의 어린 자녀를 지칭한다. 맞벌이 부부의 아이들은 학교수업이 끝난 후 또는 방과후부터 부모 중 최소한 한 사람이 퇴근하기 전까지의 일정한 시간 동안 보호자 또는 어른의 관리 또는 보살핌이 없는 상황에서 집에 홀로 머물게 된다. 따라서 이들은 집의 열쇠를 휴대하고(특히, 끈으로 묶어 목에 걸고 다니는 경우가 많음) 다녀야 하는데, 이러한 아이들을 지칭하여 생겨난 표현이 'latchkey child'이다.

래포 rapport 　'라포' 참조.

랜 LAN 　'Local Area Network'의 약자. 특정 지역 또는 구내에서 데이터를 주고받을 수 있도록 연결된 정보통신망을 지칭한다.

랭던 다운 Langdon Down (1828~1896) 　영국의 의사. 'Down, John Langdon Haydon (1828~1896)' 참조.

레빈 Lewin (1890~1947) 　독일 태생의 미국 심리학자. 'Lewin, Kurt (1890~1947)' 참조.

레온 페스팅거 Leon Festinger (1919~1989) 　미국의 심리학자. 'Festinger, Leon (1919~1989)' 참조.

레저 leisure 　회사일, 숙제 등과 같은 직업적인 업무, 필수적인 가사활동, 책임 및 의무 등과 관계없이 한가로이 또는 즐겁게 보내는 시간이나 활동. '여가' 참조.

레즈비언 lesbian 　동성애자들 가운데, 특히 여성 동성애자들을 지칭하는 표현이다. 동성애자였던 것으로 알려진 고대 그리스의 여류시인 사포(Sappho: 612?~? BC)의 출생지가 레스보스(Lesbos)섬이었다는데서 비롯된 것으로 알려지고 있다.

레즈비언이즘 lesbianism 　동성애 가운데, 특히 여성들 간의 동성애(同性愛)를 지칭하는 표현으로, '레즈비언 사랑(lesbian love)'이라고도 한다. '사피즘' 참조.

레즈비언 사랑 lesbian love 　'레즈비언이즘(lesbianism)'과 같은 의미를 가진 표현이다. '사피즘' 참조.

레트장애 【레트障碍】 Rett's disorder 　여아에게서만 나타나는 전반적 발달장애의 한 형태로, 생후 1년을 전후한 시기까지는 정상적인 발달을 하다가 그 이후 머리 성장의 저하와 함께 지능, 운동기능, 언어 및 사회적 상호작용 등에서 손상을 보이는 장애. 발생 원인은 아직 명확히 밝혀지지 않은 상태이다.

렘 REM 　'rapid eye movement'의 약자. '빠른 안구운동', '급속안구운동', '빠른 눈운동'이라고 번역된다. 특히 인간의 수면단계 가운데 대부분의 수면자들에게서 선명한 꿈이 동반되는 '렘수면 단계'에서 안구가 빠르게 움직이는 현상을 지칭한다.

렘반발 【렘反撥】 REM rebound 　렘수면 단계로 들어가는 과정에 있거나 들어가 있는 사람의 렘수면을 중단시키거나 방해한 후, 다시 (수면중단이나 방해 없이) 렘수면 기회를 충분히 제공해주면, 렘수면 시간이 정상적인 렘수면 시간에 비하여 두 배로 증가되는 현상을 말한다.

렘수면 【렘睡眠】 REM sleep 　'REM sleep'은 'rapid eye movement sleep'의 약자이다. '빠른 안구운동수면', '급속안구운동수면' 또는 '빠른 눈운동수면' 등으로 번역되며, 흔히 '렘수면'이라는 표현을 사용하는 경우가 많다. 인간의 수면단계 가운데 하나로, 대부분의 신체는 혼수상태에 가까운 반면에 안구(눈)만은 빠르게 운동을 하는 수면상태를 말한다. 이 수면단계에서 대부분의 사람들은 선명한 꿈을 꾸는 것으로 알려지고 있다. 한편, 렘수면은 또 다른 표현으로 '역설적 수면' 또는 '기묘한 수면'이라고도 하는데, 그 이유는 렘수면 상태에서는 동시에 발생하는 것이 잘 이해되지 않는 신체적 및 생리적 반응들이 함께 나타나기 때문이다. 구체적으로, 렘수면 상태의 수면자는 객관적으로 깊은 수면상태에 있고, 동시에 신체의 수의근이 기본적으로 마비상태에 있는 반면에, 혈압, 심장박동 및 대뇌활동 등은 깨어 있는 의식 상태에서의 생리적 반응과 유사한 경향을 나타낸다.

로렌스 콜버그 Lawrence Kohlberg (1927~1987) 미국의 심리학자. 'Kohlberg, Lawrence (1927~1987)' 참조.

로렌츠 Lorenz (1903~1989) 오스트리아 출신의 동물행동학자. 'Lorenz, Konrad (1903~1989)' 참조.

로버트 스턴버그 Robert Sternberg (1949~) 미국의 심리학자. 'Sternberg, Robert Jeffrey (1949~)' 참조.

로르샤 Rorschach (1884~1922) 스위스의 정신의학자. 'Rorschach, Herman (1884~1922)' 참조.

로르샤검사 【로르샤檢査】 Rorschach Test 스위스의 정신의학자인 Rorschach (1884~1922)에 의해 개발된 투사적 성격검사기법. 10장의 좌우 대칭형 잉크반점의 그림으로 구성되어 있으며, 이 그림들을 한 장씩 보여주면서 이에 대한 피검사자의 해석반응을 분석함으로써 성격, 감정 등의 심리적 상태를 확인(또는 진단)하게 된다. '로르샤 잉크반점검사', '로샤검사', '로샤 잉크반점검사', '로르샤흐검사' 또는 '로르샤흐 잉크반점검사'라고도 한다.

로르샤 잉크반점검사 【로르샤 잉크斑點檢査】 Rorschach Inkblot Test '로르샤검사' 참조.

로르샤흐검사 【로르샤흐檢査】 Rorschach test '로르샤검사' 참조.

로버트 워링 다윈 Robert Waring Darwin (1766~1848) 영국의 의사. 진화론으로 유명한 영국의 박물학자 '찰스 다윈(Charles Robert Darwin: 1809~1882)'의 아버지.

로버트 제임스 하비거스트 Robert James Havighurst (1900~1991) 미국의 교육학자 · 심리학자. 'Havighurst, Robert James (1900~1991)' 참조.

로샤 Rorschach (1884~1922) 스위스의 정신의학자. 'Rorschach, Herman (1884~1922)' 참조.

로샤검사 【로샤檢査】 Rorschach test '로르샤검사' 참조.

로저스 Rogers (1902~1987) 미국의 심리학자. 인간중심치료의 창시자. 'Rogers, Carl Ransom (1902~1987)' 참조.

로크 Locke (1632~1704) 영국의 철학자. 'Locke, John (1632~1704)' 참조.

롤리타 Lolita 러시아 태생의 미국 소설가인 나보코프(Vladimir Nabokov: 1899~1977)가 1955년에 발표한 소설작품의 제목이면서 동시에 그 작품 속 주인공 가운데 한 명의 이름이다. 이 작품에서 유래한 용어로 '롤리타 신드롬(Lolita Syndrome)' 또는 '롤리타 콤플렉스(Lolita complex)'가 있다.

롤리타 신드롬 Lolita syndrome 러시아 태생의 미국 소설가인 나보코프(Vladimir Nabokov: 1899~1977)가 1955년에 발표한 소설작품 '롤리타(Lolita)'에서 유래한 용어로, 성인 남성이 미성년자인 소녀에 대하여 성적(性的)으로 동경하거나 집착하는 경향 또는 현상을 지칭한다. 위 소설작품 '롤리타(Lolita)'에서 주인공인 허버트라는 성인 남성은 자신의 정부의 딸인 '롤리타'에 대하여 성적 집착 및 탐닉을 하면서 범죄와 함께 파멸해 가는 내용이 전개된다. 이 작품 속의 주인공처럼 미성년의 소녀에 대하여 성적인 동경이나 집착을 나타내는 경향을 지칭하여 '롤리타신드롬(Lolita syndrome)'이나 '롤리타증후군'이라고 하며, '롤리타 콤플렉스(Lolita complex)'라고도 한다. 1990년대 후반 이후 사회적으로 큰 문제가 되고 있는 '원조교제' 또는 '청소년 성매매'행위를 '롤리타 신드롬'의 한 유형으로 보는 견해도 있다.

롤리타 증후군【롤리타 症候群】 Lolita syndrome '롤리타 신드롬' 참조.

롤리타 콤플렉스 Lolita complex '롤리타 신드롬' 참조.

롤플레잉 role playing / role-playing '역할연기' 참조.

룩키즘 lookism '외모지상주의'라고도 한다. '외모지상주의' 참조.

루시드 드림 lucid dream 꿈을 꾸고 있는 동안 수면자가 자신이 꿈을 꾸고 있다는 사실을 자각하면서 꾸는 꿈. '명료한 꿈'이라고도 한다. '명료한 꿈' 참조.

루이스 서스톤 Louis Thurstone (1887~1955) 미국의 심리학자. 'Thurstone, Louis Leon (1887~1955)' 참조.

리튬카보네이트 lithium carbonate 정신장애 치료약물의 일종. 조증 및 양극성장애의 치료에 많이 사용된다.

리마증후군【리마症候群】 Lima syndrome 인질범이 자신이 잡고 있는 인질의 사고나 행동 또는 문화에 이끌려 인질의 성향이나 문화에 동화되고 나아가 공격성향이 감소되는 현상. 리마신드롬이라고도 한다. 리마증후군과 반대되는 현상으로 '스톡홀름증후군(Stockholm syndrome)'이 있다.

리보핵산 ribonucleic acid (RNA) 'RNA' 참조.

리비도 libido Freud (1856~1939)가 '성적 욕망', '정욕(情慾)' 등의 의미를 갖는 라틴어에서 빌어 사용하기 시작한 용어로, 정신분석이론에서 이드(id: '원초아'라고도 함)의 정신적 또는 심적 에너지. 발달 단계에 따라 상이한 신체 부위에 집중된다.

리허빌리테이션 rehabilitation '재활' 참조.

리허설 rehearsal (기억 및 기억과정 연구에서 사용될 때) 단기기억의 정보를 장기기억으로 전환하기 위해 이 정보를 의식적으로 반복하는 것. '되뇌기' 또는 '시연'이라고도 한다. '되뇌기' 참조.

마가렛 미드 Margaret Mead (1901~1978) 미국의 문화인류학자. 'Mead, Margaret (1901~1978)' 참조.

마더리즈 motherese '모성어' 참조.

마라스무스 marasmus 생후 초기 영아기 동안에 어머니가 영양결핍상태이고, 동시에 어머니의 부족한 젖을 보충하기 위해 영아에게 줄 수 있는 적절한 음식이나 영양의 공급이 어려운 상황에서 성장하는 아이들에게서 발생하기 쉬운 질병의 하나. 구체적으로, 영아기 동안 극도로 부족한 영양섭취(특히, 너무 적은 단백질 및 열량의 섭취)를 하게 됨으로 인해 발생하는 성장의 지체, 체중감소, 쇠약 및 전염병에 대한 저항력 저하 등의 증상을 특징적으로 나타내는 질병을 말한다. 다행히 목숨을 건진 경우에도, 이 아이들은 다 성장한 후에도 키가 작거나 사회적 및 인지적 발달 등에서 적지 않은 손상을 보이기 쉽다. '소모증(消耗症)'이라고도 한다.

마리화나 marihuana 환각작용을 일으키는 물질의 하나로, 일명 대마초(大麻草)라고도 한다.

마법의 수【魔法의 數】 magical number '마법의 수 7' 참조.

마법의 수 7【魔法의 數 七】 magical number seven (기억 및 기억연구에서) 미국의 심리학자 Miller (1920~)가 제안한 수로, 단기기억(또는 '작업기억'이라고도 함)의 저장용량인 7±2개 항목(7개 항목에서 2개 항목이 많거나 2개 항목이 적을 수 있음)을 대표하는 수인 '7'을 지칭한다. '매직넘버', '마법의 수 7' 또는 '매직넘버 세븐'이라고도 한다.

마스터베이션 masturbation 남성이나 여성이 성교 이외의 방법으로 자신의 신체(성기 포함)를 자극하여 성적 만족을 추구하는 행위. 즉 자신의 신체를 성교가 아닌 손이나 기타의 도구를 사용하여 자극함으로써 성적 만족을 추구하는 행위를 지칭한다. '자위행위(自慰行爲)', '수음(手淫)', '오나니(onanie)' 라고도 한다.

마약【痲藥】 narcotic / drug / narcotic drug / dope 진통 및 마취작용이 강한 약물로, 중독성이 강하며 사용을 중단할 경우에는 심한 금단증세로 신체적 및 심리적으로 큰 고통 및 부적응을 초래하게 된다. 아편, 모르핀 및 코데인 등이 해당된다.

마약길항제【痲藥拮抗劑】 narcotic antagonist 마약효과와 반대로 작용하여 그 작용이나 효과를 방해하는 약물을 말한다.

마약중독【麻藥中毒】drug addiction / narcoticism 마약의 오남용 또는 마약의 지속적 사용에 따라 마약에 대해 강한 의존성을 갖게 된 상태로 마약사용을 중단하게 되면 강한 금단증상을 나타내며, 신체적, 심리적 및 사회적으로 심각한 부적응을 초래하게 된다.

마음갖춤새 mental set 자극(또는 대상)이나 상황(또는 문제)을 특정한 방식으로 지각하거나 기억하거나 사고하는 경향성.

마음의 이론【마음의 理論】theory of mind '마음이론' 참조.

마음이론【마음理論】theory of mind / TOM 사람들(자신이나 타인들)에게는 심리적 세계(감정, 지각, 사고, 신념, 동기, 지식 및 의도 등)가 있고 이를 통해 심리 활동(또는 정신 활동)을 하며, 이러한 것들이 그 개인의 행동 과정에서 직접적으로 또는 간접적으로 작용한다는 것에 대한 이해. '마음의 이론'이라고도 한다.

마이어스 Myers (1897~1980) 미국의 여성 심리학자. 'Myers, Isabel Briggs (1897~1980)' 참조.

마이크로스트레서 microstressor 작은 스트레스서(stressor). '해슬' 참조.

마찰도착증【摩擦倒錯症】frotteurism 성도착증(성행위 대상이나 성행위 방식에서 정상적인 기준을 벗어나 비정상적인 행태를 나타내는 장애)의 한 유형으로, 상대방의 의사를 무시하고 상대방에게 몸에 접촉하여 문지르는 행위를 통해 성적 흥분이나 쾌감을 느끼는 장애.

마취제【痲醉劑】narcotics / anesthetic 진통 및 진정효과를 갖는 약물들을 총칭하며, 코데인, 모르핀 및 헤로인 등이 포함된다.

마케팅 marketing 경제 및 경영활동과 관련된 전문용어. 생산자가 만들어낸 상품이나 서비스를 효율적으로 소비자들에게 제공 또는 유통시키는 행위와 관련된 일련의 체계적인 경제 및 경영활동을 총칭한다.

마키아벨리 Niccoló Machiavelli (1469~1527) 이탈리아의 정치사상가, 외교가이자 역사가. 1513년 자신의 저서 〈군주론(Il Principe)〉에서 군주는 권력을 획득하고 남보다 앞서기 위해 수단과 방법을 가리지 말아야 한다는 마키아벨리즘(Machiavellism)을 주장하였다.

마키아벨리스트 Machiavellist 마키아벨리즘(Machiavellism)의 사상 또는 사고방식을 가지고 행동하는 사람을 지칭한다. '마키아벨리주의자'라고도 한다.

마키아벨리주의자【마키아벨리主義者】Machiavellist '마키아벨리스트' 참조.

마키아벨리즘 Machiavellism 목적, 특히 정치적 목적이나 권력을 획득하기 위해서는 모든 수단과 방법이 정당화될 수 있다고 보는 사상 또는 이념. 이탈리아의 정치사상가이자 외교가였던 마키아벨리(Machiavelli)가 1513년 자신의 저서 〈군주론(Il Principe)〉에서 주장하였다. '마키아벨리주의(主義)' 또는 '마키아벨리아니즘(Machiavellianism)'이라고도 한다.

마키아벨리아니즘 Machiavellianism '마키아벨리즘' 참조.

막대그래프 histogram '히스토그램' 참조.

막대그림표【막대그림表】 histogram '히스토그램' 참조.

만다라【曼荼羅】 Mandala 밀교(密敎)에서 발달한 상징의 형식을 표현한 불화(佛畵)이다. 신성한 단에 부처님과 보살들을 배치하고 있는 그림으로, 불교에서는 우주의 진리, 불법의 모든 덕을 원만하게 갖춘 경지를 나타내며, 밀교에서는 깨달음의 경지를 상징한다. 한편, Jung (1875~1961)의 이론에서 등장하는 원형들 가운데 하나이기도 한다.

만성피로증후군【慢性疲勞症候群】 chronic fatigue syndrome (CFS) 심한 피로감, 수면장애, 집중력 저하 등의 증상을 보이는 질환으로, 특히 분명한 원인이 없이 6개월 이상 심한 피로감이 지속되며, 충분한 휴식을 취해도 피로감이 줄어들지 않는 경우를 말한다. 이외에도 근육통, 두통, 불면증, 건망증 등의 증상이 자주 수반되고, 어지럼증, 시력 저하, 가슴의 울렁거림, 팔 다리의 저림이나 떨림 증상이 나타나기도 한다. 1,000명 중 1명 정도에서 발생하는 것으로 알려지고 있으며, 직장 및 가정 생활에 지장을 초래할 가능성이 높다. 1988년경부터 알려지기 시작했으나 그 발생 원인은 아직 명확히 밝혀져 있지 않으며, 다만 일부의 연구에서 면역체계의 이상과 관련이 있는 것으로 보고되고 있다.

만회성장【挽回成長】 catch-up growth 성장과정에서 일정 기간 동안 심각하지 않은 영양부족 등의 이유로 성장결핍을 겪었던 아이들에게 적절한 영양섭취의 기회나 환경이 제공되면 정상적인 성장보다 더 빠른 성장이 진행되면서 이전의 성장결핍을 극복해가는 현상. '보상성장(compensatory growth)'이라고도 한다.

말이집형성【말이집形成】 myelinization '수초화(髓鞘化)'라고도 한다. '수초화' 참조.

말초신경계【末梢神經系】 peripheral nervous system (PNS) 신체의 신경계통에서 중추신경계를 제외한 나머지 신경계통을 지칭한다. 인간을 비롯하여 동물들의 신경계통은 크게 두 부분(중추신경계와 말초신경계)으로 구분되는데, 이 가운데 말초신경계는 중추신경계(즉, 대뇌와 척수)에서 나와 신체의 각 부분으로 이어져 분포하는 신경계로서, 외부로부터의 자극과 정보를 중추신경계로 전달하고, 다시 중추신경계로부터 명령을 신체의 말초 부분, 즉 각 기관들이나 근육조직 등으로 전달하는 기능을 한다. '말초신경시스템'이라고도 한다.

말초신경시스템【末梢神經시스템】 peripheral nervous system (PNS) '말초신경계' 참조.

말하는 사람 speaker '화자' 참조.

맛봉오리 taste buds 혀의 윗면을 중심으로 구강에 분포하여 맛을 느끼는 기능을 담당하는 꽃봉오리 모양의 기관. '미뢰(味蕾)'라고도 한다.

맛 수용기 taste receptor 혀의 윗면을 중심으로 구강에 분포하고 있는 맛을 느끼는(즉, 미각을 담당하는) 수용기. '미각수용기(味覺受容器)' 또는 '미뢰(味蕾 : taste buds)'라고도 한다.

망상【妄想】 delusion 현실이나 사실과 동떨어져 기괴하거나 엉뚱하며, 사실의 제시나 논리적 설명을 하더라도 잘 바뀌지 않는 잘못된 사고(思考) 또는 신념을 말한다. 특히 지속적이고 체계적인 망상은 정신장애의 주요 특징으로 고려된다. 망상의 주요 유형으로는 피해망상(被害妄想), 과대망상(誇大妄想), 애정망상(愛情妄想) 등이 있다.

망상체【網狀體】 reticular formation 뇌의 구조 중 한 부분으로 수많은 신경세포들이 밀집되어 마치 그물과 같은 회로를 형성하고 있는 신경망으로, 각성 상태를 제어하는 데 중요한 역할을 한다. 뇌를 각성시켜 특정 자극들에 주의를 집중하도록 하는 기능을 한다.

맞닥뜨리기 confrontation / confronting '직면' 참조.

매독【梅毒】 syphilis 스피로헤타(spirochete)라는 매독균에 의해 감염되는 성병으로, 임신 중 감염되면 어머니 자신뿐만 아니라 태아에게도 영향을 미쳐 유산이나 심각한 장애를 유발할 수 있다.

매스미디어 mass media '대중매체' 참조.

매슬로우 Maslow (1908~1970) 미국의 심리학자. 인본주의 심리학의 창시자. 'Maslow, Abraham Harold (1908~1970)' 참조.

매우 심한 정신지체【매우 甚한 精神遲滯】 profound mental retardation '정신지체' 참조.

매음【賣淫】 prostitution / harlotry 돈이나 돈에 준하는 대가를 약속하고 이성(異性)이나 동성과 성관계나 성관계에 준하는 행위를 하는 것. 남성이나 여성 모두가 매음의 주체가 될 수 있다. 흔히 매춘(賣春)이라는 표현으로 사용되어 왔으며, 최근에는 '성매매'라는 표현을 사용하는 경우가 많다. 이외에도 같은 의미로 '매신(賣身)', '매색(賣色)', '매소(賣笑)' 등의 표현이 있다.

매저키스트 masochist '피학대성 변태성욕자' 참조.

매저키즘 masochism '피학대증' 참조.

매직넘버 magic number '마법의 수 7' 참조.

매직넘버 세븐 magical number seven '마법의 수 7' 참조.

매춘【賣春】 prostitution / harlotry '매음' 참조.

매춘녀【賣春女】 prostitute / harlot / streetgirl / streetwalker '성매매 여성' 참조.

맥거크효과【맥거크效果】 McGurk effect 말하는 사람의 발성을 보고 듣는 과정에서 나타나는 지각현상의 하나로, 관찰자는 자신이 보고 있는 시각정보와 듣고 있는 청각정보가 일치하지 않는 갈등 상황에서 두 정보를 통합하여 전혀 새로운 지각(즉, 착각적 결과)을 산출하게 되는 현상.

맥락【脈絡】 context 어떤 사건이나 사물들이 서로 관련성을 가지고 이어져 있는 상태 또는 연관 상태.

맥락-독립적 학습【脈絡-獨立的 學習】 context-independent learning 학습의 한 형태를 나타내는

개념으로, 특히 맥락과 관계없이(즉, 맥락–독립적으로) 진행되는 학습 또는 학습 과정을 말한다. 학습은 학습자가 처해 있는 맥락 속에서 이루어질 수도 있지만, 맥락과 무관하게 진행될 수도 있다. 예컨대, 거실의 소파에 앉아서 해외여행의 절차나 비행기 탑승 과정 등에 대해 이야기를 나누는 과정을 통해 그것에 관한 학습이 이루어질 수 있다. 이처럼 학습이 이루어지고 있는 상황의 맥락과 관계없이 이루어지는 학습 형태를 지칭하여 맥락–독립적 학습이라고 한다.

맬더스 Thomas Robert Malthus (1766~1834) 영국의 경제학자. 1798년 유명한 그의 저서 〈인구론(人口論)〉을 출간하였다. 인간의 생존에 필요한 식량은 산술급수적(算術級數的)으로 증가하는 반면에, 인구는 기하급수적(幾何級數的)으로 증가하게 될 것이므로, 이러한 상태가 지속된다면 인구증가에 따른 식량 부족의 문제를 피할 수 없다는 견해를 제시하고 있다.

맹목실험 【盲目實驗】 blind experiment '은폐실험' 참조.

머드 MUD '머드게임' 참조.

머드게임 MUD 'Multiple User Dungeon', 'Multi–User Dungeon', 'Multiple User Dimension' 또는 'Multiple User Dialogue'의 약자로, 흔히 혼자서 진행하던 컴퓨터게임과는 달리, 인터넷이나 PC통신과 같은 컴퓨터 통신망에서 제공되는 가상공간을 이용하여 한 번에 여러 명에서 수십 또는 수백 명의 이용자들이 서로 대화를 나누어 가면서 진행하는 '다중사용자오락(多重使用者娛樂)' 또는 '온라인네트워크게임'을 말한다.

머리부터 들이밀기 기법 【머리부터 들이밀기 技法】 door-in-the-face technique 대인관계에서 자신의 부탁에 대해 상대방의 승낙(또는 동의)을 효과적으로 얻어내는 설득 방법의 하나로, 처음에 큰(어려운) 부탁을 했다가 이것이 거절된 뒤에 다시 작은 부탁을 하는 방법. 즉 상대방에게 어떤 부탁을 하기에 앞서서 이보다 더 큰 부탁을 하게 되면 상대방은 이를 거절할 가능성이 높다. 이렇게 거절한 다음에 이번에는 상대적으로 부담이 적은, 작은 부탁을 하게 되면 상대방은 이 부탁을 들어주게(승낙하게) 될 가능성이 높아진다. 그 이유는 처음에 했던 큰 부탁을 거절했던 것에 대한 미안함(또는 죄책감)과 함께 그 거절을 수용했던 사람(부탁한 사람)에 대해 이번에는 자신이 양보해야 할 차례라고 느끼게(다시 말하면, 두 번째로 하는 작은 부탁을 승낙해야 한다고 느끼게) 만들기 때문이다. 이러한 현상을 적용한 기법이 '머리부터 들이밀기 기법'이다. 이 기법은 처음에 하는 큰(어려운) 부탁이 거절된다는 의미에서 '문전박대기법' 또는 '면전의 문 기법'이라고도 한다.

머피의 법칙 【머피의 法則】 Murphy's law 우연히 개인에게 나쁜 일들이 반복해서 일어나는 현상. 다시 말하면 하는 일들이 갈수록 잘 풀리기는커녕 점점 더 꼬이는 경우 또는 현상을 지칭하여 머피의 법칙이라고 한다. 머피의 법칙에서 '머피(Murphy)'라는 이름은 미 공군에 근무하던 머피(Edward A. Murphy) 대위가 이 법칙의 의미를 담은 표현을 최초로 사용했기 때문에 그의 이름을 따온 것이다. 한편, '머피의 법칙'과 반대되는 법칙이 '샐리의 법칙'이다. '샐리의 법칙' 참조.

먹고–토하기 증후군 binge-purge syndrome '신경성 폭식증', '신경성 대식증' 또는 '블리미아 너버사

(bulimia nervosa)'라고도 한다. '신경성 폭식증' 참조.

먹이찾기반사 【먹이찾기反射】 rooting reflex '찾기 반사' 참조.

멀티미디어 multimedia '여러 가지의', '많은'이라는 의미를 가진 접두어 'multi'와 '매체(媒體)'라는 의미를 가진 'media'가 합성된 용어로, 다양한 media(매체)를 하나의 기기(예를 들면, 컴퓨터)에 결합시킴으로써 소리, 화상, 문자 및 동영상 등을 동시에 전달할 수 있도록 한 커뮤니케이션 또는 정보전달 체제를 말한다. '다중매체(多重媒體)'라고도 한다.

메리 컬킨스 Mary W. Calkins (1863~1930) 미국의 심리학자. 'Calkins, Mary Whiton (1863~1930)' 참조.

메사돈 methadone 합성 마취제의 일종으로 일반적으로 기침약이나 진통제로 사용되며, 헤로인이나 모르핀에 중독된(또는 의존성 있는) 사람들을 치료하는 과정에서 금단증상을 감소시키는 등의 목적으로 사용되는 약물이다. '메타돈'이라고도 한다.

메스머리즘 mesmerism '최면술' 참조.

메스머주의 【메스머主義】 mesmerism '최면술' 참조.

메스암페타민 methamphetamine 대표적인 각성제로 마약류의 하나로 분류되는 물질. 강한 중독성을 가진 물질로, 반복적인 사용이나 남용은 중독을 일으킬 가능성이 높고, 많은 양을 투여할 경우에는 사망에 이를 수 있다. 흔히 이 물질의 상품명인 '필로폰(Philopon)'으로 불리는 경우가 많으며, 또한 이것의 일본식 발음인 '히로뽕'으로 불리기도 한다.

메인스트리밍 mainstreaming 장애가 있는 학생들을 특별학습에서 생활하도록 하는 것이 아니라 일반학생들이 생활하고 있는 환경과 흐름에 포함시켜 교육을 받으며 생활하도록 하는 교육 접근 또는 방법. '주류화' 또는 '통합교육'이라고도 한다.

메타돈 methadone '메사돈'이라고도 한다. '메사돈' 참조.

메타분석 【메타分析】 meta-analysis 지금까지 수행되어온 여러 연구들에 대한 종합적인 결론을 유도하기 위해 여러 연구의 결과들을 통계학적으로 결합시키는 분석절차. 구체적으로 동일하거나 유사한 연구주제(또는 연구문제)를 가지고 동일하거나 유사한 연구설계를 거쳐 진행한 다수의 개별적 연구들이 있을 경우, 이 연구들로부터 모아진 양적 자료들을 통합하여 전반적인 효과 측정치로 만드는 과정을 거쳐, 이를 분석하고 그 결과를 토대로 결론을 내리는 통계기법을 말한다.

메타심리학 【메타心理學】 meta psychology 일반적인 심리학의 주요 연구 영역인 의식(意識)을 넘어 무의식(無意識)에 초점을 맞추어 그 특성과 내용 및 작용 원리나 법칙 등을 연구하는 심리학 분야.

메타심리학자 【메타心理學者】 meta psychologist '메타심리학(meta psychology)' 분야에서 활동하는 학자. '메타심리학' 참조.

멘델 Gregor Johann Mendel (1822~1884) 오스트리아의 식물학자 · 유전학자 · 성직자. '유전학' 연구를 최초로 개척한 인물로 평가된다. 식물들이 가지고 있는 특징들이 유전된다는 것을 증명한다.

멘사 MENSA 지능지수(IQ)가 높은 사람들(구체적으로 지능지수가 전체인구 중에서 상위 2% 안에 드는 사람들)로 구성된 국제적 모임.

멜라토닌 melatonin 뇌의 중심부에 위치한 내분비선의 하나인 송과선(松果腺: pineal gland)에서 분비되는 호르몬. 수면을 유발하는 기능을 하며, 낮에는 적게 분비되고 밤에는 훨씬 많이 분비된다. 연령과 시기에 따라서도 분비량의 차이를 보이는데, 저연령기(특히 7세 이전의 시기)에서는 많은 양이 분비되지만, 성인기에서는 상대적으로 적은 양이 분비된다.

면담【面談】 interview '면접' 참조.

면담법【面談法】 interview '면접' 참조.

면역【免疫】 immunity 신체의 자기 보호 또는 방어능력을 말하는 것으로, 구체적으로 자기(自己)와 비자기(非自己)를 구분하고 나아가 외부로부터 들어온 생물(예를 들면, 각종 병원균)과 물질을 제거함으로써 자기를 지키고 유지하는 자기 보호 또는 방어능력. 태어날 때부터 가지고 나는 선천면역('자연면역'이라고도 함)과 태어난 이후 후천적으로 획득하게 되는 후천면역('획득면역'이라고도 함)으로 구분된다.

면역체계【免疫體系】 immune system 면역이 작용하는 신체 내의 체계. 즉 자기를 보호하기 위해 자기(自己)와 비자기(非自己)를 구분하고 나아가 외부로부터 들어온 생물(예를 들면, 각종 병원균)과 물질을 제거함으로써 자기를 지키고 유지하는 면역(免疫: immunity)이 작용하는 체계를 말한다.

면전의 문 기법【面前의 門 技法】 door-in-the-face technique '머리부터 들이밀기 기법' 참조.

면접【面接】 interview 상대방에 대한 이해나 정보 획득을 목적으로 특정 개인을 직접 만나 일대일 상황에서 진행되는 언어적 상호작용 또는 그러한 상호작용을 활용하는 기법. 흔히 상담이나 심리치료 과정의 중요한 한 부분으로 다루어진다. '면접법', '면담', '면담법'이라고도 한다.

면접법【面接法】 interview '면접' 참조.

명도항등성【明度恒等性】 brightness constancy 동일한 지각대상 또는 물체라도 그것이 위치하고 있는 장소의 조명도가 변화하게 되면 눈의 망막에 비춰지는 그 지각대상(또는 물체)의 명도(또는 밝기)는 달라지게 된다. 그럼에도 불구하고 우리는 친근한 지각대상(또는 물체)의 명도를 그 위치의 조명도와 관계없이 동일하게 지각하는 경향성이 있는데, 이러한 경향성을 지칭하여 명도항등성이라고 한다. 예를 들면, 자신이 늘 입고 다니는 검은색의 바지는 낮 시간에 밝은 장소에서 보거나 아니면 밤 시간에 어두운 장소에서 보거나 항상 동일한 밝기의 검은 옷으로 지각하게 된다.

명료한 꿈【明瞭한 꿈】 lucid dream 꿈을 꾸고 있는 동안 수면자가 자신이 꿈을 꾸고 있다는 사실을 자각하면서 꾸는 꿈. 꿈속의 사건이나 내용을 생생하게 기억하는 특징이 있다. 수면자가 자신이 꿈꾸고 있음을 자각하면서 꾸는 꿈이기 때문에 이를 '의식 있는 꿈(conscious dream)'이라고도 한다. 한편, 'lucid dream'은 '명료한 꿈'이라는 표현 이외에도 '자각몽(自覺夢)' 또는 '명석몽(明晳夢)' 등으로도 번역되며, 원어 발음을 따라 '루시드 드림'이라고도 한다.

명료화【明瞭化】clarification 상담에서 사용되는 주요 기법의 하나. 상담과정에서 내담자가 한 말이나 이야기의 의미를 명확하게 하기 위해 상담자가 그 의미를 요약 정리하여 내담자에게 전해주는 기법.

명명척도【命名尺度】nominal scale '명목척도' 참조.

명명폭발【命名暴發】naming explosion 어휘의 습득, 특히 사물들의 이름을 중심으로 한 단어나 어휘의 습득이 폭발적으로 증가하는 현상. 일반적으로, 언어발달 과정에서 생후 약 16~18개월 이후에 명명폭발 현상이 나타난다.

명목척도【名目尺度】nominal scale 평가를 위한 측정도구 또는 측정의 수준을 척도(尺度: scale)라고 하며, 여기에는 명목척도(名目尺度), 서열척도(序列尺度), 간격척도(間隔尺度) 및 비율척도(比率尺度) 등이 있다. 이 중 명목척도는 양적인 척도가 아니라 질적인 척도의 하나로서 측정대상을 질적인 특성에 따라 구분하는 척도이다. 따라서 이 척도에서 사용되는 수치는 측정대상들의 서열이나 크기를 나타내는 것이 아니라 측정대상들을 구분하는 기능을 한다. 교통수단에 관한 연구에서 비행기, 열차, 버스, 승용차, 배 등으로 구분하는 경우나 남녀의 특징을 알아보는 연구에서 남자와 여자로 구분하는 것 등을 예로 들 수 있다. '명명척도(命名尺度)'라고도 한다.

명상【瞑想】meditation 정신집중, 종교수행 및 심신의 수행 등을 목적으로 주의나 사고를 자신의 내면세계로 집중시키는 정신활동의 한 형태. 이에 따라 부교감신경계가 활성화되면서 교감신경계, 심장 및 호흡활동, 그리고 전반적인 신진대사에서 감소가 이루어진다. 많은 명상기법들의 공통점으로는 조용한 장소, 특정한 자세 및 명상 대상에 대한 주의집중 등을 꼽을 수 있으며, 세부적인 차이에 따라 다양한 명상기법들이 알려져 있다. 전통적으로 도교, 불교 및 힌두교 등의 동양종교들에서 많이 적용되어왔고, 최근에는 심신수련, 상담, 심리치료 등의 분야에서 긴장을 완화하거나나 스트레스를 해소하고, 나아가 마음의 안정을 획득할 목적으로 명상을 활용하는 경우가 많다. '명상법(冥想法)' 또는 '명상기법(冥想技法)'이라고도 한다.

명상기법【冥想技法】meditation '명상' 참조.

명상법【冥想法】meditation '명상' 참조.

명석몽【明晳夢】lucid dream 꿈을 꾸고 있는 동안 수면자가 자신이 꿈을 꾸고 있다는 사실을 자각하면서 꾸는 꿈. '명료한 꿈'이라고도 한다. '명료한 꿈' 참조.

명순응【明順應】light adaptation 어두운 장소에서 밝은 장소로 이동하는 경우와 같이 빛의 밝기 또는 조명수준이 낮은 상태(어두운 상태)에서 높은 상태(밝은 상태)로 변화됨에 따라 상대적으로 너무 밝아진 상황에 대한 시각적 적응력을 높이기 위해 눈의 간상체와 원추체가 빛에 대한 민감도를 감소시켜 가는데, 이러한 현상 또는 과정을 지칭하여 명순응이라고 한다. 밝은 장소로 이동한 직후 또는 밝은 상태로 변화된 직후에 눈이 부셔서 자극이나 물체를 보기가 불편하다가 점차 시간이 지나면서 편안하게 볼 수 있게 되는 것은 바로 눈의 명순응에 따른 결과이다. 광적응(光適應)이라고도 한다. 한편, 명순응에 상대되는 과정으로 '암순응(暗順應: dark adaptation)'이 있다.

명시도 비율【明視度 比率】luminance ratio 전경에서 반사되어 나온 빛과 전경이 대비되어 보이는 배경에서 반사되어 나온 빛 간의 비율. 조명과 관계없이 이 비율은 항상 일정하다.

명시적【明示的】explicit 의식적인 인식이나 자각이 있는. 또는 의식적인 인식이나 자각이 있는 상태의.

명시적 기억【明示的 記憶】explicit memory '외현기억'이라고도 한다. '외현기억' 참조.

명시적 인지【明示的 認知】implicit cognition 의식적인 인식이나 자각이 있는 상태에서 이루어지는 인지 또는 사고.

모건 Morgon (1852~1936) 영국의 동물학자 · 심리학자 · 철학자. 'Morgon, Conwy Lloyd (1852~1936)' 참조.

모니터 monitor 모니터링(monitoring)하는 사람을 지칭한다. 구체적으로 개인이나 집단의 행동이나 태도 또는 사건의 전개과정 등을 모니터링하는 역할을 하는 사람을 지칭한다.

모니터링 monitoring 특정 개인이나 집단의 행동이나 태도 또는 특정 사건의 전개과정 등을 체계적으로 관찰하거나 기록하는 일. '감시(監視)', '감찰(監察)' 또는 '점검(點檢)'이라고도 한다.

모델 model 본보기나 관찰의 대상이 되는 물건이나 행동 또는 사람.

모델링 modeling 행동수정(또는 행동치료)에서 사용하는 치료 기법의 하나로, 특정한 상황에서 모델(특히 사람)이 하는 행동(흔히 적절한 행동 또는 바람직한 행동)을 관찰하는 과정을 통해 이루어지는 행동 변화 또는 학습. 또는 모델의 행동에 대한 관찰을 통해 행동 변화 또는 학습을 유도하는 치료 절차. '본뜨기'라고도 한다.

모델-보상조건【모델-報償條件】model-rewarded condition Bandura (1925~)가 실시한 관찰학습(observational learning) 연구, 특히 공격행동학습에 관한 실험연구에서, 피험자(보육원 아동)들에게 '필름 속의 모델이 보상을 받는 장면(내용)'을 보여주는 실험조건을 말한다. 구체적으로, 모델-보상조건에서는 피험자(보육원 아동)들에게 필름 속의 성인모델이 성인 크기의 보보인형에게 밀치고 때리는 등의 공격행동을 하게 되고, 이에 대해 공격행동을 한 성인모델은 또 다른 제2의 성인으로부터 보상(과자 및 음료수 등)을 받는 장면(내용)을 담고 있는 필름을 보여준다.

모델-처벌조건【모델-處罰條件】model-punished condition Bandura (1925~)가 실시한 관찰학습(observational learning)연구, 특히 공격행동학습에 관한 실험연구에서, 피험자(보육원 아동)들에게 '필름 속의 모델이 처벌을 받는 내용(장면)'을 보여주는 실험조건을 말한다. 구체적으로, 모델-처벌조건에서는 피험자(보육원 아동)들에게 필름 속의 성인모델이 성인 크기의 보보인형에게 밀치고 때리는 등의 공격행동을 하게 되고, 이에 대해 공격행동을 한 성인모델은 또 다른 제2의 성인으로부터 처벌(꾸중하기, 머리 쥐어박기 및 손가락 비틀기 등)을 받는 장면(내용)을 담고 있는 필름을 보여준다.

모로 Moro (1874~1951) 오스트리아의 내과 및 소

아과 의사. '모로반사(Moro reflex)'의 발견자이다. 'Moro, Ernst (1874~1951)' 참조.

모로반사【모로反射】Moro reflex 인간이 선천적으로 가지고 태어나는 반사들 가운데 하나로, 신생아에게 큰 소리를 들려주거나 아기를 앉고 자세를 갑작스럽게 변경시키는 동작(아기를 내려놓거나 흔드는 동작)을 취하면, 아기가 놀람 반응과 함께 등을 활처럼 구부리면서 팔과 다리를 벌리고 손으로는 무언가를 잡으려는 동작을 취하는데, 이와 같은 선천적인 반사행동을 '모로반사'라고 한다. 모로반사는 생후 초기에 나타났다가 약 4개월 전후하여 사라진다. '모로반사(Moro reflex)'는 발견자인 'Ernst Moro (1874~1951)'의 이름을 따서 명명된 것이다.

모르핀 morphine / morphia 마약의 일종으로 아편의 주성분이다. 진통 및 마취제로 사용되며 중독성이 매우 강한 약물이다.

모방【模倣】imitation / copying 유기체가 다른 개체의 행동을 관찰한 후, 전체적으로 또는 부분적으로 그 행동과 유사하게 따라하는 것. 관찰자(모방하는 유기체) 및 관찰 대상자의 특징, 경향, 경험 및 양자(兩者) 간의 유사성 등에 따라 모방의 내용과 범위 등에서 차이를 나타낸다.

모방범죄【模倣犯罪】copycat crime 텔레비전의 뉴스나 드라마, 영화, 컴퓨터 게임, 소설이나 잡지 등에서 소개된 실제 인물 또는 가상의 인물이 저지른 범죄를 모방해 저지르는 범죄.

모방효과【模倣效果】imitation effect 일종의 군중심리가 반영되어 나타나는 현상으로, 군중 속이나 많은 사람들이 있는 상황에서 어떤 특정한 행동을 하는 사람이 많을수록 이 행동을 따라하게 될 가능성이 증가되는 현상.

모성박탈증후군【母性剝奪症候群】deprivation dwarfism '박탈왜소증' 참조.

모성어【母性語】motherese 언어발달 과정에서 생후 초기에 어머니가 아기에게 말할 때 사용하는 아기식 말투로, 말이 짧고 단순하며, 명확하고, 억양이 높은 반복적인 표현을 특징으로 한다. 전 세계적으로 나타나는 현상이다. '모성어', '아기말투', '어머니의 아기식 말투' 또는 '마더리즈'라고도 하며, '아동지향어'와 같은 의미로 사용된다.

모수치【母數値】parameter 모집단(母集團)의 특징을 나타내는 수치. 흔히 연구자들은 모수치를 추정하기 위해 모집단으로부터 추출한 표본으로부터 얻은 수치, 즉 통계치를 이용한다.

모양항등성【模樣恒等性】shape constancy '형태항등성' 참조.

모의실험【模擬實驗】simulation 사회, 경제, 군사 및 물리학 등의 분야에서 어떤 현상이나 변화를 예측하기 위해 컴퓨터를 이용하여 다양한 방법이나 모델을 실험하는 활동을 의미한다. 영어식 발음 그대로 '시뮬레이션'이라고도 한다.

모집단【母集團】population '전집(全集)'이라고도 번역된다. 연구에서 결론을 내리고자 하는 피험자나 현상의 전체(모든) 집단. 흔히 연구에서 표본(標本: sample)이 추출되는 전체 집단 또는 집합을 말한다.

모험【冒險】 adventure 위험(risk)을 무릅쓰고 어떤 일이나 행동을 하는 것.

모험이행【冒險移行】 risky shift 집단적 토의 과정을 통해 이루어지는 의사결정이 개인적으로 하는 의사결정에 비해 보다 더 모험적인 방향으로 이루어지는 현상. 즉 개인적으로 하는 의사결정에 비해 집단토의 과정을 통해 보다 더 모험적인 방안을 선택하는 현상을 지칭하여 '모험이행'이라고 한다. '모험적 이행'이라고도 한다.

모험적 이행【冒險的 移行】 risky shift '모험이행(冒險移行)'이라고도 한다. '모험이행' 참조.

모호성【模糊性】 ambiguity 명확하지 못한 경향이나 정도를 의미한다.

목울리기 cooing '쿠잉' 참조.

목젖울림 cooing '쿠잉' 참조.

몰개성화【沒個性化】 deindividuation 개인이 집단의 집합적 목표에 융해되어 버림으로써 자신에 대한 자각과 개인적 정체가 약화 또는 상실되는 현상. '몰개인화(沒個人化)' 또는 '몰독자성(沒獨自性)'이라고도 한다.

몰개인화【沒個人化】 deindividuation '몰개성화(沒個性化)'라고도 한다. '몰개성화' 참조.

몰독자성【沒獨自性】 deindividuation '몰개성화' 참조.

몽고증【蒙古症】 Mongolism '다운증후군' 참조.

몽골리즘 Mongolism '다운증후군' 참조.

몽정【夢精】 nocturnal emission / nocturnal pollution / night pollution 사춘기 이후의 남성이 수면(睡眠) 중에 성(性)과 관련된 꿈을 꾸면서 성적 흥분과 함께 사정(射精: ejaculation)하는 현상을 말한다. '몽설(夢泄)'이라고도 하며, 의학적인 용어로는 '야간유정(夜間遺精)'이라고 한다. 정상적인 현상이다.

무감각【無感覺】 apathy '무감정' 참조.

무감정【無感情】 apathy 일반적인 정서적 또는 감정적 반응을 보여야 할 상황에서 그러한 정서나 감정 반응을 나타내지 못하는 상태. '무감각'이라고도 한다.

무결과조건【無結果條件】 no-consequences condition Bandura (1925~)가 실시한 관찰학습(observational learning) 연구, 특히 공격행동학습에 관한 실험연구에서, 피험자(보육원 아동)들에게 '필름 속의 모델이 공격행동을 한 후에 그에 따른 결과장면(예를 들면, 보상을 받거나 처벌을 받는 장면 등)'을 보여주지 않는 실험조건을 말한다. 구체적으로, 무결과조건에서는 피험자(보육원 아동)들에게 필름 속의 성인모델이 성인 크기의 보보인형에게 밀치고 때리는 등의 공격행동을 하는 장면을 보여준다. 그러나 다른 실험조건들(즉, '모델-보상조건'이나 '모델-처벌조건')에서 보여주는 결과장면들은 보여주지 않는다. 이러한 무결과조건에서와는 달리, 모델-보상조건(모델-報償條件: model-rewarded condition)에서는 피험자(보육원 아동)들에게 공격행동을 한 성인모델이 또 다른 제2의 성인으로부터 보상(과자 및 음료수 등)을 받는 장면(내용)을 담고 있는 필름을 보여주며, 또 다른 조건인 모델-처벌조건(모델-處罰條件: model-punished condition)에서는 피험자(보육원 아동)들에게 공격행동을 한 성인모델이 또 다른 제 2의 성인으로부터 처벌(꾸중하기, 머리 쥐어박기 및 손가락 비틀기 등)을 받는 장면(내용)을 담고 있는 필름을 보여준다.

무뇌증【無腦症】anencephaly 선천적으로 뇌가 없이 태어나는 출산 결함 또는 기형.

무망【無望】hopelessness '절망', '절망감' 또는 '무망감'이라고도 한다. '절망' 참조.

무망감【無望感】hopelessness '절망', '절망감' 또는 '무망'이라고도 한다. '절망' 참조.

무산소증【無酸素症】anoxia '산소결핍증(酸素缺乏症)'이라고도 한다. '산소결핍증' 참조.

무선배정【無選配定】random assignment 실험연구에서 연구에 참가하는 피험자들이 실험집단과 통제집단에 배정되는 과정에서 두 집단 각각에 배정될 수 있는 동등한 확률을 가지고 배정되는 절차. '무선할당(無選割當)', '무선적 배정' 또는 '무선적 할당'이라고도 한다.

무선적 배정【無選的 配定】random assignment '무선배정', '무선할당' 또는 '무선적 할당'이라고도 한다. '무선배정' 참조.

무선적 할당【無選的 割當】random assignment '무선배정', '무선적 배정' 또는 '무선할당'이라고도 한다. '무선배정' 참조.

무선추출법【無選抽出法】random sampling 표본(標本: sample)을 선정하는 과정에서, 그 구성원 또는 대상이 모집단(母集團)으로부터 동등한 확률을 가지고 추출되는 통계기법. '임의추출법(任意抽出法)' 또는 '무작위추출법(無作爲抽出法)'이라고도 한다.

무선표본【無選標本】random sample 모집단(또는 전집)을 구성하고 있는 모든 개인들이 선택될 수 있는 동등한 확률하에 추출된 표본.

무선표집【無選標集】random sampling 모집단(또는 전집)을 구성하고 있는 모든 개인들이 선택될 수 있는 확률이 동등하고 또 그 각각의 선택이 확률적으로 다른 개인들에게 영향을 미치지 않도록 표본을 추출하는 방식.

무선할당【無選割當】random assignment '무선배정', '무선적 배정' 또는 '무선적 할당'이라고도 한다. '무선배정' 참조.

무선화【無選化】randomization 표본(특히, 무선표본)을 추출하는 과정에서 모집단(또는 전집)에 속하는 모든 개인들이 선택될 수 있는 동등한 확률을 갖도록 하는 과정을 말한다.

무속신앙【巫俗信仰】shamanism '샤머니즘' 참조.

무술신앙【巫術信仰】shamanism '샤머니즘' 참조.

무시당하는 아동【無視當하는 兒童】neglected child / neglected children '무시된 아동' 참조.

무시된 아동【無視된 兒童】neglected child /

neglected children 또래들로부터의 인기와 수용의 측면에서 분류하는 아동의 유형 가운데 하나로, 또래들로부터 무시당하는 아동을 지칭한다. 이 아동의 경우에는 그를 좋아하는 또래들도 거의 없고 마찬가지로 싫어하는 또래들도 거의 없는 경우이다. '무시당하는 아동'이라고도 한다.

무심상사고【無心象思考】 imageless thought 심상(心象: image) 또는 이미지가 없이 진행되는(이루어지는) 사고(思考) 또는 사고과정을 지칭한다. 이처럼 심상을 동반하지 않고서도 사고가 가능한지의 여부에 관해서는 오랫동안 논란이 되어 오고 있다. '심상 없는 사고(思考)' 또는 '이미지 없는 사고'라고도 한다.

무업자【無業者】 '니트족' 참조.

무용지식【無用知識】 obsoledge '정보화 시대의 넘쳐나는 정보(지식)들 가운데 쓸모가 없어진 지식'을 지칭한다. '압솔리지' 참조.

무의식【無意識】 unconscious / unconsciousness 정신분석이론 또는 Freud 학파의 이론에서 가장 중요시하는 개념 가운데 하나로, 우리의 마음의 세계(기억, 사고, 소망, 충동, 욕망, 동기 등) 가운데 의식적인 자각을 할 수 없거나 의식을 통해 접근할 수 없는 세계를 지칭한다. 성격과 관련하여 중요한 부분으로 개인의 사고 및 행동에 큰 영향을 미치는 영역으로 인식되고 있지만, 아직 이에 대해 알려진(밝혀진) 사실은 비교적 매우 적은 편이다.

무의식적 동기【無意識的 動機】 unconscious motive 인간의 행동과 동기를 설명하는 Freud (1856~1939)의 주요 용어들 가운데 하나로, 의식되지 않는 무의식의 수준에 위치하여 개인의 사고와 행동에 영향을 미치는 감정이나 욕구와 같은 동기 요인들을 지칭한다.

무작위추출법【無作爲抽出法】 random sampling '무선추출법' 참조.

무조건 강화물【無條件 强化物】 unconditioned reinforcer '일차적 강화인' 참조.

무조건 강화원【無條件 强化源】 unconditioned reinforcer '일차적 강화인' 참조.

무조건 강화인【無條件 强化因】 unconditioned reinforce '일차적 강화인' 참조.

무조건반사【無條件反射】 unconditioned reflex (UCR) '무조건반응' 참조.

무조건반응【無條件反應】 unconditioned response (UCR) 무조건자극이 제시될 때, 이에 대하여 무조건적으로 유발되는 반응. 기본적으로 무조건반응은 생득적으로 획득된 반응이다. '무조건반사(無條件反射: unconditioned reflex)'라고도 한다.

무조건자극【無條件刺戟】 unconditioned stimulus (UCS) 고전적 조건형성 이론에서 사용되는 개념의 하나로, 별도의 학습경험 또는 사전 훈련이 없이도 특정 반응을 유발시키는 자극을 총칭한다. 특히 무조건 자극에 대하여 유발되는 특정 반응을 일컬어 무조건 반응(unconditioned response) 또는 무조건 반사(unconditioned reflex)라고 한다.

무조건적 긍정적 배려【無條件的肯定的配慮】

unconditional positive regard '무조건적 긍정적 존중'이라고도 한다. '무조건적 긍정적 존중' 참조.

무조건적 긍정적 존중【無條件的 肯定的 尊重】 unconditional positive regard 상담과정에서 사용되는 중요한 기법의 하나로, 상대방(또는 내담자)에 대하여 특별한 조건 없이, 즉 상대방이 감정, 사고, 가치관, 태도 또는 행동 등의 측면에서 어떤 특징이나 장단점을 가지고 있는지와 관계없이 긍정적으로 수용하고 배려하는 절대적인 존중을 해주는 태도. 즉 상대방에 대한 존중이 조건 없이 이루어짐을 의미한다. '무조건적 긍정적 배려(無條件的 肯定的 配慮)'라고도 한다.

무조건 처벌인【無條件 處罰因】 unconditioned punisher 유기체에 대하여 사전 경험이 없이도 처벌의 효과를 갖는 처벌인을 지칭한다. 상대적인 의미를 갖는 용어로 '조건화된 처벌인(條件化된 處罰因)'이 있다.

무척추동물【無脊椎動物】 invertebrata / invertebrate animal 등뼈가 없는 동물을 지칭하는 말로, 등뼈동물을 나타내는 척추동물(脊椎動物: vertebrata)에 대응하는 표현이다. 현재 지구상에서 알려져 있는 동물들 가운데 약 90%가 무척추동물의 범주에 해당되는 것으로 알려져 있다.

무호흡증【無呼吸症】 apnea 수면 중에 호흡이 멈춰지는 증상. 대부분의 사람들이 수면 중에 몇 차례의 무호흡증을 겪게 되는데 비해 심한 무호흡증을 가진 사람들은 수면 중에 훨씬 많은(많은 경우에는 수십 번에서 수백 번) 무호흡증을 보인다. 무호흡증이 발생하면 혈중의 산소 농도가 급격히 감소하게 되고 이에 따라 위급 상황에서 분비되는 호르몬 분비가 이루어지게 되며, 그 결과 무호흡 상태에 있던 수면자는 다시 숨을 쉬게 된다. 심한 무호흡증을 보이는 사람들은 정상적인 수면이 이루어지지 못하기 때문에 비록 평균적인 수면시간이나 그 이상 더 많은 수면을 취하더라도 항상 졸리거나 피곤한 상태로 주간 활동을 하게 될 가능성이 높다. '수면 무호흡증'과 같은 의미로 사용된다.

문간에 발 들여놓기 기법【門間에 발 들여놓기 技法】 foot-in-the-door technique '문안에 발 들여놓기 기법'이라고도 한다. '문안에 발 들여놓기 기법' 참조.

문간에 발 들여놓기 현상【門間에 발 들여놓기 現象】 foot-in-the-door phenomenon '문안에 발 들여놓기 현상'이라고도 한다. '문안에 발 들여놓기 현상' 참조.

문법【文法】 grammar 올바른 언어 사용을 위한 규칙. 즉, 한 언어 또는 언어체계에서 올바른 문장을 만들거나 정확한 표현을 위해 요구되는 규칙을 '문법'이라고 한다.

문안에 발 들여놓기 기법【門안에 발 들여놓기 技法】 foot-in-the-door technique 대인관계에서 부탁이나 요구에 대해 상대방의 승낙(또는 동의)을 효과적으로 얻어내는 설득 방법의 하나로, 먼저 상대방에게 큰 부탁을 하게 되면 거절하게 될 가능성이 높지만, 큰 부탁을 하기에 앞서 받아들이기 쉬운 작은 부탁을 하게 되면 상대방이 이를 승낙하게 될 가능성이 높고, 이렇게 작은 부탁에 대해 승낙을 한 이후에는 후속해서 보다 큰 부탁을 했을 때에도 이를 승낙하게 될 가능성이 증가되는데 이러한 현상 또는 기법을 '문안에 발 들여놓기 기법'이라고 한다. 이 기법은 상대방으로 하여금 이전에 승낙했던 행동으로부터 자신의 태도를 유추하도록 만들고 이를 통해 새로운 큰 요구에 대해서도 승낙하도록 만드는 것이다. '문간에 발 들여놓기 기법'이라고도 한다.

문안에 발 들여놓기 현상【門안에 발 들여놓기 現象】 foot-in-the-door phenomenon 대인관계에서 상대방이 자신에게 하는 작은 부탁이나 요구를 승낙한 이후에는 더 큰(어려운) 부탁이나 요구에 대해서도 승낙하게 될 가능성이 증가되는데 이러한 현상을 지칭하여 '문안에 발 들여놓기 현상'이라고 한다. 상대방의 승낙을 효과적으로 얻어내기 위해 이 현상을 적용한 기법이 '문안에 발 들여놓기 기법'이다. '문안에 발 들여놓기 기법' 참조.

문장완성검사【文章完成檢査】 Sentence Completion Test (SCT) 투사적 검사의 한 형태로, 피검자(被檢者)에게 다수의 미완성 문장들을 제시한 후 그 문장들을 완성하도록 하는 검사. 여러 가지의 투사적 검사들 가운데 로르샤하 검사와 주제통각검사(TAT)가 모호한 형태의 시각적 자극을 제시하여 투사를 유도하는데 비해, 문장완성검사에서는 미완성의 문장을 제시한 후 나머지 문장을 완성하는 과정에서 투사를 유도하는 검사로, 특히 투사를 통해 피검자의 기본적인 동기, 갈등, 공포 및 태도 등이 반영된다고 가정한다. 지금까지 수십 가지 이상의 문장완성검사가 개발되었고, 그 중에서도 대표적인 문장완성검사에는 워싱턴대학교 문장완성검사(Washington University Sentence Completion Test), Rotter 비완성문장검사(RISB: Rotter Incomplete Sentence Blank), Sacks 문장완성검사(SSCT: Sacks Sentence Completion Test), Rohde 문장완성검사(RSCM: Rohde Sentence Completion Method) 등이 있다. 문장완성검사는 영어의 약자인 'SCT'라고도 한다.

문전박대기법【門前薄待技法】 door-in-the-face technique 대인관계에서 자신의 부탁에 대해 상대방의 승낙(또는 동의)을 효과적으로 얻어내는 설득 방법의 하나로, 처음에 큰(어려운) 부탁을 했다가 이것이 거절된 뒤에 다시 작은 부탁을 하는 방법. '머리부터 들이밀기 기법'이라고도 한다. '머리부터 들이밀기 기법' 참조.

문제【問題】 problem 문제라는 말의 의미는 다음과 같은 몇 가지로 사용된다. (1) 논의나 논쟁 또는 연구 등의 대상이 되는 사항이나 과제(용례: 사회문제, 환경문제 등). (2) 귀찮거나 곤란한 또는 어려움이 따르는 일이나 사건(용례: 문제행동). (3) 대수적인 연산과 같은 수학적 방법이나 접근을 통해 해답을 요구하는 과제(용례: 수학문제, 계산문제 등).

문제아【問題兒】 problem child 성격, 사회성, 지능, 태도 또는 행동 등에 있어서 일반적인 아동들 또는 정상적인 아동들과는 다른 문제성을 가진 아동. '문제아동'이라고도 한다.

문제아동【問題兒童】 problem child '문제아(問題兒)'라고도 한다. '문제아' 참조.

문제중심적 대처【問題中心的 對處】 problem-focused coping 스트레스에 대처하는 유형 가운데 하나로, 스트레스를 유발하는 문제나 상황, 즉 스트레스원(stressor: '스트레서'라고도 함)을 어떤 방식으로 변화시키거나 처리함으로써 스트레스를 줄이거나 해결해 가는 노력 또는 시도. '문제중심형 대처(問題中

心型對處)'라고도 한다.

문제중심형 대처【問題中心型 對處】problem-focused coping '문제중심적 대처'라고도 한다. '문제중심적 대처' 참조.

문제해결【問題解決】problem solving / problem-solving 해결을 요구하는 과제(또는 문제)에 대한 해법을 찾아 해결해가는 일련의 과정 또는 활동. 구체적으로, 현재의 상태와 도달하고자 하는 목표 간의 차이를 인식하고, 그런 차이를 만들고 있는 요인(즉, 문제)을 없앰으로써 목표 상태에 도달하는 일련의 과정 또는 활동을 의미한다.

문제해결기술【問題解決技術】problem solving skill / problem-solving skill 문제해결(problem solving)에 사용되는 기술. 또는 문제해결을 위한 기술.

문제해결능력【問題解決能力】problem solving ability / problem-solving ability 문제해결(problem solving)을 위해 요구되는 일련의 단계(또는 절차)를 성공적으로 수행해가는 능력.

문제행동【問題行動】problem behavior 문제(또는 문제성)가 있는 행동. 구체적으로, 문제행동이란 '자신이나 타인의 신체적, 심리적 또는 행동적 측면이나 물질적, 경제적 측면 등에 피해를 초래하거나 초래할 수 있는 다양한 행동'을 총칭한다. '문제행동'에 포함된 문제(problem)란 '귀찮거나 곤란한 또는 어려움이 따르는 일이나 사건'을 의미하는 말로, 문제행동은 문제가 있는 또는 문제가 되는 행동을 지칭한다. 일반적으로 문제행동은 외현적인 행동들, 즉 폭력행동이나 가출 등과 같은 비행행동이나 기타 외현화된 행동들을 지칭하지만, 문제행동을 넓은 의미에서 정의할 때는 우울, 불안, 자살생각 등과 같은 내현적인 문제들까지도 포함시키는 경우가 많다.

문제행동 증후군【問題行動 症候群】problem behavior syndrome 한 개인이 여러 가지의 문제행동들을 동시에 일으키는 상태를 나타내는 표현이다.

문항난이도【問項難易度】item difficulty 검사나 측정도구를 구성하는 문항(들)의 쉽거나 어려운 정도. 즉, 응답자나 피검자가 응답해야 할 문항(들)이 얼마나 쉬운지 아니면 어려운지를 나타내는 정도나 수준.

문항난이도 지수【問項難易度 指數】item difficulty index 검사나 측정도구를 구성하는 문항(들)의 쉽거나 어려운 정도를 나타내는 지수. 특정 검사나 측정도구에 반응한 피검자(또는 응답자)들 가운데 해당 문항을 맞춘(정답을 한) 응답자의 비율을 말한다.

문헌개관 / 문헌고찰【文獻槪觀 / 文獻考察】literature review 특정 연구주제 또는 분야에 관해 진행되어온 기존의 연구성과들(연구방법, 내용 및 결과 등)을 학술적으로 개관(고찰)한 것 또는 그러한 활동을 지칭한다.

문화【文化】culture 인류학적인 관점에서, 문화란 특정 사회의 구성원들이 공유하는 가치관, 지식 및 신념 등의 심리적 영역과 행위의 총체를 의미하며, 넓은 의미에서는 이에 더하여 사회 구성원들이 공유하는 유형적 및 물질적인 것까지를 포괄하는 생활양식 전체를 지칭한다.

문화공정검사 【文化公正檢查】 culture-fair test 지능과 같은 심리적 능력이나 특성을 검사(또는 측정)하기 위해 제작된 도구의 검사 내용이 문화적 측면에서 다양한 문화의 사람들에게 공정하지 못한 채 어느 일부 문화의 사람들에게 익숙하거나 유리하도록 치우친 상태를 '문화적 편향(cultural bias)'이라고 한다. 이와 같이 문화적으로 편향된 도구들은 이 도구의 내용에 익숙하지 못한 사람들에게는 그들이 가진 실제 능력이나 특성에 비해 더 낮은 성취나 점수를 얻게 만들고, 나아가 이와 관련된 불이익이나 손해를 초래하게 될 가능성을 높기 때문에 공정한 검사가 되지 못한다. 이처럼 문화적으로 공정하지 못한 검사의 불공정성을 개선하여 문화적으로 편향되지 않게 만들어진 공정한 검사를 지칭하여 '문화공정검사'라고 한다. '문화공평검사', '문화적으로 공정한 검사' 또는 '문화적으로 공평한 검사'라고도 한다.

문화공평검사 【文化公平檢查】 culture-fair test '문화공정검사' 참조.

문화상대주의 【文化相對主義】 cultural relativism / cultural relativity '문화적 상대주의(文化的 相對主義)'라고도 한다. '문화적 상대주의' 참조.

문화상대주의자 【文化相對主義者】 cultural relativist '문화상대주의(文化相對主義: cultural relativism)'적 관점이나 태도를 가진 사람. '문화상대주의' 참조.

문화심리학 【文化心理學】 cultural psychology 문화가 심리(과정)와 행동에 미치는 영향과 그 작용방식에 관해 연구하는 심리학의 한 분야. 이 분야는 비교적 최근에 등장했으며, 심리학자 이외에도 인류학자(특히 문화인류학자)나 사회학자 및 문화와 관련된 다양한 사회과학 영역의 학자들이 참여하는 학제적 학문의 특징을 나타낸다.

문화심리학자 【文化心理學者】 cultural psychologist 문화심리학(文化心理學: cultural psychology) 분야에서 활동하는 심리학자. 넓은 의미에서는 문화심리학 분야에서 활동하는 인류학자나 사회학자 등과 같은 사회과학자들을 포괄적으로 지칭한다.

문화적 관점 【文化的 觀點】 cultural perspective 인간의 행동과 심리과정을 설명하는 관점들 가운데 하나로, 문화는 인간의 행동과 심리적 특성이 발달하고 학습되는 과정에 큰 영향을 미치는 요인이기 때문에 이러한 문화(또는 문화적 측면 또는 요인)가 인간의 행동과 심리적 특성에 미치는 영향을 고려한 접근과 연구가 이루어져야 한다고 보는 관점. 이 관점에서는 기존의 인간 행동과 심리에 관한 연구는 서구적 관념과 미국의 중산층 백인 집단을 중심으로 진행되어 왔기 때문에 이 결과를 세계의 많은 문화와 그 속에서 살아가고 있는 사람들에게로 일반화하는 것은 타당하지 못한 접근이라고 본다. '문화적 설명', '문화적 접근' 또는 '문화적 조망'이라고도 한다.

문화적 상대주의 【文化的 相對主義】 cultural relativism / cultural relativity 세상의 다양한 문화들은 각기 독자적인 경로를 따라 발전해온 것이기 때문에 이를 어떤 특정한 기준이나 절대적인 기준에 따라 비교하여 우열을 논하거나 가릴 수 없다고 보는 관점 또는 태도. '문화상대주의(文化相對主義)'라고도 한다.

문화적 설명 【文化的 說明】 cultural explanation '문화적 관점'이라고도 한다. '문화적 관점' 참조.

문화적으로 공정한 검사【文化的으로 公正한 檢査】 culture-fair test '문화공정검사' 참조.

문화적으로 공평한 검사【文化的으로 公平한 檢査】 culture-fair test '문화공정검사' 참조.

문화적 접근【文化的 接近】 cultural approach '문화적 관점'이라고도 한다. '문화적 관점' 참조.

문화적 조망【文化的 眺望】 cultural perspective '문화적 관점'이라고도 한다. '문화적 관점' 참조.

문화적 편파【文化的 偏跛】 cultural bias '문화적 편향' 참조.

문화적 편향【文化的 偏向】 cultural bias 공정하지 못하고 어느 한쪽으로 치우친 상태나 경향을 지칭하여 편향(bias: 편파라고도 함)이라고 한다. 특히 지능과 같은 심리적 능력이나 특성을 검사(또는 측정)하기 위해 제작된 도구의 문항들(또는 내용들)이 문화적 측면에서 다양한 문화의 사람들에게 공정하지 못한 채 어느 일부 문화의 사람들에게 익숙하거나 유리하도록 치우친 상태. 이처럼 문화적으로 편향된 도구들은 이것에 익숙하지 못한 사람들에게는 그들이 가진 실제 능력이나 특성에 비해 더 낮은 성취나 점수를 얻게 만들고, 나아가 이와 관련된 불이익이나 손해를 초래하게 될 가능성을 높이게 된다. '문화적 편파'라고도 한다.

묻지마살인【묻지마殺人】 unspecific homicide / unspecified homicide 살인은 불만, 분노, 원한, 불화 또는 갈등 등과 같은 다양한 원인에서 발생하며, 계획적인 살인이든 아니면 우발적인 살인이든 흔히 살인은 특정인을 대상으로 행해지는 경우가 많다. 하지만, 최근으로 오면서 범인 자신과 관련이 없고 얼굴도 모르는 불특정인(들)을 대상으로 특별한 이유 없이 행해지는 살인이 증가하고 있는데, 이러한 형태의 살인을 지칭하여 '묻지마살인'이라고 한다. 이 말은 범인이 피살자를 살해한 이유나 그 피살자를 대상으로 한 이유 등에 대해 '별다른 이유 없음', '나도 몰라', '자세한 건 나에게 묻지마' 등의 입장이나 태도를 나타낸다는데서 비롯된 표현이다. 학자들 중에는 이러한 살인행위가, 사회에 대한 적개심이나 증오심과 같은 반사회적 경향성이나 범죄행동 그 자체를 탐닉하는 정신병질적 경향에서 비롯되는 것으로 보는 경우가 많다. 일본에서는 이러한 형태의 범죄를 지칭하여 '도오리마(通り魔: '만나는 사람마다 해를 끼치는 악마'라는 의미)사건'이라고 부르고 있다.

물질【物質】 matter / substance 자연계를 구성하는 요소 가운데 하나로, 질량이 있고 공간을 차지하며, 자연 현상과 유기체의 감각적 경험 및 생리적 반응을 일으키는 실체.

물질관련장애【物質關聯障碍】 substance-related disorder 물질 사용과 관련되어 발생하는 장애를 말하는 것으로, 흔히 중독성이 있는 물질을 사용하거나 그러한 물질에 노출됨으로 인해 나타나는 장애를 총칭한다. 물질관련장애를 하위 유형으로 분류하면, 크게 물질사용장애(substance use disorder)와 물질유도성장애(substance-induced disorder) 등 두 가지 유형으로 분류된다.

물질남용【物質濫用】 substance abuse 물질사용장애의 한 유형으로, 특정한 물질을 사용하는 과정에서 이 물질을 과다하게 또는 반복적으로 사용한 결과로 인해 유해한 부작용(불안이나 기분장애 등과 같은 정신장애, 인지적 장애, 일상적 기능의 손상, 수면장애, 치매, 성기능장애 등)을 보이는 상태를 지칭한다.

물질사용장애【物質使用障碍】 substance use disorder 물질관련장애의 한 유형으로, 특히 특정한 물질을 사용하는 과정에서 나타나는 장애를 지칭한다. 크게 두 개의 하위 유형으로 구분되는데, 여기에는 특정한 물질을 사용하는 과정에서 이 물질에 신체적 및 심리적(또는 정신적)으로 의존하게 되어 이 물질이 없이 지내는 것이 너무 고통스럽고 힘든 상태를 지칭하는 물질의존(substance dependency)과, 특정한 물질을 사용하는 과정에서 이 물질을 과다하게 또는 반복적으로 사용한 결과로 인해 유해한 부작용을 나타내는 상태를 지칭하는 물질남용(substance abuse) 등이 포함된다.

물질유도성장애【物質誘導性障碍】 substance-induced disorder 물질관련장애의 한 유형. 특정한 물질을 사용하는 과정에서 발생하는 장애로, 크게 물질의존(substance dependency)과 물질남용(substance abuse)으로 구분된다. '물질유도장애'라고도 한다.

물질유도장애【物質誘導障碍】 substance-induced disorder '물질유도성장애' 참조.

물질의존【物質依存】 substance dependency 물질사용장애의 한 유형으로, 특정한 물질을 사용하는 과정에서 이 물질에 신체적 및 심리적(또는 정신적)으로 의존하게 되어 이 물질이 없이 지내는 것이 너무 고통스럽고 힘든 상태를 지칭한다. 내성, 금단증상, 갈망, 의지에 의한 통제가 되지 않는 반복적인 물질 구입과 사용 등을 주요 특징으로 보인다.

물품음란증【物品淫亂症】 fetishism 성도착증(paraphilias: 성행위 대상이나 성행위 방식에서 정상적인 기준을 벗어나 비정상적인 행태를 나타내는 장애)의 한 유형으로, 이성(특히 여성)의 속옷이나 양말과 같은 물건에 대해 성적 흥분이나 쾌감을 느끼는 장애.

물활론【物活論】 animism 세상의 모든 만물은 생명을 가지고 있다고(즉, 살아 있다고) 믿는 생각이나 사고 경향. Piaget (1896~1980)의 인지발달이론에서 두 번째 단계인 '전조작기'의 아동들에게서 나타나는 인지적 경향들 가운데 하나이다.

뮐러 Georg Elias Muller (1850~1934) 독일의 심리학자. 주요 연구 분야는 기억, 시지각 및 정신물리학 분야였고, 에빙하우스(Ebbinghaus) 등의 연구를 발전시켰다.

미각【味覺】 sense of taste / taste 맛을 느끼는 감각. 주로 혀의 윗면에 분포하고 있는 맛의 감각기관인 미뢰(味蕾)를 통해 감각된다. 기본적인 미각에는 단맛, 신맛, 짠맛, 쓴맛 등 네 가지가 있다.

미각기【味覺器】 gustatory organ '미각기관(味覺器官)'이라고도 한다. '미각기관' 참조.

미각기관【味覺器官】 gustatory organ 미각(味覺)을 담당하는 감각기관. 인간의 경우에는 혀를 포함한 구강에 분포하고 있다. 특히 혀의 표면이나 구강의 점막에 분포하는 미세포가 포함된다. '미각기'라고도 한다.

미각수용기【味覺受容器】taste receptor 혀의 윗면을 중심으로 구강에 분포하고 있는 맛을 느끼는 수용기. '맛 수용기' 또는 '미뢰(味蕾: taste buds)'라고도 한다.

미각신경【味覺神經】gustatory nerve 미각을 담당하는 혀를 포함한 구강으로부터 대뇌에 이르는 일련의 신경 또는 신경체계. '미신경'이라고도 한다.

미각체계【味覺體系】gustatory system 미각자극을 수용하고 처리하는 일련의 체계를 지칭하며, 여기에는 혀를 포함한 구강의 조직과 뇌의 일부 조직 등이 포함된다.

미국심리학회【美國心理學會】American Psychological Association (APA) 미국의 심리학자들로 구성된 학회로, 미국의 심리학 관련 학회들 가운데 가장 크고 포괄적인 학회로 평가되고 있다. 미국심리학회는 1892년 Clark대학교에서 설립되었고, 초대회장은 G. Stanley Hall (1844~1924)이었으며, 31명의 회원으로 출발하였다. 2012년 현재 미국심리학회의 회원 수는 약 150,000명에 이르며, 그 산하에는 일반심리학 분과, 실험심리학 분과, 임상심리학 분과, 발달심리학 분과, 학교심리학 분과 등 54개의 분과가 있다.

미네소타 다면적 성격검사【미네소타 多面的 性格檢査】Minnesota Multiphasic Personality Inventory (MMPI) '미네소타 다면적 인성검사' 참조.

미네소타 다면적 인성검사【미네소타 多面的 人性檢査】Minnesota Multiphasic Personality Inventory (MMPI) 흔히 '엠엠피아이(MMPI)'라고 부르며, '미네소타 다면적 성격검사(미네소타 多面的 性格檢査)'라고도 한다. 세계적으로 가장 널리 알려진 대표적인 성격(또는 인성)검사도구의 하나로, 전체 550개의 문항으로 구성되어 있다. 임상장면에서 내담자의 성격 특성이나 정신장애의 유형(또는 경향성)을 파악하고 진단하기 위한 심리(또는 성격)검사도구로 많이 이용되며, 동시에 성격이나 정신장애와 관련된 심리학 및 정신의학 연구에서 널리 사용되고 있다.

미드 Mead (1901~1978) 미국의 문화인류학자. 'Mead, Margaret (1901~1978)' 참조.

미디어 media 매체(媒體) 또는 매개체(媒介體). 특히, 정보를 전달하는 데 사용되는 매체를 지칭하며, 여기에 포함되는 것으로는 개인 간의 정보를 주고받는 우편이나 전화에서부터 대중을 상대로 정보를 전달하는 라디오, 텔레비전 및 신문 등의 대중매체가 있다.

미로【迷路】maze 정확한 위치나 방향을 가늠하기 어려운 복잡한 두 개 이상의 통로들이 반복적으로 이어져 있는 길 또는 그렇게 제작된 장치를 지칭한다. 흔히 심리학 연구에서 인간이나 동물의 학습 및 인지능력을 연구할 목적으로 다양한 형태의 미로를 제작하여 사용하고 있다. 대표적인 것으로는 비교적 단순한 형태인 T미로와 Y미로가 있다.

미뢰【味蕾】taste buds 척추동물의 미각기관의 일부. 맛(味)을 감각하는 수용기세포를 포함하고 있는 미각 수용체로, 혀의 끝부분, 옆, 그리고 뒤쪽에 많이 분포되어 있고, 단맛, 짠맛, 쓴맛, 그리고 신맛 등을 지각한다. 인간 성인의 경우에는 약 1만여 개의 미뢰를 가지고 있으며, 이러한 미뢰의 수는 연령증가에 따라 감소하는 것으로 알려져 있다. 노인들이 자주 호소하는 것처럼 흔히 나이가 들어감에 따라 과거에 비해 미감각이 둔화되거나 식욕을 상실하게 되는 경우가 많은데, 이러한 현상은 바로 연령증가에 따라 나타나는 미뢰의 수 감소와 관련이 있는 것으로 보는 견해가 많다. '맛봉오리'라고도 하며, 이외에도 'taste receptor'라는 표현이 사용되기도 하는데, 이 말은 '미각수용기(味覺受容器)' 또는 '맛 수용기(맛受容器)'라고 번역되어 사용되고 있다.

미분류우울장애【未分類憂鬱障碍】depressive disorder not otherwise specified 우울장애의 하위 유형 가운데 하나로, 이 외에도 우울장애에는 주요우울장애(主要憂鬱障碍)와 기분부전장애(氣分不全障碍)가 포함된다. 구체적으로는 우울 증상을 포함하지만, 위의 주요우울장애나 기분부전장애 등의 진단기준에 맞지 않는 경우를 지칭한다. '우울장애' 참조.

미시발생적 발달【微視發生的 發達】microgenetic development 한 개체(개인)가 한 평생을 살아가는 동안 나타내는 발달적 변화를 지칭하여 개체발생적 발달(ontogenetic development)이라고 하는데 비해, 미시발생적 발달은 개체발생적 발달에 비해 상대적으로 짧은 기간(예를 들면, 몇 주 또는 몇 개월) 동안 일어나는 발달 또는 발달적 변화를 의미한다. '미시발생학적 발달'이라고도 한다.

미시발생적 설계【微視發生的 設計】microgenetic design 발달 연구를 위해 사용하는 대표적인 연구설계인 종단적 설계, 횡단적 설계 및 계열적 설계 등을 사용하여 밝히기 어려운 미세한 수준의 발달적 변화와 원인 또는 발달적 변화를 초래하거나 촉진하는 요인을 알아내기 위해, 특정한 발달적 변화가 일어나는 기간 동안에 집중적이고 반복적인 관찰과 모니터링 등을 통해 연구하는 방법 또는 연구설계.

미시발생학적 발달【微視發生學的 發達】microgenetic development '미시발생적 발달' 참조.

미시체계【微視體系】microsystem 러시아 태생의 미국 심리학자인 Bronfenbrenner (1917~2005)가 제안한 '생태학적 체계이론'의 다섯 환경체계(미시체계, 중간체계, 외체계, 거시체계 및 시간체계 등) 중 하나. 환경체계 중 가장 안쪽 부분에 위치하는 환경층(또는 환경 맥락)으로, 발달하는 개인(또는 아동)이 직접 접촉하면서 상호작용하는 환경체계를 지칭한다. 이 체계에는 부모와 형제, 학교와 교사, 또래 등이 포함된다.

미신경【味神經】gustatory nerve '미각신경(味覺神經)'이라고도 한다. '미각신경' 참조.

미엘린초【미엘린鞘】myelin sheath '수초(髓鞘)'라고도 한다. '수초' 참조.

민감기【敏感期】sensitive period 언어, 애착, 사회성 등과 같은 특정한 발달이 이루어지기 위한 최적의 시기. '결정적 시기' 참조.

민감기 가설【敏感期 假說】sensitive-period hypothesis 언어, 애착, 사회성 등과 같은 특정한 발달이 이루어지기 위한 최적의 시기(즉, 민감기)가 있다고 보는 견해 또는 가설.

민감성【敏感性】sensitivity 자극에 대하여 빠르게 반응하고 느끼는 경향.

민감한 반응성【敏感한 反應性】 sensitive responsiveness 발달과정에서 양육자(또는 부모)가 아이의 욕구나 상태에 대하여 신속하면서도 애정적으로 반응하는 경향성 또는 특성. 아이에 대한 양육자의 '민감한 반응성'은 애착(愛着: attachment)의 발달에 영향을 미치는 가장 중요한 환경 요인으로, 아이가 '안정애착'을 발달시키게 될지 아니면 '불안정애착'을 발달시키게 될지를 좌우하는 가장 중요한 요인으로 파악되고 있다.

민감화【敏感化】 sensitization 특정 자극에 지속적으로(또는 반복적으로) 노출되어감에 따라 그 자극에 대한 반사적 반응이 증가되는 현상. 이와 반대되는 현상이 '습관화(habituation)'이다. 많은 경우에 있어서, 자극에 대한 노출이 지속됨에 따라 반사적 반응이 감소하는 습관화를 나타내지만, 간혹 특정 조건에서는 자극에 대한 노출이 지속됨에 따라 반사적 반응이 증가하는 '민감화'를 일으키게 된다.

밀그램 Stanley Milgram (1933~1984) 미국 태생의 유명한 사회심리학자이다. 1954년 퀸스대학교를 졸업하고, 대학원에서 G. Allport와 S. Asch의 지도를 받았고, 이후 예일대학교에 자리를 잡고 연구 및 학생지도활동을 한다. 집단의 압력에 대한 동조행동에 관한 그의 연구는 Milgram 실험으로 널리 알려져 있다.

밀러 Miller (1920~) 미국의 심리학자. 'Miller, George Armitage (1920~)' 참조.

밀러의 법칙【밀러의 法則】 Miller's Law 인간이 단기기억(또는 '작업기억'이라고도 함) 능력(용량)에서 한계를 보이는 현상. 'Miller의 법칙' 참조.

심리학사전

바넘 Barnum (1810~1891) 미국의 서커스 공연단의 흥행사 · 공연기획자. 'Barnum, Phineas Taylor (1810~1891)' 참조.

바넘효과【바넘效果】 Barnum effect 사람들은 흔히 누구나 보편적으로 공유하고 있는 심리적 특징이나 성격을 자신의 심리적 특징이나 성격인 것처럼 기술하거나 설명하면 그것이 마치 자신의 독특한 심리적 특징이나 성격인 것처럼 믿으려는 심리적 경향(또는 현상)을 보이는데, 이러한 현상을 지칭하여 '바넘효과(Barnum effect)'라고 한다. 이 현상은 19세기 후반 미국의 서커스 공연단의 흥행사이자 공연기획자로 활동했던 Barnum (1810~1891)이 사람들이 보편적으로 공유하고 있는 심리적 특성을 마치 특정 개인의 심리적 특성인 것처럼 묘사함으로써 사람들이 자신의 심리를 정확하게 읽고 파악하고 있는 것처럼 믿도록 만들어 큰 인기와 흥행을 이루었던 것에서 비롯된 말이다. 한편, '바넘효과'는 이 효과를 연구를 통해 실증적으로 증명한 미국의 심리학자 Forer (1914~2000)의 이름을 따서 '포러효과(Forer effect)'라고도 한다.

바빈스키 Babinski (1857~1932) 프랑스의 신경의학자. '바빈스키 반사(Babinski reflex)'의 발견자이다. 'Babinski, Joseph Jules Francois Félix (1857~1932)' 참조.

바빈스키반사【바빈스키反射】 Babinski reflex 인간이 선천적으로 가지고 태어나는 반사들 가운데 하나로, 생후 초기에 신생아의 발바닥을 손가락이나 물건을 사용하여 뒷꿈치에서 발가락 쪽 방향으로 간질이면 엄지발가락을 발등 쪽으로 굽히면서 나머지 네 개의 발가락을 부챗살처럼 펼치는 행동을 나타내는데, 이와 같은 선천적인 반사 행동을 지칭하여 바빈스키반사라고 한다. 1896년 이 반사를 처음 발견한 프랑스 의사 Babinski의 이름을 따서 붙여진 명칭이다.

바이오피드백 biofeedback '바이오피드백'의 영어 표현인 'biofeedback'은 '생물'이라는 의미를 가진 'bio'와 '귀환(歸還)' 또는 '귀환반응'이라는 의미를 가진 'feedback'의 합성어로, 생체(또는 생물체) 내에서 발생하는 생리적 또는 신경학적 상태나 변화를 특정한 형태의 정보로 전환하여 그 생체(또는 생물체)에 전달하여 알려주는 것(또는 알려주는 조작). 흔히 개인의 현재 신체 상태나 활동에 대한 정보를 제공하는 것을 의미한다. 의학, 생리심리학, 스트레스학 등의 분야에서 일종의 자기제어법(또는 자기컨트롤법)으로 사용되고 있다. 바이오피드백은 '생물피드백', '생체피드백' 또는 '생체자기제어' 등과 같은 표현으로도 사용된다.

박물학【博物學】 natural history / the study of nature 광물학, 동물학, 식물학 및 지질학을 총칭하

여 사용하는 용어로, 광물, 동물, 식물 및 지질 등 자연계에 존재하는 사물 전반(자연의 분포, 생태, 성질이나 특성 및 분포 등)에 대한 지식 탐구와 기술을 목적으로 활동하는 학문 분야를 지칭한다. 역사적으로 박물학자로 분류되는 대표적인 학자로는 진화론을 발전시킨 Darwin (1809~1882)이 있다. 오늘날에는 박물학 내의 세부 분야들에 따라 각기 전문적인 학문 영역을 구축하고 연구 활동을 진행해가고 있기 때문에, 이러한 여러 학문 분야들을 총칭하는 박물학이라는 표현은 잘 사용하지 않으며, 그 보다는 동물학, 식물학 및 지질학 등과 같이 전문 영역별 독립적인 명칭이 사용되고 있다.

박물학자【博物學者】naturalist 박물학 분야에서 활동하는 학자.

박탈【剝奪】deprivation 어떤 대상(사람이나 동물 등)이 필요로 하는 특정한 자극이나 조건(음식이나 산소 등)을 제공하지 않거나 빼앗는 것.

박탈성 왜소증【剝奪性 矮小症】deprivation dwarfism '박탈 왜소증' 참조.

박탈 실험【剝奪 實驗】deprivation experiment 유기체를 대상으로 특정한 자극이나 조건을 박탈하는 상황을 유발한 후, 그러한 박탈 경험이 유기체의 신체 · 생리적 및 행동적 측면 등에 미치는 영향이나 효과를 알아보는 실험.

박탈 왜소증【剝奪 矮小症】deprivation dwarfism 정상적인 섭식행동과 영양섭취가 이루어지지만, 양육과정에서 부모(또는 양육자)가 보이는 애정의 결핍이나 정서적 박탈 그리고 그 과정에서 겪게 되는 스트레스 등의 심리사회적 환경 요인들에서 비롯되는 것으로 이해되고 있는 성장장애의 한 유형. 이 장애에 걸린 아이들은 성장호르몬 분비의 감소, 키와 체중에서의 성장 지체 등과 같은 증상들을 특징적으로 나타낸다. 많은 학자들은 이러한 특징들이 나타나는 이유는 아이들이 성장과정에서 겪는 애정의 결핍, 정서적 박탈과 스트레스 등과 같은 부정적인 심리사회적 환경 요인들이 내분비계통에 영향을 미쳐 정상적인 성장호르몬의 분비를 방해하는데서 비롯되는 것으로 보고 있다. '모성박탈증후군', '박탈성 왜소증' 또는 '결핍성 왜소증'이라고도 한다.

반구【半球】hemisphere 공 모양의 물체, 즉 구체(球體: sphere)의 절반. 일반적으로 생물학, 의학 및 심리학 등의 분야에서 지칭하는 반구는 대뇌반구(大腦半球: cerebral hemisphere)를 의미한다. 즉, 뇌에서 가장 큰 부분을 차지하는 대뇌(大腦)를 외부에서 보면 마치 구체(球體)의 반(半)과 같은 형상을 하고 있기 때문에 붙여진 이름이 대뇌반구 또는 반구이다. 한편, 대뇌반구는 좌측 부분과 우측 부분이 뇌량(腦梁)이라고 하는 신경조직을 통해 연결되어 있는데, 이 중 좌측 부분을 지칭하여 좌반구라고 하고, 우측 부분을 지칭하여 우반구라고 한다.

반구 전문화【半球 專門化】hemispheric specialization '대뇌 편재화' 또는 '편재화'라고도 한다. '대뇌 편재화' 참조.

반동형성【反動形成】reaction formation Freud의 정신분석이론에서 사용되는 '방어기제(防禦機制: defense mechanism)'의 하나로, 개인이 가지고 있는 충동이나 동기들 가운데 인정하기 어려운 충동이나 동기를 그와 반대로 표현하는 것(또는 그러한 방어기제).

반두라 Bandura (1925~) 캐나다 태생의 미국 심리학자. 'Bandura, Albert (1925~)' 참조.

반복【反復】 replication '반복연구(反復硏究)' 또는 '반복검증'이라고도 한다. '반복연구' 참조.

반복검증【反復檢證】 replication '반복연구(反復硏究)' 또는 '반복'이라고도 한다. '반복연구' 참조.

반복연구【反復硏究】 replication study 선행 연구(특히, 실험연구)를 통해서 나타난 결과 또는 발견을 다시 확인하기 위하여 선행 연구에서 실행했던 방법과 절차에 따라 연구(또는 실험)를 반복하는 것을 말한다. '반복' 또는 '반복검증'이라고도 한다.

반복처치설계【反復處置設計】 repeated treatment design 피험자(들)에게 두 가지 이상의 독립변인을 처치하는(부여하는) 실험설계를 말한다.

반복측정설계【反復測定設計】 repeated-measures design 연구에 참여하고 있는 사람들 또는 피험자들에게 여러 차례에 걸쳐 종속변인값을 측정할 수 있도록 고안된 연구계획 또는 설계.

반사【反射】 reflex 특정 자극에 대하여 판단적 사고나 의지와 관계없이 자동적이고 무의식적으로 일어나는 유기체의 반응.

반사활동【反射活動】 reflex activity (1) 반사를 통해 이루어지는 활동. (2) Piaget (1896~1980)의 인지발달 이론에서, 인지발달의 첫 번째 단계인 감각운동기(sensorimotor stage)의 초기(생후 약 1개월까지의 시기)에 나타나는 영아의 활동 경향 또는 활동 특징을 말한다. 이 시기의 영아들은 선천적으로 타고난 반사들을 이용하여 세상을 탐색하고, 그 과정에서 동화와 조절 과정을 통해 환경에 적응하는 동시에 새로운 도식을 발달시켜 나간다.

반사회 성격【反社會 性格】 antisocial personality '반사회적 성격'이라고도 한다. '반사회적 성격' 참조.

반사회 성격장애【反社會 性格障碍】 antisocial personality disorder '반사회적 성격장애'라고도 한다. '반사회적 성격장애' 참조.

반사회성 성격【反社會性 性格】 antisocial personality '반사회적 성격'이라고도 한다. '반사회적 성격' 참조.

반사회성 성격장애【反社會性 性格障碍】 antisocial personality disorder '반사회적 성격장애'라고도 한다. '반사회적 성격장애' 참조.

반사회성 인격【反社會性 人格】 antisocial personality '반사회적 성격' 참조.

반사회성 인격장애【反社會性 人格障碍】 antisocial personality disorder '반사회적 성격장애' 참조.

반사회 인격【反社會 人格】 antisocial personality '반사회적 성격' 참조.

반사회 인격장애【反社會 人格障碍】 antisocial personality disorder '반사회적 성격장애' 참조.

반사회적【反社會的】 antisocial 사회의 이익에 반(反)하여 사회의 규범이나 질서를 지키지 않거나(위반하거나) 무시하는.

반사회적 성격【反社會的 性格】antisocial personality 충동성, 사회적 가치의 내면화 부족, 양심의 결여, 책임감 부족, 자신의 욕구만을 즉각적으로 충족시키려는 경향, 수치심이나 죄책감 및 불안 등과 같은 정상적인 정서 반응의 결여, 타인에 대한 공감능력의 결여 및 관계 형성의 어려움 등과 같은 특징을 포함하는 성격 유형. '반사회적 성격'이라는 표현 대신 '반사회성 성격', '반사회 성격', '반사회적 인격', '반사회성 인격' 또는 '반사회 인격'이라는 표현이 사용되기도 한다. 한편, 이외에도 '반사회적 성격'과 같은 의미를 가진 또 다른 말로 '정신병질적 성격(psychopathic personality)' 또는 '사회병질적 성격(sociopathic personality)' 등의 용어가 있다.

반사회적 성격장애【反社會的 性格障碍】antisocial personality disorder 성격장애를 하위 유형별로 구분할 경우에, '반사회적 성격(antisocial personality)'을 특징으로 하는 성격장애 유형을 '반사회적 성격장애'라고 한다. 반사회적 성격장애를 가진 사람들은 반복적으로 무책임한 행동을 하고, 다른 사람들의 권리에 무관심하거나 이를 무시하며, 사회 질서 및 법규를 위반하고, 거짓말, 도둑질, 공격적이고 무자비한 행동, 싸움 등을 자주 하며, 자신의 잘못된 행동에 대해 처벌을 받은 이후에도 변화나 교정이 잘 되지 않는 특징을 보인다. 전반적으로 반사회적 성격장애는 반사회적 행동 및 범죄행동과 밀접한 관련이 있다. 하지만, 반사회적 성격장애를 가진 사람들이 모두 범죄자가 되는 것은 아니며, 또한 범죄자들이 모두 반사회적 성격장애를 가진 것은 아니다. '반사회적 성격장애'라는 표현 대신 '반사회성 성격장애', '반사회 성격장애', '반사회적 인격장애', '반사회성 인격장애' 또는 '반사회 인격장애'라는 표현이 사용되기도 한다. 한편, 이외에도 '반사회적 성격장애'와 같은 의미를 가진 또 다른 말로 '정신병질자(psychopath)' 또는 '사회병질자(sociopath)' 등의 용어가 있다. '반사회적 성격' 참조.

반사회적 인격【反社會的 人格】antisocial personality '반사회적 성격' 참조.

반사회적 인격장애【反社會的 人格障碍】antisocial personality disorder '반사회적 성격장애' 참조.

반사회적 행동【反社會的 行動】antisocial behavior 사회의 이익에 반(反)하여 사회의 규범이나 질서를 지키지 않거나(위반하거나) 무시함으로써 사회에 해를 끼치는 행동.

반영【反映】reflection 상담에서 사용되는 주요 기법의 하나로, 내담자가 상담자에게 이야기한 생각이나 감정 또는 경험에 관한 내용을 상담자가 내담자에게 다시 전달하는 기법. 이 기법을 통해 내담자는 상담자가 자신의 말을 얼마나 잘 경청하고 있는지, 그리고 자신의 상황이나 상태를 얼마나 잘 이해하고 있는지 알게 되고, 이를 통해 상담자를 더욱 신뢰하며, 나아가 더 개방적인 자세로 상담에 참여하게 될 가능성이 높아진다.

반응【反應】response 외부로부터 들어온(또는 가해진) 자극에 대하여 유기체가 일으키는 신체적, 심리적 및 행동적 변화 또는 활동을 총칭한다. 심리학에서는 반응과 행동의 의미를 유사하게 사용하는 경우가 많다. 한편, 자극이 제시된 이후 반응이 나타날 때까지의 시간을 반응시간이라고 한다.

반응범위【反應範圍】 range-of-reaction / reaction range 발달에 대한 유전과 환경의 영향(또는 영향의 비중)을 설명하는 개념들 가운데 하나로, 발달 과정에서 개인들이 다양한 환경에서 보일 수 있는 가능한 표현형(phenotype)의 범위를 유전자형(genotype)이 제한하는 것을 의미한다. 반응범위가 발달에 적용되는 원리를 지칭하여 '반응범위 원리'라고 한다.

반응범위 원리【反應範圍 原理】 range-of-reaction principle / principle of reaction range '반응범위' 참조.

반응일반화【反應一般化】 response generalization 특정한 자극에 대한 반응이 다양하게 일어나는 현상. '자극일반화(stimulus generalization)'와 비교되는 현상으로, 자극일반화의 경우에는 특정한 조건자극에 대해 나타나는 반응(조건반응)이 조건자극과 유사한 다른 자극들에게로 일반화되어 조건반응과 유사한 반응을 일으키게 되는 현상을 말한다.

반응적 조건형성【反應的 條件形成】 respondent conditioning '고전적 조건화' 참조.

반응적 조건화【反應的 條件化】 respondent conditioning '고전적 조건화' 참조.

반응조건형성【反應條件形成】 respondent conditioning '고전적 조건화' 참조.

반응조건화【反應條件化】 respondent conditioning '고전적 조건화' 참조.

반항성 장애【反抗性 障碍】 oppositional defiant disorder (ODD) 나이에 맞지 않게 타인(부모, 형제, 교사 등)에 대한 거역, 불복종 및 반항 등의 행동경향을 특징적으로 나타내는 심리 및 행동장애. 품행장애(品行障碍: conduct disorder, CD)에 비해 상대적으로 그 문제의 심각성 수준이 낮은 편이며, 더 많은 아동 및 청소년들에게서 발생한다.

발달【發達】 development 인간을 포함한 유기체가 수정된 이후 임신 기간(인간의 경우 약 266일)을 거쳐 출생하고, 이어서 영아기서부터 노년기에 이르기까지의 성장 및 노화과정을 거쳐 사망할 때까지 전 생애를 통해 신체적, 심리적(정신적) 및 행동적 측면에서 일어나는 순서적이고 체계적인 변화(과정)를 지칭하여 발달이라고 한다. 이처럼 발달은 신체, 심리 및 행동적 측면에서 일어나는 변화 과정이지만, 그것이 피로나 질병 또는 약물 등에 의해 일어나는 일시적인 변화인 경우에는 발달적 변화로 보지 않는다.

발달과업【發達課業】 developmental tasks 특정 발달시기에 있는 개인이 적응적 · 정상적으로 또는 건강하게 기능해 가기 위해 발달시켜야 하는 중요한 능력이나 성취를 말한다. 예를 들면, 듣기, 말하기, 읽기와 같은 언어능력, 기기나 걷기와 같은 운동능력 등이 포함된다.

발달과학【發達科學】 sciences of development 과학적인 방법을 사용하여 발달을 연구하는 학문 분야들을 총칭한다. 즉, 유기체의 발달을 연구하는 발달심리학, 아동학, 청소년학, 성인 및 노년학, 가정학, 교육학 및 유아교육학, 생물학, 의학, 교육학, 사회학, 인류학 등의 분야들이 포함된다.

발달단계【發達段階】 stage of development /

developmental stage 일생을 통해 이루어지는 발달의 과정을 연령(또는 기간)에 따라 주요 특징이나 질적인 변화의 차이 등을 고려하여 구분한 단계. 발달단계를 나누는 것은 발달의 영역(예를 들면, 인지 발달, 성격 발달, 사회성 발달 등)이나 학자들 및 이론에 따라 차이를 보인다. '발달의 단계'라고도 한다.

발달심리학【發達心理學】 developmental psychology 인간의 발달을 연구하는 심리학의 한 분야. 즉, 인간의 발달과정에서 나타나는 신체적, 심리적 및 행동적 변화와 특징, 그리고 그러한 변화의 기저에 담긴 심층구조 및 기제를 밝히고자 하는 심리학 분야이다. 일반적으로 발달심리학에서는 태내기서부터 시작하여 영아기, 유아기, 아동기, 청소년기(청년기), 성인기 및 노년기를 거쳐 사망에 이르기까지 인간에게서 나타나는 신체적, 심리적 및 행동적 변화와 특징 그리고 그러한 변화에 담긴 심층구조 및 기제를 연구한다.

발달심리학자【發達心理學者】 developmental psychologist 발달심리학(developmental psychology) 분야에서 활동을 하는 심리학자를 지칭한다. 발달심리학자들은 특정 행동이나 심리적 특징이 나타나는 연령(시기) 및 연령증가에 따른 변화, 이러한 변화에서의 성차(性差), 그리고 그러한 변화 및 차이의 원인 등의 문제에 관심을 가지고 연구를 진행한다. 한편, 발달심리학자는 전공하는 발달의 시기(또는 단계)에 따라 구분되기도 하는데, 그 중 아동기의 발달연구를 전공하는 발달심리학자의 경우에는 아동심리학자로, 청소년기의 발달연구를 전공하는 발달심리학자는 청소년심리학자로, 그리고 성인 및 노년기의 발달연구를 전공하는 경우에는 성인 · 노인심리학자로 지칭된다.

발달심리학회【發達心理學會】 Society for Developmental Psychology 발달심리학(developmental psychology) 및 발달심리학과 관련된 분야의 학자들 및 종사자들로 구성되어 있으며, 발달심리학 분야의 발전, 구성원들 간의 학술적 교류와 친목을 도모하는 데 목적을 둔 학술단체. '한국발달심리학회' 참조.

발달요인【發達要因】 developmental factors 발달에 영향을 미치는 요인. 여기에는 연령, 성별, 유전 및 기타 다양한 환경적 요인들이 포함된다.

발달위기【發達危機】 developmental crisis '발달적 위기'라고도 한다. '발달적 위기' 참조.

발달의 단계【發達의 段階】 stage of development / developmental stage '발달단계'라고도 한다. '발달단계' 참조.

발달이상【發達異常】 developmental disability '발달장애' 참조.

발달장애【發達障碍】 developmental disability 신체적, 심리적 또는 행동적 측면에서의 발달 상태나 수준이 특정 연령에 대해 기대하는 상태나 수준에서 현저하게 미달되는 경우를 지칭하는 표현으로, 흔히 하나 또는 그 이상의 영역이 포함된 발달과정 상의 이상(또는 문제)으로 인해 나타나는 장애를 말한다. 넓은 의미에서는 앞으로 이루어지게 될 발달이나 그 과정에 문제나 이상을 초래할 것으로 예상되는 상태까지를 포함하여 지칭한다. 구체적으로 신체나 심리 또는 행동 측면에서 해당 연령에서의 정상적인 발달의 범주에 도달하지 못한 상태를 지칭한다. 유전 요인이나 질병 또는 기타의 요인들에 의해 초래되며, '발달이상'이라고도 한다.

발달적 위기【發達的 危機】 developmental crisis 발달 과정에서 중요한 비중을 차지하거나 중요한 의미를 갖는 변화의 시기를 총칭하는 용어로, 출생, 진학, 결혼 및 갱년기 등과 같이 흔히 많은 스트레스나 혼란스러운 경험 또는 다양한 기회를 동반하는 시기를 지칭한다. '발달위기'라고도 한다.

발달정신병리학【發達精神病理學】 developmental psychopathology 정신장애 또는 이상행동에 대한 진단, 치료 및 예방을 위해 기존의 임상심리학이나 이상심리학적 관점 또는 정신의학적 관점에서가 아니라 발달적 관점에서 접근해 가는 학문.

발달주의【發達主義】 developmentalism 미국의 심리학자 Gesell (1880~1961)이 아동발달에 관한 자신의 관점을 지칭하여 표현한 말.

발달지수【發達指數】 developmental quotient (DQ) 개인(흔히, 영아기 및 유아기의 아동들)이 발달의 일부 또는 전반적인 영역에서 나타내는 수행 수준을 같은 연령의 또래들과 비교하여 수치로 나타낸 지수.

발달지체【發達遲滯】 developmental retardation 운동능력, 지각능력, 수용언어 및 표현언어능력, 독립성 및 사회성 등과 같은 발달의 영역들 가운데 둘 또는 그 이상의 영역에서 발달지수가 70(또는 75)이하로 낮은 발달 상태를 보이는 경우를 지칭한다. 학자들에 따라서 또는 분류방법에 따라 그 분류 기준에서 차이를 보인다.

발달학자【發達學者】 developmentalist 발달을 연구하는 학자들을 총칭한다. 전공하는 학문 영역과 관계없이 발달을 연구하는 학자들을 지칭하지만, 특히 발달과학(sciences of development) 분야에서 활동하는 학자들을 지칭하는 경우가 많다.

발모광【拔毛狂】 trichotillomania '충동통제장애(impulse-control disorders)'의 한 유형으로, '발모광'이라고도 한다.

발모증【拔毛症】 trichotillomania 자신의 머리털을 뽑으려는 충동을 통제하지 못하여 발모 행동을 반복하는 장애. 그 결과로 심각한 모발 손실이나 대머리가 초래된다. '충동통제장애(impulse-control disorders)'의 한 유형으로, '발모광'이라고도 한다.

발생적 인식론【發生的 認識論】 genetic epistemology '발생학적 인식론'이라고도 한다. '발생학적 인식론' 참조.

발생학【發生學】 embryology 난자와 정자가 만나 이루어지는 수정에서부터 배종기, 배아기 및 출생 전 태아기에 이르기까지 임신 기간 동안 진행되는 개체의 발생 및 발달과정을 해부학적 측면 등에서 연구하는 과학 분야. '태생학(胎生學)'이라고도 한다.

발생학적 인식론【發生學的 認識論】 genetic epistemology 지식의 기원(또는 지식의 발달)에 관한 실험적인 연구를 진행하는 과학 분야로, Jean Piaget (1896~1980)에 의해 처음으로 주창된 학문 분야이다. '발생적 인식론'이라고도 한다.

발작【發作】 seizure 간질 등에서와 같이 비정상적인 뇌신경의 과흥분 활동으로 인해 뇌의 기능상에서 이상(또는 장애)이 발생하고, 이에 따라 부분적 또는 전반적인 신체의 마비 등과 같은 증상을 보이는 장애.

발작성 수면【發作性 睡眠】narcolepsy 주요 증상인 '수면발작(sleep attack)'이 반복적이고 지속적으로 나타나는 수면장애. '수면발작증' 또는 '기면발작'이라고도 한다. '수면발작' 참조.

발작장애【發作障碍】seizure disorder '간질' 참조.

발판화【발板化】scaffolding 러시아의 심리학자 비고츠키(Vygotsky: 1896~1934)가 사용한 주요 용어들 가운데 하나로, 능숙한(숙련된) 사람이 미숙한 학습자를 가르치는 과정에서 문제(과제)에 대해 보다 잘 이해할 수 있도록 도와주기 위해 현재 상황에서 나타난 학습자의 수준을 고려하여 어떤 도움을 주는 것이 적절할지를 세심하게 결정하는 과정을 의미한다. '비계(飛階)'라고도 한다.

발화【發話】speech 소리 형태로 표현되는 언어 또는 언어행위.

방관자놀이【傍觀者놀이】onlooker play '방관자적 놀이' 참조.

방관자적 놀이【傍觀者的 놀이】onlooker play 아동 활동 또는 놀이의 한 유형으로, 다른 아동들의 활동이나 놀이를 주위에서 마치 방관자처럼 구경하지만 그들의 활동이나 놀이에 직접 참여하지는 않는 형태의 활동이나 놀이. '방관자놀이' 또는 '구경꾼놀이'라고도 한다.

방관자효과【傍觀者效果】bystander effect 어려움에 처한 타인(노약자나 범죄의 희생자 등)을 도와주는 행동은 도움을 줄 수 있는 사람이 혼자일 경우에 비해 주위에 다른 사람들이 존재하는 경우에 그 가능성이 감소하게 되는데 이러한 현상을 방관자효과라고 한다. 이러한 현상은 도움을 필요로 하는 사람이 있는 상황에서 "나 말고도 누군가가 나서겠지?", "나 말고도 다른 사람들이 보고 있으니 그 들 중에 누군가가 도와주겠지?"와 같은 책임분산의 심리가 반영되어 나타나는 것으로 설명되고 있다. '구경꾼효과'라고도 한다.

방략【方略】strategy '전략' 참조.

방략적 기억【方略的 記憶】strategic memory '전략적 기억' 참조.

방어기제【防禦機制】defense mechanism Freud에 의해 처음으로 제안되어 사용되고 있는 개념으로, 개인이 불안을 감소시키거나 없애기 위해 시도하는 다양한 무의식적인 책략 또는 방법. 구체적으로 자아(ego)가 원초아(id)나 초자아(superego)에서 비롯되는 무의식적인 위협이나 현실의 위협으로부터 자아나 자아개념을 보호하기 위해 사용하는 무의식적인 방어책략들을 총칭한다. 이러한 방어기제의 하위 유형으로는 여러 가지가 제시되고 있는데, 그 가운데 대표적인 것으로 억압(repression), 반동형성(reaction formation), 부인(denial), 합리화(rationalization) 및 승화(sublimation) 등이 있다.

방임적 양육【放任的 養育】indifferent parenting / uninvolved parenting 양육방식의 한 유형으로, 전반적으로 부모가 자녀에 대해 관심이 없고, 자녀가 하는 일에 거의 관여하지 않는 양육방식을 말한다. 즉, 자녀에 대해 냉담하거나 무관심하며, 마치 자녀를 방치하듯이 행동하는 양육방식으로, 자녀를 위한 양육행동이라고 할 수 있는 부모역할이 거의 이루어지지 않는 경우라고 할 수 있다. '방임적 양육방식'이라고도 한다.

방임적 양육방식【放任的 養育方式】 indifferent parenting / uninvolved parenting '방임적 양육' 참조.

방화【放火】 arson 건물이나 자동차와 같은 타인의 재산이나 물건에 의도적으로 불을 지르는 범죄 행위. 방화의 동기는 방화로 인한 화재과정에 대한 쾌감, 분노나 반사회적 성향의 표출, 보험금 수령 등 다양하다.

방화광【放火狂】 pyromania 충동통제장애의 일종으로 어떤 이익이나 보복 등의 특별한 동기 없이 반복적으로 불을 지르려 하고 불타는 것을 보면서 희열을 경험하는 증상. 특별한 동기가 없이 두 차례 이상의 방화를 저지를 경우를 지칭한다. '방화벽', '방화증' 또는 '병적 방화'라고도 한다.

방화범【放火犯】 arsonist 방화(arson)를 저지른 사람. '방화' 참조.

방화벽【放火癖】 pyromania '방화광' 참조.

방화증【放火症】 pyromania '방화광' 참조.

배경【背景】 ground 게슈탈트심리학 및 치료에서 많이 사용되는 용어의 하나로, 지각(知覺: perception)이 이루어지는 과정에서 장(場: field)의 일부분으로서 전경과 구분되어 그 뒷면의 바탕을 형성하는 부분을 지칭한다. 즉, 지각의 주 대상으로서 지각자의 주의를 끌게 되는 전경(前景: figure)과 구분되는 뒷부분을 말한다.

배란【排卵】 ovulation 여성 또는 동물 암컷의 난소에서 난자 또는 난세포가 배출되는 현상을 말한다.

배려 관점【配慮 觀點】 care perspective 미국의 심리학자이자 페미니스트인 Gilligan (1936~)이 Kohlberg (1927~1987)의 도덕성 발달에 관한 이론을 비판하면서 제시한 도덕적 관점('배려 관점'과 '정의 관점') 가운데 하나. '배려 관점(care perspective)'에서는 인간의 발달과정에서 개인의 독립적인 판단과 결정 및 권리보다는 다른 사람들과의 관계와 그 과정에서의 배려, 이해, 존중, 의사소통 등을 강조하며, 이와 같은 관점은 사회문화적으로 여성들의 사회화 과정에서 강조되고 학습된다. 그 결과 이와 같은 '배려 관점'을 거의 반영하지 못한 Kohlberg의 도덕성 발달 이론 및 측정 과정에서 여성들의 도덕성 발달 수준이 낮게 나타나는 것이라고 설명한다. '배려 관점'은 '배려 중심의 관점' 또는 '배려적 관점'이라고도 하며, 또한 '배려의 도덕성(morality of care)'이라는 표현과도 같은 의미로 사용된다. 결국, Gilligan은 남성들에 비해 여성들의 도덕성 발달 수준이 더 낮게 나타나고 있음을 보여주는 Kohlberg의 연구결과는 그 관점 및 측정 도구가 '남성 중심적'으로 편향된 결과라고 주장한다.

배려의 도덕성【配慮의 道德性】 morality of care 미국의 심리학자이자 페미니스트인 Gilligan (1936~)이 Kohlberg (1927~1987)의 도덕성 발달에 관한 이

론 및 연구결과를 비판하면서 제시한 도덕적 지향의 하나로, '배려 관점(care perspective)'에 기반을 둔 도덕적 지향을 의미한다. '배려 관점' 참조.

배려적 관점【配慮的 觀點】 care perspective '배려 관점' 참조.

배려 중심의 관점【配慮 中心의 觀點】 care perspective '배려 관점' 참조.

배반포【胚盤胞】 blastocyst 배종기 동안에 한 개의 수정란이 세포분열을 해가면서 형성되는 여러 개의 세포들로 구성된 공 모양의 세포 덩어리. 정자와 난자가 만나 이루어진 수정란은 한 개의 세포 상태로 출발하며, 이후 세포가 유사분열을 해가면서 공 모양을 한 여러 개의 세포로 구성된 덩어리를 형성하게 되는데, 이를 배반포라고 한다. 이후에 배반포의 내층은 배아(胚兒: embryo)가 되고, 외층은 배아에게 영양을 공급하고 또 배아를 보호해주는 기능을 하는 조직이 된다.

배아【胚兒】 embryo 임신 기간 중 처음 2주 이후부터 8주째까지의 태내 유기체를 지칭한다. 흔히 임신 기간, 즉 태내발달이 이루어지는 약 38주(266일)의 기간은 크게 세 단계로 구분되는데, 그 중 두 번째 단계에 해당된다. 즉, 수정란이 자궁벽에 안전하게 착상한 배종기(처음 2주) 이후 약 3주서부터 8주까지 시기의 유기체를 말한다. 이 기간 동안 유기체는 신체의 주요 기관들과 해부학적 구조들이 형태를 갖추는 발달이 진행된다. '배아기' 및 '태내발달' 참조.

배아기【胚兒期】 embryonic period / period of the embryo 태내에서의 주요 세 발달단계 중 두 번째 단계를 지칭한다. 수정란이 자궁벽에 안전하게 착상하는 시기인 배종기(처음 2주) 이후 약 8주까지의 시기로 신체의 주요 기관들과 해부학적 구조들이 형태를 갖추는 발달이 진행된다. '태내발달' 참조.

배우자【配偶子】 gamete 성(性)을 달리하는 생물의 유성생식에서 서로의 접합에 의해 새로운 개체를 발생시키게 되는 두 생식세포. 생식체(生殖體) 또는 생식자(生殖子)라고도 한다. 흔히, 동물의 경우에 수컷 배우자인 정자(精子)와 암컷 배우자인 난자(卵子)를 각각 지칭한다. 한편, 두 배우자의 접합 결과로 생긴 새로운 개체를 접합체(接合體) 또는 접합자(接合子)라고 한다.

배우자【配偶者】 mate 부부(夫婦)로서 짝이 되는 사람 또는 상대방. 즉, 남편에 대하여 아내를, 아내에 대하여 남편을 지칭한다.

배종기【胚腫期】 germinal period 태내에서의 주요 세 발달 단계 중 첫 번째 단계를 지칭한다. 수정이 이루어진 후 수정란이 나팔관을 통해 자궁으로 이동하여 안전하게 자궁벽에 착상하게 되기까지 처음 2주간의 시기. '태내발달' 참조.

배터리 battery 흔히 건전지라는 의미로 사용되지만, 그 외에도 야구경기에서 짝을 이루어 경기를 하는 투수와 포수를 지칭하기도 하며, 또한 여러 개의 구성품으로 이루어진 한 세트의 기구나 장치를 지칭하기도 한다. 심리학(임상심리학, 상담심리학, 발달심리학 등) 및 정신의학 분야에서도 심리검사(psychological test)와 관련하여 배터리(battery)라는 표현이 사용되는데, 그 의미는 '한 세트의 기구나 장치'라는 뜻에 가깝다. 구체적으로, 심리검사 분야에서 내담자(또는 환자)의 전반적인 상태나 특정 영역의 상태에 관한 포괄적이고 심도 있는 정보와 이해를 목적으로 인지, 정서, 성격, 대인관계 및 개인적 자원 등에 관한 한 세트의 심리검사를 구성하여 실시하는데, 이를 지칭하여 'full psychological evaluation battery' 또는 간단히 'full battery'라고 한다. 우리말로는 '종합심리평가', '종합심리평가배터리' 또는 '종합심리평가세트' 등으로 번역되지만 이 표현보다는 영어식 발음 그대로 '풀배터리(full battery)'라는 표현을 사용하는 경우가 많다.

백분위【百分位】percentile rank 통계치의 하나로, 여러 개의 점수들로 이루어진 특정 집단의 점수 분포에서, 어떤 특정 점수의 아래에 위치하는 점수(또는 사례)들의 비율을 말한다.

백일몽【白日夢】daydreaming 이 용어에서 '백일(白日)'은 '구름이 끼지 않아 해가 밝게 빛나는 대낮'이라는 의미를 가지고 있다. 이러한 어의에 따라 풀이하면, '백일몽(白日夢)'이란 '해가 밝게 빛나는 대낮에 꾸는 꿈'이라는 의미를 가지고 있다. 보다 구체적으로, 심리학에서 사용되는 백일몽의 의미는 '별도의 노력을 기울이지 않고 일어나는 것으로 생각되는 의식(意識: consciousness)의 변화상태로, 수면상태가 아니라 깨어있는 의식상태에서 현실과 관계가 없는 상상적인 장면을 떠올리거나 공상을 하는 정신활동을 말한다. 일부의 학자들은 백일몽을 통해 자신의 인생 또는 특정 업무나 활동과 관련된 목표(또는 포부)를 정리하거나 명료화하는 부분이 포함될 수 있기 때문에 백일몽이 정신건강에 긍정적인 기능을 하는 측면도 있다는 주장을 펴기도 한다.

백지【白紙】tabula rasa '타불라라사' 참조.

백지상태【白紙狀態】tabula rasa '타불라라사' 참조.

백질【白質】white matter 신경계(특히, 뇌를 포함하는 중추신경계)에서 흰색을 띠는 신경세포들의 조직. 신경계 중에서 뇌와 척수를 포함하는 중추신경계의 조직은 육안으로 관찰할 때 그 색깔에 따라 크게 회백질과 백질로 구분된다.

버거리 buggery '소도미' 참조.

버릇 habit '습관' 참조.

번 Berne (1910~1970) 캐나다 태생의 미국 정신의학자. 'Berne, Eric (1910~1970)' 참조.

번아웃 burnout 신체적, 정신적, 그리고 정서적 측면에서 개인의 기력 또는 에너지가 고갈된 상태를 지칭한다. 지속적 또는 과도한 업무나 스트레스의 결과로 볼 수 있으며, '탈진(脫盡)' 또는 '탈진상태(脫盡狀態)'라고도 한다.

벌【罰】punishment 특정 행동(흔히, 부적절한 행동이나 문제행동)을 금지시키기(즉, 하지 않도록 만들기) 위해 그 행위에 대하여 흔히 고통이나 불편이 수반되는 일정한 제한이나 제재를 가하는 것을 지칭한다. '처벌(處罰)'이라고도 한다.

범위【範圍】range 변산도(變散度: variability)를 나타내는 측정치의 하나. 분포에서 가장 높은 측정치(최대 점수치)와 가장 낮은 점수치(최소 점수치) 간의 차이를 말한다. 최대 점수치에서 최소 점수치를 뺀 값으로 나타낸다.

범적응증후군 【汎適應症候群】 general adaptation syndrome (GAS) '일반적응증후군' 참조.

범죄심리학 【犯罪心理學】 criminal psychology 심리학적 지식 및 원리를 적용하여 범죄 또는 범죄행위의 발생원인을 설명하고, 범죄자의 성격 및 지능을 포함한 심리적, 행동적 및 사회적 특성을 밝히며, 나아가 범죄발생의 예방 및 범죄자의 사회복귀를 효율적으로 돕는 방법 등에 관해 연구하는 심리학의 한 분야.

범죄심리학자 【犯罪心理學者】 criminal psychologist '범죄심리학(criminal psychology)' 분야에서 활동하는 심리학자.

범주 【範疇】 category 공통적이거나 동일한 특성(또는 성질)을 가진 사물이나 사건의 부류 또는 범위.

범주적 자기 【範疇的 自己】 categorical self '나(또는 자신)'를 구성하고 있거나 나와 의미 있게 관련되어 있어 '나'를 특징짓는다고 여겨지는 모든 속성들에 대한 지각이나 인식을 지칭하여 '자기(self)'하며, 그 중에서도 범주 차원에 따라 분류한 자기를 지칭하여 '범주적 자기'라고 한다. 예컨대, 성별이나 직업 등에 따라 자신을 분류할 때 일종의 '범주적 자기'가 형성된다.

범주적 접근 【範疇的 接近】 categorical approach 대상이나 현상을 분류하기 위해 범주를 적용하는 접근. 이 접근을 적용하면 모든 대상을 명백한 기준이나 준거에 근거하여 정해진 범주로 분류 또는 유형화하게 된다. 예컨대, 정신장애나 이상행동을 가진 사람들을 질적으로 구분되는 집단으로 유형화하는 것을 그 예로 들 수 있는데, 이 경우에 크게 이상집단과 정상집단으로 구분하거나 정신분열증집단과 정상집단, 우울장애집단과 정상집단 등으로 구분하는 식이다. 따라서 범주적 접근을 하게 되면 범주들은 서로 질적으로 구분되는 집단으로 간주된다. 한편, 범주적 접근은 모든 대상을 정해진 범주로 분류할 수 있다는 장점이 있지만, 다른 한편으로는 중간 상태를 설정하지 못한다는 단점도 있다. 범주적 접근과 구분되는 또 하나의 접근으로 차원적 접근(dimensional approach)이 있다.

법심리학 【法心理學】 forensic psychology '법정심리학'이라고도 한다. '법정심리학' 참조.

법심리학자 【法心理學者】 forensic psychologist '법심리학(forensic psychology: '법정심리학'이라고도 함)' 분야에서 활동하는 심리학자. '법정심리학자'라고도 한다.

법정심리학 【法廷心理學】 forensic psychology 심리학적 주제나 요인들과 관련된 법률의 시행이나 법정에서의 문제들을 연구하는 심리학의 한 분야. 구체적으로는, 범죄자 진술의 진위문제나 범죄현장 목격자 증언 등이 포함된다. '법심리학' 또는 '재판심리학'이라고도 한다.

법정심리학자 【法廷心理學者】 forensic psychologist 법정심리학(forensic psychology) 분야에서 활동하는 심리학자를 지칭한다. '법심리학자' 또는 '재판심리학자'라고도 한다.

법정심리학회 【法廷心理學會】 Forensic Psychological Association 법, 법제도 및 기타 법과 관련된 제반

의 문제들에 대한 심리학적 접근과 연구를 통해 이 분야에서의 발전을 목적으로 관련 분야의 학자들과 종사자들이 중심이 되어 구성된 학술단체. '한국법정심리학회' 참조.

벙어리 dumbness 언어장애(language disorder)의 일종으로, 선천적 또는 후천적으로 소리언어를 구사할 수 있는 능력을 발달시키지 못했거나 상실한 상태 또는 그러한 사람.

베르니케 Carl Wernicke (1848~1905) 독일의 신경정신과 의사. 브레슬라우대학교에서 의학을 전공하였고, 브레슬라우대학교의 교수가 되어 1904년까지 근무하였다. 뇌의 특정 부위들과 정신 및 언어활동 간의 연관성을 연구하였다. 특히, 실어증에 관한 연구로 유명하다.

베르니케 실어증 【베르니케 失語症】 Wernicke's aphasia 독일의 신경정신과 의사인 베르니케(Carl Wernicke: 1848~1905)가 1874년 26세의 나이에 발견한 실어증으로, 좌측 대뇌반구의 피질부의 한 부분인 베르니케 영역(Wernicke's area)의 손상에서 비롯되는 실어증을 말한다. 베르니케 영역의 손상을 입은 사람들은 실어증의 한 유형인 언어의 이해 곤란에서 비롯되는 수용성 실어증을 보이게 되는데, 그 결과 다른 사람의 말이나 단어를 듣지만 그 의미를 이해하지 못하는 장애를 보이게 된다. '수용성 실어증(receptive aphasia)'이라고도 한다.

베르니케 영역 【베르니케 領域】 Wernicke's area 언어의 이해 및 해석과 관련된 기능을 담당하는 좌측 대뇌반구 피질부의 영역. 이 영역에 손상을 입게 되면 실어증(失語症: aphasia)을 나타내게 된다. 특히 언어의 이해 곤란에서 비롯되는 수용성 실어증을 보이게 되며, 그 결과 다른 사람의 말이나 단어를 듣지만 그 의미를 이해하지 못하는 장애를 보이게 된다.

베르테르효과 【베르테르效果】 Werther effect 이 용어는 18세 후반에 발표된 괴테의 소설 작품인 〈젊은 베르테르의 슬픔〉 속에서 주인공인 베르테르(Werther)가 자신이 열렬히 사랑하던 로테(Lotte)라는 여인에게 약혼자가 있다는 사실을 알고 실의와 슬픔에 빠져 끝내는 자살을 하게 되는데, 이 같은 비극적인 사랑이야기의 영향을 받아 이 작품을 접한 그 당시 많은 독자들이 자살하는 사태가 발생한 것에서 연유한 표현이다. 즉 유명인이나 인기인의 자살 이후에 그 영향을 받아 잇따라 발생하는 자살 현상을 지칭한다.

베버 Ernst Heinrich Weber (1795~1878) 독일의 생리학자이자 해부학자이면서 동시에 최초의 정신물리학자로 평가받는 인물이다. 감각에 관한 많은 연구를 진행하였으며, 특히 자극의 강도와 식역('역치'라고도 함)과의 관계를 설명하는 '베버의 법칙(Weber's law)'으로 잘 알려져 있다.

베버의 법칙 【베버의 法則】 Weber's law 독일의 생리학자인 베버(Ernst Heinrich Weber: 1795~1878)가 발견한 법칙으로, 처음에 제시된 감각자극과 다음에 제시되는 감각자극 간의 차이를 지각(또는 인식)할 수 있기 위해서는 두 자극 간의 차이가 일정한 비율 이상이 되어야 한다는 법칙. 이 법칙에 따르면 차이식역(difference threshold)의 크기는 두 자극 중 먼저 제시되어 비교의 기준이 되는 기준자극(standard stimulus)의 강도에 비례한다. 베버의 법칙은 발견자인 베버를 이어 연구를 발전시켰던 제자인 페히너의 이름을 넣어 베버-페히너의 법칙(Weber-Fechner' s law)이라고도 한다. 한편, 베버의 법칙을 공식으로 나타내면 다음과 같다. 즉, K=R2-R1 / R1. 여기서 K는 베버상수를, R1은 처음에 제시된 자극의 강도(크기)를, R2는 나중에 제시된 자극의 강도(크기)를 나타낸다. 베버의 법칙은 자극의 크기가 일정한 범위에서만 적용이 된다. 구체적으로 이 법칙은 우리의 감각체계의 감각수용기가 수용할 수 있는 크기의 자극 범위에만 적용이 되며, 이 범위를 넘어 자극이 너무 크거나 너무 작은 경우에는 이 법칙이 적용되지 않는다.

베버-페히너의 법칙 【베버-페히너의 法則】 Weber-Fechner's law '베버의 법칙'이라고도 한다. '베버의 법칙' 참조.

베블런효과 【베블런效果】 Veblen effect 미국의 사회학자이자 사회평론가 소스타인 베블런(Thorstein Bunde Veblen: 1857~1929)이 1899년에 발표한 자신의 저서 〈유한계급론(The theory of the leisure class: an economic study in the evolution of institutions)〉에서 지적했던 상류계층의 과시적이고 허영적인 소비행태를 나타내는 표현으로, 구체적으로 '상품의 가격이 오르면 수요가 감소하는 것이 일반적인 현상이지만, 일부계층(특히, 상류계층)에서는 자신의 사회적 지위를 과시하려는 허영적 욕구에 의해 오히려 소비가 증가하는 현상'을 지칭한다.

변경된 의식상태 【變更된 意識狀態】 altered state of consciousness 자신이 경험하고 있는 의식의 상태 또는 기능이 평상시의 패턴(pattern: 형식)과 다르게 느껴지는 상태로 변화하는 하는 것. 예를 들면, 상대방과 대화하는 도중에 다른 생각을 하다가 상대방이 하는 말의 내용을 놓쳐버리는 경우, 자신의 차를 직접 운전하고 왔지만 운전하는 동안 자신이 가고 있는 경로에 주의를 기울이지 않았거나 다른 생각을 했기 때문에 지나온 길과 경로에 대해 기억하지 못하는 경우 등이 포함된다.

변동간격강화계획 【變動間隔强化計劃】 variable interval (VI) reinforcement schedule '변동간격계획' 참조.

변동간격계획 【變動間隔計劃】 variable interval (VI) schedule 조작적 조건형성의 강화계획, 특히 부분강화계획 가운데 한 형태로, 평균적으로 일정한 시간이 경과한 후에 피험동물이 행한 첫 번째 반응행동에 대하여 강화가 이루어지고, 강화가 이루어진 시점에서 다시 평균적으로 일정한 시간이 경과한 후에 행해진 첫번째 반응행동에 대하여 강화가 이루어지는 방식으로 진행되는 강화계획을 말한다. 그러나 이 계획에서 구체적으로 매 시행에서의 시간간격은 알 수 없도록 설계되어 있다. '변동간격강화계획', '변화간격계획' 또는 '가변간격계획'이라고도 한다.

변동비율강화계획 【變動比率强化計劃】 variable ratio reinforcement schedule (VR) '변동비율계획' 참조.

변동비율계획 【變動比率計劃】 variable ratio (VR) schedule 조작적 조건형성의 강화계획, 특히 부분강화계획 가운데 한 형태로, 피험동물이 평균적으로 n번의 반응행동을 할 때마다 강화가 주어지는 계획을 말한다. 그러나 정확하게 몇 번째 반응에 대하여 강화가 이루어지는지는 알 수 없도록 설계되어 있다. '변동비율강화계획' 또는 '가변비율계획'이라고도 한다.

변별【辨別】 discrimination 고전적 조건형성 과정에서 조건자극(A)에 대한 조건반응이 학습된 이후에, 피험자(피험동물)는 조건자극(A)과 유사한 다른 자극들에 대해서도 반응을 일으키게 되는데 이러한 현상을 자극일반화(刺戟一般化: stimulus generalization)라고 한다. 이러한 자극일반화 현상은 피험자(피험동물)가 무조건자극과 짝지어졌던 조건자극과 다른 유사한 자극들을 구분하지 못하는 데서 비롯되는 현상으로 알려져 있다. 따라서 자극일반화가 나타난 이후에 조건자극을 포함하여 조건반응을 일으키는 여러 유사자극들 가운데 하나의 자극, 즉 조건자극(A)에 대해서만 무조건자극과의 짝짓기(또는 짝지움)를 시행하고 다른 유사자극들에 대해서는 그러한 시행을 하지 않게 되면, 결과적으로 피험자(피험동물)는 조건자극(A)에 대해서만 조건반응을 일으키게 되고 다른 유사자극들에 대해서는 반응을 나타내지 않게 되는데 이러한 현상을 지칭하여 변별이라고 한다. 이러한 변별현상은 피험자(피험동물)가 무조건자극과 연결된 조건자극에 대해서는 반응을 하고, 기타 유사자극들에 대해서는 반응을 억제하도록 학습되었음을 의미한다. 한편, 조작적 조건형성에서도 변별(현상)이 나타나는데, 구체적으로 단순히 특정 행동(A)에 대하여 강화를 해줌으로써 그 특정 행동을 학습시키는 경우와는 별도로, 특정한 선행자극(A')이 있거나 또는 그 자극이 나타난 경우에 행한 특정 행동(A)에 대해서만 강화를 해줌으로써 선행자극(A') 이외의 다른 자극들(예를 들면, 자극 B, C, D… 등)에 대해서는 반응을 하지 않게 되는 학습된 현상을 지칭하여 변별 또는 조작적 조건형성에서의 변별이라고 한다.

변산도【變散度】 variability '변산성(變散性)'이라고도 한다. 한 분포 내에서 여러 점수들이 집중경향으로부터 떨어져 있는 정도를 말한다.

변산성【變散性】 variability '변산도' 참조.

변수【變數】 variable '변인' 참조.

변연계【邊緣系】 limbic system 대뇌의 안쪽 아랫부분에 위치하고 있으며, 물마시기, 음식 먹기, 성행동, 불안, 공포, 공격행동 등과 같은 본능적 욕구와 기억, 동기 및 정서와 관련된 기능을 담당하는 뇌 구조들의 집합. 변연계를 구성하는 뇌의 구조들로는 시상(thalamus), 시상하부(hypothalamus), 해마(hippocampus), 편도체(amygdala) 등이 있다. 이 구조들은 대뇌피질(cerebral cortex)과 뇌간(brain stem) 사이에 위치하여 경계를 이루면서 상호 밀접한 기능을 담당한다. 변연계를 의미하는 'limbic system'이라는 용어는 '경계'를 의미하는 라틴어 'limbus'에서 유래한 말이다.

변이【變異】 variation 환경의 영향이나 유전자의 변화 등과 같은 요인에 의해 같은 생물 종의 개체들 사이에서 형질(形質)의 차이가 있는 개체가 나타나는 현상.

변인【變因】 variable 둘 이상의 수치로 나타낼 수 있는 사건, 현상 또는 특성 등을 말한다. 따라서 둘 이상의 수치를 부여할 수 있는 세상의 모든 사상(事象)들이 모두 변인이 된다. 흔히 측정에 의해 상이한 여러 가지의 수치를 부여할 수 있는 연구대상 또는 그 특성을 지칭한다. 변인은 그 속성에 따라 양적변인과 질적변인으로, 인과관계에 따라 독립변인과 종속변인으로 구분된다. 나아가 양적변인은 연속성 여부에 따라 연속변인과 비연속변인으로 구분된다. 자연과학 분야에서 다루어지는 변인의 예로는 빛의 밝기, 물체의 질량과 속도, 물질의 농도, 기온 등이 포함될 수 있고, 사회과학 분야 특히, 심리학에서 다루어지는 변인으로는 지능, 성격, 정서, 정체감, 자아개념, 언어, 이타행동, 동조 및 폭력행동 등이 포함된다. 변인은 또 다른 표현으로 '변수(變數)'라고도 한다.

변태【變態】 abnormality / metamorphosis (1) (이상심리, 이상행동 분야에서 사용되는 경우) 변태(abnormality): 정상이 아닌 상태로 변화된다. 또는 정상적인 상태에서 벗어난 상태. 흔히 변태성욕이나 변태성욕자)를 표현할 때 사용된다. (2) (생물학 분야에서 사용되는 경우) 변태(metamorphosis): 곤충과 같은 동물들이 성장해 가는 과정에서 일으키는 모습(형태)의 변화 또는 그러한 현상.

변태성욕【變態性慾】 abnormal sexuality / sexual perversion / paraphilias 정상적이지 않은 성욕 또는 정상적이지 않은 성욕을 가진 상태. 흔히 성욕을 느끼거나 충족시키는 과정에서 그 방법이나 대상이 비정상적인 상태를 지칭한다. '이상성욕' 또는 '성도착증'이라고도 한다. '성도착증' 참조.

변화맹【變化盲】 change blindness 시지각(visual perception) 영역에서 나타나는 현상 가운데 하나로, 어떤 장면(물체의 모습이나 현상)을 바라보고 있던 사람이 그 장면에서 일어나는 변화를 일정 시간 동안 탐지하지 못하는 현상.

변형문법【變形文法】 transformational grammar 미국의 언어학자인 Chomsky (1928~)가 제안한 문법 이론. '변형생성문법' 참조.

변형생성문법【變形生成文法】 transformational generative grammar 미국의 언어학자인 Chomsky (1928~)가 기존의 미국 구조주의 언어학 이론이 가진 문제점을 지적하면서 제안한 문법 이론. 인간은 언어를 통해 무수히 많은 다양한 문장과 표현을 생성해내고 이를 이해할 수 있는 능력을 발휘하는데, 이와 같은 인간의 언어와 언어사용능력을 설명하는 문법 이론이 '변형생성문법'이다. 이 문법 이론에 따르면, 인간이 언어를 통해 무수히 많은 다양한 문장과 표현을 생성해낼 수 있는 것은 그 기저에서 작용하는 한정된 수의 규칙으로 이루어진 문법 때문이라고 설명한다. '변형문법' 또는 '생성문법'이라고도 한다.

변화간격계획【變化間隔計劃】 variable interval (VI) schedule '변동간격계획' 참조.

병【病】 disease '질병' 참조.

병적 도박【病的 賭博】 pathological gambling 가정이나 직장생활 등의 측면에서 개인 또는 주변 사람들에게 상당한 부적응이나 방해를 초래하는 반복적인 도박 혹은 노름 행위. '충동통제장애(impulse-control disorders)'의 한 유형으로, '병적 도박증'이라고도 한다.

병적 도박증【病的 賭博症】 pathological gambling '병적 도박'이라고도 한다. '병적 도박' 참조.

병적 도벽【病的 盜癖】 kleptomania '충동통제장애(impulse-control disorders)'의 한 유형으로, '도벽증', '도벽광' 또는 '절도광'이라고도 한다. '도벽증' 참조.

병적 방화【病的 放火】 pyromania '방화광' 참조.

병행놀이【竝行놀이】 parallel play 아동 놀이의 한 유형으로, 곁에서 다른 아이(들)가 놀고 있지만 이들과 상호작용함이 없이 각자 병행적으로 이루어지는 놀이.

보링 Edwin Boring (1886~1968) 〈실험심리학의 역사(A History of Experimental Psychology)〉의 저자. 이 책은 심리학사에 관한 저서들 중에서도 대표적인 저술로 꼽히고 있다.

보보 Bobo '보보인형' 참조.

보보인형【보보人形】 Bobo Bandura (1925~)의 관찰학습 실험연구에서 사용된 인형의 이름. 커다란 오뚜기 인형의 일종이다. '보보'라고도 표기한다.

보복적 공격【報復的 攻擊】 retaliatory aggression '보복적 공격성' 참조.

보복적 공격성【報復的 攻擊性】 retaliatory aggression 상대방으로부터의 공격이나 공격이 있을 것이라는 예상 또는 인식에 의해 일어나는 공격 또는 공격 성향. '보복적 공격'이라고도 한다.

보상【報償】 reward 특정 행동에 대하여 그 행위자(인간이나 다른 동물)에게 주어지는 긍정적인(또는 '바람직한'이나 '매력적인' 등으로도 표현됨) 대가를 지칭한다. 이러한 긍정적인 대가는 물질적인 것(예를 들면, 돈, 음식 및 옷 등)일 수도 있고 비물질적인 것(예를 들면, 칭찬, 인정해주기 및 감사의 인사 등)일 수도 있다. 흔히 특정 행동에 뒤따르는 보상은 강화기능을 하게 되어 그 이후에도 유사한 상황에서 그 행동을 하게 될 가능성(발생가능성)을 증가시키는 효과를 나타낸다.

보상【補償】 compensation 개인이 자신이 갖지 못했거나 부족하여 약점이 되고 있는 부분(심리적 측면, 행동적 측면, 신체적 측면 또는 기타 자신과 관련된 어떤 측면이 해당될 수 있음)을 다른 어떤 것(자신의 어떤 측면 또는 활동이나 물건 등 어떤 것이라도 될 수 있음)으로 대체하여 보충하려는 경향. 방어기제의 일종이다.

보상교육【補償教育】 compensatory education 균등한 교육기회를 제공할 목적으로, 경제적 요인이나 사회적 요인 또는 문화적 요인 등으로 인해 교육 기회를 제대로 갖지 못한 사람들을 대상으로 실시하는 보충적인 교육활동 또는 교육프로그램.

보상성장【補償成長】 compensatory growth '만회성장(挽回成長)'이라고도 한다. '만회성장' 참조.

보상적 중재【補償的 仲裁】 compensatory intervention '보상중재' 참조.

보상중재【補償仲裁】 compensatory intervention 빈곤과 같은 불리한 환경으로 인해 지능(또는 인지) 등의 발달이나 교육에서 불리하거나 지체될 위험성이 있는 사람들(흔히, 영 · 유 · 아동들)을 도와주기 위해 마련된 특별 교육 / 지원 활동 또는 프로그램. '보충중재' 또는 '보상적 중재'라고도 한다.

보존【保存】 conservation 물체나 물질의 겉모양이나 형태가 변해도 그 물체나 물질의 특정한 속성(양, 질량, 수, 부피 등)에는 변함이 없다는 것을 이해(또는 인식)하는 것. Piaget (1896~1980)의 인지발달이론에서 중요하게 고려되는 인지능력으로, 그의 이론에 따르면 인지발달 단계 중 전조작기(preoperational stage)의 아동은 보존을 할 수 없다. 즉 이들은 아직 보존 능력이 발달하지 못한 상태에 있기 때문에 물체나 물질의 겉모양이나 형태가 다소 바뀌더라도 그 물체나 물질의 특정한 속성(양, 질량, 수, 부피 등)에는 변함이 없다는 것을 이해(또는 인식)하지 못한다. 인지발달 단계에서 전조작기를 지나 다음 단계인 구체적 조작기(concrete operational stage)에 도달한 아동들은 보존을 할 수 있다. 즉 구체적 조작기의 아이들은 보존 능력이 발달하게 되므로 물체나 물질의 겉모양이나 형태가 다소 바뀌더라도 그 물체나 물질의 특정한 속성(양, 질량, 수, 부피 등)에는 변함이 없다는 것을 이해할 수 있게 된다. 보존은 여러 가지 유형으로 구분되는데, 여기에는 양의 보존, 질량의 보존, 수의 보존, 부피의 보존 등이 포함된다. 한편, '보존'이라는 표현 대신 '보존개념', '보존능력' 또는 '보존성'이라고 표현하기도 한다.

보존개념 【保存概念】 conservation　물체나 물질의 겉모양이나 형태가 변해도 그 물체나 물질의 특정한 속성(양, 질량, 수, 부피 등)에는 변함이 없다는 것을 이해(또는 인식)하는 것. '보존', '보존능력' 또는 '보존성'이라고도 한다. '보존' 참조.

보존능력 【保存能力】 conservation　물체나 물질의 겉모양이나 형태가 변해도 그 물체나 물질의 특정한 속성(양, 질량, 수, 부피 등)에는 변함이 없다는 것을 이해(또는 인식)하는 것. '보존', '보존개념' 또는 '보존성'이라고도 한다. '보존' 참조.

보존성 【保存性】 conservation　물체나 물질의 겉모양이나 형태가 변해도 그 물체나 물질의 특정한 속성(양, 질량, 수, 부피 등)에는 변함이 없다는 것을 이해(또는 인식)하는 것. '보존', '보존개념' 또는 '보존능력'이라고도 한다. '보존' 참조.

보충중재 【補充仲裁】 compensatory intervention　'보상중재' 참조.

보통염색체 【普通染色體】 autosome　'상염색체(常染色體)'라고도 한다. '상염색체' 참조.

보편 문법 【普遍 文法】 universal grammar　언어습득과 발달 과정에서 세계의 모든 언어들에 공통적으로 적용된다고 가정하는 기본적인 언어규칙 또는 문법. Chomsky (1928~)와 같은 언어습득과 발달에 대한 생득론적인 입장을 취하는 학자들이 제안하고 사용하는 개념으로, 이들은 아동이 세계의 어떤 언어를 접하더라도 그 언어의 규칙을 배우고 단어와 문장을 자유롭게 생산하고 이해하면서 활용할 수 있는 것은 선천적으로 타고나는 '언어습득장치(language acquisition device〈LAD〉)'에 포함되어 있는 '보편 문법' 때문이라고 본다. '보편적 문법'이라고도 한다.

보편적 문법 【普遍的 文法】 universal grammar　언어학자들이 모든 언어들에 공통적으로 적용된다고 가정하는 기본적인 언어규칙 또는 문법. '보편적 문법'이라고도 한다. '보편 문법' 참조.

보호관찰 【保護觀察】 probation　범죄인에 대한 처분의 한 형태. 구체적으로 범죄인을 교도소에 수감하는 대신 일상적인 사회생활을 하도록 하면서 동시에 관계 기관이나 기관 관계자의 일정한 감독과 지도를 받도록 하는 처분.

보호관찰 청소년【保護觀察 靑少年】adolescent under probation '보호관찰(probation)' 처분이 내려진 청소년.

보호요소【保護要素】protective factor '보호요인' 참조.

보호요인【保護要因】protective factor (1) 건강한 발달을 유지 또는 촉진시키는 기능을 하는 요인. (2) 건강한 발달이나 적응을 방해하는 위험요인으로부터의 부정적인 영향을 차단하거나 감소시키는 기능을 하는 요인. '보호적 요인', '보호요소', '보호적 요소'라고도 한다.

보호적 요소【保護的 要素】protective factor '보호요인' 참조.

보호적 요인【保護的 要因】protective factor '보호요인' 참조.

복상사【腹上死】coition death 남녀가 성교(性交: sexual intercourse) 중에 또는 성교 후 몇 시간이 경과한 시점에서 수면 중에 사망하는 것을 지칭한다. 성교 중에 또는 성교 후에 발생하는 일종의 돌연사로 그 주된 원인은 심장마비인 것으로 알려지고 있다. 남녀 모두에게서 발생할 수 있지만, 특히 여성에 비해 남성에게서 발생하는 경우가 많다.

복장도착증【服裝倒錯症】transvestism 성도착증(性倒錯症: paraphilias-성행위 대상이나 성행위 방식에서 정상적인 기준을 벗어나 비정상적인 행태를 나타내는 장애)의 한 유형으로, 자신과 반대 성(性)의 옷을 입는 것을 통해 성적 흥분이나 쾌감을 느끼는 장애.

복종【服從】obedience 사회심리학 분야에서 많이 사용되는 용어들 가운데 하나이다. 일종의 '응종(應從: compliance)'의 한 형태로, 특히 권위 또는 권위를 가진 대상으로부터의 직접적인 지시에 따라 행동하는 것을 말한다.

복합적 정서【複合的 情緖】complex emotions '복합정서' 참조.

복합정서【複合情緖】complex emotions 질투심, 공감, 당황감 등과 같이, 생후 1년 6개월 무렵부터 인지에 의존하여 나타나는 자기의식적이고 자기평가적인 정서. 출생 이후의 인지발달에 따라 발달한 인지능력에 의존하여 나타나는 정서이다. '복합적 정서', '이차 정서', '이차적 정서', '자기의식적 정서', '자아의식적 정서'라고도 한다.

본능【本能】instinct 인간이나 동물의 행동들 가운데 학습된 행동들을 제외한 생득적인 행동경향 또는 행동양식을 총칭한다. 흔히 본능 또는 본능적 행동은 목표 지향적이며 종(種)에 따라 차이를 보인다. 따라서 최근에는 본능이라는 표현 대신에 '종 특유의 행동(種特有의行動: species-specific behavior)'이라는 용어를 사용하는 경우가 많다. '종 특유의 행동' 참조.

본능적 표류【本能的 漂流】instinctive drift '본능표류' 참조.

본능표류【本能漂流】instinctive drift 강화(reinforcement)를 통해 특정한 행동을 학습했던 동물이 학습했던 행동을 해야 하는 상황에서 그 행동 대신에 본능적인 또는 선천적인 행동(즉, 자연상태하에서 그 동물들이 나타내는 행동)을 하게 되는 경향. '본능적인 표류(本能的인 漂流)'로도 번역된다.

본뜨기【本뜨기】 modeling '모델링' 참조.

본성-양육 논쟁【本性-養育 論爭】 nature-nurture debate / nature-nurture issue '천성-양육 논쟁' 참조.

본성-양육 이슈【本性-養育 이슈】 nature-nurture issue / nature-nurture debate '천성-양육 논쟁' 참조.

본성-육성 논쟁【本性-育成 論爭】 nature-nurture debate / nature-nurture issue '천성-양육 논쟁' 참조.

본성-육성 이슈【本性-育成 이슈】 nature-nurture issue / nature-nurture debate '천성-양육 논쟁' 참조.

본태성 고혈압【本態性 高血壓】 essential hypertension 고혈압을 원인별로 구분할 때, 그 중에서도 원인이 명확하지 않은 고혈압의 경우를 지칭한다. 이를 설명하는 가설로는 유전설, 체질설, 스트레스설, 비만설, 식염과다섭취설 및 환경설 등이 있다.

볼비 Bowlby (1907~1990) 영국의 정신의학자 · 심리학자. 'Bowlby, John (1907~1990)' 참조.

볼프강 쾰러 Wolfgang Kohler (1887~1967) 독일의 심리학자. 'Kohler, Wolfgang (1887~1967)' 참조.

부검【剖檢】 necropsy / autopsy / postmortem / postmortem examination 시체(또는 사체)와 그 장기 및 구성물을 해부하여 검사하는 일. 이를 통해 사망의 원인(예를 들면, 질병, 사고, 범죄 등)을 찾고, 나아가 사망에 이르게 한 수단, 방법 및 진행 과정 등을 파악하는데 목적이 있다. 'necropsy'는 죽음(death)을 나타내는 그리스어인 'necro-'에서 차용한 조어이다. '시체해부(屍體解剖)', '검시(檢屍)' 또는 '사후검진(死後檢診)'이라고도 한다.

부교감신경【副交感神經】 parasympathetic nerve 자율신경계 중에서 신체의 자원 또는 에너지를 저장하고 생명 유지에 필요한 생리기능을 활성화시키는 기능을 담당하는 신경 영역을 지칭한다. 이러한 부교감신경과 길항적으로 작용하는 신경 영역을 교감신경이라고 한다. '부교감신경계' 참조.

부교감신경계【副交感神經系】 parasympathetic nervous system 신경계 중에서 혈관, 내분비선, 그리고 심장이나 위장과 같은 내장기관 등에 분포하여 이 기관들을 불수의적으로 통제하는 기능을 하는 신경계를 '자율신경계(自律神經系: autonomic nervous system)'라고 하는데, 이는 다시 교감신경계(交感神經系: sympathetic nervous system)와 부교감신경계(副交感神經系: parasympathetic nervous system)로 나뉨. 이 중에서도 신체의 자원 또는 에너지를 저장하고 생명 유지에 필요한 생리기능을 활성화시키는 기능(예를 들면, 심장박동 및 혈압의 감소, 소화활동 증가 등)을 하는 신경계통을 부교감신경계라고 한다. 이러한 부교감신경계의 활동은 교감신경계와 길항적으로 작용한다.

부메랑 boomerang 오스트레일리아(호주)의 서부 및 중부지역의 일부 원주민들이 사냥, 유희 및 전투용 무기 등의 용도로 사용하는 도구를 지칭하는 것으로, 'ㄱ'자 형태의 낫 모양을 하고 있으며 나무재질로 만들어진다. 크기는 대략 70~80cm 정도이고 투척거리는 최대 100m 이상인 것으로 알려져 있다. 사냥이나 전투의 무기용으로 사용할 경우, 흔히 목표물을 맞추어 목표대상을 제압하는 기능을 하며, 만일 목표대상을 맞추지 못하는 경우에는 다시 투척자가 있는 제자리로 돌아오게 된다. 한편, 학문 분야에 따라 부메랑의 기능이나 특징을 비유한 용어가 만들어져 사용되고 있는데, 특히 경제학이나 심리학 등의 분야에서 특정 현상을 부메랑에 비유하여 '부메랑효과(boomerang effect)'라는 용어로 사용되고 있다.

부메랑효과 【부메랑效果】 boomerang effect 선진국이 개발도상국에 자본투자나 기술제공, 또는 경제원조를 한 결과, 그로 인한 생산이 수혜국가 자체의 수요를 충족시킬 뿐만 아니라 오히려 자본이나 기술 또는 경제원조를 했던 선진국으로 역수출되어 선진국의 해당 산업분야나 업체와 경쟁을 벌이는 현상을 지칭한다. 한편, 심리학(특히 사회심리학) 분야에서는 기존의 태도나 관점을 정반대로 바꾸는 행동이나 그러한 행동을 하는 사람을 지칭할 때 '부메랑효과'라는 용어를 사용하기도 한다.

부모영향 모델 【父母影響 모델】 parent effects model '부모효과 모델' 참조.

부모영향 모형 【父母影響 模型】 parent effects model '부모효과 모델' 참조.

부모효과 모델 【父母效果 모델】 parent effects model 자녀와 부모와의 관계에서 영향을 미치는 방향은 주로 부모로부터 자녀에게로 일방향적으로 작용한다고 보는 모델. 즉, 자녀의 발달과정에서 부모는 주로 자녀에게 영향을 미치는 존재이고, 자녀는 주로 부모로부터 영향을 받는 존재라고 보는 관점을 말한다. '부모영향 모델', '부모영향 모형' 또는 '부모효과 모형'이라고도 한다.

부모효과 모형 【父母效果 模型】 parent effects model '부모효과 모델' 참조.

부부치료 【夫婦治療】 marital therapy 부부관계에서 발생하는 문제를 해결하기 위해 진행하는 심리치료의 한 형태로, 부부가 개별적으로 치료에 참가하거나 두 사람 중 한 사람만이 참여하는 방식이 아니라 두 사람이 함께 치료자(또는 상담자)를 만나 문제를 해결해가는 치료이다. 부부치료를 진행하는 배경에는, 부부관계에서 발생하는 문제의 원인은 부부 두 사람 가운데 어느 한 사람만의 문제나 병리 때문이라기보다는 두 사람 모두 또는 두 사람 사이의 관계 때문이라고 가정하기 때문에 부부를 대상으로 하여 두 사람 모두가 참여하는 치료적 접근을 취한다.

부분강화 【部分强化】 partial reinforcement 동물 또는 피험자가 나타내는 표적행동 또는 반응에 대하여 매번 강화를 해주는 것이 아니라 부분적으로만 강화를 해주는 형태의 강화방법을 말한다. '간헐적 강화(intermittent reinforcement)' 또는 '간헐강화'라고도 한다.

부분강화계획 【部分强化計劃】 partial reinforcement schedules 부분강화를 시행하기 위해 고안된 일련의 강화방법들을 말한다. 부분강화계획에는 고정비율강화, 변동비율강화, 고정간격강화, 그리고 변동간격강화 등 네 가지가 있다. '간헐적 강화계획(intermittent reinforcement schedules)' 또는 '간헐강화계획'이라고도 한다.

부분강화효과【部分强化效果】 partial reinforcement effect (PRE) 조작적 조건형성의 강화계획에 따른 효과를 비교해 보면, 부분강화를 받아 학습된 반응 또는 반응행동은 계속적 강화 또는 연속적 강화를 받아 학습된 반응 또는 반응행동보다 소거시키기가 어려운데, 이와 같이 부분강화의 높은 효과를 지칭하여 부분강화효과라고 한다.

부신【副腎】 adrenal gland 내분비선의 하나로, 좌우측 신장(콩팥)의 위에 위치하고 있으며, 각각 부신피질과 부신수질로 구분된다. 남성의 고환에서 주로 분비되는 남성호르몬인 안드로겐과 여성의 난소에서 주로 분비되는 여성호르몬인 에스트로겐을 약간 분비한다. 남녀 모두에게서 남성호르몬과 여성호르몬이 모두 존재하는 것은 바로 부신의 기능 때문이다. '부신선' 또는 '신상체(腎上體)'라고도 한다.

부신선【副腎腺】 adrenal gland '부신' 참조.

부신속질【副腎속質】 adrenal medulla '부신수질' 참조.

부신속질 호르몬【副腎속質 호르몬】 adrenomedullary hormones '부신수질 호르몬' 참조.

부신수질【副腎髓質】 adrenal medulla 내분비선 가운데 하나인 부신(adrenal gland)의 안쪽 부분을 구성하는 조직. 부신수질 호르몬을 생산한다. 구체적으로, 에피네프린(epinephrine: '아드레날린' 또는 '에피레나민'이라고도 함)과 노르에피네프린(norepinephrine: '노르아드레날린'이라고도 함)의 분비를 조절하는 기능을 한다. '부신속질'이라고도 한다.

부신수질 호르몬【副腎髓質 호르몬】 adrenomedullary hormones '부신수질(adrenal medulla)'에서 생산되는 호르몬을 총칭한다. 여기에는 에피네프린(epinephrine: '아드레날린' 또는 '에피레나민'이라고도 한다)과 노르에피네프린(norepinephrine: '노르아드레날린'이라고도 한다) 등이 포함된다. '부신속질 호르몬'이라고도 한다.

부신피질【副腎皮質】 adrenal cortex 내분비선 가운데 하나인 부신(adrenal gland)의 외부를 둘러싸는 피질부. 부신피질 호르몬을 생산한다. 여기에는 무기질코르티코이드와 당류코르티코이드 등이 포함된다.

부신피질자극 호르몬【副腎皮質刺戟 호르몬】 adrenocoticotrophic hormone / adrenocorticotropic hormone (ACTH) 뇌하수체에서 분비되는 호르몬의 하나로, 스트레스가 발생했을 때 이에 신속하게 대처하도록 하기 위해 분비된다. 혈액을 통해 신체 내의 다른 내분비선에 전달되어 30여 가지의 다른 호르몬을 분비하도록 작용한다.

부신피질 호르몬【副腎皮質 호르몬】 adrenocortical hormones '부신피질(adrenal cortex)'에서 생산되는 호르몬을 총칭한다. 여기에는 무기질코르티코이드와 당류코르티코이드 등이 포함된다.

부인【否認】 denial Freud (1856~1939)가 제안한 방어기제의 하나로, 자아가 원초아나 초자아 또는 현실로부터 오는 수용 불가능한 충동이나 위협이 있음을 인정하지 않는 방어기제를 말한다. 성인들에 비하여 아동들에게서 더 자주 나타나는 것으로 알려져 있다. '부정(否定)'이라고도 한다.

부적 강화【負的 强化】negative reinforcement 조작적 조건형성이론에서 사용되는 개념의 하나. 행동(또는 반응) 뒤에 특정 강화인(예를 들면, 전기충격이나 큰 소리 등)이 제거됨으로써 그 행동(또는 반응)이 발생할 확률이 증가되는 경우에서, 특정 강화인이 제거되는 강화 절차를 지칭하여 부적 강화라고 한다. 특히 이 경우에 사용된 강화인을 지칭하여 '부적 강화인'이라고 하며, 또 다른 표현으로 '부적 강화물' 또는 '부적 강화원'이라고도 한다. 한편, 부적 강화는 '처벌(punishment)'과 구분되는 개념이다. '처벌' 참조.

부적 강화물【負的 强化物】negative reinforcer '부적 강화' 및 '강화인' 참조.

부적 강화원【負的 强化源】negative reinforcer '부적 강화' 및 '강화인' 참조.

부적 강화인【負的 强化因】negative reinforcer '부적 강화' 및 '강화인' 참조.

부적 벌【負的 罰】negative punishment '부적 처벌'이라고도 한다. '부적 처벌' 참조.

부적 상관【負的 相關】negative correlation 한 변인의 변화에 따라 다른 변인도 변화하는 경우에서와 같이, 서로 의존하고 있는 두 변인 간의 관계를 지칭하여 '상관' 또는 '상관관계'라고 하는데, 이처럼 서로 관련이 있는 두 변인 간의 관계에서 한 변인의 값이 증가할 때 다른 변인의 값이 감소되는 상관(또는 상관관계)을 지칭하여 '부적 상관'이라고 한다. 따라서 이 두 변인 간의 관계에서는 한 변인의 값이 높으면 이에 상응하는 다른 변인의 값은 낮게 나타난다. '상관관계' 참조.

부적응【不適應】maladjustment 일정한 조건이나 환경에서 정상적인 반응을 하지 못하는 상태. 또는 그러한 상황에 맞추어 조화를 이루지 못하는 상태.

부적응적 완벽주의【不適應的 完壁主義】maladaptive perfectionism 일반적으로, 일이나 과제 수행과 관련하여 실제적으로 요구되는 수준에 비해 더 높은 수준을 설정하고 이를 수행하도록 자신이나 타인에게 기대하거나 요구하는 성향 또는 경향을 지칭하여 '완벽주의(perfectionism)'라고 하는데, 이러한 완벽주의 중에서도, 특히 일이나 과제 수행과 관련된 기준 또는 수준을 실제적으로 요구되는 수준에 비해 훨씬 더 높게 설정함으로써 이에 따른 실패 상황에 대한 불안과 함께 타인을 실망시키게 될지도 모른다는 불안을 심하게 느끼는 완벽주의의 한 형태를 지칭하여 '부적응적 완벽주의'라고 한다. 이러한 부적응적 완벽주의는 자살이나 우울 등과 같은 심리적 및 행동적 문제나 부적응을 수반하는 경우가 많은 것으로 알려지고 있다.

부적 전이【負的 轉移】negative transfer (정보처리 또는 인지 연구에서) 어떤 과제 수행이나 문제 해결 과정에 사용되었던 지식이나 기술이 다른 과제 수행이나 문제 해결 과정으로 옮겨 사용(또는 적용)되는 현상을 '전이(transfer)'라고 한다. 이러한 전이의 하위 유형 가운데 하나인 '부적 전이'는 과거에 있었던 과제 수행이나 문제 해결 경험이 이와 비슷하거나 관련이 있는 현재의 과제 수행이나 문제 해결을 어렵게 만드는(또는 방해하는) 현상을 지칭한다. 이와 반대되는 현상이 '정적 전이(positive transfer)'이다.

부적중【不的中】 miss 검사 또는 실험 반응에서, 제시된 문항이나 요구에 대해 올바른(또는 정확한) 반응을 하지 못하는 것. 또는 올바른(또는 정확한) 반응에 실패하는 것.

부적 처벌【負的 處罰】 negative punishment 특정 자극이 제거 또는 없어짐으로써 행동의 발생빈도가 감소되는 경우에서, 특정 자극을 제거시키는 과정 또는 절차를 지칭하여 부적 처벌이라고 한다. '부적 벌'이라고도 한다. 한편, 부적 처벌에 상대되는 개념으로 '정적 처벌'이 있다.

부적 환각【負的 幻覺】 negative hallucination 일반적으로 '환각(hallucination)'은 외부의 감각적인 자극이 없는 상황에서 감각적인 지각 경험을 하는 현상을 지칭한다. 다시 말하면, 실제로 존재하지 않기 때문에 정상적으로는 지각되지 않는 것을 지각하는(즉 보거나 듣거나 또는 냄새 맡는 등의 경험을 하는) 것을 말한다. 흔히 이러한 현상은 정신분열병(정신분열증이라고도 함)과 같은 정신장애의 증상으로 나타나지만, 최면을 통해서도 유도될 수 있다. 특히 최면 상황에서 암시에 의해 그 상황에 실제로 존재하지 않는 자극을 존재하는 것처럼 지각하는, 즉 그 상황에 없는 어떤 사물을 존재하는 것처럼 지각하는(보거나 듣거나 냄새 맡는 등의 지각 경험을 하는) 것을 '정적 환각(positive hallucination)'이라고 하고, 반대로 그 상황에 실제로 존재하기 때문에 정상적으로 지각되어야 할 사물을 마치 존재하지 않는 듯이 지각하지 못하는 것을 '부적 환각(negative hallucination)'이라고 한다.

부정【否定】 denial Freud (1856~1939)가 제안한 방어기제의 한 형태. '부인' 참조.

부주의【不注意】 inattention 외부로부터 감각기관으로 들어오는 여러 자극들 중 특정한 하나 또는 일부의 자극(또는 정보)에 주의(attention)를 기울이지 못하는 것. 일반적으로 사람들이 정상적인 생활을 해가기 위해서는 특정 자극이나 정보에 대해 주의를 기울이는 활동과 능력을 필요로 한다. 부주의는 개인의 컨디션이나 상황 요인에 의해 일시적으로 나타날 수 있지만, 그러한 요인들과 관계없이 부주의한 상태가 지속적으로 나타난다면 이는 일종의 장애 또는 장애의 특징으로 간주될 수 있다. 부주의를 특징적으로 나타내는 대표적인 장애로 ADHD(주의력결핍 과잉행동장애)를 들 수 있다.

부주의맹【不注意盲】 inattentional blindness 선택적 주의(selective attention)를 하기 때문에 잠재적으로 중요한 다른 자극들을 지각하지 못하고 놓치게 되는 현상. 흔히 우리들은 삶을 살아가는 과정에서 매 순간 수많은 자극들에 노출되지만, 그 모든 자극들을 지각하고 정보처리 할 수 없기 때문에 그 가운데 하나 또는 일부의 자극에만 주의를 기울이는 과정을 통해 정보처리를 해가게 된다. 물론 그 순간에 우리가 주의를 기울이게 되는 하나 또는 일부의 자극은 우리들 개개인이 선택한 자극이다. 이처럼 어느 순간에 수많은 자극들 가운데 하나 또는 일부의 자극을 선택하여 주의를 기울이는 것을 '선택적 주의' 또는 '선택적 주의 집중'이라고 한다. 이러한 선택적 주의는 특정 자극에 집중하여 정확하고 효율적으로 정보처리를 하도록 도와주는 효과가 있지만, 다른 한편으로는 그 순간 선택되지 못한 수많은 자극들, 특히 이 많은 자극들 중에 존재하는 (그렇지만 미처 확인하지 못한) 잠재적으로 중요한 자극들에 주의를 기울이지 못하도록 만들고 그 결과 우리는 잠재적으로 중요한 자극정보를 놓쳐버리게 된다. 이러한 현상을 '부주의맹'이라고 한다. '부주의적 맹시(不注意的 盲視)'라고도 한다.

부주의적 맹시【不注意的 盲視】inattentional blindness 선택적 주의(selective attention)를 하기 때문에 잠재적으로 중요한 다른 자극들을 지각하지 못하고 놓치게 되는 현상. '부주의맹'이라고도 한다. '부주의맹' 참조.

부호화【符號化】encoding 정보처리 및 기억 단계에서 이루어지는 중요한 과정의 일부로, 환경으로부터 감각기관을 통해 들어온 물리적(또는 감각적) 자극(또는 정보)이 기억체계 속에 저장될 수 있는 표상(表象)으로 전환되는 과정. 즉, 외부로부터 감각기관을 통해 들어온 자극이 심적(또는 정신적) 표상으로 전환되는 과정을 지칭한다. 이 과정을 통해서 외부로부터 들어온 자극이 기억체계 속에 저장된다. 구체적으로, 환경으로부터 감각기관을 통해 들어온(입력된) 정보(감각기억)가 단기기억으로 이동할 때와 또다시 정보가 단기기억에서 장기기억으로 이동할 때 '부호화'가 일어난다.

부호화 단계【符號化 段階】encoding stage 정보처리 및 기억이 진행되는 단계들 중의 한 부분으로, '부호화(符號化: encoding)'가 이루어지는 과정(또는 단계)을 지칭한다. 구체적으로 환경으로부터 감각기관을 통해 들어온 물리적(또는 감각적) 정보가 의미 있는 표상으로 전환되어 기억체계(단기기억 및 장기기억 체계)에 저장되는 과정(또는 단계)을 말한다.

분극화【分極化】polarization 신경세포인 뉴런(neuron)의 세포막 안쪽의 전기적 전위가 바깥쪽에 비해 좀 더 음전위를 띠는 전기적 상태를 분극화라고 한다. 한편, 분극화 상태에서 뉴런은 휴지(休止)상태에 있게 되며, 이처럼 휴지상태를 유지하는 뉴런의 세포막 안쪽과 바깥쪽 간의 전압의 차이를 안정전위(安定電位: resting potential)라고 한다.

분노【忿怒(憤怒)】anger / rage 성취하고자 했던 목표를 이루어 가는 과정에서 어떤 대상(또는 장애물)에 의해 좌절되었을 때, 그 대상에 대해 분개하여 성을 내는 상태. 분노는 흔히 공격성을 유발한다.

분리불안【分離不安】separation anxiety 애착발달 과정에서 아이가 애착대상(흔히, 어머니나 양육자)으로부터 분리(또는 격리)될 때 나타내는 불안 반응. 정상적인 애착을 형성한 아이라면 누구나 부모나 보호자로부터 분리되는 상황에서 어느 정도의 불안을 느끼게 된다. 하지만 부모나 보호자와의 분리 상황에서 아이가 보이는 불안이 과도한 경우에는 불안정애착의 발달이나 분리불안장애를 의심할 수 있다. '분리불안'이라는 표현 대신 '격리불안'이라는 표현을 사용하기도 한다.

분리불안장애【分離不安障碍】Separation Anxiety Disorder (SAD) 영아기 이후 청소년기 사이에 나타나는 불안장애의 한 형태로, 부모 또는 보호자로부터 분리(또는 격리)되는 것에 대해 과도한 불안(또는 두려움)을 나타내는 장애. 보호자로부터 격리되거나 분리되는 것을 두려워하는 감정은 어린이들에게서 나타나는 일반적인 현상이지만 아동의 발달수준이나 문화에 따라 차이를 보일 수 있다. 따라서 분리불안장애의 진단은 아동의 발달수준과 문화적 맥락을 고려하더라도 아동이 나타내는 불안반응이 분명히 과도한 것이라고 판단되는 경우에 내려질 수 있다. 분리불안장애의 증상은 아동의 연령 및 개인별 차이가 있을 수 있지만, 일반적으로 행동, 인지 및 신체 · 생리적 수준에서 특징적인 증상을 보이는데, 여기에는 보호자와의 격리를 피하기 위해 매달리기, 울기, 비명지르기 및 특정한 요구하기 등의 행동과 격리에 대한 비합리적인 과도한 불안, 그리고 구토나 복통, 두통, 빠른 심장박동 등과 같은 신체 · 생리적 증상들이 포함된다.

분비 【分泌】 secretion 인간 및 기타 동물의 신체에서 세포 또는 세포조직이 호르몬과 같은 특정 용도의 물질을 세포(또는 세포조직) 밖으로 내보내는 현상을 말하며, 여기에는 신체 내부로 분비되는 내분비(內分泌)와 신체 밖으로 분비되는 외분비(外分泌)가 있다. 분비기능을 하는 세포를 선세포라고 하며, 다수의 선세포로 구성된 조직 또는 기관을 선(腺) 또는 분비선(分泌腺)이라고 한다.

분비샘 【分泌샘】 secretory gland / secreting gland '분비선' 참조.

분비선 【分泌腺】 secretory gland / secreting gland 분비샘이라고도 하는 신체 조직 또는 기관으로, 인간 및 동물들의 신체 내에서 호르몬과 같은 특정 작용을 하는 물질을 분비하는 세포들로 구성된 조직 또는 기관이다. 내분비선과 외분비선으로 구분된다.

분비세포 【分泌細胞】 secreting cell 인간 및 동물들의 신체 내에서 호르몬과 같은 특정 작용을 하는 물질을 분비하는 세포를 지칭한다. 이러한 세포들로 구성된 조직 또는 기관을 '선(腺)' 또는 '분비선(分泌腺: secretory gland)'이라고 한다.

분트 Wundt (1832~1920) 독일의 심리학자 · 철학자. 'Wundt, Wilhelm (1832~1920)' 참조.

불면증 【不眠症】 insomnia 수면장애(睡眠障碍: sleep disturbance)의 일종으로 어떤 원인으로 인해 양적 측면에서 수면의 감퇴가 일어나는 증상을 말한다. 즉, 불면증이란 적절한 정도의 수면을 취하기 어려운 상태를 말하는 것으로, 그 원인은 심리적, 신체적 및 환경적 요인 등에 의해 유발되며, 유형별로 살펴보면, 잠을 청하기 어려운 경우(즉, 수면시작이 어려운 경우), 고르게 계속 잠을 자기 어려운 경우, 숙면이 어려운 경우, 그리고 수면시작 후 너무 일찍 깨는 경우 등이 포함된다. 치료법으로는 심리치료법 및 약물치료법 등이 많이 사용된다.

불변적 발달순서 【不變的 發達順序】 invariant development sequence '불변적인 발달순서' 참조.

불변적인 발달순서 【不變的인 發達順序】 invariant development sequence Piaget (1896~1980)는 인간의 인지발달은 모두 네 단계(감각운동기, 전조작기, 구체적 조작기, 그리고 형식적 조작기)를 거치면서 진행되며, 각각의 단계들은 질적으로 서로 다른 인지적 기능들을 포함하고 있다고 보았다. 모든 개인들은 이 네 개의 인지발달 단계들을 발달시켜 가는 과정에서 모두 동일한 발달 순서를 따르게 된다고 보았는데, 그 이유는 이 네 개의 인지발달 단계들 각각은 이전 단계에서의 인지적 성취가 기반이 되어 다음 단계의 성취가 가능해지기 때문이라고 보았다. 이와 같이 사람들의 인지발달은 어느 단계를 뛰어넘거나 생략한 채 그 다음 단계로 도약하는 경우는 없으며, 모두 동일한 순서로 진행되는데, 이러한 경향을 지칭하여 '불변적인 발달순서'라고 한다. '불변적 발달순서'라고도 한다.

불수의근【不隨意筋】 involuntary muscle 의지(意志)나 의도(意圖)에 따라 통제가 되지 않는 근육 또는 근육조직을 말한다. 이와는 달리 의지의 통제를 받는, 즉 유기체의 의지에 따라 조절될 수 있는 근육 또는 근육조직을 '수의근(隨意筋: voluntary muscle)'이라고 한다.

불수의적【不隨意的】 involuntary 의지(意志)나 의도(意圖)에 따르지 않거나 또는 통제가 되지 않음을 의미한다. 이와 반대되는 의미를 가진 말로 '수의적(隨意的: voluntary)'이라는 용어가 있다.

불수의적 반사【不隨意的 反射】 involuntary reflex 유기체의 의지(意志)나 의도(意圖)의 통제를 받지 않고 발생하는 반사를 지칭한다.

불안【不安】 anxiety 긴장, 근심, 걱정 및 두려움의 감정 상태로, 공포(恐怖: fear)와 비교하여 그 의미가 유사하면서도 차이가 있는 것으로 보고 사용하는 경우가 많다. 즉, 두 가지 모두 두려움의 상태라는 점에서는 공통적이지만, 흔히 공포가 구체적인 대상(동물이나 사건 또는 상황)에 대해 일으키는 두려움의 반응이라면, 불안은 특정 대상이 아닌 구체적이지 않고 애매모호한 상황이나 그러한 상황과 관련된 위험에 대해 일어나는 두려움의 반응이라고 본다. Freud의 정신분석이론에서는 인간의 성격을 구성하는 세 가지 구조를 가정하는데, 여기에는 원초아(id), 자아(ego) 및 초자아(superego) 등이 포함된다. 정신분석이론에서는 기본적으로 자아가 위험성이 있다는 것을 느낄 때 발생하는 것이 불안이라고 보며, 불안을 일으키는 위험 요인의 근원에 따라 3가지 유형의 불안으로 구분하고 있다. 먼저, 현실불안(reality anxiety)은 자아가 외부세계, 즉 현실 속에 존재하는 위험을 지각했을 때 발생하는 불안을 의미하며 불안의 정도는 실제 위험의 정도에 비례한다. 다음으로 신경증적 불안과 도덕적 불안은 개인의 성격 구조들 간의 힘의 균형이 깨질 때 발생한다. 신경증적 불안(neurotic anxiety)은 원초아의 충동이 자아를 압도하여 잘 통제되지 않기 때문에 처벌을 받게 될지 모른다고 느낄 때 발생하는 불안이다. 도덕적 불안(moral anxiety)은 도덕에 어긋나는 행동을 하려하거나 했을 때 초자아에 의한 죄책감이나 수치심을 느끼는 불안을 말한다. 기본적으로 자아는 불안 상태에서 벗어나려하는데, 그 과정에서 현실적이고 합리적인 방법을 사용하여 불안 상태에서 벗어날 수 없는 경우에는 비현실적이거나 비합리적인 경향이 있는 방법을 사용하게 된다. 이처럼 자아가 사용하는 비현실적이거나 비합리적인 경향이 있는 불안 대처방법을 흔히 자아방어기제라고 한다.

불안반응【不安反應】 anxiety reaction 불안 또는 불안 경험에 동반하여 일어나는 반응. 구체적으로, 불안반응에는 막연한 두려움을 느끼는 심리적 반응과 함께 가쁜 호흡, 심장박동의 증가 등과 같은 신체적 반응이 포함된다.

불안완화제【不安緩和劑】 anxiolytic '항불안제' 참조.

불안위계【不安位階】 anxiety hierarchy 불안을 유발하는 대상들이나 상황들을 그 유발 강도에 따라 목록화한 순서 또는 차례. 심리치료기법의 하나인 '체계적 둔감화'에서 적용하는 치료절차 가운데 한 부분이다.

불안장애【不安障碍】 anxiety disorder 비합리적인

과도한 걱정이나 불안을 특징으로 하는 심리장애(또는 정신장애). 분리불안장애, 일반화된 불안장애, 공포장애(또는 공포증이라고도 함), 강박장애 및 공황장애 등으로 구분된다.

불안전애착【不安全愛着】 insecure attachment / insecurely attachment '불안정애착' 참조.

불안정애착【不安定愛着】 insecure attachment / insecurely attachment 애착의 유형 중에서, 양육자(흔히, 어머니)와의 긴밀한 유대관계를 형성한 안정애착(secure attachment)과는 달리 유대관계가 긴밀하지 못하고 불안정하게 형성된 애착의 형태. 불안정애착은 크게 세 가지의 하위 유형으로 구분되며, 여기에는 저항애착, 회피애착, 그리고 혼란애착 등이 포함된다. 먼저, 저항애착(resistant attachment)을 형성한 영아는 양육자와 분리되는 것에 대해 강한 저항을 보이면서, 동시에 분리 이후 양육자가 돌아와 접촉을 시도하는 것에 대해서도 저항 반응을 나타내는 특징을 보인다. 다음으로, 회피애착(avoidance attachment)을 형성한 영아는 양육자와 분리되는 것에 대해 거의 저항을 보이지 않으며, 분리 이후 양육자가 돌아와 접촉을 시도하는 것에 회피하거나 무시하는 반응을 나타내는 특징을 보인다. 끝으로, 혼란애착(disorganized attachment)을 형성한 영아는 다른 두 유형인 '저항애착'과 '회피애착'을 결합한 것 같은 반응 경향을 특징적으로 보인다. 즉, 혼란애착을 형성한 영아는 낯선 상황에서 가장 고통스러워하며, 양육자와 분리된 이후 양육자가 돌아와 접촉을 시도할 때 접근해야 할지 아니면 회피해야 할지에 대해 혼란을 느끼는 듯한 모순된 반응 경향을 특징적으로 보인다. 한편, '불안정애착'이라는 표현 대신 '불안전애착'이라는 표현을 사용하기도 한다.

불임증【不姙症】 sterility 부부가 피임하지 않은 상태에서 정상적이고 지속적인 성관계(性關係)를 통해 임신을 하려 하지만 임신이 되지 않는 상태가 일정 기간 동안 지속되는 현상을 말한다. 그 기간은 규정하기에 따라 다소 차이가 있으며, 보통 1년에서 2년의 기간을 기준으로 하는 경우가 많다. 불임증의 원인은 남성측 요인에서 비롯되는 경우와 여성측 요인에서 비롯되는 경우가 있다.

불평형【不平衡】 disequilibrium Jean Piaget (1896~1980)가 인지발달을 설명하기 위해 사용한 개념들 가운데 하나로, 개인(또는 아동)의 인지구조와 환경적 사건이나 경험 간의 모순 또는 불일치가 존재하는 상태. 즉, 불평형이란 개인의 인지구조와 현재 경험하고(발생하고) 있는 사건 간의 불일치 또는 모순이 발생하고 있는 상태를 지칭한다. '비평형'이라고도 한다. 한편, '불평형'과는 반대로, 개인의 인지구조와 환경적 사건 간의 모순이나 불일치가 없이 균형되고 조화로운 상태를 지칭하여 '평형(equilibrium)'이라고 한다. 다른 한편, Piaget는 사건이나 경험을 해석하고 이해하는 조직화된 사고 또는 행위의 패턴을 지칭하여 셰마(scheme: '도식'이라고 번역됨)라는 표현을 사용하였고, 이와 같은 의미로 '인지구조(認知構造)'라는 표현을 사용하였다.

브래즐턴 Thomas Berry Brazelton (1919~) 미국의 저명한 소아과의사로, 신생아의 신경계, 자극에 대한 반응성 및 반사 등에서의 정상적인 상태 여부를 검사하기 위한 신생아 행동평가척도(Neonatal Behavior Assessment Scale: NBAS)를 개발하였다.

브레인스토밍 brainstorming 특정한 주제나 문제(또는 그 해결방법)와 관련하여 참여자(또는 토론자)

들이 자유롭게 가능한 한 많은 아이디어를 제시하는 것을 말한다.

브로카 Paul Broca (1824~1880) 프랑스의 외과의사이자 인류학자. 세계 최초의 인류학회로 평가되는 '파리 인류학회'를 창설하였고(1859년), 선사시대를 포함하여 많은 인류 종족들의 두개골을 비교하는 연구를 진행하였다. 또 뇌를 연구하는 과정에서 대뇌의 좌측 전두엽에 언어를 관장하는 영역이 있음을 발견하였는데, 이 영역은 오늘날 브로카 영역(Broca's area)으로 알려져 있다. 이 영역은 대뇌 좌반구의 전두엽에 위치하고 있으며 언어표현을 관장하기 때문에, 이 영역에 손상을 입으면 표현성 실어증(表現性 失語症)을 초래하게 된다.

브로카 실어증【브로카 失語症】 Broca's aphasia 실어증의 한 형태로, 대뇌의 좌반구 전두엽에 위치하는 '브로카 영역(Broca's area)'의 손상으로 인해 초래되는 표현성 실어증(表現性 失語症)을 말한다. '표현성 실어증' 참조.

브로카 영역【브로카 領域】 Broca's area 언어표현, 즉 말하기를 관장하는 대뇌 좌반구의 전두엽에 위치한 영역으로, 이 영역의 손상은 표현성 실어증(表現性 失語症)을 초래하게 된다.

브론펜브레너 Bronfenbrenner (1917~2005) 러시아 태생의 미국 심리학자. 'Bronfenbrenner, Urie (1917~2005)' 참조.

브릭스 Briggs (1875~1968) 미국의 여성 심리학자 · 성격이론가. 'Briggs, Katharine Cook (1875~1968)' 참조.

블랙아웃 blackout 일시적으로 기억이나 의식 또는 시각이 상실되는 현상. 흔히 음주 후에 기억이 상실되는 필름이 끊기는 현상을 지칭하며, 그 외에도 다이빙 선수들이 갑자기 깊은 수심에 도달했을 때 순간적으로 기억이 끊기는 현상이나 비행기 조종사들이 고속으로 급상승하게 되는 경우에 일시적으로 시각에 장애가 발생하는 현상 등을 지칭할 때에도 블랙아웃이라는 표현이 사용된다. 음주 후에 필름이 끊기는 현상인 블랙아웃은 체내로 흡수된 알코올의 화학적 효과가 정신활동 및 기억을 담당하는 뇌에 영향을 미치는데서 비롯되는 것이다. 특히 기억의 입력을 담당하는 해마의 작용을 방해하기 때문으로 알려져 있는데, 그 구체적인 기제와 관련하여 많은 학자들은 알코올이 직접 뇌세포를 파괴하는 것이 아니라 신경전달을 담당하는 세포인 뉴런(neuron)들 간의 신호전달 과정을 방해하는 데서 비롯되는 것으로 추정하고 있다.

블로거 blogger '블로그(blog)'를 가지고 관리 · 운영하는 사람.

블로그 blog 개인이 인터넷을 통해 자신의 관심사나 의견을 자유롭게 올리고 내릴 수 있는 웹 사이트.

블루칼라 blue-collar / blue collar 주로 지적(知的) 또는 정신적(精神的) 활동에 종사하는 근로자집단을 지칭하는 화이트칼라(white-collar)에 대응하여 주로 신체 또는 육체노동에 종사하는 사람들을 지칭할 때 사용하는 표현이다.

블리미아 bulimia / bulimia nervosa '신경성 폭식증' 참조.

블리미아 너버사 bulimia nervosa / bulimia '신경성 폭식증', '신경성 대식증' 또는 '먹고-토하기 증후군(binge-purge syndrome)'이라고도 한다. '신경성 폭식증' 참조.

비결정론【非決定論】 indeterminism 결정론(determinism)과 다른 또는 반대되는 관점을 지칭한다. '결정론' 참조.

비계【飛階】 scaffolding '발판화' 참조.

비고츠키 Vygotsky (1896~1934) 구소련의 심리학자. 'Vygotsky, Lev Semenovich (1896~1934)' 참조.

비공유적 환경【非共有的 環境】 nonshared environment '비공유 환경'이라고도 한다. '비공유 환경' 참조.

비공유적 환경 경험【非共有的 環境 經驗】 nonshared environmental experience '비공유 환경 경험'이라고도 한다. '비공유 환경 경험' 참조.

비공유적 환경 영향【非共有的 環境 影響】 nonshared environmental influence '비공유 환경 영향'이라고도 한다. '비공유 환경 영향' 참조.

비공유 환경【非共有 環境】 nonshared environment 가족 중 어떤 아동은 다른 형제자매들과 다른 환경적 측면들을 접하게 될 수 있다. 이처럼 함께 사는 사람들이 서로 공유하지 않는 환경의 측면을 지칭하여 비공유 환경이라고 한다. 예컨대, 가족 가운데 한 아동이 학교에서 만나는 친구나 선생님과 같은 환경적 측면들은 다른 형제자매들이 접하는 환경적 측면과는 다른, 그 아동만의 고유한 환경적 측면이 된다. '비공유적 환경'이라고도 한다.

비공유 환경 경험【非共有 環境 經驗】 nonshared environmental experience 함께 사는 사람들(예를 들면, 형제자매)이 서로 공유하지 않는 환경의 측면을 지칭하여 '비공유 환경(nonshared environment)'이라고 하며, 이처럼 서로 공유하지 않는 환경적 측면을 접하고 경험해가는 상태를 지칭하여 '비공유 환경 경험'이라고 한다. '비공유적 환경 경험'이라고도 한다.

비공유 환경 영향【非共有 環境 影響】 nonshared environmental influence 함께 사는 사람들(예를 들면, 형제자매)이 서로 공유하지 않는 환경의 측면을 지칭하여 '비공유 환경(nonshared environment)'이라고 한다. 이처럼 서로 공유하지 않는 환경적 측면을 접하고 경험해가는 과정에서 각기 다른 영향을 받게 되는데, 이런 영향을 지칭하여 '비공유 환경 영향'이라고 한다. 즉, 비공유 환경 영향은 비공유 환경을 접하고 경험하는 과정에서 받게 되는 영향을 의미한다. 이와 같은 비공유 환경 영향으로 인해 함께 살아가는 사람들이 서로 다른 특성을 발달시키게 된다. '비공유적 환경 영향'이라고도 한다.

비교【比較】 comparison 둘 이상의 요소들이나 사상(事象)들을 견주어 그것들 간의 공통점이나 차이점들을 평가하는 것.

비교문화연구【比較文化硏究】 cross-cultural study '비교문화적 연구' 참조.

비교문화연구법【比較文化硏究法】 cross-cultural

study '비교문화적 연구' 참조.

비교문화적 연구【比較文化的 硏究】 cross-cultural study 서로 다른 문화에서 살아가는 사람들을 연구대상으로 하여 이들을 비교분석하는 연구(또는 연구방법). '비교문화적 연구법', '비교문화연구' 또는 '비교문화연구법'이라고도 한다.

비교문화적 연구법【比較文化的 硏究法】 cross-cultural study '비교문화적 연구' 참조.

비교심리학【比較心理學】 comparative psychology 인간을 포함한 다양한 동물종(種)들 간의 심리과정 및 행동을 비교하여 차이점 및 유사점을 알아내고자 하는 심리학의 한 분야. '동물심리학(animal psychology)'이라고도 한다.

비교심리학자【比較心理學者】 comparative psychologist 비교심리학 분야에서 활동하는 심리학자.

비기질성【非器質性】 nonorganic '비기질적' 참조.

비기질성 성장실패【非器質性 成長失敗】 nonorganic failure to thrive '비기질적 성장장애' 참조.

비기질성 성장장애【非器質性 成長障碍】 nonorganic failure to thrive '비기질적 성장장애' 참조.

비기질성의【非器質性의】 nonorganic '비기질적' 참조.

비기질적【非器質的】 nonorganic '생물체(또는 유기체)의 생물학적 기관(器官)이나 조직과 관련된'이라는 의미를 나타낼 때 사용하는 말이 '기질적(器質的: organic)'이라는 표현이고, 이와 반대의 의미를 가진 말이 '비기질적'이라는 표현이다. 즉, '비기질적(非器質的: nonorganic)'이라는 말은 '생물체(또는 유기체)의 생물학적 기관(器官)이나 조직과 관련이 없는'이라는 의미를 가지고 있다. '비기질적인', '비기질성' 또는 '비기질성의' 등과 같은 표현들과 같은 의미로 사용된다.

비기질적 성장실패【非器質的 成長失敗】 nonorganic failure to thrive '비기질적 성장장애' 참조.

비기질적 성장장애【非器質的 成長障碍】 nonorganic failure to thrive 분명한 질병이나 생물학적 요인이 존재하지 않는 상황에서, 애정의 결핍이나 정서적 박탈 또는 스트레스, 그리고 그 과정에서 나타나는 취약한 섭식행동 등과 같은 일련의 비기질적(非器質的)인 요인들에 의해 성장이 지체되거나 멈추는 장애의 일종. 이 장애에 걸린 아이들은 적절하고 충분한 섭식행동을 하는 데 어려움을 보이며, 그로 인해 초래되는 영양부족이 성장장애로 나타나는 경우이다. 이처럼 이 아이들에게서 영양부족과 성장장애를 초래하는 취약한 섭식행동의 원인은 부모(또는 양육자)와 아이와의 관계, 특히 부모(또는 양육자)가 아이에 대해 나타내는 행동과 관련이 많은 것으로 학자들은 보고 있다. 즉, 이 부모(또는 양육자)들은 아이와의 관계에서 애정적이고 친밀한 행동을 하기보다는 차갑고 비애정적이며 학대적인 태도와 행동을 보이는 경향이 있으며, 그러한 태도와 행동은 아이들에게 심리적, 행동적 및 신체적 위축을 초래하고, 나아가 섭식행동을 어렵게 하거나 제한하는 결과로 이어진다고 설명한다. '비기질성 성장장애', '비기질적 성장실패' 또는 '비기질성 성장실패'라고도 한다.

비기질적인 【非器質的인】 nonorganic 　'비기질적' 참조.

비네 Binet (1857~1911) 　지능검사의 아버지로 불리는 프랑스의 심리학자. 'Binet, Alfred (1857~1911)' 참조.

비논리 【非論理】 illogic 　(1) 논리에 맞지 않음. (2) 사고나 추론 또는 말이나 글 속에 담긴 사고나 추론 또는 그러한 사고나 추론의 전개방식이 법칙이나 이치에 맞지 않음.

비논리적 【非論理的】 illogical 　사고나 추론 또는 말이나 글 속에 담긴 사고나 추론이 논리적이지 않은.

비논리적인 【非論理的인】 illogical 　'비논리적'과 같은 의미를 가진 표현이다.

비대표적 표본 【非代表的 標本】 nonrepresentative sample 　전집(全集: population)을 대표하지 못하는 표본. 전집을 대표해야 하는 표본이 주요 측면들 또는 특징들에서 전집과 차이를 보이는 경우에 발생한다.

비드키드 vidkid 　'비디오게임(video game)'에 몰두하는 아동들을 지칭하는 표현이다.

비렘수면 【非렘睡眠】 non-REM sleep / NREM sleep 　'넌렘수면' 참조.

비만 【肥滿】 obesity 　개인의 키, 나이, 성별 등과 관련하여 설정하고 있는 이상적인 체중의 범위를 과도하게 초과한 상태로, 특히 체중을 구성하고 있는 체지방의 과다가 문제가 된다. 흔히 현재의 체중이 이상체중의 20% 이상을 초과한 상태를 비만으로 본다. 신진대사 및 생활기능에서 다양한 장애를 초래할 뿐만 아니라 고혈압, 당뇨병, 심장질환 등과 같은 각종 성인병의 원인이 된다. 오늘날에는 '비만'을 하나의 질병으로 보는 시각이 많아지고 있다. '비만증(肥滿症)'이라고도 한다.

비만인 【肥滿人】 obses 　'비만(obesity)' 상태에 있는 사람. '비만' 참조.

비만증 【肥滿症】 obesity 　'비만(肥滿)'이라고도 한다. '비만' 참조.

비밀보장 【秘密保障】 confidentiality 　연구자가 연구를 수행하는 과정에서 준수해야 하는 연구윤리에 포함되는 중요한 부분으로, 연구 참가자(또는 피험자)가 제공했거나 연구과정에서 알게 된 참가자에 관한 정보(참가자의 신원이나 건강 및 기타의 사항들에 관한 정보)는 비밀이 유지되어야 한다는 윤리지침(또는 그에 관한 참가자의 권리). '비밀보장성', '비밀성' 또는 '기밀성'이라고도 한다.

비밀보장성 【秘密保障性】 confidentiality 　'비밀보장', '비밀성' 또는 '기밀성'이라고도 한다. '비밀보장' 참조.

비밀성 【秘密性】 confidentiality 　연구자가 연구를 수행하는 과정에서 준수해야 하는 중요한 연구윤리 가운데 하나로, '비밀보장', '비밀보장성' 또는 '기밀성'이라고도 한다. '비밀보장' 참조.

비변별적 애착단계【非辨別的 愛着段階】 asocial phase　애착발달 과정에서 생후 약 6주 이후 6~7개월까지의 기간. 이 기간에 영아는 물건이나 장난감과 같은 비사회적 대상들에 비해 사람들(사회적 자극)을 더 선호하는 경향을 보이지만, 양육자와 그 외의 다른 사람들을 특별히 구분하여 반응하지는 않는다.

비사회적 단계【非社會的 段階】 asocial phase　애착발달 과정에서 생후 초기 약 6주까지의 기간. 이 기간에 영아는 사회적 대상과 비사회적 대상을 구분하지 않고 동등한 관심과 동등한 호의적 반응을 나타낸다.

비사회적 활동【非社會的 活動】 nonsocial activity　아동들의 활동 또는 놀이의 한 형태로, 사회적 관계 없이 진행되는 활동이나 놀이. 비사회적 활동의 한 예로 혼자놀이를 들 수 있다.

비역 sodomy / pederasty / male homosexuality / buggery　'소도미' 참조.

비연합학습【非聯合學習】 nonassociative learning　연합을 포함하지 않는 학습. 즉, 두 가지 사건('자극과 자극' 또는 '자극과 반응')이 함께 발생하는 경험을 통해 두 가지 사건이 함께 발생한다는 것을 학습하게 되는(즉, 결합시키게 되는) 연합학습(associative learning)과는 달리, 비연합학습은 단일 자극에 대해 이루어지는 학습을 말한다.

비율계획【比率計劃】 ratio schedule　강화계획의 한 형태로, 유기체가 하는 반응의 수에 따라 강화가 주어지는 계획. 구체적으로 유기체가 특정한 횟수의 반응을 보인 후의 첫 번째 반응에 대해 강화가 주어지는 강화계획으로, 두 가지 유형이 있다. 먼저 고정비율계획은 특정한 횟수의 반응을 한 후에 이루어지는 첫 번째 반응에 강화가 주어지는 계획인 반면에, 변동비율계획은 평균적으로는 특정한 횟수의 반응을 한 후에 이루어지는 첫 번째 반응에 강화를 주는 형태이지만, 강화를 받기 위한 반응의 횟수가 시행마다 불규칙하게 달라지는 계획이다. 고정비율계획에 비해 변동비율계획에서는 유기체의 반응비율이 높고 소거가 잘 이루어지지 않는 특징을 보인다.

비율척도【比率尺度】 ratio scale　평가를 위한 측정 도구 또는 측정의 수준을 척도(尺度: scale)라고 하며, 여기에는 명목척도(名目尺度), 서열척도(序列尺度), 간격척도(間隔尺度) 및 비율척도(比率尺度) 등이 있다. 이 중 비율척도는 명목척도, 서열척도, 간격척도 등이 가지고 있는 특성들을 모두 포함하는 척도로, 절대영점(絕對零點)을 가지고 있어서 덧셈, 뺄셈, 곱셈 및 나눗셈 등의 모든 가감승제(加減乘除) 연산을 행할 수 있으며, 특히 다른 척도들에서는 불가능한 비율계산 및 표현이 가능한 척도이다. 두 지점 간의 거리, 물체의 길이나 무게 등을 측정하는 데 적용할 수 있다.

비인과적 관계성【非因果的 關係性】 noncausal relationship　변인들 간의 관계를 밝히고자 하는 연구에서 독립변인(獨立變因)과 종속변인(從屬變因)의 값이 상관(相關)이 있기는 하지만, 인과적(因果的)이지는 않은 관계를 지칭한다. 즉, 두 변인 간의 관계에서 독립변인이 종속변인 값을 초래하는 원인으로 작용하는 관계가 아님을 의미한다.

비정상의【非正常의】 abnormal　'정상이 아닌' 또는 '정상적이지 못한' 등의 의미를 가진 표현이다. '비정상적인' 또는 '이상의'이라고도 한다. '정상' 및 '이상' 참조.

비정상적인 【非正常的인】 abnormal '비정상의'와 같은 의미를 가진 표현이다. '비정상의' 참조.

비지시적 상담 【非指示的 相談】 nondirective counseling '비지시적 치료(nondirective therapy)'라고도 한다. '비지시적 치료' 참조.

비지시적 치료 【非指示的 治療】 nondirective therapy 내담자가 중심이 되어 주도적으로 자신의 생각이나 감정을 표현하며, 치료자(또는 상담자)는 내담자의 말을 경청하면서 지지적이고 수용적인 입장에서 치료(상담)에 임한다. 이와 같이 편안한 상담 분위기 속에서 내담자의 문제를 치료하고 해결해가는 접근을 '비지시적 치료'라고 한다. '비지시적 치료'는 같은 의미로 '비지시적 상담(nondirective counseling)'이라고도 한다. 한편, 비지시적 치료와는 반대로, 치료 과정에서 치료자(또는 상담자)가 중심이 되어 직접적이고 지시적인 방법으로 내담자의 문제를 다루면서 치료해가는 접근을 '지시적 치료(directive therapy)' 또는 '지시적 상담(directive counseling)'이라고 한다.

비참여관찰 【非參與觀察】 non-participant observation 특정 대상(사람이나 사물)의 행동이나 현상을 의식적으로 주의 깊게 살펴보는 것 또는 그러한 활동을 지칭하여 관찰이라고 하며, 이것은 모든 과학적 연구에서 가장 기초가 되는 자료수집 활동이라고 할 수 있다. 관찰은 관찰이 이루어지는 조건이나 상황에 따라 몇 가지 유형으로 구분할 수 있다. 이 중에서 관찰자가 관찰 대상자(들)의 집단에 참여하거나 개입하는 일 없이 관찰 대상자들의 행동만을 관찰하는 형식의 관찰(또는 관찰법)을 지칭하여 '비참여관찰' 또는 '비참여관찰법'이라고 한다. 이와는 달리, 관찰자가 관찰 대상자(들)가 포함되어 있는 집단에 들어가 함께 활동하면서 관찰 대상자들의 행동을 관찰하는 형식의 관찰을 '참여관찰' 또는 '참여관찰법'이라고 한다.

비참여관찰법 【非參與觀察法】 non-participant observation '비참여관찰'이라고도 한다. '비참여관찰' 참조.

비판적 사고 【批判的 思考】 critical thinking 어떤 주장이나 논리 또는 결론을 의심이나 검증 과정 없이 있는 그대로 수용하는 것이 아니라, 그것(어떤 주장이나 논리 또는 결론)이 갖고 있는 가정이나 근거의 타당성을 검증하고 또 그 이면에 숨겨져 있는 증거나 반증 또는 가치 등을 찾는 것과 같은 인지적 과정을 포함하는 사고.

비평형 【非平衡】 disequilibrium Piaget (1896~1980)가 인지발달을 설명하기 위해 사용한 개념들 가운데 하나로, 개인(또는 아동)의 인지구조와 환경적 사건이나 경험 간의 모순 또는 불일치가 존재하는 상태. '불평형(不平衡)'이라고도 한다. '불평형' 참조.

비합리성 【非合理性】 irrationality 이성적인 사고와 이론에 부합하지 않는 특성이나 경향.

비합리적 【非合理的】 irrational 이성적인 사고와 이론에 부합하지 않는.

비합리적 사고 【非合理的 思考】 irrational thinking 정서적 및 행동적 혼란과 부적응을 초래하는 비이성적인 사고 또는 생각. '비합리적 신념'과 비슷한 의미로 사용된다.

비합리적 신념【非合理的 信念】 irrational belief 정서적 및 행동적 혼란과 부적응을 초래하는 비이성적인 신념 또는 믿음. '비합리적 사고'와 비슷한 의미로 사용된다.

비행【非行】 delinquency 그릇되거나 잘못된 행동. 구체적으로 교육적, 사회 · 윤리적, 문화적 또는 법적 측면에서의 위반행동이나 그릇된 행동. '비행행동'이라고도 한다. 한편, 범죄(犯罪: crime)는 법적 측면에서의 위반행동으로 넓은 의미에서 비행의 일부분으로 분류할 수 있다.

비행소년【非行少年】 juvenile delinquent 좁은 의미에서는 비행을 저지른 소년을 말하며, 넓은 의미에서는 과거에 비행을 저질렀거나 비행을 저지를 위험이 있는 소년까지를 포괄하여 지칭한다. '비행청소년'이라고도 한다.

비행청소년【非行青少年】 juvenile delinquent '비행소년' 참조.

비행청소년집단【非行青少年集團】 group of juvenile delinquency 비행을 저질렀거나 저지르고 있는 청소년의 무리 또는 집단.

비행행동【非行行動】 delinquent behavior '비행' 참조.

비형 성격【비型 性格】 type B personality 'B형 성격' 참조.

빅터 프랭클 Viktor Frankl (1905~1997) 유태계 오스트리아의 정신의학자 · 신경학자 · 의미치료의 창시자. 'Frankl, Viktor Emil (1905~1997)' 참조.

빈도【頻度】 frequency 특정한 사건이나 현상 또는 점수가 반복되어 발생하는 횟수나 정도.

빈도다각형【頻度多角形】 frequency polygon 빈도분포의 한 형태. 곡선을 이용하여 빈도를 나타내는 분포로, 곡선의 높이가 특정 사건이나 현상(또는 점수)의 빈도를 나타내는 분포. '도수다각형' 또는 '빈도절선도표'라고도 한다.

빈도분포【頻度分布】 frequency distribution 특정한 사건이나 현상(또는 점수)을 각각이 발생한 빈도에 따라 배열한 분포. '도수분포(度數分布)'라고도 한다.

빈도절선도표【頻度折線圖表】 frequency polygon '빈도다각형' 참조.

빈둥지증후군【빈둥지症候群】 empty nest syndrome 자녀가 성장하는 동안 자녀양육과 발달적 지원 등의 역할을 하던 주부(또는 어머니)가 자녀가 성인으로 장성하여 더 이상 부모의 도움을 필요로 하지 않거나 결혼하여 부모의 곁을 떠나게 됨에 따라 커다란 상실감을 경험하거나 자신의 정체감(正體感: identity)에 대하여 큰 혼란을 경험하게 되는 심리적인 부적응 상태에 빠지게 되는 경우가 많은데, 이러한 현상을 빈둥지증후군이라고 한다. '공소증후군(空巢症候群)'이라고도 한다.

빈민가【貧民街】 slum '슬럼' 참조.

빈민굴【貧民窟】 slum '슬럼' 참조.

빌헬름 분트 Wilhelm Wundt (1832~1920) 'Wundt, Wilhelm (1832~1920)' 참조.

빠른 눈운동【빠른 눈運動】 rapid eye movement (REM) '렘' 참조.

빠른 눈운동수면【빠른 눈運動睡眠】 rapid eye movement sleep / REM sleep '렘수면' 참조.

빠른 안구운동【빠른 眼球運動】 rapid eye movement (REM) '렘' 참조.

빠른 안구운동수면【빠른 眼球運動睡眠】 rapid eye movement sleep / REM sleep '렘수면' 참조.

빨기반사【빨기反射】 sucking reflex 인간이 선천적으로 가지고 태어나는 반사들 가운데 하나로, 신생아의 입에 자극이 가해지면 그것이 무엇이든 빨려고 하는 반사 행동을 나타내는데, 이와 같은 선천적인 반사 반응을 '빨기반사'라고 한다. 빨기반사는 생후 초기의 적응과 생존력을 높여주는 기능을 하는 것으로 이해되고 있다.

삐아제 Piaget (1896~1980) 스위스의 심리학자. 'Piaget, Jean (1896~1980)' 참조.

사건기억【事件記憶】event memory 사건에 대한 기억. 특히 과거에 있었던 일들이나 경험 또는 사건들에 대해 가지고 있는 기억(이 경우의 기억은 장기기억에 해당한다)을 의미한다.

사건도식【事件圖式】script 도식(圖式: schema)의 한 형태로, 패스트푸드점에서 식사하기, 지하철 타기, 산책하기 등과 같은 친숙한 어떤 상황에서 이루어지는 사건의 전형적인 순서(또는 절차)에 대한 일반적인 도식(또는 표상). 즉, 사건도식이란 생활 속의 친숙한 특정 상황에서 일반적으로 일어나는 행동 시나리오에 대한 도식 또는 표상을 지칭한다. '스크립트'라고도 한다.

사건 후 기억구성【事件 後 記憶構成】post-event memory construction 사건에 대한 기억과 관련된 개념들 가운데 하나로, '사건 후 기억구성'은 사건을 목격하거나 경험한 후에 이 사건에 대한 기억을 구성하는 것을 말하는데, 이러한 기억 구성과정에서 흔히 사람들은 이 사건에 대해 다른 사람들이 암시하는 정보들(이 사건과 관련이 있거나 또는 관련이 없는 정보들) 등과 같은 새로운 여타의 정보들을 자신의 기억체계에 추가할 수 있다.

사건 후 정보【事件 後 情報】post-event information 사건을 목격하거나 경험한 후에 그 사건과 관련하여 새로이(추가적으로) 획득한 정보. 이러한 정보는 사건에 대한 기억을 구성하는 과정에 추가될 가능성이 높다.

사고【思考】thinking 문제를 해결해 가는 과정에서 대안들을 탐색 및 평가하고, 나아가 판단이나 결론을 내리기까지 전개되는 심리 작용 또는 정보처리과정. '생각' 또는 '생각하기' 등과 같은 의미로 사용된다.

사고【思考】thought '사고(思考)'로 번역되어 사용되는 'thought'는 마찬가지로 '사고(思考)로 번역되어 사용되는 말인 'Thinking(문제를 해결해 가는 과정에서 대안들을 탐색 및 평가하고, 나아가 판단이나 결론을 내리기까지 전개되는 심리 작용을 의미하는 말로, '사고' 이외에도 '생각' 또는 '생각하기' 등의 표현으로 번역되어 사용됨)'의 의미를 포함하며, 나아가 사고방식, 견해, 가치관, 인생관 등과 같은 복잡한 인지의 영역이나 작용까지도 포함하는 보다 넓은 의미로 사용된다.

사고경향【思考傾向】thought tendency '사고경향성' 참조.

사고경향성【思考傾向性】thought tendency 사고

가 어떤 특정한 방향이나 방식으로 진행되는(또는 이루어지는) 경향. '사고경향'이라고도 한다.

사고과정【思考過程】thinking process / process of thinking / thought process '사고(思考)'가 진행되는(또는 이루어지는) 경로.

사고내용【思考内容】thought content '사고(thought)'를 이루고 있는 것.

사고양식【思考様式】thinking type 개인의 판단, 반응 및 행위에 주된 영향을 미치는 사고방식 또는 사고 범주를 지칭한다. 흔히 개개인들은 사고와 관련하여 하나가 아닌 여러 개의 양식 프로파일을 가지고 있지만, 실생활(현실) 속에 적용하는 양식은 개인의 주된 사고방식, 즉 개인의 사고양식이며, 이러한 사고양식과 현실 속의 당면과제 간의 적합성에 따라 개인의 적응력 또는 적응의 성공여부가 좌우되는 경향이 있다.

사고장애【思考障碍】thought disorder 정상적인 사고가 이루어지지 못하기 때문에 사고가 제 기능을 발휘하지 못하는 장애. 흔히 비논리적이고 비체계적이며 망상적인 사고를 나타내는 경우가 많다. 정신분열증의 주요 증상 가운데 하나로 간주 된다.

사랑 love 타인(흔히 이성의 상대자)을 애틋하게 여기어 아끼거나 또는 그리워하는 마음. 사랑은 대상에 따라 여러 유형으로 구분될 수 있다. 흔히 사랑은 열정, 친밀감 및 책임감 등이 포함된 복합적인 정서 상태로 볼 수 있으며, 각각의 상대적인 비중에 따라 그 유형이 구분된다.

사례사【事例史】case history 특정 사례(흔히 개인)에 대한 과학적인 이해를 위해 그 사례에 대한 검사, 인터뷰, 주변 인물들의 증언, 관찰 등을 통해 나온 자료를 포함하여 그 사례에 관한 이용 가능한 모든 정보들의 체계적인 모음.

사례연구【事例研究】case study 심리학이나 사회학 등과 같은 사회과학에서 진행하는 연구는 흔히 다수의 개인(피험자 또는 참여자)들로 구성된 표본을 대상으로 하는 경우가 많지만, 어떤 연구에서는 한 개인이나 집단 또는 하나의 프로그램 등과 같은 사례를 연구 대상으로 하기도 한다. 이처럼 한 개인이나 집단 또는 프로그램 등과 같은 하나의 사례를 대상으로 이를 이해하기 위해 체계적이고 깊이 있게 진행하는 연구를 지칭하여 사례연구라고 한다. 사례연구와 비슷한 의미로 사용되는 표현 중에 사례보고(事例報告: case report)라는 용어가 있는데, 이 말은 일반적으로 상담이나 관찰의 대상이 되었던 사례에 대하여 특징이나 문제, 변화 및 결과 등에 대한 기술적(記述的)인 보고를 지칭한다. 사례연구는 사례보고에서와 같은 기술(記述)에 더하여 체계적인 분석과 해석을 하는 과정이 포함된 연구형식을 지칭한다.

사례지도【事例指導】supervision '슈퍼비전' 참조.

사망공포증【死亡恐怖症】necrophobia 죽음에 대한 공포가 지나쳐 병적인 공포반응을 나타내는 증상.

사망망상【死亡妄想】necromimesis 자신이 죽었다고 믿고 있는 병적인 상태. 이상심리(異常心理)의 일종.

사법제도【司法制度】justice system / judicial

system 법원, 소송, 재판, 재판권 행사 및 사법권 등에 관한 모든 제도나 체계. '사법체계'라고도 한다.

사법체계【司法體系】 justice system '사법제도'라고도 한다. '사법제도' 참조.

사용자 생성 콘텐츠【使用者 生成 콘텐츠】 User Generated Contents (UGC) 'UCC' 참조.

사용자 제작 콘텐츠【使用者 制作 콘텐츠】 User Created Contents (UCC) 상업적인 인터넷 사업자나 콘텐츠 제작자(또는 공급자)가 아닌 일반 사용자가 직접 제작하여 인터넷에 유통시키는 콘텐츠. 'UCC' 참조.

사이버 cyber 컴퓨터 또는 인터넷 상에서 정보를 주고받는 모든 통신망을 지칭한다. 이러한 통신망에서 형성되는 가상의 공간을 지칭하여 '사이버공간(cyberspace)'이라고 한다.

사이버공간【사이버空間】 cyberspace 실재하는 현실의 세계가 아닌 컴퓨터 또는 인터넷과 같이 네트워크로 연결되어 형성된 컴퓨터들 간의 사이에 또는 그 내부에 형성되는 가상의 공간. '가상공간(假想空間)'이라고도 한다.

사이버대학【사이버大學】 cyber university 인터넷이라고 하는 사이버공간을 매개로 하여 강의나 화상회의 등을 통한 교육이 진행될 수 있도록 만들어진 대학을 말한다. '가상대학(假想大學)'이라고도 한다.

사이버상담【사이버相談】 cybercounseling 상담의 한 형태로, 상담자와 내담자 간의 상호작용과 의사소통이 사이버(cyber) 또는 사이버공간(cyberspace)을 매개로 이루어지는 상담. '인터넷상담(Internet counseling)'이라고도 한다. '인터넷상담' 및 '상담' 참조.

사이버쇼핑 cybershopping 사이버공간(cyberspace), 즉 컴퓨터 또는 인터넷 상의 통신망을 이용하여 상품을 선택하고 구매하는 활동을 지칭한다. '온라인쇼핑(onlineshopping)'이라고도 한다.

사이버성폭력【사이버性暴力】 cyber sexual violence 사이버공간에서 이루어지는 성과 관련된 폭력 행위를 지칭한다. 사이버상에서 상대방의 의사와 관계없이 이루어지는 성적인 대화 요구, 성적인 메시지 전달 및 성적인 문제와 관련된 개인의 신상 정보 게시 등의 방식으로 상대방을 괴롭히거나 고통을 주는 행위를 총칭한다.

사이버스토킹 cyber stalking PC통신이나 인터넷 등과 같은 네트워크를 이용하여 특정인 또는 특정 상대방에게 그의 의사에 반하는 지속적인 연락이나 접근을 취함으로써 괴롭힘을 가하는 행위를 지칭한다. 다시 말하면 사이버 공간을 매개로 하여 이루어지는 '스토킹(stalking)'이라고 할 수 있다.

사이버스페이스 cyberspace '사이버공간' 참조.

사이버일탈【사이버逸脫】 cyber-deviance / e-deviance 컴퓨터 및 인터넷 등과 같은 사이버공간에서 발생하는 일탈 또는 일탈행위를 지칭한다. 대표적인 사이버일탈로는 인터넷이나 PC통신을 이용하여 이루어지는 다음의 문제행동들을 들 수 있다. 즉, 컴퓨터바이러스의 제작 및 유포, 해킹, 음란물 제작, 전시, 유포 및 판매행위, 도박, 유언비어 유포, 마약류를 포함한 불법적인 약물이나 상품의 거래, 욕설, 성폭력 등이 사이버일탈의 범주에 포함될 수 있다.

사이버중독【사이버中毒】 cyber addiction 행위중독(行爲中毒) 또는 과정중독(過程中毒)의 한 형태로, 특히 컴퓨터나 인터넷과 같은 사이버공간에 병적으로 과도하게 의존하거나 몰입되어 있는 중독상태를 지칭한다. '중독' 및 '인터넷중독' 참조.

사이버카페 cybercafe 손님에게 간단한 음료나 술 또는 음식 등을 제공하면서 동시에 사이버공간, 특히 인터넷 접속이 가능한 컴퓨터를 이용할 수 있도록 서비스를 제공하는 카페를 말한다.

사이버폭력【사이버暴力】 cyber violence 사이버공간에서 이루어지는 모든 형태의 폭력 행위를 총칭한다. 사이버상에서 이루어지는 상대방에 대한 욕설, 음해의도를 가진 루머, 협박, 성과 관련된 폭력 그리고 상대방의 의사와 관계없이 이루어지는 상대방의 신상정보 게시 등과 같은 방법으로 상대방을 괴롭히거나 고통을 주는 모든 형태의 행위를 말한다.

사이비【似而非】 pseudo 겉으로 보기에는 비슷하고 그런 것 같아 보이지만 실제적인 내용이나 본질은 겉보기와 다른 상태 또는 다른 상태의 것. '의사(擬似)'라고도 한다.

사이비심리학【似而非心理學】 pseudopsychology '과학적 심리학'의 연구 활동과 달리 비과학적인 방법을 통해 인간의 심리(또는 정신)와 행동을 설명하는 활동이나 접근들을 총칭한다.

사이코드라마 psychodrama '심리극' 참조.

사이코메트리 psychometry 심령학 분야와 관련된 심령현상 가운데 하나로, 어떤 특정한 물건을 만짐으로써 그 물건이나 그 물건의 소유자에 대한 정보나 사정을 알아내는 능력 또는 초능력.

사이코키네시스 psychokinesis '염력' 참조.

사이코패스 psychopath '정신병질적 성격(psychopathic personality)을 가진 사람. '정신병질자'라고도 하며, '사회병질자(sociopath)' 및 '반사회적 성격장애(antisocial personality disorder)' 등과 같은 의미로 사용된다. '정신병질적 성격', '반사회적 성격' 및 '반사회적 성격장애' 참조.

사이트 Site 흔히 '웹사이트(Web Site)'라고도 한다.

사적 언어【私的 言語】 private speech 러시아의 심리학자 Vygotsky (1896~1934)가 사용한 주요 용어들 가운데 하나로, 사고(思考)를 이끌어주고 자기-의사소통의 기능을 하는 아동의 혼잣말. Vygotsky는 학령기 전후의 어린 아동들에게 있어서 사적 언어는 문제해결 활동을 조직하고 조정하는 과정에서 중요한 도구가 된다고 보았다. '혼잣말'이라고도 한다.

사정【査定】 assessment '평가' 참조.

사정【射精】 ejaculation 성숙한 남성에게서 성적 흥분이 최고조에 도달했을 때 성기(性器)로부터 정액(精液)이 방출되는 현상. 흔히 성적인 쾌감 또는 오르가슴(orgasm)이 동반된다.

사창 【私娼】 unlicensed prostitute 관청 또는 관련 행정기관의 허가를 받지 않고 매춘 활동에 종사하는 직업여성.

사춘기 【思春期】 puberty 생리적으로 성적 성숙이 이루어져 임신이 가능해지는 시기. 소녀의 경우에는 만 11~12세 무렵에, 소년의 경우에는 만 13세 무렵에 도달한다. 영양 섭취 및 건강의 향상이 지속적으로 진행되어 옴에 따라 과거에 비해 성적 성숙과 사춘기에 도달하는 시기가 점차 빨라지고 있다. 사춘기의 출발은 뇌의 영역 중 시상하부의 기능과 깊이 관련되어 있다는 사실이 밝혀져 있지만 아직 전반적인 기제와 작용에 관해서는 정확하게 밝혀져 있지 있다. 한편, '사춘기'를 의미하는 영어 'puberty'는 "털이 자라다"라는 의미를 가진 라틴어 'pubertas'에서 유래한 말이다.

사춘기 타이밍 효과 【思春期 타이밍 效果】 timing of puberty effect 사춘기(puberty)에 도달하는 시기(예를 들면, 빠른 사춘기 도달 또는 늦은 사춘기 도달)에 따라 발달에서 차이를 나타내는 현상.

사친회 【師親會】 Parent-Teacher Association (PTA) 학생(자녀)들의 학교생활을 돕고 교육효과를 제고하기 위해 교사와 학부모들로 구성된 협력단체를 말한다. 교사 및 학교와 학부모 및 가정 간의 긴밀한 협력 관계를 통해 학생들이 학교생활을 잘해 갈 수 있도록 도와주고, 동시에 교육효과를 높이는 데 목적을 두고 있다. 이를 위해 학부모들이 해온 활동으로는 교통질서지도, 순찰 및 운동회 지원 등이 있다.

사포 Sappho (612?~? BC) 레스보스(Lesbos)섬 태생의 고대 그리스 여류시인.

사피즘 sapphism 동성애 가운데 특히 여성들 간의 동성애를 지칭하는 표현이다. 고대 그리스의 시인이었던 사포(Sappho: 612?~? BC)가 동성애자였었다는 데서 비롯된 표현으로 알려져 있다. 한편, 여성들 간의 동성애를 지칭하는 '사피즘(sapphism)'이라는 표현 대신에 '레즈비언이즘(lesbianism)' 또는 '레스비언 사랑(lesbian love)'이라고도 하는데, 이 표현은 사포(Sappho: 612?~? BC)의 출생지가 레스보스(Lesbos)섬이었다는데서 비롯된 것으로 알려지고 있다.

사회공포증 【社會恐怖症】 social phobia 타인에 의해 관찰되는 사회적 상황에서 또는 타인에 의해 관찰될 수 있는 사회적 상황을 예상함으로써 비이성적인 공포가 지속적으로 일어나는 불안장애의 한 유형.

사회과학논문 인용색인 【社會科學論文 引用索引】 Social Science Citation Index (SSCI) 'SSCI' 참조.

사회과학논문 인용지수 【社會科學論文 引用指數】 Social Science Citation Index (SSCI) 'SSCI' 참조.

사회교환이론 【社會交換理論】 social exchange theory 사람들이 사회적 관계(또는 사회적 상호작용)를 하는 것은 일종의 교환과정으로, 이 과정에서 사람들은 자신의 이익을 최대화하고 손실은 최소화하려고 노력한다고 보는 관점. 따라서 이 이론에 따르면 사람들은 사회적 상호작용과정에서 이익을 보았거나 이익을 볼 것으로 예상되는 경우에는 사회적 관계(즉, 다른 사람과의 관계)를 추구하고 지속하려고 노력하겠지만, 만일 사회적 상호작용과정에서 손실을 보았거나 손실을 볼 것으로 예상되는 경우에는 사회적 관계를 피하려 한다고 본다.

ㅅ

사회규범【社會規範】social norm 사회구성원들이 안정되고 평화로운 사회생활을 해가기 위해서는 서로의 합의에 의해 만들어져 받아들여지고 있는 규칙을 따르지 않으면 안 된다. 이처럼 사회생활을 해가는 과정에서 구성원 개개인이 어떻게 생각하고, 태도를 취하고, 말하고, 행동해야 하는가를 기대하는 묵시적 또는 명시적 기준이나 규칙. 구성원이 이를 따르고 지키면 사회나 집단으로부터 인정이나 포상 등의 긍정적 반응이 주어지지만, 따르지 않거나 위반하게 되면 부정이나 처벌 등의 부정적 반응이 주어지게 된다. '사회적 규범'이라고도 한다. 한편, 사회규범은 도덕규범, 윤리규범, 법규범 및 기타의 규범으로 세분화될 수 있다.

사회도【社會圖】sociogram 집단 내의 관계를 측정하는 도구(또는 방법)의 한 가지로, 집단 내의 구성원들 간의 선택과 배척을 반영하여 도표 형태로 보여주는 도구. '소시오그램'이라고도 한다.

사회문제【社會問題】social problem 사회구조나 사회제도 또는 법규 등의 미비나 결함으로 인해 사회적인 차원에서 발생하는 문제. 실업문제, 입시문제, 환경문제, 인구문제, 노인문제, 보육문제 등이 대표적인 사회문제의 예라 할 수 있다. '사회적 문제' 또는 '사회적인 문제'라고도 한다.

사회문제심리학회【社會問題心理學會】Association of Psychological and Social Issues 사회적으로 중요한 문제 및 현상들을 심리학적으로 분석하고 해결하는데 관심을 가지고 있는 학자와 종사자들을 중심으로 구성원들 간의 학술적 교류와 친목을 도모하는데 목적을 둔 학술단체. '한국사회문제심리학회' 참조.

사회문화적 이론【社會文化的 理論】sociocultural theory 인지적 성장 또는 발달이 사회문화적으로 매개되는 과정이라고 보았던 Vygotsky (1896~1934)의 관점. Vygotsky는 인지발달은 인지적인 면에서 더 유능한(즉, 더 지적인) 사람들(부모나 교사 포함)과의 원활한 대화와 도움을 통해 이루어진다고 보았다. 이에 따라 Vygotsky는 인지발달 측면에서 모든 사람들이 동일한 발달단계를 거치는 것이 아니라 개인별 사회문화적 환경과 경험에 따라 차이를 보일 수 있다는 입장을 취하였다. 이런 Vygotsky의 관점은 스위스의 심리학자 Piaget (1896~1980)와는 다른 것이다.

사회 및 성격심리학회【社會 및 性格心理學會】Social and Personality Psychological Association 사회심리학과 성격심리학 그리고 관련 분야에서의 발전을 이루고 구성원들 간의 학술적 교류와 친목 도모를 목적으로, 이 분야에서 활동하는 학자와 종사자들로 구성된 학술단체. '한국 사회 및 성격심리학회' 참조.

사회병질자【社會病質者】sociopath '사회병질적 성격'을 가진 사람. '정신병질자(psychopath)' 및 '반사회적 성격장애(antisocial personality disorder)' 등과 같은 의미로 사용된다. '사회병질적 성격', '반사회적 성격' 및 '반사회적 성격장애' 참조.

사회병질적 성격【社會病質的 性格】sociopathic personality '반사회적 성격' 및 '정신병질적 성격' 등과 같은 의미로 사용된다. '반사회적 성격' 참조.

사회생물학【社會生物學】sociobiology 인간과 동물들에게서 나타나는 사회적 동기 및 사회적 행동의 진화적 및 유전적 기원에 초점을 맞추어 연구하는 생물학의 한 분야.

사회성【社會性】sociability 개인이 사회적 관계, 즉 다른 사람들과의 관계에서 상호작용을 원활히 하고 그들로부터 관심과 인정을 받고자 하는 자발적 경향 및 능력. 개인의 건강한 발달과 적응 또는 장애를 판단하는 데 있어서 중요한 지표들 가운데 하나이다.

사회성 발달【社會性 發達】social development 개인이 사회적 관계, 즉 다른 사람들과의 관계에서 상호작용을 원활히 하고 그들로부터 관심과 인정을 받고자 하는 자발적 경향 및 능력을 '사회성(社會性: sociability)'이라고 하고, 이러한 측면에서의 발달을 지칭하여 '사회성 발달'이라고 한다. '사회적 발달(社會的 發達)'이라고도 한다.

사회성 측정기법【社會性 測定技法】sociometric technique / sociometric method 또래수용이나 사회적 관계 등과 같은 아동들의 사회성 측면을 측정하기 위해 사용하는 기법의 하나로, 이 기법을 통해 아동들은 그들이 좋아하거나 싫어하는 아동들을 말하거나 지면에 표시하도록 하는 절차를 따르게 된다. '사회측정기법', '사회성 측정법' 또는 '사회측정법'이라고도 한다.

사회성 측정법【社會性 測定法】sociometric technique / sociometric method '사회성 측정기법' 참조.

사회심리학【社會心理學】social psychology 인간의 사회활동 및 생활에서 타인들과의 상호작용이 개인의 태도와 행동에 미치는 영향, 집단 내에서의 행동 그리고 기타 다양한 사회적 장면(또는 상황)에서 발생하는 개인들의 행동을 연구하는 심리학의 한 분야. 이 분야에서 이루어지는 대표적인 연구주제로는 친사회적 행동, 이타행동, 동조, 설득, 갈등 및 집단행동 등이 있다.

사회심리학자【社會心理學者】social psychologist 사회심리학 분야에서 활동하는 심리학자를 지칭한다.

사회심리학적【社會心理學的】sociopsychological '사회심리학적인 측면 또는 그 주제와 관련된'의 의미.

사회언어적 지식【社會言語的 知識】sociolinguistic knowledge 어떤 사회와 문화의 맥락 속에서 언어를 어떻게 사용해야 하는가에 관한 규칙을 포함하는 지식.

사회역사적 발달【社會歷史的 發達】sociohistorical development 개인의 발달에 영향을 미칠 수 있는 사회, 문화 및 역사적 측면에서 일어나는 발달 또는 변화.

사회 역할【社會 役割】social role '사회적 역할' 참조.

사회영향이론【社會影響理論】social impact theory 우리는 타인들과 상호작용을 해가는 과정에서 영향을 주고받게 된다. 이때 개개인이 서로 주고받는 영향력은 상대방의 조건이나 특성에 따라 차이를 보이게 되는데, 특히 한 개인이 타인으로부터 받는 영향력은 타인이 가진 힘(지위나 경제력 또는 정보력 등), 타인의 수, 그리고 타인과의 가까운 정도 등이 증가할수록 커진다고 보는 이론. '사회적 영향이론'이라고도 한다.

사회인지【社會認知】social cognition 개인의 인간관계 및 사회생활과 적응의 기초가 되는 능력이라고

할 수 있는 부분으로, 특히 사회적 상황 및 그 속에서의 대인관계를 통해 타인의 감정, 사고 및 의도, 집단이나 조직에서의 관계 등과 같은 사회적 세계와 그에 관한 정보를 이해하고, 기억하고, 선택하고, 판단하는 등의 인지적 과정. 즉, 사회인지란 사회적 상황과 관계를 이해하고 처리하는 사고 과정 또는 인지 과정을 의미한다. '사회적 인지(社會的 認知)'라고도 한다.

사회인지이론 【社會認知理論】 social cognitive theory　Albert Bandura (1925~)가 제안한 이론으로, 이 이론에서는 사회적 상황에서 이루어지는 학습은 학습자의 인지가 포함된 개인적 측면(개인변인)들과 행동, 그리고 환경 등 세 가지 요소들 간의 상호작용의 결과라고 설명한다. '사회학습이론' 참조.

사회-인지적 관점 【社會-認知的 觀點】 social-cognitive perspective　개인의 행동은 단순히 심리적 특성이나 생물학적 특성의 측면에서만 볼 수 없으며, 그보다는 개인과 사회적 환경 또는 개인과 사회적 맥락 간의 상호작용의 측면에서 볼 때보다 더 정확하게 이해될 수 있다고 보는 입장. 다시 말하면, 이 입장에서는 개인의 행동은 그 개인과 사회적 환경(또는 맥락) 간의 상호작용의 영향을 받는 것으로 본다. '사회-인지적 관점(社會-認知的 觀點)'이라고도 한다. '사회-인지적 조망'이라고도 한다.

사회-인지적 조망 【社會-認知的 眺望】 social-cognitive perspective　개인의 행동은 단순히 심리적 특성이나 생물학적 특성의 측면에서만 볼 수 없으며, 그보다는 개인과 사회적 환경 또는 개인과 사회적 맥락 간의 상호작용의 측면에서 볼 때보다 더 정확하게 이해될 수 있다고 보는 입장. '사회-인지적 관점'이라고도 한다. '사회인지적 관점' 참조.

사회재적응 평정척도 【社會再適應 評定尺度】 Social Readjustment Rating Scale (SRRS)　다양한 자극과 사건들이 유기체의 건강과 질병발생에 영향을 미치는 것으로 밝혀져 왔다. 이와 관련하여 Thomas Holmes와 Rahe 등이 질병의 발생 가능성에 영향을 미치는 다양한 생활사건들을 평정하기 위한 척도를 개발하였는데, 이 척도를 지칭하여 'Social Readjustment Rating Scale(SRRS: 사회재적응평정척도)'라 한다.

사회적 강화 【社會的 强化】 social reinforcement　학습의 한 유형인 '조작적 조건형성'에서, 반응 또는 행동이 일어난 뒤에 보상(또는 정적 강화인)이 주어지거나 혐오적 자극(또는 부적 강화인)이 제거되는 절차를 지칭하여 강화라고 하며, 이 같은 강화의 결과로 강화를 받은 반응(또는 조작적 반응)의 발생확률은 증가된다. 이와 같은 강화 과정에서 사용되는 자극이나 사상을 지칭하여 강화인(reinforcer)이라고 하는데, 여기에는 물, 음식, 물건 등과 물질적인 자극(즉, 물질적 강화인)과 "잘했어", "고마워", "멋지다" 등과 같은 사회적인 자극(즉, 사회적 강화인)이 있다. 이 가운데 사회적인 자극(즉, 사회적 강화인)이 강화인으로 사용되는 강화의 형태를 지칭하여 '사회적 강화'라고 한다. 즉, '사회적 강화'란 어떤 행동에 대해 "잘했어!" 또는 "고맙다!" 등과 같은 긍정적인 사회적 자극이 주어지거나 또는 '인상을 찌푸리기'나 '화난 표정 짓기' 등과 같은 혐오적인(또는 부정적인) 사회적 자극이 제거되는 결과로 그 행동의 발생 빈도가 증가되는 변화(학습)에서, 행동의 발생 빈도를 증가하게 만든 "잘했어!" 또는 "고맙다!" 등과 같은 긍정적인 사회적 자극을 주거나 반대로 '인상을 찌푸리기'나 '화난 표정 짓기' 등과 같은 혐오적인(또는 부정적인) 사회적 자극이 제거되는 절차(또는 그러한 변화)를 지칭한다.

사회적 강화물【社會的 强化物】social reinforcer '사회적 강화인' 또는 '사회적 강화원'이라고도 한다. '사회적 강화인' 참조.

사회적 강화원【社會的 强化源】social reinforcer '사회적 강화인' 또는 '사회적 강화물'이라고도 한다. '사회적 강화인' 참조.

사회적 강화인【社會的 强化因】social reinforcer 학습의 한 유형인 '조작적 조건형성'에서, 반응 또는 행동이 일어난 뒤에 보상(또는 정적 강화인)이 주어지거나 혐오적 자극(또는 부적 강화인)이 제거되는 절차를 지칭하여 강화라고 하며, 이 같은 강화의 결과로 강화를 받은 반응(또는 조작적 반응)의 발생확률은 증가된다. 이와 같은 강화 과정에서 사용되는 자극이나 사상을 지칭하여 강화인(reinforcer)이라고 한다. 강화인 중에서도 물, 음식, 물건 등과 물질적인 자극이 강화에 사용될 때 이를 지칭하여 '물질적 강화인'이라고 하며, 이와는 달리 "잘했어", "고마워", "멋지다" 등과 같은 사회적인 자극이 강화에 사용될 때 이러한 자극들 지칭하여 '사회적 강화인'이라고 한다. 이 같은 사회적인 자극(즉, 사회적 강화인)이 강화인으로 사용되는 강화의 형태를 지칭하여 '사회적 강화'라고 한다. 한편, '사회적 강화인'은 '사회적 강화물' 또는 '사회적 강화원'이라고도 한다. '사회적 강화' 참조.

사회적 거리【社會的 距離】social distance 사회적 지위나 계급 등에 따라 나타나는 개인들 및 집단 간의 관계 또는 친밀감의 정도를 지칭한다.

사회적 관심【社會的 關心】social interest 사회를 향한 또는 사회를 대상으로 한 도움이나 기여의 의도를 포함하는 관심.

사회적 규범【社會的 規範】social norm '사회규범'이라고도 한다. '사회규범' 참조.

사회적 기술【社會的 技術】social skills 사회적 상황에서 다른 사람(또는 조직)과 조화를 유지하면서 자신의 목표를 이루어가는 것을 가능하도록 도와주는 개인의 인지(또는 사고)적, 정서적 및 행동적 측면에서의 조절 능력 또는 조절 활동. 생후 초기의 애착(attachment) 발달이 이러한 사회적 기술의 발달에 큰 영향을 미치는 것으로 알려지고 있다.

사회적 기술훈련【社會的 技術訓練】social skills training 사회적 기술(즉, 대인관계에서 조화를 유지하면서 자신의 목표를 이루어갈 수 있도록 도와주는 인지, 정서 및 행동상에서의 조절 능력)의 향상을 위해 진행하는 일종의 행동 요법. 모델링, 조형, 강화 및 반복적인 행동 연습 등의 기법이 사용된다.

사회적 나태【社會的 懶怠】social loafing '사회태만'이라고도 한다. '사회태만' 참조.

사회적 나태현상【社會的 懶怠現象】social loafing '사회태만'이라고도 한다. '사회태만' 참조.

사회적 나태효과【社會的 懶怠效果】social loafing '사회태만'이라고도 한다. '사회태만' 참조.

사회적 바람직성【社會的 바람직性】social desirability 사회적으로 일정한 방식(방향)으로 생각하거나 행동하는 것이 옳고 바람직하다고 인정되는 생각과 행동의 기준. 이와 같은 사회적 바람직성은 사회의 모든 구성원들에게 그것에 따라 생각하고 행동하도록 권장되는데, 흔히 사람들은 사회적으로 또는 다른 사람들

에게 자신이 좋은 모습으로 비춰지길 바라고 또 그렇게 되기 위해 노력하는 경향이 있기 때문에, 대부분의 사람들은 사회적 바람직성에 따라 생각하고 행동하기 위해 노력하게 된다.

사회적 바람직성에 의한 편파【社會的 바람직性에 의한 偏頗】social desirability bias '사회적 바람직성 편파'라고도 한다. '사회적 바람직성 효과' 참조.

사회적 바람직성에 의한 편향【社會的 바람직性에 의한 偏向】social desirability bias '사회적 바람직성 편향'이라고도 한다. '사회적 바람직성 효과' 참조.

사회적 바람직성 편파【社會的 바람직性 偏頗】social desirability bias '사회적 바람직성 효과' 참조.

사회적 바람직성 편향【社會的 바람직性 偏向】social desirability bias '사회적 바람직성에 의한 편향'이라고도 한다. '사회적 바람직성 효과' 참조.

사회적 바람직성 효과【社會的 바람직性 效果】social desirability effect 흔히 사람들은 사회적으로 또는 다른 사람들에게 자신이 좋은 모습으로 비춰지길 바라고 또 그렇게 되기 위해 노력하는 경향이 있기 때문에, 대부분의 사람들은 사회적 바람직성에 따라 생각하고 행동하려는 경향이 있다. 이러한 경향이 개인의 특성이나 능력을 알아보는 심리검사나 설문조사 등의 평가과정에 반영되어 솔직한 반응을 하기보다 사회적으로 바람직한 평가를 받을 수 있는 반응을 하도록 만드는 하는 경향이 있는데, 이러한 반응 경향을 '사회적 바람직성 효과'라고 한다. '사회적 바람직성 편향' 또는 '사회적 바람직성 편파' 등과 같은 의미로 사용된다.

사회적 발달【社會的 發達】social development '사회성 발달'이라고도 한다. '사회성 발달' 참조.

사회적 비교【社會的 比較】social comparison 자신과 자신이 가진 특징들(신체적, 심리적, 행동적 및 사회적 특징 등)을 타인과 비교함으로써 자기를 평가하고 이해하는 과정.

사회적 상호작용【社會的 相互作用】social interaction 사회 속에서 이루어지는 개인들 및 집단 간에 이루어지는 모든 상호관계를 의미한다.

사회적 역할【社會的 役割】social role 삶을 살아가는 과정에서 사회의 구성원인 개인에게 그 지위에 따라 부과되고 기대되는 행동 또는 행동의 내용. '사회역할'이라고도 한다.

사회적 역할 가설【社會的 役割 假說】social roles hypothesis 성차(gender differences)와 성유형화(gender typing)의 발생 원인은 생물학적 또는 진화적 과정의 결과가 아니라 사회화 과정을 통해 사회가 남녀에게 부여한 역할의 차이에서 비롯된다고 보는 관점 또는 가설.

사회적 영향 이론【社會的 影響 理論】social impact theory 우리는 타인들과 상호작용을 해가는 과정에서 영향을 주고받게 된다. 이때 개개인이 서로 주고받는 영향력은 상대방의 조건이나 특성에 따라 차이를 보이게 되는데, 특히 한 개인이 타인으로부터 받는 영향력은 타인이 가진 힘(지위나 경제력 또는 정보력 등), 타인의 수, 그리고 타인과의 가까운 정도 등이 중

가할수록 커진다고 보는 이론. '사회영향이론'이라고도 한다.

사회적 유능성【社會的 有能性】 social competence 사회적인 측면에서 가지고 있는 개인의 능력. 즉, 사회적 상황에서 다른 사람들과 좋은 관계를 맺고 이를 지속해가며, 나아가 그러한 상호작용을 통해 자신의 기대나 목표를 이루어가는 능력. 사회적 유능성은 여러 하위 요소들을 포함하는데, 정서적 측면에서 발휘하는 개인의 능력인 '정서적 유능성' 측면을 중요한 한 가지 요소로 꼽을 수 있다.

사회적 인지【社會的 認知】 social cognition '사회인지'라고도 한다. '사회인지' 참조.

사회적 자기【社會的 自己】 social self '나(또는 자신)'를 구성하고 있거나 나와 의미 있게 관련되어 있어 '나'를 특징짓는다고 여겨지는 모든 속성들에 대한 지각이나 인식을 '자기(自己)' 또는 '자아(自我)'라고 한다. 이러한 '자기' 중에서 타인들과의 관계를 포함한 자신의 사회적 측면에 대한 자기를 '사회적 자기'라고 한다. 즉 '사회적 자기'란 '자기'를 구성하는 한 부분으로, 자신과 타인들과의 관계를 포함한 자신의 '사회적 측면'에 대한 지각이나 인식을 의미한다.

사회적 지각【社會的 知覺】 social perception 사람들이 사회 상황에서 다른 사람(또는 집단)의 특성을 지각하고 이해하는 과정. '사회지각'이라고도 한다.

사회적 지능【社會的 知能】 social intelligence (SI) 사회성과 밀접한 개념으로, 사회적 관계 또는 인간관계에서 타인을 이해하고 동시에 그 관계 속에서 적절하게 대처하고 행동하는 능력. '사회지능'이라고도 한다.

사회적 지원【社會的 支援】 social support '사회적 지지' 참조.

사회적 지지【社會的 支持】 social support 타인과의 관계를 통해 제공되는 심리적 및 물리적인 형태의 모든 긍정적인 자원을 총칭하는 말로, 여기에는 타인으로부터 제공되는 존경 및 애정 등의 정서적 지지, 정보 및 지식 형태의 인지적 지지, 그리고 경제적 또는 물질적 지지 등이 포함된다. 일반적으로 사회적 지지는 개인의 정신건강 및 적응에 대하여 직접 및 간접적으로 긍정적인 영향을 미치는 중요한 심리 · 사회적 변인으로 알려지고 있다. '사회적 지원'이라는 표현으로도 사용된다.

사회적 참조【社會的 參照】 social referencing 익숙하지 않거나 애매모호한 상황에서 그 상황의 의미를 해석하고 알기 위해 다른 사람의 정서적 반응 또는 정서적 표현(예를 들면, 다른 사람의 얼굴표정)을 활용하는 현상.

사회적 촉진【社會的 促進】 social facilitation 과제(또는 일이나 작업)를 혼자서 할 때보다 다른 사람이나 집단 속에서 할 때 수행이 향상되는 현상. 흔히 단순한(또는 손쉬운) 과제이거나 잘 학습된 과제인 경우에 사회적 촉진 현상이 나타나지만 복잡하거나 학습이 잘 되어 있지 않은 과제(또는 일이나 작업)를 수행할 경우에는 오히려 수행이 저하되는 경향을 보인다. '사회촉진', '사회촉진 효과', '사회촉진 현상', '사회적 촉진 효과' 또는 '사회적 촉진 현상'이라고도 한다.

사회적 촉진현상【社會的 促進現象】 social facilitation

'사회촉진'이라고도 한다. '사회촉진' 참조.

사회적 촉진효과【社會的 促進效果】 social facilitation '사회촉진'이라고도 한다. '사회촉진' 참조.

사회적 태만【社會怠慢 怠慢】 social loafing '사회태만'이라고도 한다. '사회태만' 참조.

사회적 태만현상【社會的 怠慢現象】 social loafing '사회태만'이라고도 한다. '사회태만' 참조.

사회지각【社會知覺】 social perception 사람들이 사회 상황에서 다른 사람(또는 집단)의 특성을 지각하고 이해하는 과정. '사회적 지각'이라고도 한다.

사회지능【社會知能】 social intelligence (SI) '사회적 지능'이라고도 한다. '사회적 지능' 참조.

사회촉진【社會促進】 social facilitation 과제(또는 일이나 작업)를 혼자서 할 때보다 다른 사람이나 집단 속에서 할 때 수행이 향상되는 현상. 흔히 단순한(또는 손쉬운) 과제이거나 잘 학습된 과제인 경우에 사회적 촉진 현상이 나타나지만 복잡하거나 학습이 잘 되어 있지 않은 과제(또는 일이나 작업)를 수행할 경우에는 오히려 수행이 저하되는 경향을 보인다. '사회적 촉진', '사회촉진효과', '사회촉진현상', '사회적 촉진효과' 또는 '사회적 촉진현상'이라고도 한다.

사회촉진현상【社會促進現象】 social facilitation '사회촉진'이라고도 한다. '사회촉진' 참조.

사회촉진효과【社會促進效果】 social facilitation '사회촉진'이라고도 한다. '사회촉진' 참조.

사회측정기법【社會測定技法】 sociometric technique / sociometric method '사회성 측정기법' 참조.

사회측정법【社會測定法】 sociometric technique / sociometric method '사회성 측정기법' 참조.

사회태만【社會怠慢】 social loafing 과제(또는 일이나 작업)를 혼자서 할 때보다 다른 사람이나 집단 속에서 할 때 수행이 향상되는 '사회촉진(社會促進: social facilitation)' 현상과 반대로, 혼자서 과제를 수행할 때보다 타인과 같이 수행할 때 오히려 노력을 적게 하고 그 결과 수행이 저하되는 현상. 이 현상은 개인적 책임이 주어진 경우보다 집단적 책임이나 목표가 주어진 경우에 더 자주 나타나는 경향이 있다. 한편, '사회태만'은 '사회태만현상', '사회태만효과', '사회적 태만', '사회적 태만현상', '사회적 태만효과', '사회적 나태', '사회적 나태현상', '사회적 나태효과'라고도 하며, 또 이 현상을 처음 발견한 학자인 링겔만(Ringelmann)의 이름을 따서 '링겔만효과(Ringelmann effect)'라고도 한다.

사회태만현상【社會怠慢現象】 social loafing '사회태만'이라고도 한다. '사회태만' 참조.

사회태만효과【社會怠慢 效果】 social loafing '사회태만'이라고도 한다. '사회태만' 참조.

사회학습이론【社會學習理論】 social learning theory Albert Bandura (1925~)에 의해 제안된 학습이론으로, 사회적 상황에서 이루어지는 학습은 전통적인 학습이론(고전적 조건형성과 조작적 조건형성)에서 강조하는 것과 달리, 학습자의 인지를 포함하는 개인적 측면(개인변인)들과 행동, 그리고 환경 등 세 가지 요소들 간의 상호작용의 결과라고 설명한다. 구체적으로, 이 이론에서는 학습자가 환경의 영향을 받는 직접적인 경험을 통해 학습이 이루어지는 것으로 설명하는 고전적 조건형성이나 조작적 조건형성과는 달리, 학습자가 사회적 상황에서 다른 사람(모델이라고도 함)의 행동을 관찰하는 과정이나 경험을 통해 모델이 행동 후에 보상(또는 강화)을 받는지, 반대로 처벌을 받는지, 아니면 보상도 처벌도 없이 무시되고 있는지 등의 결과를 간접적으로 경험할 수 있다는 점을 강조하면서 이러한 과정을 통해 특정 행동을 학습할 수 있다고 본다. 이 이론에 따르면, 관찰자가 모델이 특정 행동을 한 후에 보상을 받는 것을 관찰했다면(대리적 강화: vicarious reinforcement), 그 이후에 유사한 상황에서 모델이 했던 것처럼 행동하게 될 가능성이 증가되고, 반대로 모델이 특정 행동을 한 후에 처벌을 받는 것을 관찰했다면 (대리적 처벌: vicarious punishment), 그 이후에 유사한 상황에서 모델이 했던 행동을 하지 않거나 그 행동과 다르게 행동하게 될 가능성이 증가된다. 한편, 최근에 와서는 '사회학습이론'을 '사회인지이론(social cognitive theory)'이라고 부르는 경우가 많다.

사회화되지 못한 비행【社會化되지 못한 非行】 under-socialized delinquency 비행(delinquency)을 분류하는 한 가지 방식으로, 비행을 '사회화된 비행'과 '사회화되지 못한 비행' 등 두 가지로 구분할 수 있다. 이 가운데 '사회화되지 못한 비행'은 다른 사람이나 또래들과 어울리는 과정(일종의 사회화 과정)과 무관하게 발생하는 비행을 말하는 것으로, 흔히 비행자의 내적 또는 심리적 고민이나 문제가 원인이 되어 발생하는 경우가 많다. '사회화되지 않은 비행'이라고도 한다. 이에 비해 '사회화된 비행'은 비행이나 일탈 성향)이 있는 사람이나 또래들과 어울리는 과정에서 저지르는(발생하는) 비행을 지칭한다.

사회화되지 않은 비행【社會化되지 않은 非行】 under-socialized delinquency '사회화되지 못한 비행' 참조.

사회화된 비행【社會化된 非行】 socialized delinquency 비행(delinquency)을 분류하는 한 가지 방식으로, 비행을 '사회화된 비행'과 '사회화되지 못한 비행' 등 두 가지로 구분할 수 있다. 이 가운데 '사회화된 비행'은 비행이나 일탈 성향이 있는 사람이나 또래들과 어울리는 과정(일종의 사회화 과정)에서 저지르는(발생하는) 비행을 지칭한다. 이에 비해 '사회화되지 못한 비행'은 다른 사람이나 또래들과 어울리는 과정과 무관하게 발생하는 비행을 말하는 것으로, 흔히 비행자의 내적 또는 심리적 고민이나 문제가 원인이 되어 발생하는 경우가 많다.

산소결핍증【酸素缺乏症】 anoxia 신체의 각 조직에 필요한 산소가 결핍된 상태. 산소결핍증의 결과로 심장이나 뇌 등과 같은 신체의 주요 조직이나 장기에 심각한 손상과 장애를 초래하게 되며, 심한 경우에는 사망에 이르게 된다. 호흡기계통의 장애, 혈액의 산소운반능력 저하 등 여러 가지 이유에서 비롯된다. 신생아에게서 발생하는 산소결핍증의 주요 원인은 출산 과정에서 탯줄이 뒤엉키거나 눌리는 경우와 둔위 자세로 출산하게 되는 경우 등에서 산소공급이 차단되거나 원활하지 못해 발생하게 되는 경우가 많다. '무산소증(無酸素症)'이라고도 한다.

산업【産業】 industry (1) 하나의 경제체제나 구조 속에서 인간이 필요로 하는 물자나 서비스를 생산하는 활동. (2) 인간이 필요로 하는 물자나 서비스를 생산하는 활동을 하는 분야 또는 그러한 분야에 속하는 전체 기업이나 조직.

산업 및 조직심리학【産業 및 組織心理學】 industrial and organizational psychology (I/O psychology) 심리학적 지식이나 원리, 특히 성격심리학 및 사회심리학적 지식이나 원리들을 공장이나 산업체 등의 산업현장에 응용하는 심리학의 한 분야. 인사선발 및 관리, 작업환경의 개선, 직업훈련 프로그램, 조직의 진단 및 개선, 조직구성원 상담 및 구성원들 간의 갈등 해소와 협력의 증진, 사기 진작, 홍보 및 광고, 그리고 시장조사 등의 문제를 다룸.

산업 및 조직심리학자【産業 및 組織心理學者】 industrial and organizational psychologist '산업 및 조직심리학(産業 및 組織心理學)' 분야에서 활동하는 심리학자.

산업 및 조직심리학회【産業 및 組織心理學會】 Society for Industrial and Organizational Psychology 산업 및 조직심리학 분야의 발전과 구성원들 간의 학술적 교류와 친목 도모를 목적으로 결성된 학술단체로, 산업 및 조직심리학 그리고 이와 관련된 분야에서 활동하는 학자와 종사자들로 구성된다. '한국 산업 및 조직심리학회' 참조.

산업상담【産業相談】 industrial counseling 산업현장에서 구성원들을 대상으로 이들의 적응과 정신건강 및 문제의 예방과 대처를 돕기 위해 이루어지는 일련의 상담활동. 구체적으로 산업상담이란, 산업 현장에서 활동하는 개인의 적응과 정신건강의 향상을 돕고, 나아가 산업 활동과정에서 발생할 수 있는 문제를 예방하고, 또 문제 발생 시에는 이에 대해 효과적으로 대처해 갈 수 있도록 도와주는 일련의 상담활동을 말한다. '상담' 참조.

산업심리학【産業心理學】 industrial psychology 기업체나 회사의 생산성, 인사, 직업훈련 또는 종업원 훈련, 종업원의 사기증진 및 복지향상 등과 관련된 제반 문제를 연구하는 심리학 분야. '산업 및 조직심리학' 참조.

산업심리학자【産業心理學者】 industrial psychologist 산업심리학(産業心理學: industrial psychology) 분야에서 활동하는 심리학자를 지칭한다.

산출언어【産出言語】 productive language 자신이 단어나 문장을 사용하여 표현해내는 언어. '생성언어'라고도 한다. 한편, '산출언어'와 달리, 다른 사람이 하는 말을 듣고 이해하는 언어를 지칭하여 '수용언어'라고 한다.

산포도【散布度】 scatterplot / scatter diagram / scattergram 연구에서, 분석을 위해 수집한 개인별 자료(또는 데이터)들을 2차원의 공간에 나타낸 그림. 즉, 산포도란 연구에 참가한 개인들이 두 개의 변인에서 획득한 값을 한 개의 점으로 표시한 그래프를 말한다. 흔히 다수의 참가자들이 획득한 점수를 표시하게 되므로, 하나의 산포도는 다수의 점들을 포함한다.

산후기간【産後期間】 postpartum period 출산 후 산모가 적응과정을 거쳐 신체적, 심리적 및 행동적인 측면에서 임신 전의 상태와 같거나 비슷한 수준으로 회복되기까지의 기간.

산후우울증【産後憂鬱症】 postpartum depression

/ postnatal depression 출산 후에 산모가 경험하는 우울증으로, 짧게는 수일에서 길게는 수개월 이상 지속될 수 있다. 발생 원인으로는 여러 가지가 있는데, 여기에는 출산 과정에서의 고통과 스트레스, 부모 역할 및 양육에 대한 불안, 원하지 않은 임신과 출산, 호르몬의 변화 등이 포함된다. 산후우울증을 가진 산모들은 그렇지 않은 산모들에 비해 상대적으로 아기를 더 부정적으로 지각하고 또 아기와의 관계에서 긍정적인 상호작용을 할 가능성이 더 낮다.

삼차 순환반응 【三次 循環反應】 tertiary circular reaction '3차 순환반응' 참조.

삼키기반사 【삼키기反射】 swallowing reflex 인간이 선천적으로 가지고 태어나는 반사들 가운데 하나로, 신생아가 입 안에 들어온 물이나 젖 또는 기타의 음식물을 삼키려는 반사 행동을 나타내는데, 이와 같은 선천적인 반사 행동을 '삼키기반사'라고 한다. 삼키기반사는 생후 초기의 적응과 생존력을 높여주는 기능을 하는 것으로 이해되고 있다.

삽화기억 【揷話記憶】 episodic memory '일화기억' 참조.

삽화적 기억 【揷話的 記憶】 episodic memory '일화기억' 참조.

상관 【相關】 correlation '상관관계' 참조.

상관계수 【相關係數】 correlation coefficient 두 변인 간의 관계의 정도 및 방향성을 나타내는 지수로서 흔히 r로 표시되는 숫자로, 숫자의 범위는 +1.00(완전한 정적 상관)에서 −1.00(완전한 부적 상관)까지이다. 상관계수가 0인 경우는 전혀 상관이 없음을 나타낸다.

상관관계 【相關關係】 correlation 한 변인의 변화에 따라 다른 변인도 변화하는 경우에서와 같이, 두 변인이 서로 의존하고 있는 관계성 또는 두 변인 간의 관계를 지칭한다. 흔히 두 변인 간 관계의 방향성에 따라 정적 상관과 부적 상관으로 구분된다. 또한 두 변인 간 관계의 정도 또는 크기를 나타내는 수치를 상관계수(correlation coefficient)라고 하며, 그 범위는 최저 상관이라고 할 수 있는 영(零)의 상관, 즉 0에서부터 최고 상관이라고 할 수 있는 완전상관, 즉 1까지 분포된다. '상관'이라고도 한다. '정적 상관' 및 '부적 상관' 참조.

상관법 【相關法】 correlational method '상관연구법' 참조.

상관설계 【相關設計】 correlational design 연구 설계의 한 형태로, 연구하고자 하는 변인들이 서로 의미있게 관련되어 있는 정도(상관관계)를 알아보기 위한 연구 설계.

상관연구 【相關硏究】 correlational research / correlational study 둘 또는 그 이상의 변인들 간의 관계 정도와 방향성에 초점을 맞추어 진행되는 연구를 말한다.

상관연구법 【相關硏究法】 correlational method 둘 이상의 변인들 간의 상관(관계)에 초점을 맞추어 진행하는 연구방법 또는 기법을 말한다. 즉, 한 변인의 변화에 따라 다른 변인(들)에서 일어나는 변화의 정도나 방향성을 밝히기 위해 사용되는 연구방법. '상

관법'이라고도 한다.

상담【相談】counseling / counselling 학자들에 따라 다소 차이를 보이고 있지만, 흔히 상담이란 생활 속의 고민이나 적응 등의 문제를 가지고 도움을 받고자 하는 사람(즉, 내담자)과 교육 및 훈련을 받은 전문가(즉, 상담자) 간의 개별적인 대면관계를 통해 내담자가 가지고 있는 문제를 해결하고 나아가 심리적 및 행동적 측면에서의 인간적인 성장을 목표로 이루어지는 일련의 활동 또는 학습과정을 말한다. '카운슬링'이라고도 한다. 상담에 사용되는 기법으로는 Freud (1856~1939)의 이론에 근거한 정신분석적 상담을 비롯하여 행동주의 이론에 근거한 행동상담(또는 행동수정), 인간중심의 상담, 게슈탈트 상담, 현실적 상담, 합리적-정서적 상담, 이성적 지시적 상담, 인지치료적 상담, 역설적 상담, 집단상담 등이 있다. 한편, 상담과 비슷한 의미로 사용되는 용어로 '심리치료(psychotherapy)'를 들 수 있다. 상담과 심리치료, 이 두 용어의 차이 및 유사점에 대해서는 학자들에 따라 차이를 보이고 있지만, 현실적으로 상담과 심리치료를 명확하게 구분하는 것은 어려우며, 실제로 서로 동일하거나 중복되는 활동내용에 대하여 각기 상담 또는 심리치료라는 표현을 사용하는 경우가 많다. 상담은 그 대상이 되는 내담자의 수를 기준으로 개인상담과 집단상담으로 구분할 수 있다. 흔히 개인상담이 상담자 1명과 내담자 1명이 만나 진행되는 1대 1의 상담이라면, 집단상담은 일반적으로 1명의 상담자(또는 1명의 상담자와 1~2명 보조상담자)와 7~8명 내외의 내담자집단이 참여하여 진행되는 상담 형태를 지칭한다. 한편 상담은 영어 표현을 따라 '카운슬링'이라고도 한다. '개인상담' 및 '집단상담' 참조.

상담사례지도【相談事例指導】supervision '슈퍼비전'이라고도 한다. '슈퍼비전' 참조.

상담실습지도【相談實習指導】supervision '슈퍼비전'이라고도 한다. '슈퍼비전' 참조.

상담심리학【相談心理學】counseling psychology 임상심리학이 정신장애나 이상행동의 문제를 진단하고 원인을 밝히며 나아가 치료하는 등의 문제를 연구하는데 비해, 상담심리학은 일상생활을 영위하는 과정에서 맞이하게 되는 생활 속의 적응과 기능의 문제에 초점을 맞추어 연구하는 심리학 분야라고 할 수 있다. 보다 구체적으로, 상담심리학은 삶을 살아가는 과정에서 개인의 적응과 기능 및 대인관계를 촉진하는데 목표를 두고 있으며, 정서적, 행동적, 사회적, 직업적 측면 그리고 교육 및 건강 등의 영역에서의 적응, 기능 및 문제에 초점을 맞추어 연구를 진행한다. 또한 상담심리학에서는 상담의 목적이나 방법 및 과정 등의 문제를 연구한다.

상담심리학자【相談心理學者】counseling psychologist 상담심리학(counseling psychology) 분야에서 활동하는 심리학자를 지칭한다.

상담심리학회【相談心理學會】Counseling Psychological Association 상담 및 상담심리학 분야의 발전과 구성원들 간의 학술적 교류와 친목 도모를 목적으로 상담, 상담심리학 그리고 이와 관련된 분야에서 활동하는 학자와 종사자들로 구성된 학술단체로. '한국상담심리학회' 참조.

상담자【相談者】counselor 좁은 의미로는 상담활동에 관한 전문적인 교육과 수련과정을 거친 후 상담(相談: counseling)에 종사하는 전문가를 지칭하고,

넓은 의미에서는 상담을 하는 사람들을 총칭한다. 특히 앞에 제시한 전문적인 상담자라고 하면, 심리학 및 정신의학에서 제시하는 인간의 인지, 정서, 성격 및 행동 등에 관한 이론과 원리를 적용하여 내담자가 가지고 있는 고민이나 문제의 해결을 도와주는 역할을 하는 사람을 지칭한다. '카운슬러'라고도 한다.

상담자 사례지도 【相談者 事例指導】 supervision '슈퍼비전'이라고도 한다. '슈퍼비전' 참조.

상담자 실습지도 【相談者 實習指導】 supervision '슈퍼비전'이라고도 한다. '슈퍼비전' 참조.

상담자 지도감독 【相談者 指導監督】 supervision '슈퍼비전'이라고도 한다. '슈퍼비전' 참조.

상담자 훈련지도 【相談者 訓練指導】 supervision '슈퍼비전'이라고도 한다. '슈퍼비전' 참조.

상담 지도감독 【相談 指導監督】 supervision '슈퍼비전'이라고도 한다. '슈퍼비전' 참조.

상담 훈련지도 【相談 訓練指導】 supervision '슈퍼비전'이라고도 한다. '슈퍼비전' 참조.

상상 속의 관중 【想像 속의 觀衆】 imaginary audience '상상 속의 청중' 참조.

상상 속의 청중 【想像 속의 聽衆】 imaginary audience 청소년기에 새롭게 나타나는 자기중심성의 두 가지 형태 가운데 하나. 청소년기에는 이 시기에 이루어지는 인지발달의 결과로 새로운 자기중심성이 나타나는데, 그 가운데 하나는 '상상 속의 청중'이다. 이것은 자기의 모습이나 행동에 대해 자기 자신이 관심을 갖는 것처럼 다른 사람들도 이런 자기에게 관심을 가지고 있기 때문에 많은 다른 사람들이 자신의 모습이나 행동을 주시한다고 상상하는 사고 경향을 말한다. '상상 속의 청중'이라는 표현 대신 '상상 속의 관중', '상상의 청중', '상상적 청중' 또는 '상상의 관중' 등과 같은 표현이 같은 의미로 사용된다. 한편, 청소년기 자기중심성의 또 다른 한 형태는 '개인적 우화(personal fable)'로, 이것은 자기의 경험은 매우 개별적이고 특별한 것이기 때문에 다른 사람들은 이에 대해 알 수 없다고 믿는 사고 경향을 말한다.

상상의 관중 【想像의 觀衆】 imaginary audience '상상 속의 청중' 참조.

상상의 청중 【想像의 聽衆】 imaginary audience '상상 속의 청중' 참조.

상상적 청중 【想像的 聽衆】 imaginary audience '상상 속의 청중' 참조.

상승작용 【相乘作用】 synergism 약물이나 생리학 관련 연구에서 많이 사용되는 용어로, 몇 가지 요인들이 겹쳐져서 동시에 작용하게 되면 각각이 독립적으로 작용하는 경우에서 나타나는 결과나 효과를 합한 것보다 더 큰 결과나 효과를 나타내는 현상을 지칭한다.

상승효과 【相乘效果】 synergy effect / synergistic effect '시너지효과' 참조.

상염색체 【常染色體】 autosome 인간의 모든 체세포의 핵 안에 존재하는 23쌍(46개)의 염색체 중 23번째의 성염색체(쌍)를 제외한 나머지 22쌍의 염색체 전체. '보통염색체(普通染色體)'라고도 한다.

상위기억【上位記憶】metamemory 기억과 기억과정에 관한 지식 또는 사고. '상위인지(metacognition)'의 중요한 한 부분이다.

상위언어적 인식【上位言語的 認識】metalinguistic awareness 언어 및 언어의 특징에 대해 사고하고 이해하는 인지적 능력.

상위인지【上位認知】metacognition 자신의 사고(인지) 과정에 대한 사고나 지식. 우리는 정신활동을 하는 과정에서 각자 자신의 기억이나 생각 또는 사고방식 등에 대해 생각할 수 있고 이것을 앞으로 있게 될 자신의 기억이나 생각 또는 사고방식에 반영하고, 또 이를 통해 인지능력을 향상시키기도 한다. 이처럼 '자신의 정신활동의 내용이나 특징에 대해 사고하는 인지의 측면 또는 그러한 인지능력'을 지칭하여 '상위인지'라고 한다. '초인지'라고도 한다.

상징【象徵】symbol 다른 어떤 것(흔히 추상적인 관념이나 사상)을 나타내거나 표상하기 위해 기호로 사용된 표식이나 사물. 이때 상징으로 사용되는 표식이나 사물은 그것을 매개로 하여 다른 어떤 것을 알게 해주는 작용을 한다. 대표적인 상징으로 언어를 들 수 있다. '심벌'이라고도 한다.

상징적【象徵的】symbolic 다른 어떤 것(흔히 추상적인 관념이나 사상)을 나타내거나 표상하기 위해 언어와 같은 표식이나 사물을 기호로 사용하는.

상징적 기능【象徵的 機能】symbolic function 상징을 사용하는 기능 또는 능력. 즉, 상징적 기능이란 특정한 사물이나 경험을 나타내기(표상하기) 위해 상징을 사용하는 기능 또는 능력을 말한다. 예컨대, 다리가 네 개가 달린 포유동물들을 나타내기 위해 "멍멍이"라는 말을 사용하는 것을 한 가지 예로 들 수 있다. 이 경우에 "멍멍이"라는 말은 개 이외에도 고양이나 소, 돼지 등과 같은 네 발이 달린 포유동물들을 나타내는(표상하는) 상징이 된다.

상태불안【狀態不安】state anxiety 특정한 상황이나 상태에서 발생하는 불안 또는 불안 경향. 흔히 삶의 과정에서 경험 또는 학습 과정을 통해 후천적으로 획득된다. 한편, 상태불안과는 달리, 선천적인 경향이 있고 동시에 생활 전반에서 보편적으로 발생하는 불안 또는 불안 경향을 '특성불안(trait anxiety)'이라고 한다.

상향이론【上向理論】bottom-up process '상향처리이론'이라고도 한다. '상향처리이론' 및 '상향처리' 참조.

상향처리【上向處理】bottom-up process 지각을 포함한 정보처리가 이루어는 과정의 한 형태로, 환경으로부터의 입력된 감각적 자극(또는 정보)이 지각되고 이 지각된 결과는 다시 상위의 정보처리과정으로 넘어가 보다 더 고차적인 인지 처리를 하게 되는 방식으로 진행되는 정보처리과정. 이 과정에서는 정보처리자인 유기체의 사전 지식이나 기대 등이 포함되지 않는 것으로 본다. '상향처리과정(上向處理過程)'이라고도 한다.

상향처리과정【上向處理過程】bottom-up process '상향처리'라고도 한다. '상향처리' 참조.

상향처리이론【上向處理理論】bottom-up theory 지각을 포함한 정보처리가 이루어지는 과정을 설명하는 이론의 하나로, 지각을 포함한 일련의 정보처리과정은 '상향처리(bottom-up process)' 방식으로 진행된다고 보는 이론. '상향이론'이라고도 한다. '상향처리' 참조.

상호결정론【相互決定論】reciprocal determinism 인간의 발달(예를 들면, 성격이나 태도 등)이 이루어지는 과정은 전적으로 환경(의 영향)에 의한 것이고 그 과정에서 인간(또는 아동)은 환경의 영향을 받기만 하는 수동적인 존재일 뿐이라고 보는 '환경결정론(environmental determinism)'과는 달리, 인간(의 발달)과 환경 간의 관계는 양방향적인 것으로, 서로 영향을 주고받으면서 상대의 변화와 발달에 기여하게 된다고 보는 관점. 따라서 이 관점에 따르면, 환경만이 인간(의 발달)에 영향을 미치는 것이 아니라 인간도 환경에 영향을 미쳐 환경의 변화를 일으키게 된다고 본다. 이 개념은 Albert Bandura (1925~)에 의해 제안된 것으로, Bandura는 인간(P)과 인간의 행동(B) 및 환경(E) 간의 상호작용을 설명하기 위해 이 개념을 도입하였다. 즉, Bandura에 따르면, 인간(P)과 인간의 행동(B) 및 환경(E)은 서로 영향을 주고받는 과정을 통해 결정된다고 본다.

상호작용【相互作用】interaction 관련된 둘 또는 그 이상의 요소들 간의 관계에서, 요소들이 서로 작용하여 영향을 미치고 또 영향을 받는 현상.

상호작용론【相互作用論】interactionism 관련된 둘 또는 그 이상의 요소들 간의 관계를 일방적 관계나 일방적 작용이 아닌 상호작용으로 보는 입장 또는 관점. '상호작용이론'이라고도 한다.

상호작용론자【相互作用論者】interactionist 상호작용론의 입장을 취하는 사람.

상호작용이론【相互作用理論】interactionist theory '상호작용론' 참조.

상호주관성【相互主觀性】intersubjectivity 사회적 관계에서 상대방과 주관적 세계(예를 들면, 삶의 가치관이나 동기 또는 목표 등)를 서로 공유하는 것 또는 그러한 능력.

상황적 귀인【狀況的 歸因】situational attribution 행동에 대한 귀인의 한 형태로, 어떤 사람의 행동을 그 사람이 가진 내적 특성(예를 들면, 성격, 태도, 동기, 가치관 등)으로 귀인하는 것이 아니라 그 사람의 행동이 발생했던 상황이나 환경으로 원인을 돌리는 귀인. 반면에, 어떤 사람의 행동을 그 사람이 가진 내적 특성(예를 들면, 성격, 태도, 동기, 가치관 등)으로 돌리는 귀인 형태를 '성향적 귀인(性向的 歸因: dispositional attribution)'이라고 한다.

상황적 위기【狀況的 危機】situational crisis 개인의 발달이나 적응과 관련하여 발생하는 위기의 한 형태로, 특히 자신이나 가족의 갑작스런 사고나 사망, 화재나 범죄 피해 등과 같은 예상하기 어려운 스트레스적인 사건이나 상황으로 인해 발달이나 적응상의 어려움이나 고비가 초래된 상태.

새디스트 sadist '가학성 변태성욕자' 참조.

새디즘 sadism '가학증' 참조.

색맹【色盲】color blindness 색채(色彩)를 지각 또

ㅅ

는 식별하는 능력이 부분적으로 또는 전적으로 결여되어 있는 상태를 말한다. 흔히 선천적으로 발생하며, 부분적으로는 후천적인 시각기관의 이상이나 질병에 의해 나타나기도 한다. 색맹은 크게 전색맹(全色盲)과 부분색맹(部分色盲) 두 가지 유형으로 구분된다. '색각이상(色覺異常)'이라고도 한다.

색맹검사【色盲檢査】 color blindness test 색채지각능력이 부분적으로 또는 전적으로 결여된 상태를 색맹이라고 하며, 이러한 색맹과 관련하여 개개인이 색맹인지의 여부, 색맹의 정도 및 유형 등을 알아보기 위해 실시하는 검사를 말한다. 대표적인 색맹검사법에는 크게 색맹검사표(色盲檢査表)를 이용하는 방법과 색맹검사경(色盲檢査鏡)을 이용하는 방법이 알려져 있다.

색약【色弱】 incomplete color blindness 색맹과 비교되어 사용되는 용어로, 상대적으로 색맹의 정도가 약한 상태를 지칭하지만, 특정인이 색맹인지 색약인지를 명확하게 구분하는 것은 어려운 것으로 알려지고 있다. 색약은 크게 전색약(全色弱), 적록색약(赤綠色弱), 그리고 청황색약(靑黃色弱) 등으로 구분된다.

색채항등성【色彩恒等性】 color constancy 동일한 지각대상 또는 물체라도 그것의 색채는 주변의 조명도(照明度)가 변화하게 되면 눈의 망막에 비춰지는 그 지각대상(또는 물체)의 색채는 변화하게 된다. 그럼에도 불구하고 그 지각대상(또는 물체)의 색채를 동일하게 지각하는 경향성이 있는데, 이러한 경향성을 지칭하여 색채항등성이라고 한다. 이러한 색채항등성은 다른 지각항등성과 마찬가지로 경험 및 기억의 영향을 받기 때문에, 만일 지각대상(또는 물체)이 이전에 자주 접해본 경험이 없는 친근하지 않은 것일 경우에는 색채항등성이 적용되지 않을 수도 있다. 예를 들면, 평상시 자신이 자주 입고 다니는 노란색의 옷이 있다고 하자. 이 경우에 우리는 이 옷을 입고 집 안에 있든지 아니면 집 밖에 있든지, 또는 밝은 곳에 있든지 아니면 더 어두운 곳에 있든지와 관계없이 그 옷의 색채를 변함없이 노란색으로 지각하게 된다. 반면에, 어느 날 늦은 저녁에 어느 옷가게에서 처음 본 옷(옷이 아니라 다른 물건일 수도 있음)이 너무 예뻐서 비싼 돈을 주고 구입한 후에 그 옷을 집으로 가져왔는데, 그 옷의 색이 옷가게에서 보았던 것과 상당히 차이가 있게 느꼈던 경우도 있을 것이다. 이러한 두 사례는 바로 색채항등성이 경험 및 기억과 밀접한 관련이 있음을 보여준다. '색채항상성'이라고도 한다.

색채항상성【色彩恒常性】 color constancy '색채항등성'이라고도 한다. '색채항등성' 참조.

샐리의 법칙【샐리의 法則】 Sally's law 우연히 개인에게 좋은 일들이 반복해서 일어나는 현상. 길을 가다 우연히 보게 된 상점의 우산이 참 예쁘고 마음에 들어서 사려고 했더니 마침 할인 행사 중이어서 반값에 사게 되었고, 그 우산을 가지고 집으로 가는 길에 마침 소나기가 내려 새로 산 우산을 유용하게 사용하는 상황과 같은 경우를 예로 들 수 있다. 샐리의 법칙에서 '샐리'라는 이름은 1989년에 제작된 미국의 영화 '해리가 샐리를 만났을 때(When Harry Met Sally)'에 나오는 여자 주인공인 '샐리(Sally)'의 이름을 따온 것이다. 한편, '샐리의 법칙'과 반대되는 법칙이 '머피의 법칙'이다. '머피의 법칙' 참조.

생각 thinking '사고' 참조.

생각하기 thinking '사고' 참조.

생득론【生得論】nativism 인간을 포함한 유기체가 가진 정신 또는 심리적 기능이나 능력들이 태어날 때부터 갖추어져 있는 것으로 보는 관점 또는 이론. 인식이나 지식의 근원이 출생 후의 경험(관찰이나 학습 등)에 있다고 보는 '경험론(經驗論: empiricism)' 또는 '후천론(後天論: Aposteriorism)'과 반대되는 개념이다. '생득설(生得說)', '선천론(先天論)', '선천설(先天說)', '선천견해(nature view)', '천부설(天賦設)' 등으로도 불린다.

생득설【生得說】nativism '생득론' 참조.

생리적 욕구【生理的 慾求】physiological needs 욕구(needs)의 한 유형으로, 개체의 생존 또는 동질정체(同質正體: homeostasis)를 유지하기 위해 요구되는 요소들을 말하며, 여기에는 물, 산소, 음식, 배설 등과 같은 요소들에 대한 요구가 포함된다. '욕구' 참조.

생리학【生理學】physiology 유기체 또는 생물체의 생명현상과 그 기제(또는 기전)를 이해하기 위해, 체내의 기관, 조직, 세포 등의 여러 수준에서 일어나는 물리적 및 화학적 현상을 연구하는 학문 분야.

생리학자【生理學者】physiologist 유기체(또는 생물체)의 생명현상을 체내의 기관, 조직, 세포 등의 여러 수준에서 연구하는 학문인 '생리학(生理學: physiology)' 분야에서 활동하는 학자. '생리학' 참조.

생리심리학【生理心理學】physiological psychology 행동의 기저를 이루는 생리적 과정을 연구하는 심리학의 한 분야. 특히 뇌와 신경계, 그리고 신체의 생리적 조건에 따라 행동을 포함한 심리학적 현상들에서 어떤 차이가 있는지를 연구한다.

생리심리학자【生理心理學者】physiological psychologist 행동의 기저를 이루는 생리적 과정을 연구하는 '생리심리학(生理心理學)' 분야에서 활동하는 심리학자를 지칭한다.

생리학적 관점【生理學的 觀點】physiological perspective 인간이나 동물의 행동과 심리적 현상을 뇌를 포함하는 신경계와 신체 내의 생리적 측면에서 이해하려는 접근. '생리학적 설명', '생리학적 접근'이라고도 하며, '생물학적 관점'과도 같은 의미로 사용된다. '생물학적 관점' 참조.

생리학적 설명【生理學的 說明】physiological explanation '생리학적 관점'이라고도 한다. '생리학적 관점' 및 '생물학적 관점' 참조.

생리학적 접근【生理學的 接近】physiological approach '생리학적 관점'이라고도 한다. '생리학적 관점' 및 '생물학적 관점' 참조.

생리학적 조망【生理學的 眺望】physiological perspective '생리학적 관점'이라고도 한다. '생리학적 관점' 및 '생물학적 관점' 참조.

생물시계【生物時計】biological clock 가시적으로 시간을 나타내는 인공의 시계와 관계없이, 유기체의 수면이나 각성상태의 주기와 같은 생물학적 리듬을 일정하게 유지하고 통제한다고 생각되는 신체 내의 생물학적 기제(機制: mechanism)를 지칭한다. '생물학적 시계(生物學的 時計)', '생체시계(生體時計)' 또는 '체내시계(體內時計)'라고도 한다.

생물심리사회적 관점【生物心理社會的 觀點】 biopsychosocial perspective 인간의 행동을 설명하는 통합적 관점으로, 인간 및 인간의 행동을 설명하기 위해 여러 관점들 중 어느 한 가지 관점에 의존하는 것이 아니라 여러 관점들, 즉 생물학적 관점, 심리학적 관점, 그리고 사회문화적 관점을 포괄하여 통합적으로 접근하는 관점. '생물심리사회적 설명', '생물심리사회적 접근' 또는 '생물심리사회적 조망'이라고도 한다.

생물심리사회적 설명【生物心理社會的 說明】 biopsychosocial explanation '생물심리사회적 관점' 참조.

생물심리사회적 접근【生物心理社會的 接近】 biopsychosocial approach '생물심리사회적 관점' 참조.

생물심리사회적 조망【生物心理社會的 眺望】 biopsychosocial perspective '생물심리사회적 관점' 참조.

생물심리학【生物心理學】 biological psychology 인간을 포함한 생물종들의 행동의 기저에 있는 생물학적, 생리학적, 진화론적 및 유전론적 원리를 밝히기 위한 연구를 진행하는 심리학의 한 분야.

생물심리학자【生物心理學者】 biological psychologist 생물심리학(biological psychology) 분야에서 활동하는 심리학 또는 관련 분야의 학자를 지칭한다.

생물피드백【生物피드백】 biofeedback '생물피드백'의 영어 표현인 'biofeedback'은 '생물'이라는 의미를 가진 'bio'와 '귀환(歸還)' 또는 '귀환반응'이라는 의미를 가진 'feedback'의 합성어로, 생체(또는 생물체) 내에서 발생하는 생리적 또는 신경학적 상태나 변화를 특정한 형태의 정보로 전환하여 그 생체(또는 생물체)에 전달하여 알려주는 것(또는 알려주는 조작)을 뜻한다. '바이오피드백' 또는 '생체피드백'이라고도 한다. '바이오피드백' 참조.

생물학적 관점【生物學的 觀點】 biological perspective 심리학의 제문제(인간의 행동과 심리과정 등)를 설명하는 방식 가운데 하나로, 인간이나 동물의 행동과 심리적 현상을 뇌가 포함된 신경계의 전기적 및 화학적 활동을 중심으로 신체 전반에서 이루어지는 신경 및 생리적인 측면에서 이해하려는 접근. '생물학적 조망' 또는 '생물학적 접근'이라고도 하며, '생리학적 관점'과 같은 의미로 사용된다.

생물학적 설명【生物學的 說明】 biological explanation '생물학적 관점'이라고도 한다. '생물학적 관점' 참조.

생물학적 시계【生物學的 時計】 biological clock '생물시계' 참조.

생물학적 접근【生物學的 接近】 biological approach '생물학적 관점'이라고도 한다. '생물학적 관점' 참조.

생물학적 조망【生物學的 眺望】 biological perspective '생물학적 관점'이라고도 한다. '생물학적 관점' 참조.

생산성【生産性】 productivity (1) (경제학이나 경영학 분야에서 사용될 때) 일정한 비용이나 노동력 등을 투입하여 생산해낸 생산물의 양. 또는 투입된 것의 양과 생산된 것(생산물)의 양 간의 비율. (2) (심리학 분야) 삶의 과정에서 자신과 가족 또는 사회나 미래의 세대와 세상에 도움이 되는 가치 있는 결과를 만들어 내는(또는 가져오는) 활동을 하는 특성이나 그런 활동을 하는 정도.

생산적 사고【生產的 思考】 productive thinking 새로운 기술이나 도구를 고안해내거나 새로운 문제를 해결해내는 것과 같은 가치 있는 결과를 창출해내는 사고 또는 사고활동. '창조적 사고' 및 '창의적 사고'와 같은 의미로 사용된다.

생산적 활동【生產的 活動】 productive activity 삶의 과정에서 가치 있는 결과를 만들거나 창출해내는 활동. '생산성' 참조.

생성문법【生成文法】 generative grammar 미국의 언어학자인 Chomsky (1928~)가 제안한 문법 이론. '변형생성문법' 참조.

생성언어【生成言語】 productive language '산출언어' 참조.

생식【生殖】 reproduction 생물이 자신과 같은(또는 닮은) 새로운 개체를 만들어(생산하여) 종족을 유지해가는 것 또는 그러한 현상. 즉, 생식이란 생물들이 자신의 종족을 유지해 가는 활동을 지칭하는 것으로, 유기체가 자신과 같은 종의 새로운 개체를 생산해내는 활동을 지칭한다. 무성생식(無性生殖)과 유성생식(有性生殖)으로 구분된다.

생식기【生殖期】 genital stage Freud (1856~1939)의 심리성적 발달이론에서 잠복기 다음으로 오는 다섯 번째 단계(심리성적 발달단계 가운데 마지막 단계임)에 해당하는 시기로, 사춘기 이후에 시작되는 단계이다. 이 시기로 오면서 잠복기 동안 억압되었던 성적 충동이 재각성되면서 되살아나게 되는데, Freud는 이러한 경향을 남근기 동안에 부모와의 관계에서 해결할 수 없었던 갈등이 청소년기로 와서 다시 나타나는 것으로 보았다. 따라서 이 시기의 청소년들은 성적 충동을 사회적으로 받아들여지는 방식으로 표현하는 방법을 배워야 하는데, 이러한 과정이 원만히 진행될 때 그 개인은 성숙하고 건강한 성인으로 발달해가게 된다. '성기기(性器期)' 또는 '생식단계(生殖段階)'라고도 한다.

생식기【生殖器】 reproductive organ '생식기관' 참조.

생식기관【生殖器官】 reproductive organ 흔히 인간을 포함하여 유성생식(有性生殖)을 하는 동물들에서 생식 기능을 하는 기관을 말한다. '성기(性器)' 또는 '생식기(生殖器)'라고도 한다.

생식단계【生殖段階】 genital stage '생식기(生殖期)' 또는 '성기기(性器期)'라고도 한다. '생식기' 참조.

생식샘【生殖샘】 sexual gland / gonad '생식선' 참조.

생식선【生殖腺】 sexual gland / gonad 성호르몬을 분비하는 내분비선. 인간의 경우에는 남성의 경우 정소(精巢)라고도 하는 고환이 이에 해당하며, 여성의 경우에는 난소(卵巢)가 이에 해당한다. 생식샘(生殖샘), 생식소(生殖巢), 성선(性腺), 성소(性巢) 등으로도 표현된다.

생식선 자극호르몬【生殖腺 刺戟호르몬】 gonadotropic hormone / gonadotrophin 내분비선 중에서도 '우두머리선'으로 일컬어지는 '뇌하수체'의 주요 부분들 가운데 전엽에서 분비되는 호르몬. 여기에는 '여포자극호르몬'과 '황체형성호르몬' 등 두 가지의 호르몬이 포함된다. 이 호르몬들은 생식선인 '성선(sex gland)'에 영향을 미친다. '성선 자극호르몬' 또는 '고나도트로핀'이라고도 한다.

생식세포【生殖細胞】 reproductive cell / gamete 생식 과정에 관여하는 세포. 일반적으로 유성생식을 하는 생물들의 정세포(또는 정자)와 난세포(또는 난자)가 여기에 해당한다. 즉, 인간의 경우에는 남성의 정자와 여성의 난자가 생식세포에 해당한다. 이외에도 무성생식을 하는 생물들에서는 포자가 생식세포에 해당한다.

생식소【生殖巢】 sexual gland / gonad '생식선' 참조.

생식자【生殖子】 gamete '배우자' 참조.

생식체【生殖體】 gamete '배우자' 참조.

생식체계【生殖體系】 reproductive system 유기체 내에 있는 생식을 위해 작용하는 관련 기관들 또는 조직들의 체계. 즉, 한 유기체(또는 생물체) 내에서 생식(生殖: reproduction)을 위해 관련 기관들(또는 조직들)이 유기적으로 함께 작용하는 체계를 지칭하여 생식체계라고 한다.

생애【生涯】 life-span 한 개인이 살아온(살아가는) 삶 또는 인생 전체를 지칭한다. '전생애' 참조.

생애발달심리학【生涯發達心理學】 life-span developmental psychology 최근의 발달심리학의 주요 관점을 반영한 또 다른 표현으로, 특히 생애적 접근 또는 전생애적 접근(全生涯的 接近)을 취하는 발달심리학을 지칭한다. '전생애발달심리학(全生涯發達心理學)'이라고도 한다. '전생애적 접근' 참조.

생애적 접근【生涯的 接近】 life-span approach 인간의 주요 발달은 청년기 이전까지의 시기, 즉 인생의 전반기에서만 이루어지는 것이 아니라 그 이후 성인기 및 노년기를 거치면서도 많은 주요 변화들이 진행되기 때문에 인간의 발달을 연구하는 발달심리학에서는 인생의 일부분(예를 들면, 아동기 및 청년기)에서만이 아니라 성인기 및 노년기를 포함한 전생애기간 동안에 발달이 이루어진다는 관점에서 연구를 진행해 가려는 접근 또는 관점을 일컬어 생애적 접근 또는 전생애적 접근이라고 한다. '전생애적 접근' 참조.

생존가능 연령【生存可能 年齡】 age of viability 태내의 태아가 모체 밖으로 나왔을 때 생존하는 것이 가능한 연령의 범위. 대략 임신 7개월을 전후한 시기인 약 22주에서 28주 사이의 시기를 생존가능 연령으로 본다.

생존반사【生存反射】 survival reflexes 출생 시부터 가지고 태어나는 여러 반사들 중에서 생존에 필요하거나 도움이 되는 반사. 예를 들면, 찾기반사, 빨기반사, 삼키기반사 등이 포함된다.

생체시계【生體時計】 biological clock '생물시계' 참조.

생체피드백【生體피드백】 biofeedback '생체피드백'의 영어 표현인 'biofeedback'은 '생물'이라는 의미를 가진 'bio'와 '귀환(歸還)' 또는 '귀환반응'이라는 의미를 가진 'feedback'의 합성어로, 생체(또는 생물체) 내에서 발생하는 생리적 또는 신경학적 상태나 변화를 특정한 형태의 정보로 전환하여 그 생체(또는 생물체)에 전달하여 알려주는 것(또는 알려주는 조작). '바이오피드백' 또는 '생물피드백'이라고도 한다. '바이오피드백' 참조.

생태체계모델【生態體系모델】 ecological system model '생태학적 체계이론' 참조.

생태체계모형【生態體系模型】 ecological system model '생태학적 체계이론' 참조.

생태체계이론【生態體系理論】 ecological system theory '생태학적 체계이론' 참조.

생태체계접근【生態體系接近】 ecological system approach '생태학적 체계이론' 참조.

생태학【生態學】 ecology 생물학의 한 분야로, 생물들의 생활환경과 생활상태 그리고 생물들과 환경 간의 상호관계(또는 상호관련성) 등을 연구하는 학문.

생태학적 모델【生態學的 모델】 ecological model '생태학적 체계이론' 참조.

생태학적 모형【生態學的 模型】 ecological model '생태학적 체계이론' 참조.

생태학적 이론【生態學的 理論】 ecological theory '생태학적 체계이론' 참조.

생태학적 접근【生態學的 接近】 ecological approach '생태학적 체계이론' 참조.

생태학적 체계모델【生態學的 體系모델】 ecological system model '생태학적 체계이론' 참조.

생태학적 체계모형【生態學的 體系模型】 ecological system model '생태학적 체계이론' 참조.

생태학적 체계이론【生態學的 體系理論】 ecological system theory Bronfenbrenner (1917~2005)가 제안한 인간발달에 관한 이론으로, 브론펜브레너는 이 이론을 통해 인간발달에 영향을 미치는 다섯 개의 환경체계(미시체계, 중간체계, 외체계, 거시체계 및 시간체계 등)를 제시하고 있다. 오늘날 이 이론은 가장 영향력 있는 발달이론 가운데 하나로 평가받고 있다. 한편, '생태학적 체계이론'은 많은 다른 명칭으로 표현되고 있는데, 여기에는 '생태체계이론', '생태학적 체계모델', '생태체계모델', '생태학적 체계모형', '생태체계모형', '생태학적 체계접근', '생태체계접근', '생태학적 이론', '생태학적 모델', '생태학적 모형', '생태학적 접근' 등의 명칭이 포함된다.

생태학적 체계접근【生態學的 體系接近】 ecological system approach '생태학적 체계이론' 참조.

생태학적 타당도【生態學的 妥當度】 ecological validity 실험실이나 기타 통제된 조건에서 이루어진 연구결과는 자연적인 실제 장면이나 세계를 그대로 반영한 것이 아닐 수 있다. 따라서 실험실이나 통제된 조건에서 이루어진 연구결과는 자연적인 장면이나 세계에서 일어나는 실제와 차이를 보일 수 있다. 이처럼 어떤 연구결과가 생태학적으로 자연적인 환경에서 발생하는 실제 현상이나 과정을 어느 정도 반영하고 있는지를 지칭하여 생태학적 타당도라고 한다.

생활나이【生活나이】 chronological age '생활연령' 참조.

생활방식 관련 질병【生活方式 關聯 疾病】 lifestyle disease '생활양식 관련 질병' 참조.

생활방식질병【生活方式疾病】 lifestyle disease '생활양식 관련 질병' 참조.

생활변화단위【生活變化單位】 Life Change Units (LCU) 사회재적응평정척도(Social Readjustment Rating Scale: SRRS)에 포함된 생활사건들의 영향력 또는 영향의 크기를 나타내기 위해 각각의 생활사건들에 수치를 할당하여 부여한 값. '사회재적응평정척도' 참조.

생활양식 관련 질병【生活樣式 關聯 疾病】 lifestyle disease 건강을 해치는 개인의 생활습관과 관련된 질병. 심장병, 폐암을 포함한 각종 암, 당뇨병, 비만 등이 포함된다. 과거 20세기 초까지만 해도 인간의 사망을 초래하는 질병들 중 가장 많은 부분을 차지하는 것이 감염성질병이었던 반면에 오늘날로 오면서 감염성질병으로 인한 사망보다는 생활양식과 관련된 질병으로 사망하는 비율이 증가하고 있다. 다른 표현으로는 '생활방식 관련 질병', '생활양식질병', '생활방식질병' 등이 있다.

생활양식질병【生活樣式疾病】 lifestyle disease '생활양식 관련 질병' 참조.

생활연령【生活年齡】 chronological age 출생한 이후 경과한 연(年)과 월(月)의 수로 표시되는 연령(또는 나이). '생활연령'이라는 표현 대신 '생활나이', '역연령(曆年齡)', '달력에 의한 연령' 또는 '달력에 의한 나이' 등의 표현이 같은 의미로 사용되고 있다.

생활지도【生活指導】 guidance 학생들의 건강한 발달과 생활 적응능력을 도와주는 체계적 지도 활동. 구체적으로 생활지도란, 학생들의 생활에 대한 지도를 통해 개개인이 가지고 있는 특성과 잠재력을 최대로 발달 및 발휘하도록 돕는 동시에 생활 속에서 겪게 되는 문제들을 스스로 해결해 갈 수 있도록 도와주는 체계적인 지도 과정을 말한다. '가이던스'라고도 한다.

샤르코 Charcot (1825~1893) 프랑스의 내과의사 · 정신분석가. 'Charcot, Jean Martin (1825~1893)' 참조.

샤머니즘 shamanism 원시종교의 한 형태로 우리나라 전통사회의 무속에서 무당에 해당하는 주술사인 샤먼(shaman)이 초자연적 존재와의 교류를 통해 질병의 치료뿐만 아니라 미래의 길흉화복을 예언하는 등의 종교적 역할을 행하는 활동 또는 현상을 말한다. 점복(占卜) · 예언 · 병 치료 등을 하는 종교 현상. '무술(巫術)', '무속(巫俗)', '무신(巫信)', '무술신앙(巫術信仰)', '무속신앙(巫俗信仰)' 등으로도 표현된다.

서스톤 Thurstone (1887~1955) 미국의 심리학자. 'Thurstone, Louis Leon (1887~1955)' 참조.

서열척도【序列尺度】 ordinal scale 평가를 위한 측정도구 또는 측정의 수준을 척도(尺度: scale)라고 하며, 여기에는 명목척도(名目尺度), 서열척도(序列尺

度), 간격척도(間隔尺度) 및 비율척도(比率尺度) 등이 있다. 이 중 서열척도는 측정대상 또는 현상에 대하여 명칭을 부여할 뿐만 아니라 그것들의 상대적인 크기에 의해 서열 또는 순서가 정해지는 척도로서, 서열이나 순서 간의 간격은 동일하지 않다. 청소년들의 가정환경에 관한 연구에서 조사하는 부모의 교육 및 경제수준 등을 비교하는 경우를 예로 들 수 있다. '순서척도(順序尺度)'라고도 한다.

선【腺】gland 인간을 포함한 동물의 신체조직 가운데 분비기능을 담당하는 세포를 선세포(腺細胞)라고 한다. 이러한 선세포들이 하나 이상 모여서, 또는 하나 이상의 선세포들과 함께 다른 조직이 모여서 분비기능을 담당하는 신체기관을 선(腺)이라고 한다. 신체 내의 선(腺)은 크게 내분비선과 외분비선으로 구분된다. 내분비선은 분비물질을 체내의 림프액이나 혈액 속에 직접 분비하는 선(腺)을 말하는 것으로 여기에는 갑상선(甲狀腺: thyroid gland), 부신피질(副腎皮質: adrenal cortex) 및 뇌하수체(腦下垂體: pituitary gland) 등이 포함된다. 반면에, 외분비선은 분비물질을 소화관이나 신체 밖으로 분비하는 선(腺)을 말하는 것으로, 여기에는 소화선(消化腺: digestive gland), 한선(汗腺: sweat gland) 및 타액선(唾液腺: salivary gland) 등이 포함된다.

선구물질【先驅物質】precursor '전구물질' 참조.

선별적 감소【選別的 減少】selective attrition 종단적 연구에서와 같이, 연구의 목적에 따라 일정하게 긴 기간 동안 진행되는 연구에서 연구에 참여하는 사람(연구 참가자)들이 싫증이나 이사 또는 사고 등의 이유로 연구에서 비무선적으로 빠지게(또는 이탈하게) 되는 현상. 이처럼, 연구 참가자들이 비무선적으로 감소하게 됨에 따라 표본(sample)의 대표성은 떨어지게 된다.

선세포【腺細胞】glandular cell 인간을 포함한 동물의 신체조직 가운데 분비물을 가지고 있거나 이를 분비하는 기능을 하는 세포를 말한다. 이러한 세포들이 하나 이상이 모여 분비기능을 담당하는 신체기관을 일컬어 '선(腺: gland)'이라고 한다.

선적응적 특성【先適應的 特性】preadapted characteristic 조류에게서 나타나는 각인(imprinting) 반응과 같이 특정 개체나 종이 생존할 수 있는 가능성을 높여주는 기능을 하는 선천적인 특성.

선천【先天】innateness 태어나면서부터 가지고 있는 것. 구체적으로, 태어나면서부터 가지고 있는 특성이나 성질을 지칭할 때 '선천성(先天性)'이라는 표현을 사용한다.

선천견해【先天見解】nature view '생득론' 참조.

선천결손【先天缺損】congenital defect / innate defect '선천적 결함(先天的 缺陷)'이라고도 한다. '선천적 결함' 참조.

선천결함【先天缺陷】congenital defect / innate defect '선천적 결함(先天的 缺陷)'이라고도 한다. '선천적 결함' 참조.

선천론【先天論】nativism '생득론' 참조.

선천 부신 과다생성【先天 副腎 過多生成】congenital adrenal hyperplasia (CAH) '선천성 부신 과다생

성' 참조.

선천 부신 과다형성【先天 副腎 過多形成】congenital adrenal hyperplasia (CAH) '선천성 부신 과다생성' 참조.

선천설【先天說】nativism '생득론' 참조.

선천성【先天性】apriority / innateness 태어나면서부터 가지고 있는 특성이나 성질. '선천' 참조.

선천성결함【先天性缺陷】congenital defect / innate defect '선천적 결함'이라고도 한다. '선천적 결함' 참조.

선천성 부신 과다생성【先天性 副腎 過多生成】congenital adrenal hyperplasia (CAH) 여성 태아의 비정상적인 남성화 및 외부 생식기의 기형적 발달을 초래하는 태내기 부신에서의 비정상적인 호르몬 과다생성 현상. 이 증후군을 가진 여성 태아는 여성의 내부 생식기관을 가지고 있지만, 남성의 외부 생식기와 유사한 외부 생식기를 발달시킨다. '선천 부신 과다생성', '선천성 부신 과다형성', '선천 부신 과다형성'이라고도 한다.

선천성 부신 과다형성【先天性 副腎 過多形成】congenital adrenal hyperplasia (CAH) '선천성 부신 과다생성' 참조.

선천성 상구순파열【先天性 上口脣破裂】cleft lip 선천적으로 구강의 윗입술이 찢어진 상태. '언청이'라고도 한다.

선천적【先天的】innate / congenital / inborn 태어날 때부터 가지고 있는. '선천적인(先天的인)'과 같은 말로 사용된다.

선천적 결손【先天的 缺損】congenital defect / innate defect '선천적 결함(先天的 缺陷)'이라고도 한다. '선천적 결함' 참조.

선천적 결함【先天的 缺陷】congenital defect / innate defect 태어날 때부터 가지고 있는 결함 또는 결손. 유전적 요인, 임신 중의 영향 또는 출산 과정에서의 문제 등과 같은 여러 원인에서 비롯될 수 있다. '선천적 결함'과 같은 의미로 사용되는 말로는 '선천결함', '선천성결함', '선천적 결손', '선천결손' 등이 있다.

선천적인【先天的인】innate / congenital / inborn 태어날 때부터 가지고 있는. '선천적(先天的)'과 같은 말로 사용된다.

선천–후천 논쟁【先天–後天 論爭】nature-nurture debate 인간의 심리와 행동에 관한 심리학 연구의 역사에서 가장 오랫동안 지속되어온 논쟁 가운데 하나로, 인간의 심리와 행동 능력은 선천적으로 타고나는 것인가(즉, 생득적인가) 아니면 후천적으로 획득하게 되는 것인가(즉, 경험을 통해 습득하게 되는 것인가)라는 물음에 대해 서로 상반되는 관점들, 즉 선천론(先天論)과 후천론(後天論)이 각기 자기의 관점이 옳음을 주장하면서 맞서온 논쟁.

선택적 강화【選擇的 强化】selective reinforcement 여러 행동들 가운데 특별히 학습시키고자 하는(흔히 바람직한 또는 목표로 하는) 행동을 선택하여 강화하는 것.

선택적 주의【選擇的 注意】 selective attention 환경이나 상황 속의 수많은 자극들 가운데 어느 특정 자극이나 부분에 초점을 맞추어 주의를 기울이는 지각과정. 그 결과, 주의를 받지 못한 다른 많은 자극들은 무시되고 자연히 정보처리 대상이 되지 못하게 된다. 흔히 우리들은 삶을 살아가는 과정에서 매순간 수많은 자극들에 노출되지만, 그 모든 자극들을 지각하고 정보처리 할 수 없기 때문에 그 가운데 하나 또는 일부의 자극에만 주의를 기울이는 과정을 통해 정보처리를 하게 된다. 물론 그 순간에 우리가 주의를 기울이게 되는 하나 또는 일부의 자극은 우리들 개개인이 선택한 자극이다. 이처럼 어느 순간에 수많은 자극들 가운데 하나 또는 일부의 자극을 선택하여 주의를 기울이는 것을 '선택적 주의' 또는 '선택적 주의집중'이라고 한다. 이러한 선택적 주의는 특정 자극에 집중하여 정확하고 효율적으로 정보처리를 하도록 도와주는 효과가 있지만, 다른 한편으로는 그 순간 선택되지 못한 수많은 자극들, 특히 이 많은 자극들 중에 존재하는 (그렇지만 미쳐 확인하지 못한) 잠재적으로 중요한 자극들에 주의를 기울이지 못하도록 만들고 그 결과 우리는 잠재적으로 중요한 자극정보를 놓쳐 버리게 된다. 이러한 현상을 '부주의맹(inattentional blindness)'이라고 한다.

선행사건【先行事件】 antecedent 어떤 상황이나 결과에 앞서서 발생한 사건.

선호도 방법【選好度 方法】 preference method 자신의 의사표현이나 행동이 어려운 영아들의 지각적 능력을 연구하기 위해 사용하는 방법의 하나로, 영아에게 두 가지 이상의 자극을 제시한 후에 영아가 그 자극들 중에서 어느 자극을 선호하는지를 관찰함으로써 영아의 지각 및 지각 능력에 대한 정보를 얻는 방법. '선호도법', '선호법' 또는 '지각적 선호법'이라고도 한다.

선호도법【選好度法】 preference method '선호도 방법' 참조.

선호법【選好法】 preference method '선호도 방법' 참조.

섭식【攝食】 eating 음식물을 섭취하는(먹는) 것. 먹기.

섭식장애【攝食障碍】 eating disorder 음식섭취 또는 식사와 관련하여 발생하는 심각한 행동장애를 총칭한다. 흔히 자신의 체중에 관한 비합리적인 사고 및 부적절한 체중조절행동이 포함된 경우가 많다. 대표적인 식사장애로는 신경성 식욕부진증(anorexia nervosa / anorexia)과 신경성 대식증(bulimia nervosa)이 있다. 거식증 또는 신경성 식욕상실증이라고도 하는 신경성 식욕부진증의 경우에는 흔히 젊은 여성들, 특히 10대의 여자 청소년들에게서 자주 발생하며, 자신의 신체상태 또는 용모에 대한 비현실적인 자기상(自己像) 및 기대, 그리고 비만에 대한 강한 공포와 아름다운 신체에 대한 비합리적인 기준을 가지게 된 결과로 음식섭취를 비정상적으로 거부하는 경향을 나타내며, 심한 경우에는 사망에까지 이를 수 있다. 신경성 폭식증(神經性 暴食症)이라고도 하는 신경성 대식증의 경우에는 습관적으로 잘 통제가 되지 않는 과식 또는 폭식을 한 후에 이를 보상하려는 의도에서 고의적으로 토하는 행동, 즉 자기유도적 구토행위를 하거나 단식, 과도한 운동 또는 설사를 유발하는 약물복용 등과 같은 비정상적이고 건강하지 못한 행위를 하는 경향을 보인다. 한편, '섭식장애'는 '식사장애' 또는 '식이장애'라고도 한다.

성【性】sex / gender '섹스' 및 '젠더' 참조.

성격【性格】personality 성격에 대한 정의는 학자들에 따라 다양하게 제시되고 있어 보편적으로 수용되는 단일의 정의를 내리는 것은 매우 어렵지만, 흔히 개인의 삶의 과정에서 방향성, 안정성, 일관성 및 응집성을 제공해주는 심리(인지, 동기, 정서 등) 및 행동의 복합 체제를 지칭한다. 학자들에 따라, 심리(인지, 동기, 정서 등) 체제를 강조하는 경우가 있는가 하면, 행동 체제를 강조하는 경우도 있다. 성격을 설명하는 이론적 접근들로는 특성-성향적 접근, 정신역동적 접근, 인본주의-현상학적 접근, 사회인지적 접근, 행동주의-학습 접근, 인지-정보처리적 접근, 그리고 생물학적 접근 등이 있다. 한편, Mischel 등(2006, 손정락 역)은 성격의 개념에는 다음과 같은 몇 가지 중요한 측면들이 포함된다고 보고 있다. 첫째, 성격은 지속성, 안정성 및 응집성을 보인다. 둘째, 성격은 외현적 행동에서 사고와 감정에 이르기까지 다양한 방식으로 표현된다. 셋째, 성격은 조직화되어 있는 체제로, 만일 성격이 단편화되거나 조직화되지 못한 경우에는 장애의 징후로 볼 수 있다. 넷째, 성격은 개인이 사회적 세계와 관계를 맺는 방식에 영향을 미치는 결정요인이다. 끝으로, 성격은 심리학적 개념이지만 또한 개인의 신체적, 생물학적 특징들과도 연결되어 있는 것으로 간주된다.

성격검사【性格檢查】personality inventory 개개인의 성격 특성이나 유형을 평가하기 위해 사용하는 자기-보고식 질문지 형태로 만들어진 도구로, 개개인이 자신의 감정이나 정서, 사고, 가치관, 태도, 행동 및 경험을 묻는 질문 항목들에 답하도록 구성되어 있다. 대표적인 성격검사로는 'MMPI(Minnesota Multiphasic Personality Inventory: 미네소타 다면적 인성검사-흔히 'MMPI'라고 부르는 경우가 많음)', 'PAI(Personality Assessment Inventory: '성격평가검사' 또는 '성격평가질문지'라고도 함)' 및 'MBTI(Myers-Briggs Type Indicator: '마이어-브릭스 성격유형검사' 또는 '성격유형검사'라고 하며, 흔히 'MBTI'라고 부르는 경우가 많음)' 등이 있다. 흔히 'personality inventory'는 표준화 과정을 거쳐 제작된 성격 평가용 도구들을 지칭하는 경우가 많다.

성격검사【性格檢查】personality test 성격 특성이나 유형을 알기 위해 실시하는 검사. 크게 표준화된 검사와 투사적 검사 등 두 가지 형태의 검사가 제작되어 사용되고 있다.

성격심리학【性格心理學】psychology of personality / personality psychology 성격에 초점을 맞추어 연구하는 심리학의 한 분야. 성격 형성 또는 발달에 영향을 미치는 요인, 일반적인 원리나 법칙, 그리고 성격을 기술하고, 설명하고, 예측하며, 나아가 부적응적인 성격의 발달과 변화(또는 치료)에 관한 지식과 방법 등의 문제를 연구한다. '성격' 참조.

성격심리학자【性格心理學者】personality psychologist 성격심리학 분야에서 활동하는 심리학자를 지칭한다.

성격유형검사【性格類型檢查】Myers-Briggs Type Indicator (MBTI) 'MBTI' 참조.

성격장애【性格障碍】personality disorder 성격상에서 지속적인 손상이나 문제가 있어 대인관계 또는 사회적 관계에서 정상적인 기능을 하지 못하고 부적응을 초래되는 상태(또는 장애).

성고정관념【性固定觀念】sex stereotype 고정관념(stereotype)이란 집단을 범주화하는 단순화된 도식의 하나로, 특정 개인의 독특한 개성이나 개인차 또는 능력을 무시한 채, 단순히 그 개인이 특정 집단의 구성원이라는 이유만으로 그 개인의 개성이나 특성 또는 능력을 특정하게 또는 특정 범주로 귀속시키는 관념이나 기대를 지칭한다. 이러한 고정관념 중에서도 남녀의 성차(性差) 및 적절한 것으로 기대하는 성역할(性役割) 또는 성역할행동(性役割行動)에 대하여 특정 사회나 문화가 가지고 있는 사고방식이나 신념을 지칭하여 '성고정관념'이라고 한다.

성교【性交】sexual intercourse / coitus 남자와 여자가 성기를 결합하여 관계를 맺는 육체적 행위. 구체적으로 남자의 음경이 여자의 질 속에 삽입되고 골반을 밀어 결합하는 육체적 행위. 성적 결합 또는 교접이라고도 한다.

성교개시【性交開始】coital debut '성교시작' 참조.

성교동통【性交疼痛】dyspareunia '성교통증'이라고도 한다. '성교통증' 참조.

성교동통증【性交疼痛症】dyspareunia '성교통증'이라고도 한다. '성교통증' 참조.

성교불쾌증【性交不快症】dyspareunia '성교통증'이라고도 한다. '성교통증' 참조.

성교시작【性交始作】coital debut 성교 행위를 처음 시작함. '성교개시'라고도 한다.

성교통【性交痛】dyspareunia '성교통증'이라고도 한다. '성교통증' 참조.

성교통증【性交痛症】dyspareunia 성교 중에 통증을 느끼는 성기능장애의 한 형태. 흔히 여성에게서 나타나며, 기능적 요인이나 구조적 요인에서 비롯된다. '성교통(性交痛)', '성교동통(性交疼痛)', '성교동통증(性交疼痛症)' 또는 '성교불쾌증(性交不快症)'이라고도 한다.

성기기【性器期】genital stage '생식기(生殖期)' 또는 '생식단계'라고도 한다. '생식기' 참조.

성기능부전【性機能不全】sexual dysfunctions '성기능장애(性機能障碍)'라고도 한다. '성기능장애' 참조.

성기능장애【性機能障碍】sexual dysfunctions 성행동 또는 성교(性交) 과정에서 적절한 반응을 하지 못하거나 고통 또는 불쾌감을 느낌으로써 정상적인 성행동이나 성교를 이루는데 어려움을 갖는 기능 상의 문제 또는 장애. '성기능부전(性機能不全)'이라고도 한다.

성도식【性圖式】gender schema 개인이 'gender(젠더: 성〈性〉)'에 관해 구성하는 심적 구조 또는 도식(圖式: schema). 'gender(젠더)'는 생물학적으로 결정된 '성(性)'을 의미하는 'sex(섹스)'와 달리, 사회문화적으로 학습된 심리적 '성(性)'을 의미한다. 즉, 'gender'는 선천적 또는 생물학적으로 결정된 '성'이 아니라 사회문화적으로 '성(性)' 또는 '성별(性別)'에 따라 다르게 기대하는 인식, 태도 및 행동이 사회화 과정을 통해 학습되어 형성된 심리적 '성'을 의미한다. 이와 같이 사회문화적으로 '성(性)' 또는 '성별(性別)'에 따라 다르게 기대하는 인식, 태도 및 행동이 학습과정을 통해 내면의 세계에 형성된(구성된) 심적 구조(여기서 말하는 심적 구조를 'schema〈도식〉'라고 한다)를 'gender schema(성도식)'이라고 한다.

성도착【性倒錯】paraphilias '성도착증(性倒錯症)'이라고도 한다. '성도착증' 참조.

성도착증【性倒錯症】paraphilias 성행위 대상이나 성행위 방식에서 정상적인 기준을 벗어나 비정상적인 행태를 나타내는 장애. 구체적으로 성도착증에 포함되는 행위로는 이성(특히 여성)의 속옷이나 양말과 같은 물건에 대해 성적 흥분이나 쾌감을 느끼는 물품음란증, 타인에게 자신의 성기를 노출시키는 과정을 통해 성적 흥분이나 쾌감을 느끼는 노출증, 자신과 반대성의 옷을 입는 것을 통해 성적 흥분이나 쾌감을 느끼는 복장도착증, 옷을 벗고 있거나 성행위를 하는 타인의 모습을 몰래 관찰하는 과정을 통해 성적 흥분이나 쾌감을 느끼는 관음증, 그리고 이외에도 소아애호증, 성적 가학증, 성적 피학증 및 마찰도착증 등이 있다. '성도착(性倒錯)', '변태성욕증' 또는 '변태성욕'이라고도 한다.

성매매【性賣買】prostitution / harlotry 돈이나 돈에 준하는 대가를 약속하고 이성(異性)이나 동성과 성관계 또는 성관계에 준하는 행위를 하는 것. '매음' 참조.

성매매 여성【性賣買 女性】prostitute / harlot / streetgirl / streetwalker 돈이나 돈에 준하는 대가를 받기로 하고 성관계나 성관계에 준하는 행위를 하는 여성. 흔히 '매춘녀(賣春女)'라는 표현으로 사용되어 왔다.

성명효과【姓名效果】name-letter effect '이름효과' 참조.

성별【性別】sex '섹스' 및 '젠더' 참조.

성병【性病】venereal disease / sexually transmitted disease (STD) 성기, 항문, 구강 등을 이용한 성행위나 성적인 접촉을 통해 곰팡이, 박테리아, 바이러스, 기생충 및 곤충 등이 성적 접촉을 한 상대방에게 감염되는 모든 전염성 질환. 성교 전파질환 또는 성적 전파질환(sexually transmitted disease〈STD〉)이라고도 한다. 성병의 종류는 상당히 많다. 과거에는 매독, 임질, 연성하감 등이 대표적인 성병이었지만, 근래에 와서 에이즈나 음부포진과 같은 성병이 새로이 등장하는 등 과거에 비해 성병의 종류가 증가해온 것으로 파악되고 있다. 이외에도 서혜육아종, 트리코모나스증, 단순포진 바이러스, 비임균성 질환, 칸디다증, 치모슬('사면발이' 또는 '털이'라고도 함), 옴, 요충(요충은 항문성교 등을 통해 감염될 수 있음) 등이 있다.

성분리【性分離】gender segregation 성(性: gender)에 따라 나타나는 사고, 태도 및 행동 등에서의 분리 현상. 구체적으로 출생 후의 성별 사회화 과정을 거치면서 생후 이른 시기(약 2세 무렵)부터 여아들은 여아들과 남아들은 남아들과 주로 어울리는 등의 성분리 경향을 나타내기 시작한다.

성비【性比】sex ratio 자웅이체(雌雄異體)인 생물

종 내에서 암컷의 개체수와 수컷의 개체수의 비율을 말한다. 인간의 경우 남자의 수와 여자의 수의 비율을 말한다. 흔히 암컷 개체수 100 또는 1에 대한 수컷 개체수를 나타낸다.

성선【性腺】 sexual gland / gonad　'생식선' 참조.

성선 자극호르몬【性腺 刺戟호르몬】 gonadotropic hormone / gonadotrophin　'생식선 자극호르몬' 참조.

성소【性巢】 sexual gland / gonad　'생식선' 참조.

성숙【成熟】 maturation　생물 중에서도 주로 인간을 포함한 동물에 사용되는 표현으로, 특정 동물종(種)의 개체가 학습, 피로 또는 질병과 같은 후천적인 경험과 관계없이 나이가 들어가는 과정에서 유전적 기능에 의해 이루어지는 신체, 행동 및 심리 측면에서의 발달적 변화를 지칭한다. 성숙은 특정 동물종의 개체들에서 보편적으로 이루어지는 발달적 변화와 관련이 있는 것으로 이해되고 있다.

성안정성【性安定性】 gender stability　자신의 성(gender) 또는 성정체성(gender identity)에 대한 인식이 시간 경과에 따라 변화하지 않고 안정적으로 유지(지속)되는 경향이나 상태.

성애【性愛】 eroticism　남녀(이성) 간의 성적인 욕구나 육체적인 사랑. '에로티시즘' 참조.

성역할【性役割】 gender role / sex role　개개인의 사회적 소속이나 그 안에서의 지위 또는 연령이나 성별 등에 따라 적절한 것으로 기대되는 행동이나 임무를 지칭하여 역할(役割: role)이라고 한다. 이러한 역할은 다양한 측면에서 고려될 수 있는데, 그 중에서도 사회문화적으로 학습된 '성(性)'인 '젠더(gender)'에 기초하여 남녀 성별(性別)에 따라 기대되는 역할을 지칭하여 성역할(性役割)이라고 한다. 즉 '성역할'은 사회화 과정을 통해 학습되는 '사회문화적 기대가 반영된 성별에 따른 역할'을 의미한다. '젠더롤' 또는 '섹스롤'이라고도 한다.

성역할 기준【性役割 基準】 gender role standard　사회문화적으로 학습된 '성(性)'인 '젠더(gender)'에 기초하여 남녀 성별(性別)에 따라 기대되는 역할을 성역할(性役割)이라고 하며, 이러한 성역할에 따라 적절하다고 기대되는 사고, 가치, 태도, 동기 및 행동의 기준을 '성역할 기준'이라고 한다.

성역할 정체감【性役割 正體感】 gender-role identity　사회문화적으로 성별에 근거하여 개개인에게 부여하고 기대하는 역할(즉, 성역할)에 대해 갖는 안정된 느낌이나 인식. '성역할 정체성(性役割 正體性)'이라고도 한다.

성역할 정체성【性役割 正體性】 gender-role identity　'성역할 정체감(性役割 正體感)'이라고도 한다. '성역할 정체감' 참조.

성역할 학습【性役割 學習】 gender-role learning / sex-role learning　개개인의 성별에 따라 사회적 및 문화적으로 적절한 것으로 기대되는 '성역할(性役割: gender role 또는 sex role)'을 사회화 과정을 통해 학습(또는 획득)해 가는 과정을 말한다. 이러한 성역할 학습은 생후 이른 시기부터 시작된다.

ㅅ

성역할 행동【性役割 行動】 gender-role behavior / sex-role behavior 개개인의 성별(性別)에 따라 적절한 것으로 기대되는 역할 행동. '성역할(性役割: gender role 또는 sex role)'과 마찬가지로 사회 및 문화(文化)의 영향을 받아 사회화 과정을 통해 학습된다.

성염색체【性染色體】 sex chromosome 인간의 모든 체세포의 핵 안에 존재하는 23쌍(46개)의 염색체 중 23번째의 성염색체(쌍)로, 개체의 성을 결정하는데 관여한다. 한편, 23쌍의 염색체 중 1번째부터 22번째까지의 염색체를 '상염색체(常染色體: autosome)'라고 한다.

성요법【性療法】 sex therapy 성행동이나 성관계상에서의 어려움이나 문제(예를 들면, 조루증, 발기부전, 불감증 등)를 극복(또는 해결)할 수 있도록 돕기 위해 진행하는 일련의 전문적인 치료 활동. '성치료(性治療)' 또는 '섹스요법(섹스療法)'이라고도 한다.

성욕【性慾】 sexual desire / lust 성적 행위 또는 성교(性交)에 대한 욕망.

성욕감퇴장애【性慾減退障碍】 hypoactive sexual desire disorder 성욕이 생기지 않거나 감소하여 성행동에 소극적이고 쾌감을 느끼지 못함으로써 성적 대인관계(부부관계나 이성관계)에서 어려움이 초래되는 장애.

성욕장애【性慾障碍】 sexual desire disorder 정상적인 성욕이 생길 것으로 생각되는(기대되는) 연령과 신체적 상태임에도 불구하고 성행위의 처음 단계인 성욕을 느껴야 하는 단계에서 성욕이 생기지 않거나 현저하게 줄어들어 부부관계를 포함한 성적 대인관계에서 어려움과 고통이 초래되는 장애로, 여기에는 '성욕감퇴장애(性慾減退障碍)'와 '성혐오장애(性嫌惡障碍)'가 포함된다. 한편 '성욕장애'는 '성욕구장애(性慾求障碍)'라고도 한다.

성욕구장애【性慾求障碍】 sexual desire disorder '성욕장애(性慾障碍)'라고도 한다. '성욕장애' 참조.

성유형화【性類型化】 gender typing 개인이 사회문화적으로 자신에게 부여한 '성(性: gender)'을 인식하고 이에 맞는 인식, 가치, 태도, 행동 등을 학습해 가는 과정. 이와 같은 과정을 통해 사회적으로 기대되는 남성화와 여성화가 이루어진다.

성인【成人】 adult '자라서 어른이 된 사람'이라는 의미를 가지고 있다. 대략 청소년기 이후의 사람들을 지칭할 때 사용하는 표현이다. 대략 20세경 이후부터 사망할 때까지의 시기에 해당하는 사람들을 지칭한다.

성인기【成人期】 adulthood 발달단계 가운데 하나로, 청소년기 이후 어른이 되어 사망할 때까지의 시기를 말한다. 대략 20세경 이후부터 사망할 때까지의 시기를 지칭한다. 성인기는 다음과 같이 세 단계로 세분할 수 있는데, 먼저 대략 20세경 이후부터 40세경까지의 시기를 성인 전기(early adulthood)라고 하고, 다음으로 대략 40세경 이후부터 65세경까지의 시기를 성인 중기(middle adulthood)라고 하며, 끝으로 65세경 이후부터 사망할 때까지의 시기를 성인 후기(late adulthood)라고 한다. 이 중 성인 중기는 '중년기(中年期)'라고도 하고, 성인 후기는 '노년기(老年期)'라고도 한다.

성인병【成人病】 adult disease 일반적으로 30대 초반에서 나타나기 시작하며, 중년기 이후의 성인 및 노인들에게서 많이 발생하는 질병을 지칭한다. 현대 사회의 경제적 발전과 함께 생활의 풍족, 영양상태의 개선 및 의약의 발전에 따라 과거에 인간에게 위협적이었던 전염성 질환이 감소하게 된 반면에, 고혈압, 당뇨병, 뇌졸중, 동맥경화증이나 심근 경색증과 같은 혈관 및 심장관련 질환이 증가하게 되었는데, 이러한 질병들이 성인기에 와서 많이 발생하는 경향을 나타내기 위해 성인병이라고 지칭한다. 흔히 고혈압, 당뇨병 및 동맥경화증을 3대 기본 성인병이라고 한다.

성장급등【成長急騰】 growth spurt 신체적인 측면에서 일어나는 급격한 성장 현상. 일반적으로, 출생 후 약 1년간의 시기와 청소년기 초기 몇 년 간의 시기가 성장급등이 이루어지는 대표적인 시기이다.

성장동기【成長動機】 growth motive '성장욕구' 참조.

성장애【性障碍】 sexual disorder '성(性)'과 관련된 장애. 성기능장애(sexual dysfunction: '성기능부전'이라고도 함)와 성도착증(paraphilia)이 포함된다. '성적 장애(性的 障碍)'라고도 한다. '성적 장애' 참조.

성장욕구【成長慾求】 growth need 성장과 발전을 지향하는 욕구. Maslow (1908~1970)의 욕구 위계 중에서 상위욕구에 해당하는 존경의 욕구와 자아실현의 욕구가 여기에 해당된다. Maslow에 의해 처음으로 제시되고 사용된 개념으로, '성장동기'와 같은 의미로 사용된다.

성장호르몬【成長호르몬】 growth hormone (GH) 뇌하수체에서 분비되는 호르몬의 한 종류로, 신체의 성장을 촉진하는 기능을 한다. 성장 과정에서 이 호르몬의 과소 분비는 소인증과 관련이 있고, 과다 분비는 거인증과 관련이 있다. 청소년기에 나타나는 성장급등의 주요인으로 작용한다.

성적 가학증【性的 加虐症】 sexual sadism 성도착증(性倒錯症: paraphilias–성행위 대상이나 성행위 방식에서 정상적인 기준을 벗어나 비정상적인 행태를 나타내는 장애)의 한 유형으로, 성적 상대에게 신체적 또는 정신적 고통을 주는 과정을 통해 성적 흥분이나 쾌감을 느끼는 장애.

성적 결합【性的 結合】 sexual intercourse / coitus '성교' 참조.

성적 괴롭힘【性的 괴롭힘】 sexual harassment '성희롱(性戱弄)'이라고도 한다. '성희롱' 참조.

성적 일탈【性的 逸脫】 sexual deviation 정상적인 또는 사회문화적인 기준이나 표준에서 벗어나 '비정상적'이거나 잘못된 것으로 평가되는 성적 행동. 다양한 형태의 변태적인 성행위를 포함하여 성희롱, 성추행, 강간 등의 성폭력 행위들을 포괄하는 의미로 사용된다.

성적 장애【性的 障碍】 sexual disorder '성(性: sex)'과 관련된 장애를 지칭하며, 여기에는 성기능장애(sexual dysfunction: '성기능부전'이라고도 함)와 성도착증(paraphilia)이 포함된다. '성기능장애'는 성행동 또는 성교(性交) 과정에서 적절한 반응을 하지 못하거나 고통 또는 불쾌감을 느낌으로써 정상적인 성행동이나 성교를 이루는 데 어려움을 갖는 기능상의 문제 또는 장애를 말하고, '성도착증'은 물품음란증, 노출증, 복장도착증 및 관음증 등과 같이 성행위 대상이나 성행위 방식에서 정상적인 기준을 벗어나 비정상적인 행태를 나타내는 장애를 말한다. 한편, '성적 장애'는 '성장애(性障碍)'라고도 한다.

성적 지향【性的 指向】sexual orientation 개인이 이성이나 동성 또는 양성에 대해 성적으로 이끌리고 선호하는 경향 또는 성향. 즉, 흔히 정상적인 경우로 간주되는 이성(異性)을 대상으로 한 성적 지향과 동성을 대상으로 한 성적 지향 등을 생각할 수 있다. '성적 지향성(性的 指向性)'이라고도 한다.

성적 지향성【性的 指向性】sexual orientation '성적 지향(性的 指向)'이라고도 한다. '성적 지향' 참조.

성적 피학증【性的 被虐症】sexual masochism 성도착증(性倒錯症: paraphilias–성행위 대상이나 성행위 방식에서 정상적인 기준을 벗어나 비정상적인 행태를 나타내는 장애)의 한 유형으로, 성적 상대로부터 신체적 또는 정신적 고통을 당하는 과정을 통해 성적 흥분이나 쾌감을 느끼는 장애.

성적 혐오장애【性的 嫌惡障碍】sexual aversion disorder '성혐오장애(性嫌惡障碍)'라고도 한다. '성혐오장애' 참조.

성적 흥분장애【性的 興奮障碍】sexual arousal disorder '성흥분장애(性興奮障碍)'라고도 한다. '성흥분장애' 참조.

성정체감【性正體感】gender identity 성별에 있어서 자신이 남성 또는 여성이라는 느끼는 감각 또는 인식. '성정체성(性正體性)'이라고도 한다.

성정체성【性正體性】gender identity 성별에 있어서 자신이 남성 또는 여성이라는 느끼는 감각 또는 인식. '성정체감(性正體感)'이라고도 한다.

성정체감장애【性正體感障碍】gender identity disorder (GID) 자신이 원래부터 가지고 있는, 즉 자신이 타고난 성(性)과 현재 느끼고 인식되는 성이 다르게(또는 반대로) 경험되는 상태에 있는 장애. 즉, 자신이 원래부터 가지고 있는 성은 잘못된 것이라고 느끼면서 동시에 자신을 반대의 성이라고 느끼고 인식하는 상태를 말하며, '성정체성장애' 또는 '성정체장애'라고도 한다.

성정체성장애【性正體性障碍】gender identity disorder (GID) '성정체감장애(性正體感障碍)' 또는 '성정체장애'라고도 한다. '성정체감장애' 참조.

성정체장애【性正體障碍】gender identity disorder (GID) '성정체감장애(性正體感障碍)' 또는 '성정체성장애'라고도 한다. '성정체감장애' 참조.

성징【性徵】sex character / sex characteristic / sexual characteristic 인간의 남성과 여성, 동물들의 암수를 구별짓는 특징을 총칭한다. 남녀 및 암수의 성기(性器)의 형태 및 그 생리기능에서의 차이를 나타내는 제 1차 성징과 성호르몬(남성의 경우 안드로겐, 여성의 경우 에스트로겐으로 대표됨)에 의한 제 2차 성징으로 구분된다.

성차【性差】sex differences / gender differences 인간 남성과 여성 또는 동물들의 수컷과 암컷 사이에

서 나타나는 차이를 총칭한다. 이러한 차이에는 신체적 및 생리적 측면에서의 성별 차이가 포함되며, 이외에도 심리적 및 행동적 측면에서의 성별 차이도 포함된다. 인간의 경우를 보면, 신체적 및 생리적 측면에서 나타나는 차이는 정자와 난자가 만나 수정이 이루어진 이후 약 4개월을 전후한 시기에 나타나는 남녀의 생식기 발달과 구분이 포함된 제 1차 성징의 출현과 사춘기 동안에 나타나는 제 2차 성징의 출현으로 대표된다. 다른 한편, 심리적 및 행동적 측면에서 나타나는 차이는 선천적 및 유전적 요인에 기반을 둔 성숙요인과 환경요인(사회 · 문화적 요인)의 영향이 모두 관련된 것으로 이해되고 있는데, 구체적으로 흔히 여성은 남성에 비해 언어적 능력에서 앞서는 반면에, 남성은 여성에 비해 시공간적 능력 및 수학적 능력에서 보다 더 뛰어난 것으로 알려져 있다. 그러나 이러한 차이를 부정하는 견해도 있다. 한편, 학자들에 따라서는 성차를 생물학적 측면 및 사회 · 문화적 측면에 근거하여 구분하기도 한다. 구체적으로 생물학적 요인에서 비롯되는 성차를 'sex differences'로 보는 반면에, 이와는 달리 사회 · 문화적 요인에서 비롯되는 성차를 'gender differences'로 구분하기도 한다. 그러나 남성과 여성 간의 차이, 즉 성차를 이러한 두 개념의 범주로 구분하는 것은 쉽지 않은데, 그 이유는 다양한 성차들 가운데 생물학적 요인에서 비롯되는 성차(부분)와 사회 · 문화적 요인에서 비롯되는 성차(부분)를 명확하게 구분하는 것은 상당히 어려운 일이기 때문이다.

성차별 **【性差別】** sex discrimination 남성과 여성이라고 하는 성(性)의 차이를 기초로 하여 개개인을 차별적으로 또는 다르게 대하는 행위를 지칭한다. 흔히 이러한 성차별에 따른 부당한 피해나 손해를 입는 것은 여성들인 경우가 많다.

성차별주의 **【性差別主義】** sexism 개개인의 능력이나 다양한 특성보다도 남성과 여성이라고 하는 성(性)의 차이를 기초로 하여 개개인을 차별적으로 또는 다르게 대해야 한다고 보는 사고방식이나 신념을 지칭한다. 사람들에 따라서는 'sexism'이라는 용어를 'sex discrimination(성차별: 性差別)'과 같은 의미로 사용하는 경우도 있다. '섹시즘'이라고도 한다.

성취 **【成就】** achievement 목적한 것 또는 의도한 것을 이룸.

성취도 **【成就度】** level of achievement / achievement 목적한 것 또는 의도한 것을 이루어낸 정도나 수준.

성취검사 **【成就檢査】** achievement test '성취도 검사' 참조.

성취귀인 **【成就歸因】** achievement attribution 성공 및 실패와 관련된 '성취'에 대한 귀인.

성취기대 **【成就期待】** achievement expectancy 특정한 목표를 이루기 위해 행하는 수행에 대한 기대.

성취도 **【成就度】** achievement 뛰어난 사람이 되고자 하는 욕구, 더 높은 수준에 도달하고자 하는 욕구, 더 어려운 과제를 완수하고자 하는 욕구, 그리고 타인에 비해 더 나은 수행을 하고자 하는 욕구 등을 통해 형성하게 되는 유능해지고자 하는 동기를 표현하는 말.

성취도 검사 **【成就度 檢査】** achievement test 특정한 과업이나 분야에 관한 학습이나 훈련을 받은 후에 개인 또는 피검사자(검사를 받는 사람)가 과업수행능

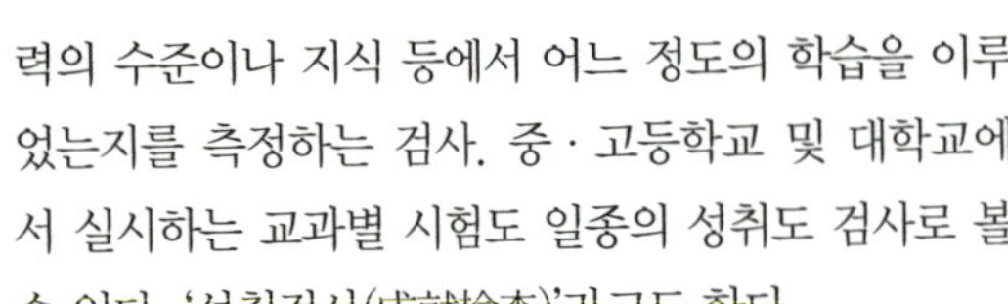

력의 수준이나 지식 등에서 어느 정도의 학습을 이루었는지를 측정하는 검사. 중 · 고등학교 및 대학교에서 실시하는 교과별 시험도 일종의 성취도 검사로 볼 수 있다. '성취검사(成就檢査)'라고도 한다.

성취동기【成就動機】achievement motive / achievement motivation 특정 과제, 특히 수행에 적지 않은 어려움이 따를 것으로 예상되는 과제를 성공적으로 수행(성취)하려는 동기 또는 그 과제를 수행(성취)하기 위해 노력하려는 동기. 흔히 성취동기가 높은 사람은 그렇지 않은 사람들에 비해 과제수행 또는 학습과 관련하여 적절한 수준의 목표를 설정하고, 이 목표를 성취해 가는 과정에서 발생하는 어려움을 더 잘 극복하는 것으로 알려져 있다.

성치료【性治療】sex therapy 개인 또는 부부를 대상으로 성적(性的) 행동과 관련된 관계 상의 어려움이나 고통 또는 문제를 해결(또는 극복)할 수 있도록 도와주기 위해 진행하는 일련의 전문적인 치료 활동. '섹스요법' 또는 '성요법(性療法)'이라고도 한다.

성통증장애【性痛症障碍】sexual pain disorder 신체적 또는 기질적인 문제가 없음에도 불구하고 성교(性交) 과정에서 비정상적인 통증을 느끼게 되어 정상적인 성행위가 이루어지지 못하는 '성기능장애('성기능부전'이라고도 함)'의 한 형태로, 하위 유형으로는 '성교통증'과 '질경련증'이 있다.

성폭력【性暴力】sexual violence 상대방의 의사에 반하는 성적인 언어표현이나 행위 및 그와 관련된 요구 등으로 상대방에게 심리적, 신체적 또는 사회적 측면에서 고통이나 불이익을 주는 일체의 행위. 성폭력은 성과 관련하여 불쾌감을 유발하는 농담이나 음란전화와 같은 언어적 폭력에서부터 강제 추행이나 강간에 이르기까지 성과 관련하여 이루어지는 일체의 폭력행위를 지칭한다. 성희롱(性戱弄: sexual harassment)도 성폭력의 한 유형으로 분류할 수 있다.

성폭행【性暴行】sexual violence / rape 강간과 강간미수를 완곡하게 나타내는 표현. 성폭력(性暴力)의 한 유형으로 분류할 수 있다.

성학대【性虐待】sexual abuse 학대란 상대방을 가혹하게 대하거나 몹시 괴롭히는 행위를 지칭하는 말로, 특히 성적인 측면에서 행해지는 학대를 성학대라고 한다. 구체적으로 성학대란 상대방(흔히 정신적 및 신체적으로 약자의 위치에 있는 아동이나 청소년 또는 기타 심신미약자)에게 강요, 강압, 속임수 또는 꼬임 등의 방법으로 성적인 관계나 성적인 행위를 하는 것을 의미한다.

성학대 피해아동【性虐待 被害兒童】sexually abused child 성학대 피해를 당한 아동. '성학대' 및 '아동 성학대' 참조.

성학대 피해청소년【性虐待 被害靑少年】sexually abused adolescent 성학대 피해를 당한 청소년. '성학대' 참조.

성행동【性行動】sexual behaviour '성(性)'과 관련하여 이루어지는 모든 행동을 총칭한다. 동물종(種)들에 따라 서로 다른 다양한 성행동을 보인다.

성향적 귀인【性向的 歸因】dispositional attribution 행동에 대한 귀인의 한 형태로, 어떤 사람의 행동을 그 사람의 행동이 발생했던 상황이나 환경으로 원인을 돌리는 것이 아니라 그 사람이 가진 내적 특성(예를 들면, 성격, 태도, 동기, 가치관 등)으로 원인을 돌리는(귀인하는) 것. 반면에, 어떤 사람의 행동을 그 사람의 행동이 발생했던 상황이나 환경으로 원인을 돌리는 것을 '상황적 귀인(situational attribution)'이라고 한다.

성혐오장애 **【性嫌惡障碍】** sexual aversion disorder
성적 행동, 특히 이성과의 성행위에 대한 두려움과 혐오감이 커서 이를 회피하는 상태를 나타내는 성기능장애. '성적 혐오장애(性的 嫌惡障碍)'라고도 한다.

성흥분장애 **【性興奮障碍】** sexual arousal disorder
성행위가 진행된 이후 성행위가 끝날 때까지 성적 흥분상태가 반복 및 지속되지 않아 정상적인 성행위를 하는데 있어서 어려움을 겪는 성기능장애의 한 형태로, 여기에는 여성성흥분장애(female sexual arousal disorder)와 남성발기장애(male erectile disorder)가 포함된다. '성적 흥분장애'라고도 한다.

성희롱 **【性戱弄】** sexual harassment 상대방의 의사에 반하는 성적 언동(性的 言動)을 하여 상대방에게 성적 굴욕감이나 혐오감 등의 고통(또는 스트레스)을 주는 행위를 말하며, 흔히 성희롱은 직장이나 조직 상황에서 발생하는 성적 언동으로 인한 피해를 지칭한다. 즉, 성희롱이란, 집단이나 조직 상황에서 사업주나 근로자 등 상호 이해관계가 있는 사람들 간의 관계에서 한 명 또는 그 이상의 사람들이 상대방의 의사에 반하는 성적 언어표현이나 행위를 함으로써 상대방에게 성적 굴욕감이나 혐오감 등의 고통(또는 스트레스)을 주는 것을 말하며, 또한 성적 언동이나 성과 관련된 기타의 요구(성적 접촉이나 관계 등)에 대하여 불응했다는 이유로 업무나 고용상의 불이익을 주는 일체의 행위들을 포함하여 지칭한다. 넓은 의미에서 보면, 성희롱은 일종의 직무스트레스로 볼 수 있다. 한국의 경우에는 '국가인권위원회법', '남녀고용평등과 일 · 가정 양립 지원에 관한 법률', 그리고 '여성발전기본법' 등에서 성희롱에 관한 정의와 규정을 제시하고 있고 있으며, 그 주요 내용은 대략 앞서 소개한 정의를 포함하고 있다. 성희롱을 나타내는 영어 표현인 'sexual harassment'는 의미상으로 '성적 괴롭힘'이라는 표현에 가깝다고 보는 견해가 많지만, 현재 우리나라에서는 '성희롱'이라는 표현을 관용적으로 널리 사용하고 있다. 한편, 성희롱은 성희롱을 유발하는 자극의 형태에 따라 언어적 성희롱(verbal sexual harassment), 시각적 성희롱(visual sexual harassment), 신체적 성희롱(physical sexual harassment: 육체적 성희롱이라고도 함) 등 3가지 유형으로 구분되며, 다른 한편으로는 성희롱 행위에 따른 대가성 여부에 따라 대가형(또는 대가보복형) 성희롱(quid pro quo sexual harassment)과 환경형 성희롱(hostile work environment sexual harassment: 적대적 환경형 성희롱 또는 적대적 작업환경형 성희롱이라고도 함) 등 두 가지 유형으로 구분된다. '성폭력' 참조.

세로토닌 serotonin 신경전달물질의 한 종류로, 기분의 변화와 조절, 수면, 우울감 등과 밀접한 관련이 있다. 섭식장애의 주요 유형인 폭식증을 치료하기 위해 사용되기도 하는데, 그 이유는 이 물질이 식욕 조절과정에서 중요하게 작용하기 때문이다. 또한 이 물질의 수준이 감소하면 우울감이 증가되는 것으로 알려져 있다.

세포 **【細胞】** cell 유기체 또는 생물의 몸을 구성하

는 최소의 기본단위로, 세포핵과 세포질로 구분되어 있다. 세포는 동물세포와 식물세포로 구분되고, 핵의 유무에 따라 진핵세포와 원핵세포로 구분되며, 또한 세포의 수에 따라 단세포생물과 다세포생물로 구분되기도 한다. 1665년 영국의 물리학자인 로버트 훅(Robert Hooke: 1635~1703)이 자신이 직접 제작한 현미경을 사용하여 식물(코르크)을 관찰하는 과정에서 벌집과 같은 형태로 구성되어 있음을 발견하고 이를 'cell(세포)'로 명명하였다.

세포체【細胞體】cell body 신경계의 기본단위인 뉴런(neuron)의 일부분으로 신진대사와 호흡이 일어나는 핵(核)을 가지고 있으며, 수상돌기를 통해 받은 자극 정보를 통합하여 축색으로 전달하는 기능을 한다.

섹스 sex '성(性)'과 관련된 용어로, 다음과 같은 여러 가지 의미로 사용된다. (1) 생물학적으로 결정된 남녀의 구분 또는 남녀의 신체적 특성을 의미하며, 우리말로는 '성(性)' 또는 '성별(性別)' 등으로 표현된다. (2) 성교(性交), 성행위(性行爲) 또는 성관계(性關係). (3) 남성과 여성의 집단 또는 수컷과 암컷의 집단.

섹스롤 sex role '젠더롤(gender role)'과 같은 의미로 사용되며, '성역할(性役割)'로 번역되어 사용된다. '성역할' 및 '젠더' 참조.

섹스요법【섹스療法】sex therapy 성행동이나 성관계 상에서의 어려움이나 문제(예를 들면, 조루증, 발기부전, 불감증 등)를 극복(또는 해결)할 수 있도록 돕기 위해 진행하는 일련의 전문적인 치료 활동. '성치료' 또는 '성요법'이라고도 한다.

섹시즘 sexism 개개인의 능력이나 다양한 특성보다도 남성과 여성이라고 하는 성(性)의 차이를 기초로 하여 개개인을 차별적으로 또는 다르게 대해야 한다고 보는 사고방식이나 신념. '성차별주의(性差別主義)'라고도 한다.

셀리에 Selye (1907~1982) 캐나다의 의학자 · 스트레스학자. 'Selye, Hans (1907~1982)' 참조.

셀프-모니터링 self-monitoring '자기-감시' 참조.

셰마 scheme Piaget (1896~1980)의 인지발달이론에서 사용되는 주요 개념 가운데 하나로, 아동이 자신이 생활하는 환경의 어떤 측면들을 이해하거나 그 상황들에 적응하기 위해 구성하는 사고나 행동의 패턴(유형)을 의미한다. 우리말로는 '도식(圖式)'이라고 번역되어 사용되고 있으며, '스키마(schema)'라고도 한다. 또한 '셰마'를 '쉐마'로 표기하기도 한다. '스키마' 참조.

셰어웨어 shareware 컴퓨터나 인터넷 프로그램을 개발하여 판매하는 업체들이 자사에서 개발한 정품 프로그램의 판매를 확대하기 위해 해당 제품의 개발 초기에 이를 무료로 공급하여 사용할 수 있도록 하다가 흔히 일정한 기간이 경과한 후에는 가격지불과 함께 정식 등록하도록 하는 일종의 견본 프로그램을 말한다.

소거【消去】extinction 고전적 조건형성에서의 소거와 조작적 조건형성에서의 소거가 있다. 고전적 조건형성의 경우에는 조건자극에 대하여 더 이상 무조건자극이 주어지지 않는 경우에 조건반응이 점차 감소해 가다가 더 이상 조건반응이 일어나지 않게 되는 현상을 지칭한다. 그러나 이 경우에 소거란 조건반응이 형성되기 이전의 상태와 같이 반응이 완전히 사라진 것은 아니다. 조작적 조건형성의 경우에서 소거란, 강화를 받아 발생빈도가 증가된 피험동물의 특정 행동이 강화가 중단됨에 따라 발생빈도가 감소해 가다가 더 이상 나타나지 않게 되는 현상을 지칭한다.

소년비행【少年非行】juvenile delinquency '청소년비행(靑少年非行)'이라고도 한다. '청소년비행' 참조.

소뇌【小腦】cerebellum 인간을 포함한 척추동물의 중추신경계의 핵심부분인 뇌(腦: brain)를 영역에 따라 구분하면 대뇌(大腦: cerebrum), 간뇌(間腦: diencephalon), 중뇌(中腦: midbrain), 소뇌(小腦: cerebellum) 및 후뇌(後腦: hindbrain) 등으로 나뉨. 소뇌는 뇌의 일부분으로 중뇌의 뒤쪽에 위치하며, 인간의 경우 소뇌의 크기는 대뇌의 약 1/8 정도이다. 신체의 평형을 유지하는 기능을 한다.

소도미 sodomy 이성(異性) 간에 성적인 관계를 하듯이, 남자들 간에 성적 관계를 맺는 행위를 지칭한다. '비역', '계간(鷄姦)', '남색(男色)' 또는 '페더래스티(pederasty)'라고도 한다.

소리 sound 청각기관(귀)을 통해 감지된 물체의 진동에 의한 음파.

소리 크기 loudness 음파의 진폭과 관련되어 지각되는 소리의 강도.

소마토트로핀 somatotrop(h)in 뇌하수체 전엽에서 분비되는 '성장(成長)호르몬(growth hormone)'의 한 종류.

소멸이론【消滅理論】decay theory 망각(forgetting) 현상을 설명하는 이론의 하나로 쇠퇴이론(衰退理論)이라고도 한다. '쇠퇴이론' 참조.

소모증【消耗症】marasmus '마라스무스(marasmus)'라고도 한다. '마라스무스' 참조.

소박한 사실주의【素朴한 寫實主義】naive realism '순진한 사실주의', '순진한 현실주의', '소박한 현실주의', '소박한 현실론' 또는 '순진한 현실론'이라고도 한다. '순진한 사실주의' 참조.

소박한 현실론【素朴한 現實論】naive realism '순진한 사실주의', '소박한 사실주의', '순진한 현실주의', '소박한 현실주의' 또는 '순진한 현실론'이라고도 한다. '순진한 사실주의' 참조.

소박한 현실주의【素朴한 現實主義】naive realism '순진한 사실주의', '소박한 사실주의', '순진한 현실주의', '소박한 현실론' 또는 '순진한 현실론'이라고도 한다. '순진한 사실주의' 참조.

소비자광고심리학회【消費者廣告心理學會】Society for Consumer and Advertising Psychology '소비자 및 광고심리학' 분야의 발전과 구성원들 간의 학술적 교류 및 친목을 도모하는 데 목적을 둔 학술단체. 소비자 및 광고심리와 행동 그리고 이와 관련된 분야에서 활동하는 학자와 종사자들로 구성된다. '한국소비자광고심리학회' 참조.

소속감【所屬感】belongingness 가족 또는 친구들의 모임 등과 같이 자신이 참여하고 있는 사회 집단이나 단체에 소속되고 있다는 느낌또는 그 집단과 동일시되는 느낌을 의미한다.

소수의 영향【少數의 影響】 minority influence ‘소수집단의 영향력(少數集團의 影響力)’이라고도 한다. ‘소수집단의 영향력’ 참조.

소수의 영향력【少數의 影響力】 minority influence ‘소수집단의 영향력(少數集團의 影響力)’이라고도 한다. ‘소수집단의 영향력’ 참조.

소수집단의 영향【少數集團의 影響】 minority influence ‘소수집단의 영향력(少數集團의 影響力)’이라고도 한다. ‘소수집단의 영향력’ 참조.

소수집단의 영향력【少數集團의 影響力】 minority influence 일반적으로 다수집단의 주장이나 의견이 소수집단에게 영향을 미쳐 이들을 변화시키는 경우가 많지만, 항상 그런 것은 아니다. 즉, 소주집단이지만 이들의 주장이나 의견이 다수집단의 사람들에게 영향을 미쳐 이들을 변하도록 만들기도 하는데, 이러한 현상을 ‘소수집단의 영향력’이라고 한다. 연구에 따르면, 이처럼 소수집단의 주장이나 견해가 다수집단에게 영향을 미치게 되는 경우(조건)는 소수집단의 주장이나 견해가 일관성이 있고, 논리적이며, 경직되거나 과시적이지 않고, 자신 있게 보여지는 것 등이 포함된다. 이러한 조건에서 다수집단의 사람들은 소수집단의 사람들이 확신과 자신감을 가지고 있다고 여기게 되기 쉽고 동시에 자신들의 주장이나 견해가 잘못되었을지도 모른다는 생각을 하게 되며, 나아가 이러한 상황이 지속되면서 자신들의 주장이나 견해를 바꾸고 소수집단의 주장이나 견해를 인정하고 수용하게 되는 방향으로 변하게 된다. ‘소수집단의 영향력’은 ‘소수집단의 영향’, ‘소수의 영향력’ 또는 ‘소수의 영향’이라고도 한다.

소시오그램 sociogram ‘사회도’ 참조.

소아애호증【小兒愛好症】 pedophilia 성도착증(性倒錯症: paraphilias-성행위 대상이나 성행위 방식에서 정상적인 기준을 벗어나 비정상적인 행태를 나타내는 장애)의 한 유형으로, 소아(흔히 13세 이하의 소아)를 상대로 한 성적 행위를 통해 성적 흥분이나 쾌감을 느끼는 장애.

소외【疏外】 alienation (자신의 의도와는 달리) 타인(들)로부터 관심을 받지 못하고 배척되거나 따돌림을 당하는 상태.

소외감【疏外感】 sense of alienation (자신의 의도와는 달리) 타인(들)로부터 관심을 받지 못하고 배척되거나 따돌림을 당하는 상태를 소외라고 하며, 이러한 소외상태에서 경험되는 느낌이나 감정을 지칭하여 ‘소외감’이라고 한다. ‘소외감’과 ‘소외’는 같은 의미로 사용되기도 한다.

소음【騷音】 (1) 지각자 또는 관찰자가 찾거나 탐지하려는 자극이 아닌(탐지하려는 자극과 관계없는) 외부로부터의 소리 자극. (2) 지각자 또는 관찰자가 기대하지 않은 시끄럽고 불쾌감을 유발하는 소리 자극.

소진【消盡】 exhaustion ‘탈진’ 참조.

소진기【消盡期】 stage of exhaustion / exhaustion stage ‘일반적응증후군’ 참조.

소진단계【消盡段階】 stage of exhaustion / exhaustion

stage 오스트레스아 출신의 캐나다 의학자인 Hans Selye (1907~1982)는 자신의 스트레스에 관한 이론에서 인간 및 동물의 생체가 외부의 자극들(이를 'stressor'라 함)에 대한 대응으로 나타내는 비특이적(非特異的)인 생리적 반응을 '일반적응증후군(general adaptation syndrome)'으로 지칭하면서, 모두 3단계로 나누어 기술 및 설명하고 있다. 제1단계는 경고반응단계(警告反應段階) 또는 경고반응기(警告反應期: stage of alarm reaction), 제2단계는 '저항단계(抵抗段階)' 또는 '저항기(抵抗期: stage of resistance)'라고 하며, 제3단계는 '소진단계' 또는 '소진기(stage of exhaustion)'라고 한다. 마지막 단계인 이 제3단계에서는 앞서서 제2단계까지 지속되어 온 개체 또는 유기체의 스트레스에 대한 신체 및 심리적 저항 또는 저항능력이 한계에 부딪친 상황으로, 더 이상 스트레스에 대하여 적절한 저항 또는 대항을 하지 못하고 신체적 및 심리적으로 심각한 불능 또는 부전 상태로 이어지게 된다. 보다 구체적으로, 심리적으로는 우울증과 같은 정신장애를 초래할 수 있고, 신체적으로는 심각한 질병 또는 죽음으로 이어질 수 있는 것으로 알려지고 있다. '일반적응증후군' 참조.

소질【素質】 diathesis 외부로부터 오는 어떤 자극이나 상황에 대해 독특한 방식으로 반응하는 신체의 조건이나 상태 또는 체질.

소질-스트레스 모델【素質-스트레스 모델】 diathesis-stress model 개인에게서 발생하는 장애나 질병은 그 개인이 가지고 있는 소질(素質: diathesis)과 스트레스 간 상호작용의 결과로 보는 관점. '소질-스트레스 모형'이라고도 하며, '취약성-스트레스 모델(vulnerability-stress model)'과 같은 의미로 사용된다. '취약성-스트레스 모델' 참조.

소질-스트레스 모형【素質-스트레스 모형】 diathesis-stress model '소질-스트레스 모델'이라고도 한다. '소질-스트레스 모델' 참조.

소프트웨어 software 컴퓨터는 크게 하드웨어(hardware)와 소프트웨어로 구분할 수 있다. 그 가운데 컴퓨터의 기계장치 또는 기계부분을 하드웨어라고 한다면, 이 컴퓨터를 운영하는 기능을 하는 프로그램을 총칭하여 소프트웨어라고 한다. 인간에 비유하면 정신과 신체 가운데 정신에 해당한다고 할 수 있다.

소프트코어 soft core 하드코어(hard core)의 상대적인 표현으로, 성묘사(性描寫)가 비교적 덜 노골적인 포르노(영화)를 지칭한다.

소화선【消化腺】 digestive gland / peptic gland 소화샘이라고도 하며, 소화기관에 부속되어 소화액을 분비하는 분비선(分泌腺)을 총칭한다. 소화선에는 위선(胃腺: '위샘'이라고도 함) 및 타액선(唾液腺: '침샘'이라고도 함) 등이 포함된다.

속도검사【速度檢査】 speed test 개인의 능력을 평가하기 위한 검사의 한 형태로, 특히 일정한 시간 동안에 문제해결을 최대로 수행할 것을 요구하는 검사를 말한다. 일반적으로, 개인의 능력을 알아보는 능력검사(예를 들면, 지능검사)는 검사에서 요구하는 문제를 해결해내는 속도에 초점을 맞추는지, 아니면 해결해내는 역량에 초점을 맞추는지에 따라 속도검사와 역량검사로 구분할 수 있다. 그 중에서 속도검사는 피검사자가 일정한 시간 동안에 요구하는 문제들 가운데 얼마나 많은 문제를 해결해내는지를 알아보는 검사의 형태를 말한다. 반면에, 역량검사(power test)는 시간의 제한을 거의 두지 않고 충분한 시간을 준 상태에서 피검사자가 검사에서 요구하는 문제들 가운데 해결해낸 문제의 수뿐만 아니라 어느 정도 수준의 문제까지 해결해내는지를 알아보는 검사의 형태를 말한다.

속발성 고혈압【續發性 高血壓】secondary hypertension 고혈압을 원인에 따라 분류할 때, 그 중에서도 다른 질병이 원인이 되어 혈압이 상승하는 고혈압 상태를 지칭한다. 속발성 고혈압을 초래하는 질병의 예를 들면, 동맥경화증, 신우신염 및 갑상선 기능 항진증 등이 알려져 있다. '2차적 고혈압' 또는 '이차적 고혈압'이라고도 한다.

손다이크 Thorndike (1874~1949) 미국의 심리학자. 'Thorndike, Edward Lee (1874~1949)' 참조.

송과선【松果腺】pineal gland 뇌의 중심부에 위치한 내분비선으로, 수면을 유발하는 기능을 하는 호르몬인 멜라토닌(melatonin)을 분비한다. 크기는 0.2~3g 정도로, '송과선'이라는 명칭은 솔방울 모양을 하고 있는 내분비선이라는 의미를 담고 있다.

쇠퇴이론【衰退理論】decay theory 망각(forgetting) 현상을 설명하는 이론의 하나로, 이 이론에서는 세월이 흘러감에 따라 비석에 적혀 있는 비문이 풍화작용을 받으면서 점차 알아보기 어려워지듯이, 특정한 자극이나 정보에 관한 기억도 시간이 지남에 따라 자연히 약화되어 그 결과로 망각이 일어나게 된다고 보는 이론이다. '소멸이론(消滅理論)'이라고도 한다.

수간【獸姦】bestiality / zooerastia 이상행동 또는 변태적 성행동의 일종으로, 인간이 개나 고양이 등과 같은 동물을 대상으로 행하는 성교(性交)를 지칭한다.

수동【受動】passivity / passiveness 움직임이나 활동이 스스로 이루어지지 않고 다른 사람이나 다른 힘의 작용에 의해 이루어진다.

수동공격성【受動攻擊性】passive-aggression / passive aggression '수동적 공격성' 참조.

수동공격 성격장애【受動攻擊 性格障碍】passive-aggressive personality disorder '수동공격적 성격장애'라고도 한다. '수동공격적 성격' 및 '수동적 공격성' 참조.

수동공격적 성격【受動攻擊的 性格】passive-aggressive personality / passive aggressive personality '수동적 공격성'을 특징적으로 보이는 성격. 이와 같은 '수동적 공격적 성격'의 정도가 강하고 나아가 생활 과정에서 문제나 부적응을 초래하는 상태를 지칭하거나 분류할 때 '수동공격적 성격장애'라는 표현을 사용한다. '수동적 공격성' 참조.

수동공격적 성격장애【受動攻擊的 性格障碍】passive-aggressive personality disorder '수동공격 성격장애'라고도 한다. '수동공격적 성격' 및 '수동적 공격성' 참조.

수동공격행동【受動攻擊行動】passive-aggressive behavior / passive aggressive behavior '수동적 공격행동' 참조.

수동적 공격성【受動的 攻擊性】passive-aggression / passive aggression 상대방에게 고통을 주거나 피해를 줄 목적으로 행하는 행동 또는 그러한 행동을 하려는 성향이나 경향성을 지칭하여 '공격성

(aggression)'이라고 하며, 특히 직접적인 표현이나 방식이 아닌 간접적이고 은근한 방식으로 이루어지는 공격성을 지칭하여 '수동적 공격성'이라고 한다. 구체적으로, 공격적 욕구나 분노를 직접적인 말이나 행동으로 표출하는 대신에, 말이나 대화를 하지 않기, 일과 관련된 태만이나 태업, 의도적인 약속 불이행, 뒤에서 흉을 보거나 욕하기 등과 같은 행동을 하거나 그러한 방식으로 행동하려는 성향 또는 경향을 말한다. '수동공격성'이라고도 한다. 한편, 수동적 공격성이 반영된 행동을 지칭하거나 강조할 때 '수동적 공격행동'이라는 표현을 사용한다. 위에서 살펴본 것처럼, 공격적인 욕구나 분노의 표출 방식으로 말이나 대화를 하지 않기, 일과 관련된 태만이나 태업, 의도적인 약속 불이행, 뒤에서 흉을 보거나 욕하기 등과 같은 행동 등이 수동적 공격행동의 예가 된다.

수동적 공격행동【受動的 攻擊行動】 passive-aggressive behavior / passive aggressive behavior 상대방에게 고통을 주거나 피해를 줄 목적으로 행하는 행동을 '공격행동'이라고 하며, 그 중에서도 직접적인 표현이나 방식이 아닌 간접적이고 은근한 방식으로 이루어지는 공격행동을 지칭하여 '수동적 공격행동'이라고 한다. '수동공격행동'이라고도 한다. '수동적 공격성' 참조.

수동적 피해자【受動的 被害者】 passive victim (1) 피해를 입을 원인 제공이나 행동을 하지 않은 상태에서 피해를 당한 피해자. (2) (만성적으로 피해를 입고 있는 수동적 피해자의 경우) 피해를 입을 원인 제공이나 행동을 하지 않지만 (지속적 또는 반복적으로) 피해를 당하는 피해자.

수동흡연【受動吸煙】 passive smoking 비흡연자가 본인의 의사와 관계없이 흡연자가 내뿜은 담배연기를 들이마시게 되는 것을 말한다. 비록 본인의 적극적 행위 또는 직접행위를 통해 이루어진 것은 아니지만 실제적으로 흡연한 것과 같은 상태가 초래된다. '간접흡연(間接吸煙: secondhand smoke)'이라고도 한다.

수렴【收斂】 convergence 다양한 견해나 사상(事象)들을 하나로 모으거나 하나로 정리하는 것.

수렴적 사고【收斂的 思考】 convergent thinking 질문이나 문제에 대해 하나의 답(또는, 하나의 해결 방안)을 찾거나 생각해낼 것을 요구하는 사고. 이와 반대되는 사고를 '확산적 사고'라고 한다.

수로화【水路化】 canalization 발달에 대한 유전과 환경의 영향(또는 영향의 비중)을 설명하는 개념들 가운데 하나로, 발달의 어떤 측면(또는 특성)들에 대하여 유전 요인 또는 유전자가 절대적인 영향을 미치는 현상을 의미한다. 즉, 발달의 어떤 측면(또는 특성)에 대한 유전의 영향이 절대적이어서 환경의 영향을 거의 받지 않고 유전적 프로그램에 따라 마치 수로(물길)를 따라 물이 흘러가듯이 정해진 유전적 경로를 따라 발달이 진행되어 가는 현상을 지칭한다. 수로화가 발달에 적용되는 원리를 지칭하여 '수로화 원리'라고 한다.

수로화 원리【水路化 原理】 canalization principle '수로화' 참조.

수면【睡眠】 sleep 정상적인 삶의 과정에서 자연적이고 주기적으로 반복되며, 활동성의 감퇴 및 의식의 저하를 특징으로 하는 일종의 휴식 활동. 감각기능의 둔화, 의식 및 신진대사율의 저하 등과 같은 현상이

특징적으로 나타난다. 흔히 '잠'이라고도 한다.

수면 무호흡증【睡眠 無呼吸症】sleep apnea 수면 중에 호흡이 일시적으로 멈춰지는 증상. 보통 대부분의 사람들은 매일 밤 수면 중에 몇 차례의 수면 무호흡증을 경험하게 되지만, 심한 수면 무호흡증을 보이는 사람들의 경우에는 하룻밤에 수십 번에서 수백 번의 수면 무호흡증을 겪기도 한다. 이처럼 심한 무호흡증을 보이는 사람들의 경우에는 비록 많은 시간 수면을 취하더라도 수면의 질이 저하된 상태에서 이루어지는 수면이기 때문에 낮 시간에도 계속해서 피로와 졸음을 겪게 될 가능성이 높다. '무호흡증'과 같은 의미로 사용된다.

수면박탈【睡眠剝奪】sleep deprivation 어떤 대상에 대하여 수면(잠)을 취하지 못하도록 하는 것. 흔히 수면이나 꿈 또는 스트레스 등에 관한 연구를 진행하는 과정에서 수면박탈 상황을 만드는 경우가 많다.

수면발작【睡眠發作】sleep attack 정상적으로는 잠을 잘 수 없는 상황(예를 들면, 업무, 회의, 강의, 운전, 보행 등)에서 자신이 통제할 수 없는 불가항력적인 졸음에 의해 자신도 모르게 갑자기 잠에 빠지는 것. 수면발작에 의해 수면에 빠지게 되면 보통 5~20분 정도의 수면을 취하게 되며, 수면 중에 꿈을 꾸는 경우가 많고, 수면 후에는 어느 정도 피로가 회복되는 경험을 하지만 1회적인 경우보다는 하루 중에도 몇 차례(약 2~6회 정도) 반복되는 경우가 많다. 한편, '수면발작'이 지속적이고 반복적으로 나타나는 수면장애를 '수면발작증(睡眠發作症: narcolepsy)'이라고 한다. '수면발작증'은 '발작성수면' 또는 '기면발작'이라고도 한다.

수면발작증【睡眠發作症】narcolepsy 주요 증상인 '수면발작(睡眠發作: sleep attack)'이 반복적이고 지속적으로 나타나는 수면 장애. '발작성수면' 또는 '기면발작'이라고도 한다. '수면발작' 참조.

수면자 효과【睡眠者 效果】sleeper effect 설득이나 광고가 이루어진 이후, 설득자나 광고원의 신뢰성과 관계없이 시간이 지남에 따라 설득이나 광고에 포함된 메시지의 효과가 증가하는 현상.

수면장애【睡眠障碍】sleep disorder 수면 양의 부족이나 수면 질의 저하 등과 같이 수면을 잘 취하지 못하고 그 결과로 인해 깨어 있는 동안에 진행되는 일상적인 업무나 활동에 손상이 초래하는 상태를 반복적이고 지속적으로 나타내는 장애. 드물게 수면의 양이 지나치게 많은 경우도 수면장애에 포함된다.

수 보존【數 保存】conservation of numbers Piaget (1896~1980)의 인지발달이론에서 나오는 주요 개념들 가운데 하나로, 일정한 수의 물체들로 구성된 집합에서 이 물체들의 공간적 배열에 변화가 있더라도 이 물체들의 수는 변화가 없다는 것을 이해하는 능력. '보존' 참조.

수상돌기【樹狀突起】dendrites 뉴런의 일부분인 세포체(cell body)로부터 뻗어 나온 짧은 섬유들로서, 다른 뉴런으로부터 들어오는 정보(또는 메시지)를 받아서 이를 세포체로 전달하는 기능을 한다.

수술 stamen 꽃밥과 꽃실로 구성되어 있는 식물의 웅성(雄性) 생식기관을 지칭한다. 이에 상대되는 자성(雌性) 생식기관을 '암술(pistil)'이라고 한다.

수영반사【水泳反射】swimming reflex 선천적으로 가지고 태어나는 반사들 가운데 하나로, 생후 초기의 영아를 물에 넣으면 수영 동작으로 팔과 다리를 젓는 행동을 하는데, 이와 같은 선천적인 반사 행동을 '수영반사'라고 한다. 대부분의 경우에 생후 약 6개월을 전후하여 사라진다.

수용【受容】acceptance 내담자중심치료에서 중요하게 고려하는 상담자의 자세 가운데 하나로, 내담자의 생각이나 감정 또는 행동에 대해 비판이나 평가를 하지 않고 그대로 인정하는 것(또는 그러한 자세).

수용기【受容器】receptor 특정한 자극에 대해 민감하게 반응하는 전문화된 세포.

수용성 실어증【受容性 失語症】receptive aphasia 대뇌의 좌반구 측두엽에 위치한 베르니케 영역(Wernicke' area)의 손상으로 인해 초래되는 실어증. 베르니케 영역의 손상을 입은 사람들은 언어의 이해 곤란에서 비롯되는 수용성 실어증을 보이게 되는데, 그 결과 다른 사람의 말이나 단어를 듣지만 그 의미를 이해하지 못하는 장애를 보이게 된다. '베르니케 실어증(Wernicke's aphasia)'이라고도 한다. '베르니케 실어증' 참조.

수용언어【受容言語】receptive language 다른 사람이 하는 말을 듣고 이해하는 언어. 한편, '수용언어'와 달리, 자신이 단어나 문장을 사용하여 표현해내는 언어를 지칭하여 '산출언어'라고 한다.

수음【手淫】masturbation '자위행위' 참조.

수의적【隨意的】involuntary 의지(意志)나 의도(意圖)에 따라 통제가 됨을 의미한다. 이와 반대되는 의미를 가진 말로 '불수의적(不隨意的: involuntary)'이라는 용어가 있다.

수의근【隨意筋】voluntary muscle 의지(意志)나 의도(意圖)에 따라 통제가 되는 근육 또는 근육조직을 말한다. 이와는 달리 의지나 의도에 따라 통제되지 않는, 즉 유기체의 의지나 의도에 따라 조절되지 않는 근육 또는 근육조직을 '불수의근(不隨意筋: involuntary muscle)'이라고 한다.

수정【受精】fertilization / conception 암수의 생식세포(즉, 포유동물의 경우 난자와 정자)가 새로운 생명체 또는 개체를 형성하기 위해 합쳐지는 현상. 구체적으로, 정자가 난자에 침투하여 접합체를 이루는 현상을 지칭한다.

수정란【受精卵】fertilized egg 난자가 정충(또는 정자라고도 함)을 받아들여 수정이 이루어진 상태. '접합체' 참조.

수초【髓鞘】myelin sheath 신경세포인 뉴런(neuron)의 축색 주위를 감싸 피막을 형성하고 있는 물질로, 전기적으로 절연 기능을 하고 축색을 지나는 신경 충동의 전달이 빨라지도록 만들어주는 기능을 한다. '미엘린초(鞘)'라고도 한다.

수초발생【髓鞘發生】myelinization '수초화(髓鞘化)'라고도 한다. '수초화' 참조.

수초형성【髓鞘形成】myelinization '수초화(髓鞘化)'라고도 한다. '수초화' 참조.

수초화【髓鞘化】myelinization 뉴런이 수초의 막으로 감싸여지는 것 또는 그러한 과정. '수초형성', '수초발생' 또는 '말이집형성'이라고도 한다.

수평적 격차【水平的 隔差】horizontal décalage Piaget (1896~1980)가 아동들의 인지발달을 기술하기 위해 사용한 개념들 가운데 하나로, 동일한 정신적 조작을 요구하는 인지 과제들을 이해하고 해결해내는 인지능력이 예상되는 것과는 다르게(즉, 동일한 정신적 조작을 요구하는 것처럼 보이는 인지과제들이기 때문에 이를 이해하고 해결하는 인지능력이 동시에 발달될 것으로 기대할 수 있다), 상이한 수준을 나타내는 발달적 경향을 지칭하여 '수평적 격차'라고 한다.

수행【遂行】performance 어떤 부여된(또는 계획된) 일이나 과제를 해내는 것.

수행압력【遂行壓力】performance pressure 어떤 대상에 대해 특정한 요구나 기대에 따르도록 요구하는 심리적 힘 또는 압박을 지칭하여 압력(pressure)이라고 하는데, 그 중에서도 어떤 일이나 과제를 성공적으로 수행하도록 기대하거나 요구하는 형태의 압력을 수행압력이라고 한다. 예컨대, 영업사원에게 일정한 수량의 상품을 판매하도록 요구하거나 기대하는 것은 수행압력의 한 예가 된다.

수행평가【遂行評價】performance assessment 학습자(또는 피검자)의 능력이나 지식을 평가하기 위한 방법의 하나로, 학습자(또는 피검자)에게 능력이나 지식을 행동으로 나타내는 구체적 수행을 하도록 요구한 후, 이를 통해 평가하는 방식.

숙달동기【熟達動機】mastery motivation 자신이 생활하는 환경에 대하여 충분한 탐색과 이해 및 통제력을 갖고자 하는 동기.

순목반사【瞬目反射】blinking reflex / blink reflex / eye-blink reflex '눈깜박반사' 참조.

순서척도【順序尺度】ordinal scale '서열척도' 참조.

순서효과【順序效果】order effect 실험 연구에서, 독립변인의 효과를 밝히기 위해 피험자에게 두 가지 이상의 실험적 처치를 하는 경우에 이 중 어느 처치를 먼저 실시하는가에 따라 종속변인에 미치는 효과(즉, 실험결과)가 달라지는 현상.

순수 실독증【純粹 失讀症】pure alexia 듣기, 쓰기, 말하기 및 이해하기 등과 같은 다른 언어기능에서는 문제가 없으나 '읽기'에서만 장애를 나타내는 증상.

순종【順從】compliance 사회심리학 분야에서 많이 사용되는 용어의 하나로, 집단이나 타인의 요구나 압력에 대해 자신의 내적인 사고나 태도에서의 변화 없이, 그러한 요구나 압력에 따라 행동하는 것을 의미한다. 응종(應從)이라고도 한다.

순진한 사실주의【純眞한 寫實主義】naive realism 사람들은 흔히 자신과 달리 다른 사람들은 객관적이지 못하고 주관적으로 사고하지만, 자기 자신은 객관적으로 사고하고 현실과 세상을 직시하고 있다고 생각하는 경향이 있는데, 이러한 경향을 '순진한 사실주의'라고 한다. '순진한 현실주의', '소박한 사실주의', '소박한 현실론', '소박한 현실주의' 또는 '순진한 현실론'이라고도 한다.

순진한 현실론【純眞한 現實論】naive realism '순진한 사실주의', '순진한 현실주의', '소박한 사실주의', '소박한 현실주의' 또는 '소박한 현실론'이라고도 한다. '순진한 사실주의' 참조.

순진한 현실주의【純眞한 現實主義】naive realism '순진한 사실주의', '소박한 사실주의', '소박한 현실주의', '순진한 현실론' 또는 '소박한 현실론'이라고도 한다. '순진한 사실주의' 참조.

순한 기질【순한 氣質】easy temperament Thomas와 Chess 등에 의해 제시된 기질의 세 가지 유형 중 하나로, 차분하고 긍정적이며, 새로운 상황이나 경험에 대해 개방적이고 쉽게 적응하며, 수면과 섭식 등의 일상생활 행동에서 규칙한 경향을 나타내는 기질. '쉬운 기질'이라고도 한다. 한편, '순한 기질'을 가진 아이를 지칭하여 '순한 아이(easy child)' 또는 '쉬운 아이'라고 한다.

순한 아이 easy child 순한 기질의 특성을 가진 아이. '순한 기질' 참조.

순행간섭【順行干涉】proactive interference 기억과 관련된 인지적 현상의 하나로, 과거에 학습 또는 입력과정을 거쳐 이미 저장되어 있던 학습정보 또는 기억정보가 새로운 정보를 학습하는(또는 입력하는) 활동을 간섭하는 현상을 지칭한다. 이러한 순행간섭 현상은 개인 또는 학습자가 비교적 짧은 기간 동안에 유사한 과제들을 학습 또는 저장하고자 하는 경우에 흔히 발생한다. 이러한 순행간섭과 대비되는 현상을 역행간섭(retroactive interference)이라고 하는데, 이 현상은 새로이 학습된 또는 새로이 입력된 정보가 그 이전(즉, 과거)에 학습 또는 입력과정을 거쳐 이미 저장되어 있던 기억정보 또는 기억자료를 회상하는 활동(또는 능력)을 간섭하는 현상을 지칭한다. 한편, 순행간섭은 '순행성 간섭' 또는 '순행적 간섭'이라고도 한다.

순행성 간섭【順行性 干涉】proactive interference '순행간섭' 참조.

순행성 기억상실증【順行性 記憶喪失症】anterograde amnesia 기억상실증(amnesia)의 한 형태로, 기억상실증을 유발한 원인이 된 사건(흔히 뇌의 손상)이 발생하기 전의 일들을 기억하지 못하는 기억장애인 '역행성 기억상실증(retrograde amnesia)'과 달리, 원인이 되는 사건(흔히 사고나 노화로 인한 뇌의 손상이나 이상)이 발생한 이후에 발생한 일이나 경험 또는 그와 관련된 정보들을 기억하지 못하는 기억장애를 지칭하여 '순행성 기억상실증'이라고 한다. '전진성 기억상실증' 또는 '전향성 기억상실증'이라고도 한다.

순행적 간섭【順行的 干涉】proactive interference '순행간섭' 참조.

숨은 비행【숨은 非行】hidden delinquency 실제로 발생했지만 경찰이나 검찰과 같은 관련기관에 의해 적발되지 않아서 공식적인 비행통계에 포함되지 않은 비행을 의미한다. 검찰이나 경찰에 의해 인지되거나 적발되어 기록된 비행이나 범죄사건 이외에도 드러나지 않은 비행이나 범죄행위가 적지 않을 것으로 추정하는 학자들이 많다.

쉐마 scheme '셰마' 및 '스키마' 참조.

쉬운 기질【쉬운 氣質】easy temperament '순한

기질' 참조.

쉬운 아이 easy child '순한 아이' 참조.

슈퍼비전 supervision (상담이나 심리치료 분야에서) 상담이나 심리치료를 배우기 시작했거나 아직 능숙하지 못한 상담자나 심리치료자가 자신이 진행했거나 진행하게 될 내담자나 환자에 대한 이해, 접근 방법 및 기법, 진행과정과 절차, 대안적 반응 등에 대하여 전문적 식견과 경험이 더 많은 선배 상담자나 심리치료자로부터 지도 및 감독을 받은 훈련과정(또는 실습과정). 상담의 실제 장면에서 상담자나 심리치료자가 자신의 강점과 한계 및 부족한 측면에 대해 이해하고 이를 보완해 감으로써 보다 더 발전되고 유능한 상담자나 심리치료자가 되도록 돕는데 목표를 두고 있다. '슈퍼비전' 이외에도 이와 같은 의미를 가진 표현으로 '상담자 사례지도', '상담자 실습지도', '상담자 지도감독', '상담자 훈련지도', '상담 사례지도', '상담 실습지도', '상담 지도감독' 또는 '상담 훈련지도' 등이 있다.

슈퍼에고 superego Freud (1856~1939)가 제안한 성격을 구성하는 세 요소 가운데 하나. '초자아'라고도 한다. '초자아' 참조.

스와핑 swapping 두 쌍 이상의 부부(夫婦)들이 중개인이나 모임 등을 통해 만나 서로 상대를 바꾸어 가면서 성적인 접촉 또는 관계를 맺는 행위. '부부교환', '부부교환섹스' 또는 '부부스와핑'이라고도 한다.

스키너 Skinner (1904~1990) 미국의 심리학자. 'Skinner, Burrhus Frederic (1904~1990)' 참조.

스키너 박스 Skinner box 미국의 심리학자인 Skinner (1904~1990)가 연구에 사용할 목적으로 개발한 상자 형태의 실험 도구(장치). '스키너 상자' 참조.

스키너 상자【스키너 箱子】 Skinner box 조작적 조건형성이론을 체계화한 Skinner (1904~1990)가 연구에 사용할 목적으로 개발한 상자 형태의 실험 도구(장치). 내부에는 지렛대와 먹이제공 장치 등의 장치가 설치되어 있으며, 실험동물(주로 비둘기나 쥐가 이용되었음)의 반응에 대한 강화의 유무 및 빈도 등을 기록하는 장치가 연결되어 있다. '스키너 박스'라고도 한다.

스키마 schema 사고와 인지, 정보처리 및 기억 등의 주제를 연구하는 인지심리학, 발달심리학, 사회심리학 및 여러 인지과학의 분야에서 사용되는 주요 개념 가운데 하나로, 사고, 기억 및 정보처리를 주로 다루는 분야에서는, '세상의 어떤 부분(예를 들면, 사람이나 물체 또는 사건 등)에 관한 정보 또는 개념들을 상호 관련지어 의미 있게 조직화하는 인지적 구조'라는 의미로 사용하는 경우가 많다. Piaget (1896~1980)의 인지발달이론에서는 '스키마(schema)' 대신 프랑스어인 '셰마(scheme)'라는 표현을 사용하고 있으며, 이 말은 아동이 자신이 생활하는 환경의 어떤 측면들을 이해하거나 그 상황들에 적응하기 위해 구성하는 사고나 행동의 패턴(유형)을 의미한다. 스키마(schema)나 셰마(scheme) 두 용어 모두 우리말로는 '도식(圖式)'이라고 번역하여 사용되고 있다. 한편, '셰마'는 '쉐마'로 표기하기도 한다.

스키마식 처리【스키마式 處理】 schematic processing '스키마식 처리과정' 또는 '도식적 처리'라고도 한다.

'도식적 처리' 참조.

스키마식 처리과정【스키마式 處理過程】schematic processing '스키마식 처리' 또는 '도식적 처리'라고도 한다. '도식적 처리' 참조.

스크립트 script 도식(schema)의 한 형태로, 패스트푸드점에서 식사하기, 지하철 타기, 산책하기 등과 같은 친숙한 어떤 상황에서 이루어지는 사건의 전형적인 순서(또는 절차)에 대한 일반적인 도식(또는 표상). 즉, 스크립트는 생활 속의 친숙한 특정 상황에서 일반적으로 일어나는 행동 시나리오에 대한 도식 또는 표상을 지칭한다. '사건도식'이라고도 한다.

스타크래프트 Starcraft 1998년 미국의 기업인 블리자드(Blizzard)에서 만든 실시간 시뮬레이션 전략 게임을 말한다. 블리자드사에서 운용하는 스타크래프트 대결을 위한 인터넷 접속망(일명 '배틀넷')을 통해 다른 이용자들과 싸움을 전개할 수 있도록 되어 있다. 게임의 대략적인 내용은 서로 다른 특징을 가진 세 종족들(프로토스, 테란 및 저그) 가운데 하나를 선택하여 우주의 지배권을 차지하기 위한 전투의 형태로 전개된다. '스타(Star)' 또는 '스타크(Starc)'라고도 한다.

스탠포드-비네 지능검사【Stanford-Binet 知能檢査】Stanford-Binet Intelligence Scale 1916년 미국의 심리학자 Terman (1877~1956)이 출간한 지능검사. 'Stanford-Binet 지능검사' 참조.

스탠포드-비네 지능척도【Stanford-Binet 知能尺度】Stanford-Binet Intelligence Scale 1916년 미국의 심리학자 Terman (1877~1956)이 출간한 지능척도(지능검사). 'Stanford-Binet 지능검사' 참조.

스턴버그 Sternberg (1949~) 미국의 심리학자. 'Sternberg, Robert Jeffrey (1949~)' 참조.

스테로이드 steroid 스테로이드핵이라는 특유의 화학구조를 가진 화합물을 지칭한다.

스토커 stalker 스토킹(stalking)을 하는 사람을 지칭한다. 즉, 상대방의 의사나 의지를 무시한 채 상대방에게 집요하게 연애감정을 표시하기, 뒤쫓기, 연락하기 등의 행위를 통해 상대를 괴롭히는 사람.

스토킹 stalking 개인적으로 호감을 가지고 있거나 좋아하는 특정인(흔히 유명한 인기 가수, 탤런트, 배우 또는 운동선수 등인 경우가 많음)을 상대방의 의사와 관계없이 집요하게 연락하거나 따라다니는 등의 방법으로 고통스럽게 만드는 행위를 지칭한다.

스톡홀름 신드롬 Stockholm syndrome '스톡홀름 증후군' 참조.

스톡홀름 증후군【스톡홀름 症候群】Stockholm syndrome 납치범 또는 강도에게 붙잡혀 있던 인질이 구속 상태에서 경험하게 되는 지속적이고 강력한 공포와 스트레스 및 의존적인 관계의 결과로 범인에 대해 호감이나 감정적 집착을 나타내는 현상. 이러한 현상은 큰 공포와 스트레스를 경험하는 상황에서 발생하는 생리적 흥분상태의 원인을 사랑의 감정으로 잘못 해석하는 것과 관련이 있는 것으로 설명되고 있다. '스톡홀름 증후군'이라는 용어는 스웨덴의 수도 스톡홀름에서 있었던 은행강도 사건에서 오랜 시간 동안 인질로 잡혀 있던 한 여인이 강도를 사랑하게 된 사건에서 연유된 표현으로 알려져 있다. '스톡홀름 신드롬'이라고도 한다. '스톡홀름 증후군'과 반대되는 현상으로 '리마 증후군(Lima sydrome)'이 있다.

스트레서 stressor 스트레스를 유발하는 모든 형태의 자극이나 사건을 총칭한다. 스트레스원, 스트레스인, 스트레스 요인 또는 스트레스 인자 등의 표현으로도 사용된다.

스트레스 stress 오늘날 많은 사람들 사이에서 널리 사용되고 있는 '스트레스'라는 말은 상당히 친숙하면서도 막상 이를 정의하려 하면 쉽지가 않다. 그 이유는 스트레스란 무엇인가에 대한 대답, 즉 스트레스의 정의와 관련하여 많은 학자들이 다양한 견해를 제시해 왔기 때문에 이를 간단히 정리하기가 쉽지 않기 때문이다. 일반적으로 스트레스의 개념은 '자극으로서의 스트레스', '반응으로서의 스트레스', 그리고 '개인과 환경 간의 역동적인 상호작용으로서의 스트레스' 등 크게 세 개의 모델로 정리해 볼 수 있다. 보다 구체적으로, 첫 번째 모델은 개인에 대해 가해지는 다양한 자극을 스트레스로 보는 입장이라고 할 수 있다. 두 번째 모델은 누구나 변화와 적응을 요구하는 사건이나 상황에 처하게 되면 우리의 신체는 이에 적응하기 위해 가능한 자원을 동원하여 이에 반응하게 되는데, 이러한 반응을 스트레스로 보는 입장이라고 할 수 있다. 세 번째 모델은 스트레스를 개인과 환경 간의 상호작용으로 보는 입장으로, 이 모델에서는 개인과 환경 간의 상호작용과정에서 환경 내의 자극특성과 그에 대한 반응자의 지각, 인지 및 대처능력 등과 같은 개인의 특성을 모두 강조한다. 따라서 스트레스는 개인이나 환경 가운데 어느 한쪽 측면에서만 이해될 수 없으며, 그 보다는 양자 간의 역동적인 상호작용에 의해 결정되는 것으로 본다. 이러한 모델들 중에서도 오늘날 가장 많은 지지를 받고 있는 것은 세 번째 모델이며, 이 모델의 관점에 따라 정의하면, 스트레스란 "개인이 가지고 있는 자원의 한계를 넘어 개인의 적응과정 또는 안녕에 위협이 된다고 평가되는(또는 지각되는) 개인과 환경 간의 특정한 관계"라고 할 수 있다. stress는 라틴어 'stringer(팽팽하게 하다)'에서 뿌리를 두고 있는 말로, 1920년대 Hans Selye (1907~1982)에 의해 본격적으로 학문적인 관심과 연구의 대상이 되기 시작한 것으로 알려지고 있다. 심리학의 영역에서 연구되기 시작한 것은 제2차 세계대전이 끝난 이후로, 본격적인 연구는 1950년대 이후 Lazarus에서부터 시작된 것으로 보는 견해가 많다. 오늘날에는 심리적, 사회적 및 생리적(신체적) 측면에서의 적응과 건강 및 질병 등의 문제와 관련하여 스트레스에 대한 연구가 광범위하게 진행되고 있다. 또한, 학문 영역별 연구현황을 살펴보면, 심리학 분야는 물론이고 의학 및 생물학 등이 포함된 다양한 자연과학분야와 교육학 및 사회학 등이 포함된 많은 사회과학분야에서 스트레스를 주요 연구주제 가운데 하나로 다루고 있다.

스트레스 반응【스트레스 反應】 stress reaction 스트레스에 대해 일으키는 반응. 넓은 의미에서는 스트레스 상황에서 나타나는 신체적, 심리적 및 행동적 반응들을 총칭하지만, 좁은 의미에서는 스트레스 상황에서 체내의 자율신경계가 각성됨에 따라 나타나는 신체적 반응들을 주로 지칭하기도 한다.

스트레스 병【스트레스 病】 stress disease 스트레스의 직접 및 간접적인 영향으로 인하여 발생하는 질병을 지칭한다. '스트레스 질병'이라고도 한다.

스트레스 사상【스트레스 事象】 stressor '스트레서' 참조.

스트레스 산업【스트레스 産業】 stress industry 효과적으로 스트레스를 해소할 수 있도록 도와주는 기법, 방법, 기계 또는 장치 등을 개발 및 제조하여 판매하거나 서비스하는 산업 분야를 총칭한다.

스트레스 요인【스트레스 要因】 stressor '스트레서' 참조

스트레스원【스트레스源】 stressor '스트레서' 참조.

스트레스인【스트레스因】 stressor '스트레서' 참조.

스트레스인자【스트레스因子】 stressor '스트레서' 참조.

스트레스설【스트레스說】 theory of stress / stress theory 캐나다 의학자인 Hans Selye (1907~1982)가 제시한 스트레스에 관한 학설 또는 이론을 지칭한다. 인간을 포함한 동물들의 생체가 외부의 자극들(이를 stressor〈스트레서〉라고 한다)에 대한 대응으로 나타내는 비특이적(非特異的)인 생리적 반응(모두 3단계로 구성되어 있음) 등에 관하여 설명하고 있다. '스트레스 이론' 또는 '스트레스 학설'이라고도 한다.

스트레스이론【스트레스理論】 theory of stress / stress theory 스트레스에 관한 이론. 캐나다 의학자인 Hans Selye (1907~1982)가 제시한 스트레스에 관한 학설 또는 이론을 지칭한다. '스트레스설' 또는 '스트레스학설'이라고도 한다.

스트레스질병【스트레스疾病】 stress disease '스트레스병' 참조.

스트레스학설【스트레스學說】 theory of stress / stress theory '스트레스설' 및 '스트레스이론' 참조.

스트로보스코프운동【스트로보스코프運動】 stroboscopic movement 가현운동(apparent movement)의 한 형태로, 실제로는 정지해 있는 일련의 장면이나 사진(또는 그림)을 연속적으로 빠르게 보여줌으로써 마치 운동이 연속적으로 이루어지고 있는 것 같은 착각을 유발하는 운동현상을 말한다. '가현운동' 참조.

스트로보스코프효과【스트로보스코프效果】 stroboscopic effect '스트로보스코프운동'에 의해 나타나는 시각적 착시효과. '가현운동' 참조.

스트룹 John Ridley Stroop (1897~1973) 심리학 분야에서 '스트룹 효과(Stroop effect)'에 관한 연구를 본격적으로 진행한 미국의 심리학자. 'Stroop effect'에서 'Stroop'은 그의 이름에서 따온 것이다.

스트룹효과【스트룹效果】 Stroop effect 색깔의 명칭을 표기한 글씨와 그것이 쓰여진 색깔이 다른 경우에, 사람들이 색깔의 명칭이 표기된 물감이나 잉크의 색깔을 말하는 속도가 급속하게 감소하는 현상. 즉, 대상(또는 단어)의 명칭과 색상이 서로 다를 때 대상(또는 단어)의 색을 쉽게 명명하지 못하거나 명명하는 시간이 길어지는 현상을 지칭한다. 'Stroop effect'라는 표현 가운데 'Stroop'이라는 부분은 이 효과를 심리학 분야에서 본격적으로 연구하기 시작했던 미국의 심리학자 스트룹(John Ridley Stroop: 1897~1973)의 이름을 딴 것이다.

스트리킹 streaking 나체질주. 타인의 의사와는 관계없이 공공장소에서 옷을 벗거나 또는 옷을 벗은 상

태로 질주하는 행위를 말한다. 1974년 미국에서 처음 등장한 것으로 알려져 있다.

스티그마 stigma '낙인(烙印)'이라고도 한다. '낙인' 참조.

스티그마효과【스티그마效果】 stigma effect '낙인효과(烙印效果)'라고도 한다. '낙인효과' 참조.

스팸메일 spam mail / spam-mail 인터넷이나 컴퓨터 통신을 통하여 개개인들의 의사와는 관계없이 일방적으로 전달되는 전자우편(e-mail)을 지칭한다. 흔히 광고 메시지를 담고 있고, 다수의 인터넷 및 PC 통신 이용자들을 대상으로 하며, 대규모로 이루어지는 것이 특징이다.

스팸메일러 spam mailer 스팸 메일(spam mail)을 만들어 유포시키는 행위를 하는 사람을 지칭한다.

스포츠맨십 sportsmanship 운동가 정신. 스포츠맨십.

스포츠심리학【스포츠心理學】 sports psychology 스포츠와 관련된 심리학적인 문제들을 연구하는 심리학 또는 관련 학문분야를 지칭한다. 구체적으로, 스포츠활동의 심리학적 특징과 의의, 법칙 및 원리를 밝히고, 동시에 종목별 스포츠활동에서의 최대 능력을 발휘할 수 있는 방법, 기술, 조건 및 영향 요인들에 관하여 연구하며, 나아가 이러한 스포츠활동이 심리적, 행동적, 사회적 및 신체적 상태 및 건강에 미치는 영향을 밝히기 위한 연구를 진행하는 학문 분야이다. 최근에는 정신장애자나 신체장애자, 그리고 비행청소년 등을 대상으로 이들의 건강회복 및 사회적응을 돕기 위해 스포츠를 활용하는 방안에 관한 연구가 활발히 진행되고 있다.

스포츠심리학자【스포츠心理學者】 sports psychologist 스포츠심리학(sports psychology) 분야에서 활동하는 심리학자 또는 관련 학자를 말한다.

슬럼 slum 도시에서 빈민들이 많이 거주하는 지역으로서, 다른 지역에 비하여 상대적으로 주거환경이 열악한 지역을 지칭하는 표현이다. 주요 특징으로는 주택과밀, 통풍 및 일조건 등에서의 불리함, 주택의 노후화, 상하수도 및 도로 등의 열악한 상태 등을 들 수 있다. '빈민가(貧民街)' 또는 '빈민굴(貧民窟)'이라고도 한다.

습관【習慣】 habit 반복적인 학습과정이나 훈련을 통해 형성되어 특정 자극이나 상황하에서 자동적으로 되풀이 되는 안정화된 행동 또는 반응. 개인이 바람직한 또는 적절한 습관을 형성한 경우에는 문제가 되지 않지만 그렇지 않고 바람직하지 못하거나 부적절한 습관을 형성한 경우에는 개인의 생활에서 어떤 형태로든 부적응 또는 불편을 초래하기 쉽다. '버릇' 또는 '습성(習性)'이라고도 한다.

습관화【習慣化】 habituation 특정 자극에 지속적 또는 반복적으로 노출됨에 따라 그 자극에 대한 반응이 감소하는 현상. 이와 반대되는 현상이 '민감화(sensitization)'이다. 많은 경우에 있어서, 자극에 대한 노출이 지속됨에 따라 반응(흔히 반사적 반응)이 감소하는 습관화 현상을 나타내지만, 간혹 특정 조건에서는 자극에 대한 노출이 지속됨에 따라 반응이 증가하는 '민감화' 현상을 일으키기도 한다. 한편, '습관화'라는 표현 대신 '습성화'라는 표현을 사용하는 경우도 있지만 흔한 경우는 아니다.

습관화 절차【習慣化 節次】 habituation procedure 일련의 자극들에 대한 습관화 과정을 통해 지각발달 또는 지각능력을 알아보는 방법. 흔히 영 · 유아들의 지각발달 또는 지각능력을 연구하기 위해 사용된다.

습득【習得】 acquisition 지식, 행동 또는 물건 등을 자기 것으로 함. '획득(獲得)'이라고도 함.

습성【習性】 habit '습관' 참조.

습성화【習性化】 habitation '습관화' 참조.

승화【昇華】 sublimation 정신분석학에서 사용되는 용어로 방어기제(defense mechanism)의 한 형태이다. 그대로 표출될 경우에는 사회적으로 제재를 받을 수 있는 원초아(id)의 본능적 충동을 예술, 스포츠 및 문학 활동 등과 같이 사회적으로 수용될 수 있는 방향으로 바꾸어 표출하는 무의식적 과정 또는 작용을 말한다. 다시 말하면, 승화란 개인이 가지고 있는 본능 또는 본능적 욕구를 내적으로 고통 받지 않으면서도 사회 · 문화적으로 갈등이나 문제를 유발하지 않고, 보다 친사회적이고 친문화적인 방식으로 표출하는 무의식적인 심리작용을 의미한다.

시각【視覺】 sight / sense of sight / vision 감각기관의 하나인 눈을 통해 물체나 현상의 색과 형태를 구별하는 감각작용.

시각교육【視覺教育】 visual education 시각을 이용하여 이루어지는 교육. 즉, 시각기관인 눈으로 볼 수 있는 그림, 사진, 사물의 모형 등을 이용하여 이루어지는 교육.

시각기관【視覺器官】 visual organ / organ of vision 시각(視覺)을 담당하는 감각기관. 인간의 경우에는 눈이 시각기관에 해당된다.

시각벼랑【視覺벼랑】 visual cliff '시각절벽' 참조.

시각신경【視覺神經】 optic nerve 시각을 담당하는 눈으로부터 대뇌에 이르는 일련의 신경 또는 신경체계. '시신경'이라고도 한다.

시각적 성희롱【視覺的 性戲弄】 visual sexual harassment 성희롱의 하위 유형 가운데 하나로, 상대방의 의사에 반하는 또는 상대방이 원치 않는 성적인 시각 자극이나 자료(예를 들면 성적인 시선, 성적인 몸짓, 선정적인 사진이나 영상 등)를 상대방에게 노출시킴으로써 성적 굴욕감이나 혐오감을 느끼도록 만드는 행위 또는 그러한 성희롱. '시각형 성희롱'이라고도 한다. '성희롱' 참조.

시각절벽【視覺絶壁】 visual cliff 인간의 유아 및 동물의 어린 새끼들의 깊이지각 능력을 연구하기 위해 Gibson 등이 창안한 실험장치. 큰 유리책상으로 되어 있으며, 중간의 나무판을 경계로 하여 두 부분으로 구성된다. 즉, 한 쪽 부분은 유리판 바로 아래에는 바둑판 무늬가 붙여져 바로 밑처럼 보여지는 부분이며, 다른 한 쪽 부분은 유리판에서 3피트 아래에 위치한 푹 꺼진 것처럼 보이는 부분(즉 절벽)으로 되어 있다. '시각벼랑'으로 번역되는 경우도 있다.

시각체계【視覺體系】 visual system 시각자극을 수용하고 처리하는 일련의 체계를 지칭하며, 여기에는 눈과 뇌의 일부 조직 등이 포함된다.

시각탐색과제【視覺探索課題】visual search task 짧은 시간동안 제시되는 화면에 특정 목표가 있는지 없는지의 여부를 답하도록 요구받는 과제.

시각형 성희롱【視覺型 性戱弄】visual sexual harassment '시각적 성희롱'이라고도 한다. '시각적 성희롱' 참조.

시간증【屍姦症】necrophilia / necrophilism 시체 또는 시신에 대하여 병적으로 성적인 매력을 느끼는 증상. 이상심리(異常心理)의 하나로 '시체애호증(屍體愛好症)'이라고도 한다.

시간체계【時間體系】chronosystem 러시아 태생의 미국 심리학자인 Bronfenbrenner (1917~2005)가 제안한 '생태학적 체계이론'의 다섯 환경체계(미시체계, 중간체계, 외체계, 거시체계 및 시간체계 등) 중 하나로, 시간 경과에 따라 일어나는 개인이나 환경의 변화 측면을 지칭하며, 이는 개인(또는 아동)의 발달 또는 발달의 방향에 영향을 미치게 된다.

시간표집【時間標集】time-sampling 특정한 개인 또는 집단을 대상으로 진행하는 관찰연구방법의 하나로, 정해진 시간 동안에 연구의 대상이 되는 피관찰자(또는 연구 참가자)가 보이는 행동특징 또는 특정 행동을 관찰하여 기록하는 연구절차 또는 연구방법.

시냅스 synapse 한 뉴런의 종말단추와 인접한 다른 뉴런의 수상돌기 및 그 사이의 공간(시냅스공간) 등으로 구성되는 기능적 연접 상태. 이 연접을 통해 한 뉴런에서 다른 뉴런으로 정보가 전달된다.

시냅스가소성【시냅스可塑性】synaptic plasticity 신경계를 구성하는 주요 세포로 정보전달에 관여하는 세포를 뉴런(neuron)이라고 한다. 이 뉴런들 간에는 서로 밀접한 기능적 연접 상태인 시냅스(synapse)를 형성하고 이를 통해 시냅스 전(前) 뉴런(시냅스 후 뉴런으로 정보를 전달하는 뉴런)과 시냅스 후(後) 뉴런(시냅스 전 뉴런으로부터 정보를 전달받는 뉴런) 간의 정보전달이 이루어지게 된다. 이러한 뉴런들 간의 연접 상태인 시냅스(신경계를 구성하는 뉴런의 수는 수백억 개 또는 그 이상으로 추정되고 있으며, 이들 간에는 무수한 시냅스가 형성되어 있다)는 고정 불변한 상태가 아니라 학습이나 기억 등과 같은 개인의 경험에 따라 그 상태나 형태가 지속적으로 변하게 되는데, 이와 같은 시냅스의 가변적인 특성을 지칭하여 '시냅스가소성'이라고 한다.

시냅스간격【시냅스間隔】synaptic cleft '시냅스공간' 참조.

시냅스공간【시냅스空間】synaptic space 한 뉴런의 종말단추(terminal button)와 인접한 다른 뉴런의 수상돌기(또는 세포체) 사이에 존재하는 작은 간격 또는 공간을 말한다. 시냅스간격(synaptic cleft)이라고도 한다.

시냅스낭【시냅스囊】synaptic vesicle 한 뉴런의 끝부분에 해당하는 종말단추 내에 위치하고 있는 작은 주머니로 시냅스로 방출되는 신경전달물질을 담고 있다. '시냅스주머니'라고도 한다.

시냅스생성【시냅스生成】synaptogenesis 뉴런들 간의 연접 또는 연결이 이루어지는 것. 즉, 시냅스가 형성되는 것을 의미한다.

시냅스주머니 synaptic vesicle 신경전달물질을 담고 있는 주머니. '시냅스낭'이라고도 한다. '시냅스낭' 참조.

시냅스혹 synaptic knob '종말단추', '축색종말' 또는 '시냅스단추'라고도 한다. '종말단추' 참조.

시너지효과【시너지效果】 synergy effect 전체적인 결과나 효과에 기여하는 각 요소 또는 부분들 간의 협동작용에 따라, 그 각각이 따로 작용하는 경우에 비하여 더 많은 결과나 생산성 또는 더 큰 힘이나 효과를 나타내는 현상을 지칭한다. '상승효과'라고도 한다.

시대정신【時代精神】 Zeitgeist 특정 시대를 지배하는 정신. 즉, 한 시대의 지배적인 문화적 분위기.

시력【視力】 visual acuity / sight / vision 물체들의 미세한 부분이나 크기를 보고 구별할 수 있는 능력.

시력검사【視力檢查】 visual acuity test 시력이 어느 정도인지를 알아보는 검사. 구체적으로, 눈으로 어느 정도의 크기를 보고 식별할 수 있는지를 알아보는 검사.

시력검사표【視力檢查表】 visual acuity test chart 시력검사에 사용되는 표.

시뮬레이션 simulation '모의실험' 참조.

시상【視床】 thalamus 뇌간의 바로 위에 위치하고 있는 간뇌의 대부분을 구성하는 신경세포조직으로, 대뇌피질과 가장 관계가 깊은 기능을 담당한다. 후각을 제외한 모든 감각수용기로부터 오는 정보를 대뇌피질로 전달하는 기능을 담당하며, 이외에도 시상하부, 소뇌 및 연수 등과 밀접하게 관련되어 기능한다.

시상하부【視床下部】 hypothalamus 뇌간의 바로 위에 위치하고 있는 시상(視床: thalamus) 아래에 위치하고 있는 구슬 한 개 정도 크기의 작은 신경세포조직으로, 동기와 정서 반응을 조절하는 충추이다. 구체적으로, 먹기, 마시기, 성행동, 월경 주기 등과 같은 기능을 담당한다.

시스템 system 둘 이상의 부분 또는 요소들이 일정한 체계에 따라 서로 유기적으로 관련되어 작용하는 통일된 조직을 말한다.

시신경【視神經】 optic nerve '시각신경(視覺神經)'이라고도 한다. '시각신경' 참조.

시연【試演】 rehearsal (기억 및 기억과정 연구에서 사용될 때) 단기기억의 정보를 장기기억으로 전환하기 위해 이 정보를 의식적으로 반복하는 것. '되뇌기' 또는 '리허설'이라고도 한다. '되뇌기' 참조.

시지각【視知覺】 visual perception 시각기관인 눈을 통해 이루어지는 지각. '지각' 참조.

시체공포증【屍體恐怖症】 necrophobia 시체 또는 시신에 대하여 병적인 공포 반응을 나타내는 증상.

시체애호증【屍體愛好症】 necrophilia '시간증' 참조.

시체해부【屍體解剖】 necropsy '부검' 참조.

시피유 CPU 'central processing unit'의 약자. '중

앙처리장치'라고도 한다. '중앙처리장치' 참조.

시행【試行】trial 학습 연구에서 많이 사용되는 개념으로, 시행착오학습(試行錯誤學習: trial and error learning)에서 시행(試行)이 갖는 의미는 행위자가 특정한 문제해결장면에서 문제해결을 위해 특정 행동을 시험적(試驗的)으로 행하는 것을 의미하며, 학습연구 또는 실험상황에서 사용될 때는 연구자가 특정한 학습절차를 구성하는 사상(事象)들을 제시하는 것을 의미한다. 예를 들면, 고전적 조건형성에서 조건자극(條件刺戟)과 무조건자극(無條件刺戟)을 한 차례 짝짓는 절차가 한 번의 시행이라고 할 수 있다.

시행착오【試行錯誤】trial and error 문제해결장면에 처한 행위자(사람이나 동물)가 문제해결에 성공적인 행동을 발견하게 될 때까지 실패(또는 착오)를 반복하면서 여러 가지 반응 또는 행동을 무선적으로 시도해 가는 것 또는 그러한 과정을 말한다. 이러한 시행착오를 통해 문제해결 행동을 학습하게 되는 것을 '시행착오학습(試行錯誤學習: trial and error learning)'이라고 한다.

시행착오학습【試行錯誤學習】trial and error learning 시행착오를 통해 문제해결 행동을 습득해 가는 학습을 말한다. 즉, 행위자가 문제해결 장면에서 문제해결에 적합한 또는 효과적인 행동 또는 반응을 해낼 때까지 다양한 반응을 무선적으로 시도해 가는 과정을 통해 문제해결 행동을 습득하게 되는 형태의 학습을 말한다.

시행착오학습이론【試行錯誤學習理論】trial and error learning theory 시행착오를 많이 하면 할수록 차츰 착오가 줄어들고 문제해결에 소요되는 시간이 짧아진다는 학습이론.

시험부정행위【試驗不正行爲】cheating in examinations / cheating in an examination 학업부정행위(學業不正行爲)의 한 형태로, 시험시간 또는 시험상황에서 더 좋은 답안을 작성하거나 제시하기 위해 부정한 방법을 사용하는 행위를 지칭한다. 구체적으로, 시험부정행위에는 시험시간에 답안을 정리한 쪽지나 노트와 같은 문서자료를 몰래 보는 행위, 휴대전화와 같은 전자기록장치에 저장된 답안을 몰래 보는 행위, 답안을 책상 위나 필기구 등에 몰래 기록하고 보는 행위, 다른 사람의 시험지를 보고 답안을 베끼거나 답안을 맞추어보는 행위, 다른 사람에게 자신이 작성한 답안을 보여주거나 다른 사람의 시험지에 답안을 대신 작성해주는 행위, 휴대전화와 같은 통신장비를 이용하여 다른 사람과 답안을 주고받는 행위, 그리고 다른 사람을 위해 대리시험을 치거나 다른 사람에게 대리시험을 부탁하는 행위 등이 포함된다. 흔히 우리말에서 '부정행위(cheating)' 또는 '시험부정행위(cheating in examinations)'를 지칭하기 위해 자주 사용되는 영어식 표현인 '커닝(cunning)'은 본래 '부정행위'나 '시험부정행위'라는 의미를 가진 말이 아니라 '교활', '간사', '교활한', '간사한' 등의 의미를 가지고 있다. '학업부정행위' 참조.

시험불안【試驗不安】test anxiety '검사불안' 참조.

식사장애【食事障碍】eating disorder 음식섭취 또는 식사와 관련하여 발생하는 심각한 행동장애를 총칭한다. 흔히 자신의 체중에 관한 비합리적인 사고 및 부적절한 체중조절행동이 포함된 경우가 많다. 대표적인 식사장애로는 신경성 식욕부진증(神經性 食慾不振症: anorexia nervosa)과 신경성 대식증(神經性 大

食症: bulimia nervosa)이 있다. 한편, 식사장애는 '섭식장애' 또는 '식이장애'라고도 한다. '섭식장애' 참조.

식역【識閾】threshold 어떤 자극을 탐지(또는 감각)하는데 필요한 최소량의 자극강도. 또는 감각하고 있는 자극의 변화를 탐지할 수 있는 최소의 수준 등을 나타내는 수치. '역치(閾値)'라고도 한다. '절대식역' 참조.

식욕【食慾】appetite / desire to eat 음식을 먹고 싶어 하는 욕구.

식이장애【食餌障碍】eating disorder '섭식장애' 참조.

신경【神經】nerve 수많은(수백 또는 수천의) 뉴런(neuron)들로부터 뻗어 나와 연장된 축색(axon)의 다발. 인간을 포함한 동물들의 신체 내·외부로부터 발생한 각종 자극이나 변화에 대응하여 신체의 각 부분 또는 기관들의 기능을 통합하는 작용을 한다. 신체의 각 부분에서 발생한 자극 정보를 중추에 전달하고, 동시에 중추에서 발생한 흥분을 신체의 각 부분에 전달하는 기능을 한다.

신경 가소성【神經 可塑性】neural plasticity 신경세포들로 구성되어 체내의 주요 정보전달에 관여하는 신경계(神經系: nervous system)는 고정불변한 상태로 있는 것이 아니라 삶의 과정에서 하는 다양한 경험(무언가를 보거나 듣는 등의 감각경험에서부터 배우고, 기억하고, 판단하고 나아가 실행하는 등의 다양한 경험들)에 따라 변화하는 특성 또는 가능성을 가지고 있는데, 이런 현상을 지칭하여 '신경 가소성'이라고 한다.

신경계【神經系】nervous system '신경(神經: nerve)'을 구성하는 전체 기관을 말하는 것으로, 인간을 포함한 동물들이 신체 내·외부로부터 발생한 각종 자극과 정보를 효과적으로 처리하기 위해 가지고 있는 수백억 개 이상의 신경세포들이 정교하게 연결되어 있는 체계를 말한다. 신경계는 '중추신경계(中樞神經系: central nervous system)'와 '말초신경계(末梢神經系: peripheral nervous system)'로 구분된다. '신경계통(神經系統)'이라고도 한다.

신경계통【神經系統】nervous system '신경계' 참조.

신경과학【神經科學】neuroscience 신경계통(神經系統: nervous system)에 관해 연구하는 과학 분야. 특히 인간과 다른 동물들의 뇌를 포함한 신경계통과 행동 간의 관계를 연구한다.

신경과학자【神經科學者】neuroscientist '신경과학(神經科學: neuroscience)' 분야에 종사하는 학자를 말한다.

신경교【神經膠】neuroglia '교세포' 참조.

신경교세포【神經膠細胞】neuroglia '교세포' 참조.

신경망【神經網】neural network (1) 신경계를 구성하는 뉴런들이 유기적으로 상호 연결된 상태. (2) 체내의 신경계를 구성하는 뉴런들 간의 연결 구조와 특징을 모방하여 만든 전자회로망.

신경발생【神經發生】neurogenesis 신경계에서 새로운 신경세포(특히, 뉴런〈neuron〉)가 생성되는 과정을 지칭한다. '신경생성'이라고도 한다.

신경생성【神經生成】neurogenesis '신경발생(神經發生)'이라고도 한다. '신경발생' 참조.

신경섬유【神經纖維】nerve fiber 신경계에서 정보 전달에 관여하는 세포인 뉴런의 한 구조를 이루는 부분으로, 특히 수상돌기를 통해 세포체로 들어온 자극을 받아 전달하는 가늘고 긴 끈 모양의 돌기와 이것을 감싸고 있는 구조를 합쳐 신경섬유라고 한다. '축색(軸索: axon)'이라고도 한다. '축색' 참조.

신경성 대식증【神經性 大食症】bulimia nervosa '신경성 폭식증', '블리미아 너버사(bulimia nervosa)' 또는 '먹고-토하기 증후군(binge-purge syndrome)'이라고도 한다. '신경성 폭식증' 참조.

신경성 식욕감퇴증【神經性 食慾減退症】anorexia nervosa '신경성 식욕부진증' 참조.

신경성 식욕결여증【神經性 食慾缺如症】anorexia nervosa '신경성 식욕부진증' 참조.

신경성 식욕부진증【神經性 食慾不振症】anorexia nervosa / anorexia 일명 '거식증'이라고도 한다. 흔히 젊은 여성들, 특히 10대의 여자 청소년들에게서 자주 나타나는 정신장애의 일종으로, 자신의 신체상태 또는 용모에 대한 비현실적인 자기상(自己像) 및 기대, 그리고 비만에 대한 강한 공포와 아름다운 신체에 대한 비합리적인 기준을 가지게 된 결과로, 음식섭취를 비정상적으로 거부하고(식욕부진), 체중감소 및 (여성의 경우) 무월경 등을 주요 특징으로 하는 섭식장애. 이들은 정상체중의 하한계보다 최소한 15% 이상 미달되는 체중을 보이며, 더욱 심한 환자들 중에는 자신의 정상체중의 50% 미만의 상태를 보이는 경우도 있다. 문제가 심각한 수준으로 진행되면 초기와는 달리 자신의 의지와 관계없이 식사를 하기가 어려워지며, 심한 경우에는 사망에 이르게 된다. 한편, '신경성 식욕부진증'이라는 표현 이외에도 거식증, 다이어트장애, 신경성 식욕감퇴증, 신경성 식욕결여증, 신경성 식욕상실증, 아노렉시아, 아노렉시아 너버사 등의 표현들이 같은 의미로 사용된다.

신경성 식욕상실증【神經性 食慾喪失症】anorexia nervosa '신경성 식욕부진증' 참조.

신경성 식욕항진증【神經性 食慾亢進症】bulimia nervosa '신경성 폭식증' 참조.

신경성 폭식증【神經性 暴食症】bulimia nervosa 습관적으로 통제가 잘 되지 않는 과식(또는 폭식)을 한 후에 그에 대한 보상행동으로 고의적인 구토(토하는 행동), 설사를 유발하는 약물(하제) 복용, 단식이나 다이어트 또는 과도한 운동 등과 같은 비정상적이고 건강하지 못한 행위를 하는 섭식장애의 한 유형. 이 장애를 가진 사람들은 부정적 자기개념 및 자기존중감, 수줍음, 자신의 체형이나 체중에 대한 불만, 그리고 자신감의 결여 등의 심리적 특징을 나타낸다. 이 장애로 인한 신체적 영향으로는 균형적인 영양공급의 방해에 따른 신경계, 간장이나 위장 등의 장기 손상, 저혈당, 탈수증, 치아손상, 전해질 불균형 및 식도파열 등이 있다. 한편 이 장애는 또 다른 표현으로 '신경성 대식증', '신경성 식욕 항진증', '블리미아 너버사', '블리미아', '먹고-토하기 증후군', '폭식증' 또는 '걸식증'이라고도 한다.

신경세포【神經細胞】nerve cell 신경계를 구성하는 기본 단위가 되는 세포. 외부로부터의 정보를 받아들이고 신체의 다른 조직이나 기관들에 신경충동 또는 정보를 전달하는 기능을 한다. 흔히 뉴런(neuron)이라고 부름. '뉴런' 참조.

신경쇠약【神經衰弱】neurasthenia '신경쇠약증' 참조.

신경쇠약증【神經衰弱症】neurasthenia 자극과 환경에 대해 지나치게 민감한 반응을 보이고 초조해 하는 등 심리적 활동 및 적응 수준이 매우 약해진 상태 또는 그러한 증세. '신경쇠약'이라고도 한다.

신경심리학【神經心理學】neuropsychology 신체의 뇌, 척수를 포함하는 중추신경계와 말초신경계 등의 신경계통과 심리 및 행동과정 간의 관계를 연구하는 심리학의 한 분야.

신경안정제【神經安靜劑】tranquilizer '진정제' 참조.

신경전달물질【神經傳達物質】neurotransmitter 체내의 신경세포(뉴런: neuron)나 근육에 정보를 전달하는 화학물질로, 한 뉴런의 끝부분에 위치하고 있는 종말단추 안의 시냅스낭에서 시냅스공간으로 방출되며, 그 결과 인접한 다른 뉴런에 영향을 미치게 된다. 현재 70 종류 이상의 신경전달물질이 확인된 상태이고, 앞으로도 지금까지 알려지지 않은 새로운 신경전달물질이 계속해서 발견될 것으로 예상되고 있다. '신경전도물질'이라고도 한다.

신경전도물질【神經傳導物質】neurotransmitter '신경전달물질'이라고도 한다. '신경전달물질' 참조.

신경절【神經節】ganglion(단수형) / ganglia(복수형) 중추신경계(뇌와 척수)의 외부, 즉 말초신경계에서 발견되는 뉴런의 세포체들의 집합. 말초신경계를 구성하는 주요 부분이다.

신경증【神經症】neurosis 정신분열증이나 편집증과 같은 정신병(또는 정신증)에 비해 심각한 정도가 비교적 가벼운 정서적 장애들을 지칭할 때 사용되는 표현. 일상적으로 요구되는 현실에 대한 검증력이나 판단력이 비교적 정상적이지만, 생활 속에서 불안과 갈등이 경험되고 이와 관련된 다양한 부적응행동을 보이는 상태. 정신분석학에서는 불안이 주증상인 경우나 불안에 대한 방어기제로 나타나는 심리장애들을 지칭한다. 현재 상담 및 심리치료 분야에서 공식적으로 잘 사용하지 않는 표현이지만, 비공식적으로 사용하는 경우가 많다. 독일어 표현에 따른 '노이로제(neurose)'라고도 한다.

신경증경향【神經症傾向】neuroticism '신경증성향' 참조.

신경증성향【神經症性向】neuroticism 성격에 관한 Eysenck (1916~1997)의 이론에서 제시된 성향의 하나. 걱정을 많이 하고 쉽게 불안해하며, 우울하고 기분 변화가 크며 변덕스럽고 예민한 성향을 지칭한다. 이 성향이 큰 사람들은 신경증이나 정신신체장애에 걸리기 쉬운 것으로 알려져 있다. '신경증경향(神經症傾向)'이라고도 한다.

신경학【神經學】neurology 신경계의 구조와 기능을 연구하고, 나아가 신경계에서 발생하는 질병의 기능적 및 기질적 측면의 진단과 치료에 관해 연구하는 의학의 한 분야.

신데렐라 콤플렉스 Cinderella complex 동화 '신데렐라 이야기' 속의 주인공 신데렐라가 왕자를 만나 인생이 화려하게 뒤바뀌었듯이, 멋지고 잘난 남자를 만나 결혼하여 인생을 화려하게 변화시키거나 역전시킬 수 있기를 기대하거나 꿈꾸는 여성들의 남성의존적인 심리. 신데렐라 콤플렉스의 이면에 존재하는 심리의 특징으로는 타인에 대한 의존성, 독립에 대한 불안과 두려움, 낮은 자존감, 무력감, 수동성 등이 포함된다.

신드롬 syndrome 원인이 명확하지는 않지만 공통성을 가진 일련의 병적 증상들을 총괄적으로 지칭하는 용어. '증후군(症候群)'이라고도 한다.

신뢰관계【信賴關係】 rapport '라포' 참조.

신뢰도【信賴度】 reliability 과학적 연구에서 사용되는 도구(검사나 척도 등)가 동일한 절차를 통해 다른 전문가나 다른 상황에서 실시되더라도 동일한 측정결과(수치 또는 값)가 산출되는 정도. '신뢰성(信賴性)'이라고도 한다.

신뢰성【信賴性】 reliability '신뢰도(信賴度)'라고도 한다. '신뢰도' 참조.

신상체【腎上體】 adrenal gland '부신' 참조.

신생아【新生兒】 neonate / newborn 모체(母體)로부터 갓 분만된, 즉 태어난 지 얼마 되지 않은 아기를 말한다. 흔히 생후 약 4주(또는 1개월)까지의 시기를 지칭하며, 이 기간을 신생아기(新生兒期: neonatal period)라 부른다. 한편, 학자들에 따라서는 신생아기의 기간에 대해 다른 주장을 하는 경우도 있다.

신생아기【新生兒期】 neonatal period 모체로부터 분리된 지, 즉 출생한 지 얼마 되지 않은 신생아 상태의 기간을 말한다. '신생아' 참조.

신생아 행동평가척도【新生兒 行動評價尺度】 Neonatal Behavior Assessment Scale (NBAS) 미국의 소아과의사인 브래즐턴(Thomas Berry Brazelton: 1918~)이 개발한 신생아 검사법의 하나로, 신생아의 신경계, 자극에 대한 반응성 및 20여 가지 반사 등에서의 정상적인 상태 여부를 검사하기 위해 생후 며칠이 지난 후에 실시한다. 아프가 검사(Apgar test)에서 놓칠 수 있는 신생아의 미세한 행동 특징과 신경학적 상태를 측정하여 아기의 상태를 평가한다.

신체상【身體像】 body image 개개인이 자신의 신체에 관하여 가지고 있는 심상(心象: image)을 의미한다. 즉, 각 개인이 자신의 마음속에서 그리는(떠올리는) 자신의 신체에 관한 정신적인(또는 내적인) 표상을 의미한다. 신체상은 출생 후 어린 시절부터 대인관계에서 다른 사람들의 평가나 피드백 등을 받는 과정을 통해 발달하기 시작하며, 그 이후 전생애(全生涯)를 통해 변화될 수 있는 것으로 알려지고 있다. '신체이미지' 또는 '신체심상'이라고도 한다.

신체심리학【身體心理學】 somatopsychology 신체의 상태가 심리 또는 정신 영역에 미치는 영향에 관하여 연구하는 심리학 분야.

신체심상【身體心象】 body image '신체상' 참조.

신체이미지【身體이미지】 body image '신체상' 참조.

신체적 성희롱 【身體的 性戱弄】 physical sexual harassment 성희롱의 하위 유형 가운데 하나로, 상대방의 의사에 반하거나 또는 상대방이 원치 않는 신체적(또는 육체적) 접촉이나 행위(예를 들면, 손을 잡는 행위, 신체의 특정 부위를 접촉하거나 만지는 행동, 포옹이나 애무 등)를 상대방에게 함으로써 성적 굴욕감이나 혐오감을 느끼도록 만드는 행위 또는 그러한 성희롱. '신체형 성희롱', '육체적 성희롱' 또는 '육체형 성희롱'이라고도 한다. '성희롱' 참조.

신체적 자기 【身體的 自己】 physical self '나(또는 자신)'를 구성하고 있거나 나와 의미 있게 관련되어 있어 '나'를 특징짓는다고 여겨지는 모든 속성들에 대한 지각이나 인식을 '자기(自己)' 또는 '자아(自我)'라고 한다. 이러한 '자기' 중에서 자신의 신체 또는 신체적 측면에 대한 자기를 '신체적 자기'라고 한다. 즉 '신체적 자기'란 '자기'를 구성하는 한 부분으로서, 자신의 '신체' 또는 '신체적 측면'에 대한 지각이나 인식을 의미한다.

신체형 성희롱 【身體型 性戱弄】 physical sexual harassment '신체적 성희롱', '육체적 성희롱' 또는 '육체형 성희롱'이라고도 한다. '신체적 성희롱' 참조.

신프로이트학파 【新프로이트學派】 neo-Freudian Freud (1856~1939)의 추종자들 중에서도 Freud의 정신분석이론에 비하여 다소 수정된 견해를 지지하는 학자들을 지칭한다. 특히 성인기 및 방어기제의 기능을 더 많이 강조한다. 신프로이트학파의 대표적인 인물로는 Freud의 딸인 Anna Freud (1895~1982)와 Karen Horney (1885~1952) 등이 있다.

신호 【信號】 signal 특정한 내용이나 정보를 전달하는 자극. 실험 상황에서는 피험자 또는 관찰자에게 제시되어 특정한 반응을 유도하는 기능을 하는 자극을 지칭한다.

신호탐지이론 【信號探知理論】 signal detection theory 정신물리학 등의 분야에서 소개되는 주요 이론들 가운데 하나로, 소음이 있는 상황에서 특정 신호를 탐지하는 것을 설명하는 이론. 이 이론에서는 개개인(또는 피험자)이 어떤 상황에서 특정 자극을 탐지할 때 절대역치란 존재하지 않는데, 그 이유는 어떤 상황에서 신호를 탐지해내는 것은 신호나 소음 자극에 대한 민감도, 경험, 피로수준, 기대와 동기 등과 같은 개인(또는 피험자) 관련 변인들에 따라 달라지기 때문이라고 본다.

실독증 【失讀症】 alexia 시력에는 장애가 없으나 문자언어를 읽는 능력에서 장애를 보이는 증상. 대뇌의 기질적 손상 또는 이상에서 비롯된다.

실무율 【悉無律】 all-or-none law 자극에 대한 신체 또는 신체 조직의 반응(이 과정에는 항상 신경계가 관련되어 있음)은 자극의 크기가 일정한 수준(즉, 역치) 미만일 때는 전혀 일어나지 않다가 일정한 수준 이상이 되면 자극의 크기와 관계없이 반응을 나타내는 원리 또는 법칙. 즉, 일정한 자극 수준 미만 혹은 이상에 따라 반응이 일어나거나 일어나지 않는 두 가지의 반응 양상만을 나타내는 신경생리학적 현상을 지칭한다. 구체적으로 신경세포인 뉴런 내에서의 정보전달 과정에서 뉴런의 모양이나 크기와 관계없이 활동전위의 크기가 일정하게 고정되어 있어 자극이 이 일정한 수준에 도달하면(이 과정에서 일정한 수준을 넘어선 자극은 그 크기와 관계없이) 활동전위가 발생하여 정보전달이 이루어지고, 자극이 일정한 수준에 미치지 못하면 활동전위가 발생하지 않게 되고 자연히 정보 전달도 이루어지지 않게 된다.

실무율 반응【悉無律 反應】 all-or-none response '실무율적 반응(悉無律的 反應)'이라고도 한다. '실무율적 반응' 참조.

실무율적 반응【悉無律的 反應】 all-or-none response '실무율'에 따라 일어나는 반응을 총칭한다. 특히 유기체의 신체(특히 신경계의 뉴런) 내에서 자극에 대한 신체의 반응 또는 신체 조직의 반응(이 과정에는 항상 신경계가 관련되어 있음)은 자극의 크기가 일정한 수준(즉, 역치) 미만일 때는 전혀 일어나지 않다가 일정한 수준 이상이 되면 자극의 크기와 관계없이 일어나는 반응을 의미한다. '실무율 반응' 또는 '전부 또는 전무 반응'이라고도 한다.

실무율적 학습【悉無律的 學習】 all-or-none learning '실무율'의 원리와 같은 방식으로 일어나는 학습 또는 학습현상. 즉 통찰학습에서와 같이, 학습에 필요한 준비도(학습에 요구되는 정보획득이나 경험)가 일정한 수준에 도달하기 전까지는 미학습 상태에 머물다가 준비도가 일정한 수준에 도달하면 갑자기 학습 또는 학습상태에 도달하게 되는 현상을 지칭한다. '실무율 학습'이라고도 한다.

실무율 학습【悉無律 學習】 all-or-none learning '실무율적 학습(悉無律的 學習)'이라고도 한다. '실무율적 학습' 참조.

실서증【失書症】 agraphia 글을 쓸 수 없는 증상으로 뇌의 장애에서 비롯된다. 손가락, 손, 시각 및 글씨를 쓰는데 필요한 신체 부위에 이상이 없음에도 불구하고 글을 쓰지 못하는 증상을 말하며, 대뇌피질의 측두엽 등의 부위에서 발생한 이상에서 비롯된다. '쓰기 언어상실증'이라고도 한다.

실서증 없는 실독증【失書症 없는 失讀症】 alexia without agraphia '실서증(손가락, 손, 시각 및 글씨를 쓰는데 필요한 신체 부위에 이상이 없음에도 불구하고 글을 쓰지 못하는 증상)'은 없으나 '실독증(시력에서는 장애가 없으나 문자언어를 읽는 능력에서 장애를 보이는 증상)'을 보이는 증상. '순수 실독증' 참조.

실습지도【實習指導】 supervision '슈퍼비전' 참조.

실어증【失語症】 aphasia 언어의 기능 가운데 하나 또는 그 이상의 측면을 상실하게 되는 증상 또는 장애. 흔히 뇌의 언어 담당 영역(브로카 영역, 베르니케 영역 등)의 손상에 의해 발생한다.

실업【失業】 unemployment 일을 하고자 하는 의욕과 능력을 가진 사람이 일의 기회를 갖지 못하거나 일할 기회를 잃은 상태.

실용적 지능【實用的 知能】 practical intelligence '실용지능'이라고도 하며, '암묵지능'과 같은 의미로 사용된다. '암묵지능' 참조.

실용주의【實用主義】 pragmatism '프래그머티즘' 참조.

실용지능【實用知能】 practical intelligence '실용적 지능'이라고도 하며, '암묵지능'과 같은 의미로 사용된다. '암묵지능' 참조.

실인증【失認症】agnosia 뇌의 손상에서 비롯되는 대상을 인식하지 못하는 증상. 감각기관 및 그 기능에는 이상이 없으나 늘 보고 접촉해왔던 대상이나 물체에 대한 인식을 하지 못한다.

실제적 자기【實際的 自己】actual self '나(또는 자신)'를 구성하고 있거나 나와 의미 있게 관련되어 있어 '나'를 특징짓는다고 여겨지는 모든 속성들에 대한 지각이나 인식을 '자기(自己)' 또는 '자아(自我)'라고 한다. 이러한 '자기' 중에서 현재의 자신이 가지고 있다고 믿는 자기를 '실제적 자기'라고 한다. 즉, '실제적 자기'란 '자기'를 구성하는 한 부분으로, 현재 자신의 모습이라고 믿는 '자기'에 대한 지각이나 인식을 의미한다.

실존【實存】existence 철학적 관점, 특히 실존주의 철학(existentialism)의 핵심적 개념으로, 객관적인 대상으로서의 존재가 아닌 개별적이고 주체적인 존재로서, 스스로에 대해 자각하고 진실 되게 자기 자신을 느끼고 자각하면서 살아가는 주체적 존재로서의 상태.

실존상담【實存相談】existential counseling '실존치료' 참조.

실존적 상담【實存的 相談】existential counseling '실존치료' 참조.

실존적 치료【實存的 治療】existential therapy '실존치료' 참조.

실존주의【實存主義】existentialism 개인의 진정한 실존, 주체적 실존을 강조하는 철학적 관점 또는 철학적 사조의 하나. 개인의 자유, 책임, 선택과 결정, 주관적 및 주체적 관점과 경험을 중요하게 고려한다.

실존주의 상담【實存主義 相談】existential counseling '실존주의 카운슬링'이라고도 하며, '실존치료'와 같은 의미로 사용된다. '실존치료' 참조.

실존주의자【實存主義者】existentialist 철학 사조의 하나인 실존주의(existentialism)의 관점을 지지하고 따르는 사람 또는 학자.

실존주의 치료【實存主義 治療】existential counseling '실존치료' 참조.

실존주의 카운슬링【實存主義 카운슬링】existential counseling '실존주의 상담'이라고도 하며, '실존치료'와 같은 의미로 사용된다. '실존치료' 참조.

실존치료【實存治療】existential therapy 실존 및 실존주의적 관점을 바탕으로 진행하는 심리치료(또는 상담) 이론 또는 접근. 주요 심리치료 이론들 가운데 하나지만, 다른 이론들에 비하여 치료 이론과 기법으로서의 체계화 및 구체화 정도가 상대적으로 낮은 것으로 평가받고 있다. 치료 과정에서 상담자는 내담자 개인의 주체적 실존을 존중하며, 삶의 가치 및 의미를 찾을 수 있도록 돕는 역할을 하는데, 그 이유는 이러한 과정을 통해 내담자가 주체적 실존으로서 스스로에 대해 자각하게 되고, 삶의 가치와 의미를 찾게 되는 것 그 자체가 치료의 큰 부분을 이룬다고 보기 때문이다. 이외에도 개인의 자유, 선택, 그리고 책임 등을 중요하게 고려한다. '실존주의 치료', '실존적 치료'라고도 하며, '실존상담', '실존주의 상담', '실존주의

카운슬링' 또는 '실존적 상담' 등과 같은 의미로 사용된다.

실행 실서증【失行 失書症】apraxic agraphia 자신의 스스로의 의지나 판단에 따라 글과 글씨를 쓸 수는 있지만 다른 사람이 불러주거나 지시에 따라 글을 쓰는 활동에서 장애가 있는 증상.

실행적 제어【實行的 制御】executive control process '실행적 통제과정' 참조.

실행적 제어과정【實行的 制御過程】executive control process '실행적 통제과정' 참조.

실행적 통제【實行的 統制】executive control '실행적 통제과정' 참조.

실행적 통제과정【實行的 統制過程】executive control process 인간의 인지과정 또는 정보처리과정을 나타내는 개념으로, 다양한 자극이나 정보들 가운데 어떤 것에 주의를 기울이고, 나아가 어떤 인지전략을 사용하여 자극이나 정보를 처리할 지를 계획하고 집행하는 인지적 처리 과정. '실행적 제어과정' 또는 '실행적 통제처리'라고도 하며, '실행적 통제', '실행적 제어', '실행 통제', '실행 제어' 등의 표현들과 같은 의미로 사용된다.

실행적 통제처리【實行的 統制處理】executive control process '실행적 통제과정' 참조.

실행 제어【實行 制御】executive control '실행적 통제과정' 참조.

실행 통제【實行 統制】executive control process '실행적 통제과정' 참조.

실행증【失行症】apraxia 대뇌피질의 장애에서 비롯되며, 지능, 감각 및 운동 기능, 근육의 약화나 마비, 이해력 및 동기 등의 신체 및 인지 영역에서 분명한 문제나 이상이 없음에도 불구하고 과거에 할 수 있었던 목적 있는 신체활동이나 운동을 하지 못하는 증상.

실험【實驗】experiment 변인들 간에 인과적(因果的)인 관계가 있는지를 밝히기 위해 실시하는 연구방법의 하나. 일반적으로 실험(또는 실험연구)에서는 독립변인(종속변인에 영향을 미칠 것으로 예상되는 변인)을 체계적으로 변화시키고, 이에 따라 종속변인(독립변인의 영향을 받을 것으로 예상되는 변인)에서 나타나는 결과(측정치)의 차이를 가지고 인과적인 관계성이 있는지의 여부를 결정하게 된다.

실험가설【實驗假說】experimental hypothesis 통계학에서 사용하는 가설 가운데 하나로, '영가설(null hypothesis: 실험집단에서 나타난 결과와 통제집단에서 나타난 결과 간에는 통계학적인 유의한 차이〈significant difference〉가 없을 것이라는 예측을 포함하고 있는 가설)에 반대되는 논리를 포함하고 있는 가설로, '대립가설(alternative hypothesis)'이라고도 한다. '대립가설' 참조.

실험법【實驗法】experimental method 과학적인 연구 활동에서 사용되는 주요 연구 방법의 하나. 변인들 간의 인과적(因果的)인 관계를 밝히기 위해 다른 가외변인들을 통제한 상태에서 관련 변인들(흔히 독립변인과 종속변인) 가운데 독립변인(종속변인에 영향을 미칠 것으로 예상되는 변인)의 수준을 구체적으로 변화시킨 후, 그 결과가 종속변인(독립변인의 영향을 받을 것으로 예상되는 변인)에 어떤 영향을 어떻게 미치는지를 밝히는 연구 방법. '실험연구법(experimental research method)'이라고도 한다.

실험변수【實驗變數】experiment variable '실험변인'이라고도 하며, '독립변인'과 같은 의미로 사용된다. '독립변인' 참조.

실험변인【實驗變因】experiment variable '실험변수'라고도 하며, '독립변인'과 같은 의미로 사용된다. '독립변인' 참조.

실험설계【實驗設計】experimental design 실험 또는 실험연구를 수행하는데 적용되는 과정을 총칭하는 표현이다. 보다 구체적으로는 실험대상자(피험자) 및 실험자 선정, 실험절차와 방법, 결과측정 및 분석 등 실험(연구)에 포함되는 전 과정을 지칭한다.

실험실【實驗室】laboratory 실험 또는 실험연구를 진행할 목적으로 필요한 장비와 도구 및 적정한 규모의 공간 등과 같은 일정한 조건을 갖춘 방.

실험심리학【實驗心理學】experimental psychology 심리학에서 다루는 주제들이나 현상들을 연구하기 위해 실험법을 사용하는 심리학 분야를 지칭한다. 흔히 인간과 동물의 감각과 지각, 학습과 기억 및 추론과 정서반응 등의 주제를 연구한다.

실험심리학자【實驗心理學者】experimental psychologist 실험심리학(experimental psychology) 분야에서 활동하는 심리학자를 지칭한다.

실험연구【實驗研究】experimental research / experimental study 변인들 간의 인과(원인과 결과) 관계를 밝히기 위해 '실험(또는 실험법)'이 적용된 연구. 통제된 조건 하에서 독립변인(종속변인에 영향을 미칠 것으로 예상되는 변인)이 종속변인(독립변인의 영향을 받을 것으로 예상되는 변인)에 미치는 영향을 검증하는 절차를 따른다.

실험연구법【實驗研究法】experimental research method '실험법(實驗法: experimental method)'이라고도 한다. '실험법' 참조.

실험자 편견【實驗者 偏見】experimenter bias '실험자 편향' 참조.

실험자 편파【實驗者 偏頗】experimenter bias '실험자 편향' 참조.

실험자 편향【實驗者 偏向】experimenter bias 실험연구에서 실험결과나 결과의 해석에 영향을 미칠 수 있는 실험자의 의식적 또는 무의식적 기대나 태도를 말한다. 또는 실험자의 기대나 태도가 실험결과나 실험결과의 해석에 미치는 영향을 의미하기도 한다. 예를 들면, 실험을 진행하는 실험자들이 사전에 연구를 설계하고 통제하는 연구자의 의도나 기대를 파악하고 있거나 연구의 성격이나 목적 등에 관한 정보를 알고 있다면, 이것이 의도적 또는 비의도적으로 실험을 진행하는 실험자들의 행동에 영향을 미치게 되고, 그 결과 연구의 진행과 결과가 왜곡될 가능성이 높아진다. '실험자 편파' 또는 '실험자 편견'이라고도 한다.

실험자 효과【實驗者 效果】experimenter effect

실험연구를 진행하는 과정에서 실험자가 가진 특성(성별, 외모 및 연령 등)과 같은 요인으로 인하여 피험자 및 피험자반응에 영향을 미침으로써 실험결과를 왜곡시키게 되는 현상 또는 효과를 말한다.

실험적 통제【實驗的 統制】experimental control '실험(experiment)'이란 변인들 간에 인과적(因果的)인 관계가 있는지를 밝히기 위해 실시하는 연구방법의 하나로, 특히 독립변인(종속변인에 영향을 미칠 것으로 예상되는 변인)을 체계적으로 변화시키고, 이에 따라 종속변인(독립변인의 영향을 받을 것으로 예상되는 변인)에서 나타나는 결과(측정치)의 차이를 가지고 인과적인 관계성이 있는지의 여부를 결정하게 된다. 이와 같은 실험연구에서 밝히고자 하는 '종속변인에 대한 독립변인의 영향'을 명확히 하기 위해서는 연구 과정에서 종속변인에 영향을 미친 변인이 오로지 독립변인이라는 점을 확신할 수 있어야 한다. 그러기 위해서는 독립변인 이외의 변인들(흔히 '가외변인'이라고 함)이 연구과정에 개입되어 종속변인에 영향을 미치는 일이 없도록 철저한 통제가 이루어져야 한다. 이와 같이 실험과정에서 독립변인 이외의 가외변인이 개입되어 종속변인에 영향을 미치지 않도록 실험 상황을 관리 및 통제하는 활동을 지칭하여 '실험적 통제'라고 한다. '실험통제'라고도 한다.

실험조건【實驗條件】experimental condition 실험 연구에서, 독립변인의 처치수준에 따라 피험자(또는 실험참가자)들이 배치되는 조건.

실험집단【實驗集團】experimental group 실험연구에서 효과를 밝히고자 하는 변인(독립변인)과 관련된 실험적 처치를 받는(받게 되는) 피험자집단을 말한다. 실험집단과 비교되는 집단을 '통제집단(統制集團)'이라고 한다. 실험집단과 달리, 통제집단은 독립변인과 관련된 실험적 처치를 받지 않는다.

실험통제【實驗統制】experimental control '실험적 통제' 참조.

실험 후 질문법【實驗 後 質問法】post-experiment questioning 실험을 마친 이후에 실험(또는 실험연구)의 내용이나 절차 및 방법 등과 관련하여 추가로 필요한 질문을 하는 방법. 자기보고식 질문지나 준비된 질문을 가지고 면접 형태로 진행될 수 있다.

실현경향성【實現傾向性】actualizing tendency 인간의 심리와 행동을 설명하는 심리학의 다양한 관점들 중에는 사람들 개개인에게는 각자의 특성과 잠재력이 있으며, 이를 발휘하고 실현하려는 경향성을 가지고 있다고 보는 관점이 있다(예를 들면, 인본주의 심리학적 관점). 이러한 관점에서 보는 것처럼, 사람들 개개인이 각자 가지고 있는 특성과 잠재력 또는 역량을 발휘하고 실현하려는 경향성을 지칭하여 '실현경향성(actualizing tendency)'이라고 한다.

심계항진【心悸亢進】palpitation / heart acceleration / tachycardia 심장의 박동이 평상 시에 비해 빠르고 세지는 현상. 심장질환, 과로, 과도한 불안이나 흥분 등과 같은 여러 가지 요인에 의해 발생할 수 있다.

심령술【心靈術】spiritualism '영매(靈媒: medium)'라고 불리는 사람의 중개 또는 매개에 따라 죽은 사람의 혼령이나 신령을 불러내어 교신하거나 그 힘을 이용하여 영향력을 발휘하는 능력 또는 기술을 말한다. '강신술(降神術)' 또는 '교령술(交靈術)'이라고도 한다.

심령연구【心靈硏究】 psychical research 흔히 초심리학(超心理學)을 나타내는 의미로 사용되며, 과학으로 설명되지 않는 신비하고 초능력적인 정신적 또는 심적 현상에 대한 연구활동을 지칭한다.

심령학【心靈學】 psychics 심령현상을 연구하는 학문분야를 말한다.

심령학자【心靈學者】 psychicist 심령학을 연구하는 학자.

심령현상【心靈現象】 psychical phenomena 과학적인 지식으로 설명되지 않는 신비하고 초자연적이거나 초능력적인 정신적 또는 심적 현상.

심리검사【心理檢査】 psychological test 지능, 성격, 정서, 적성 및 태도 등 인간의 다양한 심리적 특성들을 이해할 목적으로, 특별히 고안된 도구들을 사용하여 이런 특성들을 양적 또는 질적으로 측정하고 평가하는 일련의 절차를 지칭한다. 경우에 따라서는 인간의 심리적 특성들을 측정하고 평가하기 위해 사용되는 도구 자체를 지칭하여 심리검사라 부르기도 한다. 심리검사는 이것을 통해 파악하려는 인간의 심리적 영역들과 그 특성들이 직접 관찰되지 않는다는 점과 심리검사를 통해 나온 결과가 개인들의 생활과정에 많은 영향을 미치게 된다는 점 등을 고려할 때 엄격한 과학적 절차를 거쳐 개발되고 사용되어야 한다. 실제로 심리학 등의 학문분야들에서는 심리검사를 과학적 절차에 따라 개발하여 사용하고 있다. 만일 이러한 과학적 절차를 따르지 않고 임의로 만든 심리검사(또는 심리테스트)를 사용하게 되면 이 도구를 통해 나온 결과를 신뢰할 수 없을 뿐만 아니라 그것으로 인한 다양한 문제들을 초래하게 된다. 심리검사는 '심리테스트'라고도 한다.

심리결정론【心理決定論】 psychic determinism '정신결정론' 참조.

심리극【心理劇】 psychodrama 심리치료기법의 하나로, 흔히 집단치료의 형태로 진행된다. 매우 오랜 역사를 가진 심리치료기법으로 모레노(Moreno)에 의해 체계적으로 발전되었다. 심리극에서 환자는 직접 극중에서 자신의 문제와 관련된 상황에서 자신의 역할, 감정, 생각 및 환상을 말과 행위로 제한 없이 자유롭게 표현하게 되며, 때로는 자신의 생활에 중요한 영향을 미치는 인물의 역할을 대행하기도 한다. 주요 치료목표로는 환자의 건강한 사고 및 행동수행 촉진 등이 포함된다. 임상심리학자, 정신과의사 또는 상담심리학자 등의 전문가들의 지도하에 진행된다. '사이코드라마'라고도 한다.

심리 비교【心理 比較】 psychological comparison '심리적 비교' 참조.

심리 비교 단계【心理 比較 段階】 psychological comparison phase '심리적 비교 단계' 참조.

심리사회적【心理社會的】 psychosocial 사람들이 삶을 살아가는 과정에서 접하는 다양한 사회적 측면들 가운데 특히 '개인의 적응과 발달에 영향을 미치는 사회적 측면들(즉, 사회적 관계나 사회적 상황 또는 사회적 행동 등)과 관련된'이라는 의미를 담고 있는 표현이다. 예를 들면, '가족의 수와 구성, 부모와의 관계, 부모 간의 조화나 불화 또는 이혼, 가족 또는 형제들 간의 관계와 행복도, 친구나 이웃과의 관계 등과 같이 개인의 적응과 발달에 영향을 미칠 수 있는 사회적 측면들'을 지칭할 때 '심리사회적'이라는 용어로 표현할 수 있다.

심리사회적 발달이론【心理社會的 發達理論】 psychosocial developmental theory 독일 태생의 미국 정신분석학자이자 심리학자인 Erikson (1902~1994)에 의해 제안된 발달 이론. '심리사회적 이론(psychosocial theory)'이라고도 한다. '심리사회적 이론' 참조.

심리사회적 스트레스【心理社會的 스트레스】 psychosocial stress 개인이 경험하는 스트레스 중에서 '심리사회적'인 측면(또는 요인)'과 관련되어 발생하는 스트레스. '심리사회적' 참조.

심리사회적 이론【心理社會的 理論】 psychosocial theory 독일 태생의 미국 정신분석학자이자 심리학자인 Erikson (1902~1994)에 의해 제안된 발달 이론. 성격의 발달 과정에서 생물학적 충동과 성적인 측면을 강조했던 Freud (1856~1939)와는 달리, Erikson은 자신의 이론을 통해, 인간의 능동적 탐색과 적응 및 사회·문화적 요인들의 영향을 강조했다. 전 생애를 통해 모두 8개의 발달 단계를 가정하고 있으며, 각각의 시기마다 심리사회적 갈등이 발생한다고 보았다. 각각의 시기에서 발생하는 심리사회적 갈등을 성공적으로 해결하는 것은 건강한 적응과 다음 단계의 발달을 위한 중요한 조건이라고 보았다. '심리사회적 발달이론(psychosocial developmental theory)'이라고도 한다.

심리사회적 환경【心理社會的 環境】 psychosocial environment 개인에게 영향을 미치는 환경 중에서 '심리사회적인 측면'과 관련된 환경 부분. '심리사회적' 참조.

심리생물사회적 모델【心理生物社會的 모델】 psychobiosocial model '심리생물사회적 모형' 참조.

심리생물사회적 모형【心理生物社會的 模型】 psychobiosocial model 인간의 발달을 선천적 요인과 후천적 요인 간의 상호작용으로 설명하는 관점의 하나로, 특히 이 관점에서는 인간의 발달이 진행되는 과정에서 심리적 측면, 생물학적 측면, 그리고 사회적 및 환경적 측면이 연쇄적인 상호작용을 통해 서로 영향을 미치게 된다고 설명한다. '심리생물사회적 모델'이라고도 한다.

심리성적【心理性的】 psychosexual 심리적 측면의 발달을 성과 관련된 힘이나 요소의 영향으로 보는 관점이 담긴 표현이다. 즉, '심리성적(psychosexual)'이라는 말은 '심리적 영역에서의 발달 또는 현상은 성(性: sexuality) 또는 성적 욕망에 기반을 두고 있는 힘이나 동기의 영향을 받아 이루어진다'라는 의미를 담고 있다.

심리성적 단계【心理性的 段階】 psychosexual stages Freud (1856~1939)의 심리성적 발달이론에서는 인간의 성격발달이 이루어지는 과정에서 성(性) 또는 성적 욕망에 기반을 두고 있는 힘이나 동기의 영향이 크게 작용한다고 보고 이를 크게 5개의 단계로 나누어 설명하고 있는데, 이러한 단계를 지칭하여 '심리성적 단계'라고 한다.

심리성적 발달【心理性的 發達】 psychosexual development 인간의 발달을 '심리성적'인 관점에

서 설명하는 개념으로, '심리성적 발달'이란 '성(性: sexuality) 또는 성적 욕망에 기반을 두고 있는 힘이나 동기의 영향을 받아 이루어지는 발달'을 의미한다. '심리성적' 참조.

심리성적 발달이론【心理性的 發達理論】psychosexual developmental theory 인간의 발달을 '심리성적(psychosexual)'인 관점에서 설명하는 이론으로, 특히 Freud (1856~1939)의 성격 발달이론을 지칭한다. 이 이론에서는 심리적 영역, 특히 성격의 발달은 성(性: sexuality) 또는 성적 욕망에 기반을 두고 있는 힘이나 동기의 영향을 받아 이루어진다고 보면서, 크게 다섯 개의 성격발달단계를 제시하고 있다. '심리성적 이론(psychosexual theory)'이라고도 한다. '심리성적' 및 '심리성적 발달' 참조.

심리성적 이론【心理性的 理論】psychosexual theory 인간의 발달을 '심리성적(psychosexual)'인 관점에서 설명하는 Freud의 이론. '심리성적 발달이론(psychosexual developmental theory)'이라고도 한다. '심리성적 발달이론' 참조.

심리신경면역학【心理神經免疫學】psychoneuroimmunology 인간의 면역(또는 면역계)은 심리 및 신경계와 밀접한 관계를 가지고 있다. 이와 같이 인간의 심리(또는 심리적 과정)와 신경계 및 면역계 간의 상호작용을 연구하는 학문 분야가 '심리신경면역학'이다. '정신신경면역학'이라고도 한다.

심리언어학【心理言語學】psycholinguistics 언어의 구조와 기능, 언어발달(언어 습득과 이해 및 사용), 언어이론 등의 주제에 관해 심리학적인 접근과 연구를 진행하는 학문.

심리언어학자【心理言語學者】psycholinguist '심리언어학' 분야에서 활동하는 학자.

심리요법【心理療法】psychotherapy '심리치료' 참조.

심리적 강인성【心理的 强靭性】psychological hardiness 성격특성의 한 유형인 '강인성(强靭性: hardiness)'의 심리적 측면. '강인성' 참조.

심리적 건강【心理的 健康】mental health '정신건강' 참조.

심리적 결정론【心理的 決定論】psychic determinism '정신결정론' 참조.

심리적 극통【心理的 極痛】psychache 감내하기 어려울 정도로 극심한 심리적 고통 또는 그러한 고통을 느끼는 상태. 흔히 우울, 불안, 공포, 고독감 등과 같은 부정적 정서로 인해 유발되는 극심한 심리적(또는 정신적) 고통 또는 그러한 고통을 겪고 있는 상태를 의미한다. '극심한 심리적 고통' 또는 '극심한 정신적 고통'이라고도 한다.

심리적 반사【心理的 反射】psychic reflex '조건반사'를 나타내는 또 다른 표현으로, '심적 반사'라고도 한다. '조건반응' 참조.

심리적 분비【心理的 分泌】psychic secretion Pavlov (1849~1936)의 고전적 조건형성 절차에서, 중성자극(예를 들면, 벨소리나 불빛 자극)이 무조건자극(예를 들면, 음식물)과 연합된 이후에는 조건자극이 되어, 마치 무조건자극에 의해 유발되는 무조건 반사와 비슷한 타액반응을 일으키게 되는데, 이러한 반응을 조건반사(처음에는 심리적 반사라 불렀음)라 명명하였다. 동시에 조건자극에 의해 타액을 분비하는 현상(즉, 조건반사)을 지칭하여 '심리적 분비'라고도 불렀는데, 그 이유는 타액을 분비하는 조건반사가 심리적 요소인 기억과 기대에 의해 유발된 것으로 보았기 때문이다. '심리적 분비'는 '심적 분비'라고도 한다.

심리적 비교【心理的 比較】psychological comparison 자신이나 타인들에 대한 이해의 수단이나 방법으로 심리적 특성(또는 심리적 차원)들을 비교하는 것. '심리 비교'라고도 한다.

심리적 비교 단계【心理的 比較 段階】psychological comparison phase 타인들에 대한 이해와 인상 형성을 위해 타인들이 다양한 상황에서 보이는 심리적 특성(또는 심리적 차원)들을 서로 비교하는 과정이 특징적으로 나타나는 시기 또는 단계. 아동기 후반과 청소년기 초기부터 특징적으로 나타난다. '심리 비교 단계'라고도 한다.

심리적 욕구【心理的 慾求】psychological needs 욕구의 한 유형으로, 개인의 생존이나 동질정체와 직접 관련된 것은 아니지만 개인의 안정, 행복, 적응 및 발달 등 삶의 전반에 영향을 미칠 수 있는 심리적 또는 정신적 요소들에 대한 욕구를 지칭하여 '심리적 욕구'라고 한다. 여기에는 안전, 사랑, 관계, 자존감 등과 같은 요소들에 대한 욕구가 포함된다. '욕구' 참조.

심리전【心理戰】psychological warfare '심리전'이라는 표현은 '심리전쟁'의 줄임말이다. 전쟁 또는 경쟁 상황에서 승리하거나 상황을 유리하게 이끌 목적으로, 즉 상대방(또는 적국의 군대나 국민)에게 전의(戰意)나 사기(士氣)를 박탈 또는 무기력하게 만들기 위해 사용하는 전술 형태를 말한다. 흔히 상대에게 가시적인 물리적 행위를 가하지 않고, 그 대신에 상대의 전의나 사기를 무력화하기 위한 설득이나 심리적 유도 활동을 계획적으로 사용한다.

심리측정【心理測定】psychometry / psychometrics 심리적(또는 정신적) 능력이나 특성 또는 힘을 계량화하기 위한, 즉 수량적으로 나타내기 위한 시도나 활동. 그러한 활동에 관한 연구나 학문을 지칭할 때 심리측정학 또는 정신측정학이라는 표현을 사용하기도 한다. 심리학 분야에서 심리측정적 접근이 이루어지고 있는 영역으로는 성격, 사회성, 도덕성, 지능, 태도 등과 같은 많은 심리적 측면들이 포함된다. 한편, 영어 표현인 'psychometry'는 흔히 'psychometrics'와 같은 의미로 사용되며, 우리말 표현인 '심리측정'은 흔히 '정신측정', '심리측정학', '정신측정학' 등의 표현들과 같은 의미로 사용된다.

심리측정적 접근【心理測定的 接近】psychometric approach 지능이나 성격과 같은 심리적(정신적) 능력이나 특성 또는 힘을 수량화하여 측정해낼 수 있다고 보는 이론적 접근이나 관점. 심리측정적 접근의 결과로 지능검사와 성격검사를 비롯하여 많은 심리검사들이 개발되어 왔다. '심리측정 접근'이라고도 한다.

심리측정 접근【心理測定 接近】psychometric approach '심리측정적 접근' 참조.

심리측정학【心理測定學】psychometry/psychometrics

'심리측정' 참조.

심리치료【心理治療】psychotherapy 인지, 정서, 성격 등의 정신적 측면이나 행동적 측면에서의 무능력, 부적응 또는 기능장애를 개선(완화, 수정, 제거)시킬 목적으로, 전문적인 훈련을 받은 사람과 환자 간의 관계에서 심리학적 이론과 기법을 사용하여 진행하는 의도된 치료 활동. 심리학 분야에서는 '심리치료'라는 표현을 주로 사용하는 반면에, 정신의학 분야에서는 '정신치료(精神治療)'라는 표현을 사용하는 경우가 많다. '심리요법(心理療法)'이라고도 한다. 심리치료에 사용되는 기법으로는 Freud의 이론에 근거한 정신분석치료, 칼 융의 이론에 근거한 분석적 심리치료, 행동주의 이론에 근거한 행동치료(또는 행동수정), 아들러의 이론에 근거한 아들러 심리치료, 그 외에 인간중심치료, 게슈탈트치료, 현실치료, 합리적-정서적 치료, 실존치료, 가족치료 등이 있다. 한편, 심리치료와 비슷한 의미로 사용되는 용어로 '상담(相談: counseling)'을 들 수 있다. 심리치료와 상담, 이 두 용어의 차이 및 유사점에 대해서는 학자들에 따라 차이를 보이고 있지만, 일반적으로 심리치료와 상담을 명확하게 구분하는 것은 매우 어렵다는 점과 서로 동일하거나 중복되는 활동내용에 대하여 각기 심리치료 또는 상담이라는 표현을 사용하고 있다는 점은 분명한 사실로 받아들여지고 있다. '정신치료(精神治療)'라고도 한다.

심리테스트【心理테스트】psychological test '심리검사(心理檢査)'라고도 한다.

심리학【心理學】psychology 인간의 심리(또는 정신) 과정과 행동을 연구하는 과학. 인간의 심리 과정과 행동을 이해하기 위한 기초적인 연구뿐만 아니라 이 연구 성과를 응용하여 현실의 문제를 해결하고 동시에 더욱 향상된 삶의 조건을 만들기 위한 지식과 방법을 탐구하는 학문이다. 연구 주제 및 영역에 따라 많은 심리학 분야로 세분화되며, 크게 이론심리학 분야와 응용심리학 분야로 구분된다. 이론심리학 분야에는 실험심리학, 학습심리학, 성격심리학, 지각심리학, 생리심리학 및 발달심리학 등이 포함되며, 응용심리학 분야에는 산업 및 조직심리학, 임상심리학, 교육심리학 등의 분야가 포함된다. 사회심리학은 그 주제 및 관점에 따라 이론심리학 분야 또는 응용심리학 분야로 분류한다. 심리학을 의미하는 단어인 'psychology'라는 용어는 '마음', '심리', '정신'이라는 의미를 가진 그리스어 'psyche'라는 말과 '무엇에 대해 연구한다'는 의미를 가진 'logos'가 합쳐져서 만들어진 말이다. 따라서 심리학을 의미하는 단어인 'psychology'라는 말의 원래 뜻은 '심리(또는 정신)를 연구하는 학문'이었다. 하지만 20세기 초반에 등장한 행동주의의 영향으로 '행동'이 심리학의 중요한 연구 영역으로 자리 잡게 되는 역사적 과정을 거쳐 오늘날에는 심리학을 '심리(정신) 과정과 행동을 연구하는 과학' 또는 '심리(정신) 과정과 행동을 과학적 방법을 사용하여 연구하는 학문'이라고 정의되고 있다.

심리학과【心理學科】department of psychology 심리학을 전공으로 하여 교육, 지도 및 연구를 수행하는 대학의 학과. 세계적으로 많은 나라의 대학들에서 심리학과 및 관련 전공학과를 설치·운영하고 있고, 우리나라에서도 1946년 서울대학교에 심리학과가 개설된 이래, 1947년에는 중앙대학교의 전신인 중앙여자대학교에 심리학 전공과정이 개설되었고, 1951년과 1954년에 각각 이화여자대학교와 성균관대학교에 심리학과가 개설되었으며, 1959년과 1970년에는 각각 고려대학교와 서울여자대학교에 교육심리학과

ㅅ

가 개설되었다. 이후에도 국내의 여러 대학들에서 심리학과 및 심리학 관련 학과를 개설하거나 기존에 만들어진 학과의 명칭을 부분적으로 변경하여 운영하고 있다.

심리학사【心理學史】history of psychology 인간과 동물의 심리와 행동을 연구하는 심리학 및 그와 관련된 연구와 지식의 발전과정에 관한 역사를 말한다. 특히, 협의적 의미에서는 19세기 후반에 시작된 과학적 심리학이 오늘날에 이르기까지 변화 · 발전해온 과정에 관한 역사를 지칭하며, 넓은 의미에서는 오랜 과거로부터 계속되어 온 인간의 심리와 행동에 관한 인류의 모든 관심, 연구 및 지식의 변천과정과 그에 관한 역사를 총칭한다. 흔히 최초로 심리학적인 주제를 실험실에서 연구하기 시작한 Wundt (1832~1920)를 현대 심리학의 창시자로 보고 있다. 심리학의 발전에 기여한 학자들로는 Wundt 이후의 많은 심리학자들이 포함되지만, Wundt 이전, 즉 과학으로서의 현대 심리학이 시작되기 훨씬 이전인 고대 그리스의 철학자들인 플라톤 및 아리스토텔레스를 포함하여 중세 및 근세에 이르는 많은 철학자들이 포함되는 것으로 보고 있다.

심리학의 원리【心理學의 原理】The Principles of Psychology 미국의 심리학자 · 철학자로 기능주의 심리학의 창시자인 동시에 근대 심리학의 출발과 발전에 많은 공헌을 한 William James (1842~1910)의 대표적인 저서들 가운데 하나. 약 12년에 걸친 집필 과정을 거쳐 1890년에 출간된 저서로, 오늘날 심리학 분야의 최고 고전 가운데 하나로 평가받고 있다.

심리학자【心理學者】psychologist 심리학 분야를 전문적으로 연구해 가거나 또는 그러한 일에 종사하는 학자를 총칭한다.

심리학적 관점【心理學的 觀點】psychological perspective 심리학의 연구 대상인 인간 및 다른 유기체들의 심리 및 행동을 바라보고 설명하는 관점 또는 입장. '생물학적 관점', '행동주의적 관점', '인본주의적 관점', '정신분석학적 관점', '주관주의적 관점', '인지주의적 관점', 그리고 '진화론적 관점' 등과 같은 다양한 심리학적 관점들이 있다. 한편, '심리학적 관점'은 다른 표현으로 '심리학적 설명', '심리학적 입장', '심리학적 접근' 또는 '심리학적 조망'이라고도 한다.

심리학적 부검【心理學的 剖檢】psychological autopsy 사망자 또는 자살자의 사망원인을 찾기 위해 시체와 그 장기 및 구성물을 해부하는 '부검(剖檢)'을 하듯이, 자살자가 사망에 이르게 된 심리학적 배경과 원인 및 과정을 탐색하기 위해 자살자의 성장환경과 과정, 사회적 과거력(過去歷), 심리적 또는 신체적 장애나 질병 경력, 최근의 상황 등 자살자의 심리 또는 심리학적 배경에 대해 자세히 검토하고 조사하는 일을 지칭하여 '심리학적 부검'이라고 한다. 이러한 활동을 통해 자살자가 자살에 이르게 된 배경과 원인 및 과정을 찾고, 나아가 이를 통해 향후의 자살을 예방하기 위한 기초자료를 확보하는 데 목적이 있다.

심리학적 설명【心理學的 說明】psychological explanation '심리학적 관점(psychological perspective)'이라고도 한다. '심리학적 관점' 참조.

심리학적 접근【心理學的 接近】psychological approach '심리학적 관점(psychological perspective)'이라고도 한다. '심리학적 관점' 참조.

심리학적 조망【心理學的 眺望】psychological perspective '심리학적 관점(psychological perspective)'이라고도 한다. '심리학적 관점' 참조.

심리학회【心理學會】Psychological Association 심리학 및 심리학 관련 분야의 학자, 교육자, 전문가 및 기타 심리학 관련 업무 종사자 등으로 구성된 모임으로, 심리학의 발전 및 구성원들 간의 학술적 교류와 친목을 도모하는데 목적을 둔 학술단체이다. '한국심리학회' 및 '미국심리학회' 참조.

심벌 symbol '상징(象徵)'이라고도 한다. '상징' 참조.

심상【心象】image 개인의 마음속에서 그리는(떠올리는) 사상(事象)들에 대한 정신적 또는 내적인 표상(表象). 구체적으로, 특정 인물이나 대상 또는 현상에 대해 내적으로 가지고 있는 표상을 의미한다. '이미지'라고도 한다.

심상 없는 사고【心象 없는 思考】imageless thought '무심상사고' 참조.

심상적 사고【心象的 思考】imaginal thought '심상(心象: image)' 차원에서 이루지는 사고.

심신【心身】mind and body / body and mind 마음과 몸.

심신이원론【心身二元論】mind-body dualism 신체와 정신(또는 심리) 현상은 서로 다른 실체에 근원을 두고 있다고 보는 이론 또는 관점. 따라서 이 이론에서는 신체와 정신 현상을 하나의 뿌리로 설명하려는 관점에 반대한다. 이와 상대되는 개념이 '심신일원론(心身一元論: mind-body monism)'이다.

심신일원론【心身一元論】mind-body monism 신체와 정신(또는 심리) 현상은 하나의 실체에 근원을 두고 있다고 보는 이론 또는 관점. 이와 상대되는 개념이 '심신이원론(心身二元論: mind-body dualism)'이다.

심신증【心身症】psychosomatic disease / psychosomatic disorders / psychosomatic illness '정신신체장애' 참조.

심신증 환자【心身症 患者】psychosomatic / psychosomatic patient 심리적 또는 정신적 원인에서 비롯된 장애나 질병(위장장애나 편두통 등이 포함됨)을 앓고 있는 사람 또는 환자를 말한다. '정신신체병 환자(精神身體病 患者)' 또는 '정신신체증 환자(精神身體症 患者)'라고도 한다.

심인성【心因性】psychogenic 심리적(또는 정신적) 요인이 원인이 되어 발생하는. 즉, 심인성이란 장애나 질병의 원인 또는 그 증세가 신체기관이나 신체적 또는 기질적 원인에 있는 것이 아니라 심리적 또는 정신적인 원인에서 비롯되는 성향 또는 특성을 의미한다.

심인성 기억상실증【心因性 記憶喪失症】psychogenic amnesia 뇌와 같은 기질적(器質的: organic) 측면이나 요인에 의해 발생하는 '기질성 기억상실증(organic amnesia)'과 달리, 심한 스트레스로 인한 긴장이나 불안 등과 같은 심리적 요인에 의해 발생하는 기억상실증을 지칭하여 '심인성 기억상실증'이라고 한다.

ㅅ

심인성반응 【心因性反應】 psychogenic response 심리적 또는 정신적 원인에서 비롯되는 신체적, 심리적 및 행동적 반응들(흔히 부적응적인 반응들)을 총칭한다.

심인성장애 【心因性障碍】 psychogenic disorder 발생의 원인이 신체적 또는 기질적인데 있는 것이 아니라 심리적인(또는 정신적인) 원인에서 비롯되는 장애를 말한다.

심인성질병 【心因性疾病】 psychosomatic illness 부분적으로 또는 전적으로 경험으로 인한 모든 기질적 장애 또는 증상.

심장병 위험이 낮은 성격 【心臟病 危險이 낮은 性格】 low cardiac-risk personality 'B형 성격' 참조.

심장병 위험이 높은 성격 【心臟病 危險이 높은 性格】 high cardiac-risk personality 'A형 성격' 참조.

심적 반사 【心的 反射】 psychic reflex '조건반사'를 나타내는 또 다른 표현으로, '심리적 반사'라고도 한다. '조건반응' 참조.

심적 분비 【心的 分泌】 psychic secretion '심리적 분비' 참조.

심적 표상 【心的 表象】 mental representation 외부의 대상을 지각하고 인식하는 과정에서, '외부의 대상을 어떤 형태로 추상화하고 심상화하여 내적(內的) 또는 정신적(精神的)으로 나타내는 것'을 '정신적 표상' 또는 '심적 표상'이라고 한다. '심적 표상'은 '정신적 표상(精神的 表象)'이라고도 하며, 동시에 '내재적 표상(內在的 表象)' 또는 '내적 표상(內的 表象)'과도 같은 의미로 사용된다. '표상' 및 '내재적 표상' 참조.

심적 회전 【心的 回轉】 mental rotation 실제의 대상이나 물체를 회전시키는 것처럼, 심적으로(또는 내적으로) 떠오르는 심상화된 대상이나 물체를 회전시키는 정신 활동.

심전도 【心電圖】 electrocardiogram 심장 또는 심근(心筋: 심장을 구성하고 있는 근육조직)의 수축에 따라 발생하는 미세한 전기적 변화를 곡선으로 기록한 것 또는 기록한 도면을 말한다. 약자로는 ECG 또는 EKG로 표기되며, 심장의 기능과 건강, 그리고 정상여부를 진단하기 위한 중요한 기초자료로 사용된다.

심포지엄 symposium 특정 주제에 대하여 두 명 또는 그 이상의 전문가가 각자의 관점에서 연구 및 고찰한 내용 또는 자료를 발표한 후, 발표자가 참석자들(예를 들면, 같은 주제와 관련이 있는 다른 전문가나 사회자 또는 청중 등)의 질문에 답변하는 형식의 발표 토론회를 말한다.

심한 정신지체 【심한 精神遲滯】 severe mental retardation '정신지체' 참조.

싱크탱크 think tank 다양한 학문분야 또는 영역에서 뛰어난 능력을 가지고 있는 전문가 또는 두뇌집단을 체계적으로 조직화하여 이들을 통해 특정 과제나 문제와 관련된 조사, 분석 또는 연구를 진행해 가거나 또는 그러한 활동을 통해 얻어진 성과를 제공하는 기능을 하는 조직이나 연구소를 말한다. '두뇌집단(頭腦集團)' 또는 '두뇌회사(頭腦會社)'라고도 한다.

싸이칼러지컬 앱스트렉트 Psychological Abstracts 미국심리학회(APA)에서 발행하는 학술지의 하나로, 유수한 심리학 관련 학술지들에 게재된 논문들의 초록을 담고 있다.

쌍둥이 twins '쌍생아' 참조.

쌍둥이 설계【雙둥이 設計】 twin design '쌍생아 연구(twin study)'라고도 한다. '쌍생아 연구' 참조.

쌍둥이 연구【雙둥이 硏究】 twin study '쌍생아 연구' 참조.

쌍생아【雙生兒】 twins 한 명 또는 하나의 모체에서 거의 동시에 임신이 이루어진 후 태어난 두 명(또는 둘) 이상의 아이 또는 개체들을 지칭한다. '쌍둥이'라고도 하며, 수정란의 수에 따라 일란성쌍생아와 이란성쌍생아 등으로 구분된다.

쌍생아 설계【雙生兒 設計】 twin design '쌍생아 연구(twin study)'라고도 한다. '쌍생아 연구' 참조.

쌍생아 연구【雙生兒 硏究】 twin study 인간의 행동 및 심리적 특성에 미치는 유전과 환경의 영향을 밝히기 위해 쌍생아들을 대상으로 하여 진행하는 연구 또는 연구방법을 말한다. 쌍생아 연구에서는 한 개의 수정란에서 발달하여 유전적으로 동일한 일란성쌍생아와 두 개의 수정란에서 독립적으로 발달하는 이란성쌍생아를 비교 · 연구하는 경우가 많다. '쌍둥이 연구', '쌍생아 설계(twin design)' 또는 '쌍둥이 설계'라고도 한다.

쓰기언어상실증【쓰기言語喪失症】 agraphia 대뇌피질의 측두엽 등에서 발생한 장애에서 비롯되는 글을 쓸 수 없는 증상. '실서증'이라고도 한다. '실서증' 참조.

쓰레기지식【쓰레기知識】 obsoledge '정보화 시대의 넘쳐나는 정보(지식)들 가운데 쓸모가 없어진 지식'을 지칭한다. '압솔리지' 참조.

아기말투 motherese　'모성어' 참조.

아기전기【아기傳記】 baby biography　생후 초기, 대략 신생아기를 포함하는 영아기 동안의 아기가 시간이 지나가면서 보이는 발달적인 변화에 대한 상세한 기록.

아날로그 analog　전류나 전압 또는 소리 등과 같이 연속적으로 변화하는 물리량을 나타내는 일 또는 그 방식. '디지털(digital)'과 대응되는 의미로 사용된다. '디지털' 참조.

아날로그세대【아날로그世代】 analog generation　디지털(digital)에 제공하는 기술이나 요소들이 경제 및 사회활동의 중심적인 위치를 차지하기 이전, 즉 산업사회에 기반을 둔 성장환경에서 자란 사람들 또는 세대를 지칭하는 용어이다. 이에 대응되는 용어로 '디지털세대(digital generation)'라는 표현이 사용된다.

아노렉시아 anorexia　'신경성 식욕부진증' 참조.

아노렉시아 너버사 anorexia nervosa　'신경성 식욕부진증' 참조.

아놀드 게젤 Arnold Gesell (1880~1961)　미국의 심리학자. 'Gesell, Arnold Lucius (1880~1961)' 참조.

아동【兒童】 child　발달 단계 또는 발달과정상 유아기 이후 청소년기 이전까지의 시기에 해당하는 어린이를 지칭한다. 연령으로 구분하면 대략 6~7세 이후 12~13세경까지의 어린이로 흔히 초등학교 시기의 어린이가 해당된다.

아동기【兒童期】 childhood　발달 단계 또는 발달과정상 유아기 이후 청소년기 이전까지의 시기. 연령으로 구분하면, 대략 6~7세 이후 12~13세경까지의 시기. 흔히 초등학교 시기가 아동기에 해당된다.

아동기 기억상실【兒童期 記憶喪失】 childhood amnesia　'아동기 기억상실증' 참조.

아동기 기억상실증【兒童期 記憶喪失症】 childhood amnesia　사람들이 자신의 과거 또는 어린 시절을 회상(기억)할 때 흔히 대부분의 사람들이 생후 처음 약 3년간의 일이나 경험에 대한 회상(기억)을 못하는 경향이 있는데, 이러한 경향을 지칭하여 아동기 기억상실증이라고 한다. '아동기 기억상실'이라고도 하며, 또한 영아기를 포함하는 생후 초기 몇 년간의 기억이 잘 안 되는 경향을 지칭하기 때문에 '영아기 기억상실증'이라고도 한다.

아동기 정신장애【兒童期 精神障碍】childhood mental disorder 아동기에 발생하는 정신장애를 총칭하는 표현이다.

아동성범죄【兒童性犯罪】child sexual crime 아동을 대상으로 한 성범죄. 흔히, '아동성폭력' 또는 '아동성학대'와 같은 의미로 사용된다.

아동성폭력【兒童性暴力】child sexual violence 아동을 대상으로 가해지는 성폭력. 흔히, '아동성학대'와 같은 의미로 사용된다. '아동성학대' 참조.

아동성학대【兒童性虐待】child sexual abuse 아동학대의 한 형태로 아동 및 미성년자를 대상으로 한 성적 학대. 구체적으로 성인 또는 연장자가 아동 및 미성년자를 대상으로 강요, 강압, 속임수 및 꼬임 등의 방법을 사용하여 가하는 모든 성적인 관계나 성적 행위를 지칭한다. 흔히, '아동성폭력'과 같은 의미로 사용된다.

아동심리학【兒童心理學】child psychology 아동 또는 아동기에 초점을 맞추어 연구를 진행하는 발달심리학의 한 분야. '발달심리학' 참조.

아동심리학자【兒童心理學者】child psychologist 아동심리학(child psychology) 분야에서 활동하는 발달심리학자를 지칭한다.

아동영향모델【兒童影響모델】parent effects model '아동효과모델'참조.

아동영향모형【兒童影響模型】parent effects model '아동효과모델' 참조.

아동지향어【兒童指向語】child-directed speech (CDS) '모성어' 참조.

아동학대【兒童虐待】child abuse 신체적, 정신적, 성적인 측면에서 아동의 건강과 복지를 해치거나 정상적인 발달을 저해할 수 있는 성인(보호자 포함)의 폭력이나 가혹행위 및 유기와 방임(아동을 적절하게 보호하지 않는 행위)을 총칭한다. 이 경우 아동의 연령 기준을 어떻게 설정하는가 하는 것은 국가와 사회에 따라 다소 차이를 보이는데, 1975년에 미국 교육복지부에서 출간된 자료를 보면 미국 의회에서는 아동학대를 "18세 이하 아동의 건강 또는 복지가 해를 당하거나 위협받는다고 여겨지는 상황에서, 아동복지의 책임이 있는 사람에 의해 행해지는 신체 또는 정신적 손상, 성적(性的) 학대, 무관심한 대우"라고 규정한 바 있다.

아동효과모델【兒童效果모델】child effects model 자녀와 부모와의 관계에서 영향을 미치는 방향은 주로 자녀로부터 부모에게로 일방향적으로 작용한다고 보는 모델. 즉, 자녀의 발달과정에서 자녀는 주로 부모에게 영향을 미치는 존재이고, 부모는 주로 자녀로부터 영향을 받는 존재라고 보는 관점을 말한다. '아동영향모델', '아동영향모형' 또는 '아동효과모형'이라고도 한다.

아동효과모형【兒童效果模型】parent effects model '아동효과모델' 참조.

아드레날린 adrenaline 신장의 윗부분에 위치한 아드레날린선에서 분비되는 호르몬의 하나로, 급박한 사태를 맞이하는 것과 같이 스트레스를 경험하게 되는 상황에서 분비된다. 혈압의 증가, 심장박동 및 골격근의 긴장을 증가시키는 작용을 하는 것으로 알려져 있다.

아들러 Adler (1870~1937) 오스트리아 태생의 정신의학자 · 정신분석학자. 개인심리학의 창시자. 'Adler, Alfred (1870~1937)' 참조.

아바타 avatar 컴퓨터 및 인터넷상에서 형성되는 가상사회 또는 게임에서 사용되는 용어의 하나로, 분신(分身) 또는 화신(化身)이라는 의미를 가지고 있으며, 구체적으로는 특정한 가상사회 또는 게임에 참여하여 이를 이용하는 이용자를 대신하는 캐릭터를 지칭한다.

아세틸콜린 acetylcholine 신경계에서 작용하는 신경전달물질의 하나로, 신경세포인 뉴런과 골격근이 만나는 부분에서 많이 발견되며, 신경의 자극을 근육으로 전달하는 기능을 한다. 또한 주의, 학습 및 기억 과정에서 중요한 역할을 하며, 특히 새로운 기억을 형성하는 과정에 관여하는 '해마' 영역에서 많이 발견된다.

아스퍼거장애 【아스퍼거障碍】 Asperger's disorder '아스퍼거증후군'이라고도 한다. '아스퍼거증후군' 참조.

아스퍼거증후군 【아스퍼거症候群】 Asperger's syndrome 사회적 기술, 사회적 활동 및 사회적 상호작용에서 심한 손상 또는 장애를 특징으로 보이는 전반적 발달장애의 한 유형. '아스퍼거장애'라고도 한다.

아시아계 【아시아系】 Asians '아시안' 참조.

아시안 Asians 아시아 각국 출신의 사람들을 총칭하며, 특히 아시아의 출신국을 떠나 외국에서 거주하는 아시아 출신의 사람들을 지칭한다. '아시아계'라고도 한다.

아이디 ID 인터넷 사용자 이름. 인터넷(internet)상에서 개인의 신원을 증명하기 위해 부여되는 개인 식별 기호. ID는 'identification'의 약자이다.

아이씨디 ICD 'International Classification of Diseases'의 약자로, 세계보건기구(WHO)에서 발표해오고 있는 '국제질병분류체계'를 말한다.

아이씨디 제10판 【아이씨디 第10版】 ICD-10 1992년 세계보건기구(WHO)에서 발표한 '국제질병분류체계'의 제10판. 'ICD-10'은 'International Classification of Diseases-10th Edition'의 약자이다.

아이젱크 Eysenck (1916~1997) 독일 태생의 영국 심리학자. 'Eysenck, Hans Jurgen (1916~1997)' 참조.

아이콘 icon '그림'이라는 뜻의 그리스어에서 유래한 말로, 컴퓨터에서 사용되는 다양한 명령이나 파일 또는 애플리케이션을 그림으로 나타낸 것으로 이를 마우스나 라이트펜 또는 손가락으로 클릭하면 명령이 실행되어 프로그램이 진행되거나 파일의 내용을 볼 수 있다. '그림문자' 또는 '그림기호'라는 의미를 가지고 있다.

아이템 item (1) 물건을 살 경우, 일을 할 경우, 회의를 할 경우 또는 논의를 할 경우 등과 같은 다양한 상황에서 일의 진행과 처리를 위해 작성하거나 고려하는 개개의 '항목, 조목 또는 조항' 등의 의미로 사용됨. (2) 컴퓨터의 데이터 처리과정에서, 한 단위로 다루어지는 단어나 문자 등으로 이루어진 데이터들의 집합을 지칭하는 의미로 사용됨. (3) 물품이나 사건 또는 기사 등을 지칭할 경우에, '하나하나'를 지칭하는 의미로 사용됨. (4) 온라인게임에서, 게임에 이용되는 칼이나 총과 같은 무기나 갑옷 등의 수단이나 도구를 지칭하는 의미로 사용된다.

아주 심한 정신지체【아주 甚한 精神遲滯】profound mental retardation '정신지체' 참조.

아편【阿片】opium 의료약품(마취 및 진통제)으로도 사용되는 마약의 일종으로, 양귀비의 열매에서 추출한 즙액을 건조시켜 만든 물질이다. 아편(阿片)이라는 말은 'opium'을 한자로 표현한 것이다.

아프가 Virginia Apgar (1909~1974) 미국의 소아과의사. 생후 초기 신생아의 정상 및 건강 여부를 판단하기 위해 실시하는 '아프가 검사(Apgar test)'를 개발하였다. 이 검사의 명칭은 개발자인 Apgar의 이름을 따 명명된 것이다.

아프가 검사【아프가 檢査】Apgar test 생후 초기 신생아의 정상 및 건강 여부를 판단하기 위해 실시하는 검사로, 출생 후 수분 이내에 실시한다. 이 검사에서 체크하는 항목들로는 심장박동, 호흡, 반사, 피부색, 근육상태 등이 포함된다. 각각의 항목별로 0~2점으로 평정되고, 총 점수의 범위는 0~10점이며, 점수가 높을수록 더 양호한 상태임을 의미한다. 1차 검사를 실시하고 나서 5분이 경과한 후에 반복 검사를 실시하게 되는데, 이 검사에서 7점 이상의 점수를 받은 신생아는 양호한 상태로 판단되는 반면에, 4점 이하의 점수를 받게 된 아기는 문제가 있는 경우로 신속한 의료적 처치를 받게 된다. 이 검사의 명칭은 개발자인 아프가(Virginia Apgar: 1909~1974)의 이름을 딴 것이다.

아프가 점수【아프가 點數】Apgar score '아프가 검사(Apgar test)'의 점수 또는 '아프가 검사'에서 사용하는 점수. '아프가 검사' 참조.

아프가 척도【아프가 尺度】Apgar scale 미국의 소아과의사인 아프가(Virginia Apgar: 1909~1974) 박사가 개발한 척도. '아프가 검사(Apgar test)'라고도 한다. '아프가 검사' 참조.

아하 경험【아하 經驗】aha experience 어떤 문제에 대한 해결방안이 갑작스럽고 빠르게 떠오르는 순간, 즉 통찰순간의 경험을 이 상황에서 흔히 발성되는 감탄사인 '아하!(aha!)'에 비유한 표현이다. '통찰' 및 '통찰학습' 참조.

악마효과【惡魔效果】devil effect 후광효과(後光效果: halo effect), 특히 긍정적 후광효과와 반대되는 개념으로, 한 사람에 대하여 평가나 판단을 할 때, 그 사람의 부정적인 특징(특히, 못생긴 외모)을 가지고 이와는 아무런 논리적 관계가 없는 그 사람의 다른 부분들에 대해서까지 일반화시켜 부정적으로 평가하거나 판단하는 경향성(또는 현상). 논리적 오류의 일종이다. '후광효과' 참조.

안나 프로이트 Anna Freud (1895~1982) 오스트리아 태생의 정신분석학자. Sigmund Freud (1856~1939)의 딸. 'Freud, Anna (1895~1982)' 참조.

안드로겐 androgen 주로 남성의 생식선인 고환에서 분비되는 남성호르몬으로, 남성의 제 2차 성징의 발현 및 발달에 작용한다. 남성의 정소 이외에도 일부는 부신피질 및 여성의 난소 등에서 분비된다. 흔히 남성호르몬 및 이와 유사한 작용을 하는 물질을 총칭하는 표현으로 사용되며, 대표적인 안드로겐으로는 테스토스테론이 있다.

안드로겐화 여성【안드로겐化 女性】 androgenized female '남성화된 여성' 참조.

안락사【安樂死】 euthanasia 흔히 의학적으로 생존 가능성은 없는 반면에 통증이 심하고 매우 힘겨운 상황에 있는 환자의 고통을 덜어 줄 목적으로 인위적인 방법을 사용하여 편안한 죽음에 이르게 하는 행위나 과정을 지칭한다.

안면피드백 가설【顔面피드백 假說】 facial feedback hypothesis 사람들의 정서경험을 설명하는 가설들 가운데 하나로, 이 가설에서는 사람들이 주관적으로 경험하는 정서는 특정한 얼굴표정을 짓게 되면 이로 인해 생리적인 각성 상태가 유발되고 이러한 생리적인 각성 상태에 대한 피드백을 통해 특정한 정서를 경험하게 된다고 본다.

안전기지【安全基地】 secure base 애착발달 분야 및 이에 관한 이론에서 사용되는 주요 개념 가운데 하나로, 자신의 환경을 탐색하거나 사회적 활동을 하다가 정서적 지원을 받기 위해 돌아갈 수 있고 의지할 수 있는 애착의 대상을 지칭한다. 건강한 애착발달을 이룬(안전애착을 발달시킨) 아이에게 있어서 애착 대상인 어머니나 주 양육자가 안전기지가 된다. 많은 애착이론가들은 건강한 애착발달을 이룬 아이(안전애착아)는 애착대상을 안전기지로 삼아 주변 환경에 대한 호기심을 발달시키고 탐색할 수 있게 되며, 다른 사람과 상호작용을 해가는 과정에서 즐거움을 느끼고, 나아가 내재적 동기 및 성취동기가 강한 사람으로 발달해 갈 가능성이 더 높다고 보고 있다. '안전기반'이라고도 한다.

안전기반【安全基盤】 secure base '안전기지' 참조.

안전애착【安全愛着】 secure attachment / securely attachment '안정애착' 참조.

안정애착【安定愛着】 secure attachment / securely attachment 긴밀한 유대관계를 이루고 있는 영아와 양육자(흔히, 어머니) 간의 애착 상태. 이 애착 상태의 영아는 애착 대상인 양육자를 안전기지로 하여 적극적인 환경 탐색을 할 수 있게 된다. '안전애착'이라고도 한다.

안정전위【安定電位】 resting potential 신경세포인 뉴런이 안정상태에 있을 때의 뉴런 세포막 안쪽과 바깥쪽 간의 전위의 차를 안정전위라고 한다. 즉, 신경세포인 뉴런(neuron)은 안정상태하에서는 세포막 안쪽의 전기적 전위가 바깥쪽에 비해 좀 더 음전위를 띠는 전기적 상태를 분극화(polarization)라고 하는데, 이 같은 분극화 상태에서 뉴런은 휴지(休止)상태에 있게 되며, 이처럼 휴지상태를 유지하는 뉴런의 세포막 안쪽과 바깥쪽 간의 전압의 차이를 안정전위(resting potential)라고 한다.

알로이스 알쯔하이머 Alois Alzheimer (1864~1915) 독일의 의사 · 정신의학자 · 신경병리학자. 'Alzheimer, Alois (1864~1915)' 참조.

알로이스 알츠하이머 Alois Alzheimer (1864~1915) 독일의 의사 · 정신의학자 · 신경병리학자. 'Alzheimer, Alois (1864~1915)' 참조.

알버트 반두라 Albert Bandura (1925~) 캐나다 태생의 미국 심리학자. 'Bandura, Albert (1925~)' 참조.

알버트 앨리스 Albert Ellis (1913~2007) 미국의 심리학자. 'Ellis, Albert (1913~2007)' 참조.

알엔에이 RNA 'ribonucleic acid'의 약자. 'RNA' 참조.

알이비티 REBT '합리적-정서적 행동치료' 참조.

알이티 RET '합리적-정서적 치료' 참조.

알쯔하이머 Alzheimer (1864~1915) 독일의 의사 · 정신의학자 · 신경병리학자. 'Alzheimer, Alois (1864~1915)' 참조.

알쯔하이머병 【알쯔하이머病】 Alzheimer's disease '알츠하이머병'이라고도 한다. '알츠하이머병' 참조.

알쯔하이머씨병 【알쯔하이머氏病】 Alzheimer's disease '알츠하이머병'이라고도 한다. '알츠하이머병' 참조.

알츠하이머 Alzheimer (1864~1915) 독일의 의사 · 정신의학자 · 신경병리학자. 'Alzheimer, Alois (1864~1915)' 참조.

알츠하이머병 【알츠하이머病】 Alzheimer's disease (AD) 중추신경계, 특히 뇌세포의 점진적인 파괴로 인해 치매증상이 심화되어 가는 뇌질환으로, 처음에는 미세한 망각 또는 기억장애와 언어장애를 나타내다가 점차 기분변화 및 방향감각상실 등이 포함된 다양하고 심각한 치매상태로 진행하게 된다. 전형적인 치매의 형태로, 치매의 원인 중 가장 많은 경우이다. 우리나라 치매환자의 약 50% 이상이 이 유형에 해당되는 것으로 추정되며, 특히 주로 노인층에서 발생하고 있고, 또한 노인층에서의 발병률(65세 이상 노인의 약 10%에서 발생)이 높아 '노인성치매'라고 부르기도 하지만 다른 연령층에서도 발생되고 있다. 이 병을 유발하게 되는 뇌세포 파괴의 근본적인 원인은 명확하게 밝혀져 있지 않지만, 유전, 스트레스, 가공식품 섭취 및 환경오염 등으로 인해 체내에서 생성되었거나 외부로부터 유입된 독성물질이 뇌세포 파괴를 초래하는 주요 요인일 것으로 추정되고 있으며, 아직까지 효과적인 치료법이 없는 상태이다. 일반적으로 이 병이 발생하면(즉, '알츠하이머병'이라는 진단을 받게 되면) 같은 연령의 건강한 사람들에 비해 수명이 1/3정도로 짧아지는 것으로 알려지고 있다. 또한 주요 선진국들에서 나타나고 있는 사망 원인에 관한 통계자료를 분석한 결과에 따르면, 알츠하이머병은 심장계통의 질환과 암에 이어 세 번째로 높은 비율을 나타내고 있다. 1906년 이 병을 처음으로 발견하고 보고했던 독일의 의사 알로이스 알츠하이머(Alois Alzheimer) 박사의 이름을 따서 명명된 것이다. '알쯔하이머병', '알쯔하이머씨병', '알츠하이머씨병', '알쯔하이머형 치매', '알츠하이머형 치매' 등으로도 불린다. 한편, 알츠하이머병의 공식적인 의학 용어는 'Senile Dementia of the Alzheimer Type (SDAT: 알츠하이머형 노인성 치매)'며, 이외에도 'Alzheimer disease' 또는 'Alzheimer's'라는 표현이 사용되고 있다.

알츠하이머씨병 **【알츠하이머氏病】** Alzheimer's disease '알츠하이머병' 참조.

알츠하이머형 노인성 치매 **【알츠하이머型 老人性 癡呆】** Senile Dementia of the Alzheimer Type (SDAT) '알츠하이머병'이라고도 한다. '알츠하이머병' 참조.

알츠하이머형 치매 **【알츠하이머型 癡呆】** Senile Dementia of the Alzheimer Type (SDAT) '알츠하이머병'이라고도 한다. '알츠하이머병' 참조.

알코올중독 **【알코올中毒】** alcoholism / alcohol addiction 음주자가 자신의 신체적, 심리적, 행동적 및 사회적 측면에서 심각한 부적응이나 문제를 초래하면서도 알코올(술) 섭취 행동을 지속적으로 반복하는 상태. 점진적인 음주충동의 증가와 음주통제 곤란 상태를 나타내다가 결국에는 건강, 대인관계 및 사회활동 등에서 심각한 부적응이나 문제를 초래하게 되는 장애이다. '알코올중독증'이라고도 한다.

알코올중독증 **【알코올中毒症】** alcoholism / alcohol addiction '알코올중독' 참조.

알티 RT '합리적 치료' 참조.

알파걸 alpha girl 미국의 심리학자로 하버드대학교에서 아동심리학을 가르치는 댄 킨들런(Dan Kindlon)이 2006년 저술한 그의 저서 〈Alpha Girls: Understanding the New American Girl and How She Is Changing the World〉에서 처음으로 사용하기 시작한 말로, 과거와 달리 공부(학업), 운동, 리더십이나 사회적 활동 등 많은 면에서 남성들에게 결코 뒤지지 않을 뿐만 아니라 오히려 더 뛰어난 성취와 능력을 발휘하는 엘리트 소녀들을 지칭한다. 많은 알파걸들의 등장과 이러한 현상을 자연스럽게 받아들이고 있는 현실은, 과거 남성들에 비해 여성들의 사회진출이나 성취가 뒤지는 것은 여성들이 '성공에 대한 두려움 또는 공포'를 가지고 있기 때문이라는 관점이 있었던 것을 고려하면 큰 변화가 아닐 수 없다. 이 같은 알파걸의 등장은 사회문화적 측면에서의 변화와 무관하지 않은 현상으로, 특히 지난 수십 년간 진행되어 온 페미니즘 운동과 같은 요인의 영향으로 여아들의 발달환경이 과거에 비해 개선된 것에서 비롯된 결과로 이해된다.

알파맘 alpha mom 자신의 직업과 자녀양육 그리고 남편에 대한 역할 사이에서 적절한 균형을 유지하면서 생활하는 여성을 지칭하는 표현이다.

알프레드 아들러 Alfred Adler (1870~1937) 오스트리아 태생의 정신의학자 · 정신분석학자. 개인심리학의 창시자. 'Adler, Alfred (1870~1937)' 참조.

암묵기억 **【暗默記憶】** implicit memory 과거의 경험이나 학습을 통해 획득한 기억(또는 기억정보)으로 현재의 활동에 영향을 미치기는 하지만 이 기억에 대한 의식적인 인식 또는 의식수준에서의 기억을 하지 못하는 유형의 기억을 지칭하여 암묵기억이라고 한다. 즉, 암묵기억은 과거의 경험이나 학습과정을 통해 획득한 기억정보로 현재의 행동이나 과제수행 또는 학습과정에 영향을 미치지만, 이 기억을 가지고 있는 개인(본인)은 이 기억에 대해 인식하지 못하는 경우를 말한다. '암묵적 기억'이라고도 한다. 한편, 암묵기억과는 달리, 개인이 의식(또는 인식)하고 있는 유형의 기억을 지칭하여 '외현기억(explicit memory)' 또는

'명시적 기억'이라고 한다.

암묵인지【暗默認知】implicit cognition 의식하거나 자각은 하지 못하는 상태에서 이루어지는 인지 또는 사고. '암묵적 인지'라고도 한다.

암묵적【暗默的】implicit 의식적인 인식이나 자각은 하지 못하지만 은연 중에 현재의 사고와 행동에 영향을 미치는.

암묵적 기억【暗默的 記憶】implicit memory '암묵기억(暗默記憶)'이라고도 한다. '암묵기억' 참조.

암묵적 인지【暗默的 認知】implicit cognition '암묵인지' 참조.

암묵적 지능【暗默的 知能】tacit intelligence '암묵지능' 참조.

암묵적 지식【暗默的 知識】implicit knowledge '암묵지식' 참조.

암묵적 학습【暗默的 學習】implicit learning 의식적인 인식이나 자각은 하지 못하지만 은연 중에 현재의 사고와 행동에 영향을 미치는 암묵적 과정을 통해 이루어지는 학습. '암묵학습'이라고도 한다.

암묵지능【暗默知能】tacit intelligence 기존의 지능검사나 지능지수(IQ)를 통해 잘 드러나지는 않지만 실생활에서 문제들을 해결하고 적응해 가는 과정에서 유용하고 중요하게 기능하는 지능 또는 지능의 측면. '암묵적 지능'이라고도 하며, 동시에 '실용지능', '실용적 지능'이라는 말과도 같은 의미로 사용된다.

암묵지식【暗默知識】implicit knowledge 의식적인 인식이나 자각은 하지 못하지만 은연 중에 현재의 생활, 사고, 행동 등에 영향을 미치는 지식. 흔히 이 지식에 대하여 의식적으로 서술하거나 기술하기 어렵다는 특징이 있다. '암묵적 지식'이라고도 한다.

암묵학습【暗默學習】implicit learning '암묵적 학습' 참조.

암송【暗誦】rehearsal 정보를 단기기억에 유지하거나 장기기억으로 전환하기 위해 이 정보를 의식적으로 여러 차례 반복하는 활동. '되뇌기', '시연(試演)' 또는 '리허설'이라고도 한다. '되뇌기' 참조.

암순응【暗順應】dark adaptation 밝은 장소에서 어두운 장소로 이동하는 경우와 같이 빛의 밝기 또는 조명수준이 높은 상태(밝은 상태)에서 낮은 상태(어두운 상태)로 변화됨에 따라 어두운 상황에 대한 시각적 적응력을 높이기 위해 눈의 간상체와 원추체가 빛에 대한 민감도를 증가시켜 가는데, 이러한 현상 또는 과정을 지칭하여 암순응이라고 한다. 어두운 장소로 이동한 직후 또는 어두운 상태로 변화된 직후에 보이지 않던 자극이나 물체를 시간이 지나면서 점차 볼 수 있게 되는 것은 바로 우리 눈의 암순응에 따른 결과이다. '암흑적응(暗黑適應)'이라고도 한다. 한편 암순응에 상대되는 과정으로 '명순응(明順應: light adaptation)'이 있다.

암순응 곡선【暗順應 曲線】dark adaptation curve 어두운 곳에서 암순응이 일어나는 과정을 그래프로 나타낸 것. 밝은 곳에 있다가 어두운 곳으로 들어가게 되면 시각이 어두운 상황에 적응하기 위해 빛에 대한 민감도를 증가시키게 되고, 이에 따라 사물을 볼 수 있게 되는데 이러한 적응 현상을 암순응(暗順應: dark adaptation)이라고 한다. 한편, 어두운 곳에서 일어나는 빛에 대한 민감도의 증가와 이에 따른 암순응은 시간 경과에 따라 그 속도가 달라지는데 이를 그래프로 나타낸 것을 '암순응 곡선'이라고 한다. 일반적으로 어두운 곳에서 일어나는 빛에 대한 민감도는 처음에는 빠른 속도로 진행되지만 후반부로 가면서 그 속도가 완만해지는 단계를 거친다.

암시【暗示】suggestion 이성적 또는 비판적 처리 과정이 없이 무비판적으로 가치, 태도 또는 의도 등의 메시지가 전달되어 영향을 미치는 현상. 최면이나 심리치료 과정에서는 부분적으로 치료를 위한 목적으로 사용되며, 기업이나 조직의 광고에서는 소비자나 대중의 태도와 행동을 변화시키기 위한 목적으로 사용된다.

암시요법【暗示療法】suggestion therapy '암시(suggestion)'를 이용하여 치료하는 심리치료의 한 형태. '암시치료'라고도 한다.

암시치료【暗示治療】suggestion therapy '암시요법' 참조.

압력【壓力】pressure (1) 물체나 물질이 다른 물체나 물질에 작용하여 누르는 물리적인 힘. (2) 어떤 대상에 대해 특정한 요구나 기대에 따르도록 요구하는 심리적 힘 또는 심리적 압박. 압력의 대상은 타인일 수도 있고 자기 자신일 수도 있다. 흔히 압력은 스트레스를 유발하는 주요 요인으로 작용한다.

압솔리지 obsoledge '정보화 시대의 넘쳐나는 정보(지식)들 가운데 쓸모가 없어진 지식'을 지칭한다. '못쓰게 되다', '쓸모없다'는 뜻의 단어 'obsolete'와 '지식'을 뜻하는 단어 'knowledge'의 합성어이다. 미국의 미래학자 앨빈 토플러(Alvin Toffler)가 사용하기 시작한 용어이다. '쓰레기 지식' 또는 '무용(無用) 지식'이라고도 한다.

애정철회【愛情撤回】love withdrawal 부모가 자녀양육 과정에서 사용하는 훈련 방법의 한 가지로, 자녀의 잘못된 행동이나 태도를 수정하기 위해 애정(또는 사랑)이나 애정 관련 변인(인정, 지지, 관심 등)을 철회하는 훈육 방식. '애정철회기법' 또는 '애정철회법'이라고도 한다.

애정철회기법【愛情撤回技法】love withdrawal '애정철회' 참조.

애정철회법【愛情撤回法】love withdrawal '애정철회' 참조.

애착【愛着】attachment 영국의 정신의학자이자 심리학자인 Bowlby (1907~1990)가 1958년에 처음으로 제안하여 사용하기 시작한 용어. 그 이전까지 의존이라는 표현으로 사용해왔던 말을 대체하게 된 말이 '애착'이다. 구체적으로, 애착은 두 사람 또는 그 이상의 사람들 간의 관계에서 형성되는 긴밀한 정서적 관계 또는 유대를 지칭하는 말로, 특히 아이와 그 양육자(흔히 어머니) 간의 정서적으로 친밀한 관계 또는 유대를 의미한다. 생후 초기 양육자와 자녀 간의 관계에서 형성되는 애착은 발달 측면에서 매우 중요하게 고려된다. Bowlby는 애착이론(attachment theory)을 처음으로 제안한 학자로 평가 받고 있다. '애착이론' 참조.

애착대상【愛着對象】 attachment object 애착을 형성한 대상. 즉, 애착을 형성하여 친밀하게 느끼거나 친밀한 관계를 형성하고 있는 대상을 지칭한다.

애착이론【愛着理論】 attachment theory 애착의 개념과 발달의 관계를 설명하는 이론으로, 영국의 정신의학자인 Bowlby (1907~1990)에 의해 처음으로 제안되었다. 이 이론에 따르면 생후 초기에 어린 자녀와 그 양육자(흔히 어머니) 간에 형성된 애착의 질이 그 이후 아동의 심리(특히, 정서) 및 행동 발달과 적응에 핵심적인 역할을 하게 된다고 본다. 특히 애착 대상과의 관계 경험은 일종의 관계의 모델로 작용하기 때문에 아동이 성장하면서 접하게 되는 다른 많은 사람들과의 관계에까지 큰 영향을 미치게 된다고 보고 있다. '애착' 참조.

애착장애【愛着障碍】 attachment disorder 애착은 생후 양육자(흔히 어머니인 경우가 대부분임)와의 관계를 통해 아이와 양육자 및 아이와 관계가 있는 그 이외의 사람들 간의 관계에서 형성되는 긴밀한 정서적 관계 또는 유대를 지칭하는 말이다. 적절한 또는 정상적인 애착 발달의 상태인 '안전 애착('안정 애착'이라고도 함)'을 발달시킨 아동은 양육자(흔히 어머니)와의 관계뿐만 아니라 다른 사회적 관계를 통해 애착을 형성하게 되는 특정 대상과의 관계에서도, 다른 대상에 비해 애착 대상에게 보다 더 많은 주의를 보내고, 함께 하고 서로 의존하려는 반응 경향성을 보이게 된다. 하지만 이 같은 적절한 또는 정상적인 상태인 '안전 애착'을 발달시키지 못한 아동은 양육자와의 관계에서 뿐만 아니라 가정 밖에서 이루어지는 친구나 직장 동료 또는 기타의 사회적 관계에서 안전한 관계(또는 안정된 관계)를 형성하기보다는 불안전한(또는 불안정한) 관계를 형성하고 부적응적인 삶을 살아가게 될 가능성이 높다. 이와 같이, 생후 초기(특히, 영아기, 유아기 및 아동기) 동안에 애착 발달이 적절히(또는 정상적으로) 이루어지지 못하여 양육자나 다른 사람들(가족 및 가족 밖의 사회적 활동에서 접하는 사람들)과 지속적으로 적절한 관계를 형성하지 못하고 부적응을 보이는 발달장애.

애착 Q-set attachment Q-set (ASQ) 아동의 애착의 질을 평가하기 위해 개발된 도구의 하나. 아동의 애착을 평정하는 90가지의 행동 평가 진술문으로 구성되며, 생후 1세에서 5세경까지의 아동들을 대상으로 사용한다. 부모나 기타의 관찰자에게 적절한 교육과 훈련을 시킨 후에 아동의 애착 관련 행동을 관찰하고 이를 평정하도록 되어 있다.

앨리스 Ellis (1913~2007) 미국의 심리학자. 'Ellis, Albert (1913~2007)' 참조.

앨버트 반두라 Albert Bandura (1925~) 캐나다 태생의 미국 심리학자. 'Bandura, Albert (1925~)' 참조.

앨버트 앨리스 Albert Ellis (1913~2007) 미국의 심리학자. 'Ellis, Albert (1913~2007)' 참조.

야만【野蠻】 barbarism / savageness 문화가 뒤떨어진 미개한 상태.

야생아【野生兒】 feral child 어떤 이유에서든 생후 초기부터 짧지 않은 기간 동안 인간환경(또는 인간사회)에서 격리되어 야생상태에서 발달한 아이(또는 사람)를 총칭한다. 역사적으로 인도, 스리랑카 등 여러 나라에서 수차례의 야생아 사례가 보고된 바 있는

데, 그 중 대표적인 사례로는 1920년경에 인도에서 발견된 두 소녀로, 이들은 발견 당시에 늑대무리와 함께 발견되었음(발견된 이후에 이 두 야생소녀들에게는 '카마라' 및 '아마라'라는 이름이 주어졌음). 야생아에 관한 보고 및 관련 연구 자료가 관심을 끄는 이유는 이들이 인간의 특징으로 분류될 수 있는 기본적인 언어 및 행동 등의 발달을 거의 또는 전혀 이루지 못한 상태였을 뿐만 아니라, 발견된 이후에 체계적인 접근을 통해 이들의 지체된 주요 영역(언어 등)의 발달을 도와주기 위한 노력을 기울였으나 그 효과가 매우 적었거나 거의 없었다는 점에서 심리학(특히, 발달심리학)적으로 큰 시사점을 주기 때문이다. 이와 같은 야생아들의 사례는 신체적, 심리적, 언어적 및 사회적 측면 등을 포함하는 인간의 발달이 정상적으로 이루어지기 위해서는 성장환경이 매우 중요하며, 특히 특정 영역의 발달을 이루기 위해서는 각기 가장 적합한 시기(이와 같은 적절한 시기를 지칭하여 민감기 또는 결정적 시기라는 표현이 사용되고 있음) 동안의 적절한 환경 및 자극 제공이 꼭 필요하다는 점을 시사해주고 있다.

야식증후군 **【夜食症候群】** night eating syndrome 저녁식사나 그 이후의 식사량(대략 저녁 7시 이후의 식사량)이 하루 전체 식사량의 절반(50%)이 넘으며, 동시에 이와 관련하여 비만, 불면증 및 무호흡증 등과 같은 수면장애나 기타 신진대사와 관련된 장애들이 동반되는 증상을 지칭한다. 우울이나 불안 등을 포함하는 다양한 스트레스 관련 요인들이 이 증후군의 주요 원인이 되는 것으로 추정되고 있다.

약물 **【藥物】** drug 신체나 정신 또는 행동상에서의 변화를 초래하는 물질. 흔히 질병이나 장애를 치료하는 의학적인 목적으로 사용되지만, 질병 치료와는 무관하게 기분이나 행동상의 변화를 일으킬 목적으로 사용되는 경우도 있다.

약물남용 **【藥物濫用】** drug abuse 의학적 규정이나 용도에 따르지 않으면서 동시에 사회적 관습과 법규에서 벗어난 상태에서, 신체 및 신체적 기능의 이상을 초래할 수 있음에도 불구하고 이에 개의치 않고, 오로지 자신의 감정, 정서 또는 의식 상태에서의 변화나 쾌락을 추구하기 위해 약물을 자기 마음대로 자주 또는 지속적으로 사용하는 비정상적인 약물 복용 행위.

약물내성 **【藥物耐性】** drug tolerance 약물의 사용이 반복됨에 따라 동일한 양의 약물에 대한 효과가 감소하는 현상. 따라서 이전과 같은 효과를 얻기 위해서는 약물의 양을 늘려야 한다.

약물심리학 **【藥物心理學】** psychopharmacology 다양한 약물들과 유기체(인간 및 동물)의 행동 간의 관계를 연구하는 심리학의 한 분야.

약물심리학자 **【藥物心理學者】** psychopharmacologist 약물심리학 분야에서 활동하는 심리학자.

약물오용 **【藥物誤用】** drug misuse 약물에 대한 금단증상, 내성 및 강박적인 갈망 등과 같은 의존성 관련 특이 증상을 나타내지 않는 사람이 약물의 부작용이나 후유증이 초래될 가능성 또는 실제적 후유증을 무시한 채, 의사 지시(또는 의료적 처방)를 받지 않은 상태에서 임의로 약물 복용을 지속하거나 또는 의사의 지시(또는 의료적 처방)를 받았지만 그 지시에 맞지 않는 약물 복용을 지속하는 행위. 즉, 약물오용은 약물을 사용하는 과정에서 의학적 목적에 따라 사용하긴 하지만, 의사의 지시가 없거나 의사의 지시에 맞지 않게 행하는 지속적인 약물 복용 행위를 지칭한다.

약물의존【藥物依存】drug dependency '약물의존성(藥物依存性)'이라고도 한다. '약물의존성' 참조.

약물의존성【藥物依存性】drug dependency 약물을 사용할 경우에 자신은 물론이고 타인에게도 해를 입힐 가능성이 높은 상황임에도 불구하고, 약물을 사용하지 않을 때 나타나는 금단증상, 내성 및 강박적 갈망 등과 같은 증상을 떨치거나 불쾌감을 피하기 위해 약물 사용을 지속적으로 추구하는 행위. 이 증상을 가진 사람들은 약물을 찾고 복용하기 위해 위험한 상황이나 수단과 방법을 가리지 않는 경우가 많다. '약물의존'이라고도 한다.

양가감정【兩價感情】ambivalence 어떤 대상이나 현상에 대해 서로 상반되는 두 가지의 감정이 동시에 존재하는 상태.

양극성 기분장애【兩極性 氣分障碍】bipolar mood disorder '양극성 장애' 참조.

양극성 장애【兩極性 障碍】bipolar disorder 기분장애의 한 유형으로, 조증 상태와 울증(또는 우울) 상태를 반복적으로 경험하는 것을 특징으로 하는 장애. 즉 기분이 들뜨고 신나는 조증 상태와 기분이 가라앉고 무기력한 경향을 나타내는 울증 상태가 반복되는 정신장애의 한 유형이다. 양극성 장애 Ⅰ형(bipolar Ⅰ disorder)과 양극성 장애 Ⅱ형(bipolar Ⅱ disorder)으로 나뉨. '양극장애', '양극성 기분장애' 또는 '조울증'이라고도 한다.

양극성 장애 Ⅰ형【兩極性 障碍 Ⅰ型】bipolar Ⅰ disorder 기분장애는 우울장애와 양극성 장애로 구분되는데, 양극성 장애(bipolar disorder)는 다시 두 가지 하위 유형으로 구분되며, 그 중 한 유형이 '양극성 장애 Ⅰ형'이다. 이 장애는 한 가지 이상의 조증일화나 혼합일화를 주로 보이면서, 가끔씩 한 가지 이상의 주요우울일화를 나타내는 경우를 말한다. 한편, 양극성 장애의 두 가지 하위 유형 가운데 다른 한 가지는 '양극성 장애 Ⅱ형'이다.

양극성 장애 Ⅱ형【兩極性 障碍 Ⅱ型】bipolar Ⅱ disorder 기분장애를 구분하면 우울장애와 양극성 장애로 나눌 수 있다. 양극성 장애(bipolar disorder)는 다시 두 가지 하위 유형('양극성 장애 Ⅰ형'과 '양극성 장애 Ⅱ형')으로 구분되는데, 그 중 한 유형인 양극성 장애 Ⅱ형은 주요우울일화를 보이면서 간혹 경조증일화를 보이는 경우를 말한다.

양극세포【兩極細胞】bipolar cells 눈에 있는 간신경원으로서 수용기에 의해 흥분되고 신경절 세포를 흥분시키는 기능을 한다.

양극장애【兩極障碍】bipolar disorder '양극성 장애' 참조.

양막【羊膜】amnion 척추동물 중 인간을 포함한 포유류 및 파충류 등의 유양막류(有羊膜類)와 무척추동물인 곤충류에서 발견되는 배(胚: embryo)를 둘러싸고 있는 막(膜)으로, 개체가 발생 및 발달하는 과정에서 그 내부를 채우고 있는 양수(羊水: amniotic fluid)와 함께 배(胚)를 보호하는 기능을 한다.

양막액【羊膜液】amniotic fluid '양수' 참조.

양막천자 【羊膜穿刺】 amniocentesis 출산 전 단계에서 유전질환을 진단하기 위해 실시하는 검사방법의 하나. 임신 중의 태아를 감싸고 있는 양막에 주사바늘을 찔러 양수를 뽑아낸 후 그 속에 포함되어 있는 태아의 체세포를 검사하여 유전질환을 진단하는 검사방법. 주사기는 산모의 복부나 질을 통해 자궁 안의 양막에 넣게 되며, 이를 통해 뽑아낸 양수 속의 태아세포를 추출하여 검사하게 된다. 이 검사방법을 이용하여 다운증후군을 포함한 100여 가지 이상의 유전질환들을 진단할 수 있다. '양수천자(羊水穿刺)' 또는 '양수검사(羊水檢查)'라고도 한다.

양방향 이중언어 교육 【兩方向 二重言語 敎育】 two-way bilingual education 다양한 언어를 사용하는 사람들로 이루어진 사회나 국가에서 주류 언어를 사용해온 사람(또는 아동)들과 비주류 언어를 사용해온 사람(또는 아동)들을 대상으로 언어교육을 진행하는 한 가지 방식으로, 흔히 하루 중의 반나절은 주류 언어로, 다른 반나절은 비주류 언어로 교육을 진행하는 방식(또는 프로그램)을 지칭하여 양방향 이중언어 교육이라고 한다.

양 보존 【量 保存】 conservation of quantity Piaget(1896~1980)의 인지발달이론에서 나오는 주요 개념들 가운데 하나로, 일정한 액체의 양(量)은 그 겉모양이 변해도 그 양은 변하지 않는다는 것을 이해(또는 인식)하는 것. 예를 들면, 일정한 양의 어떤 액체(물이나 우유 등)를 담고 있는 용기를 다른 모양 또는 다른 크기의 용기로 옮겨 담으면 이 액체의 겉모양은 변하겠지만 그 양은 변화가 없다는 것을 이해(또는 인식)하는 것. '보존' 참조.

양성성 【兩性性】 androgyny 개인이 여성성과 남성성을 모두 가지고 있는 상태 또는 경향. 즉, 개인이 성 및 성역할 지각(또는 지향성)과 관련하여 여성적인 특성과 남성적인 특성을 모두 가지고 있는 상태 또는 경향을 의미한다.

양성애 【兩性愛】 bisexuality 자신과 다른 쪽 성(性), 즉 이성(異性)을 지향하는 이성애(異性愛)나 자신과 같은 쪽 성, 즉 동성(同性)을 지향하는 동성애(同性愛) 등과는 달리, 이성애적 지향(또는 욕망)과 동성애적 지향을 모두 가지고 있는 상태를 지칭한다. 이러한 경향을 가진 사람들은 남성과 여성 모두에게 성적인 호감을 느끼고 성관계를 맺는 행동을 한다. 한편 양성애는 세 가지 유형으로 구분될 수 있는데, 먼저 bi-bi는 이성과 동성에 대해 거의 같은 비중으로 성적 매력을 느끼고 행동하는 사람을 지칭하고, bi-gay는 양성에 대해 모두 성적 매력을 느끼지만 특히 남성에 대해 더 많은 성적 매력을 느끼고 행동하는 사람을 지칭하며, bi-straight는 이성에게 더 많은 성적 매력을 느끼고 행동하는 사람을 지칭한다. '양성애적 소질(兩性愛的 素質)'이라고도 한다.

양성애자 【兩性愛者】 bisexual 양성애(bisexuality)적 경향성을 가진 사람을 지칭한다. 즉, 이성(異性)과 동성(同性) 모두에 대하여 성적 지향성을 나타내는 사람을 의미한다.

양성애적 소질 【兩性愛的 素質】 bisexuality '양성애' 참조.

양수 【羊水】 amniotic fluid 포유류 및 파충류 등의 유양막류(有羊膜類)와 무척추동물인 곤충류에서 그 개체가 발생 및 발달하는 과정에서, 특히 인간의 경우 임신 중에 배(胚: embryo)를 둘러싸고 있는 양막(羊

膜: amnion)의 내부를 채우고 있는 액체(液體)를 말한다. 양막(羊膜)과 함께 배(胚)를 보호하는 역할을 하며, 또한 출산시에는 태아의 분만을 수월하게 해주는 기능을 한다. 임신 초기에는 무색상태로 있다가 점차 임신 후반으로 가면서 탁해지는데, 그 이유는 발달하는 태아로부터 떨어져 나온 태지(胎脂), 피부(皮膚) 및 태발(胎髮) 등이 섞이기 때문이다. 태아의 건강상태나 정상성(正常性)을 파악하기 위해 양수를 검사하는, 즉 양수검사(amniocentesis)를 실시하는 경우가 많은데, 그 원리는 일정량의 양수를 뽑아 그 안에 포함되어 있는 태아로부터 떨어져 나온 피부 등의 세포를 분석함으로써 염색체나 유전자의 정상 또는 이상여부를 파악하는 것이다. 임신 후기의 양수량(羊水量)은 약 600~800ml 정도로 알려져 있다. 한편, 양수를 양막액(羊膜液)이라고도 한다.

양수검사【羊水檢査】 amniocentesis 임신 중의 태아의 건강 상태나 정상성(正常性)을 진단하기 위해 양수를 검사하는 방법. 그 원리는 일정량의 양수를 뽑아 그 안에 포함되어 있는 태아로부터 떨어져 나온 피부(皮膚)나 태발(胎髮) 등의 세포를 분석함으로써 염색체나 유전자의 정상 또는 이상여부를 파악하는 것이다. '양막천자(羊膜穿刺)' 또는 '양수천자(羊水穿刺)'라고도 한다. '양막천자' 참조.

양수천자【羊水穿刺】 amniocentesis '양막천자(羊膜穿刺)' 또는 '양수검사(羊水檢査)'라고도 한다. '양막천자' 참조.

양육가설【養育假說】 caregiving hypothesis 애착의 발달과 관련하여 Ainsworth가 제안한 가설. 이 가설에 따르면, 영아가 특정 양육자(흔히 어머니)와의 관계에서 발달시키게 되는 애착의 유형과 질은 그 양육자와의 관계에서 어떤 양육을 제공받느냐에 달려 있다고 본다. 예컨대, 건강한 애착관계라 할 수 있는 '안정애착(secure attachment)'을 발달시킨 영아의 경우에는 양육자로부터 민감하고 반응적인 양육을 지속적으로 받아온 결과라고 설명한다.

양자연구【養子硏究】 adoption study '입양연구' 참조.

양적인 변화【量的인 變化】 quantitative change 발달 또는 발달적 변화 가운데 갑작스런 큰 변화나 질적으로 구분되는 변화가 아닌 정도(degree)의 측면(즉, 양적인 측면)에서 점진적으로 진행되는 변화. '양적 변화'라고도 한다. 한편, '양적인 변화'와 구분하여, 발달 또는 발달적 변화 가운데 갑작스런 큰 변화나 질적으로 구분되는 변화를 지칭하여 '질적인 변화(qualitative change)' 또는 '질적 변화'라고 한다.

어머니의 아기식(式) 말투 motherese '모성어' 참조.

어의적 기억【語義的 記憶】 semantic memory '의미기억' 참조.

어휘 급증【語彙 急增】 vocabulary spurt 언어발달 과정에서 생후 초기(약 10~15개월경)의 영아가 첫 단어를 말하기 시작한 이후에 나타나는 어휘의 급격한 발달 현상. 일반적으로 어휘 급증 현상은 대략 생후 18개월을 전후한 무렵에 나타나기 시작한다.

억압【抑壓】 repression Freud (1856~1939)의 이론에서 사용되는 주요 개념들 가운데 하나로, 개인에게서 불안을 유발하는 사고, 감정, 욕구 및 갈등 등과 같은 요소들을 의식이 되지 않는 무의식 수준(또는 무의식의 세계)으로 밀어내는 자아의 작용.

억압【抑壓】 suppression '반응억압'이라고도 한다.

억제【抑制】 inhibition (1) 특정한 감정이나 흥분 또는 욕구나 충동 등에 의한 반응이 일어나는 것을 의식적으로 제어하여 그치도록 하는 것. (2) 흥분한 신경세포의 작용에 의해 다른 신경세포의 활동이나 흥분이 감소 또는 제지되는 것.

억제성 조건형성【抑制性 條件形成】 inhibitory conditioning '억제성 조건화', '억제 조건화' 또는 '억제 조건형성'이라고도 한다. '억제성 조건화' 참조.

억제성 조건화【抑制性 條件化】 inhibitory conditioning 고전적 조건화를 두 가지 형태로 구분할 때 그 중의 한 유형으로, 조건자극과 무조건자극을 짝지어주는 과정을 거치지만 조건화가 이루어지지 않거나 억제되는 형태의 조건화를 지칭한다. '억제 조건화', '억제성 조건형성' 또는 '억제 조건형성'이라고도 한다. 한편, '역제성 조건화'와 반대되는 고전적 조건화 형태가 '흥분성 조건화'이다. '흥분성 조건화' 참조.

억제 조건형성【抑制 條件形成】 inhibitory conditioning '억제성 조건화', '억제 조건화' 또는 '억제성 조건형성'이라고도 한다. '억제성 조건화' 참조.

억제 조건화【抑制 條件化】 inhibitory conditioning '억제성 조건화', '억제성 조건형성' 또는 '억제 조건형성'이라고도 한다. '억제성 조건화' 참조.

언어【言語】 language 생각이나 감정 또는 메시지를 전달하거나 표현하기 위해 사용하는 음성이나 문자 등의 상징체계.

언어문화【言語文化】 language culture 언어 및 언어사용과 관련된 문화 또는 문화적 특징.

언어 산출【言語 產出】 language production 언어 발달 과정에서 아동이 단어나 문장을 사용하여 말을 생성해내는 것. '언어 생성'이라고도 한다.

언어 생성【言語 生成】 '언어 산출' 참조.

언어생성능력【言語生成能力】 language-making capacity (LMC) 인간의 뛰어난 언어습득 또는 학습을 가능하도록 만들어주는 언어처리 및 학습과 관련된 고도로 전문화된 인지적 능력. 이 개념을 사용하는 학자들은 인간의 풍부한 언어습득과 사용을 가능하게 하는 것은 Chomsky (1928~)가 제안한 '언어습득장치(language acquisition device〈LAD〉)'와 같은 언어습득을 위한 장치나 지식을 가지고 태어나기 때문이라고 보는 대신에, 언어습득 또는 학습을 가능하게 해주는 뛰어난 전문화된 인지적이고 지각적인 능력을 가지고 태어난 결과라고 본다.

언어습득기제【言語習得機制】 language acquisition device (LAD) 미국의 언어학자인 Chomsky (1928~)가 제안한 개념으로, 인간이 언어습득을 가능하게 만들어주는 선천적인 가상의 장치. '언어습득장치' 참조.

언어습득장치【言語習得裝置】 language acquisition device (LAD) 미국의 언어학자인 Chomsky (1928~)

가 제안한 개념으로, 인간의 언어습득을 가능하게 만들어주는 선천적인 가상의 장치. Chomsky는 인간이 언어를 지배하는 규칙인 문법을 이해하고, 이를 통해 새롭고 다양한 문장과 표현을 무한하게 생성해내고, 또 이해할 수 있는 것은 문법에 관한 지식과 능력을 담고 있는 장치를 선천적으로 가지고 태어나기 때문이라고 보았다. 이와 같이 인간이 언어의 규칙, 즉 문법을 이해하고 풍부한 언어 사용을 가능하도록 만들어주는 가상의 선천적인 언어습득의 장치(또는 기제)를 지칭하여 붙여진 명칭이 '언어습득장치'이다. '언어습득기제', '언어획득장치', '언어획득기제'라고도 하며, 영어 표현의 약자인 'LAD'라고도 한다.

언어심리학【言語心理學】 psychology of language / psycholinguistics 인간의 언어행동에 관하여 연구하는 심리학의 한 분야. 특히 언어의 획득, 이해, 사용 및 그와 관련된 심리적 과정 등에 관한 주제를 다루며, 언어학, 논리학 및 철학 등의 학문분야들과도 밀접한 관련이 있다.

언어심리학자【言語心理學者】 psychologist of language 언어심리학 분야에서 활동하는 심리학자.

언어의 5요소【言語의 5要素】 five components of language 언어를 이해하고 능숙하게 사용하기 위해 요구되는 5가지 요소. 여기에는 음운론적 지식, 의미론적 지식, 형태론적 지식, 통사론적 지식, 그리고 화용론적 지식 등 5가지 요소가 포함된다. 구체적으로 살펴보면, 먼저 음운론(phonology)은 한 언어가 가지고 있는 음성(또는 말소리)의 체계 및 이 음성들이 유기적으로 결합하여 의미 있는 단어나 문장을 만들어내는 관계 또는 규칙을 의미하며, '음운체계'라고도 한다. 의미론(semantics)은 한 언어에서 사용되는 단어와 문장이 표현하는 의미를 말하며, 형태론(morphology)은 한 언어에서 소리들이 결합하여 뜻을 가진 단어를 형성하는 규칙을 의미한다. 구문론(syntax)은 한 언어에서 의미를 가진 문장을 구성하기 위해 단어들과 문법적 요소를 결합하는 규칙을 의미하며, '통사론'이라고도 한다. 끝으로, 화용론(pragmatics)은 특정한 사회적인 맥락과 관계 속에서 효과적으로 의사소통하기 위해서 언어를 어떻게 사용해야 하는가에 관한 규칙을 의미한다.

언어 이전기 의사소통【言語 以前期 意思疏通】 prelinguistic commucation '언어 이전 단계(prelinguistic phase)'에서 이루어지는 의사소통. '언어 이전 의사소통' 참조.

언어 이전 단계【言語 以前 段階】 prelinguistic phase / prelinguistic period 출생 후의 언어발달 과정에서 아동이 의미 있는 말, 즉 의미 있는 단어를 사용하기 이전의 시기(또는 단계). '전언어 단계', '언어 이전 시기', '전언어 시기'라고도 한다.

언어 이전 시기【言語 以前 時期】 prelinguistic phase / prelinguistic period '언어 이전 단계' 참조.

언어 이전 의사소통【言語 以前 意思疏通】 prelinguistic commucation '언어 이전 단계(prelinguistic phase)'에서 이루어지는 의사소통. 흔히 언어 이전의 시기 동안에 아기들은 울음, 미소, 눈맞춤, 옹알이 등과 같은 선천적인 기제들을 활용하여 양육자와 의사소통을 하게 된다. '언어 이전기 의사소통'이라고도 한다.

언어 이해【言語 理解】 language comprehension

언어발달 과정에서 아동이 듣거나 접한 단어 또는 문장을 이해하는 것. 또는 이해할 수 있는 언어(단어나 문장 등)를 의미하기도 한다.

언어장애【言語障碍】 language disorder　언어와 관련된 기관, 즉 뇌, 발성근 및 발성기관 등의 이상으로 인하여 말하기나 발음 등에서 나타나는 언어상의 장애를 총칭한다. 실어증, 발성불량, 말더듬이 등의 장애가 포함된다.

언어적 보편성【言語的 普遍性】 linguistic universal　언어발달에서 나타나는 보편적인 변화와 특징. 즉, 언어적 보편성은 전 세계의 아동들이 언어발달 과정에서 나타내는 보편적인 변화와 특징들을 의미한다. 구체적으로, 전 세계의 아동들은 거의 같은 시기에 옹알이를 하고(생후 약 4~6개월경 옹알이 시작), 거의 같은 시기에 첫 단어를 사용하며(생후 약 12~13개월경 첫 단어 사용하기 시작), 또한 거의 같은 시기에 문장을 구성하여 사용한다(생후 약 4~5세경). 이와 같이 전 세계의 아동들이 언어발달에서 보이는 보편적인 변화와 특징들을 지칭하여 '언어적 보편성'이라고 한다.

언어적 성희롱【言語的 性戱弄】 verbal sexual harassment　성희롱의 하위 유형 가운데 하나로, 상대방의 의사에 반하는 또는 상대방이 원치 않는 성적인 언어 자극이나 표현(예를 들면, 성적인 농담이나 음담패설 또는 기타 성적인 말이나 표현 등)을 함으로써 성적 굴욕감이나 혐오감을 느끼도록 만드는 행위 또는 그러한 성희롱. '언어형 성희롱'이라고도 한다. '성희롱' 참조.

언어형 성희롱【言語型 性戱弄】 verbal sexual harassment　'언어적 성희롱'이라고도 한다. '언어적 성희롱' 참조.

언어획득기제【言語獲得機制】 language acquisition device (LAD)　미국의 언어학자인 Chomsky (1928~)가 제안한 개념으로, 인간의 언어습득을 가능하게 만들어주는 선천적인 가상의 장치. '언어습득장치' 참조.

언어획득장치【言語獲得裝置】 language acquisition device (LAD)　미국의 언어학자인 Chomsky (1928~)가 제안한 개념으로, 인간의 언어습득을 가능하게 만들어주는 선천적인 가상의 장치. '언어습득장치' 참조.

언청이 cleft lip　태어날 때부터 선천적으로 구강의 윗입술이 찢어진 상태를 지칭한다. '선천성 상구순파열(先天性 上口脣破裂)'이라고도 한다.

얼굴선호【얼굴選好】 facial preference　영아기의 어린 아기들은 다른 모양의 그림이나 사진들보다 사람의 얼굴모양을 더 선호하는 반응을 나타낸다. 이와 같이 인간의 아기들이 보이는 선천적으로 가지고 태어나는 것으로 이해되고 있는 사람 얼굴에 대한 선호경향을 지칭하여 '얼굴선호' 또는 '얼굴선호경향'이라고 한다.

얼굴선호경향【얼굴選好傾向】 facial preference　'얼굴선호' 참조.

얼굴 실인증【얼굴 失認症】 prosopagnosia　얼굴을 재인하는 얼굴지각능력에서의 손상을 나타내는 증상으로, 뇌손상에서 비롯된다.

업로드 upload 자신의 컴퓨터에서 다른 컴퓨터 또는 컴퓨터시스템으로 다양한 유형의 자료(음성자료, 문서자료 및 그림자료 등)나 프로그램을 전송하는 작업을 지칭한다.

에고 ego Freud (1856~1939)가 제안한 성격을 구성하는 세 요소 가운데 하나. '자아'라고도 한다. '자아' 참조.

에드워드 손다이크 Edward Thorndike (1874~1949) 미국의 심리학자. 'Thorndike, Edward Lee (1874~1949)' 참조.

에드워드 톨먼 Edward Tolman (1886~1959) 미국의 심리학자. 'Tolman, Edward Chase (1886~1959)' 참조.

에로스 Eros 이 말은 다음과 같은 다양한 의미로 사용된다. (1) Freud (1856~1939)의 심리성적 발달이론에서는 리비도(libido) 에너지에 의한 생의 본능으로 지칭되고 있으며, 죽음의 본능인 타나토스(Thanatos)의 반대되는 개념. (2) 그리스 신화에 등장하는 사랑의 신 '에로스(Eros)'. (3) 성적(性的)인 사랑.

에로티시즘 eroticism 남녀(이성) 간의 성적인 욕구나 육체적인 사랑을 지칭한다. 또는 그러한 사랑을 강조하는 표현이나 경향을 지칭하기도 한다. '성애(性愛)'라고도 한다.

에르고노믹스 ergonomics '인간공학' 참조.

에릭 번 Eric Berne (1910~1970) 캐나다 태생의 미국 정신의학자. 'Berne, Eric (1910~1970)' 참조.

에릭슨 Erikson (1902~1994) 독일 태생의 미국 심리학자 · 정신분석학자. 'Erikson, Erik Homburger (1902~1994)' 참조.

에릭 에릭슨 Erik Erikson (1902~1994) 독일 태생의 미국 심리학자 · 정신분석학자. 'Erikson, Erik Homburger (1902~1994)' 참조.

에스씨티 SCT SCT는 'Sentence Completion Test'의 약자로 '문장완성검사'라고도 한다. '문장완성검사' 참조.

에스에스씨아이 SSCI SSCI는 'Social Science Citation Index'의 약자이다. 'SSCI' 참조.

에스에이티 SAT SAT는 'Scholastic Aptitude Test'의 약자이다. 'SAT' 참조.

에스트로겐 estrogen 성선(性腺)의 하나인 여성의 난소에서 분비되는 성호르몬의 하나로, 여성의 제 2차 성징의 발현, 자궁근(子宮筋)의 발육 및 자궁내막의 증식, 배란 및 월경주기 통제, 유선관의 증식 및 분비촉진 등의 기능을 한다. 동물들의 경우에는 발정현상(發情現象)을 통제하는 작용을 한다.

에이디에이취디 ADHD ADHD는 'attention-deficit hyperactivity disorder'의 약자이다. '주의력결핍 과잉행동장애' 참조.

에이브럼 매슬로우 Abraham Maslow (1908~1970) 미국의 심리학자. 인본주의 심리학의 창시자. 'Maslow, Abraham Harold (1908~1970)' 참조.

에이비씨디이 모형【에이비씨디이 模型】ABCDE model / A-B-C-D-E model 'ABCDE 모형' 참조.

에이비씨디이 이론【에이비씨디이 理論】ABCDE theory / A-B-C-D-E theory 'ABCDE 모형' 참조.

에이비씨 모형【에이비씨 模型】ABC model / A-B-C model 'ABCDE 모형' 참조.

에이비씨 이론【에이비씨 理論】ABC theory / A-B-C theory 'ABCDE 모형' 참조.

에이씨티에이치 ACTH ACTH는 'adrenocoticotrophic hormone'의 약자이다. '부신피질자극호르몬' 참조.

에이형 성격【에이型 性格】type A personality 'A형 성격' 참조.

에이형 행동양식【에이型 行動樣式】type A behavior pattern 'A형 행동유형'이라고도 한다. 'A형 성격' 참조.

에이형 행동유형【에이型 行動類型】type A behavior pattern 'A형 행동양식'이라고도 한다. 'A형 성격' 참조.

에타 eta(η) F검증에서 효과의 크기를 나타내는 측정치.

에프비【에프比】F ratio 통계분석방법 가운데, 변량분석법에서 집단 간 변량 대 집단 내 변량의 비율을 나타낸다. '에프비율'이라고도 한다.

에프비율【에프比率】F ratio '에프비' 참조.

엑스 결함 증후군【엑스 缺陷 症候群】fragile X syndrome / fragile-X syndrome 'X 결함 증후군', '취약 X 증후군' 등으로도 표현된다. '취약 X 증후군' 참조.

엑스-결함 증후군【엑스-缺陷 症候群】fragile-X syndrome / fragile X syndrome 'X-결함 증후군', '취약 X 증후군' 등으로도 표현된다. '취약 X 증후군' 참조.

엑스 염색체【X 染色體】X-chromosome / X chromosome 동물의 암 · 수를 결정하는 유전명령을 담고 있는 염색체를 성염색체(性染色體)라고 한다. 성염색체에는 두 가지(X 및 Y 염색체)가 있으며, 그 가운데 하나가 X 염색체이다. 인간, 개, 소 등이 포함되는 포유동물들의 염색체는 암컷의 경우 두 염색체가 모두 X 염색체로 구성되어 있고, 수컷의 경우에는 한 개의 X 염색체와 한 개의 Y 염색체로 구성되어 있다.

엑스터시 ecstasy 복용 시 환각흥분작용 일으키는 약물의 하나로, 투약 후 강한 환각흥분작용 이외에도 정신착란, 혼수, 자제력 상실 및 식욕상실 등의 증상을 나타내며, 중독성이 강한 것으로 알려져 있다. 의약품 용어로는 메칠렌디옥시메스암페타민(MDMA)이라고 하며, 속칭으로는 '도리도리'라고도 불린다.

엔돌핀 endorphin 뇌에 있는 뇌하수체의 전엽에서 분비되는 호르몬의 일종으로, 그 효과면에서 모르핀과 같은 진통기능을 하며, 화학적 구성에 있어서는 아편계통의 화학물질과 같은 것으로 알려져 있다. 흔히 사람들이 신체를 다치거나 상처를 입어 통증을 느끼게 될 때 분비되어 진통작용을 한다. 체내 모르핀(endogeneous morphin)이라고도 한다.

엔세대【엔世代】N generation 'net generation'의 약자로, Scott (1997)가 'Growing up digital: The Rise of the Net'에서 처음으로 사용한 용어로 알려져 있다. 이러한 N세대를 인구 · 통계적으로 정의하면, 미국에서의 경우 제2차 세계대전 이후인 1946년부터 1964년 사이에 출생한 '베이비붐'세대의 자녀들로 대략 1977년 이후의 출생자들이 중심이 된다. 이들은 디지털(digital)이 제공하는 기술 및 요소들이 중심이 되는 경제 및 사회환경에서 성장한 세대에 해당하며, 디지털 시대 이전의 산업사회 속에서 주로 성장해온 기성세대와 비교할 때 자주 사용되는 표현이다. 이러한 엔세대(N generation)는 기성세대에 비하여 심리 및 행동적 측면에서 많은 차이를 나타낸다고 보는 견해가 많다. '넷세대(넷世代)'라고도 한다.

엘렉트라 복합【엘렉트라 複合】Electra complex '엘렉트라 콤플렉스' 참조.

엘렉트라 복합감정【엘렉트라 複合感情】Electra complex '엘렉트라 콤플렉스' 참조.

엘렉트라 콤플렉스 Electra complex Freud (1856~1939)의 정신분석이론에서 가정하는 주요 무의식적 증상 가운데 하나로, 심리성적 발달단계(5단계) 중 3단계(남근기) 동안에 경험하는 여자 아이들의 무의식적 심리상태를 말한다. 이에 상응하는 남자 아이들의 무의식적 심리상태를 외디푸스 콤플렉스(Oedipus complex)라고 한다. 남근기 동안의 여아들은 아버지에 대한 심리적 유대 및 애정의 감정을 갖는 반면에, 어머니에 대해서는 경쟁적 감정을 갖게 되고, 나아가 이에 따르는 충동, 불안 및 갈등의 복잡한 심리적 상태를 경험하게 된다고 보는데, 이를 지칭하여 '엘렉트라 콤플렉스(Electra complex)'라고 한다. 한편 이 시기 동안에 남아들의 경우에는 어머니에 대하여 심리적 유대 및 성적 욕망을 갖는 반면에, 아버지에 대해서는 경쟁상대로서 적대감을 갖게 되며, 동시에 아버지로부터 거세를 당할지 모른다는 두려움인 거세불안(castration anxiety)을 경험하게 된다. 나아가 이러한 두려움으로부터 벗어나기 위해 어머니에 대한 이성감정은 억압되고, 반대로 위협의 대상이었던 아버지를 동일시하게 되는 과정을 거치게 된다고 보았는데, 이러한 복합적인 심리상태 또는 경험을 일컬어 '외디푸스 콤플렉스'라고 한다. 엘렉트라 콤플렉스라는 말은 '엘렉트라 복합', '엘렉트라 복합감정', '일렉트라 복합', '일렉트라 복합감정'또는 '일렉트라 콤플렉스' 등의 표현으로도 사용되고 있다. '외디푸스 콤플렉스' 참조.

엘에스디 LSD 'LSD' 참조.

엠비티아이 MBTI 'MBTI'는 'Myers-Briggs Type Indicator'의 약자로, '성격유형검사'라고도 한다. 'MBTI' 참조.

엠에이오 억제제【MAO 抑制劑】MAO inhibitor 'MAO'는 'monoamine oxidase(모노아민 산화효소)'의 약자로, '엠에이오(MAO) 억제제'는 '모노아민 산화효소 억제제'를 말한다.

엠엠피아이 MMPI 'Minnesota Multiphasic Personality Inventory'의 약자이다. '미네소타 다면적 인성검사' 참조.

여가【餘暇】leisure 회사일, 숙제 등과 같은 직업적인 업무, 필수적인 가사활동, 책임 및 의무 등과 관계없이 한가로이 또는 즐겁게 보내는 시간이나 활동을 지칭한다. 여가의 영어 표현인 leisure는 '자유로운', '여유가 있는' 등의 의미를 가진 라틴어 'licere'에 뿌리를 둔 말이다. '여가'라는 표현 이외에도 영어 발음 그대로 '레저'라고도 한다.

여권주의【女權主義】feminism '페미니즘' 참조.

여권주의자【女權主義者】feminist '페미니스트' 참조.

여성 성적 흥분장애【女性 性的 興奮障碍】female sexual arousal disorder '여성 성흥분장애'라고도 한다. '여성 성흥분장애' 참조.

여성 성흥분장애【女性 性興奮障碍】female sexual arousal disorder 여성에게서 나타나는 '성흥분장애(sexual arousal disorder: 성행위가 진행된 이후 성행위가 끝날 때까지 성적 흥분상태가 반복 및 지속되지 않아 정상적인 성행위를 하는 데 있어서 어려움을 겪는 성기능장애)'의 한 형태로, 성적 흥분을 느끼지 못하거나 매우 낮고 남성과의 성행위가 고통스럽게 느껴지기 때문에 이를 회피하려는 경향을 보인다. 따라서 성적 대인관계(남편이나 이성 친구)에서 어려움을 겪기 쉽다. '불감증(不感症)'과 같은 의미를 가진다. '여성 성적 흥분장애'라고도 한다.

여성심리학【女性心理學】woman psychology 여성(들)의 심리, 성, 행동, 그리고 기타 여성과 관련된 문제들 및 주제들을 분석하고 연구하는 심리학 분야. 특히, 전통적으로 심리학이 남성 중심적인 경향이 있었음을 지적하면서, 이런 경향을 극복하고 심리학과 여성의 제반 문제들 및 주제들을 여성의 시각에서 인식하고 분석하는 연구 활동을 중요한 접근 방법으로 고려한다.

여성심리학자【女性心理學者】woman psychologist 여성심리학(woman psychology) 분야에서 활동하는 심리학자.

여성심리학회【女性心理學會】Society for Woman Psychology '여성심리학' 분야의 발전과 구성원들 간의 학술적 교류 및 친목을 도모하는 데 목적을 둔 학술단체. 여성심리, 성차, 여성문제의 이해 및 해결 방안에 관한 연구 및 관련 분야에서 활동하는 학자들과 종사자들로 구성된다. '한국여성심리학회' 참조.

여성 오르가슴장애【女性 오르가슴障碍】female orgasmic disorder '여성 절정감장애'라고도 한다. '여성 절정감장애' 참조.

여성 절정감장애【女性 絶頂感障碍】female orgasmic disorder '절정감장애(orgasmic disorder)'는 성행위의 최종 순간에 목표로 하는 성적 절정감(orgasm: 오르가슴)을 느끼는 데 지속적이고 반복적인 어려움을 겪는 성기능장애를 말하는데, 그 중 여성에게서 나타나는 절정감장애가 '여성 절정감장애'이다. '여성 오르가슴장애'라고도 한다.

여성주의【女性主義】feminism '페미니즘' 참조.

여성주의자【女性主義者】feminist '페미니스트' 참조.

여성학【女性學】women's studies 여성에 대한 단

순한 연구를 넘어서 여성들의 경험을 중심에 두고 여성 및 인간에 대한 연구를 하는 학문이다. 과거와 현재의 성불평등의 특성을 밝히고, 가부장적 질서의 형성 및 유지 기제에 관한 과학적인 분석을 시도하는 분야로 순수 학문적인 특성과 실천적인 학문의 특성을 모두 갖는 학문분야라 할 수 있다.

여성해방운동 【女性解放運動】 Women's Liberation Movement '우먼리브운동'이라고도 한다.

여성호르몬 【女性호르몬】 female hormone 인간의 여성 및 척추동물 암컷의 난소에서 주로 분비되는 성호르몬으로 제 2차 성징 및 성기의 발육 그리고 기타 생식기능에 관여하며, 여포에서 분비되는 여포호르몬과 황체에서 분비되는 황체호르몬이 있다. 한편, 여성호르몬은 주로 난소에서 분비되기 때문에 난소호르몬이라고도 한다.

여키스-도슨의 법칙 【여키스-도슨의 法則】 Yerkes-Dodson law 과제의 난이도와 이에 따른 각성 및 수행 수준 간의 관계를 설명하는 법칙으로, 이 법칙에 따르면 일반적으로 중간 수준의 각성에서 과제 수행이 최대를 나타내지만, 세부적으로 살펴보면 복잡한(어려운) 과제일 경우에는 각성 수준이 낮을 때 수행이 최대가 되고, 단순한(쉬운) 과제일 경우에는 각성 수준이 높을 때 수행이 최대가 된다.

여포 자극호르몬 【濾胞 刺戟호르몬】 follicle-stimulating hormone (FSH) 뇌하수체에서 분비되는 생식선 자극호르몬 가운데 하나로, 여성의 난소와 남성의 정소(고환)에 작용하여 각각 난자와 정자의 생성을 자극하는 기능을 한다.

역동 【力動】 dynamics (1) 힘 있게 활동적으로 움직이고 있는 상태. (2) 정신분석학 또는 정신분석적 이론에서, 성격의 요소들(자아와 원초아 또는 자아와 초자아) 간의 갈등으로 인한 긴장과 불안 그리고 유동성이 존재하는 관계 또는 그러한 상태.

역동심리학 【力動心理學】 dynamic psychology 유기체의 내면의 세계, 특히 심층적이고 무의식 영역에 존재하는 심리적 및 생물적 요소들(성격, 충동이나 욕구, 동기 등) 간의 역동적 관계와 상태를 강조하는 심리학 이론 또는 관점. '역동적 심리학', '역학적 심리학'이라고도 한다.

역동적 【力動的】 dynamic 힘 있게 활동적으로 움직이는.

역동적 심리학 【力動的 心理學】 dynamic psychology '역동심리학' 참조.

역동적 체계이론 【力動的 體系理論】 dynamical systems theory 아동(영아 및 유아 포함)들에게서 일어나는 운동기술(또는 운동능력)의 발달을 설명하는 이론 가운데 하나로, 이 이론에서는 운동기술의 발달은 아동들의 호기심, 신체적 발달과 능력, 목표, 이전의 신체적 및 운동적 경험 등과 같은 여러 요인들 간의 복잡하고 역동적인 교류와 상호작용을 통한 재조직화 또는 그 결과라고 설명한다.

역량강화 【力量强化】 empowerment '임파워먼트' 참조.

역량검사 【力量檢査】 power test 개인의 능력을 평가하기 위한 검사의 한 형태. 일반적으로, 개인의 능

력을 알아보는 능력검사(예를 들면, 지능검사)는 검사에서 요구하는 문제를 해결해내는 속도에 초점을 맞추는지, 아니면 해결해내는 역량에 초점을 맞추는지에 따라 속도검사와 역량검사로 구분할 수 있다. 그중에서 역량검사는 시간의 제한을 거의 두지 않고 충분한 시간을 준 상태에서 피검사자가 검사에서 요구하는 문제들 가운데 해결해낸 문제의 수뿐만 아니라 어느 정도 수준의 문제까지 해결해내는지를 알아보는 검사의 형태를 말한다. 반면에, 속도검사(speed test)는 피검사자가 일정한 시간 동안에 요구하는 문제들 가운데 얼마나 많은 문제를 해결해내는지를 알아보는 검사의 형태를 말한다.

역 메인스트리밍 【逆 메인스트리밍】 reverse mainstreaming 장애가 있는 학생들을 일반학생들이 생활하는 교실 환경과 흐름에 포함시켜 교육을 받고 생활하도록 하는 교육 접근(방법)을 지칭하여 '메인스트리밍(mainstreaming)'이라고 하면, 이와 반대로 장애를 갖지 않은 일반학생들을 장애학생들을 위해 만들어 놓은 교실 및 교육 환경에 들어가서 일정 기간 동안 생활하도록 하는 교육 접근(방법)을 '역 메인스트리밍'이라고 한다.

역연령 【曆年齡】 chronological age '생활연령' 참조.

역위 【逆位】 breech presentation / breech position '둔위(臀位)'라고도 한다. '둔위' 참조.

역유토피아 【逆유토피아】 distopia '디스토피아' 참조.

역전이 【逆轉移】 countertransference 상담이나 심리치료 과정에서 상담자에 의해 일어나는 전이 현상. 내담자에 의해 일어나는 '전이(transference)' 현상과는 반대로, 상담자가 내담자를 상대로 하여 일으키는 전이 현상을 지칭하여 '역전이'라고 한다. 즉, 상담 과정에서 상담자가 무의식적으로 내담자의 태도나 반응에 대하여 상담자 자신의 과거 경험과 관련된 태도나 감정 또는 욕망 등을 내담자에게 투입하여 반응하는 현상을 말한다. 이와 같은 '역전이' 현상은 상담의 진행과 효과를 방해하는 요소로 작용한다.

역조건형성 【逆條件形成】 counterconditioning / counter-conditioning 행동수정 또는 행동치료에서 사용되는 치료기법의 하나로, 기존의 특정한 학습된 반응(예를 들면, 부적절하거나 부적응적인 행동)을 이 반응과 양립할 수 없는 다른 반응으로 대체하는 학습 절차. 즉, 기존의 특정한 반응을 없애거나 소거시키기 위해 그 반응과 양립할 수 없는 새로운 반응(행동)을 조건형성 과정을 통해 학습시킴으로써 기존의 특정 반응을 없애는 또는 나타나지 않도록 만드는 학습 절차 또는 기법을 말한다.

역치 【閾値】 threshold '식역' 참조.

역학적 심리학 【力學的 心理學】 dynamic psychology '역동심리학' 참조.

역할 【役割】 role 사회문화적으로 특정 지위(또는 위치)에 있는 사람에 대해 기대하는 행동, 행동양식 또는 임무. 즉 개개인의 사회적 소속이나 그 안에서의 지위 또는 연령이나 성별 등에 따라 적절한 것으로 기대되는 행동이나 임무를 의미한다.

역할기대 【役割期待】 role expectation 사회문화

적으로 특정 지위(또는 위치)에 있는 사람에 대해 기대하는 행동, 행동양식 또는 임무를 지칭하여 '역할(role)'이라고 한다. 이러한 역할과 관련하여, 사회나 집단(예를 들면, 부모가 포함된 가족, 교사, 또래, 그리고 사회 일반)은 개개인에게 이러한 역할에 맞는 행동(양식)을 수행하고 준수할 것을 기대하는데, 이러한 기대를 지칭하여 '역할기대'라고 한다.

역할놀이 【役割놀이】 role playing / role-playing / role play '역할연기' 참조.

역할맡기 【役割맡기】 role taking '역할수용' 참조.

역할모델 【役割모델】 role model 특정 역할 또는 역할수행과 관련하여 모범이나 본보기가 되어 그 역할을 본받거나 본뜨고자 하는 대상. '역할모형'이라고도 한다.

역할모형 【役割模型】 role model '역할모델' 참조.

역할수용 【役割受容】 role taking 인지수준의 발달에 따라 발달하게 되는 능력으로, 추론 과정을 통해 타인의 입장이 되어 그 사람의 감정이나 기분, 욕구, 생각 및 행동을 이해하는 것 또는 그러한 능력. '역할맡기' 또는 '역할취득'이라고도 한다. 한편, '역할수용능력(role taking ability)'이라는 표현은 일반적으로 '역할수용(role taking)'과 같은 의미로 사용되지만, 특히 '역할수용'의 능력과 수준 측면을 강조할 때 종종 사용된다.

역할수용능력 【役割受容能力】 role taking ability 타인의 입장이 되어 그 사람의 감정이나 기분, 욕구, 생각 및 행동을 이해하는 능력. '역할수용' 참조.

역할연기 【役割演技】 role playing / role-playing / role play 상담이나 심리치료 장면에서 치료나 역할이해의 목적으로 연기 또는 놀이 형식으로 진행하는 가상의 역할 경험. 역할연기를 통해 평소에 현실에서 하기 어려운 다른 사람의 역할과 입장을 경험해보는 기회를 갖게 되고, 그 과정에서 맡았던 역할(다른 사람의 역할)과 그 입장에 대한 이해 증진 및 태도와 행동의 변화(의 효과)를 기대할 수 있다. '역할놀이' 또는 '롤플레잉'이라고도 한다.

역할취득 【役割取得】 role taking '역할수용' 참조.

역할학습 【役割學習】 role learning 사회문화적으로 특정 지위나 위치에 있는 사람에 대해 기대하는 행동, 행동양식 또는 임무를 지칭하여 '역할(role)'이라고 하며, 이러한 역할을 생활 속에서 수행하기 위해서는 이에 대한 학습 또는 학습과정을 필요로 한다. 이와 같이 개인에게 부여된 또는 기대되는 역할을 학습하는(또는 학습해가는) 과정을 지칭하여 '역할학습'이라고 한다.

역할행동 【役割行動】 role behavior 사회문화적으로 특정 지위나 위치에 있는 사람에 대해 기대하는 행동, 행동양식 또는 임무를 지칭하여 '역할(role)'이라고 하며, 이러한 역할 또는 역할수행에 따르는 행동을 '역할행동'이라고 한다.

역행간섭 【逆行干涉】 retroactive interference 기억(記憶)과 관련된 인지적 현상의 하나로, 새로이 학습된 또는 새로이 입력된 정보가 그 이전(즉, 과거)에 학습이나 입력과정을 거쳐 이미 저장되어 있던 기억정보 또는 기억자료의 회상 활동(또는 능력)을 간섭하는 현상을 지칭한다. 이러한 역행간섭과 대비되는 현상을 순행간섭(順行干涉: proactive interference)이라고 하는데, 이 현상은 과거에 학습 또는 입력과정을 거쳐 이미 저장되어 있던 학습정보 또는 기억정보가 새로운 정보를 학습하는(또는 입력하는) 인지활동을 간섭하는 현상을 지칭한다. 한편, 역행간섭은 '역행성 간섭(逆行性 干涉)' 또는 '역행적 간섭(逆行的 干涉)'이라고도 한다.

역행성 간섭 【逆行性 干涉】 retroactive interference '역행간섭' 참조.

역행성 기억상실증 【逆行性 記憶喪失症】 retrograde amnesia 기억상실증(amnesia)의 한 형태로, 기억상실증을 유발한 원인이 된 사건(흔히, 뇌의 손상)이 발생하기 전의 일들을 기억하지 못하는 증상 또는 기억장애를 말한다. 이처럼 역행성 기억상실증에서는 증상의 발생을 유발한 사건에 앞서서 발생한 일들이나 경험에 대한 기억을 하지 못하는 반면에, 그보다 더 이전의 기억들 또는 일들에 대한 기억은 상실되지 않는 특징을 보인다. 발생원인은 흔히 뇌의 손상으로부터 비롯되며, 부분적으로는 뇌의 진탕(震蕩: concussion)에 의해 유발되는 것으로 알려져 있다.

역행적 간섭 【逆行的 干涉】 retroactive interference '역행간섭' 참조.

연구 【研究】 research 조사나 관찰 등과 같은 체계적인 방법과 절차를 통해 세상의 사물과 현상에 관한 이치를 밝히고 문제를 해결하는 방법을 찾아내는 것 또는 그러한 탐구 활동.

연구가설 research hypothesis '가설(假說: hypothesis)'은 과학적인 연구활동을 통해 검증될 수 있는 진술문 또는 잠정적인 예측을 말한다. '연구가설'이란 연구를 통해 밝히고자 하는 문제나 주제 또는 현상에 관한 가설(또는 잠정적인 예측이나 예언)을 말한다.

연구설계 【研究設計】 research design 진행할 연구에 대한 계획 또는 계획을 세우는 활동. 즉, 연구를 진행해 갈 방법, 절차 및 내용 등에 대한 계획 또는 계획을 세우는 활동을 지칭하여 '연구설계'라고 한다.

연구윤리 【研究倫理】 research ethics 연구 수행과정에서 연구자가 준수해야 하는 윤리. 일반적으로 연구에 참여하는 연구 참가자 또는 피험자들을 신체적 및 정신적 손상 등으로부터 보호하고, 나아가 연구 참가 및 지속 등을 연구 참가자 스스로가 선택할 수 있는 권리 등의 내용이 포함된다.

연구자 【研究者】 researcher 연구하는 사람 또는 연구를 진행하는 사람.

연구자 편파 【研究者 偏頗】 researcher bias '연구자 편향' 참조.

연구자 편향 【研究者 偏向】 researcher bias 연구의 진행이나 연구결과 또는 연구에서 수집된 자료를 사전 연구계획이나 연구설계에 따라 처리하는 것이 아니라, 연구자가 고의로 또는 비고의적으로 자신의 의도나 판단 또는 기대에 맞는 방향(흐름)으로 처리하는 경향성. '연구자 편파'라고도 한다.

연구참가자 【研究參加者】 participant 연구자들이 진행하는 연구에 참여하는 연구대상(또는 실험대상)이 되는 사람이나 동물. '연구참여자'라고도 한다. 한편, 연구 참가자 가운데 특히 실험연구에 실험의 대상으로 참가하여 도움을 주는 사람이나 동물을 지칭하여 '피험자(被驗者: subject)'라고 한다.

연구참여자【研究參與者】 participant '연구참가자(研究參加者)'라고도 한다. '연구참가자' 참조.

연령 차별화【年齡 差別化】 age differentiation 특정 검사나 문제 또는 문항에 대한 반응에서 연령 간 차이를 보이는 현상. 최초의 지능검사를 개발한 프랑스의 심리학자 Binet (1857~1911)가 자신의 검사를 개발 및 제작하는 과정에서 적용했던 원리이다.

연속 강화【連續 强化】 continuous reinforcement (CRF) '계속적 강화' 또는 '연속적 강화'라고도 한다. '계속적 강화' 참조.

연속성-비연속성 논쟁【連續性-非連續性 論爭】 continuity-discontinuity debate '연속성-비연속성 이슈'라고도 한다. '연속성-비연속성 이슈' 참조.

연속성-비연속성 이슈【連續性-非連續性 이슈】 continuity-discontinuity issue 인간의 발달 또는 발달적 변화에 대해 발달학자들 사이에서 오랫동안 제기되어온 논쟁점 가운데 하나로, 발달 또는 발달적 변화는 연속적으로 진행되는(즉, 질적인 차이를 나타내는 단계적인 과정이 아니라 양적인 측면에서 연속적으로 변화해 가는) 과정인지 아니면 비연속적인(즉, 단계적 또는 질적으로 서로 다른 단계를 거치는) 과정인지에 관한 논쟁 또는 이슈. '연속성-비연속성 논쟁(continuity-discontinuity debate)'이라고도 한다.

연속적 강화【連續的 强化】 continuous reinforcement (CRF) '계속적 강화' 또는 '연속 강화'라고도 한다. '계속적 강화' 참조.

연수【延髓】 medulla / medulla oblongata 인간을 포함한 척추동물의 중추신경계의 핵심부분인 뇌(腦: brain)를 영역에 따라 구분하면 대뇌(大腦: cerebrum), 간뇌(間腦: diencephalon), 중뇌(中腦: midbrain), 소뇌(小腦: cerebellum) 및 연수(延髓: medulla oblongata) 등으로 나뉨. 연수는 뇌의 일부분으로 뇌의 최하부이며 동시에 척수의 바로 윗부분에 위치한다. 뇌구(腦球)라고도 하며, 호흡과 관련된 폐의 활동 그리고 심장 및 혈관 등의 운동을 통제하는 기능을 한다.

연습효과【練習效果】 practice effect 종단적 연구의 타당도를 낮추거나 위협할 수 있는 효과의 하나로, 종단적 연구에서와 같이 연구 참가자(들)가 특정 검사나 질문에 대해 반복적으로 응답을 하게 되는 경우에 연구 참가자(들)이 이러한 검사나 질문 또는 그 내용에 대해 익숙해지게 되고, 그 결과 자연스러운 반응이 아닌 변화된 반응 또는 의식적으로 특정한 방향으로 반응하게 될 가능성이 높은데, 이러한 현상을 연습효과라고 한다.

연역(법)【演繹(法)】 deduction 일반적인 것에서 특수한 것으로의 추론(방법).

연역적 추론【演繹的 推論】 deductive reasoning 추론의 한 유형으로, 일반적인 지식이나 정보에서 특수한 지식이나 정보를 이끌어내는(또는 생각해내는) 추론 방식. 이와 반대로, 특수한 지식이나 정보에서 일반적인 지식이나 정보를 이끌어내는(또는 생각해내는) 추론 방식을 귀납적 추론이라고 한다. '연역적 추론'은 '연역적 추리', '연역 추론' 또는 '연역 추리'라고도 한다.

연역적 추리 【演繹的 推理】 deductive reasoning
'연역적 추론' 참조.

연역 추론 【演繹 推論】 deductive reasoning　'연역적 추론' 참조.

연역 추리 【演繹 推理】 deductive reasoning　'연역적 추론' 참조.

연합 【聯合】 association　두 가지의 사건(예를 들면, '자극과 자극' 또는 '자극과 반응')이 같이 발생했던 경험을 통해 두 사건을 연결 짓는 것. 즉 경험을 통해 특정 자극과 반응 또는 반응과 특정 자극 간의 기능적인 관계성이 형성되는 것을 말한다. 고전적 조건형성과 조작적 조건형성 등의 학습에서 중심적인 개념으로 사용된다.

연합놀이 【聯合놀이】 associative play　'연합적 놀이' 참조.

연합적 놀이 【聯合的 놀이】 associative play　아동 놀이의 한 유형으로, 다른 아이(들)에게 관심을 가지고 서로 이야기를 나누거나 놀잇감을 서로 바꾸기도 하지만, 놀이는 함께 하지 않고 각자 하는 형태의 놀이. '연합놀이'라고도 한다.

연합뉴런 【聯合뉴런】 association neuron　'개재뉴런(介在뉴런: interneuron)' 또는 '중간뉴런(中間뉴런)'이라고도 한다. '개재뉴런' 참조.

연합심리학 【聯合心理學】 association psychology
인간 및 동물의 심리 및 행동과 관련하여 연합의 원리를 중시하는 심리학의 한 분야. 심리적 활동 및 행동이 연합에 의해 형성되는 것으로 본다. '연합주의 심리학(聯合主義 心理學: associationist psychology)'이라고도 한다. '연합' 참조.

연합영역 【聯合領域】 association area　'대뇌피질(cerebral cortex)' 중에서 감각영역과 운동영역을 제외한 나머지 영역으로, 인간 대뇌피질의 대부분을 차지하며, 언어와 사고 및 기억 등과 같은 정신활동을 담당하는 것으로 알려져 있다.

연합주의 심리학 【聯合主義 心理學】 associationist psychology　'연합심리학'이라고도 한다. '연합심리학' 참조.

연합학습 【聯合學習】 associative learning　연합(聯合: association) 과정을 통해 이루어지는 학습 형태를 지칭하는 것으로, 두 가지 사건(자극과 자극 또는 자극과 반응)이 함께 발생한다는 것을 학습하는 것. 즉, 두 가지 사건이 함께 발생하는 것을 반복해서 경험함으로써 두 사건을 결합시키게 되는 학습을 지칭한다. 이 과정을 통해 학습이 이루어지면, 두 사건 가운데, 학습이 이루어지기 전에는 특정한 반응을 나타내지 않던 사건이 학습 이후에는 특정한 반응을 나타내게 된다. 연합학습에 포함되는 학습 형태로는, 고전적 조건형성(classical conditioning)과 조작적 조건형성(operant conditioning)이 있다.

열등 【劣等】 inferiority　수준이나 등급이 다른 대상(들)이나 보통 정도에 비해 낮음 또는 낮은 상태.

열등감【劣等感】 sense of inferiority / feeling of inferiority 자신의 능력이나 수준이 다른 사람(들)이나 이상적인 자기(또는 자기상)에 비해 낮거나 부적절하다고 느끼는 마음 또는 감정 상태. 누구에게나 어느 정도 존재하는 정상적인 심리 상태로 보는 견해가 많다.

열등 콤플렉스【劣等 콤플렉스】 inferiority complex 오스트리아의 정신의학자이자 '개인심리학'의 창시자인 Alfred Adler (1870~1937)가 제안한 주요 개념들 가운데 하나. Adler는 개인의 성장과 발달을 이끄는 원동력은 사람들이 우월성을 추구하는 삶의 과정에서 실패와 좌절을 겪게 되고, 그에 따라 발생하는 열등감과 이것을 극복하려는 보상적 심리 또는 보상적 욕구라고 보았다. 이와 같이 삶의 과정에서 나타나는 열등감의 발생과 함께 분노와 불안정감 등의 복합적인 심리가 혼재된 상태를 지칭하여 열등 콤플렉스(inferiority complex)라 불렀다. Adler는 개인적으로나 역사적인 인물들의 크고 위대한 성과들 가운데 많은 부분이 열등 콤플렉스를 극복하기 위한 노력의 결과물이라고 보았다.

열성【劣性】 recessive 서로 대립적인 형질을 가진 양친 또는 부모가 만나 수정이 되었을 때 나타나지 않는 형질을 말한다. 반면에 나타나는 형질을 우성(優性: dominance)이라고 한다.

열성 대립유전자【劣性 對立遺傳子】 recessive allele '대립유전자(allele)'의 하나로, 우성 대립유전자와 짝지어지는 관계에서 상대적으로 덜 강력하여 표현형으로 나타나지 않는 유전자. '열성 대립형질(劣性 對立形質)'이라고도 한다.

열성 대립형질【劣性 對立形質】 recessive allele '열성 대립유전자' 참조.

열정【熱情】 passion 사랑하는 관계에서 경험하는 상대방에 대한 성적 욕망(性的 慾望)과 성적 매력(性的 魅力)이 포함된 강렬한 감정. 이와 같은 '열정'이라는 강렬한 감정은 긍정적일 수도 있고 부정적일 수도 있다.

열정애【熱情愛】 passionate love 흔히 연애 관계의 초기 또는 사랑하는 관계에서 나타나는 '열정(熱情: passion)'이 중심이 된 사랑. 흔히 상대방에게 성적 욕망(性的 慾望)과 성적 매력(性的 魅力)이 포함된 강렬한 감정을 느끼며, 동시에 안도감, 불안, 질투 등의 긍정적 및 부정적인 감정이 혼재된 상태로 상대방에게 몰입되어 있는 사랑.

염력【念力】 psychokinesis / telekinesis 초능력(超能力)의 일종으로서 물체나 물질을 매개로 하지 않고 순전히 마음의 힘, 즉 정신력만을 사용하여 물체나 물질을 이동시키거나 변형시키는 힘 또는 힘의 작용을 말한다. '염력행사(念力行使)' 또는 '사이코키네시스'라고도 한다.

염력행사【念力行使】 psychokinesis '염력' 참조.

염색체【染色體】 chromosome 세포핵 내에 있는 실 같은 형상을 하고 있는 물질로 유전자를 포함하고 있으며, 성의 결정 및 유전과정에서 결정적인 역할을 한다. 인간의 모든 체세포의 핵 안에는 각각 46개의 염색체가 포함되어 있다.

엽【葉】 lobe (1) 인간의 뇌나 폐 등과 같은 장기 중

윤곽이 뚜렷하게 드러나는 부분. (2) 인간의 뇌의 영역들 가운데 가장 크고 넓은 부분을 차지하면서 동시에 다양한 기능을 수행하는 대뇌피질의 넓게 드러난 영역(또는 넓게 드러난 부분).

엽산【葉酸】folic acid 임신 중 태아의 신경계의 발달과 혈액의 생산에 중요하게 관여하는 비타민 B 복합체의 일종.

영가설【零假說】null hypothesis 통계적 검정 절차에 따라 진위를 판단하게 되는 가설로, 둘 이상의 측정치나 검사치 또는 둘 이상의 조건이나 집단 간에 차이가 없을 것이라는 예측을 포함하는 가설. '귀무가설(歸無假說)' 또는 '귀무가정(歸無假定)'이라고도 한다.

영매【靈媒】medium 심령술(心靈術: spiritualism)을 발휘하는 사람. 즉, 죽은 자의 혼령이나 신령을 불러내어 교신하거나 그 힘을 이용하여 영향력을 발휘하는 능력 또는 기술을 가진 사람을 말한다.

영아【嬰兒】infant 출생 후 대략 2세경까지의 아이를 지칭한다.

영아기【嬰兒期】infancy 발달 단계의 하나로, 일반적으로 출생 후 대략 2세경까지의 시기를 지칭하지만, 학자들에 따라 이 단계의 기간을 구분하는 데 있어서 다소 차이를 보인다.

영아기 기억상실증【嬰兒期 記憶喪失症】infantile amnesia '아동기 기억상실증' 참조.

영아돌연사【嬰兒突然死】sudden infant death (SID) 원인이 명확하지 않은 상황에서 생후 1년 내외(內外)의 어린 아기가 갑작스럽게 사망하는 것. 흔히 수면 중에 발생하며 명확한 원인이 밝혀지지 않은 경우가 많다. 이러한 현상을 지칭하여 '영아돌연사증후군'이라고 한다. '영아돌연사'라는 표현 대신 '유아돌연사(幼兒突然死)'라는 표현을 사용하는 경우도 있다. '영아돌연사증후군' 참조.

영아돌연사증후군【嬰兒突然死症候群】sudden infant death syndrome (SIDS) 원인이 명확하지 않은 상황에서 생후 1년 내외(內外)의 어린 아기가 갑작스럽게 사망하는 현상. 발생 원인은 아직 명확하게 밝혀져 있지 않지만 가장 유력한 가설은 '호흡조절과 관련된 뇌기능에 이상이 있다'고 보는 설명이다. 흔히 수면 중에 발생하며, 발생 빈도는 전 세계적으로 1,000명의 영아 중 약 1~3명 정도인 것으로 알려져 있다. 특히 조산아, 미숙아, 남아, 빈곤계층의 아기, 10대 미혼모의 아기, 임신 중 담배나 술 등의 약물을 복용한 어머니의 아기, 엎어 재운 아기, 푹신한 요나 이불을 사용하여 재운 아기 등의 경우에서 발생 빈도가 높게 나타나고 있다.

영재【英才】gifted child / gifted person / talented person 영재성을 가진 사람. 즉, 일반적인 지능이나 일반적인 지능검사로 쉽게 측정되지 않는 음악, 미술, 스포츠 또는 기타의 특수 분야에서 일반인(또는 일반아동)에 비해 매우 뛰어난 능력이나 재능 또는 잠재성을 가진 사람. 영재성을 가진 사람들 통칭할 때는 'gifted person'이나 'talented person' 등의 표현을, 영재아 또는 영재 아동을 지칭할 때는 'gifted child'라는 표현을 사용한다.

영재성【英才性】giftedness 지적 능력(즉, 지능)이

나, 일반적인 지능검사로 쉽게 측정되지 않는 음악, 미술, 스포츠 또는 기타의 특수 분야에서 일반적인 능력(일반아동이나 일반인들이 보이는 능력)에 비해 매우 뛰어난 능력이나 재능 또는 잠재성.

영재아【英才兒】 gifted child ‘영재아동’이라고도 한다. ‘영재’ 참조.

영재아동【英才兒童】 gifted child ‘영재아’라고도 한다. ‘영재’ 참조.

예언【豫言】 prediction ‘예측’ 참조.

예언가능성【豫言可能性】 predictability ‘예측가능성’ 참조.

예언성【豫言性】 predictability ‘예측가능성’ 참조.

예언타당도【豫言妥當度】 predictive validity 어떤 검사나 평가도구가 예언(또는 예측)하고자 의도한 특성이나 행동을 실제로 예언(또는 예측)하는 정도. ‘준거타당도(criterion validity)’라고도 한다.

예측【豫測】 prediction 앞으로 발생할 상황이나 결과를 미리 헤아려 짐작하는 것. 심리학 분야에서는 ‘예측’이라는 표현 대신 ‘예언’을 사용하기도 한다.

예측가능성【豫測可能性】 predictability 어떤 사건이 발생할지의 여부와 그 시기를 예측하는 정도. ‘예언가능성’, ‘예측성’ 또는 ‘예언성’이라고도 한다.

예측성【豫測性】 predictability ‘예측가능성’ 참조.

예후【豫後】 prognosis 특정한 신체적 질병이나 정신장애 또는 행동장애와 관련하여, 그 질병이나 장애의 상태와 증세가 향후 어떤 경과를 보일지(나타낼지)에 관한 의학적 또는 심리학적 예측(또는 전망)을 말한다.

오경보【誤警報】 false alarm / false-alarm 연구참여자가 신호(또는 자극)를 탐지해내는 실험 연구에서 반응에 요구되는 특정 신호(또는 자극)가 없음에도 불구하고 ‘예(Yes)’반응을 하는 것. ‘헛경보’라고도 한다.

오경보율【誤警報率】 false alarm rate 연구 참여자가 신호(또는 자극)를 탐지해내는 실험 연구에서 전체 시행 중에서 오경보(誤警報: false alarm)가 차지하는 비율. ‘헛경보율’이라고도 한다.

오기억【誤記憶】 false memory 잘못된 기억. 구체적으로 오기억은 실제로 일어났던 일(또는 사건)이 일어나지 않았다고 기억하거나 일어나지 않았던 일(또는 사건)이 일어났다고 기억하는 경우를 말한다. 재판 과정에서 피해자나 증인(예를 들면, 노약자, 아동, 심신쇠약자 등)의 기억과 진술의 진실성 판단 및 증거 채택 여부와 맞물려 매우 중요하게 고려되는 주제이다.

오나니 onanie ‘자위행위’ 참조.

오르가슴 orgasm 성적 관계에서 나타나는 성반응주기 가운데 성적 흥분이 최고수준에 이른 상태를 지칭한다. ‘클라이막스(climax)’ 또는 ‘성적 클라이막스’라고도 한다.

오르가슴 장애 orgasmic disorder 성행위의 최종 순간에 목표로 하는 성적 절정감(orgasm: 오르가슴)을 느끼는데 지속적이고 반복적인 어려움을 겪는 성기능장애의 한 형태로, 여기에는 여성 절정감 장애(female orgasmic disorder), 남성 절정감 장애(male orgasmic disorder) 및 조루증(premature ejaculation)이 포함된다. 한편, '오르가슴 장애'는 '절정감 장애'라고도 한다.

오염【汚染】 contamination (1) 특정한 대상(생물, 음식이나 물질 또는 물체 등)에 더러운 또는 해로운 이물질이나 세균 등이 섞여 더럽게 물든 상태. (2) (실험연구에서) 실험연구에 참여하는 피험자(연구참여자)가 연구에서 효과를 밝히고자 하는 독립변인에 대하여 연구가 시작되기 전 다른 실험 참가 경험이나 기타의 경험을 통해 이미 노출되어 있는 상태. 이러한 상태는 본 실험연구에서 처치하는 독립변인의 효과를 신뢰하기 어렵게 만든다.

오염된【汚染된】 contaminated (1) 특정한 대상에 더러운 또는 해로운 이물질이나 세균 등이 섞여 더러워진. (2) (실험연구에서) 피험자가 연구가 시작되기 전에 이미 독립변인에 노출된 경험이 있는.

오용【誤用】 misuse 특정한 약물 또는 물질을 사용하는 과정에서 의학적인 용도 또는 목적으로 사용하기는 하지만, 의사의 처방이나 지시에 따르지 않고 임의로 사용하는 경우 또는 행위를 지칭한다.

오이디푸스 복합【오이디푸스 複合】 Oedipus complex / Oedipal complex '외디푸스 콤플렉스' 참조.

오이디푸스 복합감정【오이디푸스 複合感情】 Oedipus complex / Oedipal complex '외디푸스 콤플렉스' 참조.

오이디푸스 콤플렉스 Oedipus complex / Oedipal complex '외디푸스 콤플렉스' 참조.

오점효과【汚點效果】 stigma effect '낙인효과(烙印效果)'라고도 한다. '낙인효과' 참조.

오컴의 면도날【오컴의 面刀날】 Occam's Razor / Ockham's Razor 이론체계는 간결할수록 좋다는 논리 또는 원리를 말한다.

온라인 거래【온라인 去來】 on-line trading '온라인 트레이딩' 참조.

온라인 상담【온라인 相談】 on-line counseling 상담의 한 형태로, '이메일(e-mail)'이나 채팅 등과 같이 상담자와 내담자 간의 상호작용과 의사소통이 온라인상에서 이루어지는 상담. '인터넷 상담(Internet counseling)'이라고도 한다. '인터넷 상담' 및 '상담' 참조.

온라인쇼핑 on-line shopping '사이버쇼핑' 참조.

온라인조사【온라인調査】 on-line survey 온라인(통신망이나 인터넷 등)을 통해 이루어지는 조사방법의 한 형태.

온라인 트레이딩 on-line trading 온라인(인터넷이나 통신 등의 체제)을 통해 이루어지는 거래 방법. 증권, 경매 등의 거래가 이루어지고 있다. '온라인 거래'라고도 한다.

올포오트 Allport (1897~1967) 미국의 심리학자. 'Allport, Gordon Willard (1897~1967)' 참조.

올포트 Allport (1897~1967) 미국의 심리학자. 'Allport, Gordon Willard (1897~1967)' 참조.

옹알이 babbling 생후 4~6개월경의 영아들이 내는 자음과 모음이 결합된 소리. 예컨대, '바바~', '부부부', '빠빠빠' 등의 소리이다. 옹알이는 어떤 특정한 의미를 가지고 있지 않으며, 청각장애가 있는 영아들, 심지어 청각장애가 있어 수화를 이용하여 의사소통하는 부모에게서 태어난 청각장애가 있는 영아들도 정상적인 영아들처럼 옹알이를 하는 것으로 나타나고 있다.

와이 염색체【Y 染色體】 Y-chromosome / Y chromosome 동물의 암·수를 결정하는 유전명령을 담고 있는 염색체를 성염색체(性染色體)라고 한다. 성염색체에는 두 가지(X 및 Y 염색체)가 있으며, 그 가운데 하나가 Y 염색체이다. 인간, 개, 소 등이 포함되는 포유동물들의 염색체는 암컷의 경우 두 염색체가 모두 X 염색체로 구성되어 있고, 수컷의 경우에는 한 개의 X 염색체와 한 개의 Y 염색체로 구성되어 있다.

완벽【完璧】 perfection 결점 또는 결함이 없이 완전한 상태.

완벽주의【完璧主義】 perfectionism (1) 완벽(完璧: perfection)을 추구하는 성향. 즉, 자신이 하는 일이나 자신이 관여하는 일을 완벽하게 해내려는 생각이나 경향을 지칭한다. 이와 같은 이론적인 완벽주의의 개념은 구체적으로 다음과 같이 재정의 될 수 있다. 즉, (2) 일이나 과제 수행과 관련하여 실제적으로 요구되는 수준에 비해 더 높은 수준을 설정하고 이를 수행하도록 자신이나 타인에게 기대하거나 요구하는 성향 또는 경향을 지칭한다.

완전색맹【完全色盲】 monochromatism 색조를 구분하지 못하는 전체 색맹을 지칭하는 표현으로 매우 드문 경우이다. '단색형 색각(單色型 色覺)', '전색맹(全色盲)' 또는 '단색시(單色視)'라고도 한다.

완전색맹자【完全色盲者】 monochromat 색조를 전혀 구분하지 못하는 사람. 매우 드문 경우에 해당한다. '전색맹자(全色盲者)', '단색형 색각자(單色型 色覺者)' 또는 '단색시각자(單色視覺者)'라고도 한다.

왓슨 Watson (1928~) 미국의 분자생물학자. 'Watson, James Dewey (1928~)' 참조.

왓슨 Watson (1878~1958) 미국의 심리학자. 행동주의 심리학의 창시자. 'Watson, John Broadus (1878~1958)' 참조.

외디푸스 복합【외디푸스 複合】 Oedipus complex / Oedipal complex '외디푸스 콤플렉스' 참조.

외디푸스 복합감정【외디푸스 複合感情】 Oedipus complex / Oedipal complex '외디푸스 콤플렉스' 참조.

외디푸스 콤플렉스 Oedipus complex / Oedipal complex 정신분석이론에서 가정하는 주요 무의식적 증상 가운데 하나. 남근기(男根期) 동안의 남아(男兒)가 어머니에 대하여 심리적 유대 및 성적 욕망을 갖는 반면에, 아버지에 대해서는 경쟁상대로서 적대감을 갖게 되며, 나아가 아버지로부터 거세를 당할지 모른다는 두려움(거세불안: castration anxiety)을 경험하게 된다. 이러한 두려움이 증가해감에 따라 어머니에 대한 이성감정은 억압되고, 반대로 위협의 대상이었던 아버지를 동일시하게 되는 과정을 거치게 된다고 본다. 이처럼 남근기의 남아들이 경험하게 되는 충동, 불안 및 갈등의 복잡한 심리적 상태를 지칭하여 '외디푸스 콤플렉스(Oedipus complex)'라고 한다. '외디푸스 콤플렉스'라는 말은 '외디푸스 복합', '외디푸스 복합감정', '오이디푸스 복합', '오이디푸스 복합감정' 또는 '오이디푸스 콤플렉스' 등의 표현으로도 사용되고 있다. 이 표현은 Freud가 그리스 신화 가운데 외디푸스(Oedipus)에 얽힌 신화에서 따온 표현으로 알려져 있다. 한편, 남근기 동안에 여아들은 남아들과 반대로, 남근을 소유하고 있는 아버지에 대하여 부러움과 함께 아버지를 성적 대상으로 생각하는 등 강한 심리적 유대 및 애정의 감정을 갖게 되지만, 어머니에 대해서는 경쟁적인 감정을 갖게 되며, 나아가 이에 따르는 충동, 불안 및 갈등의 복잡한 심리적 상태를 경험하게 된다고 보는데, 이를 지칭하여 '엘렉트라 콤플렉스'라고 한다.

외로움 loneliness 자신이 홀로 된듯하여 쓸쓸함을 느끼는 정서 상태. '고독감(孤獨感)'과 같은 의미로 사용된다. '고독감' 참조.

외모지상주의【外貌至上主義】 lookism '룩키즘'이라고도 한다.

외분비【外分泌】 external secretion 인간 및 동물들의 신체에서 호르몬과 같은 특정 작용을 하는 물질을 방출하는 현상을 분비(分泌)라고 하며, 이는 다시 내분비와 외분비로 구분된다. 이 가운데 외분비는 분비작용을 하는 분비세포 또는 분비선(分泌腺: 다수의 분비세포들로 구성된 조직 또는 기관을 지칭함)에서 분비되는 특정 물질을 신체 내부의 혈관 속으로 분비하는 것이 아니라 신체 외부 또는 소화관 안으로 분비하는 현상을 말한다. 흔히 외분비는 도관(導管)을 통하여 이루어진다. 인간을 포함한 척추동물의 외분비에는 소화액, 침(또는 타액), 땀, 젖 및 피지(皮脂) 등의 분비가 포함된다.

외분비선【外分泌腺】 exocrine gland 분비작용을 하는 세포를 분비세포라고 하고, 이러한 분비세포들로 구성된 조직 또는 기관을 선(腺) 또는 분비선(分泌腺)이라고 하는데, 그 중에서도 외분비 기능을 하는 선(또는 분비선)을 지칭하여 외분비선이라고 한다. 이와 반대로 내분비 기능을 하는 선(또는 분비선)을 내분비선이라고 한다. 한편, 외분비선에는 타액선(唾液腺: '침샘'이라고도 함), 한선(汗腺: '땀샘'이라고도 함) 및 유선(乳腺: '젖샘'이라고도 함) 등이 포함된다.

외상【外傷】 external wound 신체의 외부에 생긴 상처.

외상【外傷】 trauma 전쟁이나 심한 폭행을 당하는 것과 같이 충격적이었던 사건 경험을 통해 받은 심한 정신적 상처 또는 충격. 외상(trauma)을 경험한 후에 자주 발생하는 대표적인 정신장애가 '외상 후 스트레스 장애(posttraumatic stress disorder: PTSD)'이다.

외상적 사건【外傷的 事件】 traumatic event 일상

적인 생활 속에서는 경험하기 어려운 매우 위험하고 충격적인 외상을 유발하는 또는 유발할 수 있는 사건.

외상 후 성장【外傷 後 成長】 posttraumatic growth (PTG) 외상(trauma)을 경험한 후에 신체적 및 정신적 측면에서 다양한 부정적인 증상들을 나타내는 장애인 '외상 후 스트레스 장애(posttraumatic stress disorder: PTSD)'와 대비되는 개념으로, 사랑하는 사람과의 이별이나 사별, 자연재해, 큰 질병, 큰 사건이나 사고 등과 같은 외상적인 일들을 겪은 후에 장애를 나타내기보다는 오히려 긍정적인 변화 또는 성장을 보이는 현상을 지칭하여 '외상 후 성장'이라고 한다. '외상(trauma)' 및 '외상 후 스트레스 장애' 참조.

외상 후 스트레스 장애【外傷 後 스트레스 障碍】 posttraumatic stress disorder (PTSD) 외상(trauma)을 경험한 후에 나타나는 다양한 신체적 및 정신적인 증상들을 총체적으로 지칭한다. 주요 증상으로는 고통스러웠던 외상적 사건의 반복적인 재경험, 수면장애 및 잦은 악몽, 정서적 무감각, 예민한 각성 상태의 지속 및 해리 등이 있다. '외상' 및 '외상 후 성장' 참조.

외재적 동기【外在的 動機】 extrinsic motivation 호기심이나 만족감 등과 같은 내재적 요인에 의해서가 아니라 음식이나 물 또는 돈 등과 같은 외재적 요인(또는 외적 요인)에 의해 유발된 동기. '외적 동기(外的 動機)'라고도 한다.

외재적 표상【外在的 表象】 external representation 넓은 의미에서, '표상(表象)'은 실제의 대상(물체나 현상)을 다른 어떤 것으로 대표(代表)한다는 의미를 가지고 있으며, 크게 외재적 표상과 내재적 표상 등 두 가지 유형으로 구분할 수 있다. 그 중 하나는 지형이나 건물의 위치를 도면상에 나타내는 지도나 어떤 사람을 조각한 동상 등과 같이 '외부의 대상을 모사하여 외적(外的)으로 나타낸 표상'을 '외재적 표상'이라고 한다. 다른 하나는 외부의 대상에 대한 지각 및 인식이 이루어지는 과정에서 '외부의 대상을 어떤 형태로 추상화하고 심상화하여 내적(內的)으로 나타낸 표상'을 '내재적 표상(內在的 表象: internal representation)'이라고 한다. 한편, '외재적 표상'은 '외적 표상(外的 表象)'이라고도 하고, '내재적 표상(內在的 表象: internal representation)'은 '내적 표상(內的 表象)'이라고도 한다. '표상' 참조.

외적 동기【外的 動機】 extrinsic motivation '외재적 동기'라고도 한다. '외재적 동기' 참조.

외적 스트레서【外的 스트레서】 external stressor 스트레스를 유발하는 외부의 요인 또는 원인. 즉, 내적 스트레서(internal stressor)의 상대되는 개념으로, 외부에서 비롯되는 스트레서(stressor)를 말한다. 예컨대, 덥거나 추운 날씨, 교통체증과 같은 일상생활 속의 해슬, 이사하기, 가족의 건강 문제나 사망 등과 같은 주요 생활사건 등이 여기에 포함된다.

외적 스트레스【外的 스트레스】 external stress 개인 내부의 요인이나 원인에서 비롯되는 스트레스(즉, 내적 스트레스〈internal stress〉)의 상대되는 개념으로, 개인의 외부에서 비롯되는 스트레스를 말한다. 구체적으로, 덥거나 추운 날씨, 교통체증과 같은 일상생활 속의 해슬, 이사하기, 가족의 건강 문제나 사망 등과 같은 주요 생활사건 등과 같이 외부에서 비롯되는 스트레서(stressor)에 의해 유발되는 스트레스를 의미한다.

외적 표상【外的 表象】external representation ‘외재적 표상(外在的 表象)’이라고도 한다. 넓은 의미에서, ‘표상(表象)’은 실제의 대상(물체나 현상)을 다른 어떤 것으로 대표(代表)한다는 의미를 가지고 있으며, 크게 외적 표상과 내적 표상 등 두 가지 유형으로 구분할 수 있다. 그 중 하나는 지형이나 건물의 위치를 도면상에 나타내는 지도나 어떤 사람을 조각한 동상 등과 같이 ‘외부의 대상을 모사하여 외적(外的)으로 나타낸 표상’을 ‘외적 표상’이라고 한다. 다른 하나는 외부의 대상에 대한 지각 및 인식이 이루어지는 과정에서 ‘외부의 대상을 어떤 형태로 추상화하고 심상화하여 내적(內的)으로 나타낸 표상’을 ‘내적 표상(內的 表象: internal representation)’이라고 한다. 한편, ‘외적 표상’은 ‘외재적 표상(外在的 表象)’이라고도 하고, ‘내적 표상(內的 表象: internal representation)’은 ‘내재적 표상(內在的 表象)’이라고도 한다. ‘표상’ 참조.

외집단【外集團】outgroup / out-group 가치관, 태도, 규범, 행동 등과 같은 다양한 심리적 및 행동적 측면에서 자신과 다른 특성을 가지고 있으며, ‘우리’라는 집단적 의식 또는 정체감을 느끼기보다는 ‘그들’ 또는 ‘그 사람들’이라고 느끼고 지각되는 사람들 또는 그런 사람들의 집단.

외집단 도식【外集團 圖式】outgroup schema / out-group schema 도식(schema)이란, ‘세상의 어떤 부분(예를 들면, 사람이나 물체 또는 사건 등)에 관한 정보 또는 개념들을 상호 관련지어 의미 있게 조직화하고 있는 인지적 구조’를 의미한다. 개인이 가진 세상에 관한 다양한 도식 또는 인지적 구조들 가운데 ‘외집단(outgroup)’에 대해 형성하고 있는 도식을 지칭하여 ‘외집단 도식’이라고 한다.

외체계【外體系】exosystem 러시아 태생의 미국 심리학자인 Bronfenbrenner (1917~2005)가 제안한 ‘생태학적 체계이론’의 다섯 환경체계(미시체계, 중간체계, 외체계, 거시체계 및 시간체계 등) 중 하나. 환경체계 중 세 번째 층에 위치하는 체계로, 발달하는 개인(또는 아동)이 직접 접촉하거나 직접 상호작용 또는 직접 경험하는 것은 아니지만 간접적인 과정을 통해 개인(또는 아동)의 발달에 영향을 미치는 환경 측면을 지칭한다. 여기에는 부모가 근무하는 직장, 가족들이 이용하는 지역사회의 복지시설 등이 포함된다.

외향성【外向性】extraversion ‘내향성-외향성’ 참조.

외향성의 사람【外向性의 사람】extrovert ‘외향적인 사람’ 참조.

외향적 문제【外向的 問題】externalizing problem 문제란 심리적 문제, 행동문제, 이성문제 등과 같이 곤란함을 초래하거나 해결을 위해 어려움이 따르는 사건이나 상태를 의미하는데, 그러한 문제들 중에서도 외적으로 관찰 가능한 형태로 행동화되어 표출된 문제를 지칭하여 외향적 문제라고 한다. 예를 들면, 청소년의 가출, 폭력행동, 흡연 등과 같은 문제행동들이 포함된다. 한편, 외향적 문제와는 달리 내적으로 또는 심리적으로 진행되는 문제를 지칭하여 내향적 문제(internalizing problem)라고 하며, 여기에는 우울, 불안, 공포증 등과 같은 심리적 또는 정신적인 고민이나 장애들이 포함된다.

외향적인 사람【外向的인 사람】extrovert 개인의 에너지 또는 관심이나 사상 등의 지향이 자신의 내부로 향하는지 아니면 외부(타인, 타인과의 관계 및 기타 외부의 대상)로 향하는지를 나타내는 성격 차원(내향성-외향성) 중에서, 에너지 또는 지향이 자신의 외부(타인, 타인과의 관계 및 외부의 대상 등)로 향하여 타인과 함께 있거나 타인과의 관계 또는 활동을 선호하는 사교적 경향을 보이는 성격을 외향성(extraversion)이라고 하고, 이러한 성격을 가진 사람을 '외향적인 사람'이라고 한다. 이와 반대되는 성격을 가진 사람을 '내향적인 사람'이라고 한다. 외향적인 사람과 달리, 내향적인 사람은 다른 사람들을 만나거나 어울리기보다는 조용히 사색하거나 혼자만의 시간을 보내는 것을 선호하는 경향이 있다. '외향적인 사람'은 '외향성의 사람'이라고도 한다.

외현기억 **【外現記憶】** explicit memory 과거의 경험이나 학습과정을 통해 획득한 기억 가운데 자신이 의식(또는 인식)하고 있는 유형의 기억(또는 기억정보)을 '외현기억(explicit memory)'하며, '명시적 기억'이라고도 한다. 이와는 달리, 과거의 경험이나 학습을 통해 획득한 기억으로 현재의 활동에 영향을 미치기는 하지만 이 기억에 대한 의식적인 인식 또는 의식수준에서의 기억을 하지 못하는 유형의 기억을 지칭하여 '암묵기억(暗默記憶: implicit memory)'이라고 한다.

요인 **【要因】** factor 통계 및 통계분석(예를 들면, 변량분석이나 요인분석 등)에서 사용되는 주요 개념의 하나로 다음과 같은 뜻을 가지고 있다. (1) 변인의 일종으로, 특히 종속변인에 영향을 미치는 독립변인. (2) 요인분석에서 추출된(또는 발견된) 상호 관련된 변인들의 집합 또는 이 변인들의 집합으로 대표되는 특성이나 특징.

요인분석 **【要因分析】** factor analysis 일련의 변인들 간의 상호관련성을 분석해내는 통계기법의 하나로, 척도나 검사와 같은 측정도구들을 구성하는 문항들 또는 변인들 간의 상호관련성을 계산하여 이들 중에서 상호관련성이 있는 것들끼리 묶음으로써 전체 문항들 또는 변인들을 보다 적은 수의 집합인 요인으로 줄이는 통계분석 기법.

요인설계 **【要因設計】** factorial design 둘 이상의 독립변인이 있고, 각각의 독립변인이 여러 수준을 포함하고 있는 연구에서, 각 독립변인의 모든 수준을 다른 독립변인의 모든 수준들과 짝지으는 설계 방법.

욕구 **【慾求】** needs 개인의 생존, 건강, 복지 및 웰빙을 위해 요구되는 요소. 욕구는 크게 두 가지 유형으로 구분되는데, 하나는 물이나 음식, 산소 등과 같은 요소들에 대한 요구인 생리적 욕구(physiological needs)이고, 다른 하나는 안전, 사랑, 관계, 자존감 등과 같은 심리적 또는 정신적 요소들에 대한 요구인 심리적 욕구(psychological needs)이다. 욕구의 결핍은 개인으로 하여금 그러한 욕구를 충족시키기 위한 행동을 하도록 동기화시킨다.

욕구 위계 **【慾求 位階】** hierarchy of needs '욕구의 위계' 참조.

욕구의 위계 **【慾求의 位階】** hierarchy of needs Maslow (1908~1970)가 제안한 욕구에 대한 견해로, 인간에게는 선천적으로 타고난 여러 유형의 욕구들이 있는데, 여기에는 가장 기본적인 욕구에 해당하는 생리적 욕구에서부터 안전의 욕구, 소속감 및 사랑 등의 사회적 욕구, 존경의 욕구 및 자아실현의 욕구 등과 같은 여러 유형의 심리적 욕구들이 있다고 보았고, 이를 피라미드 형태의 위계로 나타내고 있다. 이 욕구들은 인간을 특정한 방향으로 행동(욕구 충족을 위한 행동)하도록 활성화시키는데, 그 과정에서 욕구들 간에는 우선 순위의 위계가 있다고 보았다. 즉, 기본적인 욕구에 해당하는 생리적 욕구가 가장 먼저 활성화되고 이것을 충족한 이후에야 다음 순위에 해당하는 안전의 욕구가 활성화되어 이를 충족시키기 위한 행동을 하도록 동기화시키게 된다고 보았다. 이와 같은 순서에 따라 욕구들이 위계적으로 동기화되어 충족되는 과정을 거친다고 보았는데, 이러한 견해를 '욕구의 위계'라고 한다. '욕구 위계'라고도 한다.

용서【容恕】forgiveness 자신에게 잘못을 저지른 상대방에 대한 부정적인 감정이나 생각 및 행동을 극복해 가는 심리적 및 행동적 과정. 즉, 가해자 또는 잘못이나 죄를 저지른 상대방에 대하여 분노와 같은 부정적 감정이나 공격행위를 표출하기보다는 상대방에 대한 이해와 공감 및 수용을 통해 긍정적인 감정과 사고 및 행동 등으로 표현하고자 하는 노력 또는 행위. 종교적으로 자주 사용되는 자비, 사랑, 동정심 등과 관련이 있고, 인지적, 정서적 및 행동적 반응이 복합적으로 관련된 개념이다. 최근 큰 관심과 함께 많은 연구가 진행되고 있는 긍정심리학(positive psychology) 분야에서 중요하게 다루고 있는 주제들 가운데 하나이기도 하다.

우두머리선【우두머리腺】master gland / master endocrine gland '뇌하수체(pituitary gland)'를 나타내는 또 다른 표현이다. '뇌하수체' 참조.

우라니즘 uranism 동성애의 별칭으로, 특히 남성들 간의 동성애(同性愛) 또는 동성연애(同性戀愛)를 지칭하는 표현이다.

우먼리브운동【우먼리브運動】Women's Liberation Movement 여성해방운동. 양성(여성과 남성)에 대한 차별적 의식과 제도적 차별을 바꾸기 위한 운동.

우먼파워 womanpower 여성해방운동(Women's Liberation Movement)과 관련하여 여성의 지위가 과거에 비해 더욱 신장됨에 따라 정치, 사회, 경제 및 문화적인 면에서 상당한 영향력을 발휘하게 되었는데, 이러한 여성지위의 흐름을 지칭하여 우먼파워라고 한다.

우반구【右半球】right hemisphere 대뇌(大腦: cerebrum)의 좌우에 위치하고 있는 반구 형태의 두 부분을 지칭하여 대뇌반구(大腦半球: cerebral hemisphere)하며, 이 중 우측의 반구를 우반구(右半球: right hemisphere)라고 하고, 좌측의 반구를 좌반구(左半球: left hemisphere)라고 하고 한다. 한편, 두 개의 반구, 즉 우반구와 좌반구는 중심부의 안쪽에 위치하고 있는 신경조직인 뇌량(腦梁: corpus callosum)에 의해 연결되어 있다.

우성【優性】dominance 서로 대립적인 형질을 가진 양친 또는 부모가 만나 수정이 되었을 때 나타나는 형질을 말한다. 반면에 나타나지 않는 형질을 '열성(劣性: recessive)'이라고 한다.

우성 대립유전자【優性 對立遺傳子】dominant allele '대립유전자(allele)'의 하나로, 열성 대립유전자와 짝지어지는 관계에서 상대적으로 더 강력하여 열성 대립유전자의 효과를 차단하고 표현형으로 나타나는 유전자. '우성 대립형질'이라고도 한다.

우성 대립형질【優性 對立形質】dominant allele

'우성 대립유전자' 참조.

우성의 법칙【優性의 法則】law of dominance 우열의 법칙 또는 지배의 법칙이라고도 한다.

우열의 법칙【優劣의 法則】law of dominance 우성의 법칙 또는 지배의 법칙이라고도 한다.

우울【憂鬱】depression 흔히 불행감과 관련이 있으며, 심리적 및 생리적인 측면 모두에서 비정상적으로 침체된 상태를 말한다. 가장 자주 나타나는 증상으로는 식욕이나 성욕의 저하상태, 슬픔, 특정한 경험에 대한 관심의 상실 및 자살관념이나 자살의도 등을 들 수 있다. 증상의 정도나 지속기간 등에 따라 다양한 하위 유형으로 구분된다.

우울신경증【憂鬱神經症】depressive neurosis 실패나 좌절 또는 상실에 대한 반응으로서 과도한 슬픔이나 낙담 등을 포함하는 우울 증상을 포함하는 신경증 또는 그러한 상태.

우울장애【憂鬱障碍】depressive disorder 슬픔, 낙담, 실망 또는 절망감이 심리적 상태를 지배하는 기분장애의 한 유형. 상태의 심각한 정도에 따라 몇몇 하위유형으로 구분되는데, 여기에는 우울일화(憂鬱逸話)를 주 증상으로 하는 주요우울장애(major depressive disorder), 기분부전장애(dysthymic disorder), 미분류우울장애(depressive disorder not otherwise specified) 등이 포함된다.

우울증【憂鬱症】depression 지속적이고 극심한 낙담과 절망의 상태로, 무관심과 개인적인 무가치함의 경험을 수반한다.

우화【寓話】fable 교훈적인 생각이나 의견 또는 교훈적인 메시지를 다른 동물들이나 사물들에 비유하여 표현한 이야기. 흔히 인간의 지나친 욕심, 용기, 지혜 등을 동물과 같은 대상에 비유하여 쉽고 재미있게 묘사하는 경우가 많다. 우언(寓言)이라고도 한다.

운동뉴런【運動뉴런】motor neuron 뇌나 척수에서 오는 정보를 신체 각 부위의 근육이나 분비선으로 전달하는 기능을 하는 뉴런을 말한다. 원심성뉴런(efferent neuron)이라고도 한다.

운동신경【運動神經】motor nerves '체성신경계(somatic nervous system)'의 주요 부분으로, 중추신경계(뇌와 척수)에서 발생한 명령이나 충동을 근육으로 전달하는 기능을 하는 신경. 중추신경계에서 발생한 명령이나 충동이 운동신경을 통해 근육으로 전달되어 운동이 일어나게 된다.

움켜잡기반사【움켜잡기反射】grasping reflex / grasp reflex '파악반사' 참조.

원시반사【原始反射】primitive reflexes 출생 시부터 가지고 태어나는 여러 반사들 중에서 생존과의 관련성이 없는 반사. 즉 생존과 관련된 기능적 가치가 없는 반사로, 여기에는 바빈스키반사, 걷기반사 등의 반사들이 포함된다. 원시반사는 인류 진화의 흔적으로 이해되고 있으며, 생후 초기 신생아의 정상 여부를 평가할 때 중요한 기준이 된다. 즉, 생후 초기 신생아에게서 이와 같은 반사가 나타나지 않으면 아기의 신경계통 등에서 이상 가능성이 있는 것으로 판단하게 된다.

원심성경로【遠心性經路】efferent pathway 중추

신경계로부터 신체 각 부위의 근육과 분비선의 신경으로 신경충동을 전달하는 섬유들의 집합.

원심성뉴런【遠心性뉴런】 efferent neuron '운동뉴런' 참조.

원심성신경【遠心性神經】 efferent nerve 중추기관(뇌 및 척수)에서 발생한 명령이나 신경충격을 피부, 근육 및 내장기관(위나 심장 등) 등의 말초기관으로 전달하는 기능을 하는 신경을 말한다. '원심신경(遠心神經)'이라고도 한다. 이에 대응하는 용어로 '구심성신경(求心性神經: afferent nerve)'이 있다.

원자아【原自我】 id '원초아', '이드' 또는 '원초적 자아'라고도 한다. '원초아' 참조.

원점수【原點數】 raw score 특정한 검사나 측정에서 개인이 획득한 점수. 특히, 어떤 다른 기준이나 규준을 적용하여 변형시키지 않은, 획득한 본래의 점수를 지칭한다.

원조교제【援助交際】 성인과 미성년자가 상호 간에 원조(흔히 경제적인 원조)와 교제(성적 교제)를 주고받기로 합의하고 그에 따라 원조와 교제를 주고받는 행위를 말한다. 흔히 성인의 입장은 남성이, 미성년자의 입장은 여성인 경우가 많으며, 성인 남성은 주로 성적인 교제를 목적으로, 미성년자인 여성은 경제적인 원조(용돈)를 받는 것을 목적으로 이루어진다. 그러나 원조교제의 범위에는 성인 남성과 미성년자인 여성 간에 이루어지는 원조를 매개로 한 교제뿐만 아니라 성인 여성과 미성년자인 남성(또는 남자 청소년) 간에 원조를 매개로 한 교제의 경우도 포함되며, 최근에는 동성연애자(同性戀愛者)인 성인과 동성의 청소년 또는 미성년자 사이에서 동일한 목적으로 이루어지는 교제 또는 관계도 원조교제의 범주에 포함시켜야 한다는 주장이 우세하다. 한편, 최근에는 성범죄의 하나인 '원조교제' 행위의 범죄성에 비하여 표현이 적절하지 못하다는 주장에 따라 '원조교제'라는 표현 대신에 '청소년 성매매(青少年 性賣買)'라는 표현이 사용되고 있다.

원조추구행동【援助追求行動】 help seeking behavior 다른 사람(들)에게서 도움 또는 원조를 구하는 행동. 이러한 행동은 공식적 및 비공식적 절차를 통해 이루어질 수 있다.

원천기억【源泉記憶】 source memory 특정한 기억이 도출된 사건에 관한 기억을 말한다.

원초아【原初我】 id Freud (1856~1939)가 자신의 정신분석이론 및 성격이론에서 제안하고 있는 성격을 구성하는 세 가지 주요 요소 가운데 하나로, 무의식 영역에 위치하고 있으며, 본능적이고 맹목적인 쾌락을 추구한다. '원자아', '이드' 또는 '원초적 자아'라고도 한다.

원초적 자아【原初的 自我】 id '원초아', '원자아' 또는 '이드'라고도 한다. '원초아' 참조.

원추체【圓錐體】 cones 색감각을 유발하는 시각 수용기.

원형【原型】 archetype Jung (1875~1961)의 이론에서 사용되는 주요 개념 가운데 하나로, 아니마, 아니무스, 그림자 등과 같이 집단무의식의 기초가 되는 무의식적인 원시적 심상을 지칭한다.

원형【原型】 prototype 어떤 개념의 전형적인 사례(事例).

월경【月經】 menstruation / menses 성숙한 여성이 임신하지 않은 경우에 주기적으로 자궁의 내막이 벗겨져 출혈이 발생하는 생리 현상.

월경 전 증후군【月經 前 症候群】 premenstrual syndrome 가임기(可姙期)의 여성들 가운데는 월경(月經: menstruation)이 시작되기 전 며칠 동안에 걸쳐 신체적 통증과 함께 심리적 불안정이나 부정적인 기분 변화 등을 경험하는 현상을 지칭하는 표현이다.

웨이스 WAIS 'Wechsler Adult Intelligence Scale(웩슬러 성인지능검사)'의 약자이다. '웩슬러 성인지능검사' 참조.

웩슬러 Wechsler (1896~1981) 루마니아 출신의 미국 심리학자. 'Wechsler, David (1896~1981)' 참조.

웩슬러 성인용 지능검사【웩슬러 成人用 知能檢査】 Wechsler Adult Intelligence Scale (WAIS) '웩슬러 성인지능검사' 또는 '웨이스(WAIS)'라고도 한다. '웩슬러 성인지능검사' 참조.

웩슬러 성인지능검사【웩슬러 成人知能檢査】 Wechsler Adult Intelligence Scale (WAIS) 세계적으로 가장 많이 사용되고 있는 성인용 개인 지능검사 도구로 미국의 심리학자인 Wechsler (1896~1981)에 의해 개발되었다. 언어성 영역을 검사하는 6가지의 하위척도와 동작성 영역을 검사하는 5가지의 하위척도로 구성되어 있으며, 16세 이상의 청소년과 성인을 대상으로 한다. '웩슬러 성인용 지능검사' 또는 '웨이스(WAIS)'라고도 한다.

웩슬러 아동용 지능검사【웩슬러 兒童用 知能檢査】 Wechsler Intelligence Scale for Children (WISC) '웩슬러 아동지능검사' 또는 '위스크(WISC)'라고도 한다. '웩슬러 아동지능검사' 참조.

웩슬러 아동용 지능검사-제4판【웩슬러 兒童用 知能檢査-第四版】 Wechsler Intelligence Scale for Children-IV (WISC-IV) 개정 과정을 거쳐 출간된 '웩슬러 아동용 지능검사'의 네 번째 판.

웩슬러 아동지능검사【웩슬러 兒童知能檢査】 Wechsler Intelligence Scale for Children (WISC) 아동의 지능을 측정하기 위해 미국의 심리학자인 Wechsler (1896~1981)가 개발한 개인용 지능검사 도구. 대략 6세에서 16세 사이의 아동을 대상으로 한다. '웩슬러 아동용 지능검사' 또는 '위스크(WISC)라고도 한다.

웩슬러 유아용 지능검사【웩슬러 幼兒用 知能檢査】 Wechsler Preschool and Primary Scale of Intelligence (WPPSI) '웩슬러 유아지능검사' 또는 '웝씨(WPPSI)'라고도 한다. '웩슬러 유아지능검사' 참조.

웩슬러 유아지능검사【웩슬러 幼兒知能檢査】 Wechsler Preschool and Primary Scale of Intelligence (WPPSI) 유아의 지능을 측정하기 위해 미국의 심리학자인 David Wechsler (1896~1981)가 개발한 개인용 지능검사 도구. 대략 4세에서 6세 6개월 사이의 유아를 대상으로 한다. '웩슬러 유아용 지능검사' 또는 '웝씨(WPPSI)'라고도 한다.

웰빙 well-being 현대사회로 오면서 삶의 질을 강조함에 따라 등장하게 된 개념들 가운데 하나로, 명확한 정의를 내리기는 어렵지만, 의미상으로 '복지', '안녕', '참된 삶', '심신이 조화된 삶', '안락한 삶', '삶에 대한 만족' 또는 '삶에 대해 만족하는 상태' 등의 의미를 내포하고 있다. 우리말로는 '참살이'라고 번역하여 사용하기도 하지만, 그보다는 영어 발음 그대로 '웰빙'이라고 표현하는 경우가 많다.

웹 web 'web'은 원래 '거미줄'이라는 의미를 가진 말로, 메일, 음성 자료, 사진 자료, 동영상 자료 등과 같은 각종 멀티미디어를 사용할 수 있도록 만들어진 인터넷을 지칭한다. '월드와이드웹(World Wide Web)'이라고도 한다.

웹사이트 Web Site 흔히 '사이트(Site)'라고도 한다.

웹 상담【웹 相談】 web counseling 상담의 한 형태로, '이메일(e-mail)'이나 채팅 등과 같이 상담자와 내담자 간의 상호작용과 의사소통이 웹(web: 월드와이드웹〈World Wide Web〉이라고도 함)을 매개로 이루어지는 상담. '인터넷 상담(Internet counseling)'이라고도 한다. '인터넷 상담' 및 '상담' 참조.

위기【危機】 crisis (1) 위험한 고비나 상황. (2) 어떤 측면(예를 들면, 발달의 어떤 측면)과 관련된 중요한 고비나 단계. 혹은 어떤 측면(예를 들면, 발달의 어떤 측면)과 관련된 중요한 변화가 (빠르게) 진행되고 있는 상태. (3) 심리학에서 자주 사용되는 위기의 또 다른 의미는, 개인의 욕구가 충족되는 것과 같은 긍정적 경험과 반대로 욕구가 좌절되는 부정적 경험이 교차되는 상황에서 개인의 자아가 겪는 양극적인 갈등상태를 말한다.

위기반응【危機反應】 emergency reaction 위기상황에 처한 유기체가 작동시키는 교감신경계의 강한 각성상태 또는 반응.

위기상담【危機相談】 crisis counseling 위기상황에 처한 내담자로 하여금 위기에 대한 대처능력을 향상시켜 주는데 초점을 맞추어 진행되는 상담을 말하는 것으로, 일차적으로 내담자의 심리적 상태를 안정시켜 주고 동시에 현재의 위기를 포함한 여러 상황들을 잘 극복해 갈 수 있다는 자신감을 심어주는 과정을 따른다. '상담' 참조.

위기청소년【危機靑少年】 at-risk youth / youth-at risk 건강한 개인으로 발달해 가는 과정에 위협이 되는 상황에 처해 있는 청소년. 구체적으로, 위기청소년이란 심리적, 행동적, 학업적, 직업적, 가정적 또는 사회적 영역 등에서 개인의 발달이나 적응을 상당히 방해하거나 위협할 수 있는 상황에 노출되어 있어 국가나 사회 또는 주변의 적절한 개입이 이루어지지 않으면 향후 발달의 일부 측면 또는 여러 측면에서 문제를 나타낼 가능성(또는 위험성)이 높은 청소년을 의미한다.

위대한 창의성【偉大한 創意性】 big creativity 과학이나 예술 분야에서 많이 볼 수 있는 것처럼, 매우 많은 사람들에게 크거나 광범위하게 영향을 미치는 창의성. 한편, 일상생활 속에서 부딪히는 가정의 일이나 업무 관련 일들을 해결하는 과정에서 발휘하는 창의성을 지칭할 경우에는 '일상적 창의성(everyday creativity)'이라는 표현을 사용한다. '창의성' 참조.

위샘【胃샘】 gastric gland '위선' 참조.

위선【胃腺】 gastric gland 소화작용을 돕는 물질인 위액(胃液)을 분비하는 분비선(分泌腺)의 하나로, 외분비선(外分泌腺)으로 분류된다. '위샘'이라고도 한다.

위스크 WISC 'Wechsler Intelligence Scale for Children(웩슬러 아동지능검사)'의 약자. '웩슬러 아동지능검사' 참조.

위약【僞藥】 placebo 약물의 효과를 알아보는 연구에서, 특정 약물의 효과를 검증하고자 할 때 기대효과를 확인하거나 통제하기 위해 일부의 피험자 또는 환자 집단에 적용되는 가짜약. 이것은 실제로는 화학적 및 의학적으로 전혀 효과를 갖지 못하지만, 피험자 또는 환자가 약효가 있는 약물로 믿는 물질을 지칭한다. '플라시보' 또는 '가짜약'이라고 표현하기도 한다.

위약효과【僞藥效果】 placebo effect 위약에 대하여 피험자 또는 환자들이 나타내는 심리적, 신체 · 생리적 효과를 말한다. 실제로는 화학적 및 의학적으로 전혀 효과를 갖지 못하는 물질(즉, 가짜약)임에도 불구하고, 피험자 또는 환자가 치료효과가 있는 약이라고 믿는데서 비롯되는 효과이다. '플라시보 효과' 또는 '가짜약 효과'라고 표현하기도 한다.

위치항등성【位置恒等性】 location constancy 한 곳에 고정되어 있는 동일한 지각대상 또는 물체라도 그것을 보는 지각자가 움직이게 되면 눈의 망막에 비춰지는 그 지각대상(또는 물체)의 위치는 달라지게 된다. 이처럼 지각자의 이동에 따라 망막에 비춰지는 지각대상(또는 물체)의 위치변화와 관계없이 우리는 그 지각대상(또는 물체)의 위치가 변하지 않는 것으로 지각하는 경향성이 있는데, 이러한 경향성을 지칭하여 위치항등성이라고 한다. 이러한 위치항등성은 다른 지각항등성과 마찬가지로 경험 및 기억의 영향을 받기 때문에, 만일 지각대상(또는 물체)이 이전에 자주 접해본 경험이 없는, 즉 친근하지 않은 것일 경우에는 위치항등성이 적용되지 않을 수도 있다.

위험감수행동【危險甘受行動】 risk taking behavior '위험행동' 참조.

위험도가 높은 거주지역【危險度가 높은 居住地域】 high-risk neighborhood 개인의 심리적, 행동적, 사회적 및 신체적 발달이나 적응 또는 건강을 해치거나 불리하게 작용하기 쉬운 요인들을 상대적으로 많이 포함하고 있는 지역.

위험요소【危險要素】 risk factor '위험요인'이라고도 한다. '위험요인' 참조.

위험요인【危險要因】 risk factor 발달(심리적, 행동적, 사회적 및 신체적 발달)이나 발달적 변화의 일부 또는 전반에 대해 부정적인 영향을 미치거나 장애(또는 이상)를 초래할 위험성이 있는 요소. 예를 들면, 아동이나 청소년의 발달 과정에서 가족 내의 심각한 갈등이나 폭력 등과 같은 요인을 대표적인 위험요인으로 볼 수 있다. '위험요소'라고도 한다.

위험행동【危險行動】 risk behavior 일반적으로 '신체적, 심리적, 법적 및 경제적 부담을 감수하는 행동'이라고 정의되며, 비슷한 의미로 위험감수행동(risk taking behavior)이라는 표현이 사용된다. 청소년기의 대표적인 위험행동에는 음주, 흡연, 음주운전, 무면허 운전, 컨닝, 성관계, 절도, 공공시설이나 기물파괴, 싸움 및 폭행, 도박, 무단결석 및 수업불참 등이 포함된다. 한편, 위험행동의 범위는 연령 및 지위에 따라 다소 상대적이어서 특정 연령층 또는 지위에 있는 사람에게는 위험행동으로 간주되지 않는 행동이 또 다른 연령층 또는 지위에 있는 사람들에게는 위험행동으로 분류되는 경우가 있다. 예를 들면, 음주의 경우는 성인들에게 일반적으로 허용적이고 정상적인 행동으로 간주되지만, 초등학교 및 중 · 고등학교 시기의 청소년들에게는 비행 또는 위험행동으로 분류될 수 있다. 청소년비행의 대부분을 청소년들의 위험행동으로 분류하는 학자들도 있다.

위협과시【威脅誇示】threat display 동물들 사이에서 한쪽의 동물이 다른 동물(들)에게 나타내는 겁주는 행동을 말하는 것으로, 흔히 이는 실제 싸우지 않고 상대를(또는 상대의 공격성을) 무력화시킬 목적으로 이루어진다.

윌리엄 제임스 William James (1842~1910) 미국의 심리학자 · 철학자. 'James, William (1842~1910)' 참조.

윌킨스 Wilkins (1916~) 영국의 생리학자 · 생물물리학자. 'Wilkins, Maurice Hugh Frederick (1916~)' 참조.

윕시 WPPSI 'Wechsler Preschool and Primary Scale of Intelligence(웩슬러 유아지능검사)'의 약자. '웩슬러 유아지능검사' 참조.

윕씨 WPPSI 'Wechsler Preschool and Primary Scale of Intelligence(웩슬러 유아지능검사)'의 약자. '웩슬러 유아지능검사' 참조.

유관【類關】contingency 서로 종속적인 두 가지 이상의 사상들 간의 관계를 말한다. 즉, 특정의 사건이나 현상이 또 다른 사건이나 현상에 종속되어 있는 경우를 지칭한다. 만일 A와 B라는 두 가지 사상 간의 유관(성)이 0보다 크다면, A사상이 발생했을 때, B사상이 발생할 가능성은 A사상이 발생하지 않은 경우에 B사상이 발생할 가능성보다 더 크다고 해석한다. '유관성'이라고도 한다.

유관강화【類關强化】contingent reinforcement 유관성을 갖는 강화를 지칭하는 것으로, 어떤 특정 반응이 나타나는 경우에만 주어지는 강화를 말한다.

유관계수【類關係數】contingency coefficient 두 사상 간의 유관성을 나타내는 계수.

유관계약【類關契約】contingency contract 두 사람 이상의 관계에서 특정한 목표를 달성하기 위해 맺게 되는 특정 내용의 계약을 말한다. 흔히 특정 행위(들)의 실천에 대한 구체적인 보상이나 강화시행 여부를 말한다. 음주, 흡연, 다이어트나 운동 등의 신체, 심리 및 행동상의 건강이나 적응에 영향을 미치는 특정 행동과 관련하여 문제를 가진 사람과 이를 도와주기 위한 사람 간의 관계에서 이루어진다.

유관성【類關性】contingency '유관(類關)'이라고도 한다. '유관' 참조.

유관이론【類關理論】contingency theory 유관(類關: contingency)을 설명하는 이론. 유관이론에서는 학습과 관련하여 특정 행동이 학습되기 위해서는 특정 자극이 또 다른 자극의 출현 가능성을 시사해주는, 즉 두 사상 간의 유관을 필요로 한다는 것을 제안한다.

유기체【有機體】organism (1) 물질대사, 호흡, 소화, 배설 및 생식 등과 같은 생활 기능을 가진 생명체. 즉, 유기적인 생활 기능을 가진 살아 있는 생명체를 지칭하는 말로, '생물'이라는 말과 거의 같은 의미로 사용된다. 따라서 가장 자주 사용하는 유기체 분류는 동물과 식물로 구분하는 것이다. (2) 심리학 분야에서도 유기체(organism)라는 용어를 사용하는 경우가 많은데, 대부분의 경우에 '동물(animal)'을 지칭하는 의미로 사용된다.

유네스코 UNESCO 'United Nations Educational, Scientific and Cultural Organization(국제연합교육과학문화기구)'의 약자. 종교, 인종 및 성에 따른 차별 없이 교육, 문화 및 과학의 보급과 교류를 통하여 국가 간의 협력증진과 인류의 번영을 추구하기 위한 목적으로 1946년에 창설된 국제연합전문기구로 지식과 문화의 전파와 보급, 대중교육 및 세계문화유산의 보호 등의 활동을 전개하고 있다.

유능성【有能性】competence / competency 다양한 능력을 가진 경우들에 대하여 포괄적으로 사용되는 개념으로, 일반적으로 자신에게 주어진 일정한 과제 또는 일을 효율적으로 수행하는 능력 또는 그러한 특성을 지칭한다.

유니섹스 unisex 남녀 구별이 없는 또는 남녀를 구별할 수 없는 상태를 의미한다.

유당【乳糖】lactose '젖당(糖)' 또는 '락토스'라고도 한다.

유대【紐帶】bonding (1) 둘 이상의 사물이나 대상을 서로 연결하거나 결속시키는 것. (2) (정서적 유대) 어떤 관계나 대상에 대한 정서적인 측면에서의 결속. 예컨대, 부모가 아기에 대해 갖는 정서적 결속을 유대의 한 예로 들 수 있다.

유동성 지능【流動性 知能】fluid intelligence '유동적 지능' 참조.

유동적 지능【流動的 知能】fluid intelligence 문제해결, 대인관계 지각, 귀납적인 추론 등의 과정들을 포함하는 개인의 사고 및 추론 능력을 말하는 것으로, 흔히 연령이 증가해감에 따라 감소되는 것으로 알려지고 있다. '유동성 지능' 또는 '유동지능'이라고도 한다. '결정적 지능(crystallized intelligence)'과 구분하여 사용되는 개념이다.

유동지능【流動知能】fluid intelligence '유동적 지능' 참조.

유리 브론펜브레너 Urie Bronfenbrenner (1917~2005) 러시아 태생의 미국 심리학자. 'Bronfenbrenner, Urie (1917~2005)' 참조.

유물론【唯物論】materialism 일원론적인 존재론 가운데 하나로, 세상에 존재하는 만물의 근원은 물질(物質: matter)이라고 보는 이론 또는 관점. 이 이론에서는 물질이 이 세상 모든 존재의 일차적이고 근원적인 것이기 때문에 정신 또는 심리적 현상은 물질 작용에 의한 산물 또는 부차적 현상이라고 본다.

유사분열【有絲分裂】mitosis 세포분열의 한 형태로, 세포 분열에서 세포가 핵 내의 염색체를 두 배로 복제한 후에 두 개의 동일한 딸세포로 만들어 분리하는 과정.

유사성【類似性】similarity 지각(知覺)에 관한 연구에서 사용되는 개념의 하나로, 방향이나 색 등이 유사한 전경(前景)들을 집합화하려는 지각 경향성을 나타낸다. 이와 관련된 지각 경향성의 원리를 지칭하여 '유사성 원리(類似性 原理: similarity principle)' 또는 '유사성의 원리(類似性의 原理: principle of similarity)'라고 한다.

유사성 원리【類似性 原理】similarity principle '유사성' 참조.

유사성의 원리【類似性의 原理】principle of similarity '유사성' 참조.

유사실험【類似實驗】quasi-experiment 실험실에서 이루어지는 실험처럼 연구자(또는 실험자)가 직접 독립변인을 통제하는 것이 아니라 자연적인 상태 또는 자연적으로 발생하는 독립변인(흔히 사람들의 삶에 영향을 미치는 사건이나 경험)을 관찰하고 측정하는 방식으로 진행하는 실험. 흔히 이 방법에서는 윤리적인 문제 등으로 인해 실험실 상황에서 통제하기 어려운 독립변인 및 독립변인에서의 차이와 그로 인한 영향(즉, 종속변인에서의 차이)을 자연적인 삶의 과정에서 관찰하고 측정하는 방식을 취한다. '자연실험(natural experiment)'이라고도 한다.

유사실험설계【類似實驗設計】quasi-experimental design '유사실험' 참조.

유선【乳腺】mammary glands 인간을 포함한 포유동물의 유방 안에서 젖을 분비하는 분비선(分泌腺)으로, 특히 외분비선(外分泌腺: exocrine gland)으로 분류된다. 젖샘이라고도 한다.

유스트레스 eustress 유익한 결과 또는 유쾌한 감정이나 경험을 통해서 갖게 되는 스트레스를 나타내기 위해 사용되는 표현이다. '긍정적(肯定的) 스트레스'라고도 한다. 이와 반대되는 기능을 하는 스트레스를 지칭하여 '디스트레스(distress)'라고 한다.

유씨씨 UCC / User Created Contents 'UCC'는 'User Created Contents(사용자 제작 콘텐츠)'의 약자이다. 'UCC' 참조.

유아【幼兒】toddler / preschooler / preschool child 영아기 이후부터 아동기 전까지의 아이. 즉 대략 2세 이후 6~7세경까지의 아이를 지칭한다. 한편, 이 시기의 아이들을 구분하여, 먼저 유아기 중 앞의 시기 동안에 걸음마를 배우는 아이를 지칭하는 표현이 'toddler(걸음마 하는 아이)'이고, 그 이후 학교에 들어가기 전까지의 아이를 지칭할 때 자주 사용하는 표현이 'preschooler(취학 전 아이)'이다.

유아기【幼兒期】toddlerhood / early childhood / preschool period 발달 단계의 하나로, 영아기 이후부터 아동기 전까지의 시기. 즉 대략 2세 이후 6~7세경까지의 시기를 지칭한다. 이 시기를 구분하는 것은 학자들에 따라 다소 차이를 보이고 있다.

유아돌연사【幼兒突然死】sudden infant death (SID) 원인이 명확하지 않은 상황에서 생후 1년 내외(內外)의 어린 아기가 갑작스럽게 사망하는 현상. 흔히 수면 중에 발생하며 명확한 원인이 밝혀지지 않는 경우가 많다. '영아돌연사'라는 표현을 사용하는 경우가 많다. '영아돌연사' 참조.

유알 UR 고전적 조건형성이론에서 사용되는 개

념의 하나로, 무조건반응(無條件反應)을 의미하는 unconditioned response의 약자이다.

유에스 US 고전적 조건형성이론에서 사용되는 개념의 하나로, 무조건자극(無條件刺戟)을 의미하는 unconditioned stimulus의 약자이다.

유의도 수준 【有意度 水準】 significance level / level of significance 실험 및 준실험적 연구에서 나타난 결과가 우연적으로 발생한 것인지의 여부를 나타내는 확률 또는 그 수준을 지칭한다. 흔히 심리학연구에서는 .05수준 및 .001수준 등이 적용된다.

유인 【誘因】 incentive 인간이나 동물들의 동기나 추동을 유발하거나 증가시키는 자극 또는 사상(事象). '유인물' 또는 '유인자극'이라고도 한다.

유인물 【誘因物】 incentive '유인' 또는 '유인자극'이라고도 한다. '유인' 참조.

유인이론 【誘因理論】 incentive theory 인간의 행동이 일어나는 과정에서 유인(incentive: '유인자극'이라고도 함)의 중요성을 강조하는 동기이론의 하나로, 우리의 행동은 외부로부터의 정적 또는 부적 유인에 의해 동기화된다고 주장하는 이론.

유인자극 【誘因刺戟】 incentive '유인' 또는 '유인물'이라고도 한다. '유인' 참조.

유전 【遺傳】 heredity 생물학적으로 부모(또는 양친)의 형질이 자손(또는 자식)에게로 전달되는 현상을 지칭한다. 특히 유전이 이루어지기 위해서는 부모로부터 자손에게 유전정보를 담고 있는 세포 내의 물질이 전해져야 하는데, 이를 '디엔에이(DNA)'라고 한다.

유전가능비 【遺傳可能比】 heritability '유전가능성' 참조.

유전가능성 【遺傳可能性】 heritability / hereditability 집단이나 개인이 가진 특성(신체적, 심리적 또는 기타의 특성들)에 대해 유전적 영향이 차지하는 비율을 나타낸다. '유전성' 또는 '유전가능비'라고도 한다.

유전가능성 계수 【遺傳可能性 係數】 heritability coefficient 유전적 영향(또는 유전적 요인)으로 설명할 수 있는 특정한 특질 또는 속성의 변산량을 추정한 수치 또는 지수. '유전성 계수'라고도 한다.

유전 가설 【遺傳 假說】 genetic hypothesis 민족이나 인종집단들 간에 나타나는 능력(예를 들면, 지능 또는 지능지수)의 차이를 유전에 의한 것으로 설명하는 가설 또는 관점. '유전적 가설'이라고도 한다.

유전결함 【遺傳缺陷】 genetic defect '유전적 결함' 참조.

유전된 행동특질 【遺傳된 行動特質】 inherited behavior trait 유전에 기초를 두고 있는 모든 행동 또는 행동경향을 지칭한다.

유전병 【遺傳病】 hereditary disease / inherited disease / genetic disease 유전에 의해 부모로부터 자손에게 전해지는 병. 많은 병들이 유전에 의해 발생하는데, 이를 총칭하여 유전병이라고 한다. '유전질환' 또는 '유전장애'라고도 한다.

유전상담【遺傳相談】genetic counseling 본인이나 가족 또는 자녀의 장애와 관련된 유전요인 또는 유전적 측면에 관한 내용을 주제로 이루어지는 상담을 말한다. '상담' 참조.

유전성【遺傳性】heritability / hereditability '유전가능성' 또는 '유전가능비'라고도 한다. '유전가능성' 참조.

유전성 계수【遺傳性 係數】heritability coefficient '유전가능성 계수'라고도 한다. '유전가능성 계수' 참조.

유전인자【遺傳因子】gene '유전자' 참조.

유전자【遺傳子】gene 유전형질을 규정하는 인자. 유전의 정보, 즉 단백질과 기타 세포의 성분을 합성하는데 필요한 암호를 담고 있는 DNA 조각을 말하는 것으로, 모든 유전자는 특수화된 분자구조로 되어 있다. '유전인자'라고도 한다.

유전자 결함【遺傳子 缺陷】genetic defect '유전적 결함' 참조.

유전자 정보【遺傳子 情報】genetic information '유전정보'라고도 한다. '유전정보' 참조.

유전자형【遺傳子型】genotype '유전형(遺傳型)'이라고도 한다. '유전형' 참조.

유전장애【遺傳障碍】hereditary disorder '유전병' 또는 '유전질환'이라고도 한다. '유전병' 참조.

유전적 가설【遺傳的 假說】genetic hypothesis '유전 가설' 참조.

유전적 결손【遺傳的 缺損】genetic defect '유전적 결함' 참조.

유전적 결함【遺傳的 缺陷】genetic defect 유전자 자체가 가지고 있는 결함. 선천적인 유전병의 원인이 된다. '유전결함', '유전자 결함' 또는 '유전적 결손'이라고도 한다.

유전정보【遺傳情報】genetic information 생물학적으로 어버이의 형질이 자손에게로 전달되는 현상을 유전(heredity)이라고 하며, 유전에 담겨 있는 정보를 지칭하여 유전정보라고 한다. 유전정보를 담고 있는 세포 내의 물질이 'DNA'이다. '유전정보'는 '유전자 정보'라고도 한다.

유전질환【遺傳疾患】hereditary disease / inherited disease / genetic disease '유전병'이라고도 한다. '유전병' 참조.

유전학【遺傳學】genetics 유전의 생물학적 과정을 연구하는 학문. 구체적으로, 동물이나 식물이 가지고 있는 다양한 특질이 한 세대로부터 다음 세대로 전달되는 것과 관련된 주제들을 연구하는 분야이다.

유전학자【遺傳學者】geneticist '유전학(遺傳學: genetics)' 분야에서 활동하는 학자를 지칭한다.

유전형【遺傳型】genotype 부모로부터 자녀에게로 전달된 유전적인 잠재력. '유전자형'이라고도 한다. 한편, '유전형'의 상대적인 표현은 '표현형(phenotype)'

이다.

유전-환경 논쟁【遺傳-環境 論爭】 nature-nurture debate ‘유전-환경 영향에 대한 논쟁’ 참조.

유전-환경 문제【遺傳-環境 問題】 nature-nurture problem / nature-nurture issue ‘유전-환경 영향에 대한 논쟁’ 참조.

유전-환경 영향에 대한 논쟁【遺傳-環境 影響에 對한 論爭】 nature-nurture debate 발달심리학의 역사에서 오랫동안 계속되어 오고 있는 쟁점 가운데 하나로, 특히 인간의 발달과정에서 유전의 영향과 환경의 영향 가운데 어느 것이 더 중요한가에 대한 논쟁을 말한다. 유전-환경 논쟁(遺傳-環境 論爭), 유전-환경 문제(遺傳-環境 問題: nature-nurture problem / nature-nurture issue) 등으로도 표현된다.

유지되뇌기【維持되뇌기】 maintenance rehearsal 기억에 관한 연구에서 사용되는 용어의 하나로 기억하고자 하는 정보나 항목이 작업기억에 잠시 동안 유지되도록 하는 되뇌기 또는 시연을 말한다. ‘유지시연’ 참조.

유지시연【維持試演】 maintenance rehearsal 기억연구에서 사용되는 주요 개념들 가운데 하나이다. 시연(試演: rehearsal, ‘되뇌기’ 또는 ‘리허설’이라고 표현하기도 함)은 크게 정교화시연(精巧化試演: elaborative rehearsal)과 유지시연 또는 기계적 시연으로 구분되는데, 이 중에서 유지시연은 단기기억의 자극이나 정보를 단순하게 반복 되풀이하는 시연형태를 말하며, 이와 달리 정교화시연은 단기기억의 정보를 장기기억으로 전환하기 위해 이 정보를 장기기억에 저장된 또 다른 정보들과 연관지으면서 행하는 시연형태를 말한다. 정보의 저장 또는 기억효과 면에서 보면, 유지시연에 비해 정교화시연이 보다 더 효과적인 것으로 알려져 있다. 한편, 유지시연은 ‘유지되뇌기’, ‘기계적 시연(機械的 試演)’ 또는 ‘기계적 되뇌기(rote rehearsal)’라고도 한다.

유지씨 UGC / User Generated Contents ‘UGC’는 ‘User Generated Contents(‘사용자 생성 콘텐츠’ 혹은 ‘사용자 제작 콘텐츠’라고 함)’의 약자이다. ‘UCC’ 참조.

유추【類推】 analogy 과거에 특정한 과제 또는 문제를 해결하기 위해 사용했던 방법을 새로운 상황의 과제나 문제들을 해결하기 위해 응용하는 방법 또는 인지과정을 지칭한다.

유추문제【類推問題】 analogy problem ‘유추(類推: analogy)’를 요구하는 문제. 즉 유추를 통해 해결해야 하는(또는 해결할 수 있는) 문제를 말한다.

유추문제해결【類推問題解決】 analogical problem solving ‘유추(類推: analogy)’를 통해 문제를 해결하는 것. 즉, 과거에 특정한 과제나 문제를 해결하기 위해 사용했던 방법을 적용하여 새로운 과제나 문제들을 해결하는 것을 말한다.

유추에 의한 추론【類推에 의한 推論】 reasoning by analogy ‘유추(類推: analogy)’를 통해 이루어지는 추론(또는 추리). 즉, 과거의 경험이나 문제해결에 사용했던 방법 또는 익숙한 방법을 적용하여 현재의 문제를 해결하기 위해 추론하는 것. ‘유추에 의한 추리(推理)’라고도 한다.

유추에 의한 추리 【類推에 의한 推理】 reasoning by analogy　'유추에 의한 추론'이라고도 한다. '유추에 의한 추론' 참조.

유출 【流出】 elicit　특정 자극에 대하여 반응이 유발되는 현상을 지칭한다.

유치증 【幼稚症】 infantilism　연령상 유아기를 지나 나이가 들어가면서도 신체적, 심리적 및 행동적으로 적절한 발달을 나타내지 못한 채 유아기의 상태를 나타내거나 또는 발달이 유아기의 상태로 퇴행하는 증상을 지칭한다.

유태인대학살 【猶太人大虐殺】 Holocaust　독일의 나치에 의해 저질러진 역사적인 만행사건으로, 대략 제2차 세계대전이 진행되는 기간 동안에 나치가 유태인을 포함한 다른 유럽인들에게 가했던 대규모의 학살 및 박해 사건을 지칭한다.

유토피아 utopia　Thomas More (1477~1535)의 1516년 저서인 '유토피아(Utopia)'에서 사용되기 시작한 말로, 현실 속에서는 어디에도 존재하지 않는 이상(理想)의 나라, 즉 이상향, 이상적인 사회, 이상적인 국가 등을 의미하는 표현이다. 그리스어의 '없는', '없음'이라는 의미를 가진 'ou-'와 '장소'를 의미하는 'toppos'를 합하여 만든 용어로 알려져 있다. '이상향(理想鄕)'이라고도 하며, 이와 반대되는 의미를 가진 용어로 '디스토피아(distopia)'가 있다.

유희요법 【遊戱療法】 play therapy　'놀이치료' 참조.

유희치료 【遊戱治療】 play therapy　'놀이치료' 참조.

육체적 성희롱 【肉體的 性戱弄】 physical sexual harassment　'신체적 성희롱', '신체형 성희롱' 또는 '육체형 성희롱'이라고도 한다. '신체적 성희롱' 참조.

육체형 성희롱 【肉體型 性戱弄】 physical sexual harassment　'신체적 성희롱', '신체형 성희롱' 또는 '육체적 성희롱'이라고도 한다. '신체적 성희롱' 참조.

융 Jung (1875~1961)　스위스의 정신의학자 · 분석심리학자. 'Jung, Carl Gustav (1875~1961)' 참조.

융모막 【絨毛膜】 chorion　임신 중 자궁 안에 있는 태아와 양수를 감싸고 있는 막.

융모막검사 【絨毛膜檢査】 chorionic villi sampling / chorionic villus sampling (CVS)　출산 전 단계에서 유전질환을 진단하기 위해 실시하는 검사방법의 하나. '양막천자'보다 더 이른 임신 초기(임신 8~9주 사이)에 실시할 수 있는 검사방법으로, 자궁경관을 통해 시술 기구를 넣어 융모막 융모를 채취하는 방법을 사용하거나 복부를 통해 주사바늘을 찔러 융모를 채취하는 방법을 사용하며, 이를 통해 융모 속에 포함된 태아세포를 추출 및 검사하여 유전질환 여부를 진단하게 된다. '융모막 융모검사(絨毛膜 絨毛檢査)'라고도 한다.

융모막 융모검사 【絨毛膜 絨毛檢査】 chorionic villi sampling / chorionic villus sampling (CVS)　'융모막검사'라고도 한다. '융모막검사' 참조.

융심리학 【융心理學】 Jungism Psychology　스위스의 정신의학자인 Jung (1875~1961)이 발전시킨 심리학 이론. 원형 및 집단무의식 등에 관한 내용들을 특징으로 한다. 분석적 심리학이라고도 한다.

은폐실험【隱蔽實驗】blind experiment 연구 또는 실험의 대상이 되는 피험자들이 연구(실험)상황에서 자신들이 어떤 처치(treatment)조건에 있는지를 알 수 없도록 설계된 연구(실험)를 지칭한다. 맹목실험(盲目實驗)이라고도 한다.

음소【音素】phoneme 한 언어에서 사용되는 소리의 기본 단위. 즉, 더 이상 작게 나눌 수 없는 음성언어를 구성하는 음성의 최소 단위를 말하며, 흔히 모음과 자음을 지칭한다.

음소론【音素論】phonemics 언어학의 한 분야로, 특히 언어의 음소와 음소체계를 연구하는 학문 분야.

음식박탈【飮食剝奪】food deprivation 연구(실험)에서 목적으로 하는 일정한 수준의 동기 또는 욕구를 유발시키기 위해 연구(실험)의 대상이 되는 동물이나 사람의 음식을 박탈하는 것을 말한다.

음악요법【音樂療法】music therapy '음악치료' 참조.

음악치료【音樂治療】music therapy 심리치료법의 한 형태로, 심리적, 행동적 및 신체적 문제나 장애를 가진 사람을 치료하기 위해 음악을 이용하는 기법. '음악요법'이라고도 한다. 구체적으로 음악치료는 치료대상자에게 음악을 들려주거나 악기를 연주하도록 하는 등의 방법을 사용하여 치료한다. 음악치료의 기원을 살펴보면 음악을 삶의 한 부분으로 즐기거나 활용하기 시작하던 인류의 역사만큼이나 오래되었다고 볼 수 있다. 하지만 오늘날 말하고 있는 것처럼 공식적인 음악치료의 개념이 등장하기 시작한 것은 과거 제1 · 2차 세계대전을 거치면서부터인 것으로 알려지고 있다. 당시 부상자들의 치료 및 재활과정에서 음악을 들려준 결과, 신체 및 생리적 측면에서뿐만 아니라 심리적 측면에서도 고통 완화와 치료적 효과가 상당히 크다는 사실을 알게 되었다고 한다. 그에 따라 제2차 세계대전이 끝날 무렵에 미국의 미시간주립대학교에 최초의 음악치료 프로그램이 개설되었고 그 뒤를 이어 세계의 여러 나라에서 관련 프로그램이 개설 · 운영되고 있다. 한국에서는 1997년 숙명여자대학교에서 처음으로 음악치료 프로그램이 개설되었다.

음운론【音韻論】phonology 한 언어가 가지고 있는 음성(또는 말소리)의 체계 및 이 음성들이 유기적으로 결합하여 의미 있는 단어나 문장을 만들어내는 관계 또는 규칙을 의미한다. '음운체계'라고도 한다.

음운체계【音韻體系】phonology '음운론' 참조.

음주운전【飮酒運轉】drunken driving 음주상태에서 행해지는 운전(행동)을 말한다. 흔히, 도로교통법에 저촉되어 처벌을 받게 되는 음주상태는 혈중알코올농도(BAC)를 기준으로 분류된다.

음주측정기【飮酒測定器】drunkometer / breathalyzer 음주여부 및 정도를 측정하는 계측기를 말한다.

음주행동【飮酒行動】drinking behavior 술을 마시는 행동을 총칭하여 사용되는 표현이다.

음향단서【音響端緖】acoustic cue '청각단서' 참조.

응급처치【應急處置】first aid / first-aid treatment

돌발적인 사고나 질병이 발생했을 때, 병원에 도착하기 전에 생명을 구하고 질병이나 부상의 악화를 줄이기 위해 즉각적으로 실시하는 일시적인 처치를 지칭한다. '응급치료(應急治療)'라고도 한다.

응급치료【應急治療】 first aid / first-aid treatment
'응급처치' 참조.

응용과학【應用科學】 applied science 기초과학에 비교하여 사용되는 용어로, 기초과학(자연과학분야일 수도 있고, 사회과학분야일 수도 있음)에서 이룬 지식이나 이론 등의 성과를 인간의 실제적 및 현실적 문제를 해결하거나 인간생활에 도움을 줄 목적으로 진행되는 과학분야 또는 학문분야를 총칭한다. 공학 및 의학 등이 해당되며, 심리학분야의 경우에는 응용심리학 분야를 응용과학의 범주로 분류할 수 있다.

응용사회심리학【應用社會心理學】 applied social psychology 심리학의 여러 분야들 가운데 사회심리학(social psychology)은 흔히 기초심리학의 한 분야로 분류되는 경우가 많지만, 이와는 달리 연구주제의 특성상 응용심리학으로 분류되는 경우도 많은데, 특히 사회심리학 분야에서 이룬 지식이나 이론(예를 들면, 태도와 변화, 귀인, 집단역학 등의 주제에 관한 지식이나 이론)을 응용분야(예를 들면, 선거와 관련된 사회여론조사 및 분석, 특정 정책개발 및 적용 등)에 적용하는 문제와 관련된 연구를 진행하는 경우를 지칭할 때 응용사회심리학이라고도 한다.

응용심리학【應用心理學】 applied psychology 실제적 또는 현실적인 인간의 문제들이나 과제들(치료, 교육, 산업, 군사, 광고 및 경영 등)을 해결하기 위해 기초심리학(또는 이론심리학) 분야에서 이루어진 연구결과나 지식 및 이론들을 적용 또는 응용하는 심리학 활동을 총칭한다. 이와는 달리 기초심리학(基礎心理學: basic psychology) 분야는 현실적 또는 실제적인 문제를 해결하기보다는 인간과 동물의 행동과 심리 그 자체에 관한 지식(이론)을 발견할 목적으로 연구해 가는 심리학 분야를 총칭한다.

응용연구【應用硏究】 applied research 실용적인 목적을 가지고 특정 과제나 문제를 해결하는 데 초점을 맞추어 진행되는 연구.

응종【應從】 compliance 사회심리학 분야에서 많이 사용되는 용어의 하나로, 자의에 의해서가 아니라 집단이나 타인의 요구나 지시에 따라 행동하거나 태도를 취하는 외적인 변화를 말한다. 즉, 응종이란, 집단이나 타인의 요구나 압력에 대해, 자신의 내적인 사고나 태도에서의 변화는 없이, 그러한 요구나 압력에 따라 행동하는 것을 의미한다. 순종(順從)이라고도 한다.

의도【意圖】 intention 무엇인가를 이루고자 하는 계획이나 생각.

의도학습【意圖學習】 intentional learning 특정한 형태의 학습이 진행된 이후에 그 학습에 대한 평가나 검사가 이루어질 것이라는 정보를 알려준 후 진행되는 학습을 말한다.

의례【儀禮】 rite 격식을 갖추어 정해진 절차나 방식에 따라 진행되는 행사. '의식(儀式)'이라고도 한다.

의미【意味】 meaning (1) 단어나 문장과 같은 말이나 글이 가진 뜻 또는 개념. (2) 행위나 사물 또는 현상이 가지고 있는 가치.

의미기억【意味記憶】semantic memory 기억 중에서도 장기기억(long-term memory)의 한 형태로, 세상의 다양한 대상이나 사건 또는 현상에 대하여 가지고 있는 일반적인 의미나 정보 또는 지식 등의 형태로 저장되어 있는 기억을 지칭한다. '의미론적 기억(意味論的 記憶)' 또는 '어의적 기억(語義的 記憶)'이라고도 한다.

의미론【意味論】semantics 한 언어에서 사용되는 단어와 문장이 표현하는 의미.

의미론적 기억【意味論的 記憶】semantic memory '의미기억' 참조.

의미요법【意味療法】logotherapy '의미치료'라고도 한다. '의미치료' 참조.

의미치료【意味治療】logotherapy 유태계 오스트리아의 정신의학자 · 신경학자 · 의미치료의 창시자인 Victor Frankl (1905~1997)에 의해 창시된 심리치료이론. Frankl은 제2차 세계대전 시 나치에 의한 유태인 대학살 현장인 아우슈비츠에 수용되어 온갖 고초를 겪은 후 극적으로 생존하였으며, 그 경험을 바탕으로 창시하게 된 심리치료 이론체계가 의미치료(logotherapy)이다. Frankl은 '의미'와 '의미의 추구'를 삶에서 가장 중요한 정신적 차원으로 보았는데, 그 이유는 자신의 경험을 통해 삶의 의미를 찾은 사람은 어떠한 난관도 극복할 수 있다는 사실을 깨달았기 때문이다. 이와 같은 Frankl의 생생한 삶과 의미에 대한 이해를 바탕으로 만들어진 '의미치료'에서는 개인(내담자)에게 삶에서의 '의미'를 찾을 수 있도록 도와주며, 이를 통해 심리적 고통과 장애로부터 벗어나 건강한 삶을 찾을 수 있다고 본다. '의미요법'이라고도 한다.

의사【擬似】pseudo '사이비'라고도 한다. '사이비' 참조.

의사결정【意思決定】decision making 목표, 유인가, 확실성 및 위험도 등을 고려하여 여러 대안행동이나 정책들 가운데 하나를 선택 · 적용하는 결정과정 또는 인지과정을 말한다. '의사결정하기(意思決定하기)'라고도 한다.

의사결정하기【意思決定하기】decision making '의사결정' 참조.

의사소통【意思疏通】communication 한 사람 또는 그 이상의 사람으로부터 타인(들)에게로 정보와 이해가 전달되는 과정. 언어적 의사소통, 비언어적 의사소통 및 부언어적 의사소통 등으로 구분될 수 있다.

의식【意識】conscious 심리학, 특히 정신분석이론에서 중요시하는 용어 가운데 하나로, 특정한 시점에서 쉽게 자각(自覺)되는 또는 자각할 수 있는 마음의 세계 또는 영역을 지칭한다. 보다 구체적으로, 현재의 사상(事象)에 관여하고 있거나 또는 사고나 판단과 같은 자신의 심리상태 및 외부의 세계를 자각하는 마음의 영역이라고 할 수 있다. 이와는 달리, 의식적인 자각을 할 수 없거나 의식을 통해 접근할 수 없는 마음의 영역을 지칭하여 '무의식(無意識: unconscious)'이라고 한다.

의식【儀式】rite '의례(儀禮)'라고도 한다. '의례' 참조.

의식주의【意識主義】mentalism '정신주의(精神主義)'라고도 한다.

의존【依存】dependency / dependence 여러 가지 의미로 사용되는 용어로 다음과 같이 몇 가지 의미로 정리할 수 있다. (1) 부모와 자녀(특히 영 · 유아) 간의 관계에서 볼 수 있는 것처럼, 특정 개인이 다른 사람의 도움이나 지원을 지속적으로 필요로 하는 불균형적인 의존 관계를 표현하는 용어로 사용될 수 있다. (2) 심리학을 포함한 과학 또는 과학적 연구에서 특정 변인(A)이 변화함에 따라 또 다른 변인(B)의 양 또는 수준이 변화하는 경우에서 변인 A에 대한 변인 B의 관계를 표현하는 용어로도 사용된다. (3) 특정한 물질이나 약물 또는 활동에 대하여 강렬한 집착이나 열망을 나타내고, 그러한 물질(또는 약물)의 이용이나 활동에 대한 통제력이 적거나 상실된 상태에 있으며, 나아가 그러한 행위로부터 초래되는 부작용이나 부정적인 결과를 나타내는 경우에서, 특정 물질(또는 약물)이나 활동에 대한 행위자의 태도나 상태를 나타내는 용어로도 사용된다. 이 경우는 흔히 남용과정을 거치면서 발전하게 되며, 신체적 의존과 심리적 의존으로 구분할 수 있다. '의존성'이라고도 한다.

의존성【依存性】dependency / dependence '의존' 참조.

의지력【意志力】willpower 좀 더 장기적인 목표 또는 큰 목표를 이루기 위해 현재의 욕구나 만족을 지연시키면서 어려움을 극복해 가는 자발적인 자기통제력 또는 자기통제능력.

이념【理念】ideology 사람이나 사회 및 자연 등과 같은 세상에 대해 이상적이라고 믿는 신념이나 태도.

이드 id '원초아', '원자아' 또는 '원초적 자아'라고도 한다. '원초아' 참조.

이란성(의)【二卵性(의)】dizygotic '두 개의 수정란으로부터 발생한' 또는 '두 개의 수정란에서 발달한'이라는 의미를 가진 말이다.

이란성쌍둥이【二卵性雙둥이】fraternal twins / dizygotic twins '이란성쌍생아' 참조.

이란성쌍생아【二卵性雙生兒】fraternal twins / dizygotic twins 각각 독립된 두 개의 다른 난자가 각각 서로 다른 정자에 의해 수정된 수정란으로부터 발달하여 출생된 쌍생아를 말한다. 이들 간의 유전적인 일치도는 일란성쌍생아와는 달리 일반적인 형제들 간의 유사성과 차이가 없다. 따라서 이란성쌍생아들은 다른 형제들처럼 서로 간에 외모에서의 차이가 있을 뿐만 아니라 성별에서도 다를 수 있다. '이란성쌍둥이'라고도 한다.

이론【理論】theory 특정한 대상이나 현상을 설명하기 위해 논리적이고 체계적으로 상호 관련지어진 명제들의 체계(또는 명제들의 집합).

이름효과【이름效果】name-letter effect 이름(name)이 그 개인의 생각과 행동에 영향을 미치는 현상. 최근 관심과 연구가 이루어지고 있는 주제로, '이름효과'를 주장하는 학자들은 사람들이 사고와 행동을 하는 과정에서 무의식적으로 자신 이름의 영향을 받게 된다고 본다. 따라서 사람들은 자신도 잘 의식하지 못하는 사이에 직업 선택이나 상품 구매와 같은 행동을 하는 과정에서 자신의 이름이나 이름을 구성하고 있는 철자의 영향을 받게 된다고 주장한다. '성명효과(姓名效果)'라고도 한다.

이메일 e-mail 컴퓨터 단말기와 인터넷을 이용하는 사람들 간에 인터넷(또는 온라인)을 이용하여 주고받는 메일. '전자우편' 또는 '전자메일'이라고도 한다.

이메일 상담【이메일 相談】 e-mail counseling 상담의 한 형태로, 상담자와 내담자 간에 이루어지는 상호작용과 의사소통이 컴퓨터를 활용한 '이메일(e-mail)'을 매개로 하여 진행되는 상담. '인터넷 상담(Internet counseling)'의 한 형태로 볼 수 있다. '인터넷 상담' 및 '상담' 참조.

이미지 image '심상' 참조.

이미지 없는 사고【이미지 없는 思考】 imageless thought '무심상사고' 참조.

이반 페트로비치 파블로프 Ivan Petrovich Pavlov (1849~1936) 옛 제정(帝政) 러시아시대부터 소련에 걸쳐 활동했던 생리학자. 'Pavlov, Ivan Petrovich (1849~1936)' 참조.

이사벨 브릭스 마이어스 Isabel Briggs Myers (1897~1980) 미국의 여성 심리학자. 'Myers, Isabel Briggs (1897~1980)' 참조.

이상【異常】 abnormality 일반적으로 '이상'이란 '정상적이지 않은 상태' 또는 '정상으로부터 벗어난 상태'라는 의미를 가지고 있다. 그러나 '이상'의 의미가 무엇인지를 정확하게 정의하는 일은 '정상'의 의미가 무엇인지를 정의하는 것과 마찬가지로 쉽지 않은 일이다. '이상'이 무엇인지, 어떻게 정의해야 할지에 대해서는 이 용어가 사용되는 분야와 맥락에 따라 다를 뿐만 아니라 학자들 간에도 차이를 보이기 때문에 이상의 의미를 쉽게 정의하는 것은 어려운 일이다. 따라서 현재 '이상' 또는 '이상의 상태'를 간단히 확인하거나 진단할 수 있는 단일의 검사나 방법은 없으며, 그보다는 이상을 나타내거나 이상과 관련된 증상들 또는 특징들을 종합하여 이상 여부를 판단하는 경우가 많다. 이를 위해 흔히 이상과 관련된 몇 가지 주요 규준들을 적용하여 이로부터 벗어난 경우를 이상의 근거로 채택하고 있다. 구체적으로, 이상을 판단할 때 적용되는 주요 규준들로는 개인이 보이는 특징이나 상태가 그 개인이 속한 모집단의 평균치와 비교하여 어느 정도 차이를 보이는지를 고려하는 통계적 규준, 개인이 속한 사회와 문화의 기대와 기준을 고려하는 사회 · 문화적 규준, 개인이 보이는 행동이 적응적인지 아니면 부적응적인지를 고려하는 행동의 적응성 규준, 개인의 주관적인 경험을 고려하는 주관적 규준(이 규준에서는 개인이 처한 객관적인 조건이나 상태와는 관계없이 개인이 느끼고 경험하는 기분이나 고민 등의 심리적인 상태를 고려한다) 등이 포함된다. 한편, 어떤 개인의 이상 여부를 판단하는 일은 매우 중요한 문제이기 때문에 정신건강 전문가들은 흔히 위에서 제시된 몇 가지 주요 규준들을 모두 고려하며, 이를 반영한 여러 검사와 절차를 통해 신중하게 판단하게 된다. '비정상'과 같은 의미로 사용된다.

이상성욕【異常性慾】 abnormal sexuality 정상적이지 않은 성욕. '변태성욕' 참조.

이상심리학【異常心理學】 abnormal psychology

성격이나 정서의 장애 및 기타 다양한 정신장애 등에서 볼 수 있는 것과 같이 정상(正常)이 아니라 이상(異常)으로 판단되는 심리상태 또는 행동을 연구하고 치료하는 심리학의 한 분야.

이상의【異常의】abnormal '이상이 있는', '이상한 상태의', '정상이라고 간주되는 상태로부터 벗어난' 또는 '부적응적으로 기능하는' 등의 의미를 가진 표현이다. '비정상의' 또는 '비정상적인'이라고도 한다. '이상' 참조.

이상적 자기【理想的 自己】ideal self '나(또는 자신)'를 구성하고 있거나 나와 의미 있게 관련되어 있어 '나'를 특징짓는다고 여겨지는 모든 속성들에 대한 지각이나 인식을 '자기(自己)' 또는 '자아(自我)'라고 한다. 이러한 '자기' 중에서 자신이 그렇게 되고 싶거나 그렇게 되기를 바라는 자기(또는 자기의 모습)를 '이상적 자기'라고 한다. 즉, '이상적 자기'란 '자기'를 구성하는 한 부분으로, 자신이 그렇게 되었으면 하고 바라거나 희망하는 '자기' 또는 '자기의 모습'에 대한 지각이나 인식을 의미한다.

이상행동【異常行動】abnormal behavior 개인이 속한 사회나 문화 속에서 부적응적이며, 흔히 자신이나 타인에게 유해한 결과를 초래하는 행동을 총칭한다. 우울증, 과도한 불안, 비합리적이거나 비현실적 신념 및 가치관 등과 같은 내적인 경향을 보이는 형태의 이상행동과 절도, 자살시도, 폭행 및 강간 등과 같은 외적이고 행동적인 경향을 보이는 형태의 이상행동으로 구분하기도 한다.

이상향【理想鄕】utopia '유토피아' 참조.

이성애【異性愛】heterosexuality 대부분의 문화와 사회에서 정상적인 성적 지향으로 간주되는 이성 간의 사랑 또는 성애적 행동을 지칭한다. 흔히 비정상적 성애적 관계 또는 행동으로 간주되어 온 동성애 또는 동성연애와 비교되는 의미로 사용된다.

이순위조건형성【二順位條件形成】second-order conditioning '이차적 조건형성' 참조.

이완【弛緩】relaxation 몸과 마음의 긴장이나 주의가 풀어져 느슨해진 상태.

이완요법【弛緩療法】relaxation therapy 몸과 마음의 피로나 긴장 또는 불안을 줄이고 해소시키기 위해 이완(또는 이완훈련)을 이용하는 치료기법. '이완치료'라고도 한다.

이완치료【弛緩治療】relaxation therapy '이완요법' 참조.

이완훈련【弛緩訓練】relaxation training 신체의 피로나 심리적 긴장 또는 불안의 수준을 줄이거나 해소시키기 위한 방법으로 (근육)이완 상태에 이르는 과정과 방법을 훈련하는 일련의 절차. 이와 같은 이완훈련은 근육이완이 심리적 긴장과 불안을 감소시키는 효과가 있다는 믿음에 바탕을 두고 있다.

이원론【二元論】dualism 세상의 존재, 대상 또는 현상을 서로 다른 두 가지의 실재 또는 원인을 가지고 설명하려는 이론 또는 관점. 이원론은 일종의 다원론으로, 이와 상대되는 개념으로 일원론이 있다.

이익 대 위험의 비율【利益 對 危險의 比率】benefits

-to-risks ratio 어떤 활동에 따라오는 이익과 위험의 비율. 특히, 특정 연구를 통해 얻을 수 있는 이익(예컨대, 연구결과로부터 얻는 지식증진과 이를 활용한 생활의 도움 및 혜택 등)과 그 연구를 수행하는 과정에서 발생하는 위험(예컨대, 연구 참가자가 받을 수 있는 불이익, 고통 및 기타의 피해 등) 간의 비교 또는 비율을 지칭하는 표현이다.

이인 장애【離人障碍】depersonalization disorder '이인화 장애(離人化 障碍)' 또는 '이인증 장애'라고도 한다. '이인화 장애' 참조.

이인증【離人症】depersonalization '이인화'라고도 한다. '이인화' 참조.

이인증 장애【離人症 障碍】depersonalization disorder '이인화 장애' 또는 '이인장애'라고도 한다. '이인화 장애' 참조.

이인화【離人化】depersonalization 현재 느껴지는 자기 자신의 모습이나 현실이 이전까지 느끼고 경험해오던 자신의 모습이나 현실과 달리 매우 생소하고 낯설게 느껴지는 병리적인 상태 또는 그러한 상태를 보이는 증상. '이인증(離人症)'이라고도 한다.

이인화 장애【離人化 障碍】depersonalization disorder '해리장애'의 한 유형으로, 특히, '이인화('이인증'이라고도 함)' 경향을 주 증상으로 하는 장애. 즉, '이인화 장애'란 현재 느껴지는 자기 자신의 모습이나 현실이 이전까지 느끼고 경험해오던 자신의 모습이나 현실과 달리 매우 생소하고 낯설게 느껴지는 병리적인 상태(또는 증상)를 보이는 해리장애로, 이 상태에서 개인은 자신에 대해서는 자신의 손과 발의 크기가 변화되었다고 느끼는 것과 같이 '내가 내가 아닌 것 같다'고 느끼거나, 자신의 일과에 대해서는 '내가 하는 일이 내가 하는 일 같지 않다'고 느낄 수 있으며, 자신이 살아가는 장소와 세상에 대해서는 '내가 있는 세상이 내가 있는 세상 같지 않다'고 느끼기 쉽다. 이처럼 자신과 자신이 살아가는 세상이 낯설게 느껴지고, 동시에 무언가 크게 잘못된 것 같거나 잘못될 것 같이 느껴지기도 하기 때문에 큰 불안과 공포 및 우울 등의 증상을 겪게 될 가능성이 높다. '이인증 장애' 또는 '이인 장애'라고도 한다.

이종 오류【二種 誤謬】Type Ⅱ error '2종 오류' 참조.

이중 기준【二重 基準】double standard 한 개인이나 집단에 적용하는 기준(또는 잣대)과 또 다른 개인이나 집단에 대해 적용하는 기준(또는 잣대)이 다른 것. 즉, 이중기준이란 두 대상이나 집단에 대해 서로 다른(흔히, 차별적이거나 모순되는) 두 가지 기준을 적용하는 것을 의미한다. 이중기준에 해당하는 대표적인 예를 들면, 결혼 전의 남성과 여성의 성행위 또는 성경험에 대한 적절성 기준을 달리 적용하는 사회문화적 경향을 그 예로 들 수 있다. 즉, 결혼 전 남성의 성행위나 성경험에 대한 태도와 달리, 여성의 성행위나 성경험에 대해 더 엄격한 기준을 적용하는 경우로, 구체적으로 여성들의 결혼 전 성행위나 성경험을 더 부도덕한 것으로 보는 경우가 그 예에 해당한다. 이러한 경향은 과거에 비해 많이 줄어들었지만, 아직도 남자들에게는 더 허용적인 경향이, 여자들에게는 더 보수적인 기대를 적용하는 경향이 남아 있다. '이중 잣대'라고도 한다.

이중 맹검【二重 盲檢】double-blind 신약이나 치

료기법 등과 같은 변인(흔히 독립변인)들의 효과를 검증하기 위한 검사나 실험연구에서 발생하기 쉬운 실험자 기대효과 또는 실험자효과를 예방하기 위해 실험자나 피험자(연구의 대상이 되는 참여자) 모두가 검사(또는 실험) 연구의 가설 및 연구조건을 알지 못하도록 한 상태에서 진행되는 연구절차 또는 설계를 말한다. '이중 맹목(二重 盲目)'이라고도 한다. 한편 이중 맹검을 적용한 실험을 지칭하여 '이중 맹검실험' 또는 '이중 맹목실험'이라고 한다.

이중 맹검실험【二重 盲檢實驗】 double-blind experiment　실험연구에서 발생하기 쉬운 실험자 기대효과(實驗者 期待效果) 또는 실험자효과를 예방하기 위해 적용하는 연구기법 또는 실험설계의 하나로, 실험에 참여하는 실험자나 피험자(연구의 대상이 되는 참여자. 실험 연구의 경우에는 피실험자라고도 함) 모두가 실험(연구)의 가설 및 연구조건을 알지 못하도록 통제되는 연구절차 또는 설계를 말한다. 새로 개발된 신약의 효과나 치료기법 등과 같은 변인(흔히 독립변인이라고 함)들의 효과를 검증하는 실험연구에서 실험자 기대효과를 예방하기 위해 필요한 기법 가운데 하나이다. '이중 맹목실험(二重 盲目實驗)'이라고도 한다.

이중 맹목【二重 盲目】 double-blind　흔히 실험연구에서 발생하기 쉬운 실험자 효과(實驗者 效果)를 예방하기 위해 적용하는 연구기법 또는 실험설계의 하나로, 실험에 참여하는 실험자나 피험자 모두가 실험(연구)의 가설 및 연구조건을 알지 못하도록 통제하는 것을 말한다. 새로 개발된 신약의 효과나 치료기법의 효과를 검증하는 실험연구에 필요한 기법 가운데 하나이다. '이중 맹검' 참조.

이중 맹목실험【二重 盲目實驗】 double-blind experiment　'이중 맹검실험' 참조.

이중 잣대【二重 잣대】 double standard　'이중 기준(二重 基準)'이라고도 한다. '이중 기준' 참조.

이중 표상【二重 表象】 dual representation　어떤 한 대상에 대해 서로 다른 두 가지 방식의 표상을 하는 것(또는 그렇게 하는 능력).

이차 강화인【二次 强化因】 secondary reinforcer　'이차적 강화인' 참조.

이차 기억【二次 記憶】 secondary memory　'2차적 기억' 참조.

이차 성징【二次 性徵】 secondary sex characteristic / secondary sexual characteristic　'제 2차 성징' 참조.

이차 순환반응【二次 循環反應】 secondary circular reaction　'2차 순환반응' 참조.

이차 순환반응의 협응【二次 循環反應의 協應】 coordination of secondary circular reaction　'2차 순환반응의 협응' 참조.

이차적 강화물【二次的 强化物】 secondary reinforcer　'이차적 강화인' 참조.

이차적 강화원【二次的 强化源】 secondary reinforcer　'이차적 강화인' 참조.

이차적 강화인【二次的 强化因】secondary reinforcer 학습이 이루어지기 전에는 강화효과를 갖지 못했던 자극이, 학습과 독립적으로(즉, 학습이 이루어지기 전부터) 강화효과를 갖는 자극인 일차적 강화인과 연합이 이루어짐으로써 비로소 강화효과를 갖게 되는 자극을 지칭하여 '이차적 강화인'이라고 한다. 예를 들면, 칭찬, 인정 및 격려 등이 포함된다. 이차적 강화인이라는 용어에서 강화인(强化因)이라는 표현 대신에 강화물(强化物) 또는 강화원(强化源)이라는 표현이 사용되기도 한다. 한편, '이차적 강화인'과 같은 의미를 가진 말로 '조건화된 강화인', '조건화된 강화물', '조건화된 강화원', '조건강화인', '조건강화물', '조건강화원', '이차적 강화물', '이차적 강화원', '학습된 강화인', '학습된 강화물', '학습된 강화원', '이차 강화인' 등의 표현이 사용된다.

이차적 고혈압【二次的 高血壓】secondary hypertension '속발성 고혈압' 참조.

이차적 기억【二次的 記憶】secondary memory '2차적 기억' 참조.

이차적 정서【二次的 情緒】complex emotions '복합 정서' 참조.

이차적 조건형성【二次的 條件形成】second-order conditioning 고전적 조건형성 과정에서 일정한 시행을 통해 조건자극(최초 중성자극)과 무조건자극을 짝지어 주게 되면, 그 후에는 조건자극(최초 중성자극)이 무조건자극에 의해 유발되던 반응(무조건반응)과 유사한 반응을 일으키게 되는데 이러한 반응을 조건반응이라고 한다. 이처럼 조건자극에 대한 조건반응이 학습된 이후에는 조건자극을 마치 무조건자극처럼 활용하여 새로운 제2, 제3, 제4, …의 중성자극과 짝짓게 됨으로써 새로이 2차적, 3차적, 4차적, … 조건형성을 이루어갈 수 있는데, 이러한 조건형성 절차들을 총칭하여 고차적 조건형성(higher-order conditioning)이라고 한다. 이러한 고차적 조건형성 중에서도 최초의 조건자극과 제2의 중성자극을 짝지어 줌으로써 제2의 중성자극이 또 하나의 조건자극으로 기능하게 되고, 그 결과 새로운 조건반응을 일으키게 되는 고차적 조건형성을 지칭하여 이차적 조건형성이라고 한다. '이차조건형성' 또는 '이순위조건형성'이라고도 한다.

이차정서【二次情緒】complex emotions '복합정서' 참조.

이차조건형성【二次條件形成】second-order conditioning '이차적 조건형성' 참조.

이큐 EQ / emotional quotient / emotional intelligence quotient 'EQ'는 'emotional quotient(정서지수)' 또는 'emotional intelligence quotient(정서지능지수)'의 약자이다. intelligence(지능)를 수량화한 IQ(intelligence quotient: 지능지수)에 대응하여 emotional intelligence(EI: 정서지능)를 수량화하여 나타내기 위해 사용되기 시작한 용어인 emotional quotient(정서지수) 또는 emotional intelligence quotient(정서지능지수)의 약자이다. '정서지수' 또는 '정서지능지수'라고도 한다. 간혹 emotional intelligence(EI)를 '감성지능'으로 번역하거나 emotional quotient(EQ)를 '감성지수'로 번역하는 경우가 있는데, 이것은 적절한 표현이 아니며, 각각 '정서지능'과 '정서지수'라는 용어로 번역하는 것이 타당한 표현이다. '정서지능' 참조.

이타성【利他性】altruism '이타주의(利他主義)'라고도 한다. '이타주의' 참조.

이타적 행동【利他的 行動】altruistic behavior '이타행동(利他行動)'이라고도 한다. '이타행동' 참조.

이타주의【利他主義】altruism 자신의 이해(利害)에 대한 고려나 이기심 없이 다른 사람들(또는 다른 사람들의 안녕과 이익)에 대한 관심과 배려를 생활과 행동의 중요한 기준으로 생각하고 행동하는 태도 또는 경향. 이러한 경향은 실생활에서 다른 사람을 돕는 행동, 자선행동, 기부행동 등과 같은 이타적인 행동을 할 가능성을 증가시킨다. '이타성(利他性)'이라고도 한다.

이타행동【利他行動】altruistic behavior 행위에 대한 대가나 이익을 기대하지 않고 다른 사람이나 집단을 도와주는 행동. '이타적 행동(利他的 行動)'이라고도 한다.

이행【移行】transitivity 아동들의 인지발달 수준을 가늠하는 능력들 가운데 하나로, 일련의 대상들(또는 요소들)을 순서에 따라 연속적으로 배열한 관계 속에서 대상들(또는 요소들) 간의 관계를 이해하는 인지능력으로, 예컨대 상자 속에 담긴 책들의 위치와 관련하여 국어책이 사회책보다 아래에 담겨 있고, 사회책이 음악책보다 아래에 담겨 있다면, 국어책은 음악책보다 아래에 있다는 사실을 이해하는 것이 '이행'의 한 계가 된다.

익명성【匿名性】anonymity 개인의 이름이나 신분이 노출되지 않는 상태 또는 그러한 특성을 의미한다. 현대사회의 대중들은 개인의 연령, 성별, 지위 및 신분, 그리고 신체적, 심리적, 및 사회적 정체가 드러나지 않는 익명성을 통해 보다 자유로움을 추구할 수 있는 긍정적인 경험을 할 수 있는 동시에, 사회적인 책임감의 감소에 따른 다양한 일탈행동을 범하게 될 수 있는 개연성이 증가되는 문제를 가지고 있다.

인간공학【人間工學】ergonomics 인간과 기계 및 설비 간의 관계를 적합화하여 사용과정에서의 안정성, 편의성 및 생산성 등에서의 효율을 높이는 것으로 목표로 연구하는 학문 분야. '에르고노믹스'라고도 한다.

인간성장호르몬【人間成長호르몬】human growth hormone (HGH) 뇌하수체에서 분비되는 호르몬 가운데 하나로, 신체의 뼈 성장과 형성에 작용하여 영향을 미친다. 이 호르몬의 과소 분비는 소인증을 초래하고, 과다 분비는 거인증을 초래한다.

인간수행【人間遂行】human performance 어떤 부여된(또는 계획된) 일이나 과제를 해내는 것을 지칭하여 수행(遂行: performance)이라고 하며, 특히 인간에 의해 이루어지는 수행을 '인간수행'이라고 한다. 구체적으로, '인간수행'이란 부여된(또는 계획된) 일이나 과제에 대한 인간의 수행(또는 반응)을 의미한다.

인간중심치료【人間中心治療】person-centered therapy '내담자중심치료'라고도 한다. '내담자중심치료' 참조.

인공두뇌【人工頭腦】mechanical brain 지각, 기억, 사고, 이해 및 학습 등과 같은 인간능력의 전부 또는 일부를 보유한 인공체계 또는 기계를 말한다. 흔히 컴퓨터체계가 그 기능을 대신할 수 있을 것으로 기대되고 있다.

인공수정【人工受精】artificial insemination (AI) / test-tube insemination / artificial fertilization 인간의 경우에 정상적인 임신이 어려운 부부들을 대상으로 시행되며, 기타 소, 돼지 등의 가축과 어류들의 경우에 대량번식 및 품종개량 등을 목적으로 시행하는 방법으로, 인간 및 동물들에서 채취한 정자를 인간의 여성 및 동물 암컷의 생식기 안으로 주입하여 임신 또는 수정되도록 하는 방법을 말한다.

인공지능【人工知能】artificial intelligence (AI) 인지심리학 및 컴퓨터과학 분야에서 시도하는 연구활동의 하나로, 인간의 지각, 사고, 이해 및 추론, 언어, 학습 등의 능력을 인공체계 또는 컴퓨터가 대행할 수 있도록 하는 기술을 말한다.

인과적 관계성【因果的 關係性】casual relationship 두 변인 간의 관계에서, 한 변인(즉, 독립변인)이 다른 변인(즉, 종속변인)의 결과 또는 값에 영향을 미치는 관계 또는 관계성.

인기【人氣】popularity 어떤 특정 대상에게 집중되는 많은 사람들로부터의 호의적인 관심이나 기세. 특히, 인기는 아동 및 청소년기의 또래관계에서 중요한 발달적 변인으로 작용한다.

인기 있는 아동【人氣 있는 兒童】popular child / popular children 또래들로부터의 인기와 수용의 측면에서 분류하는 아동의 유형 가운데 하나로, 많은 또래들이 좋아하고 또 그들로부터 호의적인 관심과 지지를 받는 아동.

인물 칭찬【人物 稱讚】person praise 성취 과정에서 좋은 결과나 성취를 위해 '노력하는 과정'에 대한 칭찬(이러한 형태의 칭찬을 '과정-지향 칭찬'이라고 한다)과는 달리, 인물(개인)이 가지고 있는 지능이나 성격과 같은 내적 능력이나 특성에 대한 칭찬을 지칭하여 '인물 칭찬'이라고 한다.

인본주의 심리학【人本主義 心理學】humanistic psychology Freud의 정신분석학과 행동주의적 관점에 대한 반작용으로 등장한 심리학의 한 학파로, 1960년대 들어 실존주의 철학의 영향을 받아 Abraham H. Maslow (1908~1970)에 의해 시작되었다. 인간의 자아실현욕구, 비언어적 경험, 마음의 통일성, 변화된 의식상태 및 구속받지 않는 자유의지를 강조하는 학파로, 이 학파는 인간을 지나치게 기계론적이고 결정론적으로 보았던 행동주의 심리학과 정신분석학적 입장에 반대하고, 그 대신에 존엄성과 변화 가능성 및 자유의지를 가진 인간상을 강조한다. 대표적인 학자로, Maslow와 Rogers 등이 있다.

인본주의 심리학자【人本主義 心理學者】humanistic psychologist 인본주의 심리학적인 관점을 가지고 연구활동을 하는 심리학자를 지칭한다. '인본주의 심리학' 참조.

인본주의적 관점【人本主義的 觀點】humanistic perspective 인간의 행동을 설명하는 주요 관점들 가운데 하나로, 특히 이 관점은 1960년대에 기존의 정신분석적 관점과 행동주의적 관점에 대한 비판과 함께 그에 대한 대안으로 등장한 관점이다. 이 관점에서는 인간과 인간의 행동은 정신분석적 관점에서 주장하는 것처럼 무의식 세계에 자리 잡고 있는 본능적인 욕구들과 성격 요소들에 의해 움직이는 것이 아닐 뿐만 아니라 행동주의적 관점에서 주장하는 것처럼 단지 환경의 영향을 받기만 하는 것도 아니라고 본다. 그보다 인간은 선천적으로 자율적이고 능동적인 측면과 함께 개성과 잠재력을 가지고 태어난다고 본다. 따라서 심리학에서 해야 할 일은 이러한 잠재력과 자율성 및 능동성을 개발하고 성장하도록 도와주는 것이라고 주장한다. '인본주의적 설명', '인본주의적 접근' 또는 '인본주의적 조망'이라고도 한다.

인본주의적 설명 【人本主義的 說明】 humanistic explanation '인본주의적 관점'이라고도 한다. '인본주의적 관점' 참조.

인본주의적 접근 【人本主義的 接近】 humanistic approach '인본주의적 관점'이라고도 한다. '인본주의적 관점' 참조.

인본주의적 조망 【人本主義的 眺望】 humanistic perspective '인본주의적 관점'이라고도 한다. '인본주의적 관점' 참조.

인습적 도덕성 【因襲的 道德性】 conventional morality '인습적 수준' 참조.

인습적 수준 【因襲的 水準】 conventional level Kohlberg (1927~1987)가 제안한 도덕추론능력의 발달수준(세 수준) 가운데 두 번째 수준으로, 대략 청소년기 중반에 이른 대부분의 청소년들이 도달하게 되며, 성인들 가운데 많은 경우도 이 도덕판단 수준을 나타내는 것으로 알려지고 있다. 이 수준의 사람들은 기존의 사회질서 지지 및 사회의 기대에 대한 부응에 근거하여 행위의 옳고 그름을 판단한다. 한편, 인습적 수준은 하위 두 단계(제3단계 및 4단계)로 구분되는데, 그 특징을 살펴보면 다음과 같다. 제3단계는 자기중심적 지향에서 사회중심적인 지향으로 변화해 가는 단계로 다른 사람들과의 조화가 강조된다. 따라서 이 단계에서는 어떤 행위가 타인(특히, 중요한 타인)과의 관계에 긍정적으로 작용하거나 관계를 발전시키는 경우에는 옳은 행위로 추론되지만, 그렇지 않고 관계를 저해하거나 방해했다면 잘못된 행위로 판단된다. 제4단계는 법과 질서를 지향하는, 즉 기존의 사회질서 유지를 주요 가치로 인식하는 단계이다. 따라서 이 단계의 사람들은 사회적 질서를 유지하기 위해 개개인의 쾌락을 억제하고 사회의 법과 질서를 준수해야 한다는 추론을 하게 된다. 이처럼 제4단계의 추론은 이전 단계에 비해 보다 더 추상적인 경향을 나타낸다. Kohlberg에 따르면, 대부분의 사람들은 인습적 수준을 넘어 보다 상위의 도덕발달을 이루기가 어려운 것으로 알려지고 있다. 한편, 인습적 수준의 도덕추론능력을 '인습적 도덕성(因襲的 道德性: conventional morality)'이라고도 한다.

인습적 추론 【因襲的 推論】 conventional reasoning Kohlberg (1927~1987)의 도덕발달이론의 두 번째 발달수준인 인습적 수준에 있는 사람들이 나타내는 사고경향을 지칭한다. '인습적 수준' 참조.

인식 【認識】 knowledge 세상에 대한 감각, 지각 및 인지 과정을 통해 사물에 대해 아는 일. 넓은 의미로는 세상에 관해 가지고 있는 지식 전체를 지칭하며, 좁은 의미로는 특정 대상에 대한 지식을 나타낸다. 인지(認知: cognition)와 유사한 의미로 사용되기도 한다.

인식론 【認識論】 epistemology 인식(認識: knowledge) 또는 지식의 기원, 본질, 구조, 과정 및

방법 등에 관해 연구하는 학문 또는 철학의 한 부문. 인식론의 영어 표현인 'epistemology'는 고대 그리스어에서 인식 또는 지식을 뜻하는 말인 'episteme'과 이성, 논리, 이론 등의 의미를 가진 'logos'가 합쳐져서 만들어진 말이다. '지식론(知識論)'이라고도 한다.

인지【認知】 cognition 세상에 대해 이해하고 지식을 습득하며, 나아가 기억 및 추론 등을 통해 판단이나 결론을 내리는 것과 같은 문제해결과정에서 이루어지는 정신 과정 또는 정신 활동. 넓은 의미에서는 주의, 지각, 기억, 사고 및 학습 등과 같은 정신 활동을 총칭하지만, 좁은 의미에서는 지적인 사고과정 또는 정신 활동을 나타내는 표현으로 사용하기도 한다.

인지과정【認知過程】 cognitive process 인지적 작용이 이루어지는 과정. 구체적으로, 환경 속의 자극이나 사상(事象)에 대하여 감각, 지각 및 사고와 판단 등의 활동을 통해 해석하고 이해하는 정신적 또는 심적 과정. '인지적 과정'이라고도 한다.

인지과학【認知科學】 cognitive science 인간이 지식을 어떻게 획득하고 조직하는지, 어떻게 인식에 도달하게 되는지 등과 같은 문제를 규명하고 이해하기 위해 심리학(특히 인지심리학), 언어학 및 인공지능 등의 분야들 간에 학제적인 접근을 시도하는 과학 또는 학문.

인지구조【認知構造】 cognitive architecture '인지적 구조' 참조.

인지도【認知圖】 cognitive map 인간이나 동물이 학습(과정)을 통해 형성하게 된 것으로 가정되는 특정한 환경의 공간적 구조나 문제해결방법에 대한 내적 또는 정신적 상(像: image)을 지칭한다.

인지 및 생물심리학회【認知 및 生物心理學會】 Society for Cognitive and Biological Psychology 인지 및 생물심리학 분야의 발전과 구성원들 간의 학술적 교류와 친목 도모를 목적으로 이 분야에서 활동하는 학자들 및 종사자들로 구성된 학술단체이다. '한국 인지 및 생물심리학회' 참조.

인지발달【認知發達】 cognitive development 연령에 따라 '인지(cognition)' 영역에서 일어나는 발달 또는 발달적 변화. '인지' 참조.

인지스타일【認知스타일】 cognitive style 인지(또는 사고)하는 과정에서 개인이 선호하거나 추구하는 방식이나 틀. '인지적 스타일'이라고도 한다.

인지신경과학【認知神經科學】 cognitive neuroscience 인지 과정(또는 사고 과정)과 뇌를 중심으로 한 신경계의 작용 간의 관계를 연구하는 학문 분야.

인지심리학【認知心理學】 cognitive psychology 심리학의 주제들 중에서도 심리적 과정 또는 정신과정의 기능 및 역할에 관하여 연구하는 심리학의 분야. 특히 인간의 지각, 기억 및 사고과정에서 정보를 처리하는 활동 및 방법에 초점을 맞춤.

인지심리학자【認知心理學者】 cognitive psychologist 인지심리학 분야에서 활동하는 심리학자를 지칭한다.

인지적【認知的】 cognitive '인지와 관련된', '인지에

관한' 또는 '인지가 개입된' 등의 의미로 사용되는 표현이다.

인지적 과정【認知的 過程】cognitive process '인지과정' 참조.

인지적 관점【認知的 觀點】cognitive perspective '인지주의적 관점'이라고도 한다. '인지주의적 관점' 참조.

인지적 구조【認知的 構造】cognitive architecture 컴퓨터나 특정한 건물 또는 시설이 그 내부의 위치에 따라 여러 구조를 포함하고 있고, 각각의 구조가 서로 다른 기능을 담당하는 것처럼, 인간의 인지(認知)도 위치에 따라 여러 구조를 포함하고 있으며, 각각의 구조가 담당하는 인지적 기능 또한 다르다고 보는 관점에서 인간의 인지를 구조의 개념으로 설명하는 개념이 '인지적 구조'이다. '인지구조'라고도 한다.

인지적 설명【認知的 說明】cognitive explanation '인지주의적 관점'이라고도 한다. '인지주의적 관점' 참조.

인지적 스타일【認知的 스타일】cognitive style '인지 스타일' 참조.

인지적 자기【認知的 自己】cognitive self '나(또는 자신)'를 구성하고 있거나 나와 의미 있게 관련되어 있어 '나'를 특징짓는다고 여겨지는 모든 속성들에 대한 지각이나 인식을 '자기(自己)' 또는 '자아(自我)'라고 한다. 이러한 '자기' 중에서 자신의 인지(認知: cognition)나 인지적 능력 또는 인지적 측면에 대한 자기를 '인지적 자기'라고 한다. 즉 '인지적 자기'란 '자기'를 구성하는 한 부분으로, 자신의 '인지'나 '인지적 능력' 또는 '인지적 측면'에 대한 지각이나 인식을 의미한다. '지적인 자기(intellectual self)'와 거의 같은 의미로 사용된다.

인지적 접근【認知的 接近】cognitive approach '인지주의적 관점'이라고도 한다. '인지주의적 관점' 참조.

인지적 조망【認知的 眺望】cognitive perspective '인지주의적 관점'이라고도 한다. '인지주의적 관점' 참조.

인지적 평가【認知的 評價】cognitive appraisal 자신의 안녕이나 스트레스와 관련하여 특정한 상황이나 자극에 대해 개인이 내리는 해석 또는 평가. 이러한 해석이나 평가에 따라 특정한 상황이나 자극이 개인에게 위협적인 또는 스트레스적인 것이 되기도 하고 그렇지 않은 것이 되기도 한다. 이 개념은 스트레스의 효과와 대처에 관한 연구 분야들에서 사용하는 주요 개념들 가운데 하나이다.

인지적 평형【認知的 平衡】cognitive equilibrium '평형(equilibrium)'이라고도 한다. '평형' 참조.

인지주의적 관점【認知主義的 觀點】cognitive perspective 심리학적 제 문제들 가운데 인지적 측면 중심의 심리과정에 초점을 맞추어 접근하고 설명하려는 관점. 즉 인간을 이해하기 위해 지각, 기억, 사고, 추론, 평가와 판단(또는 의사결정) 및 문제해결과정 등과 같은 인지적 과정 중심의 심리과정에 초점을 맞추고 설명하려는 관점을 지칭한다. '인지주의적 설명', '인지주의적 접근', '인지주의적 조망', '인지적 관점', '인지적 설명', '인지적 접근' 그리고 '인지적 조망' 이라고도 한다.

인지주의적 설명【認知主義的 說明】 cognitive explanation '인지주의적 관점'이라고도 한다. '인지주의적 관점' 참조.

인지주의적 접근【認知主義的 接近】 cognitive approach '인지주의적 관점'이라고도 한다. '인지주의적 관점' 참조.

인지주의적 조망【認知主義的 眺望】 cognitive perspective '인지주의적 관점'이라고도 한다. '인지주의적 관점' 참조.

인지치료【認知治療】 cognitive therapy 상담이나 정신과 치료과정에서 사용되는 심리치료방법의 하나로, 내담자(또는 환자)가 가지고 있는 비합리적이거나 부적응적인 또는 부정적인 사고나 신념을 변화시킴으로써 문제나 장애를 치료(또는 해결)하는 기법을 말한다.

인지학습【認知學習】 cognitive learning 학습의 한 형태로, 가시적 또는 직접적으로 관찰할 수 없는 심리적 과정, 특히 인지적 과정을 통해 일어나는 학습형태를 지칭한다. 구체적으로, 인지학습에 포함되는 하위 유형으로는 통찰학습(洞察學習: insight learning), 잠재학습(潛在學習: latent learning) 및 관찰학습(觀察學習: observational learning) 등이 포함된다. 한편, 인지 과정, 즉 내적인 과정에 의존한다는 의미에서 인지학습을 '내적 학습(內的 學習: internal learning)'이라고도 한다.

인출【引出】 retrieval 저장되어 있는 기억내용 또는 정보를 불러내는(이끌어내는) 인지 과정 또는 정보처리 과정.

인터넷 Internet 전 세계의 컴퓨터 및 데이터 통신망들을 연결(네트워크)시켜 상호 접속, 통신 및 정보교류를 가능하도록 한 정보통신체계를 말한다. 1960년대 말 미국의 소수 학자들에 의해 처음으로 개발되었으며, 현재는 전 세계로 확장되어 사용되고 있다. 오늘날의 정보화를 선도하는 대표적인 발명품의 하나로 각광 받으면서 다양한 정보통신활동을 통해 현대인들에게 많은 혜택과 편의를 제공해 주고 있는 반면에, 성 관련 음란물이나 마약 등의 불법적인 거래 등과 같이 인터넷과 관련하여 발생하고 있는 다양한 비행 및 범죄 행위들이 새로운 사회 문제로 대두되고 있다.

ㅇ

인터넷 방송 Internet broadcasting 공중파 방송이나 케이블TV 등이 TV나 라디오를 매체로 하여 시청자 및 청취자들에게 영상, 음성, 문자, 이미지 등의 정보를 전달하는 방법인 반면에, 인터넷방송이란 인터넷을 매체로 하여 영상, 음성, 문자, 이미지 등의 멀티미디어 정보를 인터넷 사용자들(일명 '네티즌'이라고도 함)에게 전달하는 방법 또는 체계를 말한다.

인터넷 상담【인터넷 相談】 Internet counseling 상담의 한 형태로, 상담자와 내담자 간에 이루어지는 대화를 포함한 상호작용과 의사소통이 컴퓨터를 활용한 인터넷(Internet)을 매개로 하여 진행되는 상담. 이메일(e-mail)을 이용하는 이메일 상담(e-mail counseling)이나 채팅룸을 통해 이루어지는 상담, 인터넷 화상을 이용한 상담 등도 넓은 의미에서 보면 모두 인터넷 상담의 일종이라고 볼 수 있다. 한편 '인터넷 상담'은 다른 표현으로 '온라인 상담(on-line counseling)', '사이버 상담(cybercounseling)' 또는 '웹 상담(web counseling)'이라고도 한다. '상담' 참조.

인터넷생태계 【인터넷生態系】 Internet Ecosystem 인터넷을 기반으로 한 경제체계의 분석에서, 각각의 기업군들이 서로 밀접하게 의존하면서 층위를 구성하고 있는 하나의 생태계를 구성하고 있다는 관점에서 나온 개념이다.

인터넷 익스플로러 Internet Explorer 월드와이드 웹(World Wide Web: WWW)에 있는 다양한 자료나 정보들을 검색할 수 있도록 만들어 주는 기능을 가진 인터넷 검색 프로그램으로, 미국의 마이크로소프트사에서 개발한 제품이다.

인터넷중독 【인터넷中毒】 Internet addiction 행위중독(行爲中毒) 또는 과정중독(過程中毒)으로 분류되는 사이버중독(cyber addiction)의 한 형태로, 특히 인터넷을 병적으로 과도하게 사용하는 중독상태를 지칭한다. 오늘날 인터넷이 사이버공간을 대표하고 있기 때문에, 인터넷중독은 사이버중독과 거의 같은 의미로 사용되고 있다.

인터넷중독장애 【인터넷中毒障碍】 Internet Addiction Disorder (IAD) 병적이고 강박적으로 인터넷 사용하는 경향을 나타내는 중독의 한 형태를 의미한다. 1996년 Goldberg에 의해 처음으로 사용되기 시작한 용어로 알려져 있다. 과정중독 또는 행위중독의 한 형태로 분류될 수 있다.

인트라넷 Intranet 전 세계적으로 많은 사람들에게 개방된 통신망인 인터넷(Internet)과 달리, 인트라넷(Intranet)은 특정 대학, 연구소 또는 회사 등과 같이 하나의 기관 내에서 독자적으로 관리 운영되는 통신망을 지칭한다. 보통 구내에 설치된 랜(LAN)을 기반으로 구축된다. 인터넷과는 달리 인트라넷의 이용 권한은 그 기관에 소속된 사람들 또는 사용허가를 받은 특정인들에게 제한되는 경우가 많다.

일 work 무엇인가를 이루거나 향상시키는 것을 목적으로 행하는 신체적 또는 정신적 노력이나 활동.

일기연구 【日記研究】 diary study 발달연구법 가운데 한 유형으로, 연구자(또는 연구진행자)가 특정 시간을 알려줄 때마다 연구 참여자(아동, 청소년 또는 성인)가 미리 준비된 일기나 노트에 있는 하나 이상의 질문에 대해 자신의 경험이나 반응을 기록하도록 하는 연구방법. '일기연구법'이라고도 한다.

일기연구법 【日記研究法】 diary study '일기연구(日記研究)'라고도 한다. '일기연구' 참조.

일란성쌍둥이 【一卵性雙둥이】 identical twins / monozygotic twins '일란성쌍생아'참조.

일란성쌍생아 【一卵性雙生兒】 identical twins / monozygotic twins 한 개의 수정세포 또는 수정란이 두 개로 분열 및 발달하여 출생된 유전적으로 동일한 쌍생아를 말한다. 따라서 이들은 성별에서 일치할 뿐만 아니라 외모에서도 거의 같은 특징을 보인다. '일란성쌍둥이'라고도 한다.

일렉트라 복합 【일렉트라 複合】 Electra complex '엘렉트라 콤플렉스' 참조.

일렉트라 복합감정 【일렉트라 複合感情】 Electra complex ‘엘렉트라 콤플렉스’ 참조.

일렉트라 콤플렉스 Electra complex ‘엘렉트라 콤플렉스’ 참조.

일면경 【一面鏡】 one-way mirror ‘일방경’ 또는 ‘일방거울’이라고도 한다. ‘일방경’ 참조.

일반 강화물 【一般 强化物】 generalized reinforcer ‘일반화된 강화인’ 참조.

일반 강화원 【一般 强化源】 generalized reinforcer ‘일반화된 강화인’ 참조.

일반 강화인 【一般 强化因】 generalized reinforcer ‘일반화된 강화인’ 참조.

일반요인 【一般要因】 g factor (g) ‘일반지능요인’ 참조.

일반적응증후군 【一般適應症候群】 general adaptation syndrome (GAS) 오스트리아 출신의 캐나다 의학자인 Hans Selye (1907~1982)의 스트레스에 관한 이론에서 기술하고 있는 외부의 자극들(이를 ‘stressor’라 함)에 대한 대응으로 신체가 나타내는 비특이적(非特異的)인 생리적 반응을 말하며, 모두 3단계로 구성되어 있다. 그 가운데 제1단계는 경고반응단계(stage of alarm reaction) 또는 경고반응기, 제2단계는 저항단계(stage of resistance) 또는 저항기, 그리고 제3단계는 소진단계(stage of exhaustion) 또는 소진기 등이다. 한편, 제3단계는 탈진단계 또는 탈진기라고도 하며, 일반적응증후군이라는 표현 대신에 ‘일반적 적응증후군’ 또는 ‘범적응증후군’이라는 표현이 사용되기도 한다.

일반적 적응증후군 【一般的 適應症候群】 general adaptation syndrome (GAS) ‘일반적응증후군’ 참조.

일반정신능력 【一般精神能力】 generalized mental ability 일부 학자들의 견해로, 서로 다른 다양한 정신과제들에서 성공하는데 토대가 된다고 가정되는 일반적 능력을 지칭한다.

일반지능요인 【一般知能要因】 general mental factor / g factor (g) Spearman은 다양한 인지과제들을 수행하는 데 공통적으로 작용하면서 영향을 미치는 일반적인 지능 요인이 있다고 보았고, 이를 나타내기 위해 사용한 개념을 말한다. 즉, 특수한 정신 능력들의 기저에서 작용하는 일반적인 지능 요인을 의미하며, 간단히 ‘g’로 표기하기도 한다. ‘일반요인’ 또는 ‘g요인’이라고도 한다.

일반화 【一般化】 generalization 학습의 원리나 결론 또는 규칙 등에 있어서 개별적이거나 특정한 범위에 국한되어 적용되던 것이 다른 것들로 적용범위를 넓히는 것 또는 그러한 현상.

일반화된 강화물 【一般化된 强化物】 generalized reinforcer ‘일반화된 강화인’ 참조.

일반화된 강화원 【一般化된 强化源】 generalized reinforcer ‘일반화된 강화인’ 참조.

일반화된 강화인 【一般化된 强化因】 generalized

ㅇ

reinforcer 학습의 한 유형인 조작적 조건형성 이론에서, 강화(强化: reinforcement)에 사용되는 자극 또는 사상(事象: 사건이나 대상 등)을 지칭하여 강화인이라고 하며, 이것은 다시 일차적 강화인, 이차적 강화인 및 일반화된 강화인 등으로 구분된다. 이 중에서 '일반화된 강화인'이란 하나 이상의 일차적 강화인과 연합되어 있는(짝지어져 있는) 이차적 강화인을 지칭한다. 대표적인 예로는 우리가 흔히 사용하는 돈을 들 수 있다. '일반화된 강화인'과 같은 의미를 가진 말로 '일반화된 강화물', '일반화된 강화원', '일반 강화인', '일반 강화물', '일반 강화원' 등의 표현이 사용된다. '강화' 및 '강화인' 참조.

일방거울 【一方거울】 one-way mirror '일방경' 또는 '일면경'이라고도 한다. '일방경' 참조.

일방경 【一方鏡】 one-way mirror 사람이나 동물들을 대상으로 한 실험실 연구에서 많이 사용되는 특수 유리창으로, 창의 한 편에 있는 실험자 또는 연구자는 이 창을 통해 다른 편에 위치한 피험자들을 관찰할 수 있는 반면에, 피험자들은 이 창이 거울처럼 보이도록 되어 있다. '일방거울' 또는 '일면경(一面鏡)'이라고도 한다.

일상생활의 골칫거리(들) daily hassles '해슬' 참조.

일상적 창의성 【日常的 創意性】 everyday creativity 일상생활 속에서 부딪히는 가정의 일이나 업무 관련 일들을 해결하는 과정에서 발휘하는 창의성. 즉 일상적인 일들을 창의적으로 해결해 가는 능력을 의미한다. 한편, 과학이나 예술 분야에서 많이 볼 수 있는 것처럼, 상대적으로 매우 많은 사람들에게 크거나 광범위하게 영향을 미치는 창의성을 지칭할 경우에는 '위대한 창의성(big creativity)'이라는 표현을 사용한다. '창의성' 참조.

일어문 【一語文】 holophrase 한 단어로 된 구문 또는 문장.

일어문기 【一語文期】 holophrase period 언어발달 과정에서 영아의 말이 일어문(holophrase: 한 단어로 된 구문 또는 문장)으로 발화(發話)되는 시기 또는 단계.

일원론 【一元論】 monism 세상의 존재 또는 전체를 하나의 원리나 실체로 설명하려는 이론 또는 관점. 일원론과 상대되는 개념으로 이원론(二元論: dualism)과 다원론(多元論: pluralism)이 있다.

일종 오류 【一種 誤謬】 Type Ⅰ error '1종 오류' 참조.

일차 기억 【一次 記憶】 primary memory '1차적 기억' 참조.

일차 성징 【一次 性徵】 primary sex characteristic / primary sexual characteristic '제 1차 성징' 참조.

일차 순환반응 【一次 循環反應】 primary circular reaction '1차 순환반응' 참조.

일차 시각영역 【一次 視覺領域】 primary visual area 뇌의 대뇌피질(大腦皮質: cerebral cortex) 중에서 후두엽의 뒷부분에 위치하고 있는 영역으로, 시각적 정보의 처리 및 경험이 이 영역에서 일어난다.

일차 운동영역【一次 運動領域】primary motor area 뇌의 대뇌피질(大腦皮質: cerebral cortex) 중에서 중심렬 바로 앞부분에 위치하고 있는 피질영역으로, 이 영역은 신체의 수의적 운동을 통제한다.

일차적 강화물【一次的 强化物】primary reinforcer '일차적 강화인' 참조.

일차적 강화원【一次的 强化源】primary reinforcer '일차적 강화인' 참조.

일차적 강화인【一次的 强化因】primary reinforcer 사전 경험이나 별도의 훈련이 없이도 강화효과를 나타내는 강화인(强化因: reinforcer)을 지칭한다. 예를 들면, 동물들의 학습과정에서 사용될 수 있는 물, 산소 및 다양한 음식물 등이 포함된다. '무조건 강화인(無條件 强化因)'이라고도 한다. 한편, 일차적 강화인 또는 무조건 강화인이라는 용어에서 강화인(强化因)이라는 표현 대신에 '강화물(强化物)' 또는 '강화원(强化源)'이라는 표현이 사용되기도 한다.

일차적 기억【一次的 記憶】primary memory '1차적 기억' 참조.

일차적 정서【一次的 情緒】primary emotions '기본 정서' 참조.

일차적 정신능력【一次的 精神能力】primary mental abilities '1차적 정신능력' 참조.

일차 정서【一次 情緒】primary emotions '기본 정서' 참조.

일차 정신능력【一次 精神能力】primary mental abilities '1차적 정신능력' 참조.

일차 청각영역【一次 聽覺領域】primary auditory area 뇌의 대뇌피질(大腦皮質: cerebral cortex) 중에서 좌우 반구의 측두엽에 위치하고 있는 일부 영역으로, 청각적 정보의 처리 및 경험이 이 영역에서 일어난다.

일차 체감각영역【一次 體感覺領域】primary somatosensory area 뇌의 주요 부분인 대뇌피질(cerebral cortex) 중에서 중심렬에 의해 일차 운동영역과 분리되어 있는 영역으로, 뇌를 앞에서부터 볼 때 중심렬을 기준으로 일차 운동영역의 뒷부분에 위치하고 있는 영역이다. 뜨겁거나 차가운 것을 느끼는 감각 경험, 신체운동감각, 촉감 및 통증 등의 경험이 이곳을 통해 일어난다.

일치성【一致性】congruence / congruency 상담과정에서 상담자가 자신의 내면의 상태와 경험(느낌이나 감정, 욕구, 생각 등)을 이해하고, 나아가 내담자와의 상담관계에서 자신의 내면의 상태와 경험과 일치하는 진솔하고 거짓 없는 반응이나 태도를 보이는 것 또는 그러한 능력. '진솔성' 및 '진실성'과 비슷한 의미로 사용된다.

일탈【逸脫】deviance 사회적 규범에서 벗어나는 행위 또는 그러한 짓. 비행(非行: delinquency)과 비슷한 의미를 가지고 있어 이 두 용어를 혼용하는 경우가 많다. 사회학 관련 분야에서는 일탈이라는 표현을 사용하는 경우가 많다. 일반적으로 청소년들이 보이는 문제행동을 지칭할 때는 일탈이라는 표현보다는 비행이라는 표현을 사용하여 '청소년비행' 또는 '비행

청소년' 등으로 표현하는 경우가 많다.

일화기억【逸話記憶】episodic memory 기억 중에서도 장기기억(long-term memory)의 한 형태로, 특히 과거에 있었던 일화(에피소드: episode)가 포함된 기억을 지칭한다. 구체적으로, 기억의 주체인 개인이 과거에 경험했던 크고 작은 사건들(예를 들면, 학창시절 선생님께 칭찬을 받았던 일이나 꾸중을 받았던 일, 동창회에 가서 친구들과 어울렸던 일, 생일날 축하를 받았던 일또는 대학입학식이나 결혼식 등)에 관한 기억을 지칭한다. 한편, 일화기억은 '일화적 기억(逸話的 記憶)'이라고도 하며, 이외에도 '삽화기억(揷話記憶)' 또는 '삽화적 기억(揷話的 記憶)'이라고도 한다.

일화적 기억【逸話的 記憶】episodic memory '일화기억' 참조.

읽기요법【읽기療法】reading therapy '읽기치료'라고도 하며, '독서치료'와 같은 의미로 사용된다. '읽기치료' 및 '독서치료' 참조.

읽기치료【읽기治療】reading therapy 책 읽기를 통해 개인이 가진 고민이나 문제를 치료하는 심리치료의 한 형태. '읽기요법'이라고도 하며, '독서치료'와 같은 의미로 사용된다. '독서치료' 참조.

임사체험【臨死體驗】near-death experience 죽음의 문턱에 다다랐던 상태 또는 죽음 판정을 받았던 상태에서 겪었던 체험으로, 생존 시의 일반적인 정신적 상태나 경험과 다른 신비롭고 특별한 정신적 체험. 즉, 수술, 사고나 심장마비 등으로 죽음에 근접한 상태에까지 이르렀던 사람들과 의학적으로 사망 판정을 받아 사망 상태에 있다 되살아난 사람들이 보고하는 사망 직전의 경험 또는 사망 상태에 도달했던 경험을 통해 알려지고 있다. 임사체험을 보고하는 사람들의 보고 내용 가운데는 평화로운 감정, 밝은 빛의 발견, 터널을 빠져나가는 경험, 사람들이 자신의 곁에서 웅성거리는 소리, 가족들이 자신의 곁에서 우는 소리, 자신에 대해 사망 선고를 하는 의사의 말소리, 과거에 자신보다 앞서서 사망했던 영혼들과의 접촉, 자신의 영혼이 신체를 벗어나 떨어진 곳에서 자신의 신체를 바라보는 경험(유체이탈 경험) 등과 같은 경험 내용이 포함된다. 많은 연구보고들에 따르면 수술, 심각한 사고나 부상, 심장마비 등으로 인해 사망 직전에까지 갔다 살아 돌아온 사람들 가운데 약 10~40% 정도의 사람들이 임사체험을 했던 것으로 보고되고 있다. 한편, 임사체험은 전형적인 환각경험과 일치한다고 보는 주장도 있으나 환각경험과는 구분되는 경험이라고 주장하는 반론이 맞서고 있다. 동시에 임사체험은 꿈의 일종이라고 보는 견해도 있다. 한편, 임사체험에 관한 체험 보고는 신체와 정신의 분리를 부정하는 심신일원론(心身一元論)과 신체와 정신의 분리를 인정하는 심신이원론(心身二元論)의 논쟁으로까지 이어지고 있다. 심신일원론자들은 신체와 정신은 하나의 동일체에서 비롯되는 다른 측면일 뿐으로 죽음과 동시에 모두 사라진다고 보는 반면에, 심신이원론자들은 신체와 정신 및 영혼은 분리되는 서로 다른 실체로 각기 독립적으로 존재한다고 보며, 바로 임사체험은 그것을 입증하는 것이라고 주장한다. '근사체험(近死體驗)'이라고도 한다.

임상심리학【臨床心理學】clinical psychology 성격이나 정서를 포함한 심리 및 행동에서의 장애, 즉 심리장애(또는 정신장애)나 이상행동을 평가하고 진단하고 치료하는 것과 관련된 연구를 진행하는 심리학의 한 분야. '임상(臨床)'을 의미하는 영어 표현인 'clinic'이라는 단어는 '병상에서의 의료 행위'라는 의미를 가진 그리스어 'klinike'에서 유래한 것으로 알려져 있다.

임상심리학자【臨床心理學者】 clinical psychologist 임상심리학(clinical psychology) 분야에서 활동하는 심리학자를 지칭한다.

임상심리학회【臨床心理學會】 Clinical Psychological Association 임상심리학 분야에 관한 연구와 발전을 목적으로, 관련 분야에서 활동하는 학자와 전문가들로 구성된 학회. '한국임상심리학회' 참조.

임신【姙娠】 pregnancy 흔히 "아이를 가졌다"라고 표현되는 상태를 말하는 것으로, 난자와 정자가 결합된 수정의 순간에서부터 태내발달과정을 거쳐 출산되기 전까지의 시기를 말한다. 구체적으로 난자(또는 난세포)와 정자(또는 정세포)가 결합된 수정란이 자궁으로 이동하여 자궁의 내막에 성공적으로 착상(着床)하여 출산되기 전까지 태내발달 또는 발육이 진행되어 가고 있는 상태 또는 현상을 말한다.

임의(의)【任意(의)】 random '명확한 목표, 대상, 이유, 전망이 없는'이라는 의미를 가진 표현이다.

임의추출법【任意抽出法】 random sampling 표본(標本: sample)을 선정하는 과정에서, 그 구성원 또는 대상이 모집단(母集團)으로부터 동등한 확률을 가지고 추출되는 통계기법. '무선추출법' 또는 '무작위추출법'이라고도 한다.

임파워먼트 empowerment 개인의 능력이나 역량 또는 삶에 대한 통제력을 강화시키는 과정. '역량강화'라고도 한다.

임피 IMFY 'In My Front Yard('우리 거주지역에 배치해야 함'이라고 풀이되며, 직역을 하면 '나의 앞마당에 배치해야 함'이라고 번역됨)'의 약자. '임피증후군' 참조.

임피증후군【임피症候群】 IMFY syndrome IMFY는 'In My Front Yard('우리 거주지역에 배치해야 함'이라고 풀이되며, 직역을 하면 '나의 앞마당에 배치해야 함'이라고 번역됨)'. 특정 지역의 거주민들 또는 지방자치단체가 자기 지역에 이득이 되거나 발전에 도움이 되는 시설물(예를 들면, 다양한 유형의 박물관이나 문화 및 스포츠 시설 등)을 유치하거나 특정 시설물에 대한 관리 및 통제권을 차지하기 위해 벌이는 적극적인 활동 또는 그와 관련된 일련의 현상을 말한다. '임피현상'이라고도 한다. 이와는 반대되는 현상으로, 자기 지역에 불쾌하거나 혐오적인 시설이 배치되는 것을 반대하는 '님비증후군(NIMBY syndrome)'이 있다.

임피현상【임피現象】 IMFY syndrome '임피증후군' 참조.

입양【入養】 adoption 법률에 따라 생물학적으로 혈연관계에 있는 부모-자녀관계가 아닌 사람들, 즉 양친(養親)과 양자(養子)가 서로 간에 부모-자녀관계를 맺는 것 또는 그러한 행위과정을 지칭한다.

입양 설계【入養 設計】 adoption design '입양 연구(adoption study)'라고도 한다. '입양 연구' 참조.

입양 연구【入養 硏究】adoption study 인간의 행동 및 심리적 특성에 미치는 유전과 환경의 영향(특히 환경의 영향)을 밝히기 위해 생물학적인 친부모가 아닌 양부모(養父母)에게 입양된 아동 또는 자녀들을 대상으로 하여 진행하는 연구 또는 연구방법을 말한다. 만일 양부모와 이들에게 입양되어 자란 자녀 간에 행동 및 심리적 특성에서의 유사성이 발견된다면 이는 유전의 영향보다는 환경의 영향이 작용한 것으로 해석될 수 있다. '입양 설계' 또는 '양자 연구(養子 硏究)'라고도 한다.

자각몽【自覺夢】 lucid dream　꿈을 꾸고 있는 동안 수면자가 자신이 꿈을 꾸고 있다는 사실을 자각하면서 꾸는 꿈. '명료한 꿈'이라고도 한다. '명료한 꿈' 참조.

자궁【子宮】 uterus / womb　여성의 생식기관의 일부로, 나팔관에서 수정된 수정란이 이동하여 착상한 후 분만할 때까지 태아가 자라는 곳. '아기집'이라고도 한다.

자궁관【子宮管】 fallopian tube / oviduct　'나팔관' 또는 '난관'이라고도 한다. '나팔관' 참조.

자극【刺戟】 stimulus　유기체의 감각기관에 작용하는 외부로부터의 에너지 또는 환경 속의 사상(事象). 그 결과로 흔히 유기체의 반응을 유발하게 된다. 'stimulus'의 복수형은 'stimuli'이다.

자극 간 간격【刺戟 間 間隔】 interstimulus interval　고전적 조건형성 과정에서 조건자극(최초 중성자극)이 제시된 이후 무조건자극이 제시되기까지의 경과 시간 또는 시간 간격을 말한다.

자극오차【刺戟誤差】 stimulus error　Wundt 및 그의 제자 Titchener로 대표되는 구조주의 심리학(構造主義 心理學)에서 사용했던 주요 실험방법은 내성법(內省法)이었다. 이 방법을 적용하는 과정에서 훈련받지 않은 내성가(內省家)들이 의식의 내용이 아니라 관찰되는 대상을 기술함으로써 일으키게 되는 착오를 지칭하여 자극오차(刺戟誤差)라 명명한다.

자극일반화【刺戟一般化】 stimulus generalization　고전적 조건형성 과정에서 조건자극(A: 최초 중성자극)과 무조건자극의 짝짓기시행을 일정한 횟수만큼 반복됨에 따라 처음에는 반응을 일으키지 못하던 조건자극이 무조건자극이 일으키는 무조건반응과 유사한 반응을 유발하게 되는데 이러한 현상을 조건반응이라고 한다. 그런데 이러한 조건자극(A)에 대해 유발되는 조건반응은 조건자극(A) 이외에도 조건자극과 유사한 다른 자극들에 대해서도 유발되는데 이러한 현상을 자극일반화라고 한다. 이러한 자극일반화 현상은 조건자극에 대해 학습된 반응(조건반응)이 조건자극과 유사한 다른 자극들로 일반화되었음을 의미하는 것이다.

자기【自己】 self　자기개념(self-concept), 자기존중감(self-esteem) 및 자기정체성(self-identity)의 핵심적인 측면으로, '나(또는 자신)'를 구성하고 있거나 나와 의미 있게 관련되어 있어 '나'를 특징짓는다고 여겨지는 모든 속성들에 대한 지각이나 인식을 의미한다. '나는 누구라고 생각하는가?', '나는 어떤 사람이라고 생각하는가?'와 같은 물음에 대한 답이 될 수 있는 자신의 신체적인 측면에 대한 지각이나 인식, 자신의 성격, 지능, 가치관, 사고방식, 태도 및 정서 등과 같은 심리적 측면에 대한 지각이나 인식, 자신의 다양한 행동적 측면에 대한 지각이나 인식, 그리고 자신과 타인들(부모, 형제, 친구, 이웃, 동료 등)과의 관계 측면에 대한 지각이나 인식 등이 자기를 구성한다. '자아(自我)'라고도 한다.

자기가치감【自己價値感】 self-worth 자기 자신을 가치 있는 존재로 느끼는 정도. '자기존중감(self-esteem)'과 유사한 의미로 사용된다.

자기강화【自己强化】 self-reinforcement 강화의 한 형태로, 외부로부터 주어지는 강화와 달리, 자신이 행한 행동에 대해 자기 스스로가 부여하는 강화. 구체적으로 자신이 설정한 목표를 달성하기 위해 노력 행동을 한 결과 목표가 달성되었다면, 그때 느끼는 성취감이나 자부심 또는 기쁨 등과 같이 자기 내부에서의 긍정적 경험은 스스로가 자신에게 부여하는 강화, 즉 자기강화로 작용한다.

자기개념【自己槪念】 self-concept 자기 자신에 대한 지식 또는 개념. '자기개념'은 한 개인이 자기 자신의 신체적 특징, 건강, 용모 등의 신체적 측면에서부터 자신의 가치관, 사고방식, 감정, 태도, 성격, 도덕성 및 지적 능력 등의 심리적 측면, 그리고 자신의 사회적 지위 및 관계의 특징 등의 사회적 측면에 이르기까지 자신에 관한 모든 부분에 대하여 가지고 있는 개념 또는 지식이나 이해를 의미한다. '자아개념(自我槪念)'이라고도 한다.

자기개방【自己開放】 self-disclosure '자기노출' 참조.

자기공개【自己公開】 self-disclosure '자기노출' 참조.

자기기여 귀인【自己寄與 歸因】 self-serving attribution '자기본위적 편향' 참조.

자기기여적 귀인【自己寄與的 歸因】 self-serving attribution '자기본위적 편향' 참조.

자기기여적 편향【自己寄與的 偏向】 self-serving bias '자기본위적 편향' 참조.

자기기여 편향【自己寄與 偏向】 self-serving bias '자기본위적 편향' 참조.

자기노출【自己露出】 self-disclosure 인간관계에서 상대방 또는 타인에게 자신에 관한 사적인 측면 또는 사적인 정보를 드러냄으로써 상대방 또는 타인이 자신을 알 수(이해할 수) 있도록 하는 자발적인 행위(과정)를 말한다. '자기개방(自己開放)' 또는 '자기공개(自己公開)'라고도 한다.

자기도식【自己圖式】 self-schema 자기에 대한 도식. 도식(圖式: schema)이란 '세상의 어떤 부분(예를 들면, 사람이나 물체 또는 사건 등)에 관한 정보 또는 개념들을 상호 관련지어 의미 있게 조직화하는 인지적 구조'를 말한다. '자기도식'이란 지나온 삶의 과정 속에서 형성된 나에 대한 인지적 구조로, 나(또는 자신)와 관련된 정보들을 처리하는 과정에서 의미 있게 조직화하는 기능을 하게 된다.

자기도취【自己陶醉】 narcissism '나르시시즘' 참조.

자기도취증【自己陶醉症】 narcissism '나르시시즘' 참조.

자기 복잡성【自己 複雜性】 self complexity '나(또는 자신)'를 구성하고 있거나 나와 의미 있게 관련되어 있어 '나'를 특징짓는다고 여겨지는 모든 속성들에 대한 지각이나 인식을 '자기(自己)' 또는 '자아(自我)'라고 한다. 이러한 '자기'는 자신과 관련된 매우 다양한 측면들이 매우 다양한 수준에서 관련되어 있기 때문에 자신과 관련된 각 측면(또는 영역)들마다 '다양한' 자기를 상정할 수 있다. 따라서 '하나의' 자기 또는 '전체적인' 자기를 말하기란 간단하거나 쉬운 문제가 아니라고 할 수 있다. 이처럼 '자기' 또는 '자기개념'이 얼마나 단순한지 아니면 복잡한지의 정도를 지칭하여 '자기 복잡성'이라고 한다.

자기본위 귀인【自己本位 歸因】 self-serving attribution '자기본위적 편향' 참조.

자기본위적 귀인【自己本位的 歸因】 self-serving attribution '자기본위적 편향' 참조.

자기본위적 편향【自己本位的 偏向】 self-serving bias 귀인(attribution) 과정에서 나타나는 편향(bias)의 일종으로, 흔히 자신이 행한 일과 관련하여 긍정적인 결과가 발생한 경우에는 자신의 탓으로 돌리는(내부귀인하는) 경향을 보이는 반면에, 부정적인 결과가 발생한 경우에는 상황이나 다른 사람의 탓으로 돌리는(외부귀인하는) 경향성 또는 현상을 의미한다. '자기본위 편향', '자기기여 편향', '자기기여적 편향', '자기위주편향'이라고도 한다. 한편, 이와 같은 편향이 포함된 귀인을 '자기본위 귀인', '자기본위적 귀인', '자기기여 귀인' 또는 '자기기여적 귀인'이라고 한다.

자기본위 편향【自己本位 偏向】 self-serving bias '자기본위적 편향' 참조.

자기분석【自己分析】 self-analysis (1) 자기의 내면의 세계 또는 내면의 상태(사고나 신념, 감정, 정서, 욕망, 동기, 태도, 꿈 등)를 이해하기 위한 분석 활동. (2) 정신분석에서, 자신의 내면의 세계, 특히 자신의 무의식 세계 또는 무의식 세계의 내용이나 구조를 이해하기 위한 분석 활동.

자기 불일치【自己 不一致】 self-discrepancy '나 또는 자신'을 구성하고 있거나 나와 의미 있게 관련되어 있어 '나'를 특징짓는다고 여겨지는 모든 속성들에 대한 지각이나 인식을 '자기(自己)' 또는 '자아(自我)'라고 한다. 이러한 '자기'를 구성하고 있거나 자기와 관련된 자신의 속성 또는 특성들은 일반적으로 다양한 영역들이 관련되어 있기 때문에, '자기'는 '전체적인 자기'와 함께 자신과 관련된 세부적인 영역들에 따른 다양한 자기(예를 들면, 실제적 자기, 이상적 자기, 당위적 자기, 사회적 자기, 정서적 자기, 신체적 자기 등)를 생각할 수 있다. 일반적으로 이러한 다양한 자기들 간에는 항상 일치 또는 불일치의 가능성이 있다. '자기'는 각 개인의 자기개념이나 자기존중감 또는 자기정체감 등의 핵심적인 측면으로, 각 개인이 가진 다양한 '자기'들 간의 일치는 정신건강 등의 측면에서 바람직하고 이상적인 상태라고 할 수 있다. 자연히 다양한 '자기'들 간의 불일치를 나타내거나 그 불일치의 정도가 클수록 바람직하지 못한 상태라고 할 수 있다. 하지만 실제로 각 개인이 가진 다양한 '자기'들 간에는 일치를 나타내는 경우보다는 불일치를 나타내는 경우가 더 많은 것으로 이해되고 있다.

자기 성도식【自己 性圖式】own-sex schema 도식(schema)이란, 세상의 어떤 부분(예를 들면, 사람이나 물체 또는 사건 등)에 관한 정보 또는 개념들을 상호 관련지어 의미 있게 조직화하고 있는 인지적 구조를 의미한다. 개인이 가진 세상에 관한 다양한 도식 또는 인지적 구조들 가운데 '자기의 성(own-sex)'에 대해 가지고 있는 도식을 지칭하여 '자기 성도식'이라고 한다. 구체적으로 '자기 성도식'에는 자기의 성 및 성역할과 관련하여 적절한 것으로 기대되는 사고, 태도, 행동 등에 대한 이해와 지식이 포함되며, 나아가 그와 같은 이해와 지식은 그것에 부합하는 행동 또는 수행을 하도록 만든다.

자기수용【自己受容】self-acceptance / self acceptance 자기가 가지고 있는 특징이나 특성들(심리적, 신체적 또는 행동적 측면들)에 대해 비판이나 왜곡을 하지 않고 있는 그대로 인정하고 받아들이는 것.

자기실현【自己實現】self-actualization Rogers, Maslow 등의 인본주의 심리학자들이 중요하게 사용하는 개념 가운데 하나로, 이들은 인간에게는 선천적으로 타고난 성장과 완성을 향한 잠재력 및 이것을 실현하려는 기본적인 경향성이 있다고 가정한다. 이와 같이 개인들이 저마다 타고난 잠재력을 삶의 과정을 통해 발휘하여 실현해 가는 것 또는 그러한 경향성을 지칭하여 '자기실현'이라고 한다.

자기실현욕구【自己實現慾求】self-actualization needs Maslow (1908~1970)가 제안한 '욕구의 위계(hierarchy of needs)' 중에서 최고의 단계(수준)에 위치하는 욕구. 인간에게는 기본적으로 선천적으로 타고난 성장과 완성을 향한 잠재력 및 이를 실현하려는 경향성이 있다고 보며, 이러한 경향성을 추구하는 욕구를 지칭하여 '자기실현욕구'라고 한다. '자기실현의 욕구'라고도 한다. '욕구의 위계' 및 '자기실현' 참조.

자기실현의 욕구【自己實現의 慾求】self-actualization needs '자기실현욕구' 참조.

자기암시【自己暗示】autosuggestion 자기 자신을 대상으로 이루어지는 암시(suggestion). 흔히 어떤 특정한 메시지나 관념에 대해 반복적으로 사고하는 과정을 통해 이루어진다.

자기애【自己愛】narcissism '나르시시즘' 참조.

자기위주편향【自己爲主偏向】self-serving bias '자기본위적 편향' 참조.

자기의식적 정서【自己意識的 情緖】complex emotions '복합 정서' 참조.

자기인식【自己認識】self-recognition '자기재인' 참조.

자기재인【自己再認】self-recognition 사진이나 거울에 비친 자기의 모습을 보고 그것이 자기라는 사실을 재인하는(또는 인식하는) 능력. 영아의 얼굴에 빨간색 루즈를 묻힌 후에 영아를 거울 앞으로 데려가서 '자기재인' 능력이 있는지를 알아보는 검사에서, 생후 약 15~17개월 된 영아들은 소수만이 자기재인 능력을 나타낸 반면에, 생후 약 18~24개월 된 영아들의 경우에는 대부분이 자기재인 능력이 있는 것으로 나타나고 있다. '자기인식'이라고도 한다.

자기조절【自己調節】self-regulation 자기 자신의 행동에 대한 관찰과 평가, 방향 설정 및 수정 등의 통제 행위 또는 그러한 통제가 이루어지는 과정.

자기존중감【自己尊重感】self-esteem 자기 자신의 전반적인 측면에 대한 총체적인 평가의 결과로, 자기 자신을 소중하고 가치 있는 존재로 느끼는 정도. 구체적으로, 자기존중감은 자기 자신이 가지고 있는 성격, 지능, 가치관, 생활 자세나 태도, 능력, 인간관계, 신체, 건강 등과 같은 자신의 전반적인 측면들, 즉 심리적, 행동적 및 신체적 측면들 전반에 대한 총체적인 평가에 따라 나타나는 결과로, 자신을 가치 있는 또는 긍정적인 존재로 느끼는 정도 또는 수준을 의미한다. 자기존중감은 정신건강의 중요한 측면으로 이해되고 있으며, 개개인이 삶의 과정에서 보이는 다양한 적응 또는 부적응 행동들과 관련이 있는 중요한 변인으로 평가되고 있다. 전반적으로 높은 자기존중감은 개인의 적응적 또는 긍정적인 행동이나 특성들과 관련이 많은 반면에, 낮은 자기존중감은 부적응적 또는 부정적인 행동이나 특성들과 관련이 많은 것으로 나타나고 있다. '자아존중감' 또는 '자존감'이라고도 한다.

자기주도적 학습【自己主導的 學習】self-directed learning 타인(부모나 교사 등)이나 다른 외적인 요소에 의존하거나 영향을 받지 않고 학습자 자신이 중심이 되어 스스로 학습 목표를 세우고, 이 목표를 이루기 위한 계획을 세우고, 계획에 따라 학습을 진행하고, 나아가 스스로 학습결과를 평가해 가는 학습 형태.

자기주장훈련【自己主張訓練】assertive training 자신의 감정이나 의견을 점진적이고 반복적인 과정을 통해 표현하도록 하는 훈련 절차. 사회적 상황이나 대인관계에 대한 불필요하고 불합리한 불안이나 공포를 없애고, 더 나아가 자연스럽고 자신감 있는 생활을 해갈 수 있도록 도와주기 위한 주요 방법으로 사용한다. 흔히 사회적 상황이나 대인관계에 대한 불안이나 공포가 타당한 이유나 근거가 없음을 이해시키고, 나아가 자기의 감정이나 생각을 표현하는 자기주장훈련을 통해 사회적 및 대인관계 상황에서의 불안이나 공포를 점차적으로 극복해가도록 도와주는 절차를 따른다.

자기중심성【自己中心性】egocentrism 사물을 바라보고 지각하는 관점('조망'이라고도 함)에 있어서, 자신의 관점 이외에도 이와 다른 관점(즉, 자신의 관점과 다른 타인의 관점)이 있을 수 있다는 것을 알지 못하는 인지적 특성 또는 인지능력의 한계. Piaget (1896~1980)의 인지발달이론에서 두 번째 단계인 전조작기(preoperational stage)의 아이들이 나타내는 인지적 특성 가운데 하나로, 이 시기의 아이들은 부모를 포함한 다른 모든 사람들이 아이 자신과 같은 방식으로 사물을 바라보고 지각한다고 인식한다. '자아중심성'이라고도 한다.

자기중심적 언어【自己中心的 言語】egocentric speech 스위스의 심리학자 Piaget (1896~1980)가 학령 전 전조작기의 아동들이 특징적으로 보이는 언어행동을 지칭하기 위해 사용한 개념으로, 상대방과 어떤 의사나 메시지를 교환하기 위한 언어라기보다는 자기가 하고 싶은 말을 하는 자기 지향적인 언어를 의미한다. 구체적으로, 아동이 다른 또래들과 함께 이야기를 나누고 있는 상황에서 상대방과 의견이나 정보를 주고받는 대화가 아닌, 혼자만의 말을 하는 경우에서 그 예를 찾아볼 수 있다. 또한 혼자 놀고 있는 아동이 아무도 없는 상황에서 중얼거리듯이 혼잣말을 하는 경우도 자기중심적인 언어의 또 다른 예가 된다.

자기지각이론【自己知覺理論】self-perception theory 흔히 다른 사람들의 행동을 관찰한 후에 귀인과정을 통해 그 사람의 신념이나 태도 등에 대해 추론하게 되는 것처럼, 개인이 자신에 대하여 알게 되는 것은 직접적으로 바로 아는 것이 아니라 자신이 행한 행동을 관찰한 후에 이 행동에 대한 귀인과정을 통해 알아가게 된다고 설명하는 이론. 이 이론에 따르면 개개인이 가지고 있는 신념이나 태도 등은 각 개인이 자신이 한 행동에 대한 관찰, 지각, 추론 및 귀인 과정의 영향을 받는다.

자기충족예언【自己充足豫言】self-fulfilling prophecy '자기충족적 예언' 또는 '자성예언(自成豫言)'이라고도 한다. '자기충족적 예언' 참조.

자기충족적 예언【自己充足的 豫言】self-fulfilling prophecy 자기 자신이나 다른 어떤 사람에 대한 기대나 예언이 실제로 자신이나 타인으로 하여금 그 기대나 예언과 같은 행동을 하도록 만듦으로써 결과적으로 그 기대나 예언이 실현되는 현상. '자기충족예언' 또는 '자성예언(自成豫言)'이라고도 한다.

자기통제【自己統制】self-control 어떤 행동이나 활동 과정에서 자신에 대해 스스로 행하는 통제. 즉, 어떤 일이나 행동을 진행하기 위해 스스로 계획하고, 결정하고, 선택하며, 동시에 자신의 즉각적인 충동이나 욕망을 억제하기도 하면서 실행해가는 것과 같이, 특정 행동이나 활동과 관련하여 자기 자신에 대하여 행하는 일련의 통제 또는 통제행위를 의미한다.

자기효능감【自己效能感】self-efficacy 자기 자신이 어떤 과제나 목표를 이루기 위해 발휘할 수 있는 능력 또는 유능성에 대한 신념. 즉, 자기효능감이란 개인이 가진 '자신이 어떤 과제나 목표를 잘 해낼 수 있다는 신념'을 말하는 것으로, 자기효능감이 높은 개인은 자기효능감이 낮은 개인에 비해 자신의 과제나 목표를 이루기 위해 필요한 노력과 행동을 더 지속적으로 하는 경향이 있으며, 그 결과 더 높은 수준의 과제수행이나 목표달성을 보이게 된다. 미국의 심리학자인 Bandura (1925~)가 처음으로 제안한 개념이다.

자동과정【自動過程】automatic processing / automatic process '자동적 과정', '자동적 처리' 또는 '자동처리'라고도 한다. '자동적 과정' 참조.

자동번역【自動飜譯】automatic translation 기계적 장치(흔히 컴퓨터)를 이용하여 특정 언어로 된 문장이나 문서 파일을 다른 언어로 번역하는 것. 기계번역(機械飜譯: machine translation)이라고도 한다.

자동성【自動性】automaticity '자동화(自動化)'라고도 한다. '자동화' 참조.

자동적 과정【自動的 過程】automatic processing / automatic process 행동의 진행이 의식적인 통제나 주의집중 없이 무의식적으로(또는 자동적으로) 이루어지는 과정. '자동과정', '자동적 처리' 또는 '자동처리'라고도 한다.

자동적 처리【自動的 處理】automatic processing /

automatic process '자동적 과정', '자동과정' 또는 '자동처리'라고도 한다. '자동적 과정' 참조.

자동처리【自動處理】 automatic processing / automatic process '자동적 과정', '자동과정' 또는 '자동적 처리'라고도 한다. '자동적 과정' 참조.

자동화【自動化】 automaticity 의식적인 주의(또는 주의집중)를 기울여야만 가능했던 행동이 반복적으로 이루어짐에 따라 의식적인 주의 없이도 무의식적으로(자동적으로) 이루어지는 상태. '자동성'이라고도 한다.

자메뷔 jamais vu 과거에 보았거나 경험한 일이 있어서 잘 알고 있는 현재의 상황을 마치 처음 보거나 경험하는 것처럼 생소하게 느끼는 심리상태 또는 심리현상. 일종의 기억 착오로 이해되고 있으며, '미시감(未視感)'이라고도 한다. 한편, '자메뷔'와는 반대로 현재 경험하고 있는 상황(예를 들면, 어떤 사람을 만나거나 어떤 장소에 와 있는 상황 등)이 과거에 보거나 경험한 적이 없는 처음 겪는 상황인데도 마치 과거에 본 적이 있거나 경험한 적이 있는 것처럼 느끼는 심리상태 또는 심리현상을 지칭하여 '데자뷔(déjà-vu)'라고 한다. '데자뷔' 참조.

자물쇠-열쇠 작용【자물쇠-열쇠 作用】 lock-and-key action 신경계에서 정보전달에 관여하는 뉴런과 뉴런 간의 관계에서 정보를 담고 있는 신경전달물질의 방출과 수용 및 효과를 자물쇠와 열쇠 간의 관계로 설명하는 이론적 모델의 하나. 이 모델에 따르면, 정보를 전달하는 뉴런('시냅스 전 뉴런'이라고 함)으로부터 시냅스(신경전달물질의 전달 및 수용이 이루어지는 뉴런들이 미세한 틈을 두고 서로 연접하고 있는 상태) 공간으로 방출된 신경전달물질이 이를 수용하게 될 다음 뉴런인 '시냅스 후 뉴런(신경전달물질의 수용을 통해 정보를 전달받는 뉴런)'으로 효과적으로 전달되기 위해서는 '시냅스 전 뉴런'으로부터 방출된 신경전달물질과 이를 수용하는 '시냅스 후 뉴런'의 수용기가 정확하게 잘 맞아야 한다고 본다. 자물쇠와 열쇠가 꼭 맞아야 제 기능을 발휘할 수 있는 것과 마찬가지로 보는 것이다.

자발적 회복【自發的 回復】 spontaneous recovery 고전적 조건형성 과정에서 흔히 일정한 학습시행을 통해 조건자극(최초 중성자극)과 무조건자극을 짝지어 주게 되면, 처음에는 특정 반응을 유발시키지 못하던 조건자극(최초 중성자극)이 조건반응을 일으키게 된다. 이처럼 조건자극이 조건반응을 일으키는 현상은 일정한 과정(경험)을 거쳐 피험자의 반응 또는 행동에서 변화를 유발한 것이기 때문에, 일종의 학습이 일어난 것으로 본다(고전적 조건형성). 그러나 이렇게 학습이 이루어진 이후에 조건자극과 무조건자극을 짝지어 주는 절차를 지속적으로 중단하게 되면 조건자극에 따른 조건반응의 강도가 점차 감소하다가 어느 시점에 도달하게 되면 반응이 중단되는 상황에 이르게 되는데, 이러한 현상을 소거라고 한다. 한편 소거는 조건자극에 대하여 나타나던 조건반응이 중단된 상황 또는 현상을 말하지만, 그렇다고 해서 이러한 소거(또는 소거현상)가 학습과정(즉, 고전적 조건형성 과정)의 초기단계, 즉 학습 이전단계로 되돌아간 것을 의미하지는 않는다. 이 점은 학습 초기단계에서는 볼 수 없지만 소거 이후에 나타나는 자발적 회복 현상을 통해 확인할 수 있다. 즉, 소거가 이루어진 뒤에 별도의 과정 없이 일정한 시간이 경과한 다음, 다시 조건자극을 제시하게 되면 피험자(피험동물)는 소거되었던 조건반응을 다시 일으키게 되는데, 이러한 현상을 자발적 회복이라고 한다. 이러한 자발적 회복 현상은 학습 초기 또는 학습 이전단계에서는 볼 수 없는 현상으로 소거현상이 학습 이전상태로 되돌아간 것이 아님을 시사해 준다.

자살【自殺】suicide 스스로 자신의 생을 마감하기 위해 목숨을 끊는 행위. 자살은 일련의 과정을 포함하는데, 여기에는 자살사고, 자살시도, 자살행동(또는 자살행위) 등이 포함된다. 흔히 '자살'은 '자살행동'과 같은 의미로 사용된다.

자살관념【自殺觀念】suicidal ideation '자살사고' 참조.

자살사고【自殺思考】suicidal ideation '자살' 혹은 '자살행동'을 단행하기에 앞서서 이루어지는 자살에 대한 일련의 사고 또는 사고과정. '자살생각' 또는 '자살관념'이라고도 한다.

자살생각【自殺생각】suicidal ideation '자살사고' 참조.

자살시도【自殺試圖】suicide attempt / attempted suicide 자살하기 위한 계획을 세우거나 행동을 하는 것.

자살행동【自殺行動】suicidal behavior 자살하기 위해 행하는 행동. '자살행위'라고도 하며, 흔히 '자살'과 같은 의미로 사용된다.

자살행위【自殺行爲】suicidal behavior '자살행동' 참조.

자서전적 기억【自敍傳的 記憶】autobiographic memory '자전적 기억' 참조.

자성예언【自成豫言】self-fulfilling prophecy '자기충족적 예언(自己充足的 豫言)' 또는 '자기충족예언'이라고도 한다. '자기충족적 예언' 참조.

자아【自我】ego Freud (1856~1939)가 자신의 정신분석이론 및 성격이론에서 제안하고 있는 성격을 구성하는 세 가지 주요 요소 가운데 하나로, 원초아(id)의 본능적이고 맹목적인 쾌락의 추구를 현실의 상황과 요구를 고려하여 조절하고 조화시키는 역할을 한다. 즉, 자아는 성격을 구성하는 요소들 가운데 합리적인 기능을 담당하는 요소라 할 수 있다. '에고'라고도 한다.

자아【自我】self '자기(自己)'라고도 한다. '자기' 참조.

자아강도【自我强度】ego strength 자아가 가지고 있는 기능적 측면의 강도. 즉, 자아강도는 자아가 담당하고 있는 기능이나 역할을 얼마나 잘 수행하고 발휘하는지를 나타내기 위해 사용하는 표현이다. '자아기능' 참조.

자아개념【自我槪念】self-concept '자기개념'이라고도 한다. '자기개념' 참조.

자아기능【自我機能】ego function 흔히 성격 체계 안에서 자아(ego)는 현실의 상황과 요구를 고려하여 개체의 욕구나 욕망을 조절하고 적절히 충족시켜 가는 합리적인 역할을 담당한다. 이와 같은 역할을 수행하는 과정을 지칭하거나 그 과정에서 자아가 발휘하는 현실에 대한 지각, 검토, 판단 및 조절 등의 기능을 지칭하여 '자아기능'이라고 한다.

자아의식 【自我意識】 self-consciousness / self-awareness '자의식' 참조.

자아의식적 정서 【自我意識的 情緖】 complex emotions '복합정서' 참조.

자아존중감 【自我尊重感】 self-esteem '자기존중감' 또는 '자존감'이라고도 한다. '자기존중감' 참조.

자아중심성 【自我中心性】 egocentrism '자기중심성'이라고도 한다. '자기중심성' 참조.

자연관찰 【自然觀察】 naturalistic observation '자연관찰법'이라고도 한다. '자연관찰법' 참조.

자연관찰법 【自然觀察法】 naturalistic observation 유기체(인간을 포함한 생명체)의 행동을 관찰하고 기록하는 연구방법의 하나로, 유기체의 행동에 영향을 미칠 수 있는 인위적인 조건을 만들거나 통제가 이루어지는 상황에서 나타나는 유기체의 행동을 관찰하는 실험연구와는 달리, 인위적인 조건이나 통제가 없는 자연적인 조건이나 상황에서 일어나는 유기체의 행동을 관찰하고 기록하는 연구방법. '자연관찰', '자연관찰법' 또는 '자연적 관찰법'이라고도 한다.

자연도태 【自然淘汰】 natural selection 환경이 특정 생물 종의 형질적 변이(變異: variation)에 작용하여 특정한 변이를 가진 개체를 선택하거나 도태시키는 기제. 즉 환경에 적응적인 변이를 가진 개체는 생존하여 동일한 변이를 가진 후손을 남길 수 있게 되고, 그렇지 못한 개체는 도태되고 마는 현상. Darwin (1809~1882)이 진화론을 설명하면서 사용한 개념으로, 다윈은 모든 종류의 생물체는 자연도태 과정을 거쳐 분화되어 왔다고 보았으며, 따라서 모든 생물종들 간에는 어떤 식으로든 계통적인 관계가 있다고 보았다. '자연선택'이라고도 한다.

자연선택 【自然選擇】 natural selection '자연도태' 참조.

자연실험 【自然實驗】 natural experiment 실험실에서 이루어지는 실험처럼 연구자(또는 실험자)가 직접 독립변인을 통제하는 것이 아니라 자연적인 상태 또는 자연적으로 발생하는 독립변인(흔히 사람들의 삶에 영향을 미치는 사건이나 경험)을 관찰하고 측정하는 방식으로 진행하는 실험. '유사실험(quasi-experiment)'이라고도 한다. '유사실험' 참조.

자연적 관찰 【自然的 觀察】 naturalistic observation '자연관찰법' 참조.

자연적 관찰법 【自然的 觀察法】 naturalistic observation '자연관찰법' 참조.

자웅동체 【雌雄同體】 hermaphrodite '자웅이체(gonochorism)'에 대응하는 말로 '암수한몸'이라고도 한다. 한 개체의 생물이 양성의 생식기관을 모두 갖추고 있는 경우를 말한다.

자웅이체 【雌雄異體】 gonochorism / dioecism 자웅동체(hermaphrodite)에 대응하는 말로 '암수딴몸'이라고도 한다. 동물들의 생식기관 및 기능과 관련하여 웅성생식세포를 만드는 개체(수컷)와 자성생식세포를 만드는 개체(암컷)의 구분이 분명한 경우를 지칭한다.

자원봉사【自願奉仕】voluntarism 외부의 압력이나 지시 및 대가에 대한 기대 없이 행위자의 자발적인 의사와 의지에 따라 이루어지는 봉사 또는 봉사활동.

자원봉사자【自願奉仕者】volunteer 외부의 압력이나 지시에 의한 것이 아닌, 행위자의 자발적인 의사와 의지에 따라 대가를 기대하지 않고 봉사(활동)에 참여하는 사람.

자위【自慰】masturbation '자위행위' 참조.

자위행위【自慰行爲】masturbation 남성이나 여성이 성교 이외의 방법으로 자신의 신체(성기 포함)를 자극하여 성적 만족을 추구하는 행위. 즉, 자신의 신체를 성교가 아닌 손이나 기타의 도구를 사용하여 자극함으로써 성적 만족을 추구하는 행위를 지칭한다. '마스터베이션', '자위', '수음', '오나니(onanie)'라고도 한다.

자유반응문항【自由反應問項】free-response item '자유반응형 문항' 참조.

자유반응형 문항【自由反應型 問項】free-response item 문항 또는 문제의 한 유형으로, 응답자에게 선택할 별도의 선택지를 제시하지 않고 자유롭게 반응하거나 응답하도록 만들어진 문항. 또는 그와 같은 형태의 문항들로 구성된 검사나 측정도구를 지칭하기도 한다. '자유반응문항'이라고도 한다.

자유연상【自由聯想】free association 정신분석적 심리치료에서 사용하는 치료기법의 하나로, 내담자 또는 환자의 무의식 세계에 접근하기 위해 사용된다. 구체적으로 내담자(또는 환자)의 마음에서 연상되는(또는 떠오르는) 감정이나 생각을 아무런 검열이나 제한 없이 자유롭게 표현 또는 보고하도록 하는 기법을 말한다. 비록 내담자(또는 환자)에게서 떠오르는 감정이나 생각이 아무리 비합리적이고 사소해 보여도 치료자에게 보고하도록 지시받게 된다. '자유연상법'이라고도 한다.

자유연상검사【自由聯想檢査】free association test 자유연상법을 이용한 심리검사의 한 형태이다. 특정 자극이나 단어를 제시하고 이에 대하여 연상되는 모든 생각을 반응하도록 한다.

자유연상법【自由聯想法】free association / free association method '자유연상' 참조.

자유의지【自由意志】free will 어떤 외부의 힘이나 압력에 의하지 않고 스스로의 내적 동기와 판단에 따라 자신의 사고와 행동을 선택 및 결정하고 실행할 수 있는 의지.

자유회상【自由回想】free recall 과거의 정보 입력 과정을 통해 기억체계 속에 저장되어 있는 정보를 단서가 없이 또는 단서가 있더라도 제한적이고 일반적인 단서만이 제공된 상태에서 인출해내는 인지 과정 또는 정보처리 과정을 지칭하여 '회상(recall)'이라고 한다. 이러한 회상 중에서도 인출할 정보와 관련된 특정한 단서나 도움이 없이 이루어지는 회상의 형태를 지칭하여 '자유회상'이라고 한다. 이와 달리, 인출할 정보와 관련된 특정한 단서가 제공된 상태에서 이루어지는 회상의 형태를 지칭하여 '단서회상'이라고 한다.

자율성【自律性】 autonomy 자신의 과제나 행동과 관련하여 타인에 의존하지 않고 스스로 결정하고 통제해 가는 능력이나 특성.

자율신경【自律神經】 autonomic nerve 신경계통 중에서 혈관, 내분비선, 그리고 심장이나 위장과 같은 내장기관 등에 분포하여 이 기관들을 불수의적으로 통제하는 기능을 하는 신경을 말한다. '자율신경계' 참조.

자율신경계【自律神經系】 autonomic nervous system (ANS) 인간을 포함한 동물들의 신체 내·외부로부터 발생한 각종 자극과 정보를 효과적으로 처리하기 위해 수백억 개가 넘는 신경세포들이 정교하게 연결되어 있는 체계를 '신경계(神經系: nervous system)'라고 하는데, 이러한 신경계는 크게 '중추신경계(中樞神經系: central nervous system)'와 '말초신경계(末梢神經系: peripheral nervous system)'로 구분되며, 이 가운데 말초신경계는 다시 체성신경계(體性神經系: somatic nervous system)와 자율신경계(自律神經系: autonomic nervous system)로 구분된다. 체성신경계는 피부, 골격근, 관절 등의 신체 각 부분에 연결되어 수의적(隨意的)으로 작용하는 신경다발로서, 신체의 외부로부터 들어오는 정보를 중추신경계로 보내기도 하고 중추신경계에서 내린 명령이나 정보를 신체 각 부분으로 전달하는 기능을 한다. 이와는 달리, 자율신경계는 수의적인 통제를 받지 않고 불수의적(不隨意的)으로 기능하여 혈관이나 내분비선, 그리고 심장이나 위장 등을 포함한 내장기관들을 자동적으로 통제하는 신경계통을 말하며, 이는 다시 교감신경계(交感神經系: sympathetic nervous system)와 부교감신경계(副交感神經系: parasympathetic nervous system)로 나뉜다. 이 중 교감신경계는 긴급하거나 스트레스적인 상황에서 신속하게 대처하는데 요구되는 신체적 자원 또는 에너지를 동원하는 기능을 하며(예를 들면, 혈액의 양을 증가시키고 혈류의 흐름을 촉진하기 위한 혈관확장 및 심장박동 증가, 소화억제 등), 이와는 반대로 부교감신경계는 신체의 자원 또는 에너지를 저장하고 생명 유지에 필요한 생리기능을 활성화시키는 기능(예를 들면, 심장박동 및 혈압의 감소, 소화활동 증가 등)을 한다. '자율신경시스템(自律神經시스템)'이라고도 한다.

자율신경시스템【自律神經시스템】 autonomic nervous system (ANS) '자율신경계' 참조.

자율적 도덕성【自律的 道德性】 autonomous morality Piaget (1896~1980)의 도덕발달이론에서, 도덕발달 두 번째 단계의 도덕성 수준을 나타내기 위한 개념. 자율적 도덕성 수준의 아동들은 규칙이나 법은 사람들 간의 약속이나 협의에 의해 만들어진다고 인식하기 시작하며, 나아가 사람들 간의 협의나 동의에 의해 바꿀 수도 있다고 생각한다. 또한 이 수준의 아동들은 행위의 옳고 그름을 판단할 때, 행위의 결과뿐만 아니라 행위자의 의도나 동기도 중요한 요소로 고려할 수 있게 된다.

자율적 도덕성 단계【自律的 道德性 段階】 stage of autonomous morality Piaget (1896~1980)의 도덕발달이론에서 도덕발달의 두 번째 단계로, 이 단계의 아동들이 보이는 도덕 수준을 '자율적 도덕성'이라고 한다. '자율적 도덕성' 참조.

자의식【自意識】 self-consciousness / self-awareness 외부의 세계와 구분되는 자기 자신, 즉

자아(自我: self)에 대한 의식. '자아의식(自我意識)'이라고도 한다.

자전적 기억【自傳的 記憶】autobiographic memory 과거에 있었던 일이나 사건에 대한 기억을 의미하는 사건기억의 한 유형으로, 특히 사건기억들 가운데 자신이 관련되었던 중요한 일들이나 사건들에 대한 기억(이 경우의 기억은 장기기억에 해당한다)을 지칭하여 자전적 기억이라고 한다. '자서전적 기억'이라고도 한다.

자조집단【自助集團】self-help group 치료를 목적으로 구성된 집단의 한 형태로 전문적인 치료자나 상담자가 없이 운영되는 집단. '스스로 돕는 집단'이라고 할 수 있는 '자조집단'은 전문적인 치료자(또는 상담자)의 도움을 받을 수 없거나 그러한 도움을 받지 않아도 되는 사람들로 구성되며, 구성원들이 서로 돌아가면서 자신의 고통이나 경험을 이야기하고 또 서로 지지와 격려를 보내는 등의 활동을 하면서 변화와 치료에 이르게 된다. 알코올중독이나 마약중독 상태에서 벗어나 일상생활로 복귀하려는 사람들로 구성된 자조집단을 그 예로 들 수 있다.

자존감【自尊感】self-esteem '자기존중감' 또는 '자아존중감'이라고도 한다. '자기존중감' 참조.

자폐증【自閉症】autism 광범위성 발달장애 중 가장 많이 알려진 장애로 대부분 3세 이전의 영·유아기에 시작된다. 흔히 사회적 상호작용과 의사소통에서 심각한 장애를 보이고, 제한적이고 반복적인 또는 상동적인 행동패턴을 특징적으로 나타내며, 지적 능력 면에서는 중간 정도의 정신지체를 보이는 경우가 많다. 자폐증에 관한 연구자들 중 대표적인 학자로는 미국의 Leo Kanner와 오스트리아의 Hans Asperger가 있다. 자폐증의 영어 표현인 'autism'이라는 용어는 '자기 또는 자아(self)'를 의미하는 라틴어 'auto'에서 나온 것으로 알려져 있다.

작업기억【作業記憶】working memory '단기기억' 참조.

작업동맹【作業同盟】working alliance 치료를 위해 형성하는 치료자(또는 상담자)와 내담자 간의 협력관계. 구체적으로, 작업동맹이란 치료자(또는 상담자)의 작업적, 분석적 또는 치료적 측면과 내담자의 합리적인 측면이 결합되어 이루어지는 치료적인 협력관계를 말한다. '치료적 동맹(therapeutic alliance)', '치료적 관계(therapeutic relationship)', '도움동맹(helping alliance)' 또는 '상담관계'라고도 한다.

작용제【作用劑】agonist '효능제(效能劑)'라고도 한다. '효능제' 참조.

작은 골칫거리(들) daily hassles '해슬' 참조.

잔상기억【殘像記憶】iconic memory 감각기억의 한 형태로, 특히 시각기관을 통해 수용되어 시각기억 저장소에 저장된(기억된) 시각정보.

잔향기억【殘響記憶】echoic memory 감각기억의 한 형태로, 특히 청각기관을 통해 수용되어 청각기억 저장소에 저장된(기억된) 청각정보.

잠 sleep '수면(睡眠)'이라고도 한다. '수면' 참조.

잠복기【潛伏期】latency period Freud (1856

~1939)의 심리성적 발달이론에서 남근기 다음으로 오는 네 번째 단계에 해당하는 시기로, 대략 6세에서 12세, 즉 사춘기 전까지의 시기에 해당한다. 이 시기 동안에는 성적인 충동과 관심을 억압하고, 그 대신에 성적인 충동(또는 성적 에너지)을 놀이나 학업 또는 사회적 기술을 발달시키는 활동으로 전환시킨다. 이와 같이 이 시기의 아동은 자신의 에너지를 정서적으로 안정된 영역을 통해 발산하면서 동시에 남근기 동안 겪었던 많은 갈등과 스트레스를 잊게 되는 효과를 얻게 된다. '잠재기(潛在期)' 또는 '잠복 단계(潛伏 段階)'라고도 한다.

잠복 단계【潛伏 段階】latency period '잠복기' 또는 '잠재기'라고도 한다. '잠복기' 참조.

잠재기【潛在期】latency period '잠복기' 또는 '잠복 단계'라고도 한다. '잠복기' 참조.

잠재학습【潛在學習】latent learning 인지학습(認知學習: cognitive learning)의 한 형태로, 학습이 이루어진 이후에 바로 행동으로 나타나는 것은 아니지만 적절한 상황이나 조건하에서 언제든지 행동화될 수 있는 학습을 지칭한다. 학습된 행동이 즉시적으로 나타나는 것이 아니라 잠재되어 있다는 의미에서 명명된 표현이다.

잡기반사【잡기反射】grasping reflex / grasp reflex '파악반사' 참조.

장기기억【長期記憶】long-term memory (LTM) 감각기억(sensory memory)이나 단기기억(short-term memory)에 비해 상대적으로 길고 비교적 영속적으로 유지되는 기억. 흔히 우리가 가지고 있는 과거 경험에 대한 기억이나 다양한 지식들이 장기기억에 해당된다. '장기저장' 또는 '장기저장소'와 같은 의미로 사용된다.

장기저장【長期貯藏】long-term store (LTS) '장기저장소'라고도 하며, '장기기억'과도 같은 의미로 사용된다. '장기저장소' 참조.

장기저장소【長期貯藏所】long-term store (LTS) 세 가지 기억모형(감각기억, 단기기억, 장기기억 등)에서 가정하는 정보 저장소의 한 유형으로, 장기기억 과정에서 정보가 머무는 저장소. 저장 용량 면에서는, 세 기억모형의 저장소들 중에서 가장 많고, 정보 저장 후 지속시간도 다른 기억모형들에 비해 상대적으로 길 뿐만 아니라 사용하는 기억 책략에 따라서는 무한정으로 오랫동안 지속된다. '장기저장'이라고도 하며, '장기기억'과도 같은 의미로 사용된다.

장소법【場所法】method of loci 기억술의 한 형태로, 기억하고자 하는 일련의 정보들(또는 항목들)을 심상(心象)화하여 친숙한 공간이나 장소(예를 들면, 친숙한 건물이나 거리)의 특정한 지점에 가상적으로 위치시킨 후, 이 정보들을 회상하기 위해 정신적으로 (또는 상상으로) 친숙한 공간이나 장소를 산책하듯이 탐색하면서 각각의 장소에 위치한(연결된) 정보들을 찾아 인출해내는 방법.

장애【障碍】disorder 심리(또는 정신)의 영역이나 행동 영역 또는 신체 영역들 중 어느 한 부분 또는 여러 부분에 어떤 문제가 있어 정상적인 기능(機能: function) 또는 기대되는 기능을 하지 못하는 상태.

재구조화【再構造化】restructuring 특정 상황(또는

문제)에 대해 형성하고 있는 도식이나 표상을 바꾸어 재조직화하는 것. 기존의 도식이나 표상으로 해결할 수 없는 새로운 상황(또는 문제)을 해결하기 위해 요구되는 인지적 과정이라고 할 수 있다.

재구조화 과정【再構造化 過程】restructuring process 특정 상황의 문제를 해결하기 위해 기존의 도식이나 표상을 바꾸어 재조직화하는 과정.

재인【再認】recognition 기억 활동의 한 형태로, 개인이 현재 대하고 있는 인물이나 사물 또는 현상이나 정보 등을 과거에 보았거나 접촉했던 경험이 있음을 기억해내는 인지활동. 즉, 재인이란 현재 경험하고 있는 자극이나 정보가 과거의 학습 또는 입력과정을 통해 기억체계 속에 저장되어 있는 자극이나 정보와 같은 것임을 알아보는(확인하는) 인지과정이라고 할 수 있다. 이러한 회상 이외에 또 다른 기억 활동의 한 형태로 '회상(recall)'이 있다.

재인 검사【再認 檢査】recognition test 재인(또는 재인 능력)을 알아보는 검사. '재인' 참조.

재판심리학【裁判心理學】forensic psychology 심리학적 주제나 요인들과 관련된 법률의 시행이나 법정 또는 재판과정에서의 문제들을 연구하는 심리학의 한 분야. 구체적으로는, 범죄자 진술의 진위문제나 범죄현장 목격자 증언 등이 포함된다. '법정심리학' 또는 '법심리학'이라고도 한다.

재판심리학자【裁判心理學者】forensic psychologist '재판심리학(forensic psychology: '법정심리학' 또는 '법심리학'이라고도 함)' 분야에서 활동하는 심리학자. '법정심리학자' 또는 '법심리학자'라고도 한다.

재활【再活】rehabilitation 신체, 정신 및 사회적 측면에서의 기능장애나 무능력 상태를 예방하거나 또는 감소 및 제거시킴으로써 개인의 신체적, 정신적 및 사회적인 측면에서의 기능과 능력을 회복시키기 위한 일련의 활동 또는 노력을 의미한다. '리허빌리테이션'이라고도 한다.

재흡수【再吸收】reuptake 신경계에서 시냅스에 방출되었던 신경전달물질이 이를 방출했던 시냅스 전 뉴런으로 다시 흡수되는 현상. 즉, '시냅스 전 뉴런(정보 전달을 위해 시냅스에 신경전달물질을 방출하는 기능을 하는 뉴런)'의 종말단추로부터 시냅스(신경전달물질의 전달 및 수용이 이루어지는 뉴런들이 미세한 틈을 두고 서로 연접하고 있는 상태) 공간으로 방출되었던 신경전달물질이 '시냅스 전 뉴런'의 종말단추로 다시 흡수되는 현상을 지칭하여 '재흡수'라고 한다.

장 삐아제 Jean Piaget (1896~1980) 스위스 태생의 심리학자. 'Piaget, Jean (1896~1980)' 참조.

저장【貯藏】storage (1) 인지, 정보처리 및 기억과정에서, 일련의 기억과정(또는 단계) 중 입력된 정보를 유지(또는 파지)하는 과정. (2) 일반적으로 사용하는 의미는, 어떤 물질이나 물건 또는 재화를 쌓아서 간수하는 것을 뜻한다.

저장단계【貯藏段階】storage stage 인지, 정보처리 및 기억과정에서, '저장(storage)'은 입력된 정보를 유지(또는 파지)하는 과정을 말하는 것으로, '저장단계'란 일련의 기억과정을 몇 개의 단계(즉, 정보의 입력단계, 저장단계 및 인출단계 등)로 구분할 때 '저장'이 이루어지는 단계를 지칭한다.

저장용량【貯藏容量】storage capacity 기억체계에 유지(또는 파지)할 수 있는 정보의 양. 일반적으로 단기기억(또는 작업기억)에 비해 장기기억의 저장용량이 훨씬 더 크다.

저체중아【低體重兒】small-for-date baby / small-for-date infant 정상적인 예정일 또는 예정된 날짜에 가까이 태어났지만 출생 시의 체중이 정상적인 경우보다 훨씬 적은 체중(2.5kg 이하)으로 태어난 신생아. '체중미달아'라고도 한다.

저출생체중아【低出生體重兒】low birth weight infant 출생 시 체중이 2.5kg 이하인 신생아. 흔히 저출생체중아에는 두 가지 유형이 있는데, 하나는 예정된 출산일보다 일찍 태어난 아기를 말하는 조산아이고, 다른 하나는 정상적인 예정일 또는 예정된 날짜에 가까이 태어났지만 출생 시의 체중이 정상적인 경우보다 훨씬 적은 체중(2.5kg 이하)으로 태어난 아기를 말하는 저체중아이다.

저항【抵抗】resistance (1) 상담 및 심리치료 과정에서 사용될 때, 내담자(또는 환자)가 상담자(또는 치료자)에게 특정 주제나 문제에 관해 말하거나 연상하는 것을 의식적 또는 무의식적으로 거부하는 현상. 특히 정신분석적 치료에서는 내담자가 편안한 상태에서 머리에 떠오르는 것을 자유롭게 이야기하는 자유연상을 하지 못하는 것을 의미한다. (2) 일반적으로 사용될 때, 어떤 상대나 상황에 대해 순응하거나 따르지 않고 버티거나 반발하는 것. (3) 자연과학 및 실험 연구 분야에서 사용될 때, 힘 또는 자극의 작용을 방해하거나 그와 반대 방향으로 작용하는 것 또는 그러한 경향.

저항기【抵抗期】stage of resistance '저항단계' 및 '일반적응증후군' 참조.

저항단계【抵抗段階】stage of resistance / resistance stage 오스트레스아 출신의 캐나다 의학자인 Hans Selye (1907~1982)는 자신의 스트레스에 관한 이론에서 인간 및 동물의 생체가 외부의 자극들(이를 'stressor'라 함)에 대한 대응으로 나타내는 비특이적(非特異的)인 생리적 반응을 '일반적응증후군(general adaptation syndrome)'으로 지칭하면서, 모두 3단계로 나누어 기술 및 설명하고 있다. 그 가운데 첫 번째 단계인 경고반응단계(stage of alarm reaction)에 이어서 진행되는 두 번째 단계를 '저항단계' 또는 '저항기'라고 한다. 이 두 번째 단계는 인간 또는 동물의 생체가 스트레서(stressor: '스트레스원'이라고도 함)에 적응하는 단계로, 이 두 번째 단계가 어느 정도 기간 동안 지속될지의 여부는 스트레스의 중요성 및 강도와 스트레스를 경험하고 있는 개체 또는 유기체의 적응능력 등에 의해 좌우된다. 이 단계가 지속되는 동안 개체 또는 유기체의 상태는 외견상 정상적인 것으로 보이지만 신체 내부적으로는 지속적인 신경 및 호르몬 계통의 활동 및 변화와 함께 만성적 스트레스로 인한 면역체계의 약화(그 결과로 다양한 감염성 질병에 노출될 가능성이 증가됨) 및 다양한 질병(심장병, 고혈압, 위궤양 및 장염 등과 같은 소화기 계통의 질병 및 갑상선기능항진증 등의 질병)에 걸리게 될 가능성이 증가되는 것으로 알려지고 있다. 한편, 이상에서 기술한 제2단계에 이은 제3단계는 '소진단계(stage of exhaustion)' 또는 '소진기'라고 한다. '일반적응증후군' 참조.

저항애착【抵抗愛着】resistant attachment 애착의 유형 중에서 '불안정 애착'의 한 유형. 저항애착을 형성한 영아는 양육자(흔히, 어머니)와 분리되는 것에 대해 강한 저항을 보이면서, 동시에 분리 이후 양육자가 돌아와 접촉을 시도하는 것에 대해서도 저항 반응을 나타내는 특징을 보인다.

적대적 고용환경형 성희롱【敵對的 雇傭環境型 性戲弄】 hostile work environment sexual harassment / hostile environment sexual harassment '환경형 성희롱', '적대적 환경형 성희롱', '적대적 근무환경형 성희롱' 또는 '적대적 작업환경형 성희롱'이라고도 한다. '환경형 성희롱' 참조.

적대적 공격【敵對的 攻擊】 hostile aggression '적대적 공격성' 참조.

적대적 공격성【敵對的 攻擊性】 hostile aggression 상대방에 대한 공격의 주요 목적이 상대방에게 고통을 주거나 해치는데 있는 공격 또는 공격 성향. '적대적 공격'이라고도 한다. 한편, '적대적 공격성'과는 달리, 다른 특정한 목적을 이루기 위한 수단으로 행해지는 상대방에 대한 공격 또는 공격 성향을 지칭하여 '도구적 공격성'이라고 한다.

적대적 귀인 편파【敵對的 歸因 偏跛】 hostile attributional bias '적대적 귀인 편향' 참조.

적대적 귀인 편향【敵對的 歸因 偏向】 hostile attributional bias 귀인 과정에서 공정하지 못하거나 객관적이지 못한 기준 또는 편견에 따라 어느 한쪽 방향으로 치우쳐 이루어지는 귀인을 지칭하여 '귀인 편향'이라고 한다. 특히, 원인이 명확하지 않은 상황과 결과(특히, 부정적인 상황과 결과)에 대하여 귀인할 때, 다양한 가능성을 배제한 채 그 원인을 상대방의 적대성이나 적의로 돌리는 귀인 또는 귀인 경향을 지칭하여 '적대적 귀인 편향'이라고 한다. '적대적 귀인 편파'라고도 한다.

적대적 근무환경형 성희롱【敵對的 勤務環境型 性戲弄】 hostile work environment sexual harassment / hostile environment sexual harassment '환경형 성희롱', '적대적 환경형 성희롱', '적대적 고용환경형 성희롱' 또는 '적대적 작업환경형 성희롱'이라고도 한다. '환경형 성희롱' 참조.

적대적 작업환경형 성희롱【敵對的 作業環境型 性戲弄】 hostile work environment sexual harassment / hostile environment sexual harassment '환경형 성희롱', '적대적 환경형 성희롱', '적대적 고용환경형 성희롱' 또는 '적대적 근무환경형 성희롱'이라고도 한다. '환경형 성희롱' 참조.

적대적 환경형 성희롱【敵對的 環境型 性戲弄】 hostile work environment sexual harassment / hostile environment sexual harassment '환경형 성희롱', '적대적 작업환경형 성희롱', '적대적 고용환경형 성희롱' 또는 '적대적 근무환경형 성희롱'이라고도 한다. '환경형 성희롱' 참조.

적성【適性】 aptitude 개인이 어떤 특정한 분야에서의 역할이나 임무를 성공적으로 수행해낼 수 있는 능력(또는 잠재능력)의 정도. 따라서 적성은 개인이 어떤 특정 분야에서 미래에 성공할 수 있을지의 여부를 예측해주는 주요 변인들 가운데 하나라고 할 수 있다.

적성검사【適性檢査】 aptitude test 어떤 특정한 분야에서의 적성 여부나 적성의 정도를 평가하기 위해 실시하는 검사.

적응【適應】adaptation (1) 생물학, 동물행동학, 심리학 등의 분야에서 사용될 때, 유기체가 자신의 생존을 위해 또는 생존력을 높이기 위해 환경이나 상황의 요구(또는 변화)에 맞추어 자신의 구조나 기능을 변화시키는 것 또는 그러한 과정. 특히, Piaget(1896~1980)의 인지발달이론에서 사용될 때, 개인이 환경과 상호작용을 하는 과정에서 환경에 대한 이해 또는 적합성을 높이기 위해 조절 과정을 통해 자신의 도식을 변화시키거나 새로이 만들어가는 과정. (2) 심리학, 학습 등의 분야에서 사용될 때, 특정 자극에 대해 나타내던 민감도 또는 반응 수준이 그 자극이 반복적(또는 지속적)으로 제시됨에 따라(즉, 그 자극에 반복적 또는 지속적으로 노출됨에 따라) 점차 줄어드는 현상. 이 경우에는 '적응'이 '습관화(habituation)'와 비슷한 의미로 사용된다.

적응【適應】adjustment 유기체 또는 개체가 자신이 생활하는 환경과의 조화롭고 만족스런 관계를 맺고 있는 상태. 순응의 의미를 담고 있는 개념으로 이해할 수 있다.

적응유연성【適應柔軟性】resilience / resiliency '탄력성(彈力性)'이라고도 한다. '탄력성' 참조.

적응적 가치【適應的 價値】adaptive value 개인 또는 유기체의 적응 또는 적합성에 긍정적으로 작용하는(또는 도움이 되는) 영향. 또는 그러한 영향을 총칭할 때 사용되는 표현이다.

적응적 행동【適應的 行動】adaptive behavior '적응(adaptation)'의 가치를 갖는 행동 또는 적응에 도움이 되는 행동. 즉, 유기체가 자신의 생존을 위해 또는 생존력을 높이기 위해 환경이나 상황의 요구(또는 변화)에 맞게 행하는 행동 또는 반응. '적응행동'이라고도 한다. '적응' 참조.

적응행동【適應行動】adaptive behavior '적응적 행동'이라고도 한다. '적응적 행동' 참조.

적의적 공격성【敵意的 攻擊性】hostile aggression 상대방(또는 타인)을 해치는 데 목적을 두고 이루어지는 공격성향 또는 공격행동.

적중【的中】hit (1) 화살이나 총알이 표적이나 목표물에 정확하게 맞음. (2) 예상 또는 예측했던 것이 실제로 딱 들어맞음. (3) 검사 또는 실험 반응에서, 제시된 문항이나 요구에 대해 올바른(또는 정확한) 반응을 해내는 것. 구체적으로, 특정한 신호(또는 자극)가 발생했을 때 이에 대해 요구하는 확인 반응인 "예(yes)" 반응을 정확하게 해내는 것을 지칭하여 '적중'이라고 한다.

적중률【的中率】hit rate 실험과 같은 활동에서 전체 시행 가운데 적중된 시행이 차지하는 비율.

적합성【適合性】goodness-of-fit / goodness of fit '조화의 적합성' 참조.

전경【前景】figure 게슈탈트심리학 및 치료에서 많이 사용되는 용어의 하나로, 지각(perception)이 이루어지는 과정에서 장(場: field)의 일부분으로서 배경과 구분되는 지각의 주 대상을 지칭한다. 흔히 전경은 지각자의 주의를 끈다.

전구물질【前驅物質】 precursor 어떤 물질(특히 체내에서의 특정 물질)이 생성되는 과정에서 그 전 단계 또는 중간단계에 있는 물질. '선구물질' 또는 '전구체'라고도 한다.

전구체【前驅體】 precursor '전구물질' 참조.

전기경련요법【電氣痙攣療法】 electroconvulsive therapy (ECT) '전기충격치료', '전기충격요법', '전기경련치료', '전기쇼크치료' 또는 '전기쇼크요법'이라고도 한다. '전기충격치료' 참조.

전기경련치료【電氣痙攣治療】 electroconvulsive therapy (ECT) '전기충격치료', '전기충격요법', '전기경련요법', '전기쇼크치료' 또는 '전기쇼크요법'이라고도 한다. '전기충격치료' 참조.

전기쇼크요법【電氣쇼크療法】 electroshock therapy '전기충격치료', '전기충격요법', '전기경련치료', '전기경련요법' 또는 '전기쇼크치료'라고도 한다. '전기충격치료' 참조.

전기쇼크치료【電氣쇼크治療】 electroshock therapy '전기충격치료', '전기충격요법', '전기경련치료', '전기경련요법' 또는 '전기쇼크요법'이라고도 한다. '전기충격치료' 참조.

전기적 기울기【電氣的 기울기】 electrical gradient 신경세포인 뉴런(neuron)의 모든 부위는 지방산과 인산염 군의 사슬을 포함하는 인지질 분자들로 이루어진 두 겹의 막으로 둘러싸여 있는데, 이러한 뉴런의 막은 세포 안쪽과 바깥쪽 사이에 전하의 차이를 나타내는데, 이러한 전기적 차이를 '전기적 기울기'라고 한다.

전기충격요법【電氣衝擊療法】 electroconvulsive therapy (ECT) '전기충격치료', '전기경련치료', '전기경련요법', '전기쇼크치료' 또는 '전기쇼크요법'이라고도 한다. '전기충격치료' 참조.

전기충격치료【電氣衝擊治療】 electroconvulsive therapy (ECT) 심한 우울증과 같은 정신장애(또는 정신질환)의 치료를 위해 전기충격을 사용하는 생물학적 또는 생의학적 치료 기법의 하나로, 보통 치료효과를 위해 환자의 뇌에 짧은 시간 동안 미세한 전류를 흘려보내는 전기충격을 가하여 발작을 유발하는 과정을 거친다. '전기충격요법', '전기경련치료', '전기경련요법', '전기쇼크치료' 또는 '전기쇼크요법'이라고도 한다.

전뇌【前腦】 forebrain 뇌의 전방에 위치하고 있으며, 대뇌피질, 시상, 시상하부, 변연계 및 뇌하수체 등을 포함하는 영역을 지칭한다. 인간을 포함한 포유동물의 뇌에서 전뇌가 차지하는 부분이 대부분이라고 할 만큼 가장 큰 비중을 차지하고 있는 구조이다.

전도덕기【前道德期】 premoral period Piaget (1896~1980)의 도덕발달이론에서 특정한 발달 시기를 나타내기 위해 사용하는 표현으로, 아직 도덕과 관련된 사회적 규칙이나 약속 등에 대한 이해나 인식이 없는 시기를 의미한다. 생후 약 4세까지의 아동들이 이 시기에 해당한다.

전두엽【前頭葉】 frontal lobe 대뇌반구의 한 부분으로 중심구(中心溝) 앞쪽에 위치하고 있으며, 언어 및 운동영역이 포함되어 있다. 포유류 중에서도 고등한 종에서 더욱 잘 발달되어 있으며, 특히 인간은 다른 어떤 종들보다도 전두엽이 잘 발달되어 있다.

전두엽 절제술【前頭葉 切除術】 lobotomy / frontal lobotomy 정신분열병 등과 같은 정신장애(또는 정신질환)를 치료할 목적으로 전두엽의 일부를 절제하는 신경외과적 수술의 한 형태. 역사적으로 이 수술을 받은 사람들은 많은 부작용과 후유증을 나타냈으며, 그 결과 오늘날에는 거의 사용되지 않고 있다.

전두절편【前頭切片】 frontal section 뇌를 횡으로 자른 면. 흔히 연구의 필요성에 의해 실시된다.

전략【戰略】 strategy 인지과정 또는 정보처리과정에서 사용되는 개념들 가운데 하나로, 어떤 상황에서 제시된 과제를 수행하거나 문제를 해결하기 위해 의도적이고 목표지향적으로 진행되는 인지적 또는 정신적 조작 활동. '방략' 또는 '책략'이라고도 한다.

전략적 기억【戰略的 記憶】 strategic memory 사건기억과 비교할 때 사용하는 기억의 한 형태로, 사건기억이 과거에 있었던 일들이나 경험 또는 사건들에 대해 가지고 있는 자연적인 기억을 의미하는데 비해, 전략적 기억은 특정한 상황이나 사건에 관한 정보를 기억하기 위해 의도적이고 의식적인 노력이나 기억증진법 등을 사용하여 정보를 저장하거나 인출할 때 사용하는 기억 또는 기억과정을 의미한다. 즉, 전략적인 방법과 접근을 사용한 기억을 의미한다. '책략적 기억' 또는 '방략적 기억'이라고도 한다.

전반적 발달장애【全般的 發達障碍】 pervasive developmental disorder '발달장애'란 신체적, 심리적 또는 행동적 측면에서의 발달 상태나 수준이 특정 연령에 대해 기대하는 상태나 수준에 현저하게 미달되는 경우를 지칭한다. 이러한 발달장애 중에서 발달의 여러 영역 또는 전반적인 영역에서 장애를 보이는 경우를 지칭하여 '전반적 발달장애'라고 한다.

전반적 실어증【全般的 失語症】 global aphasia 언어 기능의 전반에 장애를 보이는 실어증. 흔히 언어를 담당하는 뇌의 영역(브로카 영역, 베르니케 영역 등)의 전반에 걸친 손상이나 이상에 의해 발생한다.

전보문【電報文】 telegraphic speech '전보식 발화' 참조.

전보식 말하기【電報式 말하기】 telegraphic speech '전보식 발화' 참조.

전보식 발화【電報式 發話】 telegraphic speech 문법의 규칙과 관계없이 전보처럼 단어들을 짧고 간결하게 결합하여 표현하는 방식의 발화. 언어발달 과정에서 생후 약 18~24개월 무렵부터 두 단어를 사용한 구문을 만들어 표현하기 시작하는데, 이러한 구문들 가운데 많은 경우가 전보식 발화의 형태로 나타난다. 대부분의 경우에 있어서 전보식 발화는 전치사, 대명사, 관사 등과 같이 구문 속에서 의미의 비중이 적은 부분은 생략하고 주요 의미와 내용을 담고 있는 두 단어나 세 단어만으로 구성된다. 예컨대, "엄마 맘마 줘요"라는 의미를 담고 있는 "엄마 맘마"라는 구문과 "아빠 저기 멍멍이가 있어요"라는 의미를 담고 있는 "아빠 멍멍"이라는 구문을 '전보식 발화'의 예로 들 수 있다. '전보어', '전보문', '전보식 화법' 또는 '전보식 말하기'라고도 한다.

전보식 화법【電報式 話法】 telegraphic speech '전

보식 발화' 참조.

전보어 【電報語】 telegraphic speech '전보식 발화' 참조.

전부 또는 전무 반응 【全部 또는 全無 反應】 all-or-none response '실무율적 반응' 참조.

전색맹 【全色盲】 monochromatism 색조를 구분하지 못하는 전체 색맹을 지칭하는 표현으로 매우 드문 경우이다. '완전색맹(完全色盲)', '단색형 색각(單色型色覺)'또는 '단색시(單色視)'라고도 한다.

전색맹자 【全色盲者】 monochromat 색조를 전혀 구분하지 못하는 사람. 매우 드문 경우에 해당한다. '완전색맹자(完全色盲者)', '단색형 색각자(單色型 色覺者)'또는 '단색시각자(單色視覺者)'라고도 한다.

전생애 【全生涯】 life-span 한 개인이 살아온(살아가는) 삶 또는 인생 전체를 지칭한다. '생애(生涯)'라고도 한다. 과거 청년기 이전의 시기를 중심으로 연구 · 진행되었던 발달심리학의 대상을 성인 및 노년기까지 포함한 전체 생애로 확대해야 한다는 비교적 최근의 관점이 강조되고, 동시에 그 타당성이 인정되면서 많이 사용되고 있는 용어(표현)이다. 최근 발달심리학 분야에서는 이러한 전생애적 접근을 수용하는 것이 일반적인 관점이 되었고, 나아가 이러한 관점이 반영되어 최근에는 '발달심리학(developmental psychology)'이라는 표현 대신에 '전생애 발달심리학' 또는 '생애 발달심리학(life-span developmental psychology)'이라는 표현을 사용하는 학자들도 있다.

전생애 발달심리학 【全生涯 發達心理學】 life-span developmental psychology 최근의 발달심리학의 주요 관점을 반영한 또 다른 표현으로, 특히 전생애적 접근(life-span approach)을 취하는 발달심리학을 지칭한다. '전생애적 접근' 참조.

전생애적 접근 【全生涯的 接近】 life-span approach 과거 청년기 이전의 시기를 중심으로 연구 · 진행되었던 발달심리학적인 접근이 최근으로 오면서 성인 및 노년기까지 포함한 전체 생애로 확대되고 있는 추세인데, 그 주된 이유는 인간의 주요 발달 또는 발달적 변화가 청년기 이전까지의 시기 동안에 대부분 진행된다고 보았던 과거의 관점과는 달리 성인기 및 노년기를 거쳐 사망에 이르는 인생의 중 · 후반기 동안에도 많은 중요한 변화들이 진행된다는 사실이 밝혀져 왔기 때문이다. 이처럼 인간의 주요 발달은 청년기 이전까지의 시기, 즉 인생의 전반기에서만 이루어지는 것이 아니라 그 이후 성인기 및 노년기를 거치면서도 많은 주요 변화들이 진행되기 때문에 인간의 발달을 연구하는 발달심리학에서는 인생의 일부분(예를 들면, 아동기 및 청년기)에서만이 아니라 성인기 및 노년기를 포함한 전생애기간 동안에 발달이 이루어진다는 관점에서 연구를 진행해 가려는 접근 또는 관점을 일컬어 '전생애적 접근' 또는 '생애적 접근'이라고 한다.

전언어 단계 【前言語 段階】 prelinguistic phase / prelinguistic period '언어 이전 단계' 참조.

전언어 시기 【前言語 時期】 prelinguistic phase / prelinguistic period '언어 이전 단계' 참조.

전위 【轉位】 displacement 정신분석이론의 방어기제 가운데 하나로, 현실적으로 용납되기 어려운 특정 대상에 대한 강한 욕망이나 감정 또는 공격적 충동 등을 현실적으로 용납되거나 위험성이 적은 대상(상대적으로 약한 사람이나 동물 등)에게로 전환하여 표출(또는 표현)하는 것. '전치'라고도 한다.

전의식 **【前意識】** preconscious 정신분석이론 또는 Freud학파의 이론에서 중요시하는 용어 가운데 하나로, 즉각적으로 접근하거나 의식화하기는 어렵지만, 충분한 주의와 함께 노력을 기울이면 의식(意識: conscious) 수준으로 이끌어 낼 수 있는 마음의 영역을 지칭한다. 의식(意識: conscious)이란 특정한 시점에서 쉽게 자각(自覺)되는 또는 자각할 수 있는 마음의 세계 또는 영역을 지칭하며, 이와는 달리, 어떠한 시도나 노력을 통해서도 의식적인 자각이나 접근이 불가능한 마음의 영역을 지칭하여 '무의식(無意識: unconscious)'이라고 한다.

전의식 기억 **【前意識 記憶】** preconscious memory 전의식 상태에 있는 기억. 즉각적으로 접근하거나 의식화하기는 어렵지만, 충분한 주의와 함께 노력을 기울이면 의식(意識: conscious) 수준으로 이끌어낼 수 있는 기억 또는 기억의 내용을 말한다. '전의식적 기억'이라고도 한다.

전의식적 기억 **【前意識的 記憶】** preconscious memory '전의식 기억'이라고도 한다. '전의식 기억' 참조.

전이 **【轉移】** transfer (정보처리 또는 인지 연구에서) 어떤 과제 수행이나 문제 해결 과정에 사용되었던 지식이나 기술이 다른 과제 수행이나 문제 해결 과정으로 옮겨 사용(또는 적용)되는 것.

전이 **【轉移】** transference 심리학에서 가장 흔히 사용되는 '전이(轉移)'의 의미는 정신분석에서 사용되는 것으로, 정신분석치료 상황에서 환자가 치료자를 마치 과거에 자신에게 중요했거나 중요한 영향을 미쳤던 사람(예를 들면, 부모나 형제)처럼 대하는 현상을 말한다. '감정전이(感情轉移)'라고도 한다.

전인습적 도덕성 **【前因襲的 道德性】** preconventional morality '전인습적 수준' 참조.

전인습적 수준 **【前因襲的 水準】** preconventional level Kohlberg (1927~1987)의 도덕판단능력의 발달 수준 가운데 첫 번째 수준. Kohlberg는 연구에 참여한 사람들(아동 및 청소년들)에게 Heinz라는 인물이 주인공으로 등장하는 도덕적 딜레마 사태를 담고 있는 이야기를 들려주고, 이 사태를 어떻게 해결할지를 판단하도록 요구한 후, 이러한 판단의 추론구조 또는 추론유형에 따라 사람들의 도덕수준을 평가했다. 그 결과, Kohlberg는 도덕판단능력을 세 수준으로 구분하고, 나아가 각 수준별 하위 두 단계를 제안하였다. 첫 번째 수준은 전인습적 수준으로, 이 수준의 사람들이 전인습적이라고 지칭되는 이유는 이들이 자신들을 아직 사회의 규칙을 만드는 과정의 참여자로 인식하지 못하는 수준에 있기 때문에 인습 이전의 수준이라는 의미에서 명명된 것으로 알려져 있다. 이 수준의 사람들은 주로 행위의 결과에 근거하여 잘잘못을 판단하는데, 특히 이 수준의 제1단계(처벌 및 복종지향 단계)에 해당하는 사람들은 처벌을 피하기 위해 규칙 및 상위 권위자들(신, 부모 및 선생님 등)의 지시에 따라야 한다는 관점을 나타내며, 따라서 규칙준수 및 권위자들의 지시에 대한 복종 여부에 따라 잘잘못을 판단하게 된다. 제2단계는 쾌락주의적 지향을 나타내는 단계로, 이 단계의 사람들은 자신의 욕구 또는 욕망을 만족시키는지의 여부에 따라 행위의 잘잘못을 판단한다. 즉, 어떤 행위의 결과로 자신의 욕구가 만족되었다면, 그 행위는 옳은 것으로 판단된다. 한편, 이 단계에서는 상호성(reciprocity)의 개념이 나타나기 시작하는데, 구체적으로 특정 상황에서 상호성이 자신에게 이익이 되는 경우에는 타인의 욕구도 고려된다. 그렇지만 이 단계의 사람들은 타인의 입장이나 관점을 객관적으로 고려할 수 있을 정도로 충분한 사고의 발달을 이루지는 못한 상태이다. 한편, 이 수준의 도덕추론능력을 '전인습적 도덕성(preconventional morality)'이라고도 한다.

전인습적 추론【前因襲的 推論】 preconventional reasoning Kohlberg (1927~1987)의 도덕발달이론의 첫 번째 발달수준인 전인습적 수준(preconventional level)에 있는 사람들이 나타내는 사고경향을 지칭한다. '전인습적 수준' 참조.

전자메일【電子메일】 electronic mail / e-mail '이메일(e-mail)'이라고도 한다. '이메일' 참조.

전자문헌검색【電子文獻檢索】 computerized literature search 컴퓨터를 이용하여 도서관에서 데이터베이스를 탐색하는 방법.

전자상거래【電子商去來】 electronic commerce 인터넷을 통해 이루어지는 물품이나 상품의 거래를 지칭한다.

전자우편【電子郵便】 electronic mail / e-mail 인터넷을 통해 이루어지는 문서화된 자료 및 화상 등의 전달 체계를 지칭한다. '이메일(e-mail)' 또는 '전자메일'이라고도 한다. '전자우편'의 영어 표현인 'e-mail(이메일)'은 'electronic mail'의 약자이다.

전자책【電子冊】 e-book / ebook / electronic book e-book 또는 ebook은 electronic book의 약자이며, 책에 담겨진 내용을 인터넷에서 다운로드해서 읽어볼 수 있도록 한 소프트웨어 형식의 책을 말한다.

전전두엽【前前頭葉】 prefrontal lobe 뇌의 한 부분인 '전두엽(frontal lobe)'의 앞쪽 부분, 즉 이마의 바로 뒷부분에 위치하고 있는 뇌의 조직을 말한다.

전전두엽 절제술【前前頭葉 切除術】 prefrontal lobotomy 정신장애를 치료하기 위한 수술기법의 하나로 시상과 전뇌(前腦: forebrain)의 연결부분을 수술을 통해 절개하는 치료기법을 말한다. '전전두 절제술(前前頭 切除術)'이라고도 한다.

전전두 절제술【前前頭 切除術】 prefrontal lobotomy '전전두엽 절제술' 참조.

전전두 피질【前前頭 皮質】 prefrontal cortex 뇌의 조직 중에서 전두엽의 앞쪽 부분인 전전두엽(前前頭葉: prefrontal lobe)의 피질 부분.

전조작기【前操作期】 preoperational stage Piaget (1896~1980)의 인지발달이론에서 제시하고 있는 인지발달이 이루어지는 네 단계 가운데 두 번째 단계. 약 2세부터 7세경까지의 시기에 해당한다. 이 시기의 유아는 대상이나 행동을 내적으로 표상하는 능력을 가지고 있지만, 이를 체계적으로 조작하거나 서로를 관계짓는 능력은 아직 발달시키지 못한 상태이다. 물활론적이고 자아중심적인 사고를 하며, 보존과제를 해결하지 못한다. '전조작 단계'라고도 한다.

전조작 단계【前操作 段階】preoperational stage '전조작기(前操作期)'라고도 한다. '전조작기' 참조.

전진성 기억상실증【前進性 記憶喪失症】anterograde amnesia '순행성 기억상실증' 참조.

전진적 조건형성【前進的 條件形成】forward conditioning 고전적 조건형성 과정에서 조건자극(최초 중성자극)과 무조건자극의 제시순서는 흔히 조건자극(최초 중성자극)이 제시된 이후 무조건자극이 제시되는 절차를 따르는데, 이러한 조건형성을 전진적 조건형성이라고 한다. 한편, 이와는 반대로 무조건자극을 먼저 제시하고 그 이후에 조건자극(최초 중성자극)이 제시되는 절차를 따르는 조건형성을 후진적 조건형성(後進的 條件形成: backward conditioning)이라고 한다. 일반적으로 후진적 조건형성에 비해 전진적 조건형성의 학습효과가 더 높은 것으로 알려져 있다.

전집【全集】population 연구를 통해 결론을 내리고자 하는 대상 전체를 지칭한다. '모집단(母集團)'이라고도 한다. '모집단' 참조.

전체보고수행【全體報告遂行】whole-report performance 기억에 관한 실험 연구에서 사용되는 기법 가운데 하나로, 연구 참여자들에게 짧은 시간 동안 일련의 자극이나 문자들을 제시한 후, 본 자극이나 문자들 전부(가능한 한 많이)를 보고하는 수행. '전체보고절차(whole-report procedure)'와 같은 의미로 사용된다.

전체보고절차【全體報告節次】whole-report procedure 기억에 관한 실험 연구에서, 연구 참여자들에게 짧은 시간 동안 제시된 자극이나 문자들 전부(가능한 한 많이)를 보고하도록 하는 과제. '전체보고수행(whole-report performance)'과 같은 의미로 사용된다. '전체보고수행' 참조.

전치【轉置】displacement '전위' 참조.

전향성 기억상실증【前向性 記憶喪失症】anterograde amnesia '순행성 기억상실증' 참조.

전화상담【電話相談】telephone counseling 상담의 한 형태로, 전화를 이용하여 상담자와 내담자 간의 상호작용과 의사소통이 이루어지는 상담. '상담' 참조.

전환장애【轉換障碍】conversion disorder 신체적 측면에서 의학적 이상 소견이나 진단이 없는 상태에서 스트레스를 유발하는 갈등이나 고민과 같은 심리적 원인에 의해 감각의 장애나 사지의 마비 등과 같은 감각 및 운동 기능에서 이상이 초래되는 장애. '히스테리성 마비' 또는 '히스테리 마비'와 같은 의미로 사용된다.

절대식역【絶對識閾】absolute threshold 특정 자극을 탐지 또는 감각하기 위해 요구되는 최소량의 물리적 자극강도 또는 에너지량. '절대역치' 또는 '절대역'이라고도 한다.

절대역【絶對閾】absolute threshold '절대식역' 참조.

절대역치【絶對閾値】absolute threshold '절대식역' 참조.

절도광【竊盜狂】kleptomania '충동통제장애(impulse-control disorders)'의 한 유형으로, '도벽증', '도벽광' 또는 '병적 도벽'이라고도 한다. '도벽증' 참조.

절망【絕望】hopelessness 더 이상 바라볼 수 있는 것이 없다고 느끼거나 사고(思考)하는 상태. 즉, 희망이 없다고 느끼거나 사고하는 상태를 지칭하여 절망이라고 한다. 희망이 없다고 느끼거나 사고한다고 할 때의 대상 또는 범주는 다음과 같은 두 경우를 지칭한다. 그 하나는 현재 처해있는 부정적인 상황의 개선 가능성이고, 다른 하나는 앞으로(즉, 미래에) 긍정적인 또는 바람직한 일들이 일어날 가능성을 말한다. 따라서 '절망'의 정의를 좀 더 구체적으로 기술하면, '현재 처해있는 부정적인 상황이 개선될 가능성이 없다고 느끼거나 사고하는 상태' 또는 '앞으로(즉, 미래에) 긍정적인 또는 바람직한 일들이 일어날 가능성이 없다고 느끼거나 사고하는 상태'라고 할 수 있다. '절망감', '무망' 또는 '무망감'이라고도 한다.

절망감【絕望感】hopelessness '절망', '무망' 또는 '무망감'이라고도 한다. '절망' 참조.

절정감 장애【絕頂感 障碍】orgasmic disorder 성행위의 최종 순간에 목표로 하는 성적 절정감(orgasm: 오르가슴)을 느끼는데 지속적이고 반복적인 어려움을 겪는 성기능장애의 한 형태로, 여기에는 여성 절정감 장애(female orgasmic disorder), 남성 절정감 장애(male orgasmic disorder) 및 조루증(premature ejaculation)이 포함된다. 한편, '절정감 장애'는 '오르가슴 장애'라고도 한다.

절정경험【絕頂經驗】peak experience 절대적인 또는 최고의 환희와 행복감 또는 충족감을 경험하는 상태. 흔히 삶을 살아가는 과정에서 자신의 큰 목표나 꿈을 성취하는 순간에 경험하는 최고의 만족감과 기쁨을 느끼게 되는 상태를 말한다. 예를 들면 운동선수나 예술가가 자신이 세웠던 최고의 목표를 이루는 순간에 절대적인 환희나 기쁨을 느끼는 상태를 그 예로 들 수 있다. 일상생활 속에서 어느 순간에 누구나 경험할 수 있는 것이지만, 특히 자아실현을 이룬 사람들에게서 더 자주 경험된다는 견해도 있다. '절정체험(絕頂體驗)', '정상경험(頂上經驗)', '정상체험(頂上體驗)'이라고도 한다.

절정체험【絕頂體驗】peak experience '절정경험' 참조.

절차기억【節次記憶】procedural memory 기억 중에서도 장기기억(long-term memory)의 한 형태로, 특히 절차가 포함된 기억을 지칭한다. 구체적으로, 특정한 요리하기, 뷔페(buffet)식사하기, 지하철 이용하기 또는 자동차 운전하기 등과 같이 특정 활동, 업무 또는 과제를 수행하는 데 필요한 일련의 기능, 지식 또는 절차 등에 관한 기억을 지칭한다. '절차적 기억(節次的 記憶)'이라고도 한다.

절차적 기억【節次的 記憶】procedural memory '절차기억' 참조.

절충론【折衷論】eclecticism / eclectics '절충주의' 참조.

절충적【折衷的】eclectic '하나의 관점이나 틀에 의존하는 것이 아니라 폭넓게 다양한 관점이나 틀을 참조하거나 사용하는'의 의미를 가진 말이다.

절충적 관점【折衷的 觀點】 eclectic perspective '절충적 접근', '절충적 조망' 또는 '절충적 설명'이라고도 한다. '절충적 접근' 참조.

절충적 설명【折衷的 說明】 eclectic explanation '절충적 접근', '절충적 관점' 또는 '절충적 조망'이라고도 한다. '절충적 접근' 참조.

절충적 접근【折衷的 接近】 eclectic approach 어떤 주제나 문제(예를 들면, 심리학적인 주제나 문제)를 연구하고 해결해 갈 때, 이 주제나 문제에 대해 다양한 조망이나 관점에서 바라보고 접근하는 것. '절충적 관점', '절충적 조망' 또는 '절충적 설명'이라고도 한다.

절충적 조망【折衷的 眺望】 eclectic perspective '절충적 접근', '절충적 관점' 또는 '절충적 설명'이라고도 한다. '절충적 접근' 참조.

절충주의【折衷主義】 eclecticism / eclectics 인간 발달과 같은 어떤 현상을 설명하기 위해, 하나의 이론이나 패러다임에 얽매이는 것이 아니라 다양한 이론들로부터 그 현상을 설명하는 데 도움이 된다고 판단되면 무엇이든지 도입하여 사용하는 입장이나 관점. '절충론(折衷論)'이라고도 하며, '절충적 접근'이라는 표현과도 같은 의미를 갖는다.

점화【點火】 priming 처음에 제시된(발생한) 자극이나 사건이 그 이후에 제시되는(발생하는) 자극이나 사건에 관한 정보처리 및 활성화에 영향을 미치는 현상. 특히 시간적으로 선행했던 자극이나 사건이 이와 관련된 후속 자극이나 사건에 대한 정보처리나 기억을 향상시키는 현상을 말한다. '점화하기'라고도 한다.

점화하기【點火하기】 priming '점화(點火)'라고도 한다. '점화' 참조.

점화효과【點火效果】 priming effect 특정 자극이나 정보에 대한 노출이 그와 관련이 있는 또 다른 자극이나 정보에 대한 기억을 활성화시키는(떠오르게 만드는) 현상 또는 효과.

접근-접근 갈등【接近-接近 葛藤】 approach-approach conflict 호감을 주거나 매력적인 두 개의 선택지 또는 대상 가운데 하나만을 선택해야 하는 경우의 갈등을 말한다. 예를 들면, 취업과정에서 자신이 입사하기를 희망하는(장점을 많이 가지고 있는) 두 회사에 모두 합격한 경우에, 이 중 한 회사를 선택해야 하는 문제는 일종의 접근-접근 갈등을 유발하게 될 것이다.

접근-회피 갈등【接近-回避 葛藤】 approach-avoidance conflict 매력적인(또는 호감을 주는) 측면과 비매력적인 측면을 모두 포함하고 있는 하나의 선택지 또는 대상을 선택해야 할지의 여부를 결정하는 경우의 갈등을 지칭한다. 예를 들면, 매우 추운 날씨의 밤늦은 시간에 갑자기 복통이 일어난다면, 이 상황에서 병원에 가야 할지 아니면 가지 말아야 할지 갈등하게 될 것이다. 이 경우에 병원에 가는 선택(선택지)에는 접근요인(복통해소 또는 치료)과 회피요인(춥고 어두운 상황)이 모두 포함되어 있다.

접합자【接合子】 zygote '접합체' 참조.

접합체【接合體】 zygote 두 개의 배우자(配偶子:

gamete) 또는 생식세포의 접합에 의해 생긴 세포. 동물의 경우 수컷의 정자와 암컷의 난자의 접합(수정)에 의해 생긴 세포(수정란)를 말한다. '접합자(接合子)'라고도 한다.

정교화【精巧化】elaboration 효과적으로 기억하기 위해 사용되는 방법의 한 형태로, 기억하고자 하는 정보들(또는 항목들)을 기억체계 속으로 있는 그대로 저장하는 것이 아니라 이 정보들(또는 항목들)과 관련이 있는 다른 정보들이나 항목들과 연결 지으면서 기억체계 속으로 저장해 가는 방법.

정교화되뇌기【精巧化되뇌기】elaborative rehearsal 단기기억의 정보를 장기기억으로 전환하기 위해 이 정보를 장기기억에 저장된 또 다른 정보들과 관련 지으면서 반복 또는 되풀이하는 과정을 말한다. '정교화시연(精巧化試演)'이라고도 한다. '정교화시연' 참조.

정교화시연【精巧化試演】elaborative rehearsal 기억연구에서 사용되는 용어의 하나이다. 시연(試演: rehearsal)은 크게 정교화시연과 유지시연(維持試演: maintenance rehearsal) 또는 기계적 시연(機械的 試演: rote rehearsal)으로 구분되는데, 이 중에서 정교화시연은 단기기억의 정보를 장기기억으로 전환하기 위해 이 정보를 장기기억에 저장된 또 다른 정보들과 연관 지으면서 행하는 시연(반복 또는 되풀이하는 것을 말한다. '리허설'이라고도 함)형태를 말한다. '정교화되뇌기(精巧化되뇌기)'라고도 한다. 이와는 달리, 유지시연(維持試演: maintenance rehearsal)이라고도 하는 기계적 시연(機械的 試演: rote rehearsal)은 단기기억의 자극이나 정보를 단순하게 반복하여 되풀이하는 시연형태를 말한다. 정보의 저장 또는 기억효과 면에서 보면, 정교화시연이 보다 더 효과적인 것으로 알려져 있다.

정규곡선【正規曲線】normal curve '정상곡선' 참조.

정규분포【正規分布】normal distribution '정상분포' 참조.

정규분포곡선【正規分布曲線】normal distribution curve '정상분포곡선'이라고도 하며, '정상곡선(normal curve)'과 같은 의미로 사용된다.

정규성【正規性】normality '정상성' 참조.

정동【情動】affect / affection 감정, 정서 및 기분 등을 포괄적으로 지칭하는 개념으로, 특히 인지 및 행동과는 구분되면서도 신체적 · 생리적 현상을 동반하는 감정이나 정서 또는 기분 상태를 포괄적으로 지칭한다.

정동장애【情動障碍】affective disorder '정동(情動: affect)'이란 감정, 정서 및 기분 등을 포괄적으로 지칭하는 내적 상태로, 이러한 상태가 비정상적으로 경험되는 장애를 정동장애라고 한다. 특히 객관적인 요인 없이 심한 우울이나 조증 상태 또는 두 상태가 반복되는 양상이 지속되는 병적인 상태를 지칭하여 정동장애라고 한다. 대표적인 정동장애로 우울증(憂鬱症)과 양극성장애(兩極性障碍)가 있다. '기분장애(氣分障碍: mood disorder)'라고도 한다.

정보【情報】information 한 가지 또는 그 이상의 다양한 사상(事象)들에 관한 자료 또는 자료들의 집합. 이러한 정보는 흔히 시각, 청각, 후각, 미각 및 촉각 등의 감각기관을 통해 수용되며, 지각과정을 거쳐 해석된다.

정보사회【情報社會】 information society '정보화사회' 참조.

정보처리관점【情報處理觀點】 information-processing perspective '정보처리이론', '정보처리모델' 또는 '정보처리모형'이라고도 한다. '정보처리이론' 참조.

정보처리모델【情報處理모델】 information-processing model '정보처리이론', '정보처리모형' 또는 '정보처리관점'이라고도 한다. '정보처리이론' 참조.

정보처리모형【情報處理模型】 information-processing model '정보처리이론', '정보처리모델' 또는 '정보처리관점'이라고도 한다. '정보처리이론' 참조.

정보처리이론【情報處理理論】 information-processing theory 컴퓨터와 컴퓨터에서 이루어지는 정보처리과정을 모델로 하여 인간의 사고와 인지구조 및 인지과정을 설명하고 연구하는 이론체계 또는 접근법. '정보처리모형', '정보처리모델' 또는 '정보처리관점'이라고도 한다.

정보통신【情報通信】 telecommunication 어떤 정보를 한 쪽의 개체로부터 다른 쪽 개체로 전달하는 것을 의미한다. 이 경우에서 정보를 주고받는 개체는 사람과 사람일 수도 있고, 사람과 컴퓨터 또는 컴퓨터와 컴퓨터일 수도 있다.

정보혁명【情報革命】 information revolution 컴퓨터 기술의 발달에 따라 통신(通信: communication), 계산(計算: computation) 및 제어(制御: control) 등의 분야에서 나타나고 있는 급격하고 혁신적인 정보기술의 변화 및 발전의 흐름을 지칭하는 표현이다.

정보화사회【情報化社會】 information society 이전의 산업 및 공업화시대에 비하여 정보의 가치가 가장 중요시되는 사회를 말한다. 중심적인 경제 및 사회활동은 정보의 생산과 전달을 통해 이루어지며, 그 과정에서 컴퓨터와 인터넷이 가장 중요한 수단으로 이용된다. '정보사회'라고도 한다.

정상【正常】 normality 정상이 무엇인지에 대해서는 이 용어가 사용되는 분야와 맥락에 따라 다를 뿐만 아니라 학자들 간에도 다양한 견해가 제시되고 있기 때문에 이를 간단하게 정의하기란 어려운 일이지만, 다양한 의미로 사용되고 있는 정상에 관한 정의들 가운데 몇 가지를 제시하면 다음과 같다. (1) 특정 기준이나 준거에 부합되는(또는 적합한) 상태. (2) 자신이 생활해 가고 있는 상황이나 환경 속에서 특별한 이상이나 문제가 없이 잘 적응하고 있는 상태. (3) 다음과 같은 특징들을 포함하는 상태. 즉, 적절한 현실지각, 자기 자신의 행동을 통제하는 능력, 자기존중감, 자신이 타인들에게 수용되고 있는 존재라는 믿음, 타인들과 우호적인 관계를 형성하는 능력, 의미 있고 생산적인 활동을 해가는 것. (4) 빈도분포에서 집중경향치(평균치, 중앙치 및 최빈치 등)가 모두 동일하고 분포의 곡선이 좌우대칭적인 종 모양을 하고 있는 상태. 이 경우에는 정상이라는 표현 이외에도 '정상성' 또는 '정규성'이라는 표현을 사용하는 경우가 많다.

정상경험【頂上經驗】 peak experience '절정경험' 참조.

정상곡선 【正常曲線】 normal curve 측정된 대부분의 점수들이 평균치 주변에 위치하고 있고, 집중경향치(평균치, 중앙치 및 최빈치 등)가 모두 동일하며, 좌우대칭적인 종 모양을 한 이상적인 분포의 곡선. '정규곡선'이라고도 한다.

정상과학 【正常科學】 normal science Thomas S. Kuhn (1922~1996)이 1962년에 출간한 자신의 저서 〈과학혁명의 구조(The Structure of Scientific Revolutions)〉에서 제시한 개념 중의 하나. 특정 시기 동안 과학계를 지배하는 포괄적인 세계관을 패러다임(paradigm)이라고 하고, 이 패러다임의 틀 내에서 진행되는 과학 활동을 지칭하여 정상과학(正常科學: normal science)이라고 한다. 이 정상과학 기간 동안 과학자들은 패러다임을 지지하는 경험적인 자료들을 찾는 방향으로 연구들을 진행하게 되는데, 그 과정에서 패러다임을 지지하지 않는, 즉 패러다임의 틀에서 제시된 예측과 다른 새로운 연구결과들이 계속해서 제시되면 패러다임에 대한 신뢰도는 약화되고, 급기야 기존의 패러다임의 틀에서 설명되던 지식이나 이론들뿐만 아니라 기존의 패러다임으로 설명하기 어려웠던 새로운 지식 또는 연구결과들까지도 포괄적으로 설명하는 새로운 패러다임이 등장하여 기존의 패러다임을 대체하게 되는데, 이러한 과정을 과학혁명(科學革命: scientific revolution)이라고 한다. 대표적인 과학혁명의 예로 중세의 천동설에서 지동설로의 대체, 뉴턴 물리학에서 아인슈타인 물리학으로의 대체 등이 있다. '규범과학(規範科學)'이라고도 한다. '패러다임' 참조.

정상분포 【正常分布】 normal distribution 측정된 대부분의 점수들이 평균치 주변에 위치하고 있고, 집중경향치(평균치, 중앙치 및 최빈치 등)가 모두 동일하며, 좌우대칭적인 종 모양을 한 이상적인 분포. 정상분포에서는 평균치 주변에 대부분의 점수들이 분포하고 있는 반면에, 양쪽 극단으로 갈수록 상대적으로 적은 수의 점수들이 분포하는 특징을 나타낸다. '정규분포'라고도 한다.

정상분포곡선 【正常分布曲線】 normal distribution curve '정규분포곡선'이라고도 하며, '정상곡선(normal curve)'과 같은 의미로 사용된다.

정상성 【正常性】 normality 빈도분포에서 집중경향치(평균치, 중앙치 및 최빈치 등)가 모두 동일하고 분포의 곡선이 좌우대칭적인 종 모양을 하고 있는 상태. '정규성' 또는 '정상'이라고도 한다.

정상의 【正常의】 normal '정상 상태에 있는' 또는 '정상의 상태를 가진'이라는 의미를 가진 표현이다. '정상' 참조.

정상적 불안 【正常的 不安】 normal anxiety 불안을 유발하는 요인이나 상황과 관련하여 객관적 타당성이 없거나 지나친 불안을 느끼거나 경험하는 상태를 의미하는 '비정상적 불안'의 상대적인 표현으로, 불안을 유발하는 요인이나 상황(또는 위협적인 상황)에 대하여 일반적으로 인정되는 적절한 정도의 불안을 느끼거나 경험하는 상태. 이와 같은 정상적 불안 수준이나 불안 상태에서는 불안을 유발하는 상황 또는 불안과 관련된 상황에 대한 적절한 사고와 대처를 하게 될 가능성이 높다.

정상적인 【正常的인】 normal '정상의'와 같은 의미를 가진 표현이다. '정상의' 참조.

정상체험【頂上體驗】peak experience '절정경험' 참조.

정서【情緖】emotion 생리적 각성, 표정 반응, 감정 및 의식의 경험 등이 수반되는 복합적인 반응. 구체적으로 기쁨, 슬픔, 분노, 공포 등과 같이 생리적 각성, 표정 반응 및 의식적 경험 등이 수반되며, 동시에 특정한 목표 달성과 관련된 행동에 영향을 미치는 복합적이고 비교적 강렬한 감정 반응. '정동(情動: affect)'과 비슷한 의미로 사용하는 경우가 많다.

정서교육【情緖敎育】emotional education 적절한 교육 조건 또는 환경 조건의 조성을 통해 건강한 정서 발달을 지향하는 교육 또는 교육활동.

정서둔마【情緖鈍痲】dullness of emotion 감수성이 약해져, 즉 자극이나 상황에 대한 감정적 또는 정서적 반응성이 약해져 정상적인 감정이나 정서반응을 보이지 못하는 상태. 정신분열증과 같은 정신장애의 증상으로 나타나며, 감정소통 및 의사소통에서 어려움을 겪게 되며, 이에 따라 자연히 정상적인 대인관계를 맺기 어렵게 된다. '감정둔마'라고도 한다.

정서발달【情緖發達】emotional development 기쁨, 슬픔, 분노, 공포, 수치심 등과 같이 생리적 각성, 표정 반응, 감정 및 의식의 경험 등이 수반되는 복합적인 반응을 의미하는 '정서(emotion)'는 개인의 여러 발달 영역들과 상호작용할 뿐만 아니라 사회적 및 대인 관계적 측면과 개인적 성취 과정에 큰 영향을 미치는 중요한 발달 영역이다. 이와 같은 정서 영역에서 나타나는 발달을 지칭하여 '정서발달'이라고 하며, 여기에는 출생 시부터 가지고 태어나거나 또는 생후 초기(대략 생후 1년 이내)에 나타나는 기본 정서(놀람, 즐거움, 분노, 슬픔, 공포, 혐오 등)와 그 이후의 인지의 발달에 따라 나타나는 복합 정서의 출현 등의 과정이 포함된다. '정서의 발달' 또는 '정서적 발달'이라고도 한다.

정서성【情緖性】emotionality 분노, 슬픔, 공포 등과 같이 생리적 각성을 동반하는 강렬하고 부정적인 정서(또는 감정)를 쉽게 그리고 자주 경험하는 경향.

정서의 발달【情緖의 發達】emotional development '정서발달' 참조.

정서자기조절【情緖自己調節】emotional self-regulating '정서적 자기조절' 참조.

정서장애【情緖障碍】emotional disorder 정서의 혼란과 그에 따른 부적응성이 지속적 또는 반복적으로 나타나는 상태 또는 장애. 우울증, 조증, 양극성장애 등이 포함된다.

정서적 발달【情緖的 發達】emotional development '정서발달' 참조.

정서적 부적응【情緖的 不適應】emotional maladjustment 개인이 가지고 있는 정서의 내용이나 표출 방식이 발달적 기대와 수준에 미치지 못하거나 벗어나 사회적 관계 속에서 갈등이나 문제를 초래하는 상태. 지나친 분노 표출이나 지나친 질투심으로 인해 타인들과의 관계에서 갈등이나 문제가 발생하는 경우를 그 예로 들 수 있다.

정서적 불안【情緖的 不安】emotional unstability 정서 상태가 안정적이지 못하고 잦은 변화나 기복을 나타내는 상태. 생활 속의 스트레스가 원인이 되어 일시적으로 발생하기도 하고, 불안과 관련된 신경증이나 정신장애의 증상으로 나타나기도 한다.

정서적 이혼【情緖的 離婚】emotional divorce 법적으로는 혼인 상태이지만, 정서적으로는 서로 간에 멀리 떨어져 있어 부부 간의 정상적인 정서적 교감과 교류가 이루어지지 못하는 상태.

정서적 자기【情緖的 自己】emotional self '나(또는 자신)'를 구성하고 있거나 나와 의미 있게 관련되어 있어 '나'를 특징짓는다고 여겨지는 모든 속성들에 대한 지각이나 인식을 '자기(自己)' 또는 '자아(自我)'라고 한다. 이러한 '자기' 중에서 자신의 정서(emotion) 또는 정서적 측면에 대한 자기를 '정서적 자기'라고 한다. 즉 '정서적 자기'란 '자기'를 구성하는 한 부분으로, 자신의 '정서' 또는 '정서적 측면'에 대한 지각이나 인식을 의미한다.

정서적 자기조절【情緖的 自己調節】emotional self-regulating 자신의 정서의 강도나 수준 또는 정서 표출 여부를 적절하게 관리하고 통제하는 조절 행동 또는 조절 전략. '정서자기조절'이라고도 한다.

정서적 유능성【情緖的 有能性】emotional competence 정서적인 측면에서 가지고 있는 개인의 능력. 사회적 유능성(social competence)에서 가장 중요한 부분이다. 정서적 유능성에는 여러 하위 요소들이 포함되는데, 여기에는 자신의 정서 상태를 이해하고 나아가 자신의 정서 수준이나 강도 및 정서 표출 여부를 상황에 맞게 적절히 조절하는 능력, 타인의 정서를 이해하는 능력, 그리고 사회적 상황에서 부정적인 정서표현보다는 긍정적인 정서표현을 더 자주 사용하는 능력 등이 포함된다.

정서적 유대【情緖的 紐帶】emotional bonding 어떤 관계나 대상에 대한 정서적인 측면에서의 결속.

정서중심대처【情緖中心對處】emotion-focused coping '정서중심적 대처' 또는 '정서중심형대처'라고도 한다. '정서중심적 대처' 참조.

정서중심적 대처【情緖中心的 對處】emotion-focused coping 스트레스에 대처하는 유형 가운데 하나로, 스트레스를 유발하는 문제나 상황, 즉 스트레스원(stressor: '스트레서'라고도 함)을 변화시키거나 처리함으로써 스트레스를 줄이거나 해결하려는 노력이 '문제중심적 대처'인데 비해, '정서중심적 대처'는 스트레스를 유발하는 문제나 상황에서 비롯된(또는 그와 관련된) 스트레스 반응의 한 부분인 정서(긴장, 불안, 분노 등)에 초점을 맞추어 이러한 정서를 감소시키려는 노력을 통해 스트레스에 대처해가는 방법을 말한다. '정서중심형대처' 또는 '정서중심대처'라고도 한다.

정서중심형대처【情緖中心型對處】emotion-focused coping '정서중심적 대처' 또는 '정서중심대처'라고도 한다. '정서중심적 대처' 참조.

정서지능【情緖知能】emotional intelligence (EI) 자신과 타인의 정서를 지각하고 평가하고 표현하고 이해하며, 동시에 자신과 타인의 정서를 효과적으로 조절하고, 나아가 자신의 업무나 대인관계와 같은 인생의 중요한 과제들을 성공적으로 진행해 가기 위해 정서를 적절하게 활용할 수 있는 능력. emotional intelligence(정서지능)라는 용어가 사용되기 시작한 배경은 그 동안 개인의 성취나 성공과 관련하여 가장 중요한 요인 가운데 하나로 고려되었던 지능(intelligence)과 지능지수(intelligence quotient: IQ) 이외에도 정서적 능력, 즉 정서지능이 개인의 성공이나 성취를 예측해 주는 중요한 요인이 된다고 보는 관점에서 비롯되었다. 정서지능의 중요성을 강조하는 학자들 중에는 정서지능이 개인의 성취나 성공을 예측하는 데 있어서 지능(또는 지능지수)에 비해 훨씬 더 중요한 요인으로 작용한다고 보는 경우도 많으며, 나아가 개인의 행복이나 불행까지도 예측해준다고 보고 있다. 1990년 미국의 심리학자인 피터 셀로베이(Peter Salovey)와 존메이어(John Mayer)에 의해 처음으로 사용되었다.

정서지능지수【情緒知能指數】emotional intelligence quotient (EQ) '이큐' 참조.

정서지수【情緒指數】emotional quotient (EQ) '이큐' 참조.

정서표출규칙【情緒表出規則】emotional display rules 상황에 따라 특정 정서를 표출(또는 표현)해야 할지 아니면 하지 말아야 할지에 관하여 사회 문화적으로 부여하는 규칙.

정신감응【精神感應】telepathy '텔레파시' 참조.

정신건강【精神健康】mental health 정신적(또는 심리적) 상태 및 기능에 초점을 맞추어 건강을 설명하는 개념. 정신적으로 장애가 없을 뿐만 아니라 사회적으로 잘 적응하고, 또한 자신의 최대 능력과 기능을 발휘하여 자기실현을 해 가면서, 동시에 생활에 대한 만족과 행복감을 경험하는 상태라고 할 수 있다. 그러나 정신건강의 개념에 대한 정의는 논자(論者)의 관점 및 가치관에 따라 차이를 보이고 있다. '심리적 건강'이라고도 한다.

정신건강상담자【精神健康相談者】mental health counselor 정신건강의 증진이나 문제의 치료와 관련하여 상담을 진행하는 상담자. '정신건강카운셀러'라고도 한다.

정신건강센터【精神健康센터】mental health center 정신건강과 관련된 검사, 진단, 상담, 치료 및 증진 활동을 하는 서비스 기관 또는 시설. '정신건강진료소'라고도 한다.

정신건강진료소【精神健康診療所】mental health center '정신건강센터'와 같은 의미로 사용된다. '정신건강센터' 참조.

정신건강카운셀러【精神健康카운셀러】mental health counselor '정신건강상담자'라고도 한다.

정신결정론【精神決定論】psychic determinism Freud의 정신분석이론(精神分析理論)에서 사용되는 개념의 하나로, 인간의 정신적(심리적) 활동이나 행동적 반응 또는 증상들은 과거(특히 어린 시절)의 발달 과정에서 있었던 경험에 의해 결정된다고 보는 관점 또는 가정. '정신적 결정론', '심리결정론', '심리적 결정론'이라고도 한다.

정신과 의사【精神科 醫師】psychiatrist 의과대학에서 의학수업 및 훈련을 받고, 전문의 과정에서 정신의학을 전공으로 하여 수련을 받은 의사를 지칭한다. '정신과 전문의(精神科 專門醫)'라고도 한다.

정신과 전문의【精神科 專門醫】psychiatrist '정신과 의사' 참조.

정신과학【精神科學】mental science 과학적인 접근을 통해 정신 및 정신현상에 관해 연구하는 학문 분야를 총칭하는 표현으로, 심리학, 정신의학 등이 해당된다.

정신물리학【精神物理學】psychophysics 외부 세계 또는 환경으로부터 오는 물리적 자극과 감각경험 및 심리적 과정 간의 관계를 연구하는 심리학 및 이와 관련된 학문 분야를 말한다. 19세기 중반 독일 태생의 물리학자이자 철학자였던 Fechner (1801~1887)에 의해 제창되었다.

정신물리학자【精神物理學者】psychophysicist 정신물리학(psychophysics) 분야에서 활동하는 심리학자 또는 관련 학자를 지칭한다.

정신박약【精神薄弱】feeble-mindedness / feeblemindedness / mental deficiency '정신지체' 참조.

정신박약아【精神薄弱兒】feeble-minded child '정신지체아' 참조.

정신박약자【精神薄弱者】feeble-minded person '정신지체인' 참조.

정신병【精神病】psychosis 정신분열증, 우울증, 편집증과 같이 그 상태가 심각한 정신장애들을 일반적으로 지칭할 때 사용되는 표현이다. '정신증(精神症)'이라고도 한다. 최근에는 정신병 또는 정신증이라는 표현 대신 '정신장애(精神障碍: mental disorder)'라는 표현을 사용하는 경우가 많다.

정신병리학【精神病理學】psychopathology 정신장애 또는 이상행동의 증상과 특징을 관찰 · 분석하고 나아가 그 원인 및 결과를 밝히는 연구를 진행하는 정신의학의 한 분야. 일반적으로 병리학(病理學: pathology)은 신체병리학과 정신병리학을 포괄하는 표현이다. 정신병리학과 같은 연구를 진행하는 심리학의 한 분야로 '이상심리학(異常心理學: abnormal psychology)'이 있다.

정신병질자【精神病疾者】psychopath '정신병질적 성격(psychopathic personality)'을 가진 사람. '사이코패스'라고도 하며, '사회병질자(sociopath)' 및 '반사회적 성격장애(antisocial personality disorder)' 등과 같은 의미로 사용된다. '정신병질적 성격', '반사회적 성격' 및 '반사회적 성격장애' 등 참조.

정신병질적 성격【精神病疾的 性格】psychopathic personality '반사회적 성격(antisocial personality)' 및 '사회병질적 성격(sociopathic personality)' 등과 같은 의미로 사용된다. '반사회적 성격' 참조.

정신보건【精神保健】mental health '정신건강'과 같은 의미로 사용된다. '정신건강' 참조.

정신보건센터【精神保健센터】mental health center '정신건강센터'와 같은 의미로 사용된다. '정신건강센터' 참조.

정신분석【精神分析】psychoanalysis '정신분석학(精神分析學)'이라고도 한다. '정신분석학' 참조.

정신분석학【精神分析學】psychoanalysis Freud (1856~1939)에 의해 창시된 성격발달 및 정신장애 치료에 관한 이론으로 생후 초기의 발달 및 무의식적 과정을 강조한다. 인간의 성격이 생의 초기 몇 년 동안에 발달하고 결정되며, 성격의 작용과 동기는 무의식적 과정을 통해 인간의 정신과 행동에 영향을 미친다는 점을 강조하는 이론 체계이다. '정신분석'이라고도 한다.

정신분석학적 관점【精神分析學的 觀點】psychoanalytic perspective 인간의 행동은 기본적으로 무의식 세계에 자리 잡고 있는 충동과 성격 요소들에 의해 이루어진다고 보면서 동시에 생후 초기의 발달을 강조하는 '정신분석학(psychoanalysis)'의 입장을 따라 인간과 인간의 행동을 설명하는 관점. '정신분석학적 설명', '정신분석학적 접근', '정신분석학적 조망'이라고도 한다.

정신분석학적 설명【精神分析學的 說明】psychoanalytic explanation '정신분석학적 관점'이라고도 한다. '정신분석학적 관점' 참조.

정신분석학적 접근【精神分析學的 接近】psychoanalytic approach '정신분석학적 관점'이라고도 한다. '정신분석학적 관점' 참조.

정신분석학적 조망【精神分析學的 眺望】psychoanalytic perspective '정신분석학적 관점'이라고도 한다. '정신분석학적 관점' 참조.

정신분열병【精神分裂病】schizophrenia 심각한 정신장애의 한 유형으로, 성격의 와해, 지각의 혼란, 현실 왜곡, 망상적 사고, 부적절한 정서 표현 및 경험, 부적절한 행동 등을 주요 특징으로 나타내는 장애. 이와 같은 특징들로 인해 정신분열병이 있는 사람들은 흔히 정상적인 생활을 하기가 어렵다. '정신분열증'이라고도 한다.

정신분열증【精神分裂症】schizophrenia '정신분열병'이라고도 한다. '정신분열병' 참조.

정신생리적 장애【精神生理的 障碍】psychophysiological disorder 정신적(또는 심리적) 요인이 원인이 되어 유발된 생리적 또는 신체적 측면의 장애. '정신생리학적 장애'라고도 한다.

정신생리학【精神生理學】psychophysiology 환경자극에 의해 유발되는 심리적, 행동적, 사회적 및 생리적 과정은 서로 밀접하게 연관되어 있는 일체적 현상이라는 관점을 가지고, 인간의 생리적 과정 및 원리와 직접 및 간접적인 관련이 있는 감각 및 지각, 사고와 판단, 공포 및 분노와 같은 정서반응 등의 심리적, 행동적, 및 사회적 현상들을 과학적으로 연구해 가는 학문 분야.

정신생리학자【精神生理學者】psychophysiologist 정신생리학(psychophysiology) 분야에서 활동하는 학자를 지칭한다.

정신생리학적 방법【精神生理學的 方法】psychophysiological method 정신생리학적 현상 또는 이에 관한 관점을 적용하거나 응용한 연구 방법. 구체적으로, 심리적(정신적) 반응이나 행동은 심장박동률이나 혈압 등과 같은 생리적 반응과 밀접한 관계가 있으며, 이런 관계를 이용하여 개인의 심리적, 정서적 반응이나 행동상의 특징 또는 발달을 연구할 때 사용하는 방법이다. 특히 어린 영아나 유아의 경우에는 자신의 경험에 대해 언어적으로 반응하거나 보고하기 어렵기 때문에 이들의 심리적, 정서적 또는 행동적 반응이나 경험을 알아보는 연구에서 사용하는 경우가 많다. '정신생리학' 참조.

정신생리학적 장애 【精神生理學的 障碍】 psychophysiological disorder '정신생리적 장애'라고도 한다. '정신생리적 장애' 참조.

정신신경면역학 【精神神經免疫學】 psychoneuroimmunology '심리신경면역학'이라고도 한다. '심리신경면역학' 참조.

정신신체병 【精神身體病】 psychosomatic disease / psychosomatic disorders / psychosomatic illness '심신증' 참조.

정신신체병 환자 【精神身體病 患者】 psychosomatic / psychosomatic patient '심신증 환자' 참조.

정신신체장애 【精神身體障碍】 psychosomatic disorders / psychosomatic disease / psychosomatic illness 심리적 요인이 원인이 되어 신체에 손상을 주거나 신체의 기능에 문제를 초래함으로써 발생되는 장애나 질병. 즉, 신체의 장애나 질병 가운데 심리적 또는 정신적 원인(예를 들면, 스트레스)에 의해 발병한 경우를 총칭한다. 위장장애, 편두통, 천식 및 피부병 등이 포함되는 것으로 알려져 있으며, 일반적인 치료방법으로는 약물치료법과 심리치료법이 병행되는 경우가 많다. '정신신체증(精神身體症)', '정신신체병(精神身體病)'또는 '심신증(心身症)'이라고도 한다.

정신신체증 【精神身體症】 psychosomatic disease / psychosomatic disorders / psychosomatic illness '심신증' 참조.

정신신체증 환자 【精神身體症 患者】 psychosomatic / psychosomatic patient '심신증 환자' 참조.

정신안정제 【精神安定劑】 tranquillizer '진정제' 참조.

정신약리학 【精神藥理學】 psychopharmacology 약물이 정신과 행동에 미치는 영향, 정신장애(또는 정신질환)의 증세에 미치는 효과 및 사용 방법 등에 관해 연구하는 학문 분야.

정신연령 【精神年齡】 mental age (MA) 지능검사의 아버지로 일컬어지는 프랑스의 심리학자 Binet (1857~1911)가 고안하여 처음으로 사용한 개념으로, 특정 연령집단을 대표하는 아동이 풀 수 있는 검사수행수준에 대응하는 생활연령을 의미한다.

정신외과 【精神外科】 psychosurgery 정신장애 또는 이상행동의 치료를 목적으로 외과적 수술(특히 뇌 조직의 절개, 제거 또는 파괴 등을 포함하는 수술) 및 그에 준하는 처치를 하는 의학적 활동 또는 그러한 활동을 하는 의학 분야.

정신외과수술 【精神外科手術】 psychosurgery 정신장애 또는 이상행동의 치료를 목적으로 이루어지는 외과적 수술(특히 뇌 조직의 절개, 제거 또는 파괴 등을 포함하는 수술).

정신의학 【精神醫學】 psychiatry 의학(醫學:

medicine)의 한 분야로, 특히 정신현상을 연구하는 의학 분야를 말한다. 구체적으로 정신의학 분야에서는 정신장애(또는 정신질환이라고도 함)뿐만 아니라 인간의 정신현상과 행동을 이해하는데 필요한 여러 분야를 다루는데, 여기에는 정신병리학, 뇌병리조직학, 내분비정신의학, 뇌생화학, 유전정신의학, 교육의학, 소아상담, 예방정신의학 등이 포함된다. 정신의학을 뜻하는 단어인 'psychiatry'는 그리스어의 마음을 뜻하는 'psyche'와 치료를 뜻하는 'iatreia'에서 유래되었다. 일반적으로 의학의 여러 분야들 가운데 정신의학 분야에서는 주로 정신현상을 대상으로 하고 이 외의 다른 의학 분야들은 대부분 신체현상을 주 대상으로 하지만, 유기체로서 인간의 신체와 정신이 명확히 구분되지 않을 뿐만 아니라 서로 밀접하게 관련되어 있기 때문에 기본적으로 정신의학을 포함한 대부분의 의학 분야에서는 신체현상과 정신현상을 모두 다루고 있다. 이 점은 인간의 정신과 행동을 연구하는 학문인 심리학에도 적용되어 현대 심리학에서는 인간의 신체와 정신이 긴밀하게 상호작용을 하고 있다는 것을 인정하고 있으며, 이러한 관련성을 바탕으로 인간의 행동과 정신, 그리고 신체(특히 신경계 및 내분비계)와의 관계에 관한 연구를 진행하고 있다.

정신장애 진단 및 통계 편람【精神障碍 診斷 및 統計 便覽】 Diagnostic and Statistical Manual of Mental Disorders (DSM) 미국정신의학회(APA)에서 출간하고 있는 정신장애에 관한 체계적인 분류 및 진단을 위한 지침서. 그 첫 판인 'DSM-I(정신장애 진단 및 통계 편람-제1판)'은 1952년에 출간되었고 여기서는 모두 108개의 정신장애가 소개되고 있다. 두 번째 판인 'DSM-II(정신장애 진단 및 통계 편람-제2판)'은 1968년에 출간되었고 여기서는 모두 180개의 정신장애가 소개되고 있다. 세 번째 판인 'DSM-III(정신장애 진단 및 통계 편람-제3판)'은 1980년에 출간되었고 여기서는 모두 265개의 정신장애가 소개되고 있으며, 1987년에는 이 제3판을 약간 수정한 'DSM-III-R(정신장애 진단 및 통계 편람-제3판-수정판)'이 출간된 바 있다. 네 번째 판인 'DSM-IV(정신장애 진단 및 통계 편람-제4판)'은 1994년에 출간되었고 여기서는 정신장애를 크게 17가지 유형으로 분류하고 모두 300여 개가 넘는 정신장애를 소개하고 있다. 가장 최근인 2000년에는 이 제4판을 수정한 'DSM-IV-TR(정신장애 진단 및 통계 편람-제4판-수정판)'이 출간되었는데, 앞서서 출간된 제4판과 비교하여 정신장애의 진단범주나 기준 상에서는 크게 변화된 것이 없고, 다만 최근의 연구결과를 바탕으로 하여 유병률, 경과, 병인학적 측면 등에 관한 논의 자료가 추가되었다.

정신장애 진단 및 통계 편람-제1판【精神障碍 診斷 및 統計 便覽-第一版】 Diagnostic and Statistical Manual of Mental Disorders-First edition (DSM-I) 'DSM(Diagnostic and Statistical Manual of Mental Disorders: 정신장애 진단 및 통계 편람)'은 미국정신의학회(APA)에서 출간하고 있는 정신장애에 관한 체계적인 분류 및 진단을 위한 지침서로 그 첫 번째 판이 'DSM-I(정신장애 진단 및 통계 편람-제1판)'이다. 1952년에 출간되었고 여기서는 모두 108개의 정신장애가 소개되고 있다. '정신장애 진단 및 통계 편람' 참조.

정신장애 진단 및 통계 편람-제2판【精神障碍 診斷 및 統計 便覽-第二版】 Diagnostic and Statistical Manual of Mental Disorders-Second edition (DSM-II) 'DSM(Diagnostic and Statistical Manual of Mental Disorders: 정신장애 진단 및 통

계 편람)'은 미국정신의학회(APA)에서 출간하고 있는 정신장애에 관한 체계적인 분류 및 진단을 위한 지침서로 그 두 번째 판이 'DSM-II(정신장애 진단 및 통계 편람-제2판)'이다. 1968년에 출간되었고 여기서는 모두 180개의 정신장애가 소개되고 있다. '정신장애 진단 및 통계 편람' 참조.

정신장애 진단 및 통계 편람-제3판【精神障碍 診斷 및 統計 便覽-第三版】Diagnostic and Statistical Manual of Mental Disorders-Third edition (DSM-III) 'DSM(Diagnostic and Statistical Manual of Mental Disorders: 정신장애 진단 및 통계 편람)'은 미국정신의학회(APA)에서 출간하고 있는 정신장애에 관한 체계적인 분류 및 진단을 위한 지침서로 그 세 번째 판이 'DSM-III(정신장애 진단 및 통계 편람-제3판)'이다. 1980년에 출간되었고 여기서는 모두 265개의 정신장애가 소개되고 있으며, 1987년에는 이 제3판을 약간 수정한 'DSM-III-R(정신장애 진단 및 통계 편람-제3판-수정판)'이 출간되었다. '정신장애 진단 및 통계 편람' 참조.

정신장애 진단 및 통계 편람-제3판-수정판【精神障碍 診斷 및 統計 便覽-第三版-修訂版】Diagnostic and Statistical Manual of Mental Disorders-Third edition-Revised (DSM-III-R) 'DSM(Diagnostic and Statistical Manual of Mental Disorders: 정신장애 진단 및 통계 편람)'은 미국정신의학회(APA)에서 출간하고 있는 정신장애에 관한 체계적인 분류 및 진단을 위한 지침서로 그 세 번째 판인 'DSM-III(정신장애 진단 및 통계 편람-제3판)'을 약간 수정하여 1987년에 출간한 판이 'DSM-III-R(정신장애 진단 및 통계 편람-제3판-수정판)'이다. 앞서서 1980년에 출간된 제3판에서는 모두 265개의 정신장애가 소개되고 있다. '정신장애 진단 및 통계 편람' 참조.

정신장애 진단 및 통계 편람-제4판【精神障碍 診斷 및 統計 便覽-第四版】Diagnostic and Statistical Manual of Mental Disorders-Fourth edition (DSM-IV) 'DSM(Diagnostic and Statistical Manual of Mental Disorders: 정신장애 진단 및 통계 편람)'은 미국정신의학회(APA)에서 출간하고 있는 정신장애에 관한 체계적인 분류 및 진단을 위한 지침서로 그 네 번째 판이 'DSM-IV(정신장애 진단 및 통계 편람-제4판)'이다. 1994년에 출간되었고 여기서는 정신장애를 크게 17가지 유형으로 분류하고 모두 300여 개가 넘는 정신장애를 소개하고 있다. 제4판이 출간된 이후인 2000년에는 이 제4판을 수정한 'DSM-IV-TR(정신장애 진단 및 통계 편람-제4판-수정판)'이 출간되었는데, 앞서서 출간된 제4판과 비교하여 정신장애의 진단범주나 기준 상에서는 크게 변화된 것이 없고, 다만 최근의 연구결과를 바탕으로 하여 유병률, 경과, 병인학적 측면 등에 관한 논의 자료가 추가되었다. '정신장애 진단 및 통계 편람' 참조.

정신장애 진단 및 통계 편람-제4판-수정판【精神障碍 診斷 및 統計 便覽-第三版-修訂版】Diagnostic and Statistical Manual of Mental Disorders-Fourth edition-Text Revision (DSM-IV-TR) 'DSM(Diagnostic and Statistical Manual of Mental Disorders: 정신장애 진단 및 통계 편람)'은 미국정신의학회(APA)에서 출간하고 있는 정신장애에 관한 체계적인 분류 및 진단을 위한 지침서로 그 네 번째 판인 'DSM-IV(정신장애 진단 및 통계 편람-제4판)'을 부분적으로 수정 · 보완하여 2000년에 출간한 판이다. 앞서서 출간된 제4판과 비교하여 정신장애의 진단범주나 기준상에서는 크게 변화된 것이 없고, 다만 최근의 연구결과를 바탕으로 하여 유병률, 경과, 병인학적 측면 등에 관한 논의 자료가 추가되었다. 한편 앞서서 출간된 네 번째 판인 'DSM-IV(정신장애 진단 및 통계 편람-제4판)'은 1994년에 출간되었고 여기서는 정신장애를 크게 17가지 유형으로 분류하고 모두 300여 개가 넘는 정신장애를 소개하고 있다. '정신장애 진단 및 통계 편람' 참조.

정신적 결정론【精神的 決定論】 psychic determinism
'정신결정론' 참조.

정신적 서열화【精神的 序列化】 mental seriation
아동의 인지발달 수준을 가늠하는 능력들 가운데 하나로, 일련의 대상들 또는 사물들을 그 크기, 질량, 높이 등과 같은 양적 차원에 따라 순서 짓는 또는 순서에 맞추어 배열하는 인지능력.

정신적 표상【精神的 表象】 mental representation
외부의 대상을 지각하고 인식하는 과정에서, '외부의 대상을 어떤 형태로 추상화하고 심상화하여 내적(內的) 또는 정신적으로 나타내는 것'을 정신적 표상이라고 한다. '정신적 표상'은 '심적 표상(心的 表象)'이라고도 하며, 동시에 '내재적 표상(內在的 表象: internal representation)' 또는 '내적 표상(內的 表象)'과도 같은 의미로 사용된다. '표상' 및 '내재적 표상' 참조.

정신주의【精神主義】 mentalism '의식주의(意識主義)'라고도 한다.

정신지체【精神遲滯】 mental retardation (1) 지능지수(IQ)에 국한하여 정의하는 경우, 정신지체는 일반적인 지능검사에서 획득한 점수인 지능지수(IQ)가 현저히 낮은 상태를 지칭하는데, 일반적으로 IQ 70점 미만인 경우를 지칭한다. (2) 지능지수(IQ)와 일상생활 능력의 측면에서 정의하는 경우, 정신지체는 일반적인 지능검사에서 획득한 점수인 지능지수(IQ)가 70점 미만이면서, 학습이나 사회적 적응 등과 같은 일상생활을 해 나가는 능력 면에서 심각한 결함을 나타내는 경우를 지칭한다. 정신지체의 발생률은 인구의 약 1% 정도이고, 남자 대 여자의 비율은 약 6 대 4 정도로 남자에서의 발생률이 더 높게 나타나고 있다. (3) 정신지체는 지능지수(IQ)의 범위에 따라 4수준으로 분류하기도 한다. 구체적으로, IQ 50~70미만까지의 경우는 정신지체 가운데 가장 양호한 수준에 해당하는 '경미한 정신지체(mild mental retardation)'로 분류되며, '가벼운 정신지체' 또는 '경도 정신지체'라고도 한다. 이 수준의 정신지체자들은 운동능력 및 지적 학습능력에서 미숙한 특징을 나타내지만, 초등학교 고학년 수준의 지적 능력을 획득할 수 있고, 어느 정도의 사회적 능력 및 의사소통능력을 발달시키는 것이 가능하여 타인의 적절한 도움과 지도를 받게 되면 기본적인 사회생활이 가능하다. 정신지체자의 약 80~85%가 이 수준에 해당한다. 다음으로, IQ 35~49까지의 경우는 '중등도 정신지체(moderate mental retardation)'로 분류되며, '중간 정도의 정신지체'라고도 한다. 이 수준의 정신지체자들은 초등학교 1~3학년 수준 이상으로 발달하기 어렵고, 적절한 도움과 지도를 받게 되면 어느 정도의 사회적 기술과 의사소통능력을 발달시키는 것이 가능하지만, 일반적인 사회생활이나 직장생활을 수행하기는 어렵다. 보호와 감독이 잘 이루어지는 시설이나 환경에서 간단한 기능을 요구하는 단순한 일을 수행하는 것이 가능한다. 정신지체자의 약 10~12% 정도가 이 수준에 해당한다. 다음으로, IQ 20~34까지의 경우는 '중증 정신지체(severe mental retardation)'로 분류되며, '심한 정신지체'라고도 한다. 이 수준의 정신지체자들은 감각과 운동능력에서 미숙한 발달 수준을 나타내고, 초보적인 언어발달 수준을 보이기 때문에 다른 사람과의 정상적인 의사소통이 매우 어렵다. 적절한 도움과 지도를 받는 경우에 기본적인 자기 보살핌 정도가 가능하다. 정신지체자의 약 3~7% 정도가 이 수준에 해당한다. 끝으로, 정신지체 가운데 가장 심한 수준인 IQ 20 미만의 경우는 '극심한 정신지체(profound mental retardation)'로 분류되며, '매우 심한 정신지체' 또는 '아주 심한 정신지체'라고도 한다. 이 수준의 정신지체자들은 대부분 신경학적 결함을 가지고 있고, 학습능력이 거의 없기 때문에 기본적인 자기보살핌, 의사소통 및 사회적 관계가 거의 불가능하다. 따라서 이들은 생활을 위해 누군가의 지속적인 보살핌과 도움이 필요로 한다. 또한 이들은 다른 신체적 이상이나 질환을 동반한 경우가 많아 이른 시기에 사망에 이를 가능성이 높다. 정신지체자의 약 1~2% 정도가 이 수준에 해당한다. '정신지체'라는 표현을 사용하기 전에는 '정신박약'이라는 표현을 사용했다. 현재는 '정신지체'라는 표현과 함께 '지적장애'라는 표현이 사용되고 있다.

정신지체아【精神遲滯兒】mentally retarded child 정신지체(mental retardation)를 가진 아동. 선천적 요인이나 양육환경과 같은 후천적 요인, 그리고 두 요인의 상호작용에 의해 발생할 수 있다. '정신지체아'라는 표현을 사용하기 전에는 '정신박약아'라는 표현을 사용했다. '정신지체' 참조.

정신지체인【精神遲滯人】mentally retarded person 정신지체(mental retardation)를 가진 사람. 선천적 요인이나 양육환경과 같은 후천적 요인, 그리고 두 요인의 상호작용에 의해 발생할 수 있다. '정신지체자'라고도 한다. 한편, '정신지체인'이라는 표현을 사용하기 전에는 '정신박약자' 또는 '정신박약인'이라는 표현을 사용했다. '정신지체' 참조.

정신지체자【精神遲滯者】mentally retarded person '정신지체인' 참조.

정신측정【精神測定】psychometry / psychometrics '심리측정' 참조.

정신측정학【精神測定學】psychometry / psychometrics '심리측정' 참조.

정신치료【精神治療】psychotherapy 인지, 정서, 성격 등의 정신적 측면이나 행동적 측면에서의 무능력, 부적응 또는 기능장애를 개선(완화, 수정, 제거)시킬 목적으로, 전문적인 훈련을 받은 사람과 환자 간의 관계에서 심리학적 이론과 기법을 사용하여 진행하는 의도된 치료 활동. '심리치료(心理治療)'라고도 한다. '심리치료' 참조.

정실주의【情實主義】nepotism 권력을 가지고 있거나 영향력을 발휘할 수 있는 위치에 있는 사람이 자신의 친족이나 친척에게 주요한 관직, 직책 또는 지위 등을 맡기거나 부여하는 태도 또는 행위경향을 말한다. '족벌주의(族閥主義)', '족벌정치(族閥政治)' 또는 '네포티즘'이라고도 한다.

정액【精液】semen 인간의 남성 및 동물의 수컷이 성교(性交) 또는 생식행위시 사출(射出)하는 액체상태의 분비물로서 체내의 여러 분비물이 혼합되어 있으며, 주요 성분은 정자(精子)이다. 인간에게서 정액이 사출되는 경우는 성교행위 이외에도 자위행위 및 몽정(夢精) 등이 있다.

정의【定義】definition 특정 변인(變因)이나 사상(事象) 또는 이를 나타내는 용어의 의미를 명확히 하는 것을 말한다.

정의【正義】justice 사회나 공동체를 위해 지향하고 따라야 할 올바른 삶의 자세와 행동.

정의 관점【正義 觀點】justice perspective 미국의 심리학자이자 페미니스트인 Gilligan (1936~)이 Kohlberg (1927~1987)의 도덕성 발달에 관한 이론을 비판하면서 제시한 도덕적 관점('정의 관점'과 '배려 관점') 가운데 하나. '정의 관점'에서는 개별적 존재로서의 개인의 독립적 판단과 결정 및 권리를 강조하며, 이와 같은 관점은 사회문화적으로 남성들의 사회화 과정에서 강조되고 학습된다. 그 결과 이 관점을 중심으로 만들어진 Kohlberg의 도덕성 발달이론 및 측정 과정에서 여성들에 비해 남성들이 더 유리한 점수와 수준을 보이게 된다고 주장한다. '정의 관점'은 '정의 중심의 관점' 또는 '정의적 관점'이라고도 하며, 또한 '정의의 도덕성(morality of justice)'이라는 표현과도 같은 의미로 사용된다. 결국, Gilligan은 여성들에 비해 남성들의 도덕성 발달 수준이 더 높게 나타나고 있음을 보여주는 Kohlberg의 연구결과는 그 관점 및 측정 도구가 '남성 중심적'으로 편향된 결과라고 주장한다.

정의의 도덕성【正義의 道德性】morality of justice 미국의 심리학자이자 페미니스트인 Gilligan (1936~)이 Kohlberg (1927~1987)의 도덕성 발달에 관한 이론 및 연구결과를 비판하면서 제시한 도덕적 지향의 하나로, '정의 관점(justice perspective)'에 기반을 둔 도덕적 지향을 의미한다. '정의 관점' 참조.

정의적 관점【正義的 觀點】justice perspective '정의 관점' 참조.

정의적 미비【情意的 未備】flattening of affect '감정적 미비(感情的 未備)'라고도 한다.

정의 중심의 관점【正義 中心의 觀點】justice perspective '정의 관점' 참조.

정자【精子】sperm '정충(精蟲)'이라고도 한다. 사람을 포함한 유기체의 남성 또는 수컷의 정소(또는 인간 남성의 고환)에서 만들어지는 웅성(雄性) 생식세포로 여성 또는 암컷의 난자와 수정되어 하나의 개체인 수정란을 형성하게 된다.

정자은행【精子銀行】sperm bank 향후 인공수정이나 연구를 목적으로 인간 또는 동물의 정액을 보관하고 있는 전문기관 또는 시설을 말한다.

정적 강화【正的 强化】positive reinforcement 조작적 조건형성이론에서 사용되는 개념의 하나로, 반응 또는 행위 뒤에 특정 강화인(예를 들면, 음식, 물, 돈 및 칭찬 등)이 주어짐으로써 그 반응 또는 행위가 일어나는 확률이 증가되는 경우에서 특정 강화인을 주는 강화절차를 일컬어 '정적 강화'라고 한다. 특히 이 경우에서 제공되는 강화인을 일컬어 '정적 강화인(positive reinforcer)'이라고 한다. '정적 강화인'은 또 다른 표현으로 '정적 강화물', '정적 강화원' 또는 '정적 강화제'라고도 한다.

정적 강화물【正的 强化物】positive reinforcer '정적 강화' 및 '강화인' 참조.

정적 강화원【正的 强化源】positive reinforcer '정적 강화' 및 '강화인' 참조.

정적 강화인【正的 强化因】positive reinforcer '정적 강화' 및 '강화인' 참조.

정적 강화제【正的 强化劑】positive reinforcer '정적 강화' 및 '강화인' 참조.

정적 벌【正的 罰】positive punishment '정적 처벌(正的 處罰)'이라고도 한다. '정적 처벌' 참조.

정적 상관【正的 相關】positive correlation 한 변인의 변화에 따라 다른 변인도 변화하는 경우에서와 같이, 서로 의존하고 있는 두 변인 간의 관계를 지칭하여 '상관(correlation)' 또는 '상관관계'라고 한다. 이처럼 서로 관련이 있는 두 변인 간의 관계에서 한 변인의 값이 증가할 때 다른 변인의 값도 증가하는 상관(또는 상관관계)을 지칭하여 '정적 상관'이라고 한다. 따라서 이 두 변인 간의 관계에서는 한 변인의 값이 높으면 이에 상응하는 다른 변인의 값도 높게 나타난다. '상관관계' 참조.

정적 전이【正的 轉移】positive transfer (정보처리 또는 인지 연구에서) 어떤 과제 수행이나 문제 해결 과정에 사용되었던 지식이나 기술이 다른 과제 수행이나 문제 해결 과정으로 옮겨 사용(또는 적용)되는 현상을 '전이(轉移: transfer)'라고 한다. 이러한 전이의 하위 유형 가운데 하나인 '정적 전이'는 과거에 있었던 과제 수행이나 문제 해결 경험이 이와 비슷하거나 관련이 있는 현재의 과제 수행이나 문제 해결에 도움을 주는(또는 과제 수행이나 문제 해결 능력을 향상시켜주는) 현상을 지칭한다. 이와 반대되는 현상이 '부적 전이(負的 轉移: negative transfer)'이다.

정적 처벌【正的 處罰】positive punishment 특정 자극이 제시됨으로써 행동의 발생빈도가 감소되는 경우에서, 특정 자극을 제시하는 과정 또는 절차를 지칭하여 정적 처벌이라고 한다. '정적 벌'이라고도 한다. 한편 정적 처벌에 상대되는 개념으로 '부적 처벌(負的 處罰: negative punishment)'이 있다.

정적 환각【正的 幻覺】positive hallucination 일반적으로 '환각(幻覺: hallucination)'은 외부의 감각적인 자극이 없는 상황에서 감각적인 지각 경험을 하는 현상을 지칭한다. 다시 말하면 실제로 존재하지 않기 때문에 정상적으로는 지각되지 않는 것을 지각하는(즉, 보거나 듣거나 또는 냄새 맡는 등의 경험을 하는) 것을 말한다. 흔히 이러한 현상은 정신분열병('정신분열증'이라고도 함)과 같은 정신장애의 증상으로 나타나지만, 최면을 통해서도 유도될 수 있다. 특히 최면 상황에서 암시에 의해 그 상황에 실제로 존재하지 않는 자극을 존재하는 것처럼 지각하는, 즉 그 상황에 없는 어떤 사물을 존재하는 것처럼 지각하는(보거나 듣거나 냄새 맡는 등의 지각 경험을 하는) 것을 '정적 환각(正的 幻覺)'이라고 하고, 반대로 그 상황에 실제로 존재하기 때문에 정상적으로 지각되어야 할 사물을 마치 존재하지 않는 것처럼 지각하지 못하는 것을 '부적 환각(負的 幻覺: negative hallucination)'이라고 한다.

정체감【正體感】identity 자신의 성격이나 지능, 적성, 진로, 역할 등에서 자신은 누구이며, 어디서 와서 어디로 가고 있는지, 어떻게 살아가야 하는지 등의 물음을 포함한 자신의 존재 및 자신에 관한 것들에 대한 비교적 분명하고 안정된 느낌이나 인식. 이와 같은 정체감의 의미를 간단히 정의한다면, '자기 존재에 대한 성숙한 자기 정의'라 할 수 있다. '정체성(正體性)'이라고도 한다.

정체감 성취 **【正體感 成就】** identity achievement
마르샤(James Marcia)가 제안한 청소년들의 네 가지 정체감 지위(또는 정체감 상태) 가운데 하나로, 자신의 존재와 현재 및 미래의 역할 등에 대한 의문과 탐색 과정을 거쳐 정체감 위기를 잘 해결하고 안정된 정체감을 획득한 상태에서 자신의 진로나 직업 및 가치체계에 전념하는 상태에 있는 정체감 지위. '정체성 성취'라고도 한다.

정체감 위기 **【正體感 危機】** identity crisis 삶의 과정에서 '나'라는 존재와 현재 및 미래의 역할에 대한 회의와 혼란을 겪고 있는 상태. Erikson (1902~1994)의 심리사회적 발달이론에서 중요하게 사용되는 개념으로, '정체감 위기'는 흔히 청소년기 동안에 나타날 가능성이 가장 높다고 보고 있다. '정체성 위기'라고도 한다.

정체감 유실 **【正體感 流失】** identity foreclosure
마르샤(James Marcia)가 제안한 청소년들의 네 가지 정체감 지위(또는 정체감 상태) 가운데 하나로, 자신의 정체감에 대한 깊은 탐색 없이, 즉 자신이 누구이고 현재와 미래의 역할은 어떠해야 하는지 등에 대한 의문과 탐색이 충분히 이루어지지 않은 상태에서 결정을 내리고 미숙한 채로 자신의 진로나 직업 및 가치체계에 전념하는 상태에 있는 정체감 지위. '정체성 유실', '정체감 폐쇄' 또는 '정체성 폐쇄'라고도 한다.

정체감 유예 **【正體感 猶豫】** identity moratorium
마르샤(James Marcia)가 제안한 청소년들의 네 가지 정체감 지위(또는 정체감 상태) 가운데 하나로, 현재 정체감 위기를 경험하고 있으며, 자신의 진로나 직업 및 가치체계를 적극적으로 탐색하는 상태에 있는 정체감 지위. '정체성 유예'라고도 한다.

정체감 폐쇄 **【正體感 閉鎖】** identity foreclosure
'정체감 유실', '정체성 유실' 또는 '정체성 폐쇄'라고도 한다. '정체감 유실' 참조.

정체감 혼미 **【正體感 昏迷】** identity diffusion 마르샤(James Marcia)가 제안한 청소년들의 네 가지 정체감 지위(또는 정체감 상태) 가운데 하나로, 자신이 누구이고 현재와 미래의 역할은 어떠해야 하는지 등에 대한 의문과 탐색이 이루어지지 않은 상태, 즉 정체감 문제에 대한 생각이나 노력을 하지 않은 상태에 있는 정체감 지위. '정체성 혼미'라고도 한다.

정체성 **【正體性】** identity '정체감'이라고도 한다. '정체감' 참조.

정체성 성취 **【正體性 成就】** identity achievement
'정체감 성취'라고도 한다. '정체감 성취' 참조.

정체성 위기 **【正體性 危機】** identity crisis '정체감 위기'라고도 한다. '정체감 위기' 참조.

정체성 유실 **【正體性 流失】** identity foreclosure
'정체감 유실', '정체감 폐쇄' 또는 '정체성 폐쇄'라고도 한다. '정체감 유실' 참조.

정체성 유예 **【正體性 猶豫】** identity moratorium
'정체감 유예'라고도 한다. '정체감 유예' 참조.

정체성 폐쇄【正體性 閉鎖】identity foreclosure ‘정체감 유실’, ‘정체성 유실’ 또는 ‘정체감 폐쇄’라고도 한다. ‘정체감 유실’ 참조.

정체성 혼미【正體性 昏迷】identity diffusion ‘정체감 혼미’라고도 한다. ‘정체감 혼미’ 참조.

정충【精蟲】sperm ‘정자’ 참조.

정치심리학【政治心理學】political psychology 정치인, 국민, 대중, 군중, 투표행동, 정치적 선전이나 광고 등과 같은 정치 관련 세력이나 집단의 심리와 행동을 연구하는 심리학의 한 분야.

정화【淨化】catharsis 정신분석이론에서 사용하는 주요 개념들 가운데 하나로, 직접적이거나 간접적인 표현 또는 언어적이거나 공상적인 표현을 통해 억압되어 있던 감정이나 충동(예를 들면, 성적 또는 공격적 감정이나 충동)을 발산시킴으로써 이를 해소해 가는 것을 말한다. ‘카타르시스’, ‘감정정화(感情淨化)’라고도 한다.

정화가설【淨化假說】catharsis hypothesis ‘정화(淨化)’의 효과를 주장하는 학설. 즉, 직접적이거나 간접적인 표현 또는 언어적이거나 공상적인 표현을 통해 억압되어 있던 성적 또는 공격적 감정이나 충동을 해소시키는 효과가 있음을 주장하는 학설을 말한다.

정화효과【淨化效果】catharsis effect 성적 및 공격적 감정이나 충동과 관련하여, 실제적으로 행동을 하거나, 아니면 TV나 영화를 보는 것과 같은 간접적인 경험을 통해 그러한 감정이나 충동이 감소되는 효과 또는 그러한 현상을 지칭한다. ‘카타르시스효과’라고도 한다.

젖당【젖糖】lactose ‘락토스’ 또는 ‘유당(乳糖)’이라고도 한다.

젖샘 mammary glands 인간을 포함한 포유동물의 유방 안에서 젖을 분비하는 분비선(分泌腺)으로, 특히 외분비선(外分泌腺: exocrine gland)으로 분류된다. ‘유선(乳腺)’이라고도 한다.

젖찾기반사【젖찾기反射】rooting reflex ‘찾기반사’ 참조.

제로섬 zero-sum 게임이나 스포츠경기 등에서 나타나는 것처럼 그 결과를 비교해 보면, 한 쪽의 득점과 다른 쪽의 실점을 합하면 항상 제로(zero)상태가 되는 것을 말한다. 마찬가지로 한 사회 또는 체계 전체의 이익은 일정하기 때문에 어느 한 쪽이 이익을 보게 되면 다른 한 쪽에서는 그 이익에 상응하는 손해를 보게 되는 상태가 발생된다는 것을 나타내는 표현이다.

제로섬게임 zero-sum game 참가자들 간의 이익과 손실의 합계가 항상 제로(zero)가 되는 게임을 말한다.

제왕절개【帝王切開】cesarean section / cesarean operation / cesarean ‘제왕절개수술’이라고도 한다. ‘제왕절개수술’ 참조.

제왕절개분만【帝王切開分娩】cesarean delivery ‘제왕절개수술(cesarean section)’ 방법을 사용한 분만. ‘제왕절개출산’이라고도 한다. ‘제왕절개수술’ 참조.

제왕절개수술【帝王切開手術】 cesarean section / cesarean operation / cesarean　출산 과정에서 태아의 크기, 모양, 모체의 산도 등에 이상이나 문제가 있어 자연분만이 어려운 경우에, 모체의 복부나 자궁을 절개한 후 태아를 출산하는 방법. '제왕절개술' 또는 '제왕절개'라고도 한다.

제왕절개술【帝王切開術】 cesarean section / cesarean operation / cesarean　'제왕절개수술'이라고도 한다. '제왕절개수술' 참조.

제왕절개출산【帝王切開出産】 cesarean delivery　'제왕절개수술(cesarean section)' 방법을 사용한 출산. '제왕절개분만'이라고도 한다. '제왕절개수술' 참조.

제 이차 성징【第 二次 性徵】 secondary sex characteristic / secondary sexual characteristic　'제 2차 성징' 참조.

제 2차 성징【第 二次 性徵】 secondary sex characteristic / secondary sexual characteristic　남녀의 성기(性器)의 차이와 같은 일차적인 성기관(性器官)의 발달에 따라 나타나는 차이 외에 성호르몬의 분비가 왕성해지면서 새로이 나타나는 성별에 따른 신체적 특징의 변화 또는 차이. 흔히 사춘기와 함께 나타나기 시작하며, 여성의 경우에는 생리(또는 월경)의 시작 및 유방의 발달, 남성의 경우에는 몽정, 변성 및 수염의 발달 등으로 대표된다.

제 일차 성징【第 一次 性徵】 primary sex characteristic / primary sexual characteristic　'제 1차 성징' 참조.

제 1차 성징【第 一次 性徵】 primary sex characteristic / primary sexual characteristic　남성과 여성의 성기(性器)의 차이와 같이 일차적인 성기관(性器官)의 발달에 따라 나타나는 성별 차이 또는 특징을 말한다.

제임스 James (1842~1910)　미국의 심리학자 · 철학자. 'James, William (1842~1910)' 참조.

제임스-랑게설【제임스-랑게說】 James-Lange theory　'제임스-랑게 이론' 참조.

제임스-랑게의 정서이론【제임스-랑게의 情緖理論】 James-Lange theory of emotion　'제임스-랑게 이론' 참조.

제임스-랑게 이론【제임스-랑게 理論】 James-Lange theory　'정서(情緖: emotion)'를 설명하는 고전적인 이론 중의 하나로, 흔히 생각하듯이 특정 자극 또는 사건이 발생하면, 먼저 주관적 정서경험을 한 후에 신체 및 생리적 반응이 뒤따라 발생하는 것이 아니라 자극 또는 사건에 대하여 먼저 신체 및 생리적 반응이 일어나고, 이에 관한 정보가 뇌로 전달된 이후에 주관적 정서경험을 하게 되는 것으로 설명하는 이론이다.

제임스 카텔 James M. Cattell (1860~1944)　미국의 심리학자. 'Cattell, James McKeen (1860~1944)' 참조.

제임스 플린 James Flynn (1934~)　뉴질랜드의 심리학자. 'Flynn, James Robert (1934~)' 참조.

젠더 gender　생물학적으로 결정된 '성(性)'을 의미하는 'sex(섹스)'와 구분되는 개념으로, 사회문화적으로 학습된 심리적 '성(性)'을 의미한다. 즉, 'gender(젠더)'는 선천적 또는 생물학적으로 결정된 '성'이 아니라 사회문화적으로 '성(性)' 또는 '성별(性別)'에 따라 다르게 기대하는 인식, 태도 및 행동이 사회화 과정을 통해 학습되어 형성된 심리적 '성'을 의미한다. '섹스' 참조.

젠더롤 gender role '섹스롤(sex role)'과 같은 의미로 사용되며, '성역할'로 번역되어 사용된다. '성역할' 및 '젠더' 참조.

조건강화물 **【條件强化物】** conditioned reinforcer '이차적 강화인' 또는 '조건화된 강화인'이라고도 한다. '이차적 강화인' 참조.

조건강화원 **【條件强化源】** conditioned reinforcer '이차적 강화인' 또는 '조건화된 강화인'이라고도 한다. '이차적 강화인' 참조.

조건강화인 **【條件强化因】** conditioned reinforcer '이차적 강화인' 또는 '조건화된 강화인'이라고도 한다. '이차적 강화인' 참조.

조건반응 **【條件反應】** conditioned response (CR) 고전적 조건형성 과정을 통해 학습된 반응. 처음에는 중성적이던 자극(중성자극)이 무조건자극과 연합(짝지움)되는 과정을 통해 특정 반응(물리적으로는 무조건자극에 의해 유발되는 무조건자극과 같은 반응)을 유발하게 되는데, 이 경우의 반응을 조건반응이라고 한다. 여기서 조건반응을 일으키게 되는 자극, 즉 무조건자극과 연합된 중성자극을 일컬어 조건자극이라고 한다. 고전적 조건형성을 처음으로 발견하고 이를 체계적으로 연구한 Pavlov (1849~1936)가 사용했던 조건반사(conditioned reflex) 개념이 Pavlov 이후의 심리학자들에 의해 유기체(인간 포함)의 전반적인 행동으로 확대 · 적용되면서 보다 폭넓은 개념인 '조건반응'이라는 표현을 사용하는 경우가 많아졌다. 한편, Pavlov는 조건반사라는 표현을 사용에 앞서서 '심리적 반사(psychic reflex: '심적 반사'라고도 함)'라는 표현을 사용하였다.

조건반사 **【條件反射】** conditioned reflex '조건반응' 참조.

조건자극 **【條件刺戟】** conditioned stimulus (US) 처음에는 그 자체만으로는 특정 반응(A)을 유발시키지 못했던 자극(중성자극)이 특정 반응(A)을 무조건 유발시키는 무조건자극과 연합된 이후에는, 그 자극(처음의 중성자극)만으로도 특정 반응(A)을 유발시킬 수 있게 된 자극을 지칭한다.

조건형성 **【條件形成】** conditioning 특정한 자극에 대해 새로운 반응(또는 행동)이 획득되는 학습과정. 특정 반응(또는 행동)을 일으키지 않던 특정한 자극이 어떤 특정한 조건(경험)을 거친 후에 그 전에 일으키지 않던 특정 반응(또는 행동)을 일으키게 되는 학습과정을 말한다. 조건형성은 크게 두 가지 유형으로 구분되는데, 하나는 Pavlov (1849~1936)로 대표되는 고전적 조건형성이고, 다른 하나는 Skinner (1904~1990)로 대표되는 조작적 조건형성이다. '조건형성'이라는 표현 대신 '조건화'라는 표현이 사용되기도 한다.

조건형 성희롱 **【條件型 性戱弄】** quid pro quo sexual harassment '대가형 성희롱', '대가성 성희

롱' 또는 '대가보복형 성희롱'이라고도 한다. '대가형 성희롱' 참조.

조건화【條件化】conditioning '조건형성' 참조.

조건화된 강화물【條件化된 强化物】conditioned reinforcer '이차적 강화인' 또는 '조건화된 강화인'이라고도 한다. '이차적 강화인' 참조.

조건화된 강화원【條件化된 强化源】conditioned reinforcer '이차적 강화인' 또는 '조건화된 강화인'이라고도 한다. '이차적 강화인' 참조.

조건화된 강화인【條件化된 强化因】conditioned reinforcer '이차적 강화인' 또는 '조건화된 강화인'이라고도 한다. '이차적 강화인' 참조.

조건화된 처벌인【條件化된 處罰因】conditioned punisher 처음에는 처벌인으로서의 효과를 갖지 못했던 특정 자극이 무조건 처벌인(unconditioned punisher)과 반복적으로 연합됨에 따라 처벌인의 효과를 갖게 된 경우에서, 그 특정 자극을 지칭하여 '조건화된 처벌인'이라고 한다. 상대적인 의미를 갖는 용어로 '무조건 처벌인'이 있다.

조루증【早漏症】premature ejaculation '절정감장애(orgasmic disorder)'는 성행위의 최종 순간에 목표로 하는 성적 절정감(orgasm: 오르가슴)을 느끼는데 지속적이고 반복적으로 어려움을 겪는 성기능장애를 말하는데, 그 가운데 남성에게서 나타나는 절정감 장애의 한 유형이 '조루증'이다. 이 장애는 남성에 대한 충분한 성적 자극이 이루어지지 않은 상태에서 개인이 기대하는 시점보다 일찍 사정이 이루어지는 조루(早漏) 현상이 반복적이고 지속적으로 나타나는 장애를 말한다.

조병【躁病】mania '조증일화' 참조.

조사【調査】survey 정보 또는 자료를 수집하는 방법의 한 형태로, 많은 사람들(연구 목적이나 대상 등에 따라 조사대상자의 수에서 차이가 있음)에게 설문지, 면접, 우편, 전화 또는 이메일 등과 같은 방법을 사용하여 준비된 질문 항목들을 전달한 후, 이에 대한 답을 하도록 하는 과정을 통해 알아보고자 하는 정보 또는 자료를 수집하는 방법. '조사법(survey method)'과 같은 의미로 사용하는 경우가 많다.

조사법【調査法】survey method 연구에서 '조사(survey)' 또는 조사 과정을 통해 필요로 하는 정보나 자료를 수집하는 방법. '조사' 또는 '조사법'을 이용하여 이루어지는 연구를 '조사연구'라고 한다. '조사' 참조.

조사연구【調査研究】survey research '조사' 또는 '조사법'을 이용하여 이루어지는 연구. '조사' 및 '조사법' 참조.

조산【早産】premature birth / premature delivery 임신부가 임신기간을 다 채우지 못하고 신생아를 출산하는 것.

조산아【早産兒】preterm baby / preterm infant 정상적으로 예정된 출산일보다 일찍 태어난 아기. 구체적으로 3주 이상 일찍 태어난 아기를 지칭하는 경우가 많다.

조오지 갤럽 George H. Gallup (1901~1984) 미국의 통계학자 · 심리학자. 'Gallup, George Horace (1901~1984)' 참조.

조오지 밀러 George Miller (1920~) 미국의 심리학자. 'Miller, George Armitage (1920~)' 참조.

조울증【躁鬱症】 manic-depressive psychosis 조증 상태와 울증(또는 우울) 상태를 반복적으로 경험하는 것을 특징으로 하는 기분장애의 한 유형. '양극성 장애(兩極性 障碍)'라고도 한다. '양극성 장애' 참조.

조작【操作】 operation (1) 일반적으로, 기계나 도구 등의 대상을 다루어 움직이게 하는 실제적 동작이나 활동을 의미한다. (2) Piaget (1896~1980)의 이론에서 사용되는 조작(operation)의 의미는, 정보나 활동 또는 과거의 경험에 대해 논리적으로 사고하는(즉, 논리적으로 분류하거나 결합하거나 변형시키는) 정신적(또는 심적) 활동을 말한다.

조작적 정의【操作的 定義】 operational definition 성격, 지능, 사고 및 행동 등과 같이 연구의 대상이 되는 심리적 변인들을 과학적으로 연구하기 위해 그 변인의 의미를 명확히 하고 그 내용을 관찰 가능하고 측정 가능한 방식으로 바꾸어 구체화하는 것(또는 정의하는 것).

조작적 조건형성【操作的 條件形成】 operant conditioning 특정 행동에 대하여 강화가 제공됨에 따라 그 행동의 발생가능성 또는 발생빈도가 증가되는 학습현상 또는 학습형태를 말한다. '조작적 조건화' 및 '조작적 학습'이라고도 한다. 한편, 조작적 조건형성과 같은 의미로 사용되는 또 다른 표현으로 '도구적 조건형성(instrumental conditioning)' 및 '도구적 조건화'가 있다.

조작적 조건화【操作的 條件化】 operant conditioning '조작적 조건형성' 및 '조작적 학습'과 같은 의미로 사용된다. '조작적 조건형성' 참조.

조작적 학습【操作的 學習】 operant learning 행동의 학습(또는 행동의 발생이 증가하거나 감소하는 변화)이 그 행동의 결과에 의존하는 학습 형태. '조작적 조건형성('조작적 조건화'라고도 함)'과 같은 의미로 사용된다.

조작적 행동【操作的 行動】 operant behavior 외부로부터의 자극에 대해 자동적으로 인출되는 불수의적 반응과 달리, 행위자가 처벌을 피하거나 보상을 받기 위해, 또는 싫거나 불쾌한 것을 피하거나 원하는 것을 취하기 위해 환경에 조작(操作: operation)을 가하는 행동. 다시 말하면, 조작적 행동은 어떤 다른 자극에 의해 인출된 행동(예를 들면, 무조건 반응이나 조건반응)이 아니라 행위자가 방출해낸 행동을 말하는 것으로, 이 행동의 지속적인 반복 또는 학습 여부는 이 행동에 뒤따라온 결과에 의존한다.

조작행동【操作行動】 operant behavior '조작적 행동' 참조.

조절【調節】 accommodation (1) Piaget (1896~1980)의 인지발달이론에서, 아동이 새로운 대상 또는 자극에 적응하기 위해 자신이 가지고 있는 기존의 도식(圖式) 또는 인지구조를 바꾸어 가는 인지과정을 지칭한다. (2) 시각에서, 대상 또는 물체가 위치하고 있는 거리 또는 원근(遠近)에 따라 초점을 맞추기 위해 눈 속 수정체의 두께를 조정하는 작용을 말한다.

조증【躁症】mania '조증일화' 참조.

조증에피소드【躁症에피소드】manic episode '조증일화' 참조.

조증일화【躁症逸話】manic episode 기분장애(氣分障碍: mood disorder)는 기분일화(氣分逸話: mood episode)의 유형에 따라 구분되는데, 조증일화(躁症逸話)는 이러한 기분일화의 한 유형을 말한다. 구체적으로는, '조증일화'는 비정상적으로 고양된 기분 또는 흥분된 기분이 약 1주일 이상 지속되는 상태를 말한다. '조증에피소드'라고도 하며, 이외에도 '조증(mania)' 및 '조병'과 같은 의미로 사용된다.

조지 갤럽 George Horace Gallup (1901~1984) '갤럽' 참조.

조직규범【組織規範】institutional norm 사회의 구성원들이 따르고 지켜야 한다고 기대하는 생각과 행동의 기준 또는 규칙을 '규범(規範: norm)'이라고 하고, '조직규범'이란 어떤 조직에 적용되어 그 구성원들이 조직활동이나 생활을 해가는 과정에서 따르고 지켜야 한다고 기대하는 생각과 행동의 기준 또는 규칙을 말한다.

조직심리학【組織心理學】organizational psychology 심리학의 한 분야로, 기업이나 공공기관 등과 같은 조직 또는 조직체에서 구성원들의 직무만족과 생산성 제고 등의 목표를 돕기 위해 인사선발, 인사고과, 교육훈련, 조직개발 등의 분야에 심리학적 원리를 적용하고 그 효과를 연구하는 응용심리학의 한 분야. '산업 및 조직심리학' 참조.

조직심리학자【組織心理學者】organizational psychologist '조직심리학' 분야에서 활동하는 심리학자. '조직심리학' 및 '산업 및 조직심리학자' 참조.

조직화【組織化】organization (1) 사람들이나 사물들을 어떤 의도나 목적에 따라 통합 및 구조화하여 유기적인 조직으로 만드는 것. (2) Piaget (1896~1980)의 인지발달이론에서 사용되는 주요 개념들 가운데 하나로, 기존의 도식들 가운데 둘 이상을 조합하고 통합하여 보다 복잡하고 적응적인 도식(또는 인지구조)으로 만들어가는 경향성 또는 능력. 개인의 적응을 도와주는 기능을 한다. Piaget는 이와 같은 조직화 경향성을 선천적인 능력으로 보았다.

조형【造形】shaping 목표행동에 점차적으로 근접해 갈 때마다 강화(reinforcement)해 줌으로써 목표로 하는 특정한 행동을 학습시키는 기법 또는 방법을 지칭한다. 흔히 개, 돌고래, 곰 등의 동물들을 대상으로 재미있는 행동이나 묘기를 훈련시킬 때 이 기법을 적용하는 경우가 많다.

조화의 적합성【調和의 適合性】goodness-of-fit / goodness of fit 생후 초기에 아이들이 나타내는 기질적 특성과 관련하여, 이러한 기질적 특성이 앞으로 어떤 기질적 특성 또는 성격으로 발달해 갈지는 양육자가 아이의 기질적 특성에 대해 얼마나 민감하게 반응하고 조화를 이루어 가는가에 달려 있다. 따라서 양육자가 아이의 기질적 특성에 잘 적응하여 민감하게 반응해주면서 조화를 이루게 될 때 아이의 발달은 최적화 될 수 있는데, 이를 나타낸 개념이 '조화의 적합성'이다. Thomas와 Chess에 의해 제시된 개념이다.

'적합성'이라고도 한다.

족내결혼【族內結婚】endogamy '족내혼' 참조.

족내혼【族內婚】endogamy 자신이 소속된 가족이나 친족 등과 같은 혈연집단 내에서 결혼상대자 또는 배우자를 선택하여 이루어지는 결혼 또는 혼인형태를 말한다. '족내결혼'이라고도 한다. 이와 상대되는 결혼형태, 즉 자신이 소속된 혈연집단 외부에서 결혼상대자를 선택하여 이루어지는 결혼형태를 '족외혼'이라고 한다.

족벌주의【族閥主義】nepotism '정실주의' 참조.

족외결혼【族外結婚】exogamy '족외혼' 참조.

족외혼【族外婚】exogamy 가족이나 친족 등과 같이 혈연을 구성하는 집단의 외부에서 결혼상대자 또는 배우자를 선택하여 이루어지는 결혼 또는 혼인형태를 말한다. '족외결혼(族外結婚)'이라고도 한다. 대응되는 의미로 가족이나 친족 등의 혈연집단 내에서 이루어지는 형태의 결혼을 '족내혼(族內婚)'이라고 한다.

존 로크 John Locke (1632~1704) 영국의 철학자. 'Locke, John (1632~1704)' 참조.

존 볼비 John Bowlby (1907~1990) 영국의 정신의학자 · 심리학자. 'Bowlby, John (1907~1990)' 참조.

존재론【存在論】ontology 존재(存在)의 보편적인 본질과 관계 및 규정을 연구하는 철학의 한 부분. 고대 그리스어에서 존재자를 뜻하는 말인 'on'과 이성, 논리, 이론 등의 의미를 가진 'logos'가 합쳐져서 만들어진 말이다.

종교심리학【宗敎心理學】psychology of religion 종교, 종교적 현상 및 활동을 심리학적으로 연구해 가는 심리학 또는 종교학의 한 분야. 종교 및 종교적 활동 또한 인간의 사회 · 문화적 활동의 한 부분으로 보며, 이러한 인간의 종교, 종교적 현상 및 활동을 이해하고 설명하기 위해 심리학적인 접근을 취하는 학문 분야를 말한다.

종교심리학자【宗敎心理學者】psychologist of religion 종교심리학(psychology of religion) 분야에서 활동하는 심리학자 또는 관련 학자를 지칭한다.

종단적 방법【縱斷的 方法】longitudinal method '종단적 연구' 참조.

종단적 설계【縱斷的 設計】longitudinal design '종단적 연구' 참조.

종단적 연구【縱斷的 硏究】longitudinal study 동일한 연령의 집단을 표집한 후 이들을 대상으로 시간 경과에 따라 나타나는 발달적 변화나 특징을 연구하는 방법. 이 연구방법은 특정 발달 영역 또는 발달적 특징과 관련하여 시간경과에 따른 변화 경향이나 차이를 알 수 있는 좋은 방법이지만, 연구 기간 측면에서 보면, 수개월에서 길게는 수십 년이라는 긴 시간이 걸리고 또 그 진행 과정에서 많은 비용이 요구되는 등의 단점을 가지고 있다. 종단적 연구라는 표현 이외에도 종단적 방법, 종단적 연구법, 종단적 연구방법, 종단적 설계 그리고 종단적 접근 등의 표현이 같은 의미로 사용되고 있다.

종단적 연구방법【縱斷的 研究方法】 longitudinal method '종단적 연구' 참조.

종단적 연구법【縱斷的 研究法】 longitudinal method '종단적 연구' 참조.

종단적 접근【縱斷的 接近】 longitudinal approach '종단적 연구' 참조.

종말단추【終末단추】 terminal button 한 뉴런의 일부분인 축색은 끝부분으로 가서 여러 개의 작은 가지로 나누어지는데, 이러한 작은 가지들의 끝부분을 이루고 있는 작은 혹 형태의 부위를 말하며, 이곳에 신경전달물질을 담고 있는 '시냅스낭('시냅스 주머니'라고도 함)'이 들어 있다. 종말단추는 인접한 다른 뉴런과 함께 시냅스(synapse)를 형성한다. '축색종말(軸索終末: axon terminal)', '시냅스혹(synaptic knob)' 또는 '시냅스단추(synaptic button)'라고도 한다.

종속변수【從屬變數】 dependent variable '종속변인' 참조.

종속변인【從屬變因】 dependent variable 독립변인의 영향을 받아 변화하거나 예언되는 변인. 즉, 둘 이상의 변인들 간의 관계성을 확인하고 나아가 그 관계성이 인과적(因果的) 인지의 여부를 밝히고자 하는 연구에서 체계적으로 변화시킨 또는 조작한 변인을 독립변인(獨立變因)이라고 하며, 이러한 독립변인의 처치 효과를 평가하기 위해 관찰되는 변인을 종속변인이라고 한다. 흔히 심리학 연구에서는 독립변인의 처치 후에 나타나는 피험자의 심리, 행동 또는 신체 측면에서의 변화를 다룸. 종속변인은 또 다른 표현으로 '종속변수'라고도 한다.

종 특유의 행동【種 特有의 行動】 species-specific behavior '본능(本能: instinct)'이라는 표현 대신에 자주 사용되는 용어로, 특정한 상황(또는 환경) 하에서 특정한 종의 동물들이 나타내는 행동들 중에서 특히 학습되지 않고(또는 학습되지 않았거나) 복합적이고 비교적 수정하기 어려운 행동을 지칭하여 '종 특유의 행동'이라고 한다. 종 특유의 행동이 전적으로 학습되지 않은 행동인지(즉, 학습과 관계없이 결정된 것인지) 아니면 부분적으로 학습이 포함된 것인지에 대해서는 학자들 간에 견해 차이를 보이고 있다. 예컨대, 새들의 '날아다니는 행동'과 같은 종 특유의 행동은 학습과 관계없이 결정된 행동인가 아니면 부분적으로 어린 시절 어미로부터 훈련(학습)받는 경험을 필요로 하는 행동인가에 관한 논쟁을 한 가지 예로 들 수 있다.

종합심리평가【綜合心理評價】 full psychological evaluation battery / full battery '풀배터리' 및 '배터리' 참조.

종합심리평가배터리【綜合心理評價배터리】 full psychological evaluation battery / full battery '풀배터리' 및 '배터리' 참조.

종합심리평가세트【綜合心理評價세트】 full psychological evaluation battery / full battery '풀배터리' 및 '배터리' 참조.

좌반구【左半球】 left hemisphere 대뇌(大腦: cerebrum)의 좌우에 위치하고 있는 반구 형태의 두 부분을 지칭하여 대뇌반구(大腦半球: cerebral hemisphere)라고 하며, 이 중 좌측의 반구를 좌반구(左半球: left hemisphere)라고 하고 우측의 반구를 우반구(右半球: right hemisphere)라고 한다. 한편, 두 개의 반구, 즉 좌반구와 우반구는 중심부의 안쪽에 위치하고 있는 신경조직인 '뇌량(腦梁: corpus callosum)'에 의해 연결되어 있다.

좌절【挫折】frustration 개인(또는 집단)이 자신이 원하는 목표를 달성하기 위해 시도한 노력이나 행동이 외적 요인(예를 들면, 다른 사람들의 방해나 사고 등)이나 내적 요인(예를 들면, 자신의 준비 부족이나 능력 부족 등)으로 인해 실패하거나 만족스럽지 못한 결과가 나타나게 된 상황.

좌절-공격성 가설【挫折-攻擊性 假說】frustration-aggression hypothesis 좌절로 인해 공격성이 증가되고 그 결과로 공격행동이 나타나게 될 가능성이 증가하게 된다고 보는 가설. 즉, 사람들은 자신이 이루고자하는 목표 달성(또는 목표를 이루기 위해 하는 행동)이 방해받거나 실패하게 되는 상황(즉, 좌절)에 처하게 되면 화가 나면서 동시에 공격적 욕구(또는 공격적 동기)가 발생하게 되고 이러한 상태는 자연히 공격행동으로 이어질 가능성을 증가시킨다. 따라서 이 가설에 따르면, 어떤 일이나 경험을 하는 과정에서 좌절 상황에 처한 사람들은 그렇지 않은 사람들에 비해 공격행동을 할 가능성이 높다고 예측된다.

주관【主觀】subject 외부의 세계를 바라보고 해석하는 과정에서 다른 사람들의 견해나 관점과는 별도로 작용하는 자기 나름대로의 견해나 관점.

주관성【主觀性】subjectivity 주관(主觀: subject)에 의해 제약받고 규정되는 성질이나 정도.

주관적【主觀的】subjective 객관과 별도로 존재하는 개인이 가진 나름대로의 견해나 관점에 기초를 둔.

주관적 강도【主觀的 强度】subjective magnitude 외부로부터 들어온 감각적(또는 물리적) 자극의 객관적인 강도가 아니라 자극을 받고 있는 당사자가 주관적으로 경험하는(또는 느끼는) 자극의 강도. '주관적 크기'라고도 한다.

주관적 경험【主觀的 經驗】subjective experience 어떤 경험을 통해 개인이 느끼는 기분이나 감정 등과 같은 주관적인 측면.

주관적 웰빙【主觀的 웰빙】subjective well-being 본인 스스로가 느끼고 지각하는 웰빙. '웰빙(well-being)'은 '삶에 대한 만족' 또는 '삶에 대해 만족하는 상태'를 의미하는 개념으로, 주관적 웰빙이란 삶에 대해 스스로가 느끼고 지각하는 만족 또는 만족하는 상태라고 정의할 수 있다. 행복 및 삶의 질을 평가할 때 중요하게 고려하는 개념으로, 흔히 삶의 질을 평가할 때 객관적인 측면의 웰빙을 의미하는 '객관적 웰빙' 개념과 함께 사용된다.

주관적 크기【主觀的 크기】subjective magnitude '주관적인 강도'라고도 한다. '주관적 강도' 참조.

주관적 확률【主觀的 確率】subjective probability 객관적인 확률이 아니라 당사자가 느끼고 판단하여 내리는(또는 추정하는) 확률.

주관주의【主觀主義】subjectivism 인간의 지각, 사고, 판단 및 행동은 개인의 주관에 의해 영향을 받고 결정된다고 보는 관점.

주관주의적 관점【主觀主義的 觀點】subjective perspective 인간의 행동과 심리과정은 객관적 세계에 의해서가 아니라 주관적 세계에 의해서 영향을 받고 결정된다고 보는 관점. 이 관점에서는 개인들은 외부의 세계를 이해하는 과정에서 자기 나름대로의 지각, 사고 및 판단 과정을 통해 능동적으로 현실을 구성하고 행동하게 된다고 본다. 따라서 개인들이 나름대로 구성한 현실은 객관적인 것과는 별도로 존재하는 주관적 세계이므로 사람들의 행동과 심리과정을 이해하기 위해서는 객관적 현실이나 세계가 아니라 개개인들이 나름대로 구성한 주관적 현실이나 주관적 세계를 다루고 연구해야 한다고 본다. '주관주의적 관점'은 '주관주의적 설명', '주관주의적 접근' 또는 '주관주의적 조망'이라고도 한다.

주관주의적 설명【主觀主義的 說明】subjective explanation '주관주의적 관점' 참조.

주관주의적 접근【主觀主義的 接近】subjective approach '주관주의적 관점' 참조.

주관주의적 조망【主觀主義的 眺望】subjective perspective '주관주의적 관점' 참조.

주류화【主流化】mainstreaming '메인스트리밍' 참조.

주변인【周邊人】marginal man / marginal person 발달적으로 또는 사회적으로 둘 이상의 서로 다른 발달 단계나 집단에 걸쳐 있어 이 둘의 특성을 모두 가지고 있지만, 동시에 명확히 어느 한 단계나 집단에 소속되어 있지 않기 때문에 그 특성이나 행동이 불분명하여 어느 하나로 명확히 규정하기 어려운 상태에 있는 사람. 흔히 발달적으로 아동에서 성인으로 이행하는 중간 단계에 위치하고 있는 청소년을 지칭하는 표현으로 사용하는 경우가 많다.

주요우울일화【主要憂鬱逸話】major depressive episode 기분장애(mood disorder)는 기분일화(mood episode)의 유형에 따라 구분되며, 주요우울일화는 이러한 기분일화의 한 유형이다. 구체적으로는 생활 속의 대부분 또는 많은 활동에 대한 흥미와 관심의 상실감을 경험하거나 우울한 기분을 갖는 상황이 약 2주일 이상 지속되는 것 또는 그러한 상태를 말한다.

주요우울장애【主要憂鬱障碍】major depressive disorder 극단적인 우울상태 또는 우울정서로 고통을 받는 단극성 장애로, 주요우울일화(主要憂鬱逸話: major depressive episode)가 1회 이상 나타나는 경우에 주요우울장애로 진단된다. '주요우울일화' 참조.

주의【注意】attention 외부로부터 유기체의 감각기관으로 들어오는 여러 자극이나 정보들 가운데 특정한 하나 또는 일부의 자극(또는 정보)을 선택하여 집중하는 심리과정. '주의집중'이라고도 한다.

주의력결핍 과다행동장애【注意力缺乏 過多行動障碍】attention-deficit hyperactivity disorder (ADHD) '주의력결핍 과잉행동장애' 참조.

주의력결핍 과잉행동장애【注意力缺乏 過剩行動障碍】attention-deficit hyperactivity disorder (ADHD) 학령기를 전후(前後)한 시기에 아동 또는 청소년들에게서 가장 일반적으로 발생하며, 부주의(또는 주의력 결핍: inattention), 과잉행동

(hyperactivity) 및 충동성(impulsive)등을 주요 증상으로 나타내는 발달장애. 이에 더하여 학습장애, 품행장애, 불안장애, 정서장애, 낮은 자아존중감(자존감) 그리고 부적응적인 사회적 상호작용 등의 문제를 동반하는 경우가 있다. 이 장애의 증상은 상황에 따라, 가정이나 학교 등 하나의 상황에서만 나타나기도 하고, 여러 상황에서 나타나기도 한다. DSM-IV(정신장애 진단 및 통계 편람-제4판)에서는 이 장애를 부주의 우세형, 과잉활동-충동성 우세형, 그리고 부주의와 과잉활동-충동성 혼합형 등 세 가지 하위 유형으로 분류하고 있다. 흔히 이 장애의 증상은 7세 이전에 시작되는 경우가 많고, 유병률은 학령기 아동들의 약 3~5% 정도로 추정되며, 여아보다는 남아에게서 더 많이 발생하는 것으로 알려지고 있다. '주의력결핍 과잉활동장애', '주의력결핍 과다행동장애' 또는 'ADHD'라고도 한다.

주의력결핍 과잉활동장애 **【注意力缺乏 過剩活動障碍】** attention-deficit hyperactivity disorder (ADHD) '주의력결핍 과잉행동장애' 참조.

주의집중 **【注意集中】** attention '주의(注意)'라고도 한다. '주의' 참조.

주의폭 **【注意幅】** attention span 특정한 상황, 자극 또는 활동에 대해 주의를 지속적으로 유지하는 정신적 능력.

주제통각검사 **【主題統覺檢査】** Thematic Apperception Test (TAT) 1935년 Murray의 욕구이론을 기초로 하여 Morgan(C. D. Morgan: '모간', '모건' 또는 '몰간'이라고 발음함)과 Murray(H. A. Murray: '머레이' 또는 '머리'라고 발음함)가 공동으로 개발한 투사적 성격검사로, 흑백으로 된 총 31장의 그림카드들로 구성되어 있다. 이 그림카드들 중 한 장은 완전한 백지〈도판 16〉이고, 나머지 30장의 카드는 어떤 상황이나 장면을 묘사하고 있으며 대부분 한 명 이상의 인물이 등장한다. 검사를 실시하기 전에 피검자(被檢者)의 성별과 연령에 따라 전체 그림카드들 중 20장을 선택한 후, 피검자에게 한 장씩 보여주면서 각 그림에 대해 이야기해보도록 요구한다. 보통 20장의 카드를 이용하지만, 경우에 따라서는 카드의 수를 9~12장 정도로 줄여서 실시하기도 한다. 검사자는 피검자에게 그림카드를 한 장씩 보여주면서 각 그림에 대해 이야기를 지어보도록 요구한다. 즉, 카드의 그림에서 어떤 일이 벌어지고 있는지, 그리고 그림 속의 인물은 어떤 상태에 있는지에 관해 상상하여 이야기해보도록 요구한다. 이 검사를 통해 피검자가 구성하는 이야기 속에는 피검자의 과거 경험, 성격, 긴장, 갈등, 불안이나 걱정, 욕구나 충동, 공상 등이 무의식적으로 투사되어 나타나게 된다고 가정한다. 이 검사는 기본적으로 정신분석적 이론에 토대를 두고 있는 투사적 검사라 할 수 있다. 피검자에게 진심, 즉 진짜 감정이나 욕구를 직설적으로 물어보면 이에 대해 말하지 못하거나 말하기를 거부할 수도 있고 또는 솔직하지 않은 말을 할 수도 있다. 이같이 피검자들이 말하기 어렵거나 억압되어 있는 감정이나 욕구들이 애매모호한 그림을 보고 해석하는 과정에 투사되어 나타나게 된다고 보는 것이다. 검사자는 채점기준에 따라 피검자의 이야기를 듣고 분석함으로써 이야기 속에 투사된 피검자의 감정이나 욕구, 동기, 갈등, 긴장, 대인관계 및 문제해결 방식 등과 같은 성격과 관련된 다양한 부분들에 대해 평가하고 이해할 수 있게 된다. 한편 '주제통각검사'는 'TAT'라고도 하는데, 이 말은 주제통각검사의 영어 표현인 'Thematic Apperception Test'의 약자로, 보통 주제통각검사라는 표현 대신 'TAT'라는 표현을 사용하는 경우가 많다.

주지화【主知化】 intellectualization　정신분석에서 다루는 방어기제의 하나로, 개인이 자신에게 위협이 되는 상황을 지적(지성적)이고 추상적인 표현을 사용함으로써 그 상황의 위협으로부터 초연해지거나 벗어나려는 시도 또는 노력. '지성화'라고도 한다.

준거타당도 criterion validity　predictive validity　어떤 검사나 평가도구가 예언(또는 예측)하고자 의도한 사람들의 특성이나 행동을 실제로 예언(또는 예측)하는 정도. '예언타당도(豫言妥當度)'라고도 한다.

줄기세포【줄기細胞】 stem cell　세포의 한 종류로, 신체를 구성하고 있는 각종 장기, 근육, 뼈, 피부, 뇌 등과 같은 어떤 조직으로도 분화할 수 있는 기본 세포. 간세포(幹細胞)라고도 한다. 인간의 줄기세포에는 크게 두 가지 형태가 있는데, 하나는 정자와 난자가 만나 수정이 이루어진 이후 약 14일이 경과되지 않은, 즉 신체를 구성하는 다양한 조직과 이를 구성하는 세포로 분화되기 이전의 미분화된 세포인 배아줄기세포(embryonic stem cell)이고, 다른 하나는 신체의 골수나 혈액 및 제대혈(탯줄혈액) 등에 존재하는 성체줄기세포(adult stem cell)이다.

중간뉴런【中間뉴런】 interneuron　'개재뉴런(介在뉴런)' 또는 '연합뉴런(聯合뉴런: association neuron)'이라고도 한다. '개재뉴런' 참조.

중간정도의 정신지체【中間程度의 精神遲滞】 moderate mental retardation　'정신지체' 참조.

중간체계【中間體系】 mesosystem　러시아 태생의 미국 심리학자인 Bronfenbrenner (1917~2005)가 제안한 '생태학적 체계이론'의 다섯 환경체계(미시체계, 중간체계, 외체계, 거시체계 및 시간체계 등) 중 하나. 환경체계 중 가장 안쪽에 위치하는 미시체계에 이어 두 번째 층에 위치하는 체계로, 발달하는 개인(또는 아동)이 직접 접촉하면서 상호작용하는 환경체계인 미시체계(부모와 형제, 학교와 교사, 또래 등)들 간의 관계 또는 상호작용 측면을 지칭한다.

중뇌【中腦】 midbrain / mesencephalon　중추신경계의 핵심부분인 뇌(腦: brain)를 영역에 따라 구분하면 대뇌(大腦: cerebrum), 간뇌(間腦: diencephalon), 중뇌(中腦: midbrain), 소뇌(小腦: cerebellum) 및 연수(延髓: hindbrain) 등으로 나뉨. 중뇌는 뇌의 중앙에 위치하고 있는 영역으로 '가운데골'이라고도 하며, 위로는 간뇌에 이어져 있고, 아래로는 교(橋)에 이어져 있다. 시각, 청각 등의 감각 및 운동능력과 관계가 있다.

ㅈ

중다변인실험【衆多變因實驗】 multivariate experiment　실험의 한 형태로, 중다변인, 즉 여러 개의 독립변인을 동시에 적용하여 조작하는 실험 또는 실험연구를 지칭한다.

중독【中毒】 addiction　약물을 포함한 특정한 물질(알코올, 흡연 및 각종 마약류 등)이나 행위(도박, 경마 등)에 대해 심리적 또는 생리적으로 과도하게 의존되어 있어 자신과 자신의 주변 사람들에게 폐해를 초래하지만 이를 조절할 수 있는 통제력을 잃고 그러한 행동을 만성적으로 반복하는 상태. 중독 상태에 있는 사람들이 공통적으로 나타내는 특징으로는 갈망, 내성 및 금단증상 등이 있으며, 크게 두 가지 유형으로 구분될 수 있다. 먼저, 기분을 변화시키기 위해 특정 물질에 의존하는 상태인 물질중독(중독물질이 대부분 약물이라는 점에서 물질중독이라는 표현 대신에 약물중독이라는 표현을 사용하기도 함)과 특정한 행위 또는 활동에 의존하는 상태인 행위중독(또는 과정중독이라고도 함)으로 구분할 수 있다. 흔히 알려져 있는 물질중독에는 니코틴(담배)중독, 알코올중독, 마약류를 포함한 다양한 약물들에 대한 중독, 그리고 기타의 물질들에 대한 중독이 포함된다. 행위중독에는 도박중독, 성중독, 일중독, 운동중독, 쇼핑중독, 경마중독, TV중독 및 기타의 행위들에 대한 중독이 포함된다. 일반적으로 중독자들은 중독된 물질 사용이나 행위 과정을 통해 기분변화를 추구하지만, 중독과 관련하여 문제가 되는 가장 중요한 측면은 그와 같은 반복적인 물질 사용과 행위가 당사자는 물론이고 주변의 많은 사람들(가족을 포함)에게도 경제적, 정신적, 신체적, 사회적 및 관계적 측면에서 큰 고통을 주게 되고 정상적인 생활을 하기 어렵게 만드는 등의 심각한 부적응을 초래하게 된다는 점이다. 최근에는 컴퓨터중독(computer addiction) 또는 인터넷중독(Internet addiction), 그리고 게임중독(game addiction) 등과 같은 새로운 형태의 행위중독이 심각한 사회적 문제로 등장하고 있다.

중독【中毒】 intoxication 독성이 있는 물질(특정 약물, 독극물, 가스 등)이나 병원균에 노출되거나 그것을 섭취함으로 인해 신체적, 심리적 또는 행동적인 측면에서 손상이나 장애가 초래된 상태.

중독상담【中毒相談】 addiction counseling 중독(中毒: addiction) 또는 중독 증상을 치료할 목적으로 진행하는 상담. 중독의 하위 유형에 따라 다양한 상담 명칭이 사용된다. 예컨대, 물질중독(또는 약물중독) 영역에서는 알코올중독상담, 니코틴중독상담(또는 금연상담), 마약중독상담 등과 같은 표현이 사용되고, 행위중독 영역에서는 도박중독상담, 인터넷중독상담, 게임중독상담(또는 인터넷게임중독상담), 휴대폰중독상담(또는 스마트폰중독상담) 등과 표현이 사용된다.

중등도 정신지체【中等度 精神遲滯】 moderate mental retardation '정신지체' 참조.

중심말단【中心末端】 proximodistal '중심말초(中心末梢)' 또는 '근원(近遠)'이라고도 한다. '중심말단의' 참조.

중심말단경향【中心末端傾向】 proximodistal trend '중심말초경향(中心末梢傾向)'이라고도 한다. '중심말단방향', '중심말초방향' 및 '근원방향'과 같은 의미로 사용되는 말이다. '중심말단방향' 참조.

중심말단방향【中心末端方向】 proximodistal direction 발달이 진행되는 방향적 특징 가운데 하나로, 발달이 중심부(中心部: 몸통 부분)에서부터 시작하여 말단부(末端部) 방향으로 진행되는 순서적 경향. '중심말초방향(中心末梢方向)'이라고도 한다. '중심말단경향', '중심말초경향' 및 '근원경향' 등과 같은 의미로 사용된다.

중심말단방향으로의 발달【中心末端方向으로의 發達】 proximodistal development 발달의 진행 경향을 나타내는 것으로, 중심부(中心部: 몸통 부분)에서부터 시작하여 말단부(末端部) 방향으로 진행되는 발달 또는 발달 순서. '중심말초방향으로의 발달', '근원방향으로의 발달', '중심말단방향의 발달', '중심말초방향의 발달' 및 '근원방향의 발달' 등의 표현과 같은 의미로 사용된다.

중심말단방향의 발달【中心末端方向의 發達】proximodistal development '중심말단방향으로의 발달' 참조.

중심말단의【中心末端의】proximodistal 중심부터 말단으로, 중심부에서 말단부로. '중심말초의', '근원의', '중심말단' 또는 '중심말초'라고도 한다.

중심말초【中心末梢】proximodistal '중심말단(中心末端)' 또는 '근원(近遠)'이라고도 한다. '중심말단의' 참조.

중심말초경향【中心末梢傾向】proximodistal trend '중심말단경향'이라고도 한다. '중심말단방향', '중심말초방향' 및 '근원방향' 등과 같은 의미로 사용되는 말이다. '중심말단방향' 참조.

중심말초방향【中心末梢方向】proximodistal direction 발달이 진행되는 방향적 특징 가운데 하나로, 발달이 중심부(몸통 부분)에서부터 시작하여 말초부 방향으로 진행되는 순서적 경향. '중심말단방향'이라고도 한다. '중심말단경향', '중심말초경향' 및 '근원경향' 등과 같은 의미로 사용된다.

중심말초방향으로의 발달【中心末梢方向으로의 發達】proximodistal development '중심말단방향으로의 발달' 참조.

중심말초방향의 발달【中心末梢方向의 發達】proximodistal development '중심말단방향으로의 발달' 참조.

중심말초의【中心末梢의】proximodistal 중심부터 말초로, 중심부에서 말초부로. '중심말단의', '근원의', '중심말초', '중심말단' 및 '근원' 등과 같은 의미로 사용된다.

중심와【中心窩】fovea 눈의 망막의 중심부에 위치한 작은 영역으로 색을 감지하는 세포인 원추체가 밀집해 있고, 빛이 들어와 초점을 맺는 부분.

중심화【中心化】centration 어떤 사물이나 상황이 가진 여러 측면들 가운데 어느 하나의 측면만을 고려하여 반영하는 사고 경향. Piaget (1896~1980)의 인지발달이론에서, '전조작기'의 아동들이 나타내는 인지적 특징들 가운데 하나이다. '중심화 사고' 또는 '중심화된 사고(centered thinking)'라고도 한다.

중심화된 사고【中心化된 思考】centered thinking '중심화' 참조.

중심화 사고【中心化 思考】centered thinking '중심화' 참조.

중앙값【中央값】median '중앙치' 참조.

중앙처리장치【中央處理裝置】central processing unit (CPU) 컴퓨터를 구성하는 부분들 중에서 가장 중요한 부분으로, 입력된 명령에 따라 연산을 포함한 다양한 실행을 담당하는 장치. 'CPU'라고도 한다.

중앙치【中央値】median 집중경향치의 하나로, 여러 개의 점수들을 크기 순서에 따라 배열한 점수들의 분포에서 점수들의 총 사례수를 반으로 나누는 지점에 위치하는 점수 또는 수치. '중앙값' 또는 '중위수'라고도 한다.

중위수【中位數】median　'중앙치' 참조.

중이【中耳】middle ear / drum / tympanum　귀의 일부. 귀의 해부학적 구조를 보면, 겉으로부터 외이(外耳), 중이(中耳), 내이(內耳) 등 세 부분으로 구성되며, 그 중 외이와 내이 사이에 위치한 부분을 중이라고 한다. 중이는 고막과 세 개의 작은 뼈들(추골〈망치뼈라고도 함〉, 침골〈모루뼈라고도 함〉, 등자골)을 포함하는 구조로 이루어져 있으며, 외이를 통해 들어온 소리를 내이로 전달하는 기능을 한다. '가운데귀'라고도 한다.

중이염【中耳炎】otitis media / tympanitis　세균감염에 의해 발생하는 중이(中耳)의 염증으로 심한 경우에는 청각상실을 초래한다. 특히, 영아기 및 유아기 초기의 만성 중이염은 청각 및 언어발달의 문제와 함께 인지발달과 사회적 발달에도 부정적인 영향을 초래하기 쉽다.

중재【仲裁】intervention　(1) 양자 간의 갈등이나 분쟁에 끼어들어 이를 조정하는 역할을 하는 것. (2) 발달이나 교육적 측면에서 이루어지는 지원이나 개입. 흔히, 심리학이나 교육학 등의 분야에서는 '중재(intervention)'를 두 번째 의미로 사용하는 경우가 많다. '개입'이라고도 한다.

중증 정신지체【重症 精神遲滯】severe mental retardation　'정신지체' 참조.

중추신경계【中樞神經系】central nervous system (CNS)　인간을 비롯하여 동물들의 신경계통은 크게 두 부분(중추신경계와 말초신경계)으로 구분된다. 이 가운데 중추신경계는 신체 각 부분 및 기관들을 유기적으로 연결하는 신경계통에서 가장 중심적인 기능을 하며, 신경세포와 신경섬유가 집합해 있는 부분을 말한다. 중추신경계는 다시 대뇌(大腦: brain)와 척수(脊髓: spinal code)로 나뉨. '중추신경시스템'이라고도 한다.

중추신경시스템【中樞神經시스템】central nervous system (CNS)　'중추신경계' 참조.

즐거움 enjoyment　마음에 들어 기쁘고 좋으며 흐뭇한 정서 반응 또는 정서 상태. 즉, 즐거움이란 좋아함, 기쁨, 흐뭇함, 재미 등과 같은 긍정적인 정서들을 포함하거나 또는 그런 정서들과 중복되는 의미를 갖는 긍정적인 정서 반응 또는 정서 상태를 의미한다. 일반적으로 사람들은 삶의 과정에서 즐거움을 추구하며, 또한 즐거움이 하나의 중요한 동기가 되어 어떤 일이나 활동을 하게 된다. 이런 측면에서 보면, 즐거움은 인간의 동기와 행동을 이해하는데 있어서 매우 중요하게 다루어져야 할 변인이라고 할 수 있다. 그럼에도 아직까지는 이에 관한 많은 심리학적 관심과 연구가 이루어지지 못해왔다. 최근에 행복, 건강, 복지 또는 웰빙 등에 대한 관심의 증가와 함께 즐거움에 대한 관심도 증가하고 있는 바, 향후 이에 관한 연구도 더욱 많아질 것으로 예상된다.

증오【憎惡】hate　다양한 요소를 포함하는 복합적인 정서 상태의 하나. 흔히 다른 사람을 싫어하고 미워하며, 나아가 그를 해치고 싶어 하는 감정 또는 정서 반응을 지칭한다.

증후군【症候群】syndrome　원인이 명확하지는 않지만 공통성을 가진 일련의 병적 증상들을 총괄적으로 지칭하는 용어. '신드롬'이라고도 한다.

지각【知覺】perception 유기체가 외부의 대상이나 현상을 감각기관을 통하여 알아가는 과정을 말한다. 즉, 유기체가 외부로부터 감각기관으로 들어온 감각정보들을 조직화하고 해석하여 그 대상이나 현상의 의미를 파악하는 과정을 말한다.

지각가설【知覺假說】perceptual hypothesis '지각적 가설'이라고도 한다. '지각적 가설' 참조.

지각갖춤새【知覺갖춤새】perceptual set '지각적 세트', '지각세트', '지각적 경향성', '지각경향성' 또는 '지각적 갖춤새'라고도 한다. '지각적 세트' 참조.

지각경향성【知覺傾向性】perceptual set '지각적 세트', '지각세트', '지각적 경향성', '지각적 갖춤새' 또는 '지각갖춤새'라고도 한다. '지각적 세트' 참조.

지각과정【知覺過程】perceptual process 지각이 이루어지는 일련의 과정.

지각기억【知覺記憶】perceptual memory 과거의 지각 경험을 통해 접했던 지각 대상(또는 자극)의 구조나 특징 또는 내용에 대한 기억. 이렇게 형성된 지각기억은 그 이후 새로운 자극이나 대상을 지각할 때 영향을 미치게 된다.

지각도식【知覺圖式】perceptual schema 지각과정에서, 자극(또는 대상)에 대한 지각 반응의 준거 또는 틀을 제공하는 인지적 구조 또는 도식.

지각발달【知覺發達】development of perception 지각능력은 출생 후 시간이 경과해가면서 급속하게 발달하게 되는데, 특히 생후 초기 몇 개월 사이에 다양한 지각능력의 급속한 발달이 이루어진다. 이와 같이 출생 후 시간 경과에 따라 일어나는 지각능력의 발달 또는 지각능력의 발달과정을 지칭하여 '지각발달'이라고 한다.

지각상【知覺象】percept 지각 과정의 결과로 마음의 세계에 형성된 외부 자극(사람, 물체, 사건 또는 현상 등)에 대한 내적 표상.

지각세트【知覺세트】perceptual set '지각적 세트', '지각적 경향성', '지각경향성', '지각적 갖춤새' 또는 '지각갖춤새'라고도 한다. '지각적 세트' 참조.

지각속도【知覺速度】perceptual speed 지각과정의 초기 단계에서 보이는 능력으로, 지각 자극(또는 대상)에 빠르게(신속하게) 파악하는 능력.

지각순응【知覺順應】perceptual adaptation '지각적 순응'이라고도 한다. '지각적 순응' 참조.

지각심리학【知覺心理學】psychology of perception / perceptive psychology 주로 인간의 감각 및 지각과 관련된 현상을 연구하는 심리학의 한 분야. 구체적으로 우리가 감각기관을 통해 들어오는 외부의 자극들을 어떻게 지각하게 되는지, 또한 이러한 감각 및 지각과정에 영향을 미치는 요인들에는 어떤 것들이 있는지 등의 문제를 연구한다.

지각양식【知覺樣式】perceptual style 지각을 하는 과정에서, 개개인은 지각 대상이 되는 자극을 수용하고 처리하고 해석하는 방식에 있어서 차이를 보인다. 이와 같이 자극(또는 지각대상)을 수용하고 처리하고 해석하는 지각과정에서 사람들마다 차이를 보이는 개별적이고 독특한 지각방식을 지칭하여 '지각양식'이라고 한다. '지각적 양식'이라고도 한다.

지각왜곡 【知覺歪曲】 perceptual distortion 착각, 최면, 정신장애 등에서 볼 수 있는 왜곡된 지각 현상을 말한다. 여기서 말하는 왜곡이란 현실 속의 물리적 자극(또는 물리적 대상)과 그것에 대한 지각(또는 심리적 경험) 간의 유사성 또는 일치성이 부족함을 의미한다. 즉, 우리가 어떤 나무를 지각하는 경우에, 개개인이 지각하는 그 나무의 세부적인 특징이나 모양 등에서는 다소 차이를 보일 수 있지만, 대략적으로 그것이 나무라는 것, 어느 정도 크거나 작다는 것, 그 나무에 잎이 있거나 없다는 것 등과 같은 일반적인 지각적 경험에서는 큰 차이 없이 대략 유사한 또는 일치된 반응을 보이게 될 것이다. 하지만 이처럼 일반적으로 기대되는 지각경험에서 현저하게 벗어나 자극(또는 대상)을 왜곡하여 지각하는 경우 또는 그러한 현상을 지칭하여 '지각왜곡'이라고 한다.

지각자 【知覺者】 perceiver 지각(知覺: perception)을 하는 사람. 즉, 지각과정에서 지각의 주체가 되는 사람을 지칭한다.

지각적 가설 【知覺的 假說】 perceptual hypothesis 지각이 이루어지는 과정에서, 지각자(知覺者: perceiver)가 지각하게 될 자극(또는 대상)이 무엇일지에 관해 세우는 가설. 이 가설은 실제로 지각될 자극(또는 대상)이 점차적으로 노출됨에 따라 세부적 특징들을 지각하고 분석해 가면서 확인(또는 검증)된다. '지각 가설'이라고도 한다.

지각적 갖춤새 【知覺的 갖춤새】 perceptual set '지각적 세트', '지각세트', '지각적 경향성', '지각경향성' 또는 '지각갖춤새'라고도 한다. '지각적 세트' 참조.

지각적 경향성 【知覺的 傾向性】 perceptual set '지각적 세트', '지각세트', '지각경향성', '지각적 갖춤새' 또는 '지각갖춤새'라고도 한다. '지각적 세트' 참조.

지각적 방어 【知覺的 防禦】 perceptual defense 불쾌하거나 불안을 유발할 수 있는 자극을 지각하거나 자각하게 됨으로써 불쾌감이나 불안감이 유발되는 것을 차단하기 위해 대상을 지각하지 못하거나 대상에 대한 오지각(誤知覺)이 일어나는 현상.

지각적 선호법 【知覺的 選好法】 preference method '선호도 방법' 참조.

지각적 세트 【知覺的 세트】 perceptual set 사물이나 사건에 대한 지각이 이루어지는 과정에서 그 대상(사물이나 사건)을 어떤 특정한 방식이나 틀에 맞추어 지각하려는 준비성 또는 경향성. 즉, 어떤 대상에 대한 지각이 이루어지기 전에 그 대상을 어떤 일정한 방식이나 틀에 맞게 지각하려는 준비되어 있는 경향성으로 실제로 그 대상을 지각할 때 영향을 미치게 된다. 이러한 경향성은 '지각(perception)'이 대상에 대한 객관적 모사나 반영이 아니라 개인들마다 준비되어 있는 지각 경향성, 즉 '지각적 세트'에 의해 영향을 받아 차이를 보이게 된다는 것을 말해 준다. '지각세트', '지각적 경향성', '지각경향성', '지각적 갖춤새' 또는 '지각갖춤새'라고도 한다.

지각적 순응 【知覺的 順應】 perceptual adaptation 지각되는 대상이나 세계에 대해 인위적으로 유발한 왜곡(예를 들면, 왜곡에 의해 지각 대상이 변형되거나 도치된 상황)에 대해서도 적응해 가는 것 또는 그러한 능력. '지각순응'이라고도 한다.

지각적 양식 【知覺的 樣式】 perceptual style '지각양식'이라고도 한다. '지각양식' 참조.

지각항등성 【知覺恒等性】 perceptual constancy 특정 대상이나 현상을 지각(perception)하는 과정에서 나타나는 특징적인 경향의 하나로, 감각기관에 가해지는 특정 대상이나 현상이 포함하고 있는 감각정보의 내용(크기, 색채 및 형체 등)이 변화함에도 불구하고 그 대상을 변화 이전과 같이 안정적으로 지각하는 경향성을 말한다. 이러한 경향성이 있기 때문에 인간은 자신이 살아가는 세계 속의 여러 대상들 및 현상들에 대하여 늘 동일한 대상 또는 현상으로 지각하게 되는 것이다. 지각항등성과 관련하여 경험과 기억이 중요한 역할을 하는 것으로 알려져 있다. '지각항상성'이라고도 한다. 한편, 지각항등성은 지각의 차원과 관련하여 다양하게 나타나는데, 여기에는 크기항등성(크기恒等性: size constancy), 모양항등성(模樣恒等性) 또는 형태항등성(形態恒等性: shape constancy), 색채항등성(色彩恒等性: color constancy), 명도항등성(明度恒等性: brightness constancy), 및 위치항등성(位置恒等性: location constancy) 등이 포함된다.

지각항상성 【知覺恒常性】 perceptual constancy '지각항등성(知覺恒等性)'이라고도 한다. '지각항등성' 참조.

지그문트 프로이트 Sigmund Freud (1856~1939) 오스트리아의 신경학자 · 정신의학자. 정신분석학의 창시자이다. 'Freud, Sigmund (1856~1939)' 참조.

지남력 【指南力】 orientation 시간, 장소, 상황이나 맥락, 환경 등을 정확하게 파악하고 인식하는 능력.

지남력장애 【指南力障碍】 disorientation 지남력(指南力: orientation)이 없는 상태. 즉 시간, 장소, 상황이나 맥락, 환경 등을 정확하게 파악하고 인식하는 능력이 없는 상태.

지놈 genome / genom 유전자를 나타내는 말인 'gene'과 염색체를 나타내는 말인 'chromosome' 등 두 단어가 합쳐져 만들어진 용어이다. '게놈'이라고도 한다. '게놈' 참조.

지능 【知能】 intelligence 지능의 개념과 관련하여 학자들 간에 매우 다양한 견해가 제시되고 있기 때문에 모든 사람들이 보편적으로 수용할 수 있는 지능의 정의를 내리는 것은 매우 어려운 일이다. 다양한 지능의 정의 가운데 몇 가지를 제시하면 다음과 같다. (1) 세상을 이해하고 자신이 처한 환경이나 상황의 요구에 맞게 빠르고 효과적으로 대처하고 적응하는 개인의 능력. (2) 빠르고 효과적으로 학습하는 개인의 능력. (3) 표준화 과정을 거쳐 개발된 지능검사에서 개인이 획득한 점수.

지능검사 【知能檢査】 intelligence test 지적 능력, 즉 지능을 측정하기 위해 개발된 검사. 일반적으로, 지적 능력을 알아보기 위한 문제 형식의 여러 문항들로 구성되며, 표준화 절차를 통해 만들어진다. 최초의 지능검사는 1905년 프랑스의 심리학자인 Binet와 Simon이 프랑스 교육부로부터 정규학교 교육을 받기 어려운 학생들을 선별해낼 수 있는 검사를 만들어 달라는 의뢰를 받고 제작한 'Binet-Simon 지능검사'이다.

지능구조모델【知能構造모델】 structure-of-intellect model '지능구조모형' 참조.

지능구조모형【知能構造模型】 structure-of-intellect model 미국의 심리학자인 Guilford (1897~1987)가 요인분석을 적용하여 지능을 분석한 후, 그 결과를 통해 제안한 지능을 설명하는 모형의 하나. 이 모형을 통해, Guilford는 지능이 180개의 서로 다른 정신능력들로 구성되어 있다고 주장하였다. '지능구조모델'이라고도 한다.

지능의 3계층 모델【知能의 三階層 모델】 three-stratum theory of intelligence '지능의 3계층 모형' 참조.

지능의 3계층 모형【知能의 三階層 模型】 three-stratum theory of intelligence 지능을 설명하는 위계적 모형의 하나로, John Carroll에 의해 제안되었다. Carroll은 지능에 관한 수백편의 연구를 분석한 후에 만든 이 모형에서, 지능의 위계 구조 중에서 최상층부에는 일반지능(g)이 위치하고, 그 아래의 두 번째 층에는 특수하고 전문화된 세부적인 8개의 지능들이 위치하며, 마지막 최하층부인 세 번째 층에는 보다 세부적인 영역들을 반영하는 지능들이 위치하고 있다고 설명했다.

지능의 삼두이론【知能의 三頭理論】 triarchic theory of intelligence Sternberg (1949~)가 정보처리적 관점을 반영하여 체계화한 지능에 관한 이론. 이 이론에서, Sternberg는 지능을 설명하기 위해 행동이 발생하는 맥락적 요인(적절한 환경의 선택, 환경이나 상황에 대한 적응 등), 과제 또는 상황에 대한 개인의 경험적 요인(자동화, 새로운 상황에 대한 반응 등), 과제 또는 상황에 대해 개인이 적용하는 정보처리적 요인(과제나 상황에 관한 지식, 정보처리적 전략 등) 등 세 가지 측면들을 강조하고 있다. 이러한 측면들은 기존의 지능이론이나 지능검사에서 잘 다루지 않았거나 포함되지 않았던 영역들이라고 평가받고 있다.

지능의 위계적 모델【知能의 位階的 모델】 hierarchical model of intelligence '지능의 위계적 모형' 참조.

지능의 위계적 모형【知能의 位階的 模型】 hierarchical model of intelligence 지능을 설명하는 한 가지 모형으로, 특히 지능을 위계적인 구조로 설명하는 모형. 구체적으로, 지능의 위계적 모형에서는 지능 구조의 최상층부에는 개인의 전반적인 수행이나 활동에 영향을 미치는 하나의 일반적 지능(또는 일반적 능력)이 위치하고 있고, 그 아래에 위치하는 하층부에는 보다 특수한(또는 전문화된) 수행이나 활동에 영향을 미치는 여러 개의 특수한 또는 전문화된 지능들이 위치하고 있다고 설명한다. '지능의 위계적 모델'이라고도 한다.

지능지수【知能指數】 intelligence quotient (IQ) (1) 표준화 과정을 거쳐 개발된 지능검사에서 개인이 획득한 점수. (2) 지능에 있어서, 같은 연령집단의 사람들과 비교하여 개인이 나타내는 지능수준을 지수로 나타낸 것.

지도감독【指導監督】 supervision '슈퍼비전' 참조.

지리멸렬【支離滅裂】 incoherence 체계가 없이 이리 저리 흩어지거나 찢기어 논리나 갈피를 잡을 수 없는 상태.

지성화【知性化】intellectualization '주지화(主知化)'라고도 한다. '주지화' 참조.

지 스탠리 홀 G. Stanley Hall (1844~1924) 미국의 심리학자. 'Hall, Granville Stanley (1844~1924)' 참조.

지시적 상담【指示的 相談】directive counseling '지시적 치료(directive therapy)'라고도 한다. '지시적 치료' 참조.

지시적 치료【指示的 治療】directive therapy 치료 과정에서 치료자(또는 상담자)가 중심이 되어 직접적이고 지시적인 방법으로 내담자의 문제를 다루면서 치료(또는 상담)해가는 접근. 지시적 치료와 같은 의미로 '지시적 상담(directive counseling)'이라는 표현이 사용된다. 한편, 지시적 치료와는 달리, '비지시적 치료(nondirective therapy)' 또는 '비지시적 상담(nondirective counseling)'은 내담자가 중심이 되어 주도적으로 자신의 생각이나 감정을 표현하고, 상담자는 내담자의 말을 경청하면서 지지적이고 수용적인 입장을 취하면서 내담자의 문제 해결을 돕고 치료해가는 접근을 말한다.

지식【知識】knowledge 어떤 현상이나 사물에 대한 인식이나 정보.

지식기반【知識基盤】knowledge base 어떤 특정 현상이나 문제 또는 주제에 대해 가지고 있는 지식 또는 정보. 특정한 현상, 문제 또는 주제에 대한 지식기반은 그러한 것들을 이해하고 해결하는 과정에서 요구되는 자료로 활용된다.

지식론【知識論】epistemology 지식(知識: knowledge)의 기원, 본질, 구조, 과정 및 방법 등에 관해 연구하는 학문. 인식론(認識論)이라고도 한다. 지식론이라는 표현보다 인식론이라는 표현을 사용하는 경우가 많다. '인식론(認識論)' 참조.

지식습득【知識習得】knowledge acquisition 새로운 지식이나 정보를 획득하는 것. 구체적으로, 새로운 지식이나 정보를 기억 체계(특히 장기기억) 속에 저장하는 인지 과정을 의미한다. '지식획득'이라고도 한다.

지식표상【知識表象】knowledge representation 외부에 존재하는 대상(사람, 물체, 사건이나 현상)에 대해 우리가 알고 있는, 마음 속에 존재하는 심적 형태의 내용.

지식획득【知識獲得】knowledge acquisition '지식습득' 참조.

지알이 GRE 미국에서 시행하는 대학원 입학자격시험. 즉 미국에서 대학원에 입학하고자 하는 학생들을 평가하기 위해 실시하는 시험으로, 'Graduate Record Examination'의 약자이다.

지연【遲延】delay 어떤 일이나 행동 또는 상태의 진행이 늦추어짐.

지연모방【遲延模倣】deferred imitation 관찰 대상(즉, 모델)의 행동을 관찰한 후에 즉시 모방행동이 이루어지는(나타나는) 것이 아니라 일정한 시간이 지난 후의 어떤 시점에서 이루어지는(나타나는) 모방행동. 또는 관찰한 행동을 일정한 시간이 지난 후에 행할 수 있는 능력.

지위비행【地位非行】status offense 특정한 지위에서 벗어나는, 비교적 심각성이 적은 비행행동을 의미한다. 흔히 가출, 무단결석, 음주 및 흡연 등과 같이 특정 연령 이하의 청소년에 의해 행해지는 비행을 지칭하는 의미로 사용된다.

지위위반【地位違反】status offense '지위비행(地位非行)' 참조.

지적인 자기【知的인 자기】intellectual self '나(또는 자신)'를 구성하고 있거나 나와 의미 있게 관련되어 있어 '나'를 특징짓는다고 여겨지는 모든 속성들에 대한 지각이나 인식을 '자기(自己)' 또는 '자아(自我)'라고 한다. 이러한 '자기' 중에서 자신의 지능(지능: intelligence) 또는 지적인 측면에 대한 자기를 '지적인 자기'라고 한다. 즉 '지적인 자기'란 '자기'를 구성하는 한 부분으로, 자신의 '지능' 또는 '지적인 측면'에 대한 지각이나 인식을 의미한다. '인지적 자기(cognitive self)'와 거의 같은 의미로 사용된다.

지 점수【지 點數】z-score / z score 'z 점수' 참조.

지정행의 치료【知情行의 治療】Rational-Emotive Behavior Therapy (REBT) '합리적-정서적 행동치료' 참조.

지지【支持】support 개인이나 집단 또는 조직의 관점이나 생각, 상황, 태도 또는 경험 등에 대하여 찬성하는 입장을 보이는 것. 또는 그러한 찬성의 입장 표시와 함께 도움을 주기 위한 일련의 노력이나 활동을 포함하는 의미로 사용되기도 한다.

지지치료【支持治療】supportive therapy 심리치료(또는 상담)의 한 형태로, 내담자에게 힘과 도움을 주기 위한 일련의 지지적인 노력과 활동을 통해 내담자의 약화된 자아의 기능과 힘을 회복시키고 강화시켜주는 일련의 치료적 접근.

지필검사【紙筆檢査】paper-and-pencil test 필기구를 이용하여 문제지 또는 답안지 위에 답을 기입하도록 요구되는 검사기법을 총칭한다.

직관【直觀】intuition 사고, 판단, 선택 등과 같은 복잡한 인지적 과정을 거치지 않고 어떤 사물이나 사건 또는 현상에 대하여 즉각적으로 지각 또는 파악하는 심리(정신) 작용 또는 활동.

직면【直面】confrontation / confronting 상담에서 사용되는 기법의 하나로, 상담자가 내담자의 말이나 표정 또는 행동을 통해 나타난 반응들 간의 불일치나 모순된 부분들에 대해 진술함으로써 이에 대해 내담자의 주의를 집중시키고 깨닫도록 하는 기법. '맞닥뜨리기'라고도 한다.

직무【職務】job 직업상에서, 개인(또는 근로자)이 맡아서 책임을 지고 수행하도록 부여된 업무 또는 일.

직무스트레스【職務스트레스】job stress '직무(職務: job)'를 수행하는 과정에서 또는 직무와 관련하여 발생하는 스트레스를 총칭한다. 흔히, 직무스트레스는 직무 또는 업무와 관련하여 개인(근로자)에게 부여된 과제나 요구가 근로자 개인의 역량이나 자원을 초과할 때, 또는 업무와 관련하여 부여된 과제나 요구가 개인의 기대나 적성에 맞지 않을 때 발생하게 된다.

직업【職業】vocation (1) 보수나 대가를 받으며 일정 기간 동안 계속하여 종사하는 특정 유형의 일. (2) 개인이 지속적으로 수행하는 경제적 또는 사회적 활동.

직업교육【職業敎育】vocational education 직업에 대한 개인의 탐색, 선택, 계획, 준비, 적응을 돕고, 나아가 직업활동을 통한 발전에 도움을 줄 목적으로 진행되는 일련의 교육 또는 교육활동. 즉, 직업교육이란, 개개인이 일과 직업의 세계를 탐색함과 동시에 자신의 흥미와 관심 및 적성을 탐색하고 고려하여 이에 맞는 일이나 직업을 선택하고, 선택한 일이나 직업을 얻고, 그 일이나 직업을 수행하기 위해 요구되는 지식이나 기술 및 태도 등을 학습하는 것과 같은 계획과 준비과정, 나아가 그 일이나 직업에 적응하고 발전해 갈 수 있도록 도움을 주기 위해 제공되는 교육 또는 교육활동을 총칭한다.

직업사전【職業辭典】dictionary of occupation / vocational dictionary 다양한 직업들에 관하여 소개하고 있는 사전을 말하는 것으로, 구체적으로 수많은 다양한 직업들을 직업의 유형과 명칭 그리고 각 유형별로 하고 있는 일의 내용 등에 관한 직업정보를 소개하고 있는 사전. 일반적으로 학생, 성인, 학부모, 교사, 상담사, 정부부처의 직업 관련 행정가, 법률가, 기업인 등 직업, 진로 및 취업 등과 관련하여 관심이 있는 많은 사람들에 도움을 줄 목적으로 만들어진다.

직업상담【職業相談】vocational counseling 개인이 최적의 상태로 직업 활동을 해갈 수 있도록 돕는 상담의 한 형태로, 직업을 선택하고 준비하고 나아가 취업 후 직업생활에 적응하도록 돕는 것뿐만 아니라 직업전환이나 은퇴 과정 및 은퇴 후의 활동, 그리고 그러한 과정들에서 발생할 수 있는 문제를 예방하고, 문제 발생 시에는 이에 대해 적절히 대처해 갈 수 있도록 도와주는 일련의 상담활동을 말한다. '상담' 참조.

직업상담원【職業相談員】vocational counselor '직업상담자'라고도 한다. '직업상담자' 참조.

직업상담자【職業相談者】vocational counselor '직업상담' 분야에서 활동하는 상담자. '직업상담' 참조. '직업상담원'이라고도 한다.

직접관찰【直接觀察】direct observation 연구 또는 자료 수집을 위한 관찰(또는 관찰법)의 한 형태로, 실험실과 같은 인위적인 상황에서 일어나는 연구대상자(들)의 행동을 관찰하는 것이 아니라, 연구대상자(들)의 행동이나 연구하려는 현상을 자연 상태에서 직접 관찰하는 방법을 지칭한다. '직접관찰법'이라고도 한다.

직접관찰법【直接觀察法】direct observation '직접관찰'이라고도 한다. '직접관찰' 참조.

직접질문【直接質問】direct question 일반적인 질문의 형태로, 질문의 끝에 물음표가 붙는 의문문 형식의 질문을 말한다. 예컨대, "그때 친구가 너에게 뭐라고 했니?", "아버지와 너와의 관계에 대해 말해주겠니?" 등과 같은 형식의 질문이 직접질문에 해당한다. 이와는 달리, 평서문(또는 서술문) 형식의 질문을 지칭하여 간접질문(indirect question)이라고 한다. 예컨대, "그때 친구가 너에게 무슨 말을 했을 것 같은데...", "아버지와 너와의 관계가 어떤지..." 또는 "아버지와 너와의 관계에 대해 알고 싶구나." 등과 같은 형식의 질문이 간접질문에 해당한다.

진단【診斷】diagnosis 한 개인의 정신이나 신체 상태에 관한 검사 및 평가결과를 토대로 이상이나 질병 여부 및 정도 등에 관하여 해석하고 판단하는 과정을 말한다. 심리학(임상심리학이나 상담심리학 등)이나 의학(정신의학 등) 분야에서는 내담자(또는 환자)의 정신장애 또는 이상행동 여부를 진단하기 위해 진단 요강의 하나인 DSM-IV(정신장애 진단 및 통계 편람-제4판)와 ICD-10(질병 및 관련 건강 문제에 관한 국제통계분류-제10판)을 사용하는 경우가 많다.

진단검사【診斷檢査】diagnostic test 내담자 또는 환자를 진단하는 데 사용(또는 참고)할 목적으로 실시되는 검사(tests)를 총칭한다. 성격검사나 지능검사 등이 포함될 수 있다.

진로【進路】career 한 개인이 일생 동안 일과 관련하여 거쳐 가는 모든 경험 또는 활동. 과거, 현재 및 미래의 인생에서 거쳐 가게 될 인생의 행로라는 의미를 포함하는 미래지향적인 표현으로, 단순히 급료를 받고 하는 활동인 직업뿐만 아니라 어린 시절부터 직장에서 은퇴한 후인 노년기까지도 포함된 일과 관련된 모든 경험이나 활동을 의미한다.

진로결정【進路決定】career decision / career decision-making 개인이 자신의 진로문제(예를 들면, 전공선택, 학교선택 또는 직업선택 등과 같은 문제)와 관련하여 자신의 기대나 의도를 이룰 수 있는 방향이나 방안 등을 찾아 선택하고 결정하는 것 또는 그러한 과정. '진로' 참조.

진로결정수준【進路決定水準】career decision level 개인이 자신의 진로문제와 관련하여 나아가려는 방향이나 방안을 분명하게 선택하고 결정한 정도 또는 수준. 실제적인 측면에서 보면, 진로결정수준은 분명한 진로결정이 이루어진 상태(수준)와 진로미결정 상태(수준) 간의 연속선상에서 어느 한 지점에 위치하고 있는 상태(수준)로 이해할 수 있다.

진로결정 자기효능감【進路決定 自己效能感】career decision-making self-efficacy Albert Bandura (1925~)의 자기효능감(self-efficacy) 개념을 진로발달 및 진로결정 영역에 적용하여 개념화한 것으로, 개인이 자신의 진로결정과 관련된 문제나 과제들을 잘 해결하여 진로결정에 이를 수 있다고 믿는 자신감 또는 그러한 자신감의 수준을 의미한다. 진로결정 자기효능감은 효율적인 진로결정 및 직업적 성취 등에 영향을 미치는 주요 변인 가운데 하나로 이해되고 있다.

진로교육【進路敎育】career education 개인이 진로를 선택하고, 진로과정과 그 과정을 통해 선택한 직업에 적응하고, 나아가 진로와 관련하여 평생을 통해 이루어지는 발달(즉, 진로발달)에 초점을 맞추어 진행되는 교육. 즉, 진로교육이란, 개개인이 일과 직업의 세계 및 이와 관련된 자신의 흥미와 관심 및 적성에 대해 인식하고 탐색하며, 이 과정을 통해 자신에게 맞는 일과 직업을 선택하고, 선택한 일과 직업을 위한 계획과 준비를 하고, 나아가 자신이 하고 있는 일이나 직업을 잘 수행해 갈 수 있도록 도와주기 위해 학령 전의 유아기부터 시작하여 은퇴한 후의 노년기까지 평생을 통해 가정과 학교 및 사회에서 진행되는 일련의 모든 교육활동을 말한다.

진로발달【進路發達】career development 개인이 평생을 통해 이루어가는(또는 거쳐 가는) 진로(進路: career)에서의 변화 과정. 구체적으로 진로발달이란, 일에 대한 가치와 진로에 대한 인식이 발달하고, 일에 대한 흥미와 적성 그리고 직업 등에 대해 탐색하며 동시에 일과 진로에 관한 정체성을 형성하고, 나아가 진로목표를 설정하고 이 목표를 이루기 위해 계획하고 준비하고 실천해 가는 것을 포함하는 평생을 통해 진행되는 일련의 과정을 말한다.

진로상담【進路相談】career counseling 개인의 진로와 진로문제 해결을 돕기 위해 진행되는 상담. 즉, 진로상담이란, 진로와 관련된 개인의 문제나 고민을 해결하거나 진로발달을 돕기 위해 진행되는 상담을 말한다. 구체적으로 진로상담에서 다루어지는 주제들로는 진로발달 촉진, 진로 선택과 결정, 진로 계획과 준비, 실천, 직업적 적응과 발전, 진로 변경 등의 내용들이 포함되며 이를 돕기 위한 일련의 과정이 상담을 통해 진행된다. 한편, 진학상담(進學相談)은 진로상담의 한 하위 유형으로 볼 수 있으며, 상급학교로 진학하는 것과 관련된 전공이나 계열 선택, 학과 및 학교 선택 등의 문제를 돕는 상담활동을 말한다. '상담' 참조.

진로성숙【進路成熟】career maturity 진로와 관련하여, 개인이 자기 자신, 일과 직업의 세계, 그리고 진로의 개념 등에 대해 이해하고 이를 바탕으로 진로탐색, 진로계획 및 진로선택 등의 과제(또는 문제)들을 조정하고 통합해 나가는 발달 수준. 특히 인지 및 태도 측면에서의 발달 수준을 의미한다. '진로성숙도'라고도 한다.

진로인식【進路認識】career awareness 진로발달의 중요한 한 부분으로, 자신과 일 및 직업에 대한 이해를 바탕으로 진로를 생각하고 준비하는 것 등을 포함하는 진로 전반에 대한 인식. 구체적으로, 진로인식이란 일의 가치와 의미 그리고 직업 세계의 다양성에 대해 이해하고, 동시에 자신의 흥미와 관심, 성격, 능력과 적성을 이해하며, 나아가 자신의 진로와 진로에 대한 준비 등에 관한 전반적인 인식을 지칭한다.

진로장애【進路障碍】career barriers 직업을 포함한 진로발달이나 진로과정 상의 진행이나 진전을 방해하는 요인. 구체적으로, 진로를 탐색하고, 목표를 세우고, 계획하고, 준비하고, 실천하는 것 등과 같은 일련의 진로발달과정에서 개인의 심리적 측면(진로 관련 동기, 포부, 기대 등)이나 행동적 측면(진로준비 행동 및 직업활동 등)에 부정적인 영향을 미치거나 방해물로 작용하는(또는 그렇게 작용한다고 지각되는) 요인들을 총칭하여 진로장애라고 한다.

진로준비행동【進路準備行動】career preparation behavior 어학능력이나 점수 향상, 자격증 준비와 획득 등과 같이 진로목표를 이루기 위해 또는 진로목표를 이루기 위한 도구나 능력을 갖추기 위해 시간과 노력을 투입하는 등의 진로 관련 실천적 행위 또는 실천적 과정을 지칭하여 진로준비행동이라고 한다.

진로지도【進路指導】career guidance 개인의 진로발달과 진로문제해결을 돕기 위해 교사나 상담자와 같은 전문인에 의해 이루어지는 일련의 지원활동. 즉, 진로지도란, 개인이 자신의 흥미와 관심 및 적성을 탐색하고 동시에 일과 직업의 세계를 탐색하고 이해하며, 나아가 자신의 진로를 선택하고, 계획하고, 준비하고, 실천하며, 종사하는 일과 직업의 세계에 적응하고 더욱 더 발전해 갈 수 있도록 돕기 위해 진행되는 일련의 지원활동을 말한다. 한편, '진로지도'는 개인의 진로를 돕기 위한 활동인 진로교육, 진로상담 및 진로지도 등의 활동 가운데 가장 포괄적인 의미를 가진 개념이라고 보는 견해도 있다. 이 견해에 따르면, 진로

교육과 진로상담은 바로 진로지도의 한 방법이라고 볼 수 있다. 즉, 진로지도를 위해 이루어지는 구체적인 활동이 진로교육과 진로상담이라는 것이다.

진로태도【進路態度】career attitude 진로를 탐색하고, 선택하고, 결정하는 것 등과 같은 일련의 진로 관련 활동이나 과정에 대해 개인이 가지는 태도. 특히 이와 같은 '진로태도가 얼마나 성숙되어 있는가 하는 정도'를 지칭할 때(나타낼 때) 사용하는 표현이 '진로태도성숙(career attitude maturity)'이다.

진로태도성숙【進路態度成熟】career attitude maturity '진로태도' 참조.

진솔성【眞率性】genuineness 상담과정에서 상담자가 갖추어야 할 주요 자세 또는 능력 가운데 하나로, 상담자가 자기 자신의 상태와 모습에 대해 있는 그대로 바라보는 동시에 자신의 경험(느낌, 감정, 생각 등)을 내담자에게 진솔하게(솔직하게) 표현하는 것 또는 그렇게 하는 자세를 말한다. '일치성' 및 '진실성'과 비슷한 의미로 사용된다.

진실성【眞實性】authenticity 상담과정에서 상담자가 갖추어야 할 주요 자세 또는 능력 가운데 하나로, 상담자가 내담자에게 거짓 없이 진심으로 순수하게 대하는 것 또는 그렇게 하는 자세를 말한다. '일치성' 및 '진솔성'과 비슷한 의미로 사용된다.

진점수【眞點數】true score 개인(또는 피검자)의 실제적 특성이나 능력을 나타내는 점수. 진점수는 이론적인 점수로, 개인(또는 피검자)이 특정한 검사에서 측정상의 오차 없이 자신의 실제적인 특성이나 능력을 반영하여 나타낸 것으로 가정하는 이론상의 점수를 말한다.

진정제【鎭靜劑】tranquillizer 흔히 대뇌피질에서 일어난 비정상적인 기능항진에 의한 흥분상태를 누그러뜨리기 위해 사용하는 약물을 말하며, 이외에도 사고 및 행동과정을 느리게 만드는 물질 또는 약물을 총칭하는 표현으로도 사용된다. 진정제로 분류되는 물질로는 알코올, 아편, 그리고 벤조디아제핀계 약물 등이 있다. 한편 치료제로서의 진정제는 비정상적으로 지나친 불안이나 고민, 불면증 및 통증 등을 완화 또는 치료할 목적으로 사용되는 경우가 많다. '신경안정제', '정신안정제', '트랭퀼라이저' 또는 '평온제' 등으로도 불린다.

진탕【震蕩】concussion 어떤 충격 또는 외력(外力)에 의해 심하게 흔들리고 울리는 상태를 말한다. 뇌에 대한 진탕이 발생하는 경우 기억상실 등의 원인이 되는 뇌진탕(腦震蕩: concussion of the brain)으로 이어질 수 있다.

진화【進化】evolution 오랜 시간 동안 많은 세대를 거치는 과정에서 점진적으로 진행되는 생물의 유전적 변화 현상. 대부분의 경우 이러한 생물학적 변화는 환경에 대한 종(種: species)의 적응능력을 향상시켜 준다.

진화론【進化論】theory of evolution / evolution theory 좁은 의미에서는 진화과정과 요인을 설명하는 이론 또는 학설을 의미하며, 넓은 의미에서는 진화과정과 요인 등 진화에 관해 연구하는 학문 분야를 지칭한다.

진화론적 관점【進化論的 觀點】evolutionary perspective 인간과 동물의 행동을 설명하는 관점들 가운데 하나로, 특히 인간과 동물의 행동과 심리적 과정을 진화적 및 진화역사적 측면에서 이해하고 설명하려는 관점. '진화론적 설명', '진화론적 접근' 또는 '진화론적 조망'이라고도 한다.

진화론적 설명【進化論的 說明】 evolutionary explanation '진화론적 관점'이라고도 한다. '진화론적 관점(觀點)' 참조.

진화론적 접근【進化論的 接近】 evolutionary approach '진화론적 관점'이라고도 한다. '진화론적 관점(觀點)' 참조.

진화론적 조망【進化論的 眺望】 evolutionary perspective '진화론적 관점'이라고도 한다. '진화론적 관점(觀點)' 참조.

진화심리학【進化心理學】 evolutionary psychology 심리(또는 정신) 과정과 행동을 진화론적인 관점에서 설명하고 연구하는 심리학의 한 분야. 즉, 진화론의 관점에서 심리학적 기제를 밝히고자 하는 학문 분야로, 심리학 이외에도 생물학, 정신의학 및 인류학 등의 학문 분야들이 밀접하게 관련되어 있다. 생물학적 종(種: species)의 생존과 생식을 도와주는 심리와 행동(특징)은 수백만 년에 걸친 자연선택(自然選擇: natural selection)의 과정을 거쳐 현재에 이르기까지 진화해온 것이라고 본다.

진화심리학자【進化心理學者】 evolutionary psychologist '진화심리학(進化心理學: evolutionary psychology)' 분야에서 활동하는 심리학자. '진화심리학' 참조.

질경련증【膣痙攣症】 vaginismus '성통증장애(sexual pain disorder: 신체적 또는 기질적인 문제가 없음에도 불구하고 성교 과정에서 비정상적인 통증을 느끼게 되어 정상적인 성행위가 이루어지지 못하는 성기능장애)'의 한 형태로, 특히 성교 시에 여성의 성기 중 일부인 질구(膣口)나 그 주변의 근육이 경련을 일으키며 강하게 수축하여 좁혀지거나 막힘으로써 정상적인 성교를 하기 어렵게 만드는 '질경련(膣痙攣)'이 지속적이고 반복적으로 나타나는 장애를 말한다.

질문【質問】 question 어떤 주제나 문제에 관한 의견이나 경험을 물음.

질문지【質問紙】 questionnaire 어떤 주제나 문제에 관한 의견이나 경험을 묻는 한 개 이상의 질문으로 구성된 지면. 흔히 질문지는 특정 주제나 문제와 관련된 사람들의 의견이나 경험을 조사하기 위한 연구나 통계를 낼 목적으로 사용한다.

질문지법【質問紙法】 questionnaire method 어떤 주제나 문제에 관한 연구나 통계를 낼 목적으로 질문지를 사용하는 연구방법.

질병【疾病】 disease 생명체의 (부분 또는 전체의) 기능이나 구조의 장애로 인해 불쾌감, 통증, 기능 저하, 기능 부전 등의 증상을 나타내는 이상 과정 또는 이상 상태. '병(病)' 또는 '질환(疾患)'이라고도 한다.

질병경향적 성격【疾病傾向的 性格】 disease-prone personality 나쁜 건강상태나 질병과 관련이 있는 성격유형을 지칭한다. 상황적인 요인과 관계없이 불안, 분노, 적개심 또는 우울 등과 같은 부정적인 정서상태가 자주 일어나거나 지속되는 성격을 말한다. 이러한 성격유형들은 그렇지 않은 성격유형들에 비해 건강상태가 나빠지거나 질병을 일으키게 될 가능성이 더 높다는 것이 밝혀지고 있다. '질병관련성격(疾病關聯性格)'이라고도 한다.

질병관련성격【疾病關聯性格】disease-prone personality '질병경향적 성격(疾病傾向的性格)' 참조.

질적인 변화【質的인 變化】qualitative change 발달 또는 발달적 변화 가운데 이전의 시기와 뚜렷하게 구분되도록(차이나도록) 만드는 큰 변화 또는 질적으로 구분되는 변화. '질적 변화'라고도 한다. 한편, '질적인 변화'와 구분하여, 정도(degree)의 측면(즉, 양적인 측면)에서 점진적으로 진행되는 변화를 지칭하여 '양적인 변화(量的인 變化: quantitative change)' 또는 '양적 변화'라고 한다.

질투【嫉妬】jealousy 좋은 지위나 대상 또는 사랑을 획득한 사람에 대하여 갖는 시기하고 증오하는 감정 또는 정서 반응.

질풍노도【疾風怒濤】storm and stress G. S. Hall이 처음으로 사용한 용어. Hall은 청소년기의 특징으로 거칠고 사나우며, 기분의 변화가 많다고 보았으며, 이러한 경향을 나타내는 용어로 'storm and stress'란 표현을 사용하기 시작한 것으로 알려지고 있다.

질환【疾患】disease '질병' 참조.

집단【集團】group 자각이 있는(자신이 모임에 참가하고 있다는 것을 자각하고 있는) 사람 두 명 이상이 모여 구성된 모이다. 구체적으로 집단은, 자각이 있는 사람들이 개인적이거나 또는 서로 일치된 목표를 이룰 목적을 가지고 모여 서로 의존적인 상호작용을 하는 두 사람 이상으로 구성된 모임을 말한다.

집단검사【集團檢査】group test 다수의 사람들을 대상으로 동시에 진행되는 검사 또는 검사기법을 총칭하는 말. 개인을 대상으로 실시되는 '개인검사(個人檢査)'에 비하여 시간, 비용 및 노력이 적게 들어간다는 장점을 가지고 있다. '개인검사(個人檢査)' 참조.

집단극화【集團極化】group polarization 개인들의 의견이나 태도가 집단 속에서 이루어지는 토의과정(즉, 집단토의 과정)을 거친 후에는 토의 전에 가지고 있던 의견이나 태도에 비해 방향은 같지만 더욱 강화되는 방향으로 (또는 극단적으로) 변화하는 경향을 보이는데, 이러한 경향을 지칭하여 '집단극화'라고 한다. '집단극화'는 '집단극화현상' 또는 '집단극화효과'라고도 한다.

집단극화현상【集團極化現象】group polarization phenomenon '집단극화' 또는 '집단극화효과'라고도 한다. '집단극화' 참조.

집단극화효과【集團極化效果】group polarization effect '집단극화' 또는 '집단극화현상'이라고도 한다. '집단극화' 참조.

집단기여적 편향【集團寄與的 偏向】group-serving bias '집단본위적 편향' 참조.

집단무의식【集團無意識】collective unconsciousness / collective unconscious 스위스의 정신의학자인 Jung (1875~1961)에 의해 처음으로 제시된 개념으로, 인류가 오랜 역사와 문화를 거치는 동안 누적된 경험을 통해 형성되어 무의식 영역에 위치하면서 옛

선조로부터 현대인에 이르기까지 세대를 거치면서 전해 내려오고 있는 인류 보편적인 심상이나 원형과 같은 심리적(또는 정신적) 자료들을 지칭한다.

집단본위적 편향【集團本位的 偏向】group-serving bias '집단본위적 편향'을 이해하기 위해서는 먼저 '자기본위적 편향(self-serving bias)'에 대해 알아볼 필요가 있다. '자기본위적 편향'이란, 귀인 과정에서 나타나는 편향(bias)의 일종으로, 흔히 자신이 행한 일과 관련하여 긍정적인 결과(좋은 결과)가 발생한 경우에는 자신의 탓으로 돌리는(내부귀인하는) 경향을 보이는 반면에, 부정적인 결과(나쁜 결과)가 발생한 경우에는 상황이나 다른 사람의 탓으로 돌리는(외부귀인하는) 경향을 말한다. 이러한 자기본위적 편향은 자기 자신과 자신의 행동에 대해서만이 아니라 자신이 속한 집단이나 자신과 가까운 집단에 대해서도 나타나는 경향이 있다. 이처럼 '자기본위적 편향'이 자신이 속한 집단에 대해서 나타나는 것을 '집단본위적 편향'이라고 한다. 즉, '집단본위적 편향'은 자신이 속한 집단이 행한 일과 관련하여 긍정적인 결과(좋은 결과)가 발생한 경우에는 자신이 속한 집단 탓으로 돌리는(내부귀인하는) 경향을 보이는 반면에, 부정적인 결과(나쁜 결과)가 발생한 경우에는 상황이나 다른 집단 또는 다른 사람의 탓으로 돌리는(외부귀인하는) 경향을 말한다. '집단위주편향' 또는 '집단기여적 편향' 이라고도 한다. '자기본위적 편향' 참조.

집단사고【集團思考】groupthinking 합리적인 의사결정을 저해하는 집단의 사고 유형의 하나로, 집단의 구성원들이 집단에서의 토의 과정을 통해 의사결정을 할 때 다른 구성원들에 대한 동조나 의견일치에 대한 압력을 받아 개개인의 의견 제시를 통한 충분한 탐색과 논의가 이루어지지 못하는 현상 또는 그와 같이 충분하고 합리적인 탐색과 논의가 이루어지지 못하는 상태에서 합의에 도달하게 되는 현상을 지칭하여 '집단사고'라고 한다. 결과적으로 집단사고는 현실을 고려한 합리적인 의사결정으로 이어지기보다 비현실적이거나 비합리적인 의사결정이나 합의로 이어질 가능성을 증가시킨다.

집단상담【集團相談】group counseling '상담(counseling)'의 한 형태. 상담은 그 대상이 되는 내담자의 수를 기준으로 개인상담과 집단상담으로 구분할 수 있다. 흔히 개인상담이 상담자 1명과 내담자 1명이 만나 진행되는 1대 1의 상담이라면, 집단상담은 일반적으로 1명의 상담자(또는 1명의 상담자와 1~2명 보조상담자)와 7~8명 내외의 내담자집단이 참여하여 진행되는 상담 형태를 지칭한다. 집단의 내담자들은 상담자의 안내에 따라 자신과 타인의 문제들을 꺼내놓기도 하고 토로하기도 하며, 그 과정에서 전개되는 집단역학적 과정과 경험을 통해 자신의 문제를 해결하거나 잠재적인 문제를 예방하고, 나아가 발달(성장)의 기회를 갖게 된다. 흔히 상담의 3대 역할로 문제의 예방, 치료(또는 '교정'이나 '해결'이라는 표현이 사용됨), 및 발달(성장)촉진 등을 꼽을 수 있는데, 집단상담에서는 그 중에서도 특히 예방적인 역할이 강조되는 경우가 많다. 집단상담을 통해 이루고자 하는 일반적인 목표는 내담자 개인으로 하여금 자신의 감정 발산과 표현하는 기회를 갖는 것, 자신의 문제에 대한 이해와 해결, 대인관계 및 집단생활에 필요한 기술의 개발, 그리고 사회생활 적응 등이 있다. '상담' 참조.

집단요법【集團療法】group therapy '집단치료' 참조.

집단위주편향【集團爲主偏向】group-serving bias

'집단본위적 편향' 참조.

집단적 합리화【集團的 合理化】collective rationalization
'집단합리화'라고도 한다. '집단합리화' 참조.

집단주의【集團主義】collectivism 특정 사회 및 문화에 따라 두드러지게 나타나는 성격 또는 성향의 차이를 특징짓기 위해 사용하는 개념의 하나로, 개인이 가지고 있는 견해, 가치, 목표보다는 개인이 속한 집단과 가족의 기대, 가치, 요구 등을 강조하고 존중하는 사회를 의미한다. '개인주의(individualism)' 참조.

집단주의-개인주의【集團主義-個人主義】collectivism-individualism 특정 사회 및 문화에 따라 두드러지게 나타나는 성격 또는 성향의 차이를 특징짓기 위해 사용하는 개념. 일반적으로 집단주의 사회에서는 자신이 소속된 집단이나 가족의 기대, 가치 및 요구 등을 강조하는 반면에, 개인주의 사회에서는 사회나 집단의 기대와 가치보다는 개인이 가지고 있는 견해, 가치 및 목표를 강조한다.

집단주의 사회【集團主義 社會】collectivist society
개인이 가지고 있는 견해, 가치, 목표보다는 개인이 속한 집단과 가족의 기대, 가치, 요구 등을 강조하고 존중하는 사회. 이와 상대되는 개념이 '개인주의 사회'이다.

집단치료【集團治療】group therapy 심리적 또는 행동적 문제나 장애를 치료하는 심리치료기법의 하나. 개인치료(individual therapy)가 개인을 대상으로 진행되는데 비하여 집단치료는 동시에 여러 사람을 대상으로 이루어진다. '집단요법'이라고도 한다.

집단합리화【集團合理化】collective rationalization
집단의 구성원들이 자기 집단이 내린 의사결정이나 입장과 다르거나 상반되는 다른 사람(또는 다른 집단)의 의견이나 정보에 대해 평가절하하거나 무시하는 현상. '집단적 합리화'라고도 한다.

집단화【集團化】grouping 지각 과정에서 나타나는 현상 또는 경향성 가운데 하나로, 지각 대상이 되는 환경 속의 여러 자극들을 더 큰 하나의 집단(또는 단위)로 묶어 지각하는 현상 또는 경향성.

집중【集中】concentration (1) 어떤 대상이나 일에 힘이나 정신을 모아 쏟아 붓는 것. (2) (지각이나 인지에 관한 연구에서) 특정 자극이나 과제에 대해 주의를 기울이는 것.

집중경향【集中傾向】central tendency 한 집단의 점수들의 분포에 있어서 대표적인 경향.

집중경향치【集中傾向値】measure of central tendency 한 집단의 점수들을 포함하는 분포에서 중심을 나타내는 또는 분포를 대표하여 하나의 값으로 요약하여 나타내주는 대표치. 집중경향치에는 평균, 최빈치 그리고 중앙치 등의 세 가지 측정치가 포함된다.

징크스 jinx / jinks 특정한 조건이나 상태하에서 자주 또는 항상 좋지 않거나 불운한 결과가 초래되는 경우를 지칭한다. 즉, 인간의 힘이나 노력으로 통제가 되지 않는 재수 없는 또는 불길한 조건이나 상황이라고 할 수 있다.

심리학사전

ㅊ

차단【遮斷】blocking Leon Kamin의 연구에서 보고된 고전적 조건화의 한 현상으로, 이 현상을 구체적으로 알아보면 다음과 같다. 즉, 조건자극 A를 무조건 자극과 짝지으는 과정을 거치면 조건자극 A가 무조건 자극을 신뢰롭게 예언하는 조건화가 이루어진다. 그 이후에 조건자극 A와 또 다른 조건자극 B를 묶어 무조건자극과 짝지으는 과정을 거치게 되면 조건자극 B에 대해서는 조건화가 거의 또는 전혀 이루어지지 않게 된다. 이와 같은 현상이 나타나는 이유는 앞서서 조건화가 이루어졌던 조건자극 A가 새로운 조건자극 B의 조건화를 차단하기 때문이라고 이해되고 있다. 따라서 이러한 현상을 지칭하여 '차단'이라고 한다. '차단효과(blocking effect)'라고도 한다.

차단효과【遮斷效果】blocking effect '차단'이라고도 한다. '차단' 참조.

차별【差別】discrimination 다른 개인이나 집단과 마찬가지로 평등한 대우를 받아야 할 어떤 개인이나 집단에 대해 정당한 이유 없이 이들을 등급이나 수준으로 나누어 불평등한 대우를 하는 행동.

차원적 접근【次元的 接近】dimensional approach 대상이나 현상을 설명하기 위해 그 특성을 연속적인 차원에서 양적으로 나타내는 접근. 이 접근을 적용하면 모든 대상의 특성을 연속선상에서 비교할 수 있다는 장점이 있지만, 어떤 특성과 관련하여 질적인 구분이 되는 지점을 분명히 하는 것이 어렵다는 단점이 있다. 예컨대, 정신장애(또는 이상행동)를 가진 사람과 정상인을 구분하는 기준을 분명히 하기가 어렵다는 문제가 있다. 차원적 접근과 구분되는 또 하나의 접근으로 범주적 접근(categorical approach)이 있다.

차이식역【差異識閾】difference threshold 두 자극 간의 차이를 지각하는 데(또는 인식하는 데) 필요한 두 자극 간의 최소한의 물리적 차이. 구체적으로 두 자극을 여러 차례 제시하는 시행 중 절반(50%)의 시행에서 두 자극이 서로 다르게 지각되는(또는 인식되는) 차이값을 지칭한다. 차이식역을 최소가지차이(just noticeable difference: JND)라고도 하는데, 특히 이 말은 제시된 두 자극에 대한 심리적 차이의 정도를 나타내는 단위로 사용된다. '차이역치(差異閾値)' 또는 '차이역(差異閾)'이라고도 한다.

차이역【差異閾】difference threshold '차이식역'이라고도 한다. '차이식역' 참조.

차이역치【差異閾値】difference threshold '차이식역'이라고도 한다. '차이식역' 참조.

착각【錯覺】illusion 어떤 원인으로 인하여 유발되는 잘못된 지각 또는 오지각(誤知覺)을 말한다. 구체적으로, 물리적 또는 심리적인 원인으로 인하여 외부의 대상이나 현상을 객관적 또는 실제적 특성과 다르게 지각하는 현상을 말한다. 물론 외부의 대상이나 현상을 지각하는 과정에는 항상 대상이나 현상이 갖는 객관적 특성과 지각 간에 어느 정도의 불일치가 존재하지만, '착각(錯覺)'의 경우에는 대상이나 현상의 객관적 특성과 지각 간의 차이가 일반적 차이 수준을 훨씬 넘어서는 경우라고 할 수 있다. 모든 감각영역에서 착각이 발생할 수 있는데, 그 중에서도 가장 대표적인 착각은 시각에서 발생하는 착각인 착시(錯視: optical illusion)로 알려져 있다. 한편, 착각은 다시 물리적 착각(物理的 錯覺: physical illusion)과 지각적 착각(知覺的 錯覺: perceptual illusion)으로 구분되기도 한다.

착각 상관【錯覺 相關】illusory correlation '착각적 상관' 또는 '착각성 상관'이라고도 한다. '착각적 상관' 참조.

착각성 상관【錯覺性 相關】illusory correlation '착각적 상관' 또는 '착각 상관'이라고도 한다. '착각적 상관' 참조.

착각적 상관【錯覺的 相關】illusory correlation 둘 또는 둘 이상의 변인들 간의 관계에 있어서, 이 변인들이 서로 독립적이어서 상관이 없음에도 불구하고 이 변인들 간에 상관관계가 있다고 지각하는 잘못된 지각 또는 착각. 실제와는 달리, 두 변인 간에 관계가 있다고 믿는 사람은 그런 관계를 뒷받침하는 우연한 또는 드문 사례를 주목하여 지각하게 되고, 이를 토대로 마치 두 변인 간에 정말로 유의미한 상관관계가 있는 것처럼 해석하는 현상을 말한다. 흔히 생활 속에서 사람들이 갖기 쉬운 많은 미신 또는 미신적 행동들을 설명해 주는 개념이라고 할 수 있다. 예컨대, 수염을 깎지 않고 운동경기에 참가하여 승리를 거둔 경험이 있는 선수가 경기에서 승리하기 위해서는 수염을 깎지 말아야 한다는 믿음을 갖게 되는 경우를 그 한 가지 예로 들 수 있다. '착각성 상관' 또는 '착각 상관'이라고도 한다.

착상【着床】implantation 한 개의 수정란이 세포분열을 거듭하면서 자궁으로 이동한 후 자궁벽에 접착하여 모체로부터 혈액공급을 받을 수 있는 상태가 되는 것.

착시【錯視】optical illusion / visual illusion 시각(視覺)에서 발생하는 착각현상을 말하는 것으로, 구체적으로 외부의 대상 또는 사물을 그것이 가지고 있는 객관적 특성과 다르게 지각하는 현상을 말한다. 대표적인 예로는 가현운동(假現運動)이나 원근(遠近) 착시 등을 들 수 있다.

찰스 다윈 Charles Darwin (1809~1882) 영국의 박물학자. 'Darwin, Charles Robert (1809~1882)' 참조.

찰스 로버트 다윈 Charles Robert Darwin (1809~1882) 영국의 박물학자. 'Darwin, Charles Robert (1809~1882)' 참조.

참만남 집단【참만남 集團】encounter group 구성원들이 서로에 대한 진정한 만남과 탐색적 관계를 통해 자신과 타인들에 대한 이해와 인간적 성장을 추구할 목적으로 만들어진 훈련집단의 한 유형. 적게는

1회의 만남으로 진행되는 집단이 있는가 하면, 많은 경우에는 10여 일 또는 그 이상의 기간 동안 하루 10여 시간의 만남을 가지면서 계속해서 진행되는 경우도 있다.

참여관찰【參與觀察】participant observation 특정 대상(사람이나 사물)의 행동이나 현상을 의식적으로 주의 깊게 살펴보는 것 또는 그러한 활동을 지칭하여 관찰이라고 하며, 이것은 모든 과학적 연구에서 가장 기초가 되는 자료수집 활동이라고 할 수 있다. 관찰은 관찰이 이루어지는 조건이나 상황에 따라 몇 가지 유형으로 구분할 수 있다. 이 중에서 관찰자가 관찰 대상자(들)가 포함되어 있는 집단에 들어가 함께 활동하면서 관찰 대상자들의 행동을 관찰하는 형식의 관찰을 참여관찰 또는 참여관찰법이라고 한다. 이와는 달리, 관찰자가 관찰 대상자(들)의 집단에 참여하거나 개입하는 일 없이 관찰 대상자들의 행동만을 관찰하는 형식의 관찰(또는 관찰법)을 지칭하여 '비참여관찰' 또는 '비참여관찰법'이라고 한다.

참여관찰법【參與觀察法】participant observation '참여관찰'이라고도 한다. '참여관찰' 참조.

참조【參照】reference 참고하기 위해 맞대어 비교하는 것.

참조적 스타일【參照的 스타일】referential style 언어발달의 초기에 영아가 나타내는 언어 산출(language production)의 한 가지 스타일로, 주로 사람이나 사물을 나타내는(지칭하는) 이름을 붙이는데 언어를 사용하는 스타일(또는 유형)을 의미한다. 한편, 언어 산출의 또 다른 한 가지 스타일은 표현적 스타일(expressive style)로, 자신의 생각이나 감정을 표현하기 위해 언어를 사용하는 스타일(또는 유형)을 의미한다. 이와 같은 표현적 스타일의 언어는 부분적으로 상대방의 주의를 끌거나 상대방과의 상호작용을 이끄는 기능을 한다.

참조집단【參照集團】reference group 개인이 동일시하고 있는 집단. 특정 집단을 동일시하는 개인은 그 집단의 특징이나 관점 등을 참조하여 자신의 견해나 태도 또는 행동의 방향을 설정하거나 평가 또는 조절해간다.

창의성【創意性】creativity 새롭고 독창적인 것을 생각해내거나 만들어내는 능력 또는 특성. 새롭고 독창적인 생각이나 행동은 정신분열병과 같은 일부 정신장애가 있는 사람들에게서도 자주 나타나는 현상이다. 따라서 창의성을 자신이나 다른 사람에게 도움이 되는 또는 가치 있는 것을 산출하는 특성으로 본다면, 보편적으로 사용되는 '창의성'이라는 말의 의미에는 '적응'과 '가치'의 측면이 포함되어 있다고 볼 수 있다. '창조성'이라고도 한다. 한국에서는 '창의성'이라는 표현을, 일본에서는 '창조성'이라는 표현을 주로 사용한다.

창의성 검사【創意性 檢査】creativity test 창의성 또는 창의적 사고 능력을 측정하기 위해 개발된 검사.

창의성 교육【創意性 敎育】creativity education 창의성 또는 창의적 사고(능력)를 계발하거나 발달시키는 것을 목표로 진행하는 교육.

창의성 발달【創意性 發達】development of creativity 생후 연령 증가에 따라 신체적, 운동적, 심리적 영역 등에서의 발달과 함께 창의성 영역에서 진행되는 발달. 흔히 창의성의 발달은 독립적인 발달 과정이나 경로를 따라 이루어지는 것이 아니라 다른 모든 발달 영역들(신체적, 운동적 및 심리적 측면의 영역들)과 밀접하게 연계되어 상호 영향을 주고받으면서 진행된다.

창의성의 투자이론【創意性의 投資理論】investment theory of creativity '창의성 투자이론' 참조.

창의성 투자이론【創意性 投資理論】investment theory of creativity 개개인의 창의성(또는 문제를 창의적으로 해결해내는 능력)은 창의성과 관련된 자원들(예를 들면, 지적 능력, 성격, 지식, 사회적 지지와 격려 및 칭찬, 그리고 기타 다양한 환경적 자원들)을 모아 종합하고, 동시에 자신이 몰입할 수 있는 적절한 목표에 자신을 투입시키는 과정(이러한 과정을 창의성 또는 창의성 발휘나 계발에 대한 일종의 투자활동으로 보는 것임)을 통해 최소한 어느 정도 발휘할 수 있거나 계발할 수 있다고 보는 관점. '창의성의 투자이론'이라고도 한다.

창의적 사고【創意的 思考】creative thinking 새로운 기술이나 도구를 고안해내거나 새로운 문제를 해결해내는 것과 같은 가치 있는 결과를 창출해내는 사고 또는 사고능력. '창조적 사고'라고도 하며, '생산적 사고(productive thinking)'와 같은 의미로 사용된다.

창의적 성격【創意的 性格】creative personality 일반적으로 창의성 또는 창의적 능력은 인지적인(또는 지적인) 측면만이 아니라 성격 측면과도 밀접하게 관련되어 있는 것으로 이해되고 있다. 이처럼 창의성 또는 창의적 능력과 관련된 성격 측면을 지칭하여 '창의적 성격'이라고 하며, 여기에는 호기심, 집중력, 자발성, 충동성 등과 같은 특성들이 포함되는 것으로 알려져 있다.

창조성【創造性】creativity '창의성'이라고도 한다. '창의성' 참조.

창조적 사고【創造的 思考】creative thinking '창의적 사고'라고도 하며, '생산적 사고(productive thinking)'와 같은 의미로 사용된다. '생산적 사고' 참조.

찾기반사【찾기反射】rooting reflex 인간이 선천적으로 가지고 태어나는 반사들 가운데 하나로, 영아의 뺨을 살며시 자극하면 영아가 자극을 준 쪽으로 고개를 돌리는 반응을 나타내는데, 이러한 선천적인 반응행동을 '찾기반사'라고 한다. 이 반사는 자동적이고 쉽게 엄마의 젖을 향하도록 함으로써 생후 초기의 적응과 생존력을 높여주는 기능을 하는 것으로 이해되고 있다. '젖찾기반사', '포유반사', '먹이찾기반사', '근원반사' 라고도 한다.

채팅 chatting 인터넷이나 PC통신과 같은 온라인(on-line)상에서 두 명 이상의 참여자들이 컴퓨터의 키보드를 이용하여 문자나 문장을 입력 · 전달하는 방식으로 자신들의 의견이나 정보를 교환하면서 대화를 나누는 행위를 말한다.

책략【策略】strategy '전략' 참조.

책략적 기억【策略的 記憶】strategic memory '전략적 기억' 참조.

책임【責任】responsibility 어떤 일이나 역할과 관

련하여 맡아서 해야 할 의무나 임무.

책임감【責任感】 sense of responsibility (1) 책임을 지려는(또는 느끼는) 마음. (2) 어떤 일이나 역할과 관련하여 맡겨진 책임을 중요하게 느끼는 마음.

책임감 분산【責任感 分散】 diffusion of responsibility 어떤 일이나 상황과 관련하여 행동하거나 처리해야 할 책임(또는 책임감)이 개인 혼자가 아니라 개인이 포함된 집단의 구성원들이나 다른 사람들에게로 분산되어 개인이 느끼는 책임(또는 책임감)이 감소되고, 이에 따라 개인이 그 일이나 상황을 해결하기 위해 요구되는 행동을 하게 될 가능성이 감소되는 현상. '책임 분산', '책임감의 분산' 또는 '책임의 분산'이라고도 한다.

책임감의 분산【責任感의 分散】 diffusion of responsibility '책임감 분산', '책임 분산' 또는 '책임의 분산'이라고도 한다. '책임감 분산' 참조.

책임 분산【責任 分散】 diffusion of responsibility '책임감 분산', '책임감의 분산' 또는 '책임의 분산'이라고도 한다. '책임감 분산' 참조.

책임의 분산【責任의 分散】 diffusion of responsibility '책임감 분산', '책임감의 분산' 또는 '책임 분산'이라고도 한다. '책임감 분산' 참조.

처벌【處罰】 punishment 특정 행동 또는 반응의 발생확률을 감소시키기 위해 그 행동(반응)에 이어서 혐오자극을 제시하는 것 또는 제시하는 절차. 흔히 처벌은 사회적으로 바람직하지 못한 행동을 없애거나 그 발생확률을 감소시키기 위해 적용하지만, 적용한 처벌이 어느 정도 효과를 발휘하게 될지의 여부는 처벌하는 사람, 처벌받는 사람, 처벌이 이루어지는 상황, 처벌 방법, 그리고 처벌로 사용하는 자극 등과 같은 다양한 변인의 영향을 받게 된다. '벌(罰)'이라고도 한다. 한편, 처벌은 '부적 강화(negative reinforcement)'와는 다른 것이다. '부적 강화' 참조.

처벌물【處罰物】 punisher '처벌인(處罰因)'이라고도 한다. '처벌인' 참조.

처벌인【處罰因】 punisher 조작적 조건형성 이론에서 사용되는 개념으로, 처벌(處罰: punishment)에 사용된 자극 또는 사상(事象: 사건이나 대상 등). 즉, 행동의 발생 가능성을 감소시키거나 억제하는 데 사용된 자극이나 사상(事象)을 지칭한다. '처벌물(處罰物)'이라고도 한다.

처치변수【處置變數】 treatment variable '처치변인'이라고도 하며, '독립변인'과 같은 의미로 사용된다. '독립변인' 참조.

처치변인【處置變因】 treatment variable '처치변수'라고도 하며, '독립변인'과 같은 의미로 사용된다. '독립변인' 참조.

척골【尺骨】 ulna 팔의 아래쪽 마디에 있는 두 개의 뼈들 가운데 안쪽에 위치하고 있는 뼈. '자뼈'라고도 한다. 척골의 영어 표현인 'ulna'의 형용사형은 'ulnar'이다.

척골잡기【尺骨잡기】 ulnar grasp 영아기에 나타나는 손 운동기술의 한 형태로, 영아가 물체를 잡기 위해 손가락을 손바닥에 대고 눌러서 잡는 운동기술을 지칭한다.

척도【尺度】 scale 평가를 하기 위한 측정 도구 또는 측정 수준을 말하는 것으로, 구체적으로 척도란 일정한 규칙에 따라 관찰된 현상이나 대상에 대해 값이나 수치를 부여하기 위해 사용되는 도구를 말한다. 명명척도(또는 명목척도), 서열척도(또는 순서척도), 등간척도(또는 간격척도), 그리고 비율척도 등으로 분류된다.

척도화【尺度化】 scaling 측정대상 또는 피험자의 반응에 대하여 수치를 배정하는 절차를 말한다.

척수【脊髓】 spinal cord 뇌와 함께 중추신경계를 구성하는 신경계의 주요 부분으로, 척추에 둘러싸여 있으며, 뇌와 말초신경 사이에서 자극과 정보를 전달하는 기능을 한다. 척수는 뇌와 말초신경 사이의 자극과 정보 전달기능 이외에도 일부 단순한 자극이나 정보를 뇌로 보내지 않고 직접 처리하는 기능을 가지고 있는데 이를 척수반사(脊髓反射)라고 한다. 한편, 말초신경계의 신경들은 척수에 이어져 있으며, 이를 경유하여 뇌와 연결된다. 따라서 척수에 손상을 입게 되면 그 손상된 부위 이하의 신체는 감각과 운동기능을 상실하게 된다.

척주【脊柱】 spinal column 척추동물의 신체 가운데 목에서 등을 거쳐 엉덩이 또는 꼬리에까지 이어지는 골격을 지칭한다. 이러한 척주를 구성하는 개개의 뼈를 척추(脊椎)라고 한다. 사람의 척주는 경추(7개), 흉추(12개), 요추(5개), 천추(5개), 미추(3~5개) 등으로 구성되어 있다.

척추【脊椎】 spine / backbone 척추동물의 척주(脊柱: spinal column)를 구성하는 개개의 뼈를 말한다. 추골(椎骨) 또는 척추골(脊椎骨)이라고도 한다.

척추동물【脊椎動物】 vertebrata / vertebrate / vertebrate animal '등뼈동물'이라고도 한다.

천부설【天賦設】 nativism '생득론' 참조.

천성-양육 논쟁【天性-養育 論爭】 nature-nurture debate / nature-nurture issue 인간의 발달(심리적, 행동적 및 신체적 특성의 발달)을 결정하는 두 요인인 유전적 · 생물학적 요인(천성: nature)과 환경적 · 경험적 요인(양육: nurture)의 상대적 중요성과 기여에 대해 학자들 사이에서 오랫동안 지속해온 논쟁. '천성-육성 논쟁' 또는 '천성-양육 이슈'라고도 한다.

천성-양육 이슈【天性-養育 이슈】 nature-nurture issue / nature-nurture debate '천성-양육 논쟁' 참조.

천성-육성 논쟁【天性-育成 論爭】 nature-nurture debate / nature-nurture issue '천성-양육 논쟁' 참조.

천성-육성 이슈【天性-育成 이슈】 nature-nurture issue / nature-nurture debate '천성-양육 논쟁' 참조.

천식【喘息】 asthma 기관지가 갑작스럽게 좁아짐으로써 호흡곤란을 일으키는 특징을 지닌 질병.

천장효과【天障效果】 ceiling effect 검사나 실험에

서 참가자들의 대부분이 높은 점수를 획득하는 현상. 흔히 검사가 너무 쉽거나 실험의 처치가 아주 효과적인 경우에 나타난다. '천정효과'라고도 한다.

천정효과【天井效果】 ceiling effect '천장효과' 참조.

철결핍성 빈혈【鐵缺乏性 貧血】 iron deficiency anemia 혈액의 적혈구와 혈색소가 만들어지는 과정에 필요한 성분인 철의 섭취가 지나치게 부족하여 발생하는 빈혈. 성장 과정에서 이 장애를 겪게 되는 아이들은 부주의와 무관심, 사회적 상호작용 기회의 감소, 저조한 신체 및 지적 능력의 발달 등과 같은 증상이나 부정적인 발달을 나타내기 쉽다. '철결핍성 빈혈증'이라고도 한다.

철결핍성 빈혈증【鐵缺乏性 貧血症】 iron deficiency anemia '철결핍성 빈혈'이라고도 한다. '철결핍성 빈혈' 참조.

청각【聽覺】 auditory sense 소리를 듣고 느끼는 감각.

청각교육【聽覺敎育】 auditory education 청각을 이용하여 이루어지는 교육. 즉, 청각기관인 귀로 들을 수 있는 소리자극이나 정보를 제공하는 라디오와 같은 수단을 이용하여 이루어지는 교육.

청각기관【聽覺器官】 auditory organ 소리자극을 받아들이는(즉, 수용하는) 기관. 인간을 포함한 척추동물의 경우에는 귀가 청각기관에 해당한다.

청각단서【聽覺端緖】 acoustic cue 지각과정에서 사용되는 단서의 한 유형으로, 특히 청각영역에서 소리 또는 음향이 제공하는 단서를 의미한다. '음향단서'라고도 한다.

청각식역【聽覺識閾】 auditory threshold '청각역치' 참조.

청각신경【聽覺神經】 auditory nerve 청각을 담당하는 귀로부터 대뇌에 이르는 일련의 신경 또는 신경체계. '청신경(聽神經)'이라고도 한다. '청신경' 참조.

청각역【聽覺閾】 auditory threshold '청각역치' 참조.

청각역치【聽覺閾値】 auditory threshold 청각 영역에서의 자극(즉, 소리 자극)을 탐지할 수 있는 최소의 수준 또는 강도. '청각역' 또는 '청각식역'이라고도 한다.

청각체계【聽覺體系】 auditory system 소리자극을 듣고 처리하는 일련의 체계를 지칭하며, 여기에는 귀와 뇌의 일부 조직 등이 포함된다.

청년심리학【靑年心理學】 adolescent psychology / psychology of adolescence 청년 또는 청년기에 초점을 맞추어 연구를 진행하는 발달심리학의 한 분야. '청소년심리학(靑少年心理學)'이라고도 한다. '발달심리학' 참조.

청년심리학자【靑年心理學者】 adolescent psychologist / psychologist of adolescence 청년심리학(adolescent psychology) 분야에서 활동하는 심리학자를 지칭한다. '청소년심리학자(靑少年心理學者)'라고도 한다.

청력【聽力】 auditory acuity / hearing acuity / hearing 귀로 소리를 듣고 식별할 수 있는 능력.

청력검사【聽力檢査】 hearing test / auditory acuity 청력이 어느 정도인지를 알아보는 검사. 구체적으로, 귀로 어느 정도 크기의 소리를 듣고 식별할 수 있는지를 알아보는 검사.

청소년【青少年】 adolescent / youth / juvenile 일반적으로 아동과 성인의 중간시기에 위치하는 사람을 지칭한다. 하지만 청소년을 구분하는 연령은 국가와 법에 따라 차이를 보이기 때문에 이를 명확히 하는 것은 어렵다. 우리나라의 청소년기본법에서는 청소년을 만 9세에서 24세까지의 사람으로 규정하고 있으며, 발달심리학을 포함하는 발달학 분야에서는 흔히 중학교 생활을 시작하는 만 12~13세경부터 대학생활 기간을 포함하는 23~24세경까지의 사람을 청소년으로 분류하는 경우가 많다. 한편, 청소년, 소년/소녀 등의 의미로 사용되는 'juvenile'은 일반적으로 아직 성인이 되지 않은 청소년, 특히 10대 청소년(미국 대부분의 주에서는 18세까지를 지칭하는 경우가 많음)을 나타내는 말로 사용된다.

청소년기【青少年期】 adolescence 아동기와 성인기 사이의 시기로, 청소년기를 나타내는 구체적인 시기는 학자들에 따라, 사회와 문화에 따라, 그리고 법에 따라 차이를 보이고 있다. 넓은 의미에서 보면, 초등학교 중반에서부터 대학교까지의 시기(9, 10세~20대 초반)를 지칭한다. 청소년기는 성인으로 기능하는데 요구되는 신체적, 생리적, 정서적, 인지적 및 사회적 발달이 이루어지는 시기이며, 청소년기를 나타내는 영어 'adolescence'는 '성장하다, 성숙해 가다'라는 의미를 가진 라틴어 'adolescere'에서 유래한 말이다.

청소년기 국한형【青少年期 局限型】 adolescence-limited 청소년기에 국한되어 나타나는(또는 발생하는). '청소년기에 국한된'이라고도 표현한다.

청소년기 성장급등【青少年期 成長急騰】 adolescent growth spurt '청소년 성장급등'이라고도 한다. '청소년 성장급등' 참조.

청소년기에 국한된【青少年期에 局限된】 adolescence-limited 청소년기에 국한되어 나타나는(또는 발생하는). '청소년기 국한형'이라고도 표현한다.

청소년기 정신장애【青少年期 精神障礙】 adolescent mental disorder '청소년 정신장애'라고도 한다. '청소년 정신장애' 참조.

청소년 문제【青少年 問題】 youth problem / adolescent problem / adolescent's problem 청소년과 관련되거나 청소년에 의해 유발되는 문제를 총칭하는 표현이다.

청소년 문제행동 adolescent problem behavior 흡연, 음주, 학교폭력 등과 같이 청소년에 의해 행해지는 문제행동을 총칭하는 표현이다. '문제행동' 참조.

청소년문화【青少年文化】 adolescent culture 사회 전반이 공유하는 문화를 지칭할 때 지배적 문화 또는 지배문화라는 표현을 사용하고, 그 사회 속의 하위 집단들이 특징적으로 형성하는 문화를 하위문화라고 한다. 청소년문화란 하위문화의 한 형태로, 특히 특정한 시대를 살아가는 청소년들 또는 청소년집단이 나타내는 독특한 사고나 행동 또는 삶의 방식 등과 같이 지배문화나 다른 하위문화와 구분되는 청소년들(또는 청소년집단)의 특징적인 문화를 지칭한다.

청소년발달【青少年發達】 adolescent development 청소년 또는 청소년기에 신체적, 심리적, 행동적 및 사회적 측면 등 발달의 모든 영역에서 일어나는 변화(발달적 변화)를 총칭하는 표현이다.

청소년범죄【青少年犯罪】 adolescent crime 청소년에 의해 저질러진 범죄를 총칭하는 표현이다.

청소년비행【青少年非行】 juvenile delinquency / adolescence delinquency 사회적, 법률적, 도덕적, 그리고 교육적 측면에서 청소년에 의해 행해지는 위반행동 또는 그릇된 행동을 말한다. 그 적용범위는 청소년들이 행하는 음주, 흡연과 같은 비교적 가벼운 문제행동(흔히 지위비행〈地位非行〉으로 지칭됨)에서부터 강도, 강간 및 살인과 같은 심각한 범죄행동(또는 범죄적 비행〈犯罪的 非行〉이라고도 함)에 이르기까지 그 정도와 범위가 넓다. '청소년 비행행동' 또는 '소년비행' 등의 표현과 같은 의미로 사용된다.

청소년 비행행동【青少年 非行行動】 adolescent delinquent behavior '청소년비행' 참조.

청소년 사법제도【青少年 司法制度】 juvenile justice system / juvenile judicial system 청소년 사법과 관련된 법원, 소송, 재판, 재판권 행사 및 사법권 등에 관한 모든 제도나 체계. '청소년 사법체계'라고도 한다.

청소년 사법체계【青少年 司法體系】 juvenile justice system / juvenile judicial system '청소년 사법제도'라고도 한다. '청소년 사법제도' 참조.

청소년 상담【青少年 相談】 youth counseling / adolescent counseling 청소년(또는 청소년 내담자)을 대상으로 이루어지는 상담 또는 상담활동.

청소년 상담자【青少年 相談者】 youth counselor / counselor for youth clients / counselor for adolescent clients / counselor working with adolescents 청소년(또는 청소년 내담자)을 대상으로 활동하는 상담자.

청소년 성매매【青少年 性賣買】 '원조교제(援助交際)' 참조.

청소년 성장급등【青少年 成長急騰】 adolescent growth spurt 청소년기 동안에 신체적 측면에서 일어나는 급격한 성장 현상. 일반적으로, 청소년기의 출발점이라고 할 수 있는 사춘기가 시작되는 무렵부터 신체적으로 급격한 성장이 이루어지기 시작한다. '청소년기 성장급등'이라고도 한다.

청소년심리학【青少年心理學】 adolescent psychology / psychology of adolescence 청소년 또는 청소년기에 초점을 맞추어 연구를 진행하는 발달심리학의 한 분야. '청년심리학(青年心理學)'이라고도 한다.

청소년심리학자【青少年心理學者】 adolescent psychologist / psychologist of adolescence 청소년심리학(adolescent psychology) 분야에서 활동하는 심리학자를 지칭한다. '청년심리학자(青年心理學者)'라고도 한다.

청소년용 미네소타 다면적 인성검사【青少年用 미네소타 多面的 人性檢査】 Minnesota Multiphasic

Personality Inventory-Adolescent (MMPI-A) 청소년용으로 개발된 MMPI(미네소타 다면적 인성검사).

청소년 자기중심성【青少年 自己中心性】 adolescent egocentrism 청소년기에 이루어지는 인지발달의 결과로 이 시기에 와서 새롭게 나타나는 독특한 자기중심성. 구체적으로, 청소년의 자기중심성은 자기의 경험은 다른 사람들이 모르는 매우 독특한 것이라고 믿는 경향인 '개인적 우화'와 자기의 외모와 행동에 대해 자기 자신이 관심을 갖는 것처럼 다른 사람들도 자기에 대해 관심을 갖고 있을 것이라고 믿는 경향인 '상상 속의 청중' 등 두 가지 형태로 나타난다. '청소년 자아중심성'이라고도 한다.

청소년 자아중심성【青少年 自我中心性】 adolescent egocentrism '청소년 자기중심성'이라고도 한다. '청소년 자기중심성' 참조.

청소년 정신장애【青少年 精神障碍】 adolescent mental disorder 청소년기에 발생하는 정신장애를 총칭하는 표현이다. '청소년기 정신장애'라고도 한다.

청소년 행동【青少年 行動】 adolescent behavior 청소년 또는 청소년기에 나타나는 행동을 총칭하는 표현이다.

청소년 흡연【青少年 吸煙】 adolescent smoking 청소년이 행하는 흡연.

청신경【聽神經】 auditory nerve 내이(內耳)에 분포되어 있으며, 귀로 들어온 청각 및 평형감각정보를 뇌로 전달하는 기능을 하는 신경을 말한다. 뇌는 수많은 청신경으로부터 들어온 정보들을 병합하여 소리를 만들게 된다. '청각신경'이라고도 한다.

청크 chunk Miller (1920~)에 의해 제안한 단기기억의 단위로, 특정 순간에 단기기억에 포함될 수 있는 의미 있는 자극의 덩어리 또는 집합체를 말한다. Miller의 견해에 따르면, 단기기억의 용량은 제한되어 있는데, 구체적으로 특정 순간에 단기기억에 포함될 수 있는 용량은 7+2개의 항목이라고 보았다. 한편, 대상 자극 또는 정보들을 서로 의미 있게 연결시키거나 묶음으로써 단기기억의 용량을 크게 확대할 수 있다고 보았는데, 이처럼 자극(또는 정보)을 서로 의미 있게 연결시키거나 묶는 인지과정을 지칭하여 '청킹(chunking)'이라고 한다. 청킹은 다른 표현으로 '결집(結集)'이라고도 한다.

청크 만들기 chunking '청킹' 또는 '결집'이라고도 한다. '청킹' 및 '청크' 참조.

청킹 chunking 단기기억에 관한 연구에서 사용되는 용어들 가운데 하나로, 기억 대상이 되는 자극이나 정보를 서로 의미 있게 연결시키거나 묶는 인지과정을 지칭한다. 이러한 인지과정은 결과적으로 단기기억의 용량을 확대시키는 효과가 있다. '결집(結集)' 또는 '청크 만들기'라고도 한다. '청크(chunk)' 참조.

체격【體格】 physique 부모로부터 물려받은 유전요인이나 영양섭취, 운동 등과 같은 환경 및 경험 요인들의 영향을 받아 근육이나 골격 등으로 나타난 신체외관의 전반적인 모습.

체계적 감강법【體系的 感降法】 systematic desensitization '체계적 둔감화' 참조.

체계적 감도감강법【體系的 感度減降法】systematic desensitization '체계적 둔감화' 참조.

체계적 둔감법【體系的 鈍感法】systematic desensitization '체계적 둔감화' 참조.

체계적 둔감화【體系的 鈍感化】systematic desensitization 행동치료기법의 하나로, 특정 자극이나 상황에 대하여 비정상적으로 강한 불안이나 공포를 나타내는 사람(또는 환자)을 치료하기 위해 사용된다. 구체적으로 문제가 되는 불안이나 공포와 양립할 수 없는 근육이완(과 같은 반응)을 문제가 되는 자극과 역조건형성시키는 절차를 따르게 되는데, 흔히 불안이나 공포를 덜 일으키는 자극부터 시작하여 점차 더 강한 불안이나 공포를 일으키는 자극을 심상으로 유발시켜 역조건형성시킴으로써, 최종적으로 특정 자극에 대해 나타내던 비정상적인 불안이나 공포반응을 완전히 제거 또는 치료하게 된다. '단계적 감강법', '단계적 감도감강법', '단계적 둔감법', '단계적 둔감화', '체계적 감강법', '체계적 감도감강법', '체계적 둔감법', '체계적 둔감화치료' 등과 같은 다양한 표현으로도 사용된다.

체계적 둔감화치료【體系的 鈍感化治療】systematic desensitization therapy '체계적 둔감화(systematic desensitization)'기법을 이용한 치료방법.

체계적 반복검증【體系的 反復檢證】systematic replication 종속변인에 대한 독립변인의 효과를 알아본 선행 실험연구의 결과가 다양한 상황에서도 지속되는지를 밝히기 위해, 가능한 여러 실험조건들을 체계적으로 변화시켜가는 반복실험을 통해 그 효과를 검증하는 접근방법.

체내시계【體內時計】biological clock '생물시계(生物時計)' 참조.

체벌【體罰】corporal punishment '벌(罰: punishment)'의 한 형태로, 특정 행동(흔히, 부적절한 행동이나 문제행동)을 금지시킬 목적으로 그 행위를 한 행위자의 신체에 고통이나 불편이 수반되는 제재를 가하는 것을 말한다. 체벌은 다시 두 가지 유형으로 구분될 수 있는데, 하나는 처벌자가 막대기와 같은 도구를 이용하거나 손과 같은 자신의 신체를 이용하여 피처벌자(처벌을 받는 사람)의 신체를 가격하는 방식으로 직접 고통을 가하는 직접 체벌이 있고, 다른 한 유형은 처벌자의 신체나 도구를 이용하여 피처벌자의 신체에 접촉하지는 않지만, 그 대신 피처벌자에게 토끼뜀을 뛰게 하거나 땅바닥에 머리박기를 하도록 하는 것과 같이 간접적인 방식으로 신체에 고통을 주는 벌인 간접 체벌이 있다.

체성신경【體性神經】somatic nervous system 말초신경계의 한 부분을 구성하는 신경으로, 피부, 골격근, 관절 등의 신체 각 부분에 연결되어 수의적(隨意的)으로 작용하며, 특히 신체의 외부로부터 들어오는 정보를 중추신경계로 보내기도 하고, 중추신경계에서 내린 명령이나 정보를 신체 각 부분으로 전달하는 기능을 한다. '체성신경계' 참조.

체성신경계【體性神經系】somatic nervous system 신경계(神經系)는 크게 '중추신경계(中樞神經系: central nervous system)'와 '말초신경계(末梢神經系: peripheral nervous system)'로 구분되고, 말초신경계는 다시 체성신경계와 자율신경계(自律神經系: autonomic nervous system)로 구분된다. 이 가운데 체성신경계는 피부, 골격근, 관절 등의 신체 각 부분

에 연결된 신경다발로서, 신체의 외부로부터 들어오는 정보를 중추신경계로 보내기도 하고 중추신경계에서 내린 명령이나 정보를 신체 각 부분으로 전달하는 기능을 한다. '체신경계(體神經系)'라고도 한다.

체신경계【體神經系】 somatic nervous system '체성신경계(體性神經系)' 참조.

체외수정【體外受精】 external fertilization 인간의 경우 흔히 정상적인 임신이 어려운 부부간의 임신을 위해 시험관수태를 하는 경우를 지칭하여 체외수정이라고 하며, 인간 이외의 일부 동물들의 경우에 수컷의 정자와 암컷의 난자가 외부에서 만나 수정이 이루어지는데 이를 지칭하여 체외수정이라고 한다. 일반적으로 인간 및 많은 고등동물들의 경우에는 수컷의 정자(정세포)가 암컷의 체내로 들어와 난자(난세포)와 만나서 수정이 이루어지는 체내수정(體內受精: internal fertilization)을 통해 생식이 이루어지게 된다.

체중미달아【體重未達兒】 small-for-date baby / small-for-date infant '저체중아(低體重兒)'라고도 한다. '저체중아' 참조.

초감각적 지각【超感覺的 知覺】 extrasensory perception (ESP) 감각기관에 의존하지 않고 물체나 사건을 지각하는 현상. 천리안이나 텔레파시 등의 현상이 해당되며, 초심리학 또는 심령학의 연구대상이 된다. '초감각지각(超感覺知覺)'이라고도 한다.

초감각지각【超感覺知覺】 extrasensory perception (ESP) '초감각적 지각' 참조.

초경【初經】 menarche 여성이 처음으로 맞이하는 월경. 보통 12~13세경에 시작된다. 과거에 비해 초경 시기가 점점 더 빨라지고 있는데, 그 주요 원인은 과거에 비해 더 좋아진 영양공급과 의학의 발달에 따른 성장과 발육 및 건강에서의 향상 때문이다.

초능력【超能力】 supernatural power 현대의 과학으로는 설명하기 어려운 현상을 일으키는 초자연적인 능력. 초능력으로 분류되는 능력에는 염력(念力: psychokinesis), 투시(透視: clairvoyance) 또는 천리안(千里眼), 텔레파시(telepathy), 염동(念動: telekinetic power), 미래예지(未來豫知: prescience) 등이 포함된다. 특히 투시, 텔레파시, 미래예지 등을 총칭하여 초감각지각(extrasensory perception: ESP)이라고도 한다.

초두효과【初頭效果】 primacy effect 기억 및 인상 형성 과정에서, 초기에 제시된 정보가 그 이후에 제시된 정보들에 비해 기억과 인상형성에 더 큰 영향을 미치는 현상 또는 경향. 기억에서는 초기에 제시된 정보나 항목들이 나중에 제시된 정보나 항목들에 비해 더 많이 기억(또는 회상)되며, 타인에 대한 인상형성 과정에서는 처음에 제시된 정보가 나중에 제시된 정보에 비해 더 큰 비중을 가지고 영향을 미치는 경향이 있다.

초록【抄錄】 abstract 학술지에 실린 논문의 요약문을 말한다. 흔히 논문의 맨 앞부분 또는 맨 뒷부분에 위치한다.

초심리학【超心理學】 parapsychology 통상적인 과학적 심리학의 주요 주제가 아니면서 동시에 잘 설명되지 않는 정신 현상을 연구하는 학문 분야. 심령현상, 염력, 정신감응, 천리안 등의 초감각적, 초능력적 또는 초자연적 현상을 연구한다. '파라사이칼러지'라고도 한다.

초심리학자【超心理學者】 parapsychologist '초심리학(parapsychology)' 분야에서 활동하는 학자. 즉, 심령현상, 염력, 정신감응, 천리안 등의 초감각적, 초능력적 또는 초자연적 정신현상을 연구하는 학자들을 총칭한다. '파라사이칼러지스트'라고도 한다.

초음파【超音波】 ultrasound / ultrasound wave / ultrasonic wave 주파수가 사람이 들을 수 있는 가청주파수보다 커서 사람의 귀로 들을 수 없는 음파.

초음파검사【超音波檢査】 ultrasound / ultrasonography 초음파를 이용하는 검사. 특히 태아의 모양이나 이상 여부를 검사하거나 또는 신체조직의 질병 여부를 검사하기 위해 사용하는 방법의 하나로, 초음파를 보내어 그 반사파를 영상화함으로써 태아의 모양이나 신체조직의 이상 또는 질병 여부를 파악하게 된다.

초인지【超認知】 metacognition 사고(思考) 및 사고과정에 대해 사고하는 인지 또는 인지능력. '상위인지'라고도 한다. '상위인지' 참조.

초자아【超自我】 superego Freud (1856~1939)가 자신의 정신분석이론 및 성격이론에서 제안하고 있는 성격을 구성하는 세 가지 주요 요소 가운데 하나로, 양심과 이상을 추구하며, 자신의 행위의 옳고 그름을 판단하여 옳지 못한 행위를 한 경우에는 죄책감을 느끼도록 하는 벌을 줌으로써 앞으로는 그러한 행위를 하지 않도록 하는 역할을 한다. '슈퍼에고'라고도 한다.

촉각【觸覺】 tactile sensation / touch sensation / sense of touch 외부의 물리적 자극이 피부에 닿아서 느껴지는 감각.

촉각기【觸覺器】 tactile organ / touch organ '촉각기관(觸覺器官)'이라고도 한다. '촉각기관' 참조.

촉각기관【觸覺器官】 tactile organ / touch organ 촉각(觸覺)을 담당하는 감각기관. 인간을 포함하는 척추동물의 경우에는 피부와 촉모(觸毛) 등이 촉각기관에 해당한다. '촉각기'라고도 한다.

촉각수용기【觸覺受容器】 tangoreceptor 촉각 자극을 받아들이는 수용기로 주로 피부에 분포되어 있다. '촉수용기(觸受容器)'라고도 한다.

촉수용기【觸受容器】 tangoreceptor '촉각수용기(觸覺受容器)'라고도 한다. '촉각수용기' 참조.

촘스키 Chomsky (1928~) 미국의 언어학자 · 철학자 · 인지과학자. 'Chomsky, Avram Noam (1928~)' 참조.

총체적 관점【總體的 觀點】 holistic perspective 발달 또는 발달적 과정을 설명하는 관점 가운데 하나로, 신체적, 인지적, 정서적, 행동적 및 사회적 측면 등에서 이루어지는 발달(또는 발달적 과정)은 각기 독립적으로 진행되는 것이 아니라 상호 영향을 미치는 의존적인 관계 속에서 이루어진다고 보는 입장 또는 관점.

최근효과【最近效果】 recency effect '최신효과(最新效果)'라고도 한다. '최신효과' 참조.

최대수행검사【最大遂行檢査】maximal performance test 개인이 특정 영역이나 분야에서 가진 최대의 능력(또는 능력의 상한계)을 측정하기 위한 검사. '능력검사(ability test)'와 같은 의미로 사용된다.

최면【催眠】hypnosis 흔히 최면술사(최면술을 쓰는 사람)가 사용하는 암시를 포함한 일련의 절차를 통해 의도적 및 인위적으로 유도된 수면과 유사한 상태로, 최면술사의 영향을 가장 잘 받을 수 있는 상태로 알려져 있다. 한편, 타인인 최면술사에 의해 피최면자에게 시술되는 형태의 최면을 타자최면(他者催眠)이라고 하고, 이와는 달리 자기 스스로에 의해 유도된 최면을 자기최면(自己催眠)이라고 한다. 최면상태는 수면과 유사한 특징을 나타내고 있지만 수면과는 다른 상태로 알려져 있다. 실제로 최면은 뇌전도(腦電圖: EEG) 등에서 수면과 다른 특징들을 포함하고 있다는 사실이 밝혀져 있다.

최면법【催眠法】hypnotism '최면술' 참조.

최면술【催眠術】hypnotism / mesmerism 최면술사(최면술을 쓰는 사람)가 사용하는 특정한 암시를 포함한 일련의 절차를 통해 피최면자의 최면상태를 유도하는 기법이나 기술을 총칭한다. 18세기 오스트리아의 의사였던 안톤 메스머(Anton Mesmer)가 환자들의 질병을 치료하기 위해 최면술을 사용하기 시작한 이래로, 최면술을 메스머리즘 또는 메스머주의(mesmerism)라고도 한다. 이외에도 최면술은 '최면법(催眠法)'이라는 표현으로도 사용된다.

최면술사【催眠術師】hypnotist 최면술을 사용하여 피최면자를 최면상태에 이르게 하는 사람 또는 최면(술)을 사용하여 피최면자를 치료해주는 일을 하는 사람을 지칭한다.

최면요법【催眠療法】hypnotherapy '최면치료' 참조.

최면치료【催眠治療】hypnotherapy 최면 또는 최면술의 특성을 이용하여 이루어지는 심리치료 또는 심리치료 기법을 말한다. 최면 자체의 효과를 기대하고 최면치료를 사용하는 경우와 최면을 통해 다른 심리치료법의 효과를 높일 목적으로 최면치료를 사용하는 경우가 있다. '최면요법'이라고도 한다.

최면학【催眠學】hypnology / hypnotism 최면 및 최면술에 관한 연구를 하는 학문 분야를 말한다.

최면후 기억상실【催眠後 記憶喪失】posthypnotic amnesia 최면술사(최면을 거는 사람)의 유도에 따라 최면이 이루어진 후에, 최면에 걸린 사람이 최면술사가 기억하라는 지시를 하기 전까지 최면상황 또는 최면과정에서 있었던 일들에 대한 기억을 하지 못하는 현상.

최면후 암시【催眠後 暗示】posthypnotic suggestion 최면술사(최면을 거는 사람)가 최면상태에 있는 피최면자(최면상태에 있는 사람)에게 적용하는 특정한 암시를 말한다. 이러한 최면후암시는 피최면자가 최면상태를 벗어난 이후에도 영향을 미치는 것으로 기대되며, 구체적으로 금주나 금연, 식사량 조절 및 스포츠에서의 경기력 향상 등에 사용된다.

최빈치【最頻值】mode 집중경향치의 하나로, 여러 개의 점수들로 이루어진 분포에서 빈도수가 가장 많은 점수.

최소가지차이【最小可知差異】just noticeable difference (JND) 두 자극의 차이를 지각(또는 인식)할 수 있는 최소한의 차이를 말한다. '차이식역'이라고도 한다. '차이식역(difference threshold)' 참조.

최소위험【最小危險】minimal risk 심리학 연구를 진행하는 과정에서 준수해야 하는 윤리가 있는데, 그 중 가장 중요하게 고려되는 부분이 '최소위험('최소위험성'이라고도 함)'이다. 연구자는 원칙적으로 연구에 참여하는 참가자(실험연구에 참가하는 사람을 지칭하여 '피험자'라고도 함)에 대해 신체적인 측면에서 뿐만 아니라 정신적인 측면에서도 상해나 부상의 위험에 처하도록 해서는 안 되며, 연구의 특성상 불가피한 경우에도 그 위험성은 평소 사람들이 일상생활에서 경험하는 위험 수준을 넘어서는 안 된다. 이러한 연구윤리를 지칭하여 '최소위험' 또는 '최소위험성'이라고 한다.

최소위험성【最小危險性】minimal risk '최소위험(最小危險)'이라고도 한다. '최소위험' 참조.

최신효과【最新效果】recency effect 기억(또는 회상) 연구에서, 제시된 정보 또는 항목들 중에서 끝부분에서 제시된 정보나 항목들이 그보다 앞서서 제시되었던 정보나 항목들에 비해 더 잘 기억(또는 회상)되는 현상 또는 경향을 지칭하여 '최신효과'라고 한다. '최신효과'는 '최근효과(最近效果)'라고도 한다. 한편, 최신효과보다는 약하지만 또 하나의 강력한 순서효과가 있는데, '초두효과(初頭效果: primacy effect)'가 바로 그것이다. 구체적으로 초두효과란, 제시된 정보 또는 항목들 중에서 초기에 앞부분에서 제시된 정보나 항목들이 그 이후에 제시된 정보들에 비해 더 많이 기억(또는 회상)되는 현상 또는 경향을 말한다. 초두효과는 인상형성 과정에도 영향을 미친다. 즉, 타인에 대한 인상형성 과정에서 타인에 관해 초기에 제시된 정보가 나중에 제시된 정보에 비해 더 큰 비중을 가지고 영향을 미치는 경향을 또한 '초두효과'라고 한다.

추동【推動】drive 유기체의 생리적(또는 내적) 균형 상태를 이루기 위해 요구되는 물, 산소, 음식, 성 등과 같은 생리적 측면에서의 결핍(생리적 결핍)이나 고통스런 상황에서 벗어나고자 하는 것(고통 회피) 등과 같은 생리적 요구에 따라 발생하는 심리적 긴장 또는 각성 상태를 지칭하여 추동이라고 한다. 이에 따라 유기체는 결핍을 충족하거나 고통상태에서 벗어나기 위한 행동을 하도록 동기화된다. 이처럼 유기체는 생리적(또는 내적) 균형을 유지하려는 생리적 요구(need)에 따라 추동이 발생하고, 발생한 추동을 감소시키기 위한 행동을 하도록 동기화되며, 이러한 동기화에 의해 실제로 추동을 감소시키기 위한 행동을 하게 된다고 보는 이론이 추동감소이론(drive-reduction theory)이다.

추동감소이론【推動減少理論】drive-reduction theory 유기체의 행동 및 행동의 동기화를 설명하는 동기이론 가운데 하나로, 먼저 유기체는 생리적(또는 내적) 균형을 유지하려는 생리적 요구(need: 물, 산소, 음식, 성 등에서의 결핍이나 고통의 회피 등)에 따라 추동(推動: drive)이 발생하고, 발생한 추동을 감소시키기 위한 행동을 하도록 동기화되며, 이러한 동기화에 의해 실제로 추동을 감소시키기 위한 행동을 하게 된다고 보는 이론. 이처럼 추동감소이론에서는 유기체의 행동을 생리적 요구에 따라 발생하는 추동을 감소시키기 위해 동기화된다고 설명한다. '추동' 참조.

추동이론【推動理論】 drive theory 동기이론의 한 유형으로, 특히 유기체의 동기 및 동기화를 설명하기 위해 추동(推動: drive)을 강조하는 이론을 지칭한다. '추동' 참조.

추론【推論】 inference 가지고 있거나 알려져 있는 사실이나 전제 또는 정보를 바탕으로 하여 새로운 어떤 것에 대한 논리적인 결론이나 판단을 도출해내는 사고(또는 사유) 과정. '추리'라고도 한다.

추론통계【推論統計】 inferential statistics 표본(標本: sample)의 특징을 나타내는 수치(즉, 통계치)를 이용하여 모집단(母集團)에 관한 추론과 일반화를 하는 통계. '추론통계학(推論統計學)'이라고도 한다.

추론통계학【推論統計學】 inferential statistics 특정 대상이나 사상(事象)에 대한 체계적인 관찰을 통해 수집한 양적인 정보 또는 측정치를 기술하고 해석하는 방법을 연구하는 학문 또는 그에 관한 학문을 통계학(統計學: statistics)이라고 하며, 이 중에서도 표본의 특징을 나타내는 수치인 통계치(統計値: statistic)를 이용하여 모집단(母集團: population)에 관한 추론과 일반화를 하는 통계학 분야를 추론통계학이라고 한다. 확률 및 가설검증과 관련된 여러 분석기법들이 포함된다. '추리통계학(推理統計學)', '추론통계(推論統計)' 또는 '추리통계(推理統計)'라고도 한다.

추리【推理】 inference '추론' 참조.

추리통계【推理統計】 inferential statistics '추론통계학' 참조.

추리통계학【推理統計學】 inferential statistics '추론통계학' 참조.

추수상담【追隨相談】 follow-up counseling 상담이 종료되고 일정한 시간이 경과한 후에 상담의 효과나 내담자의 생활 적응 여부를 확인하고 도와주기 위해 진행하는 상담.

축삭【軸索】 axon '축색'이라고도 한다. '축색(軸索: axon)' 참조.

축색【軸索】 axon 신경세포인 뉴런(neuron)을 구성하는 한 부분으로, 뉴런의 또 다른 부분인 세포체(cell body)로부터 뻗어 나온 가늘고 긴 튜브형태의 신경섬유. 신경계를 구성하는 뉴런은 여러 유형이 있고 각기 모양과 크기 등에서 차이가 있지만, 공통적으로 세포체(cell body), 수상돌기(dendrite), 축색(axon) 및 종말단추(terminal button) 등으로 구성된다. 이 중 축색은 다른 뉴런(시냅스 전 뉴런)으로부터 수상돌기 및 세포체를 거쳐 들어온 정보(또는 메시지)를 또 다른 뉴런(시냅스 후 뉴런), 근육 및 분비선 등으로 전달하는 기능을 한다. 그 길이는 뇌에 있는 뉴런의 축색은 1mm이하인 경우도 있고 척수에 있는 뉴런의 축색은 몇 미터에 이를 수도 있다. '신경섬유(nerve fiber)'라고도 하며, '축색'이라는 표현 대신 '축삭(軸索)'이라고도 한다.

축색종말【軸索終末】 axon terminal '종말단추', '시냅스혹' 또는 '시냅스단추'라고도 한다. '종말단추' 참조.

축소모델【縮小모델】 scale medel '축척모형' 참조.

축소모형【縮小模型】 scale medel '축척모형' 참조.

축척모델【縮尺모델】 scale medel '축척모형' 참조.

축척모형【縮尺模型】 scale medel 실제의 대상이나 사물을 일정한 비율로 축소하여 만든 모형. '축소모형', '축척모델' 또는 '축소모델'이라고도 한다.

출생성비【出生性比】 자웅이체(雌雄異體)인 생물종 내에서 특정 기간 동안에 출생한 암컷의 개체수와 수컷의 개체수의 비율을 말한다. 인간의 경우에는 흔히 일정 기간에 출생한 여아의 수 100에 대하여 같은 기간 동안에 출생한 남아의 수로 나타낸다. 흔히 인구학자들이 추정하는 자연적인 출생성비는 105±1이다.

출생 전 과학【出生 前 科學】 prenatology 태교(胎敎: prenatal care 또는 prenatal training)의 기초적인 내용과 지식을 밝히려는 과학의 한 분야. '태교(胎敎)' 참조.

충동【衝動】 impulse 적절한 사려(思慮)나 사고 과정 없이 빠르게 반응하도록 이끄는 힘 또는 작용.

충동성【衝動性】 impulsivity 적절한 사려(思慮)나 사고 과정 없이 빠르게 반응하는 경향. 성격특질의 하나로 보는 견해가 많으며, ADHD(주의력결핍 과잉행동장애)나 이상행동의 주요 특징들 가운데 하나로 간주된다. 충동적인 사람은 자신의 감정이나 욕망을 억제하기 어렵고 사전 계획을 세우거나 깊이 생각하지 않고 행동하는 경향이 많다. 결과적으로 자신이나 타인에게 부정적인 결과를 초래하는 행동을 하게 될 가능성이 높다.

충동조절장애【衝動調節障碍】 impulse-control disorders '충동통제장애'라고도 한다. '충동통제장애' 참조.

충동통제장애【衝動統制障碍】 impulse-control disorders 자신이나 타인에게 부적응이나 해를 초래할 수 있는 충동이 통제(혹은 조절)되지 않는 정신 혹은 행동상의 장애. '병적 도박', '방화증', '간헐성 폭발장애', '도벽증', '발모증' 등이 충동통제장애에 포함된다. '충동조절장애'라고도 한다.

췌장【膵臟】 pancreas 위장과 소장 사이의 구부러진 부분에 위치하고 있는 기관으로, 당뇨병과 밀접한 관련이 있는 혈당을 조절하는 기능을 하는 호르몬, 즉 인슐린(insulin)과 글루카곤(glucagon)을 혈액 속으로 방출하는 기능을 한다.

취약성【脆弱性】 vulnerability 개인이 가진 취약한 특성, 특히 개인이 가진 특성들 가운데 특정한 장애나 질병에 걸리기 쉬운 신체적 및 심리적 특성을 지칭하여 취약성이라고 한다. 이러한 취약성은 유전적, 선천적으로 타고난 특성(선천적 특성)이거나 생후 환경과의 상호작용과정에서 형성(또는 발달)된 특성(후천적 특성)일 수도 있으며, 또한 선천적 요인(유전을 포함하여 출생 전의 발달과 특성에 영향을 미치는 요인)과 후천적 요인(흔히 환경적 요인을 지칭함) 간의 상호작용의 결과로 발달된 특성일 수도 있다.

취약성-스트레스 모델【脆弱性-스트레스 모델】 vulnerability-stress model 인간에게서 발생하는 장애나 질병은 개인이 가지고 있는(또는 타고난) 취약한 특성과 스트레스가 함께 작용(상호작용)한 결과로 보는 관점. 즉, 인간에게서 발생하는 다양한 장애나 질병은 심리적, 행동적, 신체적, 사회환경 및 물리환경적 특성들이 상호작용한 결과이기 때문에, 정신장애나 이상행동 또는 신체적 질병을 단일한 또는 단편적인 요인(또는 원인)으로 설명하는 것은 적절하지 못하며, 그보다는 개인이 가진 특성들(즉 신체적, 심리적 및 행동적 특성 등)과 환경적 특성들(사회적 환경 및 물리적 환경) 간의 상호작용의 측면에서 설명해야 한다고 본다. '취약성-스트레스 모형'이라고도 하며, '소질-스트레스 모델(diathesis-stress model)'과 거의 같은 의미로 사용된다.

취약성-스트레스 모형【脆弱性-스트레스 모형】 vulnerability-stress model '취약성-스트레스 모델'이라고도 한다. '취약성-스트레스 모델' 참조.

취약 X 염색체 증후군【脆弱 X 染色體 症候群】 fragile X syndrome / fragile-X syndrome '취약 X 증후군' 참조.

취약-X 염색체 증후군【脆弱-X 染色體 症候群】 fragile-X syndrome / fragile X syndrome '취약 X 증후군' 참조.

취약 X 증후군【脆弱 X 症候群】 fragile X syndrome / fragile-X syndrome 결함이 있는 X 염색체가 원인이 되어 발생하는 장애로, 정신지체, 학습장애 및 주의력 문제 등의 증상을 나타낸다. 한편, 이 장애는 여자들보다는 남자들에게서 더 많이 발생하는데, 이런 경향은 여자들이 남자들보다 X 염색체를 하나 더 가지고 있어 이 장애가 나타날 가능성을 줄여주기 때문인 것으로 이해되고 있다. DNA 검사를 통해 사전 진단이 가능하지만, 아직 완전한 치료법은 개발되어 있지 못한 상태이다. '취약-X 증후군', '취약 X 염색체 증후군', '취약-X 염색체 증후군', 'X 결함 증후군', 'X-결함 증후군' 등의 명칭으로도 불린다.

취약-X 증후군【脆弱-X 症候群】 fragile-X syndrome / fragile X syndrome '취약 X 증후군' 참조.

측정【測定】 measurement 대상이나 현상의 크기 또는 속성을 수와 연관 짓는 과정. 측정은 자연현상을 주 연구대상으로 하는 물리학, 화학, 천문학 등의 자연과학 및 공학 분야, 인간의 심리와 행동을 연구하는 심리학 분야, 그리고 다양한 사회과학 분야 등 거의 모든 과학 영역과 인간의 일상적인 생활 전반에서 중요하게 적용되고 있는 활동으로, 특정 대상이나 현상의 크기나 속성을 나타내기 위해 수치를 부여하는 과정 또는 활동을 말한다. 예를 들면, 키나 체중의 크기를 나타내기 위해 이를 170cm나 73kg 등의 수치로 나타내는 활동이 포함된다.

치료적 관계【治療的 關係】 therapeutic relationship '작업동맹', '치료적 동맹', '도움동맹' 또는 '상담관계'라고도 한다. '작업동맹' 참조.

치료적 동맹【治療的 同盟】 therapeutic alliance '작업동맹', '치료적 관계', '도움동맹' 또는 '상담관계'라고도 한다. '작업동맹' 참조.

치매【癡呆】 dementia 기억, 판단, 추상적 사고, 언어 및 운동기능의 감퇴, 그리고 일상생활 적응능력의 전반적 손상을 특징으로 하는 기질적 정신장애. 뇌세포의 파괴(또는 손상) 및 뇌기능장애를 유발하는 다양한 요인에 의해 발생한다. 가장 대표적인 원인은 알츠하이머병이고, 이외에도 뇌혈관질환, 뇌종양, 두부손상, 파킨슨병 및 중추신경계통의 감염 등의 원인에 의해 발생된다.

친밀【親密】intimacy 사랑의 정서적 측면을 구성하는 요소로, 타인과의 관계에서 가깝고 밀접하게 느끼며 서로의 감정을 나누는 경험 또는 그러한 경험을 하는 상태. '친밀성' 또는 '친밀감'이라고도 한다.

친밀감【親密感】intimacy '친밀' 또는 '친밀성'이라고도 한다. '친밀' 참조.

친밀성【親密感】intimacy '친밀' 또는 '친밀감'이라고도 한다. '친밀' 참조.

친사회적 행동【親社會的 行動】prosocial behavior 사회나 타인에게 도움이나 이익을 주기 위해 행하는 행동.

침 saliva 구강(입안)의 침샘(타액선)에서 분비되는 액체로 구강에 수분을 제공하여 혀, 입술 등의 기능을 돕고, 동시에 소화작용의 일부를 담당한다. '타액(唾液)'이라고도 하며, 이 액체가 분비되는 신체의 조직을 '침샘' 또는 '타액선(唾液腺: salivary gland)'이라고 한다.

침검사【침檢査】saliva test '타액검사' 참조.

침분비【침分泌】salivation '타액분비' 참조.

침샘 salivary gland 구강 안에서 침(또는 타액)을 분비하는 분비선(分泌腺)으로, 특히 외분비선(外分泌腺)으로 분류된다. 타액선(唾液腺)이라고도 하며, 포유동물의 경우에 침샘(또는 타액선)에는 이하선(耳下腺: 또는 귀밑샘), 악하선(顎下腺: 또는 턱밑샘) 및 설하선(舌下腺: 혀밑샘) 등이 포함된다. '침' 참조.

칭찬【稱讚】praise / applause / admiration 긍정적이거나 바람직한 행동, 특성, 미덕 및 장점 등과 같이 특정 개인이나 단체가 가지고 있는 좋은 측면을 일컬어 긍정적인 피드백을 주는 행위를 지칭한다. 흔히 칭찬이 이루어지는 과정에서 제공되는 피드백은 언어적인 형식을 취하는 경우가 많다.

카렌 호나이 Karen Horney (1885~1952) 독일 태생의 미국 여성 정신분석학자. 'Horney, Karen (1885~1952)' 참조.

카오스 chaos '혼돈(混沌)'이라고도 한다.

카우치 couch 몸을 기대어 휴식하기 좋도록 만들어진 긴 대형의자. 일반적으로는 긴 의자, 소파 등을 지칭한다. 정신분석학의 창시자인 Freud는 환자(내담자)를 카우치에 눕도록 한 후 '자유연상'과 같은 치료기법을 사용하여 치료를 진행하였다.

카운설리 counselee 자신의 문제나 고민을 해결할 목적으로 상담을 받기위해 상담자를 찾아온 사람 또는 상담자로부터 상담을 받고 있는 사람을 지칭한다. 내담자(來談者: client)와 같은 의미를 가진 용어로, 번역과정에서는 '피상담자(被相談者)' 또는 '내담자(來談者)'라고도 한다. '내담자' 참조.

카운슬러 counselor '상담자' 참조.

카운슬링 counseling / counselling '상담' 참조.

카타르시스 catharsis '정화' 참조.

카타르시스효과【카타르시스效果】 catharsis effect '정화효과' 참조.

카타플렉시 cataplexy '탈력발작' 참조.

카탈렙시 catalepsy '강경증' 참조.

카테콜라민 catecholamine 활성화 기능을 가지고 있으며, 신체 내에서 신경전달물질과 호르몬의 기능을 하는 화학물질의 집합을 지칭한다. 대표적인 카테콜라민으로는 도파민, 에피네프린(아드레날린), 노르에피네프린(노르아드레날린) 등이 포함된다.

카텔 Cattell (1860~1944) 미국의 심리학자. 'Cattell, James McKeen (1860~1944)' 참조.

칼 로저스 Carl Rogers (1902~1987) 미국의 심리학자. 인간중심치료의 창시자. 'Rogers, Carl Ransom (1902~1987)' 참조.

칼 융 Carl G. Jung (1875~1961) 스위스의 정신의학자 · 분석심리학자. 'Jung, Carl Gustav (1875~1961)' 참조.

캐넌 Cannon, Walter Bradford (1871~1945) 미국

의 생리학자 · 신경학자. 'Cannon, Walter Bradford (1871~1945)' 참조.

캐롤 길리건 Carol Gilligan (1936~) 미국의 심리학자 · 페미니스트 · 윤리학자. 'Gilligan, Carol (1936~)' 참조.

캐서린 쿡 브릭스 Katharine Cook Briggs (1875~1968) 미국의 여성 심리학자 · 성격이론가. 'Briggs, Katharine Cook (1875~1968)' 참조.

커닐링거스 cunnilingus 구강을 이용한 성행위의 한 형태로, 남성이 여성의 성기를 구강(혀나 입술)을 이용하여 자극하는 행위를 말한다. 이와는 반대로 여성이 남성의 성기에 대하여 행하는 구강 성행위를 지칭하여 '펠라티오(fellatio)' 또는 '펠라치오'라고 한다.

커닝 cunning '시험부정행위' 참조.

커밍아웃 coming out 다른 사람에게 또는 사회적으로 자신이 동성(연)애자임을 밝히는 것을 의미한다.

커텔 Cattell (1860~1944) 미국의 심리학자. 'Cattell, James McKeen (1860~1944)' 참조.

커트 레빈 Lewin (1890~1947) 독일 태생의 미국 심리학자. 'Lewin, Kurt (1890~1947)' 참조.

컨설턴트 consultant 기업의 경영이나 조직 관리에 관한 전문적인 상담을 해주는 사람 또는 전문가.

컬킨스 Calkins (1863~1930) 미국의 심리학자. 'Calkins, Mary Whiton (1863~1930)' 참조.

컴퓨터보조교육 【컴퓨터補助敎育】 computer-assisted instruction (CAI) '컴퓨터지원교육' 참조.

컴퓨터보조지도 【컴퓨터補助指導】 computer-assisted instruction (CAI) '컴퓨터지원교육' 참조.

컴퓨터중독 【컴퓨터中毒】 computer addiction 행위중독(行爲中毒) 또는 과정중독(過程中毒)으로 분류되는 사이버중독(cyber addiction)의 한 형태로, 특히 컴퓨터를 병적으로 과도하게 사용하는 중독상태를 지칭한다. 컴퓨터중독이라는 표현 이외에도 컴퓨터와 인터넷을 포괄하는 의미로 사용되는 '사이버(cyber)' 또는 '사이버공간(cyber space)'이라는 표현을 사용한 사이버중독(cyber addiction)이라는 용어와 함께 대표적인 사이버공간인 '인터넷(inter)'이라는 표현을 사용한 인터넷중독(internet addiction)이라는 용어가 많이 사용되고 있다.

컴퓨터지원교육 【컴퓨터支援敎育】 computer-assisted instruction (CAI) 컴퓨터의 도움을 받으면서 진행하는 교육. 구체적으로, 교육 과정에 컴퓨터 시스템을 이용하거나 또는 교육 내용을 담고 있거나 효과적인 이해와 전달을 위해 마련된 컴퓨터 프로그램을 활용하면서 진행하는 교육을 말한다. '컴퓨터지원지도', '컴퓨터보조교육' 또는 '컴퓨터보조지도'라고도 한다.

컴퓨터지원지도 【컴퓨터支援指導】 computer-assisted instruction (CAI) '컴퓨터지원교육' 참조.

케이 웨이스 K-WAIS 'Korean-Wechsler Adult Intelligence Scale(한국판 웩슬러 성인지능검사)'의 약자. '한국판 웩슬러 성인지능검사' 참조.

케이 위스크 K-WISC 'Korean-Wechsler Intelligence Scale for Children(한국판 웩슬러 아동지능검사)'의 약자. '한국판 웩슬러 아동지능검사' 참조.

케이 웝씨 K-WPPSI 'Korean-Wechsler Preschool and Primary Scale of Intelligence(한국판 웩슬러 유아지능검사)'의 약자. '한국판 웩슬러 유아지능검사' 참조.

코리더 co-leader '공동지도자' 참조.

코카인 cocaine 코크(coke) 또는 스노우(snow)라고도 불리는 중독성 약물의 일종으로, 코카나무의 잎이나 같은 속(屬)에 속하는 식물의 잎에서 추출된다. 무색 및 무취의 약물로서, 의료적으로는 마취제로 사용되지만, 강한 의존성 및 중독성이 있어서 특정한 심리적 경험을 위해 비의료적인 용도로 사용하는 경우에는 심각한 개인적 및 사회적 문제를 초래할 가능성이 많다. 비의료적인 용도로 사용하는 경우는 흔히 코로 흡입하거나, 주사 또는 담배처럼 불을 붙여 연기를 마시는 등의 방법으로 사용하며, 도취감, 감수성 및 에너지가 증가하는 등의 경험을 하게 되는 것으로 알려져 있다.

코카인 중독 **【코카인 中毒】** cocainism 코카인(cocaine)에 대한 중독. 즉, 코카인의 부적절한 사용이나 오용 또는 남용 등의 이유에서 비롯되는 중독을 지칭한다.

코카인 중독자 **【코카인 中毒者】** cocainist 코카인(cocaine)에 중독된 사람을 말한다.

콘러드 로렌츠 Konrad Lorenz (1903~1989) 오스트리아 출신의 동물행동학자. 'Lorenz, Konrad (1903~1989)' 참조.

콜버그 Kohlberg, Lawrence (1927~1987) 미국의 심리학자. 'Kohlberg, Lawrence (1927~1987)' 참조.

콩트 Comte, Auguste (1798~1857) 19세기 프랑스의 철학자 · 사회학자. 사회학의 창시자로 평가받고 있다.

콰시오커 kwashiorkor 영아기 및 유아기 초기 동안에 불균형한 영양섭취, 특히 열량 섭취는 충분히 이루어지지만 단백질의 섭취가 극도로 부족한 아이들에게서 발병하기 쉬운 질병으로, 주요 증상으로는 성장의 지체, 비정상적으로 큰 머리와 배, 쇠약 및 질병에의 저항력 저하 등이 포함된다. 적시에 충분한 단백질 공급이 이루어지면 완치될 수 있다.

쾌감 **【快感】** pleasure / pleasant feeling 즐겁고 유쾌한 느낌 또는 감정.

쾌감결핍 **【快感缺乏】** anhedonia '쾌감상실증', '쾌감상실' 또는 '쾌감결핍증'이라고도 한다. '쾌감상실증' 참조.

쾌감결핍증 **【快感缺乏症】** anhedonia '쾌감상실증', '쾌감상실' 또는 '쾌감결핍'이라고도 한다. '쾌감상실증' 참조.

쾌감상실 **【快感喪失】** anhedonia '쾌감상실증', '쾌감결핍증' 또는 '쾌감결핍'이라고도 한다. '쾌감상실증' 참조.

괘감상실증【快感喪失症】anhedonia 생활 속에서 통상적으로 즐겁고 유쾌함을 느낄 수 있는 상황을 포함하여 그 어떤 상황에서도 쾌감(pleasure)을 경험하지 못하는 증상 또는 그러한 상태. '쾌감결핍증', '쾌감상실' 또는 '쾌감결핍'이라고도 한다.

쾌락원리【快樂原理】pleasure principle '쾌락의 원리' 참조.

쾌락의 원리【快樂의 原理】pleasure principle 정신분석학의 창시자인 Freud (1856~1939)는 인간의 성격을 구성하는 세 가지 요소를 가정하였는데, 여기에는 원초아(id: '원자아' 또는 '이드'라고도 함), 자아(ego), 그리고 초자아(superego) 등 세 요소가 포함된다. 그 가운데 하나인 '원초아'는 무의식 영역에 위치하고 있는 본능적이고 맹목적인 쾌를 추구하는 성격 요소이다. 이와 같은 원초아가 본능적 충동의 즉각적 충족을 통해 쾌를 추구하는 경향을 지칭하여 '쾌락의 원리' 또는 '쾌락원리'라고 한다.

쾰러 Kohler (1887~1967) 독일의 심리학자. 'Kohler, Wolfgang (1887~1967)' 참조.

쿠잉 cooing 생후 2~3개월경의 영아들이 흔히 즐겁거나 만족스러울 때 내는 '아 ~~' 또는 '우 ~~' 등의 경우에서 볼 수 있듯이, 목젖을 울리며 내는 모음과 같은 소리. 학자들에 따라서는 쿠잉을 일종의 발음 연습으로 보기도 한다. 비둘기의 울음소리를 나타내는 'coo'에서 따온 말로 알려져 있다. '목울리기', '꾸르륵 소리내기', '목젖울림'이라고도 한다.

쿤 Kuhn (1922~1996) 'Kuhn, Thomas Samuel (1922~1996)' 참조.

큐 분류기법【Q 分類技法】Q-sort technique 개인의 특성을 평정하는 데 이용되는 한 방법. 개인의 특성을 기술한 여러 장의 카드들로 구성되어 있으며, 평정자는 자신에게 가장 가까운 특징을 기술한 카드에서부터 가장 거리가 먼 특징을 기술한 카드들을 분류하게 된다.

큐피 인형【큐피 人形】Kewpie doll 인형 상품의 하나로, 이마 부분이 넓고, 볼에는 통통하게 살이 있고, 부드럽고 둥근 얼굴 모양을 한 인형. 흔히 아기들이 양육자나 다른 사람들의 귀여움과 호의적인 반응 및 보살핌을 받게 되는 것은 큐피 인형처럼 귀엽고 사랑스럽게 지각되는 특징을 가졌기 때문이라고 보는 견해가 있는데, 이러한 견해를 지칭하여 '큐피 인형 효과(Kewpie doll effect)'라고 한다.

큐피 인형 효과【큐피 人形 效果】Kewpie doll effect 아기들이 양육자나 다른 사람들의 귀여움과 호의적인 반응 및 보살핌을 받게 되는 것은 큐피 인형(Kewpie doll)처럼 귀엽고 사랑스럽게 지각되는 특징을 가졌기 때문이라고 보는 견해. 큐피 인형은 인형 상품의 하나로, 이마 부분이 넓고, 볼에는 통통하게 살이 있고, 부드럽고 둥근 얼굴 모양을 한 인형이다.

크기항등성【크기恒等性】size constancy 동일한 지각대상 또는 물체라도 그것이 놓인 위치가 가까운 곳에서 먼 곳으로 옮겨지게(또는 이동하게) 되면 눈의 망막에 비춰지는 그 지각대상(또는 물체)의 이미지의 크기는 작아지게 된다. 그럼에도 불구하고 그 지각대상(또는 물체)의 크기를 동일하게 지각하는 경향성이 있는데, 이러한 경향성을 지칭하여 크기항등성이라고 한다. '크기항상성'이라고도 한다.

크기항상성 【크기恒常性】 size constancy '크기항등성'이라고도 한다. '크기항등성' 참조.

크로스드레서 crossdresser 자신이 가진 본래의 성(性)과 반대되는 성, 즉 이성(異性)의 의복이나 외모를 갖춤으로써 정서적인 안정이나 만족 또는 성적인 만족을 경험하는 사람을 지칭한다.

크릭 Crick (1916~2004) 영국의 분자생물학자. 'Crick, Francis Harry Compton (1916~2004)' 참조.

클라이막스 climax '오르가슴' 참조.

클라이언트 client 자신의 문제나 고민을 해결할 목적으로 상담자의 도움을 받기 위해 찾아온 사람을 지칭한다. 흔히 심리학이나 상담 분야에서는 client를 '내담자'로 번역하여 사용하는 경우가 많다. 정신의학에서는 client라는 표현 대신에 'patient(환자: 患者)'라는 표현을 많이 사용한다. '내담자' 참조.

클로르프로마진 chlorpromazine 정신분열증이나 조울증 등의 장애를 치료하는 데 사용되는 신경안정제의 일종으로, 특히 정신분열증에서 나타나는 정서적 불안, 공격적 행동경향, 흥분상태 등을 완화시킬 목적으로 사용하는 경우가 많다.

클리니션 clinician 내담자 또는 환자를 대상으로 정신 및 의료 서비스나 도움을 제공하는 전문가를 지칭한다.

클리닉 clinic 도움을 필요로 하는 내담자 또는 환자(개인이나 집단)에게 정신(심리)적 및 의료적 상담이나 치료서비스를 제공하는 장소를 총칭한다. '상담소' 또는 '진료소'라고 번역되기도 하지만, 흔히 클리닉이라는 표현이 범용되고 있다.

키부츠 Kibbutz 히브리어로 '집단(集團)'의 의미를 가진 말로, 이스라엘에서 운용되는 집단농장 또는 협동조합형태의 생활공동체를 말한다. 이곳에서는 공동으로 생산하고 소비와 교육도 공동으로 이루어진다.

타나토스 Thanatos　Freud (1856~1939)의 심리성적 발달이론에서 죽음과 파괴를 지향하는 본능을 지칭하는 개념으로, 리비도(libido) 에너지에 의한 생(生)의 본능인 에로스(Eros)와는 반대되는 개념으로 사용된다.

타당도【妥當度】 validity　과학적 연구에서 사용하려는 도구(검사나 척도 등)가 그것이 측정하려는 것(흔히 변인)을 적절히 측정하고 있는 정도. 즉, 연구를 위해 사용하는 검사나 척도가 측정하고자 하는 변인의 내용이나 특징을 정확하게 반영하고 있는 정도를 말한다. 구성타당도, 예언타당도 및 증가타당도 등이 있다. '타당성'이라고도 한다.

타당성【妥當性】 validity　'타당도(妥當度)'라고도 한다. '타당도' 참조.

타불라라사 tabula rasa　라틴어에서 유래한 말로 원뜻은 '글자가 씌어 있지 않은 서판(書板)'을 의미하며, 17세기 영국의 철학자 John Locke (1632~1704)가 인간이 출생 시에는 심리적인 측면에서 텅 비어 있는 백지와 같은 마음의 상태라는 의미로 'tabula rasa'라는 표현을 사용한 이래로 이 말은 심리학, 아동학, 유아교육, 교육학 등의 분야에서 출생 시의 '백지상태'라는 의미로 널리 사용되고 있다. '태뷸러라사', '태뷸러라저', '백지상태', '백지' 등의 표현으로도 사용되고 있다.

타액【唾液】 saliva　구강 내의 타액선(침샘)에서 분비되는 액체로 구강에 수분을 제공하여 혀, 입술 등의 기능을 돕고, 동시에 소화작용의 일부를 담당한다. '침'이라고도 하며, 이 액체가 분비되는 신체의 조직을 '타액선(salivary gland)'이라고 한다.

타액검사【唾液檢査】 saliva test　타액(침)을 이용한 검사. 경주마 등의 약물 복용 여부 및 그 종류 파악, 그리고 기타 타액에 포함되어 있는 물질을 밝힐 목적으로 실시한다. '침검사'라고도 한다.

타액분비【唾液分泌】 salivation　타액선(침샘)에서 타액(침)이 분비되는 현상. '침분비'라고도 한다.

타액선【唾液腺】 salivary gland　타액(침)을 분비하는 신체의 조직 즉, 타액(침)을 분비하는 분비선(分泌線)을 말한다. 인체의 분비선을 크게 내분비선과 외분비선으로 분류할 때, 타액선은 외분비선으로 분류된다. '침샘'이라고도 한다. 인간을 포함한 포유동물의 타액선에는 이하선(耳下腺: 또는 귀밑샘), 악하선(顎下腺: 또는 턱밑샘) 및 설하선(舌下腺: 혀밑샘) 등이 포함된다. '타액' 참조.

타율적 도덕성【他律的 道德性】heteronomous morality Piaget (1896~1980)의 도덕발달이론에서, 도덕발달 첫 번째 단계의 도덕성 수준을 나타내기 위한 개념. 타율적 도덕성 수준의 아동들은 규칙이나 법은 신이나 권위를 가진 존재에 의해 만들어진 것이므로 이를 사람의 힘으로 바꿀 수 없다고 인식한다. 또한 이 수준의 아동들은 행위의 옳고 그름을 판단할 때, 행위자의 의도보다는 행위의 결과에 초점을 맞추어 옳고 그름을 판단하는 경향을 나타낸다.

타율적 도덕성 단계【他律的 道德性 段階】stage of heteronomous morality Piaget (1896~1980)의 도덕발달이론에서 도덕발달의 첫 번째 단계. 이 단계의 아동들은 규칙이나 법은 신이나 권위를 가진 존재에 의해 만들어진 것이므로 이를 사람의 힘으로 바꿀 수 없다고 인식하며, 행위의 옳고 그름을 판단할 때 행위자의 의도보다는 행위의 결과에 초점을 맞추어 판단하는 수준인 '타율적 도덕성'을 나타낸다.

타임아웃 time-out / time out '타임아웃 기법' 참조.

타임아웃 기법【타임아웃 技法】time-out technique / time out technique '부적 처벌'의 한 형태로, 부적절한 또는 잘못된 행동을 한 행위자를 강화 또는 강화인을 받을 수 있는 상황에서 격리시키는 절차 또는 방법을 지칭한다. '타임아웃'이라고도 한다.

탄력성【彈力性】resilience / resiliency 발달심리학, 발달정신병리학, 아동학, 유아교육 및 청소년학 등과 같은 발달 관련 학문 분야들에서 사용되는 주요 용어 가운데 하나로, 개인이 생활하는 과정에서 외부나 내부의 요구 또는 자극에 대해 유연하고 적응적으로 반응할 수 있는 범위 또는 능력을 지칭한다. 일반적으로 개인의 발달과정에서 부정적인 영향을 미칠 것으로 예상하기 쉬운 부정적인 환경요인들(예를 들면, 만성적 스트레스 또는 외상적 스트레스, 다양한 위험상황, 그리고 기타 많은 불리한 생활조건들)을 겪으면서도 성공적으로 적응하면서 건강한 발달을 이루어가는 힘 또는 능력을 지칭할 때 자주 사용되는 표현이다. '적응유연성'이라고도 한다.

탈력발작【脫力發作】cataplexy 갑자기 사지를 포함하여 몸을 움직일 수 없게 되는 상태 또는 증상으로, 흔히 격정으로 인해 발생한다. 격한 감정, 큰 충격 또는 공포상황에서 나타나는 경우가 많다. '카타플렉시'라고도 한다.

탈리도마이드 thalidomide 과거 서독에서 개발되어 1950년대 후반부터 1960년대까지 특히 산모의 입덧 완화를 목적으로 사용되었던 진정제 계통의 약물. 산모가 복용하면 태아에게 기형 등의 심각한 부작용을 일으킬 가능성이 높다는 사실이 알려지기 전까지 입덧을 완화시킬 목적으로 사용되었고, 부작용이 알려진 후 사용이 중단되었다가 최근 이 약물의 부작용 메커니즘이 밝혀지면서 의료계의 일부에서 조심스럽게 다른 질병의 치료 목적으로 사용되고 있다.

탈습관화【脫習慣化】dishabituation 특정 자극에 지속적으로 또는 반복적으로 노출됨에 따라 그 자극에 대한 반응이 감소하는 현상을 습관화(habituation)하는데, 이렇게 습관화되었던 반응이 자극(또는 자극조건)이 변화됨에 따라 다시 회복되는 현상을 지칭하여 '탈습관화'라고 한다.

탈중심화【脫中心化】decentration 중심화(centration)의 반대 개념. 어떤 사물이나 상황에 대한 사고 및 판단과정에서, 그 사물이나 상황이 가진 여러 측면들 가운데 한 측면만을 고려하고 반영하는 경향을 '중심화'라고 하며, 이러한 경향을 탈피하여 사물이나 상황이 가진 여러 측면을 고려하고 반영하는 사고 경향 또는 사고 능력을 지칭하여 '탈중심화'라고 한다. Piaget의 인지발달이론에서 중심화는 전조작기의 아동들이 보이는 특징적인 사고 패턴으로, 만일 어떤 아동이 탈중심화된 사고를 한다면 그 아동이 전조작기의 사고 수준을 넘어섰음을 의미한다.

탈진【脫盡】 burnout　'탈진상태' 또는 '번아웃(burnout)'이라고도 한다. '번아웃' 참조.

탈진【脫盡】 exhaustion　지속적인 과도한 업무 또는 스트레스로 인하여 개인의 신체적 및 심리적 에너지가 고갈되고 동시에 면역력의 약화 등으로 인하여 심각한 건강 상의 문제나 질병에 노출될 위험성이 증가된 상태를 말한다. '소진(消盡)'이라고도 한다.

탈진기【脫盡期】 stage of exhaustion / exhaustion stage　'탈진단계', '소진기' 또는 '소진단계' 등으로도 표현된다.

탈진단계【脫盡段階】 stage of exhaustion / exhaustion stage　'탈진기', '소진기' 또는 '소진단계' 등으로도 표현된다.

탈진상태【脫盡狀態】 burnout　'번아웃' 참조.

탈학습【脫學習】 unlearning　학습된 습관이나 행동을 학습 이전의 상태로 만드는(또는 소거시키는) 과정.

태교【胎敎】 prenatal care / prenatal training / antenatal training　임신 중의 스트레스 경험이나 불안정한 심리 상태는 임부(姙婦)의 신체적 및 생리적 변화를 초래하고 이것은 다시 탯줄을 통해 전달되는 혈액과 기타 신체적 변화를 통해 태아의 발달에 부정적인 영향을 미치게 되므로, 임신 기간 동안 임부가 심리적 및 신체적으로 웰빙의 상태가 되도록 하여 태아에게 긍정적인 영향을 주려는 노력이나 활동을 지칭한다. 태내교육, 태아교육, 태중교육의 줄임말로 볼 수 있다.

태내기【胎內期】 prenatal period　수정 이후 출산 전까지 약 266일(38주) 동안의 태내 기간(시기). 즉, 태내발달이 이루어지는 임신기간을 지칭한다. 태내기는 다시 배종기, 배아기 및 태아기 등 세 단계로 구분된다. 첫 번째 단계인 배종기(胚腫期: germinal period)는 수정이 이루어진 후 수정란이 나팔관을 통해 자궁으로 이동하여 안전하게 자궁벽에 착상하게 되는 처음 2주간의 시기를 지칭한다. 두 번째 단계인 배아기(胚兒期: embryonic period)는 수정란이 자궁벽에 착상한 배종기(처음 2주) 이후 약 8주까지의 시기로 신체의 주요 기관들과 해부학적 구조들이 형태를 갖추는 발달이 진행된다. 세 번째 단계인 태아기(胎兒期: fetal period)는 배아기(2주~8주) 이후 태어날 때까지의 시기로 태아의 주요 기관들이 정상적으로 기능하고 발달이 빠르게 진행되는 시기이다.

태내발달【胎內發達】 fetal development / prenatal development　태내기(胎內期: prenatal period) 동안에 이루어지는 발달. 즉 수정 이후 출산 전까지 약 266일(38주)의 기간 동안에 태내에서 이루어지는 발달.

태도【態度】attitude 개인, 집단, 사회, 사물, 사건 또는 기타 삶의 과정에서 경험하는 것들에 대한 비교적 안정적인 개인의 긍정적 또는 부정적 평가나 반응 또는 그러한 경향.

태도 검사【態度 檢査】attitude test 개인이나 집단의 태도의 강도나 유형을 알아보기 위해 실시하는 검사. '태도' 및 '검사' 참조.

태도 비호【態度 庇護】attitude bolstering '태도 지지하기', '태도 비호하기' 또는 '태도 지지'라고도 한다. '태도 지지하기' 참조.

태도 비호하기【態度 庇護하기】attitude bolstering '태도 지지하기', '태도 비호' 또는 '태도 지지'라고도 한다. '태도 지지하기' 참조.

태도 조사【態度 調査】attitude survey 개인이나 집단의 태도를 알아보기 위해 흔히 질문지 형태의 도구를 이용하여 진행하는 조사 또는 조사연구. '태도' 및 '조사' 참조.

태도 지지【態度 支持】attitude bolstering '태도 지지하기', '태도 비호하기' 또는 '태도 비호'라고도 한다. '태도 지지하기' 참조.

태도 지지하기【態度 支持하기】attitude bolstering 다른 사람으로부터 태도를 바꾸도록 권고 또는 설득받고 있는 상황에서 기존의 자신이 가지고 있던 태도를 바꾸기보다는 그대로 유지하거나 지지하기 위해 내면적으로 진행되는 사고(思考) 또는 사고 과정을 지칭하여 '태도 지지하기'라고 한다. '태도 지지하기'는 또 다른 표현으로 '태도 비호하기', '태도 지지' 또는 '태도 비호'라고도 한다.

태도 척도【態度 尺度】attitude scale 개인이나 집단의 태도의 강도 또는 유형을 측정하기 위한 척도. '태도' 및 '척도' 참조.

태반【胎盤】placenta 임신 중 태아와 모체의 자궁을 연결해주는 조직으로, 태아는 태반을 통해 모체로부터 산소와 영양소를 공급받고 또 태아에게서 발생한 노폐물을 배출하게 된다.

태뷸러라서 tabula rasa '타불라라사' 참조.

태뷸러라저 tabula rasa '타불라라사' 참조.

태생학【胎生學】embryology 난자와 정자가 만나 이루어지는 수정에서부터 배종기, 배아기 및 출생 전 태아기에 이르기까지 임신 기간 동안 진행되는 개체의 발생 및 발달과정을 해부학적 측면 등에서 연구하는 과학 분야. '발생학(發生學)'이라고도 한다.

태아【胎兒】fetus 임신 기간 동안의 유체(幼體)가 어머니의 몸(즉, 모체)에서 자라는 시기 가운데 약 8주가 지날 무렵(2개월 무렵, 즉 배아기가 끝날 무렵)부터 출생 시까지의 유체. 배아기(임신 기간 중 약 2주~8주까지의 시기)가 끝나고 태아기(임신 기간 중 약 8주 이후 출생 시까지의 시기)가 시작될 무렵의 태아는 신체의 주요 장기가 생겨나고 신체의 모습이 상당히 분명해지며, 이후 출생할 때까지 계속해서 성장이 이루어진다.

태아기【胎兒期】fetal period / period of the fetus 태내기 동안에 이루어지는 주요 세 발달단계 중 마지

막 세 번째 단계를 지칭한다. 두 번째 단계인 배아기(2주~8주) 이후 태어날 때까지의 시기로 태아의 주요 기관들이 정상적으로 기능하고 발달이 빠르게 진행되는 시기이다. '태내기' 참조.

태아알코올증후군【胎兒알코올症候群】fetal alcohol syndrome 임신 기간 동안 어머니가 술(알코올)을 마심에 따라 태내의 유체(幼體)가 알코올에 노출되고, 그 결과 유체에게서 공통적인 심각한 장애(또는 문제)들이 발생하게 된다. 이러한 장애들 가운데 대표적인 것으로 얼굴을 중심으로 한 신체의 기형 및 정신지체를 들 수 있다. 임신 중에 어머니가 마신 알코올의 영향은 임신 중의 유체에게 미치는 것이지만, 실제로 이러한 영향과 문제가 확인되는 것은 대부분 태어난 이후의 발달과정을 통해서이다. 한편, 임신 기간 동안의 생명체는 기간에 따라 접합체(또는 수정란), 배아 및 태아라는 표현이 사용되고, 이 모두를 총칭하여 유체라고 하며, 출생 이후에는 흔히 신생아 또는 영아라는 표현을 사용하게 된다.

탯줄 umbilical cord 모체의 태반과 태아의 배꼽을 연결시켜주는 줄 모양의 부드러운 관으로, 혈관을 포함하고 있으며, 이를 통해 태아는 자신이 필요로 하는 산소와 영양분을 모체로부터 공급받고 또 자신에게서 발생한 이산화탄소와 노폐물을 배출하게 된다.

터먼 Terman (1877~1956) 미국의 심리학자. 'Terman, Lewis Madison (1877~1956)' 참조.

테러 terror 개인이나 집단이 자신들의 정치적 또는 사회적 목적을 성취하기 위해 특정한 또는 불특정한 개인이나 집단을 대상으로 직·간접적인 강제적 수단을 사용하여 의도적이고 계획적으로 저지르는 불법적 폭력행위. '테러리즘(terrorism)'의 줄임말이다.

테러리즘 terrorism '테러' 참조.

테스토스테론 testosterone 고환에서 분비되는 남성호르몬의 일종으로, 근육의 발달, 생식기관의 발달과 성적 성숙 및 제 2차 성징 등과 같은 변화가 일어나도록 하는 요인으로 작용한다.

테크노공포증【테크노恐怖症】technophobia '과학기술공포증', '기술공포증' 또는 '테크노포비아'라고도 한다. '과학기술공포증' 참조.

테크노포비아 technophobia '테크노공포증' 참조.

테크노필리아 technophilia 현대의 과학기술이나 과학기술제품에 대해 갖는 과도한 애착 또는 선호 경향. 즉, 현대 사회에서 나타나고 있는 빠르고 놀라운 과학기술의 발전과 과학기술제품에 대하여 과도하게 애착을 느끼거나 선호하는 경향(또는 증상)을 지칭한다. '과학기술공포증(technophobia)'와 반대되는 경향으로 볼 수 있다.

텔레파시 telepathy 초심리학(超心理學) 분야에서 주로 사용되는 용어로 시각, 청각, 촉각 등과 같이 기존에 알려져 있는 인간의 감각적 관여 또는 감각기관의 관여가 이루어지지 않는 조건에서 타인의 심리적 상태를 인식(또는 파악)하거나 두 사람 간의 의사소통이 이루어지는 현상. '정신감응(精神感應)'이라고도 한다.

토마스 쿤 Thomas S. Kuhn (1922~1996) 미국의 과학사가(科學史家). 'Kuhn, Thomas Samuel

(1922~1996)' 참조.

토큰 token 버스, 지하철, 자동판매기 및 행동치료 등에서 차표나 화폐 대신 사용되는 한정적인 대용 경화(代用 硬貨).

토큰 이코노미 token economy 행동수정(behavior modification) 또는 행동치료(behavior therapy)에서 사용되는 치료기법의 하나. 사전에 행동수정 대상자 또는 환자와 치료자 간의 계약이 이루어지며, 환자가 계약에 따라 적절한 행동 또는 적응적 행동을 하게 되면 이에 대한 강화(또는 보상)의 목적으로 토큰이 주어진다. 이렇게 획득된 토큰은 이후에 과자나 음료수 등의 음식물, 외출, 자유시간, 텔레비전 시청 기회 등과 교환된다.

톨먼 Tolman (1886~1959) 미국의 심리학자. 'Tolman, Edward Chase (1886~1959)' 참조.

통각【統覺】 apperception 개인이 외부의 대상이나 현상을 인식(또는 인지)하는 과정에는 자극의 객관적인 내용이나 조건만이 아니라 그 개인의 욕구, 환경적 압력, 그리고 선행경험이 결합된 주관적 요소들이 개입되는 과정을 거치게 된다. 이처럼 객관적 자극 특성만이 아니라 주관적 요소들이 결합 · 작용하여 현재 경험하고 있는 대상이나 현상에 대한 추측이나 상상, 이해 또는 인식의 결론에 이르게 되는 심리적 작용을 지칭하여 '통각'이라고 한다.

통각【痛覺】 sense of pain / sensation of pain 피부나 몸의 안에 위치하여 어떤 자극으로 인한 아픔(통증)을 느끼는 감각.

통계【統計】 statistics 특정 대상이나 사상(事象: 자연적 사상일 수도 있고, 사회적 사상 또는 집단일 수도 있음)을 관찰하여 그 내용이나 그에 관한 정보를 분석하고 정리하여 대표적 수치(빈도, 비율 또는 합계치 등)를 산출해 내는 것을 말한다.

통계검증력【統計檢證力】 power of a statistical test 특정 가설을 검증하는 통계검증과정에서 영가설(零假說)이 틀렸을 경우에 이 영가설을 기각하는 확률을 지칭한다. '통계적 검증력'이라고도 한다.

통계그래프【統計그래프】 statistical graph '통계도표(統計圖表)'라고도 한다.

통계도표【統計圖表】 statistical graph '통계그래프'라고도 한다.

통계적 검증력【統計的 檢證力】 power of a statistical test '통계검증력' 참조.

통계치【統計値】 statistic 연구에서 통계적 관찰의 대상이 되는 집단의 전체를 지칭하여 모집단(母集團: population)이라고 하고, 이 모집단(母集團)을 대표할 수 있도록 추출된 일부분 또는 일부 대상으로 구성된 집단을 표본(標本)이라고 한다. 여기서 모집단의 특징을 나타내는 수치를 모수치라고 하고, 표본의 특징을 나타내는 수치를 지칭하여 통계치라고 한다. 흔히 연구자들은 모수치를 추정하기 위해 통계치를 이용하게 된다.

통계학【統計學】 statistics 통계(統計) 또는 통계방법을 연구하는 학문 또는 통계(방법)에 관한 학문을 말한다. 특정 대상이나 사상(事象)에 대한 체계적인 관찰을 통해 수집한 양적인 정보 또는 측정치(흔히 원자료〈raw data〉라 함)를 기술하고 해석하는 방법을 연구하는 학문 또는 그에 관한 학문을 말한다. 이는 다시 기술통계학(記述統計學: descriptive statistics)과 추론통계학(推論統計學: inferential statistics)으로 구분된다.

통과의례 **【通過儀禮】** rite of passage 돌잔치, 성년식, 결혼식, 장례식 등과 같이 인생의 어느 한 시기에서 다른 시기로, 또는 하나의 상태나 지위에서 다른 상태나 지위로 넘어갈 때(통과할 때) 행하는 의식이나 의례.

통사론 **【統辭論】** syntax '구문론'이라고도 한다. '구문론' 참조.

통제 **【統制】** control 일정한 의도나 목적에 따라 대상이나 행위 또는 사건을 제한하거나 제약하는 것. 흔히 실험 연구에서 사용하는 통제의 개념은 크게 다음과 같은 두 가지 의미로 사용된다. 첫 번째는 연구자가 연구에서 알아보고자 하는 변인(흔히 사건의 원인이 되는 변인을 요인이라고 함)이 작용하도록 처치를 가하는 상황을 만드는 것이고, 두 번째는 연구자가 알아보고자 하는 변인 이외의 변인들(즉, 연구를 통해 알아보고자 하는 변인과 관련이 없는 변인들)이 연구과정에 개입되지 않도록 체계적으로 관리하는 것을 말한다.

통제 가능성 **【統制 可能性】** controllability 대상이나 행위 또는 사건을 통제할 수 있는 가능성. 즉, 어떤 의도나 목적에 따라 특정한 대상이나 행위 또는 사건을 제한하거나 제약할 수 있는 가능성.

통제집단 **【統制集團】** control group 실험연구에서 실험집단과 비교되는 집단을 말하는데, 구체적으로 실험과정에서 독립변인과 관련된 실험처치를 받지 않는 집단을 말한다. 반면에 실험을 통해 그 효과를 밝히고자 하는 독립변인과 관련하여 체계적인 실험처치를 받게 되는 집단을 실험집단(實驗集團: experimental group)이라고 한다.

통증 **【痛症】** pain 신체에 자극이 가해지거나 손상이 발생했을 때 느끼는 아픈 증세 또는 고통.

통증 내성 **【痛症 耐性】** pain tolerance 개인이 감내할 수 있는(또는 견딜 수 있는) 통증의 최대 수준 또는 강도.

통증 역치 **【痛症 閾値】** pain threshold 자극에 대해 통증을 느끼게 되는 것은 자극의 수준이나 강도에 따라 다르다. 특히 통증을 느끼는(또는 지각하는) 최소의 자극 강도 또는 수준을 지칭하여 통증 역치라고 한다.

통찰 **【洞察】** insight 흔히 사용되는 사전적인 의미는 특정 대상이나 현상의 전반을 파악하여 완전하게 이해하는 것을 말한다. 특히, 심리학의 학습 영역에서 사용되는 통찰의 의미는 유기체(특히 인간 및 기타 고등동물)가 어떤 새로운 문제상황에 처했을 때, 시행착오적(試行錯誤的)인 해결과정을 거치지 않고 그 문제(상황)를 해결하거나 또는 그 해결방법을 찾아내는 정신(특히 인지)과정을 지칭한다. 이와 같은 통찰과정을 통해 이루어지는 학습 또는 학습의 형태를 지칭하여 '통찰학습(洞察學習: insight learning)'이라고 한다.

통찰학습 **【洞察學習】** insight learning 독일의 심

리학자인 Wolfgang Kohler (1887~1967)를 중심으로 한 형태주의 심리학자들이 사용하기 시작한 용어로, 통찰과정을 거쳐 문제해결에 도달하게 되는 학습 또는 학습의 형태를 지칭한다. 통찰학습에서는 '문제해결 전(前)'에서 '문제해결 후(後)'로의 이행이 갑작스러우면서도 비교적 완전하게 이루어지기 때문에, 이러한 통찰학습의 경험을 비유하여 '아하경험(aha experience)'이라고도 한다. 이러한 비유적 표현은 문제해결 또는 그 방안을 통찰하는 순간에 흔히 경험하게 되는 감탄사 '아하!(aha!)'에서 비롯된 것으로 알려지고 있다.

통합교육【統合教育】mainstreaming '메인스트리밍' 참조.

퇴행【退行】regression 현실 속에서 좌절 상황에 처했을 때, 과거 자신에게 욕구 충족과 만족감을 제공해주었던 이전의 발달 단계(수준)로 후퇴하여 덜 성숙한 반응을 나타내는 현상.

투사【投射】projection Freud의 정신분석이론에서 사용되는 '방어기제(defense mechanism)'의 하나로, 개인이 가지고 있는 숨겨진 강력한 충동이나 동기 또는 사고를 자신이 아닌 다른 어떤 사람에게 있는 것으로 돌림으로써 그로 인해 자신이 경험하던 불안이나 두려움에서 벗어나거나 또는 그 수준을 감소시키는 방어기제.

투사가설【投射假說】projective hypothesis 심리검사의 한 형태인 '투사검사(projective test)'에 관한 가설. 즉, 투사가설에서는 투사검사에서 사용되는 애매모호한 자극에 대해 피검자들이 자신의 내면세계(또는 심리적 영역)의 측면들, 특히 무의식적인 성격의 구조와 내용을 투사하도록 만들기 때문에 투사검사를 통해 피검자의 내면세계에 위치하고 있는 무의식적인 성격의 구조와 내용을 이해할 수 있다고 주장한다. '투사적 가설'이라고도 한다.

투사검사【投射檢査】projective test 심리검사의 한 유형으로, 검사를 받는 사람('피검자' 또는 '피검사자'라고 함)의 내면에 있는 감정이나 사고, 불안이나 공포 등과 같은 심리적 특성이나 내용이 주로 무의식적 과정을 통해 투사되도록 만들어진 검사. 이처럼 투사적 반응이 이루어지는 검사를 통해 피검자의 내면의 특성이나 성격을 이해하는 데 목적을 둔 검사가 투사검사이다. 구체적으로 투사검사에는 로르샤하 검사, 주제통각검사(TAT), 집-나무-사람 검사(H-T-P test) 등이 포함된다. 한편, '투사검사'는 '투사적 검사'라고도 한다.

투사문항【投射問項】projective item '투사적 문항'이라고도 한다. '투사적 문항' 참조.

투사법【投射法】projective technique 성격을 평가하기 위한 기법 가운데 하나로, 검사를 받는 사람('피검자' 또는 '피검사자'라고 함)에게 내면에 있는 감정이나 사고, 불안이나 공포 등과 같은 심리적 특성이나 내용을 투사하도록 만들어진 비교적 구조화되지 않은 모호한 자극을 제시한 후 이에 대한 반응(투사적 반응)을 통해 성격이나 기타의 심리적 특성 및 내용을 평가 또는 파악하는 방법. 투사법이 적용된 검사를 '투사검사(投射檢査: projective test)'라고 한다.

투사적 가설【投射的 假說】projective hypothesis '투사가설(投射假說)'이라고도 한다. '투사가설' 참조.

투사적 검사【投射的 檢査】 projective test '투사검사(投射檢査)'라고도 한다. '투사검사' 참조.

투사적 문항【投射的 問項】 projective item 심리검사 가운데, 투사적 검사에서 사용되는 문항. 흔히 투사적 문항은 애매모호한 자극으로 이루어지며, 이것에 대해 피검자가 자신의 내면의 무의식 및 무의식 세계의 성격 측면을 투사하게 된다. '로르샤 잉크반점검사', 'TAT' 등과 같은 투사적 검사에서 사용된다. '투사문항'이라고도 한다.

투쟁-도피 반응【鬪爭-逃避 反應】 fight-or-flight response / fight or flight response 스트레스 상황에 처했을 때, 유기체가 이에 대응하여 맞서 싸우거나(즉, 투쟁 반응을 하거나) 아니면 도피할 수 있도록(즉, 도피 반응을 할 수 있도록) 교감신경계와 내분비계가 작용하여 신체를 준비시키는 반응. 스트레스 상황에 처하면 유기체는 이 위기 상황에 대응하는데 요구되는 힘을 발휘하기 위해 신체의 모든 체계를 활성화시키게 된다. 구체적으로, 아드레날린이 분비되고 심장박동 및 혈압이 증가되며, 호흡이 빨라지고 땀샘이 활성화된다. 또한 동공이 확대되고 체내의 혈액은 내장기관에서 골격근 방향으로 집중되며, 다른 한편으로 위장의 활동은 감소하는 반응을 보이게 된다. '투쟁 또는 도피 반응'이라고도 한다.

투쟁 또는 도피 반응【鬪爭 또는 逃避 反應】 fight-or-flight response / fight or flight response '투쟁-도피 반응(鬪爭-逃避 反應)'이라고도 한다. '투쟁-도피 반응' 참조.

트랜스젠더 transgender 생물학적 또는 신체적으로 남성 또는 여성으로 태어난 사람이 반대의(다른) 성의 정체성을 나타내는 경우를 지칭한다. 즉, 자신이 가지고 태어난 성(性)과는 달리 자신이 반대 성의 사람이라고 느끼는 경우로, 신체적 또는 생물학적 성과 심리적 성이 정반대의 상태에 있는 사람을 지칭한다.

트랭퀼라이저 tranquillizer '진정제' 참조.

트레이트 trait '특성' 또는 '특질'이라고도 한다. '특성' 참조.

트리거 trigger (1) (무기류) 총포의 방아쇠 (2) (심리학 등) 사건이나 행위 발생의 원인이 되는 요인. '유발요인', '유발인자' 또는 '트리거'라고도 한다.

트리바디즘 tribadism 동성애자들(특히, 여성동성애자들) 간에 성적인 사랑을 나누는 한 방법으로, 서로의 외성기(外性器)를 마찰함으로써 성적인 쾌감을 추구하는 행위를 말한다.

특성【特性】 trait 성격을 기술하기 위해 사용되는 개인의 내적 성향을 나타내는 표현으로, Allport에 의해 사용되기 시작한 개념이다. 특히, 다양한 자극이나 상황에 대해 나타내는 감정이나 행동 측면에서의 안정된 반응 경향 또는 성향을 지칭한다. '특질'이라고도 한다.

특성불안【特性不安】 trait anxiety 특성(trait) 요인에 의해 발생하는 불안 또는 불안 경향. 흔히 선천적인 경향이 있고, 동시에 생활 전반에서 보편적으로 발생하는 경향이 있다. '특질불안'이라고도 한다. 한편, 특성불안과 달리, 후천적인 경향이 있고, 동시에 상황 특수적인 경향을 보이는 불안을 '상태불안(state anxiety)'이라고 한다.

특성이론【特性理論】 trait theory　성격을 이해하고 설명하기 위해 '특성(trait)' 개념을 사용하는 이론 또는 이론적 접근. '특질이론'이라고도 한다.

특성접근【特性接近】 trait approach　'특성(trait)'에 기초하여 성격을 설명하는 접근. '특성이론'과 비슷한 의미로 사용된다. '특질접근'이라고도 한다.

특수교육【特殊教育】 special education　신체적, 정신적 또는 행동적 측면들(즉, 신체, 감각이나 지각능력, 운동능력, 의사소통능력, 사회적 행동이나 사회적 능력 및 지적 능력 등) 가운데 어느 한 영역 또는 여러 영역에서 그 발달 수준이나 능력이 정상아동에 비해 현저하게 지체되거나 떨어져 있어 정상아동들(또는 일반아동들)이 받는 일반적인 교육과정에 참여하기 어려운 장애아동들(예를 들면, 정신지체, 시각장애, 청각장애, 언어장애, 정서장애 등의 장애 유형 중 한 가지 또는 그 이상의 장애를 가진 아동들)에게 맞도록 설계된 다양한 형태의 교육, 교육과정 또는 교육프로그램을 총칭하여 특수교육이라고 한다.

특수아【特殊兒】 exceptional child　'특수아동(特殊兒童)'이라고도 한다. '특수아동' 참조.

특수아동【特殊兒童】 exceptional child　다양한 신체적, 정신적 또는 행동적 측면들(즉, 신체, 감각이나 지각능력, 운동능력, 의사소통능력, 사회적 행동이나 사회적 능력 및 지적 능력 등) 가운데 어느 한 영역 또는 여러 영역에서 그 발달 수준이나 능력이 정상아동에 비해 크게 벗어난 상태에 있는 아동(흔히 특수교육이나 영재교육과 같은 별도의 교육프로그램을 필요로 하는 아동)을 지칭한다. 여기에는 발달 수준이나 능력이 현저하게 지체되거나 떨어지는 장애아동과 이와는 반대로 발달 수준이나 능력이 현저하게 뛰어난 영재아동이 포함된다. '특수아'라고도 한다.

특수적성검사【特殊適性檢查】 specific aptitude test　개인이 어떤 특수한 분야에서 적성을 발휘할 수 있는 정도(또는 수준)를 측정하고 평가할 목적으로 개발된 검사.

특정공포증【特定恐怖症】 specific phobia　공포증의 한 형태(보다 더 넓은 범주에서 보면 불안장애의 하위 유형으로 분류됨)로, 구체적인 특정 대상(쥐, 뱀, 개 등의 특정 동물, 비행기, 주사바늘, 피, 엘리베이터 등)에 대하여 비합리적인 과도한 불안반응을 지속적으로 나타내는 정신장애. 학자들에 따라서는 특정공포증을 몇 가지 하위 유형(동물형, 자연환경형, 혈액–주사–손상형, 그리고 상황형 등)으로 분류하기도 한다. 이러한 분류에 포함되는 하위 유형으로는 특정한 동물이나 곤충에 대해 공포증을 나타내는 동물형, 천둥이나 번개, 폭풍우, 높이 등과 같은 특정한 자연현상에 대해 공포증을 나타내는 자연환경형, 혈액이나 주사 또는 상처에 대해 공포증을 나타내는 혈액–주사–손상형, 그리고 엘리베이터 타기, 비행기 타기, 병원에 가기 또는 물 속에 들어가기 등과 같은 특정한 상황에 대해 공포증을 나타내는 상황형 등이 있다. 과거에는 특정공포증을 지칭하여 '단순공포증(simple phobia)'이라고 불렀는데, 그 이유는 이 공포증이 한 가지 대상에 대해 형성되는 공포증이라고 보았기 때문이다.

특정인 애착단계【特定人 愛着段階】 phase of specific attachment　애착발달 과정에서 생후 약 7~9개월 사이의 기간. 이 기간에 영아는 사회적 대상(즉, 사람)들을 특별히 구분하지 않던 이전의 시기와는 달리 특정인 한 명(흔히, 주 양육자인 어머니)에 대해 애착을 형성한다.

특질【特質】 trait　'특성'이라고도 한다. '특성' 참조.

특질불안【特質不安】 trait anxiety　'특성불안'이라고도 한다. '특성불안' 참조.

특질이론【特質理論】 trait theory　'특성이론'이라고도 한다. '특성이론' 참조.

특질접근【特質接近】 trait approach　'특성접근'이라고도 한다. '특성접근' 참조.

티 검증【t 檢證】 t-test　두 집단 간의 통계적 차이를 검증하는 모수적 검증방법의 하나.

티그룹 T-group　집단 속에서 다른 사람들과의 상호작용적 관계를 통해 다른 사람들의 행동에 대한 감수성을 높이고 자신에 대한 인식을 증가시키는 것을 목적으로 진행되는 집단훈련기법. 훈련기간이 짧기 때문에 참여자들의 자발적 참여동기가 중요시된다. '티집단' 또는 '훈련집단'이라고도 한다.

티집단【티集團】 T-group　'티그룹' 참조.

틱 tic　어떤 특별한 원인이나 이유가 없는 상태에서 자신의 의도나 의지와 관계없이 눈 깜빡이기, 머리 돌리기, 안면 찡그리기, 소리내기 등과 같은 비정상적인 동작이나 발성을 반복적으로 나타내는 것 또는 그런 상태.

틱장애【틱障碍】 tic disorder　근육이나 신체동작 또는 발성 등에서 자신의 의도나 의지와 관계없이 상황에 맞지 않고 또 다른 사람들이 알아챌 수 있을 정도의 경련성 동작을 빠르고 반복적으로 나타내는 신경 및 운동 상에서의 장애. 틱 장애에서 나타나는 경련성 동작들로는 눈 깜빡이기, 머리 돌리기, 안면 찡그리기, 기타 어깨와 같은 신체의 특정 부위 움직이기, 소리내기 등과 같은 행동들이 포함된다.

틴버겐 Tinbergen (1907~1988)　네덜란드 태생의 영국 동물행동학자. 'Tinbergen, Nikolaas (1907~1988)' 참조.

심리학사전

파라노이아 paranoia '편집증' 참조.

파라사이칼러지 parapsychology 통상적인 과학적 심리학의 주요 주제가 아니면서 동시에 잘 설명되지 않는 정신 현상을 연구하는 학문 분야. 심령현상, 염력, 정신감응, 천리안 등의 초감각적, 초능력적 또는 초자연적 현상을 실험 등의 방법을 사용하여 연구한다. '초심리학(超心理學)'이라고도 한다.

파라사이칼러지스트 parapsychologist '초심리학자' 참조.

파랑새 증후군【파랑새 症候群】 bluebird syndrome 현실에 만족하지 못하고 또한 충실한 생활을 하지 않으면서 헛된 미래에 대한 희망을 가지고 생활하는 병리적인 심리상태.

파블로프 Pavlov (1849~1936) 옛 제정(帝政) 러시아시대부터 소련에 걸쳐 활동했던 생리학자. 'Pavlov, Ivan Petrovich (1849~1936)' 참조.

파블로프식 조건형성【파블로프式 條件形成】 Pavlovian conditioning '고전적 조건화' 참조.

파블로프식 조건화【파블로프式 條件化】 Pavlovian conditioning '고전적 조건화' 참조.

파블로프식 학습【파블로프式 學習】 Pavlovian learning '고전적 조건화' 참조.

파블로프 조건형성【파블로프 條件形成】 Pavlovian conditioning '고전적 조건화' 참조.

파블로프 조건화【파블로프 條件化】 Pavlovian conditioning '고전적 조건화' 참조.

파블로프 학습【파블로프 學習】 Pavlovian learning '고전적 조건화' 참조.

파생텍스트【派生텍스트】 hypertext '하이퍼텍스트' 참조.

파악반사【把握反射】 grasping reflex / grasp reflex 선천적으로 가지고 태어나는 반사 가운데 하나로, 생후 초기 영아의 손바닥에 물건이나 끈을 쥐어주면 빼내기 어려울 정도로 매우 강하게 꼭 쥐는 동작을 취하는데, 이와 같은 선천적인 반사 행동을 '파악반사'라고 한다. '잡기반사' 또는 '움켜잡기반사'라고도 한다.

파워엘리트 power elite 사회적으로 큰 권력을 가지고 많은 영향력을 행사하는 비교적 소수의 권력집단. 즉, 사회적으로 큰 권력을 가진 주요 지위에 위치하고 중요한 일의 처리과정에서 큰 영향력을 행사하는 비교적 소수의 권력집단을 '파워엘리트'라고 한다. 1956년 미국의 사회학자 C. W. Mills가 그의 저서인 'The Power Elite'를 통해 처음으로 사용하기 시작한 용어이다.

파장【波長】wavelength 파동(波動: wave)의 한 꼭지점에서 이웃한 다른 꼭지점까지의 거리.

파킨슨 Parkinson, James (1755~1824) 영국의 의사로, 1817년 퇴행성 뇌 질환인 파킨슨병(Parkinson's disease)을 처음으로 기술하고 명명했다.

파킨슨병【파킨슨病】Parkinson's disease 1817년 영국의 의사 파킨슨(James Parkinson: 1755~1824)에 의해 처음으로 기술되고 명명된 뇌의 퇴행성 질환으로, 팔다리와 손가락, 목 등의 신체 전반에서 떨림이 나타나고 동시에 신체가 경직되는 증세를 특징적으로 나타낸다. 뇌에서 작용하는 신경전달물질 가운데 도파민의 감소와 관련이 있으며, 연령이 높아짐에 따라 발생률도 증가한다. 치료를 위해 약물치료와 외과적 수술 등의 방법이 이용되고 있다. '파킨슨씨병'이라고도 한다.

파킨슨씨병【파킨슨氏病】Parkinson's disease '파킨슨병'이라고도 한다. '파킨슨병' 참조.

판단자 간 신뢰도【判斷者 間 信賴度】interjudge reliability 관찰을 통해 특정 개인이나 집단의 행동이나 특징을 판단하거나 평정할 때 이를 수행하는 관찰자들(또는 판단자들)이 내리는 판단(또는 평정) 간의 일관된 정도 또는 일관성. '판단자 간 신뢰도'와 같은 의미를 가진 또 다른 말로 '평정자 간 일치도(interrater agreement)'라는 표현이 사용된다.

패거리 clique 흔히 청소년기에 나타나는 4~8명의 또래 또는 동료들로 구성된 집단으로, 이들은 주로 동성의 멤버들로 구성되며, 가치관이나 태도 및 활동을 서로 공유하는 특징을 보인다.

패러다임 paradigm 특정한 기간 동안 과학계를 지배함으로써 과학자들의 사고와 활동을 일정한 방향으로 안내하게 되는 가치관, 사고, 이론 등을 포괄하는 지배적인 세계관. 미국의 물리학자 출신의 과학사가(科學史家)인 Thomas S. Kuhn (1922~1996)이 1962년에 출간한 자신의 저서 〈과학혁명의 구조(The Structure of Scientific Revolutions)〉에서 제안한 개념이다. 토마스 쿤이 생각한 패러다임은 과학계 내의 모든 것을 포괄하는 세계관으로, 기존의 지식에 대한 설명, 용어의 정의, 연구과제, 연구방향 및 연구방법 등에 이르기까지 모든 과학적 사고와 활동을 일정한 방향으로 안내하게 된다. 한편, 토마스 쿤은 확립된 하나의 패러다임의 틀 내에서 진행되는 과학활동을 지칭하여 정상과학(正常科學: normal science)이라고 하였다. 이 정상과학 기간 동안 과학자들은 패러다임을 지지하는 경험적인 자료들을 찾는 방향으로 연구를 진행하게 되며, 그 과정에서 패러다임을 지지하지 않는(즉, 패러다임의 틀에서 제시된 예측과 다른) 새로운 연구결과들이 계속해서 제시되면 패러다임에 대한 신뢰도는 약화되고, 급기야 기존의 패러다임의 틀에서 설명되던 지식이나 이론들뿐만 아니라 기존의 패러다임으로 설명하기 어려웠던 새로운 지식 또는 연구결과들까지도 포괄적으로 설명하는 새로운 패러다임이 등장하여 기존의 패러다임을 대체하게 되는데, 이러한 과정을 '과학혁명(科學革命: scientific revolutions)'이라고 표현했다. 흔히, 과학혁명의 예로 중세의 천동설에서 지동설로의 대체, 뉴턴 물리학에서 아인슈타인 물리학으로의 대체 등이 제시된다.

페닐케톤뇨증 phenylketonuria 아이가 아미노산의 일종인 페닐알라닌을 대사하지 못하여 발생하는 유전질환. 조기에 진단된 아이는 페닐알라닌의 섭취를 줄임으로써 정상적인 생활이 가능하지만, 만일 조기에 발견하여 적절한 치료를 하지 않으면 정신지체와 과잉행동장애 등의 장애를 초래하게 된다.

페더래스트 pederast '계간' 또는 '비역'을 하는 사람을 지칭한다.

페더래스티 pederasty '소도미' 참조.

페미니스트 feminist '페미니즘(feminism)'의 관점을 가진 사람. 즉, 여성의 권리 신장과 남녀평등의 가치를 존중하고 주장하는 사람을 지칭하여 '페미니스트'라고 한다. '여성주의자' 또는 '여권주의자'라고도 한다. '페미니즘' 참조.

페미니즘 feminism 이 말은 여성 또는 여성적인 것을 의미하는 female에 어원을 두고 있는 용어로, 여성 중심적 및 여성성 지향 등의 의미를 내포하는 여성 존중의식을 나타낸다. 인류의 역사 이래로 남성 중심적으로 조명되어 온 인간 삶에 대한 관점을 넘어 여성의 활동과 삶을 우선적으로 부각시키고, 궁극적으로는 남녀 평등한 사회를 지향하기 위한 관점, 활동 및 운동 경향을 말한다. 자유주의에 기반을 두고 있으며 19세기 중반에 시작된 여성들의 참정권운동이 그 출발점이 되었다. '여성주의' 또는 '여권주의'라고도 한다. 이와 같은 '페미니즘'의 관점을 가진 사람, 즉 여성의 권리 신장과 남녀평등을 주장하는 사람 또는 그와 같은 관점을 가지고 실천적 활동을 하는 사람을 지칭하여 '페미니스트(feminist)', '여성주의자' 또는 '여권주의자'라고 한다.

페스팅거 Festinger (1919~1989) 미국의 심리학자. 'Festinger, Leon (1919~1989)' 참조.

페이션트 patient '환자' 참조.

페크너 Fechner (1801~1887) 독일의 물리학자 · 철학자. 'Fechner, Gustav Theodor (1801~1887)' 참조.

페히너 Fechner (1801~1887) 독일의 물리학자 · 철학자. 'Fechner, Gustav Theodor (1801~1887)' 참조.

펠라치오 fellatio 구강을 이용한 성행위의 한 형태로, 특히 여성이 남성의 성기를 구강(혀나 입술 등)을 이용하여 자극하는 행위를 지칭한다. 이와는 반대로 남성이 여성의 성기에 대하여 행하는 구강 성행위를 지칭하여 '커닐링거스(cunnilingus)'라고 한다. '펠라티오'라고도 한다.

펠라티오 fellatio '펠라치오' 참조.

편견【偏見】prejudice 어떤 특정 집단(인종, 민족, 지역 또는 특정 집단)과 그 구성원(개인)에 대하여 그 집단이나 개개인의 다양한 특성들이나 개성과 관계없이 그 집단(또는 그 집단의 구성원)이라는 사실만을 기초로 하여 내리는 정당하지 않은 평가나 태도. 이러한 평가나 태도는 긍정적인 경우도 있지만 일반적으로 부정적인 경우가 많다. 흔히 부정적인 편견은 특정 집단이나 그 구성원들에 대하여 부적절한 예단이나 행동을 하게 만들 가능성을 증가시킨다.

편도체【扁桃體】amygdala 뇌의 변연계의 한 부분으로 아몬드 모양을 띠고 있으며, 공포와 같은 정서에 대한 학습과 기억에서 결정적인 역할을 한다. 편도체가 손상된 원숭이와 사람들에 대한 연구에 따르면, 이 부위가 손상되면 정상적인 경우에 비해 공포를 잘 느끼지 못하거나 새로운 공포반응을 학습하는 데 장애를 보인다.

편재화【偏在化】lateralization '대뇌 편재화' 또는 '반구 전문화'라고도 한다. '대뇌 편재화' 참조.

편중【偏重】bias '편향' 참조.

편집성 성격【偏執性 性格】paranoid personality '편집증적 성격' 참조.

편집성 성격장애【偏執性 性格障碍】paranoid personality disorder '편집증적 성격장애' 참조.

편집증【偏執症】paranoia 정신장애의 일종으로, 사회적 관계에서 타인에 대한 강한 불신을 포함하는 피해망상과 과대망상 등의 망상적 사고가 체계화되어 지속적으로 나타나고, 그 결과 사회생활 및 대인관계에서 부적응이 초래되는 상태 또는 그러한 상태를 보이는 장애를 말한다. '파라노이아'라고도 한다.

편집증적 성격【偏執症的 性格】paranoid personality 사회적 관계에서 타인에 대한 강한 질투, 적대감, 의심 및 불신 등을 특징적으로 나타내며, 그 결과 사회생활 및 대인관계에서 부적응을 초래하기 쉬운 성격 또는 성격특성. '편집성 성격'이라고도 한다.

편집증적 성격장애【偏執症的 性格障碍】paranoid personality disorder '편집증적 성격'을 가진 사람에게 내려지는 진단명. 즉, DSM-IV에서는 편집증적 성격을 가진 사람을 '편집증적 성격장애'로 분류한다. '편집성 성격장애'라고도 한다. '편집증적 성격' 참조.

편차【偏差】deviation 어떤 값이나 점수나 위치 등이 특정한 기준(예를 들면, 어떤 값이나 점수가 포함된 분포의 평균)으로부터 떨어져 있는 정도나 차이. 흔히 편차를 나타내는 점수나 값을 지칭하여 '편차 점수', '편차치' 또는 '편차값'이라고 한다.

편차값【偏差값】deviation score '편차' 및 '편차 점수' 참조.

편차 점수【偏差 點數】deviation score '편차(deviation)'를 나타내는 점수 또는 값. '편차치' 또는 '편차값'이라고도 한다. '편차' 참조.

편차치【偏差値】deviation score '편차' 및 '편차 점수' 참조.

편차 IQ 점수【偏差 IQ 點數】deviation IQ score 지능지수(IQ)를 편차 점수(deviation score)로 나타낸 것. 즉, 지능검사에서 개인이 보인 점수가 동일한 연령집단을 대표하는 값(예를 들면, 평균)과 비교하여 어느 정도의 차이를 보이고 또 어느 정도의 위치에 해당하는지를 보여주는 편차 점수로 나타낸 지능지수(IQ) 또는 지능점수를 '편차 IQ 점수'라고 한다.

편파【偏頗】bias '편향' 참조.

편향【偏向】bias 공정하지 못하고 어느 한쪽으로 치우친 상태나 경향. 따라서 편향은 사람이나 상황을 관찰하고 평가할 때 공정하거나 객관적인 판단을 하기보다는 이미 가지고 있는 치우친 경향이나 기준에 따라 공정하지 못하고(또는 객관적이지 못하고) 한쪽으로 치우친 평가나 판단을 내리게 될 가능성을 증가시킨다. '편파' 또는 '편중'이라고도 한다.

평가【評價】evaluation 검사나 측정을 통해 나온 점수의 상대적인 가치나 중요성을 어떤 준거나 다른 사람의 점수와 비교하고 이에 대해 판단하는 일련의 활동.

평가【評價】assessment 'assessment'는 '평가'라는 표현 이외에도 '사정(査定)'이라고도 하며, 'assessment'와 마찬가지로 '평가'로 번역되어 사용되고 있는 'evaluation'과 종종 같은 의미로 사용된다.

평균【平均】mean 집중경향치의 하나로, 점수들을 모두 더한 값을 점수들의 개수로 나눈 값. '평균치' 또는 '평균값'이라고도 한다.

평균값【平均값】mean '평균' 참조.

평균적 지위의 아동【平均的 地位의 兒童】average-status child / average-status children '평균지위의 아동' 참조.

평균지위아동【平均地位兒童】average-status child / average-status children '평균지위의 아동' 참조.

평균지위의 아동【平均地位의 兒童】average-status child / average-status children 또래들로부터의 인기와 수용의 측면에서 분류하는 아동의 유형 가운데 하나로, 그를 좋아하거나 싫어하는 또래들의 수가 평균 정도인 아동. '평균적 지위의 아동' 또는 '평균지위아동'이라고도 한다.

평균치【平均値】mean '평균' 참조.

평정【評定】rating 관찰이나 검사 또는 면접 과정을 통해 나온 피관찰자(또는 피검사자)의 반응이나 특성 또는 기타의 자료에 대해 순위를 매기거나 점수를 부여하는 활동.

평정법【評定法】rating method '평정(評定: rating)'을 이용한 측정방법. '평정' 참조.

평정자 간 일치도【評定者 間 一致度】interrater agreement 행동이나 검사 결과를 평정할 때, 평정 점수에 있어서 평정자들 간의 일치하는 정도. '판단자 간 신뢰도(判斷者 間 信賴度: interjudge reliability)'와 같은 의미로 사용된다. '판단자 간 신뢰도' 참조.

평정척도【評定尺度】rating scale 평정(rating)에 사용되는 척도. 구체적으로, 개인의 반응이나 특성 또는 기타의 자료에 대해 순위를 매기거나 점수를 부여하는데 사용되는 척도를 '평정척도'라고 한다.

평형【平衡】equilibrium Piaget (1896~1980)가 인지발달을 설명하기 위해 사용한 개념들 가운데 하나로, 개인(또는 아동)의 인지구조와 환경적 사건(또는 경험) 간의 모순이나 불일치가 없이 균형되고 조화로운 상태. 즉, 평형이란 개인의 인지구조와 현재 경험하고(발생하고) 있는 사건 간의 불일치나 모순이 없이 균형되고 조화로운 상태를 지칭한다. '인지적 평형'이라고도 한다. 한편, '평형'과는 반대로, 개인의 인지구조와 환경적 사건 간의 모순이나 불일치가 존재하는 상태를 지칭하여 '불평형(equilibrium)' 또는 '비평형'이라고 한다. 한편, '인지구조(認知構造)'란 Piaget가 사용한 개념들 가운데 하나로, Piaget는 사건이나 경험을 해석하고 이해하는 조직화된 사고 또는 행위의 패턴을 지칭하여 셰마(scheme: '도식'이라고 번역됨)라고 하였고, 이와 같은 의미로 '인지구조'라는 표현을 사용하였다.

평형화【平衡化】equilibration Piaget (1896~1980)가 인지발달을 설명하기 위해 사용한 개념들 가운데 하나로, 평형('인지적 평형'이라고도 함)이 이루어지는 과정 또는 평형 상태에 도달하는 과정을 의미한다.

폐경기【閉經期】menopause 여성에게서 생식능력이 사라지는 시기로, 대략 40대 초 · 중반에서 50대 사이의 시기에 해당된다. 구체적인 증상으로 월경(月經: menses), 즉 생리현상이 사라지게 된다. '월경폐쇄기(月經閉鎖期)'또는 '갱년기(更年期)'라고도 한다. '갱년기' 참조.

폐경기 증후군【閉經期 症候群】menopausal syndrome 폐경기를 맞이한 여성들에게서 나타나는 일련의 신체적 및 심리적 증후들을 지칭한다. '폐경기' 및 '갱년기' 참조.

폐쇄된 집단【閉鎖된 集團】closed group 가입 및 참여의 기회가 없거나 닫혀 있어서 외부인들이 마음대로 가입하거나 참여할 수 없는 집단을 지칭한다. '폐쇄집단' 참조.

폐쇄적 질문【閉鎖的 質問】closed-ended question '폐쇄형 질문' 참조.

폐쇄집단【閉鎖集團】closed group 집단이나 단체의 구성과 관련하여 가입 및 참여의 기회가 없거나 닫혀 있어서 외부인들이 마음대로 가입하거나 참여할 수 없는 집단을 말한다. '폐쇄된 집단(閉鎖된 集團)'이라고도 한다. 한편, 폐쇄집단과는 달리, 가입 및 참여의 기회가 열려 있어서 외부인들이라도 본인이 원하는 경우에는 언제든지 가입하거나 참여할 수 있는 집단을 '개방집단(開放集團)'이라고 한다.

폐쇄형 질문【閉鎖型 質問】closed-ended question 질문지 또는 설문지를 문항 구성방식에 따라 구분하면, 크게 폐쇄형 질문과 개방형 질문(開放型 質問: open-ended question)으로 구분할 수 있는데, 그 중에서 폐쇄형 질문은 미리 준비된 선택지들 또는 항목들 중에서 답을 선택하도록 하거나 또는 제한된 수만큼의 단어로 답하도록 구성된 질문을 말한다. '폐쇄적 질문(閉鎖的 質問)'이라고도 한다. 한편, 폐쇄형 질문과는 달리, 개방형 질문은 선택지나 항목들을 미리 준비하거나 답을 일정한 양으로 제한하지 않고 응답자가 자신의 견해나 태도를 자유롭게 표현할 수 있도록 구성된 질문을 말한다. 개방형 질문은 '개방적 질문'이라고도 한다.

포러 Forer (1914~2000) 미국의 심리학자. 'Forer, Bertram R. (1914~2000)' 참조.

포러효과【포러效果】Forer effect '바넘효과(Barnum effect)'라고도 한다. '바넘효과' 참조.

포르노 pornography 인간의 성적인 행위나 그 내용을 노골적 또는 사실적으로 묘사하여 이를 보는 사람들의 성욕을 자극하게 만드는 영화, 사진, 그림 및 소설 등의 작품들을 총칭한다. '포르노그래피(pornography)'라고도 한다.

포르노그래피 pornography '포르노' 참조.

포유반사【哺乳反射】 rooting reflex '찾기반사' 참조.

폭식증【暴食症】 bulimia nervosa '신경성 폭식증' 참조.

폴리그래프 polygraph 정서에 수반해서 나타나는 심장박동률, 뇌파, 혈압, 근육긴장도, 피부전기반응, 호흡 등과 같은 반응을 측정하는 기계. 심리적인 상태, 특히 거짓말을 하는지의 여부를 탐지하는 데 사용되는 경우가 많아서, 일명 '거짓말 탐지기(探知機)'라고도 한다. '거짓말 탐지기' 참조.

폴리진 polygene 하나의 특성(또는 형질)의 결정에 영향을 미치는 복수의 유전자. '다중유전자(多重遺傳子)' 또는 '다원유전자(多源遺傳子)'라고도 한다.

표본【標本】 sample 연구 및 통계에서, 연구자에 의해 모집단(population: '전집'〈全集〉이라고도 함)에서 선발된(또는 추출된) 일부. 흔히 연구자들은 모집단에 대해 알고자 하지만, 그 규모나 수가 너무 많아 모집단 전체를 조사하거나 다루기가 어렵기 때문에 그 중 일부(가능하면 모집단을 대표할 수 있는 일부)를 뽑아 '표본'을 구성하고 이에 대한 조사나 관찰 등의 연구를 진행한 후 그 결과를 가지고 모집단에 대해 추론하고 결론을 내리는 절차를 따른다.

표본대응【標本對應】 matching to sample 지각 및 인지과정 등에 관한 연구에서, 피험자(또는 연구 참가자)에게 표본자극(또는 표준자극)을 제시한 후, 이어서 새로운 두 개 이상의 대안적인 자극들을 제시하고 이 중에서 앞서서 제시되었던 표본자극과 같은(즉, 표본자극에 대응되는) 자극을 고르도록(또는 선택하도록) 하는 과제 또는 연구절차.

표상【表象】 representation 외부의 대상(물체나 현상)을 지각하고 인식하는 우리의 심리 과정은 그 대상을 거울에 비친 것처럼 그대로 모사하는 과정이 아니라 그 대상을 어떤 형태로 추상화(抽象化)하거나 심상화(心象化)하여 처리하는 과정을 거치게 된다. 표상은 이처럼 외부의 대상(물체나 현상)을 지각하고 인식하는 과정에서 그 '대상을 어떤 형태로 추상화하고 심상화하는 것'을 의미한다. 우리는 생활 속에서 만나는 외부의 대상을 지각할 때 그 실제 대상을 지각이 이루어지고 있는 우리의 마음의 세계로 그대로 옮겨올 수는 없기 때문에 그 대상을 대신하거나 대표하는 심상화나 추상화 과정을 거쳐 지각하고 인식하게 되는 것이다. 따라서 생활 속에서 우리가 어떤 사물을 지각하고 인식하는 것이나 지난 과거의 사건이나 경험에 대해 기억하는 것은 모두 '표상'을 통해 이루어지는 것이다. 한편, 넓은 의미에서 볼 때, '표상(表象)'은 실제의 대상(물체나 현상)을 다른 어떤 것으로 대표(代表)한다는 의미를 가지고 있다. 지형이나 건물의 위치를 도면상에 나타내는 지도나 어떤 사람을 조각한 동상 등은 일종의 표상이라고 할 수 있다. 이러한 이유 때문에 앞에서 살펴본 '지각 및 인식과정에서 말하는 표상의 의미'를 '넓은 의미로 사용될 수 있는 표상의 다른 의미'와 구분하는 것이 필요하다. 이에 따라 표상의 의미를 크게 두 가지 유형으로 나누어 볼 수 있는데, 그 중 하나는 지도나 동상과 같이 '외부의 대상을 모사하여 외적(外的)으로 나타낸 표상'으로, 이를 '외재적 표상(外在的 表象: external representation)'이라고 하며, 동시에 '외적 표상(外的 表象)'이라고도 한다. 다른 하나는 앞에서 살펴본 것과 같이 '외부의 대상을 어떤 형태로 추상화하고 심상화하여 내적(內的)으로 나타낸 표상'을 '내재적 표상(內在的 表象: internal representation)'이라고 하며, 동시에 '내적 표상(內的 表象)'이라고도 한다. 한편, '내재적 표상(internal representation)'과 같은 의미로 사용되는 또 다른 표현이 있는데, 바로 '정신적 표상(精神的 表象)' 또는 '심적 표상(心的 表象)' 등으로 번역되어 사용되고 있는 'mental representation'이다.

표상적 사고【表象的 思考】representational thought 과거에 경험했던 어떤 대상이나 사건에 대해 내적으로 표상하는 방식으로 진행되는 사고(思考). Piaget(1896~1980)의 인지발달이론에서 사용되는 주요 개념들 가운데 하나이다.

표상적 수준【表象的 水準】representational level 인지 및 정보처리에 관한 연구에서, 개인(또는 연구 참가자)이 어떤 과제나 행위를 수행하기 위해 거쳐야 하는 단계나 책략 등에 대해 내적인 표상 과정을 통해 분석하는 수준.

표상적 통찰【表象的 洞察】representative insight 어떤 하나의 실체가 그것 이외의 다른 것을 나타내기(또는 표상하기) 위해 사용될 수 있다는 것을 이해(또는 통찰)하는 능력. 예컨대, "멍멍이"라는 단어가 개 이외에도 고양이나 소, 돼지 등과 같은 다른 네 발 달린 동물들을 나타내기(또는 표상하기) 위해 사용될 수 있다는 것을 이해하는 것을 표상적 통찰의 한 예로 들 수 있다.

표준【標準】standard 자극이나 사물 또는 행위를 비교할 수 있도록 연구자 또는 구성원들에 의해 임의로(또는 합의에 의해) 설정된(또는 정해진) 기준.

표준편차【標準偏差】standard deviation 점수들이 분포의 평균으로부터 떨어져 있는(또는 이탈되어 있는) 정도를 나타내는 지표 가운데 하나로, 기술통계에서 가장 중요하게 사용되는 통계치 가운데 하나이다. 구체적으로 표준편차는 각각의 점수들에서 평균치를 뺀 수치(이 수치를 편차치라 함)를 각각 제곱한 후, 이 수치들을 모두 더한 다음, 여기서 나온 수치를 사례수(점수들의 총 개수)로 나눈 후에, 이 수치를 다시 제곱근하여 나온 값(수치)을 말한다. 표준편차를 계산하는 과정을 순서에 따라 알아보면 다음과 같다. (1) 먼저, 분포의 각각의 점수들에서 평균치를 뺀다. (2) 두 번째로, (1)의 단계에서 얻어진 각각의 편차치들을 제곱한다. (3) 세 번째로, (2)의 단계에서 얻어진 각각의 수치들(편차치들을 제곱하여 얻어진 각각의 수치들)을 모두 더한다. (4) 네 번째로, (3)의 단계에서 얻어진 수치(즉, 합산 점수)를 사례수(즉, 점수들의 총 개수)로 나눈다. (5) 마지막으로, (4)의 단계에서 얻어진 수치를 제곱근한다. 이렇게 제곱근하여 나온 수치(값)를 표준편차라고 한다.

표준화【標準化】standardization 검사의 실시와 채점 및 검사점수의 해석 등을 포함하는 일체의 과정을 검사자나 검사 상황과 관계없이 동일하게 진행될 수 있도록 하는 절차 또는 과정. 구체적으로 표준화(또는 표준화 과정)에 포함되는 주요 사항으로는, 먼저 개인의 검사점수를 비교할 수 있는 규준(規準: norm)을 만들고, 동시에 검사를 진행하는 순서, 진행 시간 및 기타 검사 진행 과정에서 허용되는 사항과 허용되지 않는 사항 등에 대한 지침을 명확히 하는 것 등이 포함된다. 한편, 규준(規準: norm)이란, 어떤 특정한 집단 전체('모집단'이라고도 함)를 대표하는 값이나 점수를 말하는 것으로, 개인의 검사점수(지능지수 등)를 비교하여 상대적인 해석이 가능하도록 해주는 점수를 지칭한다.

표준화 검사【標準化 檢査】standardized test 표준화 절차에 따라 개발된(또는 만들어진) 검사. 즉, 개인의 검사점수를 비교할 수 있는 규준(規準: norm)이 준비되어 있고, 또 검사의 실시와 채점 및 검사점수의 해석 등을 포함하는 일체의 과정을 검사자나 검사 상황과 관계없이 동일하게 진행될 수 있도록 개발된(또는 만들어진) 검사를 말한다.

표준화집단【標準化集團】standardization group 검사에서 개개인의 점수를 비교하여 개인 점수의 상대적인 위치를 파악(또는 해석)할 수 있도록 하기 위해 준비되는 검사의 '규준'을 만들 목적으로 선정된(또는 선발된) 집단을 지칭하여 표준화집단이라고 한다. 이때 표준화집단은 모집단을 대표한다고 가정된다.

표현【表現】expression 감정이나 정서 상태 또는 생각 등을 말이나 글, 몸짓, 그림 또는 음악 등의 수단을 사용하여 드러내어 나타냄.

표현력【表現力】expressiveness 감정이나 정서 상태 또는 생각 등을 적절하게 표현해내는 능력. '표현' 참조.

표현성 실어증【表現性 失語症】expressive aphasia 언어의 표현, 즉 말의 생성(말하는 것)이 어렵거나 불가능한 언어장애. 대뇌의 좌반구 전두엽에 위치하는 브로카 영역(Broca's area)의 손상에 의해 초래된다. '브로카 실어증' 참조.

표현적 스타일【表現的 스타일】expressive style 언어발달의 초기에 영아가 나타내는 언어 산출(language production)의 한 가지 스타일로, 자신의 생각이나 감정을 표현하기 위해 언어를 사용하는 스타일(또는 유형)을 의미한다. 이와 같은 표현적 스타일의 언어는 부분적으로 상대방의 주의를 끌거나 상대방과의 상호작용을 이끄는 기능을 한다. 한편, 언어 산출의 또 다른 한 가지 스타일은 참조적 스타일(referential style)로, 사람이나 사물을 나타내는(지칭하는) 이름을 붙이는 데 언어를 사용하는 스타일(또는 유형)을 의미한다.

표현형【表現型】phenotype 유전학상 생물의 외형으로 나타난 형질. 즉, 한 개인의 유전형(遺傳型: genotype)이 관찰 또는 측정 가능한 특성으로 표현되는 형질 또는 방식을 의미한다. 덴마크 출신의 학자인 W. L. 요한센(1857~1927)에 의해 명명되었다. 표현형의 상대적인 표현은 유전형(遺傳型: genotype)이다.

풀배터리 full battery 임상심리학, 상담심리학, 발달심리학 등의 심리학 분야나 및 정신의학 분야에서 한 세트의 심리검사(psychological tests)를 지칭할 때 사용되는 표현으로, 구체적으로 내담자(또는 환자)의 전반적인 상태나 특정 영역의 상태에 관한 포괄적이고 심도 있는 정보와 이해를 목적으로 인지, 정서, 성격, 대인관계 및 개인적 자원 등에 관한 한 세트의 심리검사를 구성하여 실시하는데, 이를 지칭하여 'full psychological evaluation battery' 또는 간단히 'full battery'라고 한다. 우리말로는 '종합심리평가', '종합심리평가배터리' 또는 '종합심리평가세트'

등으로 번역되지만 이 표현 보다는 영어식 발음 그대로 '풀배터리(full battery)'라는 표현을 사용하는 경우가 많다. 일반적으로 풀배터리 즉, 종합심리평가세트에 포함되는 심리검사 항목으로는 WAIS(웩슬러 성인지능검사), WISC(웩슬러 아동지능검사), WPPSI(웩슬러 유아지능검사) 등과 같은 지능검사와 함께 성격 및 정서의 전반적인 특성이나 상태를 파악할 목적으로 MMPI(미네소타 다면적 인성검사), MMPI-A(미네소타 다면적 인성검사-청소년용), 로르샤 검사(Rorschach test), TAT(주제통각검사), HTP(집-나무-사람 검사), KFD(가족화 검사), BGT(벤더-게슈탈트 검사), SCT(문장완성검사) 등의 검사가 사용된다. 궁극적으로는 내담자(또는 환자)가 가진 문제의 특성과 증상, 그리고 검사를 실시하는 목적에 따라 다른 검사가 추가되거나 변경될 수 있다.

품행장애【品行障碍】 conduct disorder (CD) 반항성 장애(反抗性障碍: oppositional defiant disorder, ODD)를 가진 개인들이 나타내는 타인(부모, 형제, 교사, 또래 등)에 대한 거역, 불복종 및 반항 등의 특징 이외에도 나이에 맞지 않게 타인의 기본적 권리를 침해하고 사회적 규칙이나 규범에 대한 반복적인 위반이나 공격 등의 반사회적 행동 경향을 보이는 심리 및 행동장애. 이 장애는 반항성 장애에 비해 그 문제성이 더 심하기 때문에 발달적 및 법적인 문제를 초래하는 경우가 많다.

풍요【豊饒】 affluence / richness / abundance 아주 많고 풍성하여 넉넉한 상태. 특히 물질적 또는 경제적 측면에서의 풍족함을 나타내는 의미로 많이 사용된다. '풍족', '풍요로움' 또는 '풍족함'이라고도 한다.

풍요로움의 역설【豊饒로움의 逆說】 paradox of affluence '풍요의 역설', '풍족의 역설' 또는 '풍족함의 역설'이라고도 한다. '풍요의 역설' 참조.

풍요의 역설【豊饒의 逆說】 paradox of affluence 물질적 풍요로움과 심리적 불행감(또는 고민) 간의 정적인 관계(이러한 관계는 일반적인 기대와 반대되는 것이기 때문에 '역설적'이라는 표현을 사용하고 있는 것임)를 지칭하는 표현이다. 과거 시대에 인간의 삶을 힘들고 고통스럽게 만들었던, 그래서 그것을 획득하기 위해 인간을 동기화시켰던 큰 부분이 물질적 측면이었다. 따라서 많은 사람들은 물질적으로 풍요로워지면 이에 따라 자연히 행복감도 증가하고 고민은 감소하게 될 것이라고 기대해 왔다. 하지만 이러한 기대와는 달리, 현대인들의 삶에서 나타나고 있는 경향은 오히려 물질적인 풍요로움이 증가함에 따라 고민은 증가하고 행복감은 감소하는 역설적인 현상이다. 이와 같이 현대인들의 삶에서 모순된 듯이 나타나고 있는 물질적 풍요와 심리적 상태 간의 관계를 지칭하여 '풍요의 역설'이라고 한다. '풍요로움의 역설', '풍족함의 역설' 또는 '풍족의 역설'이라고도 한다.

풍족【豊足】 affluence / richness / abundance '풍요', '풍요로움' 또는 '풍족함'이라고도 한다. '풍요' 참조.

풍족의 역설【豊足의 逆說】 paradox of affluence '풍요의 역설', '풍요로움의 역설' 또는 '풍족함의 역설'이라고도 한다. '풍요의 역설' 참조.

풍족함의 역설【豊足함의 逆說】 paradox of affluence '풍요의 역설', '풍요로움의 역설' 또는 '풍족의 역설'이라고도 한다. '풍요의 역설' 참조.

풍진【風疹】rubella / German measles 풍진 바이러스에 의해 전염되어 홍역과 비슷한 피부 발진을 유발하는 급성 전염병으로, 대부분의 사람들에게 가벼운 증세를 일으키다가 수일 내에 사라진다. 하지만, 임신 2~4개월 된 산모가 풍진에 걸리면 산모 자신에게는 별 영향을 미치지 않는 반면에 태아에게는 시각기관, 청각기관, 심장 등에서 심각한 장애를 유발하게 될 가능성이 높아진다.

프래그머티즘 pragmatism 미국의 대표적인 철학사상의 하나로, 행동을 중시하고 사고나 관념의 객관적인 타당성을 강조한다. '실용주의(實用主義)'라고도 한다.

프랜시스 갈톤 Francis Galton (1822~1911) 영국의 유전학자. 'Galton, Francis (1822~1911)' 참조.

프랭클 Frankl (1905~1997) 유태계 오스트리아의 정신의학자 · 신경학자 · 의미치료의 창시자. 'Frankl, Viktor Emil (1905~1997)' 참조.

프레임 frame 인생을 살아가면서 접하게 되는 세상의 다양한 사물이나 현상들을 바라보고 사고하고 해석하는 개인의 '마음의 창' 또는 '마음의 틀'을 의미한다. 사람들은 출생한 이후 삶을 살아가면서 접하게 되는 세상의 다양한 사물이나 현상들에 대처해가는 과정에서 보다 더 효율적인 사고(思考)와 정보처리를 하고자 하며 이를 위해 사고하고 해석하는 방식을 나름대로 공식화하는 경향이 있는데, 이처럼 세상을 바라보는 개개인의 공식화된 '사고 및 해석의 틀' 또는 '마음의 창'을 지칭하는 표현이 프레임(frame)이다. 학자들 가운데는 사고의 효율화를 위해 취하는 프레임이 인간의 생존에 도움이 되는 적응양식의 일종으로 보는 시각이 많다. 한편, 사람들은 각자의 프레임이 서로 다르기 때문에 같은 대상이나 현상을 두고서 저마다 서로 다른 생각과 해석과 주장을 펴는 경우가 자주 발생한다. 이런 면에서 보면, 사고의 효율화와 적응양식의 하나로 취하게 되는 프레임이 사람들 간의 개인차와 갈등을 유발하는 주요 요인으로 작용하게 된다는 것을 알 수 있다.

프로게스테론 progesterone 성선(性腺)의 하나인 여성의 난소에서 분비되는 성호르몬의 하나로, 여성들의 생리주기에 영향을 미친다. '황체호르몬'이라고도 한다.

프로이드 Freud (1856~1939) 오스트리아의 신경학자 · 정신의학자. 정신분석학의 창시자이다. 'Freud, Sigmund (1856~1939)' 참조.

프로이트 Freud (1856~1939) 오스트리아의 신경학자 · 정신의학자. 정신분석학의 창시자이다. 'Freud, Sigmund (1856~1939)' 참조.

프로이트식 말실수【프로이트式 말失手】Freudian slip 'Freud의 실언' 참조.

프로이트식 실언【프로이트式 失言】Freudian slip 'Freud의 실언' 참조.

프로이트의 꿈 이론【프로이트의 꿈 理論】Freud's theory of dreams 꿈에 관한 Freud의 견해를 말한다. 모든 꿈의 깊은 내면에는 원초아(id: 이드)의 원망(願望) 또는 소망을 이루려는 시도가 잠재되어 있다고 본다.

프로이트의 말실수 【프로이트의 말失手】 Freudian slip 'Freud의 실언' 참조.

프로이트의 실언 【프로이트의 失言】 Freudian slip 'Freud의 실언' 참조.

프로작 Prozac 우울증을 치료하기 위해 개발된 약품의 상품명이다. 이 항우울제를 개발한 회사는 미국 일라이릴리사(社). 일반적으로 우울증 환자는 정상인들에 비하여 신경흥분작용을 하는 신경전달물질인 '세로토닌'의 분비량이 적다. 프로작은 이러한 세로토닌의 재흡수를 억제하는 작용을 함으로써 우울증 환자의 기분을 좋게 만들어 주는 기능을 한다.

프리랜서 freelancer 특정한 회사나 조직에 소속된 전속이 아닌 자유계약기자, 자유기고가, 자유계약가수나 배우 등을 지칭하는 표현으로 사용되어 왔으나 오늘날에는 대상의 범위가 확대되어 특정 회사나 조직에 소속됨이 없이 자유로운 계약을 통해 경제활동을 하는 사람들을 총칭하는 의미로 사용되고 있다.

프리맥 Premack (1925~) 미국의 심리학자. 'Premack, David (1925~)' 참조.

프리맥원리 【프리맥原理】 Premack Principle David Premack (1925~)이 제시한 이론으로 어떤 행위를 강화시키기 위해 다른 행위들을 사용할 수 있다는 이론이다. 구체적으로, 만일 어떤 행위가 다른 행위보다 더 자주 발생한다면 더 자주 발생하는 행위를 사용하여 덜 발생하는 행위를 강화시킬 수 있다는 원리로, 이 원리를 제시한 Premack의 이름을 따서 명명된 것이다. '프리맥의 원리'라고도 한다.

프리맥의 원리 【프리맥의 原理】 Premack Principle '프리맥 원리' 참조.

프리슈 Frisch, Karl von (1886~1982) 오스트리아 태생의 독일 동물학자. 'Frisch, Karl von (1886~1982)' 참조.

프리시 Frisch, Karl von (1886~1982) 오스트리아 태생의 독일 동물학자. 'Frisch, Karl von (1886~1982)' 참조.

플라시보 placebo '위약' 참조.

플라시보효과 【플라시보效果】 placebo effect '위약효과' 참조.

플래셔 flasher 노출광(exhibitionist)의 한 유형으로, 특히 성적인 흥분상태에 도달하기 위해 자신이 목표로 하는 대상에게 몰래 접근하여 순간적으로 자신의 성기를 노출시키는 행위를 하는 사람을 지칭하여 말한다.

플래쉬백 flashback 과거의 경험, 특히 전쟁이나 심한 폭행을 당했던 일과 같이 충격적이었던 경험에 대하여 생생하게 재체험하게 되는 현상을 말한다. 과거 경험 당시의 이미지와 감각을 거의 그대로 느끼게 되며, 극단적인 운동반응이 동반되는 특징을 보인다. '플래시백'으로 표현하기도 한다.

플래시백 flashback '플래쉬백' 참조.

플린 Flynn (1934~) 뉴질랜드의 심리학자. 'Flynn, James Robert (1934~)' 참조.

플린효과【플린效果】Flynn effect 지난 20세기 동안에 전 세계적으로 나타난 지능지수(IQ)에서의 지속적이고 체계적인 증가 현상. 이 현상을 발견한 뉴질랜드의 심리학자 Flynn (1934~)의 이름을 따서 붙여진 명칭이다. 'Flynn효과' 참조.

피가학증【被加虐症】masochism '피학대증' 참조.

피검사자【被檢査者】testee 검사(檢査: test)를 받는 사람. 즉, 검사자(tester)의 안내나 검사지침서의 설명에 따라 검사를 받는 사람을 말한다. '피검자(被檢者)'라고도 한다.

피검자【被檢者】testee 검사(檢査: test)를 받는 사람. '피검사자'라고도 한다.

피드백 feedback 공학(工學) 분야에서 먼저 사용되기 시작한 개념으로 알려져 있으며, 정보가 송출된 최초의 지점으로 그 정보에 대한 반응이 되돌아오는(또는 되돌아가는) 것을 의미한다. 심리학 관련 분야에서는 제공된 어떤 자극, 정보, 활동 및 서비스 등에 대하여 이를 받은 측에서 나타내는 반응을 의미하는 경우가 많다. 이 용어를 사용하는 영역이나 맥락에 따라 다소 다른 의미로 사용된다. '되먹임', '귀환(歸還)' 또는 '귀환반응(歸還反應)'이라고도 한다.

피드백시스템 feedback system 어떤 행동의 결과가 다음번 그 행동에 영향을 미치는 체계를 지칭한다. 흔히 긍정적인 피드백시스템에서는 행동의 결과가 다음번 행동을 강화시키는 기능을 하는 반면에, 부정적 피드백시스템에서는 행동의 결과가 다음번 행동을 감소 또는 중지시키는 기능을 한다. '피드백체계'라고도 한다.

피드백체계 feedback system '피드백시스템' 참조.

피부전기반응【皮膚電氣反應】galvanic skin response (GSR) 피부를 통해 측정되는 전기적 활동(반응)을 말하며, 정서적인 각성상태를 나타내는 지표로 활용된다.

피상담자【被相談者】counselee 상담을 받는 사람 또는 상담을 받기 위해 상담자를 찾아온 사람을 지칭한다. '내담자'라고도 한다. 일반적으로 '내담자'라는 표현을 사용하는 경우가 더 많다. '내담자' 참조.

피아제 Piaget (1896~1980) 스위스의 심리학자. 'Piaget, Jean (1896~1980)' 참조.

피암시성【被暗示性】suggestibility '암시(suggestion)'를 받기 쉬운, 즉 암시의 영향을 받기 쉬운 특성 또는 경향.

피진 pidgin '피진어' 참조.

피진어【피진語】pidgin 두 가지 또는 그 이상의 언어들이 부분적으로 혼합되어 사용되는 단순한 형태의 혼합어. 구체적으로, 이주민과 같이 특정 언어에 익숙하지 않은 사람들이 자신들이 사용해온 고유한 언어에 특정 언어의 어휘를 부분적으로 혼합하여 사용하는 단순한 형태의 혼합어를 지칭하여 '피진어'라고 한다. '피진'이라고도 한다.

피질【皮質】cortex (1) 생물체를 구성하고 있는 조직이나 장기에서 그 겉 부분과 속 부분이 기능이나 구조에서 구분될 때, 그 겉 부분을 지칭하여 피질이라고 하고, 속 부분을 지칭하여 '수질(髓質: medulla)'이라고 한다. (2) 대뇌의 겉 부분을 구성하고 있는 회백질로 이루어진 쭈글쭈글한 형상의 조직을 말하며, '회백질(灰白質)'이라고도 한다.

피터팬 Peter Pan 영국의 극작가 배리(James Matthew Barrie: 1860~1937)가 쓴 아동극의 제목이면서 동시에 이 작품 속 주인공의 이름이다. 이 작품 속의 주인공인 '피터팬(Peter Pan)'이 공상의 나라에서 경험하는 다양한 모험을 내용으로 한 작품이다.

피터팬신드롬 Peter Pan syndrome '피터팬증후군' 참조.

피터팬증후군【피터팬症候群】 Peter Pan syndrome 연령상으로 성인이 되었음에도 성인으로서의 책임과 역할에 맞는 사고 및 그에 따르는 행동을 적절히 수행하지 못하고, 오히려 아동기적인 사고와 행동을 나타냄으로써 성인들의 사회 또는 세계에 적절히 적응하지 못하는 '아이 같은 어른' 또는 '어른 아이'를 지칭하는 말이다. 1970년대 후반 미국사회에서는 이러한 경향을 보이는 성인들이 다수 발생하게 되었는데, 이들에 대하여 한 임상심리학자가 영국의 극작가인 배리(James Matthew Barrie: 1860~1937)의 작품 속 주인공인 피터팬에 비유하여 '피터팬증후군(Peter Pan syndrome)'이라고 명명한 것이 그 유래이다. '피터팬신드롬'이라고도 한다.

피학대증【被虐待症】 masochism 상대방으로부터 신체적(또는 육체적)인 고통을 받음으로써 성적인 흥분이나 쾌감을 경험하는 병적인 상태 또는 증상을 말한다. 피학증(被虐症), 피가학증(被加虐症), 매저키즘이라고도 한다. 문학작품을 통해 피학대증(被虐待症)을 묘사했던 오스트리아의 소설가인 자허-마조흐(Leopold Ritter von Sacher-Masoch: 1836~1895)의 이름에서 유래한다.

피학증【被虐症】 masochism '피학대증' 참조.

피학대성 변태성욕자【被虐待性 變態性慾者】 masochist 피학대증(masochism)을 가지고 있는 사람을 지칭한다. 즉, 상대방으로부터 신체적인 고통을 받음으로써 성적인 흥분이나 쾌감을 경험하는 병적인 증상을 가지고 있는 사람을 지칭한다. '피학대증환자' 또는 '매저키스트'라고도 한다. '피학대증' 참조.

피해로부터의 보호【被害로부터의 保護】 protection from harm 연구 수행과정에서 준수되어야 하는 윤리 가운데 한 부분으로, 연구에 참가하는 연구 참가자(또는 피험자)가 연구 진행 과정에서 신체적, 심리적(정신적) 또는 기타의 측면에서 발생하는 피해(또는 해악)로부터 보호받을 권리. '해악으로부터의 보호'라고도 한다.

피해자【被害者】 victim 피해를 당한 사람. 구체적으로 범죄나 사고 또는 사건 등으로 인해 생명, 신체, 재산, 명예, 관계 및 기타의 권리 측면에서 손해나 손실을 입은 사람을 지칭하여 '피해자'라고 한다.

피험자【被驗者】 subject 심리학 등의 학문에서 인간이나 동물을 대상으로 실험연구를 진행할 때, '연구 대상이 되는 사람이나 동물'을 지칭하는 표현이 피험자이다. 한편, 실험을 포함한 연구 전반에 참여하는 참가자(실험연구에 참가하는 '피험자' 포함)를 지칭하여 '연구 참가자' 또는 '연구 참여자'라고도 한다.

필로폰 Philopon　마약류의 하나로 분류되며, 대표적인 각성제인 메스암페타민(methamphetamine)의 상품명. 강한 중독성을 가진 물질로, 반복적인 사용이나 남용은 중독을 일으킬 가능성이 높고, 많은 양을 투여할 경우에는 사망에 이를 수 있다. 흔히 일본식 발음인 '히로뽕'으로 불리기도 한다.

ㅎ

하드웨어 hardware　컴퓨터의 구성을 크게 구분하면, 하드웨어와 소프트웨어(software)로 나눌 수 있다. 그 가운데 하드웨어는 가시적으로 확인될 수 있는 컴퓨터의 기계장치를 총칭한다. 즉, 인간에 비유하면 정신과 신체 가운데 신체부분에 해당한다고 할 수 있다. 하드웨어는 다시 본체와 주변장치로 구분되며, 이 본체는 중앙처리장치와 주기억장치로, 주변장치는 입력 및 출력장치, 그리고 보조기억장치로 구분된다.

하드코어 hard core　소프트코어(soft core)의 상대적인 표현으로, 성묘사(性描寫)가 노골적인 포르노(영화)를 지칭한다.

하비거스트 Havighurst (1900~1991)　미국의 교육학자 · 심리학자. 'Havighurst, Robert James (1900~1991)' 참조.

하쉬쉬 hashish　'해시시' 또는 '해쉬쉬'라고도 한다. '해시시' 참조.

하쉬쉬 중독【하쉬쉬 中毒】hashishism　'해시시 중독' 또는 '해쉬쉬 중독'이라고도 한다. '해시시 중독' 참조.

하워드 가드너 Haward Gardner (1943~)　미국의 심리학자. 'Gardner, Haward Earl (1943~)' 참조.

하위문화【下位文化】subculture　사회 전반이 공유하는 문화를 지칭하는 표현인 지배적 문화 또는 지배문화와 비교되는 개념으로, 특히 그 사회 속의 특정 하위집단(예를 들면, 청소년집단이나 노인집단 등)이 형성하는 그들만의 독특한 문화.

하이퍼텍스트 hypertext　일반적으로 오프라인(off-line)상에서 접해온 인쇄된 형태의 '문서' 또는 '텍스트(text)'는 이용자의 사고방향이나 흐름 또는 요구와는 관계없이 이미 제시되어 있는 일정한 정보를 순서에 따라 접할 수 있도록 만들어진 자료이다. 반면에, 컴퓨터와 인터넷에서 제공되는 텍스트는 문서나 텍스트 내의 특정한 용어나 단어가 다른 용어나 자료와 연결(링크)되어 있기 때문에, 이용자가 이러한 용어들이나 단어들 또는 자료들을 비순서적으로 손쉽게 검색하고 이용하는 것이 가능하도록 만들어진 텍스트로, 이러한 형태의 텍스트를 지칭하여 '하이퍼텍스트'라고 한다. 1960년대에 컴퓨터 학자인 테오도르 넬슨(Theodore Nelson)이 만든 용어로, '초월한' 또는 '건너편의'라는 의미를 가진 말인 'hyper'와 '본문', '문서' 또는 '교과서'라는 의미를 가진 말인 'text'를 합성한 용어이다. '파생텍스트'라고도 한다.

하향과정【下向過程】 top-down process '하향처리' 또는 '하향처리과정'이라고도 한다. '하향처리' 참조.

하향이론【下向理論】 top-down theory '하향처리 이론'이라고도 한다. '하향처리이론' 및 '하향처리' 참조.

하향처리【下向處理】 top-down process 정보처리가 이루어는 과정의 한 형태로, 환경으로부터의 입력된 감각 자극(또는 정보)이 처리되는 과정에서 유기체가 가지고 있는 기존의 지식이나 기대, 기억 또는 감각 자극이 발생한 맥락에 대한 판단 등과 같은 상위 수준의 인지과정이 개입하여 영향을 미치게 되는 정보처리과정. '하향처리과정' 또는 '하향과정'이라고도 한다.

하향처리과정【下向處理過程】 top-down process '하향처리' 또는 '하향과정'이라고도 한다. '하향처리' 참조.

하향처리이론【下向處理理論】 top-down theory 정보처리가 이루어지는 과정을 설명하는 이론의 하나로, 정보가 처리되는 과정은 '하향처리(top-down process)' 방식으로 진행된다고 보는 이론. '하향이론'이라고도 한다. '하향처리' 참조.

학교 부적응【學校 不適應】 school maladjustment 학교생활이나 학교환경에 적응하지 못하는 상태 또는 부적응 상태. 흔히 교우관계, 교사와의 관계, 수업, 학업 등과 같은 학교 관련 요소들이나 가정환경 요소들 가운데 어느 하나 또는 둘 이상의 요소들이 관련되어 발생한다.

학교상담【學校相談】 school counseling 학교 장면에서 학생들과 교사들 및 기타 교육 관계자들, 그리고 학부모들을 대상으로 이루어지는 상담.

학교상담자【學校相談者】 school counselor 학교 장면에서 학생들과 교사들 및 기타 교육 관계자들, 그리고 학부모들을 대상으로 상담을 해주는 전문가.

학교상담학회【學校相談學會】 school counseling association '학교상담(school counseling)' 분야의 연구와 발전을 목적으로 해당 분야에서 연구, 교육 및 상담 활동을 하는 학자, 교육자 및 종사자들로 구성된 학회. 한국에서는 2001년에 한국학교상담학회(Korea School Counseling Association: KSCA)가 창립되어 현재에 이르고 있다.

학교스트레스【學校스트레스】 school stress 학교생활 및 적응과 관련하여 학생들이 경험하는 스트레스를 총칭한다.

학교심리학【學校心理學】 school psychology 학생들(특히 초 · 중 · 고등학교 학생들)의 생활 및 학습적응, 진로 및 직업선택, 학생들의 적응과 관련된 각종 심리검사, 진단, 지도 및 상담 등의 문제를 연구하는 심리학의 한 분야이다.

학교심리학자【學校心理學者】 school psychologist '학교심리학(school psychology)' 분야에서 활동하는 심리학자를 말한다. 이들의 연구 및 활동대상은 학생들 이외에도 교사와 직원 및 학부모 등이 포함될 수 있다.

학교심리학회【學校心理學會】 School Psychology

Association 초 · 중 · 고등학교에 재학하고 있는 아동과 청소년들의 건강한 발달과 적응을 돕고 증진시키기 위한 다양한 심리학적 서비스와 프로그램의 연구, 개발 및 제공을 목적으로 이 분야의 학자들 및 종사자들이 중심이 되어 설립된 학술단체. '한국학교심리학회' 참조.

학교폭력【學校暴力】school violence 학교폭력은 교육현장인 학교 내외(內外)에서 개인이나 집단(학생일 수도 있고 학생이 아닐 수도 있음)이 취약한 학생을 대상으로 가하는 폭력을 말하는 것으로, 여기에는 신체적, 정신적 및 언어적 형태의 폭력이 모두 포함되며, 일회적 및 단기적일 수도 있고 지속적 및 장기적일 수도 있다. 학교폭력은 피해 당사자에게 신체적, 정신적, 학업적 및 사회적 측면에서 심각한 고통과 불이익을 줄 뿐만 아니라 그 가족 및 친구들에게까지도 큰 고통을 줄 수 있다는 점에서 심각한 범죄적 행위로 받아들여지고 있다. 한편, 학교폭력이 발생하는 장소를 학교에 국한시켜서 볼지 아니면 학교 밖의 장소와 등하교 길까지를 포함시켜 학교폭력으로 볼지에 대해서는 논자들에 따라 의견 차이가 있다. 좁은 의미에서는 학교폭력을 학교 내의 공간에 국한시켜 정의하는 반면에, 넓은 의미에서는 학교 밖의 공간 및 등 · 하교길에 발생하는 폭력까지도 포함시킨다. 일반적으로 넓은 의미에서 학교폭력을 정의하는 경우가 많다. 구체적인 학교폭력의 형태로는 신체적 폭력, 성희롱을 포함하는 성폭력, 욕설과 위협, 부당한 심부름, 금품갈취 및 기타 다양한 형태의 괴롭힘 행동이 포함된다.

학습【學習】learning 일반적으로 경험(독서, 교육, 연습이나 훈련 등 포함)을 통해 일어난 행동이나 지식 또는 인식에서의 변화를 의미한다. 학습에 관한 다양한 정의가 있지만, 그 중에서도 많은 사람들에 의해 수용되고 있는 정의를 보면, 학습이란 "경험이나 연습을 통해 이루어지는 비교적 지속적인 행동 또는 행동 잠재력의 변화"라고 정의된다. 단, 여기서 성숙(成熟: maturation)에 의한 행동(잠재력)의 변화나 피로, 질병, 약물사용 등에 의한 행동(잠재력)변화는 학습에 포함시키지 않는다. 학습의 주체로는 인간 및 동물이 모두 포함된다.

학습된 강화물【學習된 强化物】learned reinforcer '이차적 강화인' 참조.

학습된 강화원【學習된 强化源】learned reinforcer '이차적 강화인' 참조.

학습된 강화인【學習된 强化因】learned reinforcer '이차적 강화인' 참조.

학습된 무기력【學習된 無氣力】learned helplessness 자신이 통제할 수 없는 상황을 지속적으로 경험해 온 유기체(흔히, 인간이나 개 등과 같은 동물들)는 자신이 상황을 통제할 수 없다는 무기력 또는 무기력감을 학습하게 되고, 그 결과 이후에 동일한 또는 유사한 상황을 맞이하게 되면(심지어 그 상황을 통제할 수 있는 경우에도) 그 상황을 통제하기 위한 어떤 의욕이나 시도 또는 노력을 하지 않는 경향이 있는데, 이러한 경향 또는 상태를 지칭하여 학습된 무기력이라고 한다. 한편, '학습된 무기력'은 Martin Seligman에 의해 제시된 개념으로, 자녀교육이나 학습과정과 관련하여 중요한 시사점을 제시해 주고 있다. '학습된 무력감'이라고도 한다.

학습된 무기력 지향【學習된 無氣力 指向】learned helplessness orientation 자신에게서 발생한 실패

가 통제할 수 자신의 능력에서 비롯된 것이라고 귀인하게 된 결과, 실패 이후 더 이상의 노력이나 시도를 하지 않고 포기하게 되는 경향. '학습된 무기력 지향'이라고도 한다.

학습된 무력감【學習된 無力感】 learned helplessness '학습된 무기력'이라고도 한다. '학습된 무기력' 참조.

학습된 무력감 지향【學習된 無力感 指向】 learned helplessness orientation '학습된 무기력 지향' 참조.

학습법 학습【學習法 學習】 learning to learn 과거의 문제해결 경험을 통해 문제해결을 효과적으로 할 수 있는 방법이나 규칙을 학습(또는 습득)하는 것.

학습심리학【學習心理學】 psychology of learning / learning psychology 학습의 유형 및 원리, 그리고 기억과 관련된 주제를 연구하는 심리학의 한 분야. 특히 인간의 학습과정, 학습원리 및 기억을 연구한다. 과거에는 동물실험을 통한 학습의 원리를 연구하였으나 근래에 와서는 직접 인간을 대상으로 한 기억과정을 연구하는 경우가 많다.

학습심리학자【學習心理學者】 psychologist of learning 학습심리학 분야에서 활동하는 심리학자.

학습이론【學習理論】 theory of learning / learning theory 학습의 결과, 현상, 사실 및 원리를 설명하는 이론. 흔히 학습이란 '경험에서 비롯되는 비교적 지속적인 행동 또는 행동잠재력의 변화'라고 정의한다. 이처럼 학습을 통해 나타난 행동의 변화를 일으키게 한 과정 또는 기제가 무엇인지를 설명하고 해석하는 이론 체계를 일컬어 학습이론이라고 한다. 학습이론은 행동치료의 기초지식 또는 이론이 된다.

학습태【學習態】 learning set 일반화된 학습 양식 또는 문제들을 특정한 방식으로 해결해 가려는 준비상태. 이러한 학습태는 비슷한 유형의 문제들을 해결해 가는 경험을 통해 획득되는 능력으로 알려지고 있다. 만일 인간을 포함한 어떤 학습자가 특정 학습태를 획득했다면, 이러한 학습태를 획득하지 못한 다른 학습자에 비해 이와 관련된 문제를 보다 더 능숙하게 또는 효율적으로 해결하게 될 가능성이 많다고 할 수 있다.

학업【學業】 studies / schoolwork 학교와 같은 교육기관이나 교육 관련 프로그램에 참여하면서 일반적 또는 특정한 지식이나 기술 등을 배우고 연마하는 일.

학업부정행위【學業不正行爲】 academic cheating 자신이나 타인의 더 좋은 학점(學點)을 위해 부정한 방법을 사용하는 학업행위. 구체적으로, 학업부정행위의 하위 유형에는 시험부정행위(시험시간 또는 시험상황에서 더 좋은 답안을 작성하거나 제시하기 위해 저지르는 일련의 부정행위), 출석부정행위(타인에게 대리출석을 부탁하거나 타인을 위해 대리출석을 해주는 부정행위), 과제부정행위(자신이 작성한 과제물을 다른 사람에게 보여주거나 다른 사람의 과제물을 베끼는 행위, 또는 인터넷에서 제공되는 자료를 그대로 원용하는 행위 등과 같이 부정한 방법으로 과제를 작성하는 행위) 등이 포함된다.

학업성취【學業成就】 academic achievement 학습자가 학습 또는 학업 과정에 참여하여 이룬 성취. 좁은 의미에서는 학업성적이나 점수(학점) 또는 문제해결능력과 같은 지적 영역에서의 변화나 성취를 의미하고, 넓은 의미에서는 성격, 자아개념, 가치관 및 태도 등과 같은 다양한 심리적 특성들과 다양한 행동영역에서의 변화까지도 포괄한다.

학업적성검사【學業適性檢査】Scholastic Aptitude Test (SAT) 미국의 대학입시 과정에서 실시하는 일종의 대학입학 자격시험. 'SAT' 참조.

학교중퇴【學校中退】school dropout 개인의 문제나 부적응, 질병, 가정 사정 등과 같은 이유로 학교를 정상적으로 졸업하지 못하고 중도에 그만두는 것.

학교중퇴 청소년【學校中退 青少年】school dropout adolescent 학교중퇴한 청소년. 즉, 학교를 정상적으로 졸업하지 못하고 중도에 그만둔 청소년.

한국건강심리학회【韓國健康心理學會】Korean Health Psychological Association (KHPA) 건강심리학(健康心理學: health psychology) 분야의 학자들 및 종사자들로 구성되어 있으며, 한국 건강심리학 분야의 발전과 구성원들 간의 학술적 교류 및 친목을 도모하는데 목적을 둔 학술단체로, 한국심리학회(Korean Psychological Association: KPA) 산하 14개 분과학회 가운데 하나(제8분과)이다. 1994년에 설립되었고, 이 분과학회의 학회지인 '한국심리학회지: 건강'은 1996년에 제1권 제1호가 발간된 이래로, 2012년 현재 연간 4회 발간되고 있다.

한국발달심리학회【韓國發達心理學會】Korean Society for Developmental Psychology (KSDP) 발달심리학(發達心理學: developmental psychology) 및 발달심리학과 관련된 분야의 학자들 및 종사자들로 구성되어 있으며, 한국 발달심리학 분야의 발전, 구성원들 간의 학술적 교류와 친목을 도모하는데 목적을 둔 학술단체로, 한국심리학회(Korean Psychological Association: KPA) 산하 14개 분과학회 가운데 하나(제5분과)이다. 학회는 1980년에 설립되었고, 이 분과의 학회지인 '한국심리학회지: 발달'은 1988년에 제1권 제1호가 발간된 이래로, 2012년 현재 연간 4회 발간되고 있다.

한국법정심리학회【韓國法廷心理學會】Korean Forensic Psychological Association (KFPA) 법, 법제도 및 법 관련 제문제들에 대한 심리학적 접근과 연구를 통해 이 분야에서의 발전을 목적으로 관련 분야의 학자들과 종사자들이 중심이 되어 구성된 한국심리학회 산하의 학술단체. 한국심리학회(Korean Psychological Association: KPA) 산하 14개 분과학회 가운데 하나(제12분과)로, 2008년에 창립되었다. 이 분과의 학회지인 '한국심리학회지: 법정'은 2010년에 제1권 제1호가 발간된 이후, 2011년 현재 연간 2회 발간되고 있다.

한국사회문제심리학회【韓國社會問題心理學會】Korean Association of Psychological and Social Issues (KAPSI) 사회적으로 중요한 문제 및 현상들을 심리학적으로 분석하고 해결하는 데 관심을 가지고 있는 학자와 종사자들로 구성되어 있으며, 구성원들 간의 학술적 교류와 친목을 도모하는 데 목적을 둔 학술단체. 한국심리학회(Korean Psychological Association: KPA) 산하 14개 분과학회 가운데 하나(제7분과)이다. 학회는 1991년에 창립되었고, 회원 수는 2011년 3월 현재 347명이다. 이 분과의 학회지인 '한국심리학회지: 사회문제'는 1994년에 제1권 제1호가 발간된 이래로, 2012년 현재 연간 4~5회 발간되고 있다.

한국 사회 및 성격심리학회【韓國 社會 및 性格心理學會】 Korean Social and Personality Psychological Association (KSPPA) 사회심리학과 성격심리학 그리고 관련 분야에서의 발전을 이루고 구성원들 간의 학술적 교류와 친목 도모를 목적으로, 이 분야에서 활동하는 학자와 종사자들로 구성된 학술단체. 한국심리학회(Korean Psychological Association: KPA) 산하 14개 분과학회 가운데 하나(제4분과)이다. 학회는 1975년 한국심리학회 '사회심리분과회'라는 명칭으로 한국심리학회의 세 번째 분과학회로 발족되었고, 1996년 현재의 학회명칭인 '한국 사회 및 성격심리학회'로 개칭되었다. 이 분과학회의 학회지는 1985년 '사회심리학 연구'를 학회의 공식 학술지로 채택한 이래로, 2012년 현재 '한국심리학회지: 사회 및 성격'이라는 명칭으로 연간 4회 발간하고 있다.

한국 산업 및 조직심리학회【韓國 産業 및 組織心理學會】 Korean Society for Industrial and Organizational Psychology (KSIOP) 한국의 산업 및 조직심리학 분야의 발전과 구성원들 간의 학술적 교류와 친목 도모를 목적으로 결성된 학술단체로, 산업 및 조직심리학 그리고 이와 관련된 분야에서 활동하는 학자와 종사자들로 구성되어 있다. 한국심리학회(Korean Psychological Association: KPA) 산하 14개 분과학회 가운데 하나(제3분과)이다. 1964년에 '산업심리분과회'라는 명칭으로 창립된 이래로, 1976년 '한국산업심리학회'로 개칭되었고, 다시 1987년 '한국 산업 및 조직심리학회'로 개칭되어 오늘에 이르고 있다. 이 분과학회의 학회지인 '한국심리학회지: 산업 및 조직'은 1988년에 제1권 제1호가 발간된 이래로, 2012년 현재 연간 4회 발간되고 있다.

한국상담심리학회【韓國相談心理學會】 Korean Counseling Psychological Association (KCPA) 한국의 상담, 상담심리학 및 심리치료 분야의 발전과 구성원들 간의 학술적 교류와 친목 도모를 목적으로 상담, 상담심리학, 심리치료 그리고 이와 관련된 분야에서 활동하는 학자와 종사자들로 구성된 학술단체로. 한국심리학회(Korean Psychological Association: KPA) 산하 14개 분과학회 가운데 하나(제2분과)로, 1964년에 발족되었고, 2012년 현재 회원 수는 약 13,000명에 이름. 이 분과의 학회지인 '한국심리학회지: 상담 및 심리치료'는 1988년 제1권 제1호가 발간된 이래로, 2012년 현재 연간 4회 발간되고 있다.

한국 생물 및 생리심리학회【韓國 生物 및 生理心理學會】 Korean Society of Biological and Physiological Psychology 유기체(특히 인간)의 뇌를 포함한 신경계와 내분비계 등의 생리적 체계와 정신과정 및 행동 간의 관계에 관한 연구 및 이와 관련된 분야에서 활동하는 학자와 종사자들로 구성되어 있으며, 한국의 '생물 및 생리심리학' 분야의 발전과 구성원들 간의 학술적 교류와 친목을 도모하는 데 목적을 둔 학술단체. 1989년 한국심리학회(Korean Psychological Association: KPA) 산하 분과학회 가운데 하나로 발족된 후, 2001년 '한국 실험 및 인지심리학회'와 통합되어 '한국실험심리학회'로 재탄생하게 되고, 2008년 12월에 '한국 인지 및 생물심리학회'로 개칭된 후, 2009년 한국심리학회로부터 명칭 변경 및 개정 회칙 인준을 받은 후 현재에 이르고 있다. '한국 인지 및 생물심리학회' 참조.

한국소비자광고심리학회【韓國消費者廣告心理學會】 Korean Society for Consumer and Advertising Psychology (KSCAP) 소비자 및 광고심리와 행동 그리고 이와 관련된 분야에서 활동하는 학자와 종사자들로 구성되어 있고, 한국 '소비자·광고심리학' 분야의 발전과 구성원들 간의 학술적 교류 및 친목을 도모하는 데 목적을 둔 학술단체로, 한국심리학회(Korean Psychological Association: KPA) 산하 14개 분과학회 가운데 하나(제10분과)이다. 학회는 1999년에 창립되었고, 이 분과의 학회지인 '한국심리학회지: 소비자광고'는 2000년에 제1권 제1호가 발간된 이래로, 2012년 현재 연간 4회 발간되고 있다.

한국실험심리학회【韓國實驗心理學會】 Korean Society of Experimental Psychology 인간이 세상에 관한 정보를 획득하고, 표상하고, 변형시키고, 저장하고, 나아가 사용하는 것과 관련된 연구, 즉 사고, 기억, 언어, 학습, 및 문제해결 등의 영역에 관한 연구 및 이와 관련된 분야에서 활동하는 학자와 종사자들로 구성되어 있다. 한국의 '실험심리학' 분야의 발전과 구성원들 간의 학술적 교류와 친목을 도모하는 데 목적을 둔 학술단체. 한국심리학회(Korean Psychological Association: KPA) 산하 분과학회 가운데 하나였으며, 2008년 12월에 학회 명칭을 '한국 인지 및 생물심리학회'로 개칭하고, 2009년 한국심리학회로부터 명칭 변경 및 개정 회칙 인준을 받은 후 현재에 이르고 있다. '한국 인지 및 생물심리학회' 참조.

한국심리학회【韓國心理學會】 Korean Psychological Association (KPA) 심리학 및 심리학 관련 분야의 종사자들로 구성되어 있으며, 한국의 심리학 발전 및 구성원들 간의 학술적 교류와 친목을 도모하는 데 목적을 둔 학술단체. 1946년 '조선심리학회(회원 7명)'라는 명칭으로 결성되어 1948년 '대한심리학회'로 개칭되었고, 1953년 다시 '한국심리학회'로 개칭되었으며, 1961년 군사혁명 이후 약 2년간 해산되었다가 1963년 재발족 되는 등의 어려운 과정을 거쳐, 오늘에 이르기까지 지속적으로 성장해 오고 있다. 학회의 구성은 2012년 현재 모학회(즉, 한국심리학회)와 14개의 산하 학회(제1분과 임상심리학회, 제2분과 상담심리학회, 제3분과 산업 및 조직심리학회, 제4분과 사회 및 성격심리학회, 제5분과 발달심리학회, 제6분과 인지 및 생물심리학회, 제7분과 사회문제심리학회, 제8분과 건강심리학회, 제9분과 여성심리학회, 제10분과 소비자광고심리학회, 제11분과 학교심리학회, 제12분과 법정심리학회, 제13분과 중독심리학회, 제14분과 코칭심리학회)로 되어 있다. 회원수는 2012년 현재 일반회원, 특별회원 및 기관회원을 포함하여 약 12,000여 명에 이름. 연례행사로서 매년 연차학술대회를 개최하고 있고, 춘계 및 추계심포지엄, 동계 연구세미나를 정례화하여 개최하고 있다. 간행물로는 기관지 형태로 '심리학회보'를 1975년부터 지속적으로 발행하고 있으며(1964년에는 '월보'라는 이름으로 4호까지 발간되었다가 중단됨), 1968년부터는 학술지인 '한국심리학회지'를 발간해 오고 있다. 이 학술지는 현재 한국심리학회 및 산하의 14개 분과학회에서 각각 발간하고 있다.

한국심리학회지: 건강【韓國心理學會誌: 健康】 Korean Journal of Health Psychology 한국심리학회(Korean Psychological Association: KPA) 산하 14개 분과학회 가운데 하나(제8분과)인 한국건강심리학회(Korean Health Psychological Association: KHPA)에서 발간하고 있는 학회지. 1996년에 제1권 제1호가 발간된 이래로, 2012년 현재 연간 4회 발간되고 있다.

한국심리학회지: 발달【韓國心理學會誌: 發達】 Korean Journal of Developmental Psychology 한국심리학회(Korean Psychological Association: KPA) 산하 14개 분과학회 가운데 하나(제5분과)인 한국발달심리학회(韓國發達心理學會)에서 발간하고 있는 학회지. 1988년에 제1권 제1호가 발간된 이래로, 2012년 현재 연간 4회 발간되고 있다.

한국심리학회지: 법정【韓國心理學會誌: 法廷】 Korean Journal of Forensic Psychology 한국심리학회(Korean Psychological Association: KPA) 산하 14개 분과학회 가운데 하나(제12분과)인 '한국법정심리학회(Korean Forensic Psychological Association)에서 발간하고 있는 학회지. 2010년에 제1권 제1호가 발간된 이후, 2011년 현재 연간 2회 발간되고 있다.

한국심리학회지: 사회문제【韓國心理學會誌: 社會問題】 Korean Journal of Psychological and Social Issues 한국심리학회(Korean Psychological Association: KPA) 산하 14개 분과학회 가운데 하나(제7분과)인 한국사회문제심리학회(Korean Association of Psychological and Social Issues: KAPSI)에서 발간하고 있는 학회지. 1994년에 제1권 제1호가 발간된 이래로, 2012년 현재 연간 4~5회 발간되고 있다.

한국심리학회지: 사회 및 성격【韓國心理學會誌: 社會 및 性格】 Korean Journal of Social and Personality Psychology 한국심리학회 산하 14개 분과학회 가운데 하나(제4분과)인 '한국 사회 및 성격심리학회(Korean Social and Personality Psychological Association: KSPPA)'에서 발간하고 있는 학회지. 1985년 '사회심리학 연구'를 학회의 공식 학술지로 채택한 이래로, 2012년 현재 '한국심리학회지: 사회 및 성격'이라는 명칭으로 연간 4회 발간하고 있다.

한국심리학회지: 산업 및 조직【韓國心理學會誌: 産業 및 組織】 Korean Journal of Industrial and Organizational Psychology 한국심리학회(Korean Psychological Association: KPA) 산하 14개 분과학회 가운데 하나(제3분과)인 '한국 산업 및 조직심리학회'에서 발간하고 있는 학회지. 1988년에 제1권 제1호가 발간된 이래로, 2012년 현재 연간 4회 발간되고 있다.

한국심리학회지: 상담 및 심리치료【韓國心理學會誌: 相談 및 心理治療】 Korean Journal of Counseling and Psychotherapy 한국심리학회(Korean Psychological Association: KPA) 산하 14개 분과학회 가운데 하나(제2분과)인 한국상담심리학회(Korean Counseling Psychological Association: KCPA)에서 발간하고 있는 학회지. 1988년에 제1권 제1호가 발간된 이래로, 2012년 현재 연간 4회 발간되고 있다.

한국심리학회지: 생물 및 생리【韓國心理學會誌: 生物 및 生理】 Korean Journal of Biological and Physiological Psychology 한국심리학회(Korean Psychological Association: KPA) 산하 분과학회 가운데 하나였던 '한국 생물 및 생리심리학회(韓國 生物 및 生理心理學會)'에서 발간했던 학회지. '한국 인지 및 생물심리학회' 참조.

한국심리학회지: 소비자광고【韓國心理學會誌: 消費者廣告】 Korean Journal of Consumer and

Advertising Psychology 한국심리학회(Korean Psychological Association: KPA) 산하 14개 분과학회 가운데 하나(제10분과)인 '한국소비자광고심리학회(Korean Society for Consumer and Advertising Psychology: KSCAP)'에서 발간하고 있는 학회지. 2000년 제1권 제1호가 발간된 이래로, 2012년 현재 연간 4회 발간되고 있다.

한국심리학회지: 실험【韓國心理學會誌: 實驗】Korean Journal of Experimental Psychology 한국심리학회(Korean Psychological Association: KPA) 산하 분과학회 가운데 하나였던 '한국실험심리학회(韓國實驗心理學會)'에서 발간했던 학회지. '한국인지 및 생물심리학회' 참조.

한국심리학회지: 여성【韓國心理學會誌: 女性】Korean Journal of Woman Psychology 한국심리학회(Korean Psychological Association: KPA) 산하 14개 분과학회 가운데 하나(제9분과)인 한국여성심리학회(Korean Society for Woman Psychology: KSWP)에서 발간하고 있는 학회지. 1996년 '한국심리학회지: 여성심리'라는 명칭으로 창간되었고, 그 이후 '한국심리학회지: 여성'으로 개칭된 후, 2012년 현재 연간 3회 발간되고 있다.

한국심리학회지: 인지 및 생물【韓國心理學會誌: 認知 및 生物】Korean Journal of Cognitive & Biological Psychology 한국심리학회(Korean Psychological Association: KPA) 산하 14개 분과학회 가운데 하나(제6분과)인 '한국 인지 및 생물심리학회'에서 발간하고 있는 학회지. 1989년에 '한국심리학회지: 실험 및 인지(Korean Journal of Experimental & Cognitive Psychology)'라는 명칭으로 제1권이 발간된 이래로, 2012년 현재 학회지 '한국심리학회지: 인지 및 생물'이 연간 4회 발간되고 있다.

한국심리학회지: 일반【韓國心理學會誌: 一般】Korean Journal of Psychology: General 한국심리학회(Korean Psychological Association: KPA)에서 발행하고 있는 학회지로, 1968년 '한국심리학회지'라는 명칭으로 제1권 제1호가 발행된 이래로, 1989년에 발행된 제8권 제1호부터는 '한국심리학회지: 일반'이라는 명칭으로 변경되어 오늘에 이르고 있다. 2009년 현재 연간 3회 발간되고 있다.

한국심리학회지: 임상【韓國心理學會誌: 臨床】Korean Journal of Clinical Psychology 한국심리학회(Korean Psychological Association: KPA) 산하 14개 분과학회 가운데 하나(제1분과)인 '한국임상심리학회(Korean Clinical Psychological Association)'에서 발간하고 있는 학회지. 1967년 제1권 제1호가 발간된 이래로, 2012년 현재 연간 4회 발간되고 있다.

한국심리학회지: 학교【韓國心理學會誌: 學校】Korean Journal of School Psychology 한국심리학회(Korean Psychological Association: KPA) 산하 14개 분과학회 가운데 하나(제11분과)인 '한국학교심리학회(Korean School Psychology Association: KSPA)'에서 발간하고 있는 학회지. 2004년 제1권 제1호가 발간된 이래로, 2012년 현재 연간 3회 발간되고 있다.

한국여성개발원【韓國女性開發院】Korean Women's Development Institute 1982년 한국여성개발원법이 의원입법으로 제정 공포됨에 따라(법률 제3632호), 1983년 한국여성개발원 개원 현판식을 갖고 업무를 시작한 기관으로, 설립목적은 여성과 관련된 문제들을 연구하고 해결해 가는데 있다. 2007년에 '한국여성정책연구원'으로 명칭이 변경되었다.

한국여성심리학회【韓國女性心理學會】Korean Society for Woman Psychology (KSWP) 여성심리, 성차, 여성문제의 이해 및 해결방안에 관한 연구 및 관련 분야에서 활동하는 학자들과 종사자들로 구성되어 있으며, 한국 '여성심리학' 분야의 발전과 구성원들 간의 학술적 교류 및 친목을 도모하는 데 목적을 둔 학술단체. 한국심리학회(Korean Psychological Association: KPA) 산하 14개 분과학회 가운데 하나(제9분과)이다. 1995년에 '한국여성심리연구회'라는 명칭으로 발족되었고, 1997년에 한국심리학회로부터 산하 분과인 '한국여성심리학회'로 공식 인준을 받았다. 회원 수는 2012년 현재 약 100명 정도이다. 이 분과의 학회지는 1996년 11월에 '한국심리학회지: 여성심리'라는 명칭으로 창간호가 발간되었고, 이후 '한국심리학회지: 여성'이라는 명칭으로 개칭된 후, 2012년 현재 연간 3회 발간되고 있다.

한국여성정책연구원【韓國女性政策硏究院】Korean Women's Development Institude 한국의 여성문제와 정책을 전문으로 연구하는 연구기관. 전신은 '한국여성개발원'이다. '한국여성개발원' 참조.

한국여성학회【韓國女性學會】Korean Association of Women's Studies (KAWS) 한국여성학회는 한국사회에서 여성학을 학문적으로 정착시키고 체계화시키는 것을 목적으로 설립된 학술단체. 1984년 창립되었고, 학술지 '한국여성학'을 연간 2회 발간하고 있다.

한국인간발달학회【韓國人間發達學會】Korean Association of Human Development 인간발달에 대한 연구와 발전을 목적으로 이 분야의 학자들 및 종사자들이 중심이 되어 구성된 학술단체. 1994년에 창립되었고, 학회지인 '인간발달연구'는 2012년 현재 연간 4회 발간되고 있다.

한국 인지 및 생물심리학회【韓國 認知 및 生物心理學會】Korean Society for Cognitive and Biological Psychology 인지 및 생물심리학은 인간의 행동과 심리(정신)과정을 실험적 방법을 사용하여 연구하는 심리학의 한 분야로, '한국 인지 및 생물심리학회'는 인지 및 생물심리학 분야의 발전과 구성원들 간의 학술적 교류와 친목 도모를 목적으로 이 분야에서 활동하는 학자들 및 종사자들로 구성된 학술단체이다. 한국심리학회(Korean Psychological Association: KPA) 산하 14개 분과학회 가운데 하나(제6분과)로, 1982년에 발족되었다. 현재의 '한국 인지 및 생물심리학회'에 이르기까지 학회의 변천 과정을 살펴보면, 먼저 1982년 '한국 실험 및 인지심리학회'가 한국심리학회 분과학회로서 창립되었고, 1989년에 '한국 생물 및 생리심리학회'가 창립되었으며, 이 두 학회가 2001년에 통합하여 '한국실험심리학회'로 재탄생하게 되었다. 이후 2008년 12월에 학회 명칭을 '한국 인지 및 생물심리학회'로 개칭하고, 2009년 한국심리학회 이사회로부터 명칭 변경 및 개정 회칙 인준을 받은 후 현재에 이르고 있다. 이 분과학회의 학회지는 1989년에 '한국심리학회지: 실험 및 인지(Korean Journal of Experimental & Cognitive Psychology)'라는 명칭으로 제1권이 발간된 이래로, 2012년 현재의 학회지인 '한국심리학회지: 인지 및 생물'이 연간 4회 발간되고 있다.

한국임상심리학회【韓國臨床心理學會】Korean Clinical Psychological Association (KCPA) 임상심리학 분야에 관한 연구 및 이와 관련된 분야에서 활동하는 학자와 종사자들로 구성된 학회. 한국의 '임상심리학' 분야의 발전, 구성원들 간의 학술적 교류와 친목을 도모하는데 목적을 둔 학술단체로, 한국심리학회(Korean Psychological Association: KPA) 산하 14개 분과학회 가운데 하나(제1분과)이다. 학회는 1964년에 창립되었고, 회원은 2007년 현재 약 3,000여명에 이름. 이 분과학회의 학회지는, 1967년 '임상심리학보'가 창간된 이래로 2012년 현재 학회지 '한국심리학회지: 임상'이 연간 4회 발간되고 있다.

한국청소년상담원【韓國青少年相談院】Korea Youth Counseling Institute (KYCI) 1990년 체육청소년부 산하「청소년종합상담실」설치를 시작으로, 1991년「청소년대화의 광장」으로 확대 개편되었으며, 이후 1999년에 와서「한국청소년상담원」출범하게 된 청소년 상담, 교육 및 연구를 위한 기관으로, 국가의 청소년 상담정책 연구, 전국 청소년 상담기관의 총괄, 자문, 지원, 청소년상담 전문인력의 체계적 양성 및 보수교육, 청소년상담 프로그램 개발 및 보급, 전문상담을 통한 청소년 문제의 예방 · 해결 및 건전육성을 위한 시범 상담 등을 목표로 활동하고 있다.

한국청소년학회【韓國青少年學會】Korea Youth Research Association 청소년 및 청소년학 분야에 관한 연구와 발전을 목적으로 관련 분야의 학자들 및 종사자들이 중심이 되어 구성된 학술단체. 1991년에 설립되었고, 학회지인 '청소년학연구'를 정기적으로 발간하고 있다.

한국판 웩슬러 성인용 지능검사【韓國版 웩슬러 成人用 知能檢査】Korean-Wechsler Adult Intelligence Scale (K-WAIS) '한국판 웩슬러 성인지능검사' 또는 '케이 웨이스(K-WAIS)'라고도 한다. '한국판 웩슬러 성인지능검사' 참조.

한국판 웩슬러 성인지능검사【韓國版 웩슬러 成人知能檢査】Korean-Wechsler Adult Intelligence Scale (K-WAIS) 미국의 심리학자인 Wechsler(1896~1981)가 개발한 성인용 개인 지능검사 도구인 '웩슬러 성인지능검사(Wechsler Adult Intelligence Scale〈WAIS〉)'를 기본으로 하여, 한국의 성인을 대상으로 사용할 수 있도록 표준화 과정을 거쳐 개발된 지능검사를 말한다. '한국판 웩슬러 성인용 지능검사' 또는 '케이 웨이스(K-WAIS)'라고도 한다.

한국판 웩슬러 아동용 지능검사【韓國版 웩슬러 兒童用 知能檢査】Korean-Wechsler Intelligence Scale for Children (K-WISC) '한국판 웩슬러 아동지능검사' 또는 '케이 위스크(K-WISC)'라고도 한다. '한국판 웩슬러 아동지능검사' 참조.

한국판 웩슬러 아동지능검사【韓國版 웩슬러 兒童知能檢査】Korean-Wechsler Intelligence Scale for Children (K-WISC) 미국의 심리학자인 Wechsler(1896~1981)가 개발한 아동용 개인 지능검사 도구인 '웩슬러 아동지능검사(Wechsler Intelligence Scale for Children〈WISC〉)'를 기본으로 하여, 한국의 아동을 대상으로 사용할 수 있도록 표준화 과정을 거쳐 개발된 지능검사를 말한다. '한국판 웩슬러 아동용 지능검사' 또는 '케이 위스크(K-WISC)'라고도 한다.

한국판 웩슬러 유아용 지능검사【韓國版 웩슬러 幼兒用 知能檢査】Korean-Wechsler Preschool and

Primary Scale of Intelligence (K-WPPSI) '한국판 웩슬러 유아지능검사' 또는 '케이 윕씨(K-WPPSI)'라고도 한다. '한국판 웩슬러 유아지능검사' 참조.

한국판 웩슬러 유아지능검사【韓國版 웩슬러 幼兒知能檢査】 Korean-Wechsler Preschool and Primary Scale of Intelligence (K-WPPSI) 미국의 심리학자인 Wechsler (1896~1981)가 개발한 유아용 개인 지능검사 도구인 '웩슬러 유아지능검사(Wechsler Preschool and Primary Scale of Intelligence〈WPPSI〉)'를 기본으로 하여, 한국의 유아를 대상으로 사용할 수 있도록 표준화 과정을 거쳐 개발된 지능검사를 말한다. '한국판 웩슬러 유아용 지능검사' 또는 '케이 윕씨(K-WPPSI)'라고도 한다.

한국학교상담학회【韓國學校相談學會】 Korea School Counseling Association (KSCA) 2001년에 창립된 한국 내의 학교상담학회로, 학교상담 분야의 연구와 발전을 목적으로 해당 분야에서 연구, 교육 및 상담 활동에 종사하는 학자, 교육자 및 종사자들로 구성된 학회이다.

한국학교심리학회【韓國學校心理學會】 Korean School Psychology Association (KSPA) 초·중·고등학교에 재학하고 있는 아동과 청소년들의 건강한 발달과 적응을 돕고 증진시키기 위한 다양한 심리학적 서비스와 프로그램의 연구, 개발 및 제공을 목적으로 이 분야의 학자들 및 종사자들이 중심이 되어 설립된 학술단체로, 한국심리학회(Korean Psychological Association: KPA) 산하 14개 분과학회 가운데 하나(제11분과)이다. 이 분과학회는 2002년에 창립되었고, 학회지인 '한국심리학회지: 학교'는 2012년 현재 연간 3회 발간되고 있다.

한선【汗腺】 sweat gland / sudoriferous gland 인간을 포함한 포유동물의 진피(眞皮) 안에 있는 땀을 분비하는 분비선(分泌腺). 한선은 분비선 중에서 외분비선(外分泌腺)으로 분류된다. '땀샘'이라고도 한다.

한스 셀리에 Hans Selye (1907~1982) 캐나다의 의학자 · 스트레스학자. 'Selye, Hans (1907~1982)' 참조.

한스 아이젱크 Hans Eysenck (1916~1997) 독일 태생의 영국 심리학자. 'Eysenck, Hans Jurgen (1916~1997)' 참조.

합리성【合理性】 rationality 이성적인 사고와 이론에 부합하는 특성이나 경향.

합리적【合理的】 rational 이성적인 사고와 이론에 부합하는.

합리적 사고【合理的 思考】 rational thinking 이성적인 사고와 이론에 부합하는 사고 또는 생각. 삶의 과정에서 정서적 및 행동적 안정과 적응을 도와주는 기능을 한다. '합리적 신념'과 비슷한 의미로 사용된다.

합리적 신념【合理的 信念】 rational belief 이성적인 사고와 이론에 부합하는 신념 또는 믿음. '합리적 사고'와 비슷한 의미로 사용된다.

합리적-정서적 치료【合理的-情緒的 治療】 Rational-Emotive Therapy (RET) Albert Ellis (1913~2007)에 의하여 창시된 심리치료 및 상담 기법(이론)의 하나. '합리적-정서 치료', '합리정서치

료' 또는 '알이티(RET)'라고도 한다. 처음에 붙여진 명칭은 '합리적 치료(Rational Therapy〈RT〉)'였다가, 이후 '합리적-정서적 치료(Rational-Emotive Therapy〈RET〉)'라는 명칭으로 변경되는 과정을 거쳐, 현재는 '합리적-정서적 행동치료(Rational-Emotive Behavior Therapy〈REBT〉)'라는 명칭으로 불리고 있다. '합리적-정서적 행동치료' 참조.

합리적-정서적 행동치료【合理的-情緖的 行動治療】 Rational-Emotive Behavior Therapy (REBT) Albert Ellis (1913~2007)에 의하여 창시된 심리치료 및 상담 이론(치료)의 하나로, 사람들이 가진 정서 및 행동의 문제를 해결 또는 치료하기 위해 비합리적인 사고와 신념을 합리적인 사고와 신념으로 바꾸기 위한 접근을 취하는 이론 체계이다. 즉, 이 이론 체계에서는 부적응적인 정서와 행동은 비합리적이고 비현실적인 사고와 신념에서 비롯된다고 보며, 따라서 이러한 비합리적이고 비현실적인 사고와 신념을 논박하는 과정을 통해 이를 합리적이고 현실적인 사고와 신념으로 변화시키면 내담자가 가진 부적응적인 정서와 행동도 적응적인 방향으로 변화하게 된다는 것을 핵심 내용으로 하는 이론이다. Ellis가 처음에 이 이론 체계에 붙였던 명칭은 '합리적 치료(Rational Therapy〈RT〉)'라는 이름이었고, 이후 '합리적-정서적 치료(Rational-Emotive Therapy〈RET〉)'라는 명칭으로 변경되는 과정을 거쳐, 현재는 '합리적-정서적 행동치료'라는 명칭으로 불리고 있다. '합리정서행동치료', '알이비티(REBT)' 또는 '지정행의 치료'라고도 한다.

합리적-정서치료【合理的-情緖治療】 Rational-Emotive Therapy (RET) '합리적-정서적 치료' 참조.

합리적 치료【合理的 治療】 Rational Therapy (RT) Albert Ellis (1913~2007)에 의하여 창시된 심리치료 및 상담 기법(이론)의 하나. '합리치료' 또는 '알티(RT)'라고도 한다. '합리적 치료(Rational Therapy〈RT〉)라는 명칭은 Ellis에 의해 최초로 붙여진 이름이었고, 이후 합리적-정서적 치료(Rational-Emotive Therapy〈RET〉)라는 명칭으로 변경되는 과정을 거쳐, 현재는 '합리적-정서적 행동치료(Rational-Emotive Behavior Therapy〈REBT〉)라는 명칭으로 불리고 있다. '합리적-정서적 행동치료' 참조.

합리정서치료【合理情緖治療】 Rational-Emotive Therapy (RET) '합리적-정서적 치료' 및 '합리적-정서적 행동치료' 참조.

합리정서행동치료【合理情緖行動治療】 Rational-Emotive Behavior Therapy (REBT) '합리적-정서적 행동치료' 참조.

합리치료【合理治療】 Rational Therapy (RT) '합리적 치료' 및 '합리적-정서적 행동치료' 참조.

합리화【合理化】 rationalization 정신분석이론의 방어기제 가운데 하나로, 수용하기 어려운 자신의 충동이나 행동에 대하여 그럴듯한 이유나 설명으로 변명함으로써 자신의 행동을 정당화하고 자존심을 지키는 방법을 말한다.

합의범죄【合意犯罪】 consensus crime 사회구성원들이 행위의 범죄성에 대하여 별다른 이의 없이 합의가 이루어진 범죄 유형을 말한다. 예를 들면, 절도, 강도, 강간 및 살인 등이 해당된다.

합의성 착각【合意性 錯覺】false consensus '허위적 합의'라고도 한다. '허위적 합의' 참조.

핫라인 hot line 국가나 정부의 수뇌 간 긴급 직통 전화를 의미하는 경우가 많고, 이외에도 익명으로 진행되는 전화 상담서비스를 지칭하기도 한다.

항문기【肛門期】anal stage Freud (1856~1939)의 심리성적 발달이론에서 구강기 다음으로 오는 두 번째 단계에 해당하는 시기로, 대략 1세 반(18개월)에서 3세까지의 시기에 해당한다. 배설물(대변)을 보유하거나 배설하는 활동이 쾌감과 만족의 주요 원천이 되는 단계로, 아이는 이러한 행동을 통해 긴장을 감소시키게 된다. 이 시기의 경험이 적절하지 못한 경우에는 항문기적 성격(anal character)으로 발전하게 된다고 본다. '항문단계'라고도 한다.

항문기적 성격【肛門期的 性格】anal character Freud의 성격발달이론에서 나오는 용어로, 항문기 동안의 경험이 부적절한 경우, 특히 이 시기 동안에 아이에 대한 부모의 양육방식이 너무 엄격한 경우 등과 같이 아이가 심각한 갈등을 경험하게 되는 경우에 발달하기 쉬운 성격유형을 지칭한다. 이 성격의 구체적인 특징으로는 강한 고집, 지나친 인색함이나 강박 경향 등을 들 수 있다.

항문단계【肛門段階】anal stage '항문기' 참조.

항문성교【肛門性交】anal sex 흔히 남성동성애자들 사이에서 행해지며, 항문을 통해 이루어지는 비정상적인 성교를 지칭한다. 항문을 통해 남성의 성기(음경)를 삽입하는 행동으로 성적 쾌감을 추구한다.

항불안제【抗不安劑】anxiolytic 불안이 심한 사람이나 그로 인한 장애를 가지고 있는 환자의 불안수준을 경감시켜주기 위해 사용되는 약물을 말한다. '불안완화제'라고도 한다.

항상성【恒常性】homeostasis 유기체(또는 생물)가 자신의 체온, 수분, 혈당 및 산소 등과 같은 생리적인 조건 또는 상태를 일정하게 유지시키려는 자기조절 경향성을 지칭한다. 이 용어는 20세기 초 미국의 생리학자인 Cannon (1871~1945)이 '동일함'을 의미하는 'homeo'와 '평형상태'를 의미하는 'stasis'를 합성하여 만든 용어로, 이 용어가 가지고 있는 개념은 이후 Hans Selye (1907~1982)가 제안한 스트레스학설의 중요한 기초가 되었다. '동질정체'라고도 한다.

항상성 기제【恒常性 機制】homeostatic mechanism 유기체(또는 생물)가 자신의 체온, 수분, 혈당 및 산소 등과 같은 생리적인 상태를 일정하게 유지시키려는 자기조절 경향성을 항상성(恒常性: homeostasis)이라고 하는데, 특히 유기체 내에서 항상성을 유지시키기 위해 자율적으로 진행되는 조절 과정을 지칭하여 항상성기제라고 한다. '동질정체기제(同質正體機制)'라고도 한다.

항상성 수면추동【恒常性 睡眠推動】homeostatic sleep drive 항상성(恒常性: homeostasis)의 측면에서 적절한 양의 수면을 추구하려는 생리적 경향. 즉, 낮 시간 동안에 안정적인 각성과 활동을 하기 위해서는 밤 시간 동안의 적절한 수면과 휴식을 필요로 한다. 즉, 정상적으로 사람들은 낮 시간 동안의 항상성을 유지하기 위해 필요한 적절한 양의 수면을 취하려는 생리적 경향이나 노력을 나타내는데, 이러한 경향이나 노력을 지칭하여 '항상성 수면추동'이라고 한다.

'항상적 수면추동' 또는 '동질정체적 수면추동'이라고도 한다.

항상적 수면추동【恒常的 睡眠推動】homeostatic sleep drive '항상성 수면추동' 또는 '동질정체적 수면추동'이라고도 한다. '항상성 수면추동' 참조.

항우울제【抗憂鬱劑】antidepressant / antidepressant drug 우울경향이 심한 사람이나 우울증을 가지고 있는 환자의 우울증상 완화 및 기분 상승을 목적으로 사용되는 약물로, '세로토닌 재흡수억제제' 및 'MAO 억제제' 등이 있다.

항원【抗原】antigen 외부로부터 들어와 신체의 면역체계가 항체를 생성하도록 만드는, 독소를 포함한 물질들 및 미생물을 총칭한다.

항정신병 약물【抗精神病 藥物】antipsychotic drug 정신병 환자가 나타내는 사고장애나 환각 등과 같은 증상을 완화시키기 위해 사용되는 약물을 총칭한다.

항체【抗體】antibody 외부로부터 신체 내부로 침투해 들어온 물질인 항원(각종 독소나 이물질 및 세균들)에 대항하기 위해 신체 내에서 생산되는 단백질을 지칭한다.

해리【解離】dissociation 정상적으로는 통합되어 있어야 할 심리적 과정(특히 의식 과정) 가운데 일부분 또는 많은 부분이 나머지 다른 부분과 분리(또는 단절)되어 마치 독립적으로 존재하는 것처럼 기능하는 현상. 가벼운 수준의 해리는 생활 속에서 누구에게나 일어날 수 있는데, 예를 들면 마치 넋이 나간 듯이 무엇인가(일, 상상, 고민, 책, 음악, 예술작품 감상, 깊은 종교적 경험 등)에 깊이 몰두해 있는 상태를 그 예로 들 수 있다. 이처럼 누구나 경험할 수 있는 생활 속의 가벼운 해리현상은 대부분 정상적인 현상으로 볼 수 있지만, 경우에 따라서는 삶의 과정에서 문제(또는 부적응)가 되거나 병적인 상태로 진단되는 심한 수준의 해리 현상도 있다. 예를 들면, 매우 충격적인 사건(외상적 사건이라고도 함)을 경험한 이후에 자아, 기억, 시간, 상황, 행동 등에서 연속적으로 통합되어 있어야 할 의식과정이 심각한 수준에서 서로 단절되어 있는 경우를 그 예로 들 수 있다. 이와 같이 병리적인 해리를 나타내는 정신장애를 지칭하여 '해리장애(解離障碍: dissociative disorder)' 또는 '해리성 장애'라고 한다. 한편, '해리'를 보이는 상태를 지칭하여 '해리반응'이라고도 한다.

해리반응【解離反應】dissociation reaction '해리' 참조.

해리성 기억상실【解離性 記憶喪失】dissociative amnesia '해리성 기억상실증'이라고도 한다. '해리성 기억상실증' 참조.

해리성 기억상실증【解離性 記憶喪失症】dissociative amnesia '해리장애(解離障碍: dissociative disorder)'의 한 유형으로, 뇌 손상과 같은 분명한 생물학적 또는 생리학적 원인이 없는 상태에서 과거에 있었던 중요한 일이나 사건과 같은 경험이나 그것에 관한 정보에 대한 기억(부분적인 기억일 수도 있고 또는 광범위한 기억일 수도 있음)을 하지 못하는 상태를 지칭한다. 흔히 '해리성 기억상실증'은 충격적이거나 외상적인 스트레스 사건과 관련된 경우가 많으며, 이 장애에서 보이는 기억상실의 형태는 스트레스 사건에 관한 내용 또는 스트레스 사건이 발생한 이후에 일어난 일들(또는 경험들)에 관한 내용을 기억하지 못하는 '순행성 기억상실'의 형태를 띠는 경우가 대부분이다. '해리성 기억상실'이라고도 한다. '해리' 및 '해리장애' 참조.

해리성 둔주【解離性 遁走】dissociative fugue '해리장애(解離障碍: dissociative disorder)'의 한 유형으로, 과거에 대한 부분적이거나 광범위한 기억상실이 있는 '해리(解離: dissociation)' 상태에서 그동안 살아오던 집과 생활공간 그리고 해오던 활동을 벗어나 여기저기를 방랑하거나 여행하는 등 이전과 전혀 다른 새로운 양상의 행동과 생활을 하는 상태를 보이는 장애를 말한다. '둔주(遁走: fugue)'는 '도망쳐 달아난다'는 뜻을 가진 말로, 여기서 말하는 '도망쳐 달아난다'는 뜻의 의미는 본인의 의도에 의해 이루어지는 행동을 의미한다. 이와는 달리, '해리성 둔주'에서 말하는 '둔주'의 상태, 즉 '살아오던 생활공간과 활동을 벗어나 새로운 양상의 행동과 생활을 하는 상태'는 기억이 상실된 '해리' 상태에서 본인의 의도와 관계없이 일어나는 행동을 말한다. 따라서 본인의 의도성을 포함하는 '둔주'라는 낱말의 의미와 '해리성 둔주'의 의미는 적어도 '행동의 의도성' 부분에서 차이가 있다고 보는 것이 타당하다. '해리' 및 '해리장애' 참조.

해리성 장애【解離性 障碍】dissociative disorder '해리장애'라고도 한다. '해리장애' 참조.

해리성 정체감장애【解離性 正體感障碍】dissociative identity disorser '해리장애(解離障碍: dissociative disorder)'의 한 유형으로, 한 개인의 내면세계에 각기 잘 통합된 정체감을 가진 둘 이상의 인격이 존재하여 상황에 따라 번갈아가면서 각각 다른 인격체로 행동하고 생활해가는 상태를 나타내는 장애. '해리성 정체감장애'는 과거 DSM-III(정신장애 진단 및 통계 편람-제3판)에서는 '다중성격장애('다중인격장애'라고도 함)', 즉 'multiple personality disorder'라는 용어로 표현되었으나 DSM-IV(정신장애 진단 및 통계 편람-제4판)에서는 'dissociative identity disorser(해리성 정체감장애)'라는 용어로 표현되고 있다. '해리장애' 참조.

해리장애【解離障碍】dissociative disorder 심각한 수준의 해리(즉, 병리적인 해리) 상태로 인해 삶의 과정에서 심각한 부적응을 초래하는 상태 또는 그러한 상태로 진단된 장애. 흔히 매우 충격적인 사건(외상적 사건이라고도 함)을 경험한 이후에 자아, 기억, 시간, 상황, 행동 등에서 연속적으로 통합되어 있어야 할 의식과정이 심각한 수준에서 서로 분리되어 있어 정상적인 정신활동과 생활의 적응이 어려운 상태 또는 장애를 지칭한다. DSM-IV(정신장애 진단 및 통계 편람-제4판)에서는 해리장애의 하위 유형을 다음과 같은 4가지로 구분하고 있다. 여기에는 해리성 기억상실증(解離性 記憶喪失症: dissociative amnesia), 해리성 둔주(解離性 遁走: dissociative fugue), 해리성 정체감장애(解離性 正體感障碍: dissociative identity disorser), 그리고 이인화 장애(離人化 障碍: depersonalization disorder) 등이 포함된다. 한편, '해리장애'는 '해리성 장애(解離性 障碍)'라고도 한다. '해리' 참조.

해마【海馬】hippocampus 뇌의 구조 가운데 대뇌 피질의 아래에 위치하는 변연계(邊緣系: limbic system)를 구성하는 한 부분으로 기억 형성에 관여한다.

해발자극【解發刺戟】releasing stimulus 동물행동학에서 사용되는 용어로, 동물의 생득적인 고정행동을 방출하도록 만드는 외부의 특정한 자극을 지칭한다.

해석【解釋】interpretation 정신분석에서 사용되는 용어로, 분석가가 내담자 자신의 무의식적인 동기를 의식화시켜 주기 위해 사용하는 기법으로, 내담자의 행동이나 경험들 가운데 내담자 자신이 의식하지 못하고 있는 부분을 이해시키기 위해 행해지는 지적 또는 설명형태의 치료활동.

해쉬쉬 hashish '해시시' 또는 '하쉬쉬'라고도 한다. '해시시' 참조.

해쉬쉬 중독【해쉬쉬 中毒】hashishism '해시시 중독' 또는 '하쉬쉬 중독'이라고도 한다. '해시시 중독' 참조.

해슬 hassles 일반적인 의미는 귀찮거나 번거로운 일이나 상황 또는 사건을 의미한다. 특히, 일상생활 속에서 자주 발생하면서 동시에 사소해 보이지만 짜증스럽고 괴로움을 느끼게 만드는 작은 일이나 상황 또는 골칫거리들을 지칭하여 'daily hassles'이라고 하며, 우리말로는 '일상생활의 골칫거리(들)', '나날의 골칫거리(들)', '작은 골칫거리(들)'이라고 번역하여 사용되고 있다. 여기에는 춥거나 더운 날씨, 교통정체, 보행자 간의 몸 접촉, 돈이나 물건의 분실, 가깝거나 낯선 사람과의 다툼 등과 같은 현실 속에서 흔히 발생하기 쉬운 사건이나 문제들이 포함된다. 인생을 살아가면서 겪을 수 있는 주요 생활사건들(major life events) 뿐만 아니라, 사소해 보이지만 생활 속에서 빈번하게 발생하는 일상생활 속의 해슬은 큰 질병의 발생, 가족원의 사망, 이사, 결혼 등과 같은 주요 생활사건들에 비해 그 강도는 크지 않지만 인지적인 평가 과정을 통해 개인에게 누적되고 또 지속적으로 영향을 미치기 때문에 이러한 해슬이 지속적으로 반복되고 누적되는 경우에는 주요 생활사건들 못지않은 큰 영향을 미칠 수 있다. 'hassles'은 '해슬'이라는 표현 이외에도 '골칫거리들', '귀찮은 일들' 등으로 번역되어 사용되고 있고, 상대적으로 작은 스트레스(stressor)라는 의미에서 '마이크로스트레서(microstressor)'라고도 한다.

해시시 hashish 대마초의 일종으로, 특히 인도 대마에서 나온 재료(잎이나 결실 초기의 이삭)를 이용하여 만든 대마초를 말한다. '해쉬쉬', '하쉬쉬' 또는 '하쉬시'라고도 한다.

해시시 중독【해시시 中毒】hashishism '해시시(hashish: 대마초의 일종으로, 특히 인도 대마를 지칭함)'에 대한 중독. '해쉬쉬 중독' 또는 '하쉬쉬 중독'이라고도 한다.

해악으로부터의 보호【害惡으로부터의 保護】protection from harm 연구에 참가하는 연구 참가자(또는 피험자)가 연구 진행 과정에서 신체적, 심리적(정신적) 또는 기타의 측면에서 발생하는 해악(또는 피해)으로부터 보호받을 권리. '피해로부터의 보호'라고도 한다.

해커 hacker 해킹(hacking)을 하는 사람을 지칭한다. 즉, 다른 사람이나 조직의 컴퓨터나 인터넷의 프로그램에 불법으로 침입하여 자료를 인출해 가거나 파괴하는 행위를 하는 사람을 일컫는다.

해킹 hacking 컴퓨터 침해행위. 즉 다른 사람 또는 집단이나 기관(회사, 은행, 정부 및 국가 기관 등)에 몰래 침입하여 정보, 자료 및 비밀 등을 빼내거나 파괴하는 행위를 총칭한다.

핵가족【核家族】 nuclear family 부부(남편과 아내)와 그들의 미혼 자녀들로만 구성된 가족.

행동【行動】 behavior / behaviour 심리학 연구에서 가장 중요하게 고려하는 개념이자 연구대상의 하나로, 일반적으로 유기체가 나타내는 동작이나 신체활동과 같은 관찰 가능한 외현적인 반응들을 지칭하지만, 넓은 의미에서는 체내의 내분비계에서 이루어지는 분비활동과 근육의 활동, 그리고 더 나아가서는 인지 및 정서 활동 등을 포함한 심리적 및 생리적 과정들까지를 총칭하여 행동으로 보기도 한다.

행동계약【行動契約】 behavior contracting / behavior contract 행동을 수정하기 위해 사용하는 치료기법의 하나로, 행동문제를 가진 사람이나 환자와 다른 특정인 또는 치료자 사이에서 특정 행동의 실행 및 그에 따른 결과에 관하여 맺게 되는 공식적인 약속이나 계약을 말한다.

행동과학【行動科學】 behavioral science 인간 및 다른 동물들의 행동을 연구하는 과학 분야를 총칭한다. 심리학, 사회학, 문화인류학, 사회인류학, 정치학, 경제학, 생태학 등의 많은 학문 분야들을 포함하며, 주로 사용되는 연구 방법으로는 관찰법과 실험법이 있다.

행동문제【行動問題】 behavior problem 사회적인 질서나 규범에 저촉되어 물의를 일으키는 행동 또는 그 행동으로 인하여 제기되는 문제를 총칭한다.

행동발산【行動發散】 acting-out / acting out '행동화' 참조.

행동비교【行動比較】 behavioral comparison '행동적 비교' 참조.

행동비교 단계【行動比較 段階】 behavioral comparison phase '행동적 비교 단계' 참조.

행동수정【行動修正】 behaviour modification 심리치료기법의 한 형태로, 학습원리, 특히 고전적 조건화 및 조작적 조건화의 원리를 적용하여 문제행동을 변화 또는 수정시키기 위한 접근 또는 기법을 말한다. 토큰경제 및 체계적 둔감화 등의 기법이 포함된다. '행동수정법'이라고도 한다.

행동수정법【行動修正法】 behaviour modification '행동수정' 참조.

행동위험요인【行動危險要因】 behavioral risk factors 부상이나 질병 및 사망과 같은 부정적인 결과가 초래될 가능성을 증가시키는 행동을 지칭한다. 예를 들면 폭음, 음주운전, 흡연, 폭주, 싸움, 문란한 성행동, 약물남용 등과 같이 나쁜 결과(부상, 질병 및 사망 등)를 초래할 가능성이 높은 행동들이 포함된다. '행동적 위험요인'이라고도 한다.

행동유전학【行動遺傳學】 behavioral genetics 인간 및 다른 동물들의 행동에 영향을 미치는 유전자 또는 유전요인을 연구하는 학문 분야. 심리학 및 생물학과 밀접하게 관련된 분야이다.

행동의학【行動醫學】 behavioral medicine 행동과학과 의학의 지식을 통합하고 나아가 그 지식을 건강

증진과 질병의 예방 및 치료에 적용하는 학문 분야.

행동잠재력【行動潛在力】behavioral potentiality 특정 행동이 현 상태 또는 지금 바로 나타나지는 않지만, 앞으로 수행될 수 있는 가능성이 잠재되어 있는 상태를 말한다.

행동장애【行動障碍】behavioral disorder 정상적으로 기대되는 행동이 기능적인 측면에서 이상 또는 비정상적인 특징이나 상태를 나타내는 경우를 지칭하는 개념으로, 흔히 다양한 정신장애에 따르는 부적응적 행동 또는 이상행동들을 포함한다.

행동적 비교【行動的 比較】behavioral comparison 자신이나 타인에 대한 이해의 수단이나 방법으로 행동을 비교하는 것. '행동비교'라고도 한다.

행동적 비교 단계【行動的 比較 段階】behavioral comparison phase 타인에 대한 이해와 인상 형성을 위해 타인들이 나타내는 행동들을 서로 비교하는 과정이 특징적인 나타나는 시기 또는 단계. 유아기 후반과 아동기 초기에 특징적으로 나타난다. '행동 비교 단계'라고도 한다.

행동적 억제【行動的 抑制】behavioral inhibition '기질(temperament)'적 특성의 하나로, 낯선 상황이나 사람 또는 낯선 사물을 마주했을 때 수줍음, 두려움, 조심스러움 등과 같은 위축되거나 억제적인 행동 경향을 나타내는 특성.

행동적 위험요인【行動的 危險要因】behavioral risk factors '행동위험요인' 참조.

행동적-인지적 접근【行動的-認知的 接近】behavioral-cognitive approach 성격을 설명하는 접근법의 하나. 성격을 정의하기 위해서는 개인의 행동과 함께 그 개인이 자신의 행동에 대하여 어떤 인지체계 또는 어떤 생각을 가지고 있는지를 고려하는 것이 중요하다는 것을 강조한다.

행동조성【行動造成】behavior shaping / shaping of behaviour '행동조형' 참조.

행동조형【行動造形】behavior shaping / shaping of behaviour 조작적 조건형성 이론에서 사용되는 용어의 하나. 행동을 학습하는 과정에서 목표행동에 접근하는 피학습자(被學習者)의 행동을 점진적으로 강화해 줌으로써 최종적으로 목표행동을 학습하도록 만드는 과정을 말한다. '행동조성'이라고도 번역된다.

행동주의【行動主義】behaviorism 미국의 심리학자 Watson (1878~1958)에 의해 주창된 심리학파의 하나. 인간을 보다 더 체계적으로 설명하고 이해하기 위해 과학을 표방하는 심리학 연구에서는 객관적으로 관찰 가능한 '행동'을 연구대상으로 해야 함을 강조하는 접근이다.

행동주의 심리학【行動主義 心理學】behavioral psychology 행동주의적 접근을 취하는 심리학. 과학으로서의 심리학은 객관적으로 관찰 가능한 행동을 연구대상으로 삼아야 한다는 입장을 취한다.

행동주의적 관점【行動主義的 觀點】behavioral perspective 심리학의 주제 및 심리학적 연구 활동은 관찰가능한 행동에 초점을 맞추어야 한다고 보며, 행동의 형성과 변화를 강화에 의한 조건형성의 결과로 설명하는 관점. '행동주의적 설명', '행동주의적 접근' 또는 '행동주의적 조망'이라고도 한다.

행동주의적 설명【行動主義的 說明】behavioral explanation '행동주의적 관점'이라고도 한다. '행동주의적 관점' 참조.

행동주의적 접근【行動主義的 接近】behavioral approach '행동주의적 관점'이라고도 한다. '행동주의적 관점' 참조.

행동주의적 조망【行動主義的 眺望】behavioral perspective '행동주의적 관점'이라고도 한다. '행동주의적 관점' 참조.

행동치료【行動治療】behavior therapy 학습원리, 특히 고전적 조건화, 조작적 조건화 및 관찰학습 등의 원리를 적용하여 부적응 또는 문제행동을 치료하는 심리치료기법의 한 형태. 강화기법, 역조건형성, 체계적 둔감법, 혐오조건형성, 행동조성 및 모델링 등의 기법이 사용된다.

행동화【行動化】acting-out / acting out 정신분석이나 심리치료 또는 상담 과정에서 내담자가 보이는 반응의 하나로, 특히 내담자(개인)의 무의식 세계에 깊이 자리 잡고 있던 강한 충동이나 욕망이 분석이나 치료 과정에서 자신도 모르게 행동으로 나타나는 현상을 말한다. '행동발산'이라고도 한다.

행복【幸福】happiness 인간이 오랫동안 추구하고 탐구해온 주제의 하나로, 많은 사람들의 다양한 견해가 제시되어 왔고 아직까지 분명하게 합의된 정의는 없지만, 서양의 철학적 전통을 통해 행복에 대한 관점을 소개하며, 크게 두 개의 관점으로 나누어 볼 수 있다. 그 하나는 인간의 주관적 경험을 강조하는 쾌락주의적 행복관으로, 이 관점에서는 행복을 개개인이 생활 속에서 경험하는 주관적인 유쾌감 및 만족감이라고 본다. 다른 하나는 인간의 잠재능력 및 가능성의 계발과 실현에 초점을 맞추는 자기실현적 행복관으로, 이 관점에서는 행복을 인간의 심리적 특성, 특히 성격 측면에서의 강점과 덕목을 발달시키고 이를 생활 속에서 발휘함으로써 의미 있는 삶을 실현해 가는 것이라고 본다. 한편, 오늘날 행복을 연구하는 학자들 가운데는 행복이라는 표현 대신에 생활만족도(또는 삶의 만족도: life satisfaction), 삶의 질(quality of life), 그리고 웰빙 또는 주관적 웰빙(subjective well-being) 등의 표현을 사용하는 경우도 많이 있다. 행복을 연구하는 대표적인 학문 분야로 긍정심리학이 있다. '긍정심리학' 참조.

행위【行爲】action 일반적으로 행동(行動: behavior)은 '유기체가 나타내는 모든 반응들'을 의미하며, 이 가운데 '행위(行爲: action)'는 '목적을 가진 행동' 또는 '의도된 행동'을 지칭하는 의미로 사용되는 경우가 많다.

행위 경향성【行爲 傾向性】action tendency 어떤 특정한 방식으로 행동하려는 경향 또는 충동.

행위자-관찰자 차이【行爲者-觀察者 差異】actor-observer difference 사회심리학 분야에서 사용되는 용어의 하나로, '행위자가 자신의 행동에 대하여 행하는 귀인(歸因)'과 '관찰된 타인의 행동에 대하여 행하는 귀인' 간의 차이를 지칭한다. 흔히 행위자는 자신의 행동에 대하여 외적 귀인을 하는 경향이 있는 반면에, 다른 사람의 행동에 대해서는 내부(또는 내적) 귀인을 하는 경향을 나타낸다. '행위자-관찰자 효과(actor–observer effect)'라고도 한다.

행위자–관찰자 효과【行爲者–觀察者 效果】actor-observer effect '행위자–관찰자 차이' 참조.

향정신성 약물【向精神性 藥物】psychoactive drugs 체내에 들어와 기분이나 의식 또는 행동에 영향을 미치는 약물. 대마초나 필로폰, 모르핀, 암페타민, 코카인, 진정제 계열의 약물들(예를 들면, 신경안정제), 환각제(예를 들면, LSD, PCP) 등과 같은 약물들뿐만 아니라, 일상적으로 범용되고 있는 술, 담배, 커피 등에 함유되어 있는 알코올, 니코틴, 카페인 등과 같은 물질들도 향정신성 약물의 범주에 포함된다. '향정신 약물'이라고도 한다.

향정신 약물【向精神 藥物】psychoactive drugs '향정신성 약물'이라고도 한다. '향정신성 약물' 참조.

허먼 로르샤 Herman Rorschach (1884~1922) 스위스의 정신의학자. 'Rorschach, Herman (1884~1922)' 참조.

허용적 양육【許容的 養育】permissive parenting 자녀 양육방식의 한 유형으로, 전반적으로 자녀의 요구에 대해서는 매우 허용적인 자세를 취하는 반면에, 자녀에 대한 요구나 제재는 거의 하지 않는 양육방식을 말한다. 구체적으로 허용적 양육은 자녀에게 자신의 욕구와 감정의 자유로운 표현을 허락하면서 동시에 자녀의 요구에 대해 매우 허용적인 자세를 취하는 반면에, 자녀에 대한 요구와 제재는 거의 하지 않는 양육방식. '허용적 양육방식'이라고도 한다.

허용적 양육방식【許容的 養育方式】permissive parenting '허용적 양육' 참조.

허위적 합의【虛僞的 合意】false consensus 어떤 주제나 문제에 대한 자신의 견해나 태도에 대하여 타인(들)이 동의하는 정도를 지나치게 높게 추정하는 경향성. '합의성 착각'이라고도 한다.

헛경보【헛警報】false alarm / false-alarm '오경보'라고도 한다. '오경보' 참조.

헛경보율【헛警報率】false alarm rate '오경보율'이라고도 한다. '오경보율' 참조.

헤드스타트 Head Start '헤드스타트 프로그램' 또는 '헤드스타트 프로젝트'를 지칭하거나 그와 같은 의미로 사용된다. '헤드스타트 프로그램' 및 '헤드스타트 프로젝트' 참조.

헤드스타트 계획【헤드스타트 計劃】Head Start Project '헤드스타트 프로젝트'라고도 한다. '헤드스타트 프로젝트' 참조.

헤드스타트 프로그램 Head Start Program 1960년대 이후 미국에서 저소득층의 아동들이 빈곤으로 인해 받게 되는 발달 및 교육적 측면에서의 다양한 부정적 효과를 방지하고, 교육기회의 균등한 제공을 통해 일반아동과의 격차를 최소화하며, 나아가 빈곤을 예방하는 것 등을 목표로 하여 계획 · 진행해온 보상적 중재(compensatory intervention) 프로그램. 이 프로그램을 위한 사업 또는 프로젝트를 '헤드스타트 프로젝트'라고 한다. 흔히 '헤드스타트'라고도 한다.

헤드스타트 프로젝트 Head Start Project 1960년

대 이후 미국에서 저소득층의 아동들이 빈곤으로 인해 받게 되는 발달 및 교육적 측면에서의 다양한 부정적 효과를 방지하고, 교육기회의 균등한 제공을 통해 일반아동과의 격차를 최소화하며, 나아가 빈곤을 예방하는 것 등을 목표로 마련된 '헤드스타트 프로그램' 사업 또는 프로젝트. 이 프로젝트에 따라 진행된 프로그램이 '헤드스타트 프로그램(Head Start Program)'이다. '헤드스타트 계획'이라고도 한다.

헤로인 heroin 모르핀을 화학적으로 처리하여 만든 흰색 가루 형상의 물질로 진통효과와 마취효과가 클 뿐만 아니라 중독성 또한 매우 강한 마약의 일종이다.

헬름홀쯔 Helmholtz (1821~1894) 생리학, 물리학 및 심리학 분야에서 뛰어난 연구 업적을 남긴 독일의 학자. 'Helmholtz, Hermann von (1821~1894)' 참조.

현상학적 관점 **【現象學的 觀點】** phenomenological perspective 인간의 행동과 심리과정을 설명하는 관점들 가운데 하나로, 인간의 행동과 심리를 이해하는 과정에서 중요하게 고려해야 하는 측면은 외부의 관찰자나 연구자들이 보는 객관적인 세상이 아니라 행동하고 사고하는 주체인 개개인이 지각하고 사고하고 구성하는 것과 같은 주관적인 경험으로 이루어지는 주관적인 세상이기 때문에, 이러한 측면에 초점을 맞추어 접근하고 설명해가야 한다고 보는 관점. 현상학적 관점은 '현상학적 설명', '현상학적 접근' 또는 '현상학적 조망'이라고도 한다.

현상학적 설명 **【現象學的 說明】** phenomenological explanation '현상학적 관점'이라고도 한다. '현상학적 관점(觀點)' 참조.

현상학적 접근 **【現象學的 接近】** phenomenological approach '현상학적 관점'이라고도 한다. '현상학적 관점' 참조.

현상학적 조망 **【現象學的 眺望】** phenomenological perspective '현상학적 관점'이라고도 한다. '현상학적 관점' 참조.

현실 **【現實】** reality 실재(實在)하고 있는, 즉 실제로 존재하고 있는 현재의 상태 또는 상황.

현실원리 **【現實原理】** reality principle '현실의 원리' 참조.

현실의 원리 **【現實의 原理】** reality principle 정신분석학의 창시자인 Freud (1856~1939)는 인간의 성격을 구성하는 세 가지 요소를 가정하였는데, 여기에는 원초아(id: '원자아' 또는 '이드'라고도 함), 자아(ego), 그리고 초자아(superego) 등 세 요소가 포함된다. 그 가운데 하나인 '자아'는 '원초아'의 본능적이고 맹목적인 쾌락 추구 경향을 현실의 상황과 요구를 고려하여 조절하고 조화시키는 역할을 한다. 이와 같이 현실을 고려하여 합리적인 욕구 충족과 적응을 추구하는 자아의 기능 또는 경향성을 지칭하여 '현실의 원리' 또는 '현실원리'라고 한다.

현장실험 **【現場實驗】** field experiment 실험의 대상자 또는 피험자가 자신이 실험 또는 관찰의 대상이 되고 있음을 지각(또는 의식)하지 못하는 자연적인 상황(유치원, 학교, 놀이터, 운동장, 가정 등)에서 이루어지는 실험.

현장연구 **【現場研究】** field research 연구의 대상자

또는 연구 참가자가 자신이 연구 또는 관찰의 대상이 되고 있음을 지각(또는 의식)하지 못하는 자연적인 상황(유치원, 학교, 놀이터, 운동장, 가정 등)에서 이루어지는 연구.

혈당【血糖】 blood sugar 인체의 혈액 속에 포함되어 있는 포도당으로, 뇌와 혈액 속의 적혈구의 에너지원이 되는 물질이다. 간에서 만들어져 공급되며, 그 양은 운동과 같은 활동 과정에서 (말초 세포나 조직에서) 사용되는 포도당의 양과 그 개인의 식사량 등의 요인들에 따라 달라진다.

혈우병【血友病】 hemophilia 작은 상처에도 쉽게 출혈이 발생하고 또 출혈이 잘 멎지 않는, 즉 지혈이 어려운 증상을 보이는 유전질환. 선천적으로 혈액응고인자가 없는데서 비롯된다.

혐오요법【嫌惡療法】 aversion therapy / aversive therapy '혐오치료' 참조.

혐오자극【嫌惡刺戟】 aversive stimulus 조작적 조건화 연구에서 사용되는 자극의 한 형태로, 전기충격이나 큰 소음과 같이 피험동물들이 회피하는 반응을 나타내는 자극을 지칭한다. 이러한 자극들은 대부분 피험동물에게 유해한 자극이다.

혐오적 강화물【嫌惡的 强化物】 aversive reinforcer '혐오적 강화인' 참조.

혐오적 강화원【嫌惡的 强化源】 aversive reinforcer '혐오적 강화인' 참조.

혐오적 강화인【嫌惡的 强化因】 aversive reinforcer 학습의 한 유형인 조작적 조건형성 이론에서, 강화(强化: reinforcement)에 사용되는 자극 또는 사상(事象: 사건이나 대상 등)을 지칭하여 강화인이라고 한다. 특히, 강화인 중에서도 강화에 사용되는 자극(또는 사상)의 특성이 불쾌하거나 고통스럽거나 또는 해로워서 유기체(또는 피험동물)가 이를 혐오적으로 느끼고 회피하는 경향을 보이는 유형의 자극을 지칭하여 '혐오적 강화인'이라고 한다. '혐오적 강화물' 또는 '혐오적 강화원'이라고도 한다. '강화' 및 '강화인' 참조.

혐오치료【嫌惡治療】 aversion therapy / aversive therapy 바람직하지 않은 행동 또는 문제행동을 감소시키거나 제거하기 위해 사용되는 행동치료기법의 한 형태로, 흔히 문제가 되는 특정 행동(술 마시는 행동이나 흡연행동)에 대하여 혐오적인 자극(예를 들면, 속쓰림, 메스꺼움 또는 전기충격)을 제시함으로써 문제행동을 중단하도록 만드는 치료 기법을 말한다. 다시 말하면, 문제행동과 혐오자극을 연합시켜 문제행동을 하지 않도록 만드는 기법이 혐오치료이다. '혐오요법'이라고도 한다.

협동【協同】 cooperation 두 명 이상의 개인들 또는 두 명 이상의 사람들로 구성된 집단 속의 개인들이 공동의 목표를 성취하기 위해 서로 힘을 합하여 행동(또는 노력)하는 것.

협동놀이【協同놀이】 cooperative play '협동적 놀이' 참조.

협동적 놀이【協同的 놀이】 cooperative play 아동 놀이의 한 유형으로, 특히 아동들이 서로 협동해가면서 함께 하는 놀이. 관계의 측면에서 볼 때 가장 사회적이고 협동적인 놀이 유형으로, 아동들이 서로의 의견 교환 및 놀잇감의 공유뿐만 아니라 역할 분담을 통해 공동의 목표를 함께 추구해가는 놀이의 유형을 지칭한다. '협동놀이'라고도 한다.

형식적 조작기【形式的 操作期】formal operational stage / formal operational period Piaget(1896~1980)의 인지발달이론의 네 단계 가운데 마지막 단계. 약 11, 12세 이후의 시기에 해당한다. 이 시기의 아동은 구체적인 사상(事象)에 대해서 뿐만 아니라 추상적인 문제나 과제들에 대해서도 체계적이고 논리적인 조작적 사고를 할 수 있게 된다. 이러한 형식적 조작적 사고능력은 때때로 상상적 청중이나 개인적 우화, 그리고 이상주의 등으로 이어져 청소년기의 혼란을 초래하기도 한다. 만일 이 시기를 거치면서 형식적 조작적 사고능력을 촉진시키는 교육경험을 하지 못하는 경우에는 성인이 되어서도 형식적 조작적 사고를 하지 못하는 것으로 알려져 있다. 형식적 조작단계(形式的 操作段階)라고도 한다.

형식적 조작단계【形式的 操作段階】formal operational stage '형식적 조작기' 참조.

형제 간 경쟁【兄弟 間 競爭】sibling rivalry 형제들 간의 관계에서 발생하는 질투, 시기, 분노, 다툼 등과 같은 부정적인 정서 및 행동 반응을 포함하는 경쟁 상태. 전형적으로, 동생이 태어나거나 나이차가 적은 형제 관계에서 나타나기 쉽다. '형제 간 경쟁심', '형제 간의 경쟁' 또는 '형제 간의 경쟁심'이라고도 한다.

형제 간 경쟁심【兄弟 間 競爭心】sibling rivalry '형제 간 경쟁' 참조.

형제 간의 경쟁【兄弟 間의 競爭】sibling rivalry '형제 간 경쟁' 참조.

형제 간의 경쟁심【兄弟 間의 競爭心】sibling rivalry '형제 간 경쟁' 참조.

형질【形質】character 생물학적으로 생물의 모양, 크기, 성질 등의 고유한 특성이나 특징을 말하고, 일반적인 의미에서는 다양한 사물(事物)의 크기, 모양, 성질 등의 특성이나 특징을 지칭한다.

형태【形態】gestalt '게슈탈트' 참조.

형태론【形態論】morphology 언어에서 소리들이 결합하여 뜻을 가진 단어를 형성하는 규칙.

형태론적 지식【形態論的 知識】morphological knowledge 언어에서 뜻(또는 의미)을 갖는 최소의 단위를 형태소(morpheme)라 하며, 이러한 형태소들이 단어를 구성하게 된다. 이처럼 단어를 구성하는 형태소에 대한 지식을 지칭하여 '형태론적 지식'이라고 한다.

형태소【形態素】morpheme 언어에서 뜻(또는 의미)을 갖는 최소의 단위.

형태심리학【形態心理學】gestalt psychology '형태주의심리학' 참조.

형태완성검사【形態完成檢査】gestalt completion test 심리검사법의 한 유형. 검사를 받는 사람(피검사자)에게 미완성의 그림을 제시한 후, 이를 완성하도록 하는 검사 기법.

형태재인【形態再認】pattern recognition 지각자가 특정 대상 또는 전경(前景)의 형태를 기억 또는 기억체계 속에 들어 있는 형태에 대응시키는 과정.

형태주의 심리학【形態主義 心理學】gestalt psychology 지각(知覺)을 포함한 심리적 과정에서 체제화된 전체, 즉 게슈탈트(gestal)의 기능 또는 역할의 중요성을 강조하는 심리학 이론체계 또는 접근법의 하나. '게슈탈트 심리학' 참조.

형태주의 심리학자【形態主義 心理學者】gestalt psychologist 게슈탈트 심리학(gestalt psychology)적 접근을 하거나 또는 그 분야에서 활동하는 심리학자를 지칭한다. '게슈탈트 심리학자'라고도 한다.

형태주의 치료【形態主義 治療】gestalt therapy '게슈탈트 치료' 참조.

형태항등성【形態恒等性】shape constancy 동일한 지각대상 또는 물체라도 그것을 보는 위치나 각도가 변화하게 되면 눈의 망막에 비춰지는 그 지각대상(또는 물체)의 형태(또는 모양) 또한 달라지게 된다. 그럼에도 불구하고 우리는 그 지각대상(또는 물체)을 보는 위치나 각도와 관계없이 동일한 형태(또는 모양)를 가진 것으로 지각하는 경향성이 있는데, 이러한 경향성을 지칭하여 형태항등성이라고 한다. 이러한 형태항등성은 다른 지각항등성과 마찬가지로 경험 및 기억의 영향을 받기 때문에, 만일 지각대상(또는 물체)이 이전에 자주 접해본 경험이 없는, 즉 친근하지 않은 것일 경우에는 형태항등성이 적용되지 않을 수도 있다. '모양항등성(模樣恒等性)'이라고도 한다.

호나이 Horney (1885~1952) 독일 태생의 미국 여성 정신분석학자. 'Horney, Karen (1885~1952)' 참조.

호르몬 hormone 신체 조직 중 분비선에서 분비되고 있는 화학물질로, 신체의 여러 부분에 정보를 전달하고 자극함으로써 신체와 정신활동에 작용한다. 주로 뇌, 소화관, 성기 및 부신 등의 기관에서 분비되며, 현재 약 80여 종의 호르몬이 알려져 있다. 그리스어의 '자극하다, 일깨우다'는 말에서 비롯되었다. '홀몬'이라고도 한다.

호모 homo '동성애자'라고도 한다. 흔히 동성애자를 지칭하는 용어 가운데 가장 자주 사용되는 표현으로, 당사자를 비하하는 의미로 사용되는 경우가 많다. '동성애자' 참조.

호스트 Host 인터넷에 연결되어 있는 컴퓨터 시스템을 지칭한다.

호스피스 hospice 사망선고를 받은 환자의 집 또는 전문적 보호시설에서 이루어지는 의료서비스 또는 의료프로그램의 한 형태로, 죽어 가는 환자의 고통을 줄여주고 환자와 그 가족 구성원들의 정서적 측면에 대한 지지를 제공하는 데 목적을 둔 보호활동을 말한다.

호혜성【互惠性】reciprocity 관계가 일방적이지 않고 서로가 혜택과 이익을 주고받거나 함께 나누는 성질.

혼란애착【混亂愛着】disorganized attachment 애착의 유형 중에서 '불안정 애착'의 하위 유형들 가운데 가장 심한 유형으로, 불안정 애착의 또 다른 두 유형인 '저항애착'과 '회피애착'을 결합한 듯한 반응 경향을 특징적으로 보인다. 즉, 혼란애착을 형성한 영아는 낯선 상황에서 가장 고통스러워하며, 양육자(흔히, 어머니)와 분리된 이후 양육자가 돌아와 접촉을 시도할 때 접근해야 할지 아니면 회피해야 할지에 대해 혼란을 느끼는 듯한 모순된 반응 경향을 특징적으로 보인다.

혼입【混入】 confounding 종속변인에 대한 독립변인의 효과를 알아보는 연구에서, 독립변인 이외의 과외변인(들)이 함께 작용하여 영향을 미치는 것. 혼입은 종속변인에 대한 독립변인의 효과와 과외변인(들)의 효과를 분리할 수 없는 결과를 초래한다.

혼입된【混入된】 confounded 종속변인에 대한 독립변인의 효과를 알아보는 연구에서, 종속변인에 대해 독립변인 이외에 과외변인(들)이 함께 작용하여 영향을 미치는.

혼입변인【混入變因】 confounding variable 종속변인에 대한 독립변인의 효과를 알아보는 연구에서, 종속변인에 영향을 미치는 독립변인 이외의 다른 변인.

혼잣말 private speech '사적 언어' 참조.

혼합일화【混合逸話】 mixed episode 기분장애(氣分障碍: mood disorder)는 기분일화(氣分逸話: mood episode)의 유형에 따라 구분되는데, 혼합일화(混合逸話)는 이러한 기분일화의 한 유형이다. 구체적으로는, 조증일화(躁症逸話: manic episode)에 해당하는 상태나 행동과 주요우울일화(主要憂鬱逸話: major depressive episode)에 해당하는 상태나 행동이 1주일 이상 지속되는 상태를 말한다.

홀 Hall (1844~1924) 미국의 심리학자. 'Hall, Granville Stanley (1844~1924)' 참조.

홀몬 hormone '호르몬' 참조.

화용론【話用論】 pragmatics 어떤 특정한 사회의 맥락과 관계 속에서 효과적으로 의사소통하기 위해 언어를 어떻게 사용해야 하는가에 관한 규칙.

화이트칼라 white-collar / white collar 주로 신체 또는 육체노동에 종사하는 사람들, 즉 블루칼라(blue-collar)에 대응하여, 생산현장 이외에서 주로 지적(知的) 또는 정신적(精神的) 활동에 종사하는 근로자집단을 지칭한다. 이러한 근로자집단의 경우 흰 와이셔츠를 입고 활동하는 경우가 많다는 점에서 나온 표현으로, 사무직 종사자들이 주로 해당된다.

화자【話者】 speaker 의사소통 과정에서 말하는 입장의 위치에 있는 사람. 즉, 말하는 사람을 지칭한다.

화학요법【化學療法】 chemotherapy '화학치료(化學治療)'라고도 한다. 진정제나 항우울제 등과 같은 약물을 이용하여 심리학적인 또는 정신의학적인 문제를 치료하는 방법을 말한다.

화학치료【化學治療】 chemotherapy '화학요법' 참조.

확산【擴散】 divergence (1) 하나로부터 여러 개가 갈라져 나옴. (2) 하나의 주제나 문제로부터 상이한 여러 개의 의견이나 방안이 갈라져 나옴.

확산적 사고【擴散的 思考】 divergent thinking 답이 하나만 있는 것이 아닌 질문이나 문제에 대해 다양한 답(또는 다양한 해결 방안)을 찾거나 생각해낼 것을 요구하는 사고. 이와 반대되는 사고를 '수렴적 사고'라고 한다.

환각【幻覺】hallucination 외부의 감각적인 자극이 없는 상황에서 감각적인 지각을 경험하는 것. 정신분열병(정신분열증이라고도 함)과 같은 정신장애의 증상으로 흔히 나타남. 모든 감각에서 일어날 수 있으며, 특히 시각 및 청각적 환각이 가장 자주 발생하는 것으로 보고되고 있다.

환각물질【幻覺物質】hallucinant '환각'을 유발하는 물질.

환각유발약물【幻覺誘發藥品】hallucinogenic drugs '환각작용'을 일으키는 약물.

환각제【幻覺劑】hallucinogens 지각, 사고 및 정서적 기능에 강력한 영향을 미쳐 환각을 유발하는 약물. 대표적인 환각제로는 LSD(lysergic acid diethylamide)와 마리화나(marihuana-일명 대마초) 등이 있다.

환경【環境】environment 개체 또는 유기체에게 영향을 미칠 수 있는 주변의 모든 상태나 조건을 말한다. 심리적 환경, 자연적 환경, 물리적 환경, 사회 및 문화적 환경 등으로 구분할 수 있다.

환경가설【環境假說】environmental hypothesis 민족이나 인종집단들 간에 나타나는 능력(예를 들면, 지능 또는 지능지수)의 차이를 서로 다른 환경의 차이에서 비롯되는 것으로 설명하는 가설 또는 관점. '환경적 가설'이라고도 한다.

환경결정론【環境決定論】environmental determinism 인간의 발달(예를 들면, 성격이나 태도 등)이 이루어지는 과정은 전적으로 환경(의 영향)에 의한 것이며, 그 과정에서 인간(또는 아동)은 환경의 영향을 받기만 하는 수동적인 존재일 뿐이라고 보는 관점.

환경심리학【環境心理學】environmental psychology 인간의 행동과 환경(자연 및 인공환경) 간의 관계를 연구하는 심리학의 새로운 한 분야를 말한다. 구체적으로, 환경심리학은 대기 및 수질오염과 그로 인해 발생하는 건강의 문제, 인구 및 주택밀집, 차량혼잡 및 정체 그리고 그로 인한 에너지 낭비와 스트레스, 소음과 정신건강 및 삶의 질, 에너지절약과 자원재활용 등과 같이 인간의 행동과 환경으로부터 파생되는 문제들을 심리학적 지식 및 원리를 적용하여 해결해 가는 데 목적을 두고 등장한 심리학의 한 분야이다.

환경심리학자【環境心理學者】environmental psychologist 환경심리학(environmental psychology) 분야에서 활동하는 심리학자를 지칭한다.

환경적 가설【環境的 假說】environmental hypothesis '환경가설' 참조.

환경형 성희롱【環境型 性戲弄】hostile work environment sexual harassment / hostile environment sexual harassment 직장이나 조직 상황에서 발생하는 성희롱의 한 형태로, '대가형 성희롱'에서와 같은 고용이나 승진 또는 해고 등의 업무 관련 이해 조건을 내세우지는 않지만, 상대방의 의사나 입장을 고려하지 않은 성적 농담(예를 들면, 음담패설 등)이나 신체적 접촉 등의 성적 언동을 행하여 성적 굴욕감이나 불쾌감을 유발함으로써 스트레스를 증가시키고 근로의욕을 저하시키는 부정적인 고용환경(근무환경 또는 작업환경이라고도 함)을 초래하는 성희롱을 지칭한다. '적대적 환경형 성희롱', '적대적 근무환경형 성희롱', '적대적 고용환경형 성희롱' 또는 '적대적 작업환경형 성희롱'이라고도 한다.

환상【幻想】fantasy 현실과 동떨어져 현실화되기 어려운, 즉 현실성이 없는 상상이나 사고.

환원【還元】reduction (1) 근본적인 상태나 요소로 돌아감. (2) 여러 요소들로 구성되어(또는 이루어져) 있거나 복잡한 현상이나 대상(또는 개념)을 기본적이고 간단한 요소나 원리로 바꾸는 것.

환원주의【還元主義】reductionism 여러 요소들로 구성되어(이루어져) 있거나 복잡한 현상이나 대상(또는 개념)을 기본적이고 간단한 요소나 원리로 바꾸어 설명하려는 입장 또는 신념.

환자【患者】patient 부상을 당하거나 병(또는 질병)이 있어서 치료를 받고 있는 사람 또는 치료를 받아야 할 사람. 주로 의학 분야 또는 의학적 접근을 취하는 분야에서 사용하는 표현이다. 한편, 상담 분야에서는 자신의 문제나 고민을 해결할 목적으로 상담자를 찾아와 상담을 받는(도움을 받는) 사람을 지칭하여 내담자(來談者: client)또는 피상담자(被相談者)라는 표현을 주로 사용한다.

활동기억【活動記憶】working memory '단기기억' 참조.

활동전위【活動電位】action potential 신경세포인 뉴런이 역치를 넘어서는 자극을 받았을 때 일어나는 탈분극화. 일단 뉴런에 가해진 자극이 역치를 넘어서며, '그 자극이 얼마만큼 큰 가'와는 관계없이 항상 동일한 반응이 일어난다.

활동전위의 전파【活動電位의 傳播】propagating of action potential 뉴런에서 발생한 활동전위가 축색을 따라 전달되는 것.

황체【黃體】corpus luteum '노란덩어리'라는 뜻을 가지고 있으며, 난소에서 배란이 이루어진 이후에 난소 세포가 변하여 생긴 노란색의 덩어리 조직으로 성호르몬의 일종인 '황체호르몬(progesterone: '프로게스테론'이라고도 함)'을 분비한다.

황체형성호르몬【黃體形成호르몬】luteinizing hormone (LH) 뇌하수체에서 분비되는 생식선 자극호르몬 가운데 하나로, 여성의 난소와 남성의 정소(고환)에 작용하여 각각 여성호르몬과 남성호르몬의 생성과 분비를 조절하는 기능을 한다.

황체호르몬【黃體호르몬】progesterone '프로게스테론' 참조.

회백질【灰白質】grey matter 신경계(특히 뇌)에서 신경세포가 밀집되어 있어 회색으로 보이는 부분을 말하며, 흔히 대뇌의 피질(皮質: cortex)을 지칭한다. '피질' 참조.

회상【回想】recall 기억 과정 가운데 인출의 한 형태로, 과거의 학습과정 또는 정보 입력과정을 통해 기억체계 속에 저장되어 있는 정보를 단서가 없이 또는 단서가 있더라도 제한적이고 일반적인 단서만이 제공된 상태에서 인출해내는 인지 과정 또는 정보처리 과정을 지칭하여 '회상'이라고 한다. 회상 이외에도 인출의 또 다른 한 형태로 '재인(recognition)'이 있다.

회상검사【回想檢査】 recall test '회상(回想: recall)'을 요구하는 검사.

회피애착【回避愛着】 avoidance attachment 애착의 유형 중에서 '불안정 애착'의 한 유형. 회피애착을 형성한 영아는 양육자(흔히, 어머니)와 분리되는 것에 대해 거의 저항을 보이지 않으며, 분리 이후 양육자가 돌아와 접촉을 시도하는 것에 회피하거나 무시하는 반응을 나타내는 특징을 보인다.

회피학습【回避學習】 avoidance learning 혐오적인 자극을 회피하기 위한 특정한 반응행동의 학습.

회피행동【回避行動】 avoidance behavior 도피행동(逃避行動: escape behavior)의 경우에서와는 달리, 현재 혐오자극이 존재하고 있지는 않지만, 미리 특정 행동을 함으로써 혐오적인 자극 또는 상황이 발생하지 않게 되는 경우에서, 그 선행한 특정 행동을 지칭하여 '도피행동'이라고 한다.

회피-회피 갈등【回避-回避 葛藤】 avoidance-avoidance conflict 회피반응을 유발하는(즉, 회피하고 싶은) 부정적인 선택지 또는 대상 가운데 하나를 선택해야만 하는 상황에서 경험하는 갈등.

회피훈련【回避訓練】 avoidance training 특정 상황에서 부적절한 행동 또는 문제행동을 나타냄으로써 처벌이 가해지는 결과를 예방(또는 방지)하기 위해, 처벌받을 부적절한 행동이나 문제행동이 아닌 적절한 행동 또는 바람직한 행동을 학습하도록 훈련시키는 것 또는 그러한 과정을 지칭한다. 이러한 접근은 처벌이 부적절한 행동이나 문제행동을 감소 또는 중단시키기 위한 효과적인 방법이 되지 못할 뿐만 아니라 여러 가지 부작용을 내포하고 있다는 연구결과들 및 관점을 반영한 것으로 볼 수 있다.

획득【獲得】 acquisition '습득(習得)'이라고도 번역된다. '습득' 참조.

횡단적-단기종단적 방법【橫斷的-短期縱斷的 方法】 cross sectional / short-term longitudinal method '횡단적-단기종단적 연구' 참조.

횡단적-단기종단적 설계【橫斷的-短期縱斷的 設計】 cross sectional / short-term longitudinal design '횡단적-단기종단적 연구' 참조.

횡단적-단기종단적 연구【橫斷的-短期縱斷的 硏究】 cross sectional / short-term longitudinal study 발달 연구에서, 횡단적 연구(또는 횡단적 방법이라고도 함)와 종단적 연구(또는 종단적 방법이라고도 함)가 가지고 있는 장점과 단점을 고려하여 각각의 단점을 줄이고 장점을 늘리는 방향으로 계획된 발달 연구방법의 하나. 구체적으로 횡단적 방법에 따라 연령이 다른 여러 집단을 동시에 표집한 후, 비교적 단기간에 걸친 종단적 방법으로 이들의 발달적 특징이나 변화를 반복하여 측정하는 과정을 통해 그 차이나 변화 경향을 밝히는 연구방법. 횡단적-단기종단적 연구라는 표현 이외에도 횡단적-단기종단적 방법, 횡단적-단기종단적 연구법, 횡단적-단기종단적 연구방법, 횡단적-단기종단적 설계 그리고 횡단적-단기종단적 접근 등의 표현이 같은 의미로 사용된다.

횡단적–단기종단적 연구방법【橫斷的–短期縱斷的 研究方法】cross sectional / short-term longitudinal method ‘횡단적–단기종단적 연구’ 참조.

횡단적–단기종단적 연구법【橫斷的–短期縱斷的 研究法】cross sectional / short-term longitudinal method ‘횡단적–단기종단적 연구’ 참조.

횡단적–단기종단적 접근【橫斷的–短期縱斷的 接近】cross sectional / short-term longitudinal approach ‘횡단적–단기종단적 연구’ 참조.

횡단적 방법【橫斷的 方法】cross-sectional method ‘횡단적 연구’ 참조.

횡단적 설계【橫斷的 設計】cross-sectional design ‘횡단적 연구’ 참조.

횡단적 연구【橫斷的 研究】cross-sectional study 동시에 연령이 다른 여러 집단을 표집한 후 이들을 대상으로 발달적 특징에 대한 자료를 수집하고 이를 비교하여 발달적 차이나 경향을 알아보는 연구방법. 횡단적 연구라는 표현 이외에도 횡단적 방법, 횡단적 연구법, 횡단적 연구방법, 횡단적 설계 그리고 횡단적 접근 등의 표현이 같은 의미로 사용된다.

횡단적 연구방법【橫斷的 研究方法】cross-sectional method ‘횡단적 연구’ 참조.

횡단적 연구법【橫斷的 研究法】cross-sectional method ‘횡단적 연구’ 참조.

횡단적 접근【橫斷的 接近】cross-sectional approach ‘횡단적 연구’ 참조.

효과의 법칙【效果의 法則】law of effect 특정한 반응 또는 행동이 발생할 확률은 그 결과에 의해 영향을 받게 된다는 원리로, 반응에 뒤이어 보상이 오게 되면 그 이후에 그 반응이 발생하는 경향이 증가되고, 반대로 반응에 대하여 보상이 오지 않게 되면 그 반응이 발생하게 될 가능성이 감소되는 원리를 말한다. 미국의 심리학자 Thorndike (1874~1949)에 의해 처음으로 제안되었다.

효능제【效能劑】agonist (1) 특정 약물의 효과를 모방하거나 증가시키는 물질(또는 약물). (2) 신경계에서 뉴런의 수용기에 대해 특정 신경전달물질이 작용하는 것과 같은 방식으로 작용함으로써 그 신경전달물질과 유사한 효과를 내거나 효과를 더욱 증가시키는 물질(또는 약물). ‘효능제’와 반대되는 작용을 하는 물질(또는 약물)을 ‘길항제’라고 한다.

후각【嗅覺】olfactory sense 냄새를 맡고 느끼는 감각.

후각기관【嗅覺器官】olfactory organ / organ of smell 냄새자극을 받아들이는(즉, 수용하는) 기관. 인간의 경우에는 코가 후각기관에 해당된다.

후각신경【嗅覺神經】olfactory nerve 후각을 담당하는 코로부터 대뇌에 이르는 일련의 신경 또는 신경체계. ‘후신경’이라고도 한다.

후각체계【嗅覺體系】olfactory system 냄새자극을 맡고 처리하는 일련의 체계를 지칭하며, 여기에는 코와 뇌의 일부 조직 등이 포함된다.

후각피질【嗅覺皮質】olfactory cortex 뇌의 구조 중, 후각기능에 관여하는 대뇌피질의 영역.

후견 편파【後見 偏頗】hindsight bias '후견 편향' 참조.

후견 편향【後見 偏向】hindsight bias 어떤 일이나 사건이 발생하여 그 결과를 모두 알고 난 이후에 마치 그 일이나 사건이 발생하기 전부터 그 결과를 예측할 수 있었던 것처럼 생각하거나 믿는 편향된(또는 편파된) 사고를 하는 경향성. '후견 편파', '후판단 편향' 또는 '후판단 편파'라고도 한다.

후광효과【後光效果】halo effect 어떤 사람이나 대상에 대하여 평가나 판단을 할 때, 그 사람(또는 대상)이 가진 한 가지나 일부의 특징을 가지고 이와는 아무런 논리적 관계가 없는 그 대상(또는 현상)의 다른 부분들에 대해서까지 일반화시키는 경향성(또는 현상). 일종의 사회적 지각의 오류라고 할 수 있는 현상으로, 후광효과가 자주 발생하는 경우로는 타인에 대한 첫인상 형성과정에서 볼 수 있다. 즉, 상대방의 신체적 매력 또는 외모가 후광효과를 발휘하여 그 사람에 대한 첫인상 형성과정에 긍정적으로 작용하는 경우라고 할 수 있다. 처음 접한 상대방의 외모가 좋거나 신체적 매력이 있는 사람이라면 그렇지 못한 사람들에 비하여 그 상대방을 사회적으로 지위가 더 높고 관대하고 경제력이 많으며 더 지적일 것으로 지각 또는 생각하는 경향이 있다. 이와는 반대로 외모가 떨어지거나 신체적 매력이 적은 사람들에 대해서는 위에서 예로 든 긍정적 후광효과와 반대되는 부정적 후광효과가 작용하는 경향이 있다. 부정적 후광효과를 지칭하여 악마효과(惡魔效果: devil effect)라고도 한다. 후광효과나 악마효과는 일종의 논리적 오류로 볼 수 있다. '악마효과' 참조.

후뇌【後腦】hindbrain 인간을 포함한 척추동물의 뇌에서 발견되는 뇌의 부분으로, 특히 뇌의 뒷부분에 위치하여 척수와 인접해 있는 영역으로 여기에는 소뇌, 연수, 망상체 및 뇌교 등이 포함된다. 가장 원시적인 척추동물에서도 발견되는 것으로 보아 뇌의 진화에서 가장 초기에 형성된 부분으로 추정된다.

후신경【嗅神經】olfactory nerve '후각신경'이라고도 한다. '후각신경' 참조.

후인습적 도덕발달 수준【後因襲的 道德發達 水準】postconventional level of moral development '후인습적 수준' 또는 '후인습적 도덕성'이라고도 한다. '후인습적 수준' 참조.

후인습적 도덕성【後因襲的 道德性】postconventional morality '후인습적 수준' 또는 '후인습적 도덕발달 수준'이라고도 한다. '후인습적 수준' 참조.

후인습적 수준【後因襲的 水準】postconventional level Kohlberg (1927~1987)가 제안한 도덕추론능력의 발달수준(세 수준) 가운데 가장 높은 마지막 세 번째 수준으로, 이 수준에서는 그 전 단계에서 적용되었던 것과 같은 권위, 법 및 질서 등에 대해 당연히 복종해야 한다는 입장을 거부하며, 그 대신에 도덕적 문제에 대한 추론이나 판단은 타당성을 갖는 개인의 자율적인 정의와 원칙에 따라 이루어지게 된다. 한편, 후인습적 수준은 하위 두 단계(제5단계 및 6단계)로 구분되는데, 그 특징을 살펴보면 다음과 같다. 제5단계에 도달한 사람들은 사회의 법이나 가치는 상대적인 것이며, 동시에 사람들이 가지고 있는 표준은 개인에 따라 달라질 수 있음을 이해한다. 따라서 인간 사회의 법이나 규칙 등은 시대와 상황에 따라 변화될 수 있는 것으로 생각하게 되며, 이러한 사고에 근거하여 도덕추론 및 판단을 하게 된다. 제6단계는 Kohlberg의 도덕추론능력의 발달이론에서 가장 높은 단계로, 이 단계에 도달한 사람들은 자신의 행위를 이끌어 갈 보편적인 윤리적 원리를 탐색하고 발전시키게 되며, 이러한 원리에 따라 도덕판단을 하게 된다. 그러므로 이 단계에 해당하는 사람은 만일 현실의 법과 자신의 내면세계에 위치한 보편적인 윤리적 원리 사이에서 갈등이 발생하게 되면, 법이 아니라 자신의 내면세계에 자리잡고 있는 보편적인 윤리적 원리를 선택하게 된다. 따라서 이들은 현실의 법이나 규칙이 보편성이나 평등에 위배되는 등의 문제를 내포하고 있다면 개선 또는 변화되어야 한다고 판단하게 됨(물론 이들은 그러한 개선이나 변화과정에 수반되는 개인의 희생가능성을 부인하지 않음). 이러한 6단계에 도달한 사람의 예를 든다면 인도의 간디나 테레사 수녀 등과 같은 몇몇 사람들을 들 수 있으며, 전체적으로 아주 극소수의 사람만이 도달할 수 있는 단계로 생각되고 있다. 심지어 Kohlberg 자신도 이 6단계를 이론적인 단계로 고려하게 된다. 한편, 이 수준의 도덕추론능력을 '후인습적 도덕성' 또는 '후인습적 도덕발달 수준'이라고도 한다.

후인습적 추론【後因襲的 推論】postconventional reasoning Kohlberg (1927~1987)의 도덕발달이론의 마지막 세 번째 발달수준인 후인습적 수준에 있는 사람들이 나타내는 사고경향을 지칭한다. '후인습적 수준' 참조.

후진적 조건형성【後進的 條件形成】backward conditioning 고전적 조건형성 과정에서 조건자극(최초 중성자극)과 무조건자극의 제시순서는 흔히 조건자극(최초 중성자극)이 제시된 이후 무조건자극이 제시되는 절차를 따르는데, 이러한 조건형성을 전진적 조건형성(前進的 條件形成: forward conditioning)이라고 하고, 이와는 반대로 먼저 무조건자극을 제시한 이후에 조건자극(최초 중성자극)이 제시되는 절차를 따르는 조건형성을 후진적 조건형성이라고 한다. 일반적으로 전진적 조건형성에 비해 후진적 조건형성의 학습효과가 떨어지는 것으로 알려져 있다.

후천 견해【後天見解】nurture view '후천론' 참조.

후천론【後天論】Aposteriorism 유기체의 정신 또는 심리적 기능이나 능력은 출생 시부터 가지고 태어나는 것이 아니라 생후의 경험을 통해 이루어지는 것이라고 보는 관점 또는 이론. '선천론(先天論: nativism)', 즉 '생득론(生得論)'과 반대되는 개념이다. '후천설(後天說)' 또는 '후천 견해(後天見解: nurture view)'라고도 한다.

후천설【後天說】Aposteriorism '후천론' 참조.

후천성면역결핍증【後天性免疫缺乏症】acquired immunodeficiency syndrome (AIDS) 인체 면역결핍 바이러스(HIV: human immunodeficiency virus)에 감염되어 인체의 면역체계가 기능을 상실한 상태를 말한다. 아직 완전한 치료법이나 백신이 개발되지 못한 상태이다.

후천성의【後天性의】acquired '후천적' 참조.

후천적【後天的】acquired 태어난 이후에 획득된.

'후천적인', '후천성의' 등과 같은 의미를 가진 말로 사용된다.

후천적인【後天的인】 acquired '후천적' 참조.

후판단 편파【後判斷 偏頗】 hindsight bias '후견편향' 참조.

후판단 편향【後判斷 偏向】 hindsight bias '후견편향' 참조.

훈련【訓練】 training 신체적, 심리적 또는 행동적 측면에서 특정한 상태나 기능을 획득할 목적으로 실시하는 체계적인 활동 또는 프로그램.

훈련집단【訓練集團】 T-group '티그룹' 참조.

훈습【薰習】 working through 정신분석 치료에서 사용되는 치료기법의 하나. 환자가 자신의 내면적 문제 또는 갈등의 원인과 그 역동성을 통찰하도록 함으로써 환자가 현실상황에서 그와 유사한 문제를 맞이하게 될 때 이를 스스로 해결해 갈 수 있도록 하기 위해 치료자는 내담자와 함께 치료 장면에서 이 문제를 반복해서 경험하도록 하는 과정을 거치게 되는데, 이러한 과정 또는 절차를 '훈습'이라고 한다.

흥미【興味】 interest 특정 대상(주제나 활동)에 대해 관심이 가거나 마음이 끌리는 심적 상태.

흥미검사【興味檢査】 interest test 개인이 가진 흥미의 대상(주제나 활동)이 무엇인지를 알아보거나 또는 개인이 특정한 대상(주제나 활동)에 대해 어느 정도의 흥미를 가지고 있는지를 알아보기 위한 검사.

흥분성 조건화【興奮性 條件化】 excitatory conditioning 고전적 조건화를 두 가지 형태로 구분할 때 그 중의 한 유형으로, 조건자극과 무조건자극을 짝지어주는 과정을 거친 후에 조건자극이 조건반응을 일으키는 형태의 조건화를 지칭한다. 흔히 알려져 있는 고전적 조건화가 바로 이 흥분성 조건화에 해당된다. 예를 들면, 개를 대상으로 한 실험연구에서 조건자극인 벨소리와 무조건자극인 고기가루(특정 반응을 무조건 일으키는 자극을 무조건자극이라고 한다. 위 실험연구에서 고기가루가 개의 입에 주어졌을 때 타액반응을 무조건 일으키기 때문에 무조건자극이 된다)를 짝지어주는 과정을 반복하게 되면 나중에는 조건자극인 벨소리만으로도 타액반응(이 반응을 조건반응이라고 한다)이 유발된다. 이 경우에서와 같이 조건자극을 무조건자극과 짝지으는 과정을 거친 후에 조건자극이 조건반응을 유발하는 조건화 형태를 지칭하여 '흥분성 조건화'라고 한다. '흥분 조건화', '흥분성 조건형성' 또는 '흥분 조건형성'이라고도 한다. 한편, '흥분성 조건화'와 반대되는 고전적 조건화 형태가 '억제성 조건화'이다.

흥분성 조건형성【興奮性 條件形成】 excitatory conditioning '흥분성 조건화', '흥분 조건화' 또는 '흥분 조건형성'이라고도 한다. '흥분성 조건화' 참조.

흥분식역【興奮識閾】 excitation threshold 신경세포인 뉴런이 활동전위를 일으키는데 요구되는 전위(電位)의 수준. 대부분의 뉴런에서 활동전위를 일으키는 흥분식역은 −55mV 이다. 한편, '흥분식역'은 '흥분역치'라고도 한다.

흥분역치【興奮閾値】 excitation threshold '흥분식역(興奮識閾)'이라고도 한다. '흥분식역' 참조.

흥분제 【興奮劑】stimulant 중추신경계, 특히 교감신경계를 자극하여 신체의 여러 기관 및 정신활동을 활발하게 또는 항진시키는 약물 또는 물질을 총칭한다. 흥분제로 분류되는 약물들로는 카페인, 코카인, 메탄페타민 및 암페타민 등의 약물이 있다.

흥분 조건형성 【興奮 條件形成】excitatory conditioning '흥분성 조건화', '흥분 조건화' 또는 '흥분성 조건형성'이라고도 한다. '흥분성 조건화' 참조.

흥분 조건화 【興奮 條件化】excitatory conditioning '흥분성 조건화', '흥분성 조건형성' 또는 '흥분 조건형성'이라고도 한다. '흥분성 조건화' 참조.

희망 【希望】hope 앞으로 진행될 일이나 상황이 잘 되거나 개선되리라는 기대를 가지고 바람. 미래에 대한 긍정적 기대를 갖도록 만들어줄 뿐만 아니라 현재 발생하고 있거나 또는 앞으로 발생할 수 있는 어려움을 극복하고 적응과 성장 및 성취를 이루어갈 수 있도록 만들어주는 심리적 및 행동적인 힘의 원천으로 작용한다. 실제로, 희망은 긍정적인 사고, 행복, 정신건강, 노력, 도전적인 자세, 용기, 역경의 극복, 학교생활 적응, 진로성숙도, 진로준비행동 등과 같은 주요 변인들에 대해 긍정적인 영향을 미치며, 또한 심리적 및 행동적 부적응이나 문제행동의 발생을 감소시키는 효과가 있는 것으로 보고되고 있다.

히로뽕 각성제 메스암페타민(methamphetamine)의 상품명인 '필로폰(Philopon)'의 일본식 발음. '필로폰' 참조.

히스테리 마비 【히스테리 痲痺】hysterical paralysis '전환장애' 참조.

히스테리성 마비 【히스테리性 痲痺】hysterical paralysis '전환장애' 참조.

히스테리아 hysteria 전환장애와 해리장애를 포함하는 심인성 장애들을 총칭하는 표현으로, 특히 심리적 장애가 신체적 증상으로 나타나는 장애를 말한다. Freud이론의 많은 부분은 바로 히스테리아 환자를 관찰하고 치료하는 과정(경험)에서 발전된 것으로 알려지고 있다. 한편, 이 용어는 DSM-III (정신장애 진단 및 통계 편람-제3판)에서부터 사용되지 않고 있다.

히스토그램 histogram 통계자료, 그 중에서도 빈도분포(또는 도수분포)를 쉽게 알아볼 수 있도록 나타내기 위해 사용되는 기둥형태의 도표. 즉, 기둥 모양의 그래프를 사용하여 빈도를 나타낸 분포표를 말한다. '막대그래프', '막대그림표', '기둥도표' 또는 '기둥그래프'라고도 한다.

히스패닉 Hispanic 라틴아메리카계 사람. 또는 라틴아메리카계 미국인을 지칭하기도 한다.

히포크라테스 Hippocrates(460?~377? BC) 고대 그리스의 의사로 '의학의 아버지'로 불리어지는 인물. 오늘날 서양 의학을 공부한 의학도 또는 의사들이 따르고 있는 '히포크라테스의 선서'에 포함된 윤리 강령을 발전시켰다.

심리학사전

A

ABC 모형【ABC 模型】ABC model / A-B-C model 'ABCDE 모형' 참조.

ABC 이론【ABC 理論】ABC theory / A-B-C theory 'ABCDE 모형' 참조.

ABCDE 모형【ABCDE 模型】ABCDE model / A-B-C-D-E model 사람들이 경험하는 정서(또는 감정)와 행동상의 문제의 발생 원인과 치료를 위해 제안된 이론 체계로, Albert Ellis (1913~2007)의 '합리적-정서적 행동치료(Rational-Emotive Behavior therapy: REBT)이론'을 지칭한다. 이 이론 체계에서는 부적응적인 정서와 행동은 어떤 사건(선행사건)에 대한 비합리적인 사고와 신념에서 비롯된다고 보며, 따라서 이러한 비합리적인 사고와 신념을 논박함으로써 이를 합리적이고 현실적인 사고와 신념으로 변화시키면, 자연히 내담자가 가진 부적응적인 정서와 행동도 적응적인 방향으로 변화하게 된다고 본다. 따라서 이 이론에서 말하는 'A'는 'Antecedent(문제가 되고 있는 선행사건)'를, 'B'는 'Belief(선행사건에 대한 사고와 신념)'를, 'C'는 'Consequence(감정이나 정서의 상태 또는 결과)'를, 'D'는 'Dispute(비합리적인 신념이나 사고에 대한 논박)'를, 'E'는 'Effect(논박 과정을 통해 일어난 효과, 즉 논박을 통해 신념과 사고의 변화가 일어나고 그에 따라 수반되는 감정과 정서의 변화 및 행동의 변화)'를 나타낸다. 즉, 이 이론 체계에서는, '선행사건(A)에 대한 개인의 비합리적인 사고와 신념(B)이 감정이나 정서적 고통 또는 결과(C)의 원인이 되므로, 이러한 비합리적인 사고와 신념에 대한 논박(D)을 통해 개인의 비합리적인 사고와 신념을 합리적인 사고와 신념으로 변화시키면, 자연히 개인의 부적응적인 감정이나 정서적인 상태가 긍정적인 상태로 개선되고 동시에 행동도 적응적인 방향으로 변화하게 된다(E)'고 설명한다. 'ABCDE 이론(ABCDE theory)', 'ABC 이론' 또는 'ABC 모형'이라고도 한다.

ABCDE 이론【ABCDE 理論】ABCDE theory / A-B-C-D-E theory 'ABCDE 모형' 참조.

Abraham Harold Maslow (1908~1970) 미국의 심리학자. 인본주의 심리학의 창시자. 'Maslow, Abraham Harold (1908~1970)' 참조.

Avram Noam Chomsky (1928~) 미국의 언어학자 · 철학자 · 인지과학자. 'Chomsky, Avram Noam (1928~)' 참조.

ADHD 'attention-deficit hyperactivity disorder'의 약자. '주의력결핍 과잉행동장애' 참조.

Adler (1870~1937) 오스트리아 태생의 정신의학자 · 정신분석학자. 개인심리학의 창시자. 'Adler, Alfred (1870~1937)' 참조.

Adler, Alfred (1870~1937) 오스트리아 태생의 정신의학자 · 정신분석학자. 개인심리학의 창시자. 의학을 공부하고 박사학위를 받았다. Freud (1856~1939)의 정신분석학의 영향을 받아 Freud의 제자가 되었고 또한 정신분석학회의 주요 회원으로 활동하였으나 프로이트와 이론적인 견해 차이(특히, Freud가 성격 발달과정에서 성(性)적인 측면을 강조하는 것에 대해 반대하는 입장을 취함)를 보이면서 Freud의 학파로부터 탈퇴하여 자신의 독립적인 이론 체계이자 학파인 '개인심리학(Individual Psychology)'을 창시하였다. 개인심리학에서는 개인의 성장과 발달을 이끄는 원동력은 사람들이 우월성을 추구하는 삶의 과정에서 실패와 좌절을 겪게 되고, 그에 따라 발생하는 열등감과 이것을 극복하려는 보상적 심리 또는 보상적 욕구라고 보았다. 이와 같은 삶의 과정에서 열등감의 발생과 함께 분노와 불안정감 등의 복합적인 심리가 혼재된 상태를 지칭하여 열등 콤플렉스(inferiority complex)라 불렀다. Adler는 개인적으로나 역사적인 인물들의 크고 위대한 성과들 가운데 많은 부분이 열등 콤플렉스를 극복하기 위한 노력의 결과물이라고 보았다.

Albert Ellis (1913~2007) 미국의 심리학자. 'Ellis, Albert (1913~2007)' 참조.

Alfred Binet (1857~1911) 지능검사의 아버지로 불리는 프랑스의 심리학자. 'Binet, Alfred (1857~1911)' 참조.

Allport (1897~1967) 미국의 심리학자. 'Allport, Gordon Willard (1897~1967)' 참조.

Allport, Gordon Willard (1897~1967) 미국의 심리학자. 미국의 하버드대학교 및 독일과 영국 등의 여러 대학에서 수학하였다. 특히, 독일의 형태주의 심리학의 영향을 많이 받았고, 미국 하버드대학교 교수로 재직하였으며, 성격심리학 및 사회심리학 분야에서 많은 업적을 남겼다. '올포트', '올포오트' 또는 '고든 올포트' 등으로 표기하기도 한다.

Alzheimer (1864~1915) 독일의 의사 · 정신의학자 · 신경병리학자. 'Alzheimer, Alois (1864~1915)' 참조.

Alzheimer, Alois (1864~1915) 1906년 '알츠하이머병(Alzheimer's disease)'을 처음으로 발견하고 보고한 독일의 의사 · 정신의학자 · 신경병리학자. '알츠하이머' 또는 '알쯔하이머'라고도 한다. '알츠하이머병' 참조.

androgen '안드로겐' 참조.

Anna Freud (1895~1982) 'Freud, Anna (1895~1982)' 참조.

anorexia '신경성 식욕부진증' 참조.

anorexia nervosa '신경성 식욕부진증' 참조.

A-not-B 오류 A-not-B error 영아기(특히 생후 약 8개월~12개월 사이)의 아이들에게서 일반적으로 나타나는 인지발달 상의 특징들 가운데 하나. 이 시기의 영아들은 특정한 물건이나 대상(예를 들면 인형이나 숟가락 등)을 찾는 과정에서, 그 물건을 자신들이 보는 앞에서 A위치에서 B위치로 이동시켜 숨겼음에도 불구하고, 그 물건이 최종적으로 숨겨진 곳(B위치)에서 찾는 것이 아니라 앞서서 그 물건을 찾은 경험이 있었던 이전의 위치(A위치)에서 계속해서 물건을 찾는 행동 경향을 보이는데, 이와 같은 인지적 및 행동적 측면에서의 오류 또는 미숙함을 지칭하여 'A-not-B 오류'라고 한다.

Arnold Gesell 미국의 심리학자. 'Gesell, Arnold Lucius (1880~1961)' 참조.

A형 성격【A型 性格】 type A personality 'A형 행동유형'의 특징을 나타내는 성격을 말한다. 즉, 성격의 유형을 A형 성격 및 B형 성격으로 구분할 때, A형 성격은 다른 사람들과의 관계에서나 업무 면에서 경쟁적이고 적대적이며 또한 공격적인 경향이 강하며, 시간적으로 긴박함을 경험하기 쉬운 성격 유형. 이와 반대의 경향을 가진 성격을 'B형 성격'이라고 한다. 특히 'A형 성격'은 심장질환의 위험을 높이는 성격으로, 'B형 성격'에 비해 관상동맥성 심장질환의 발병률이 훨씬 더 높은 것으로 알려지고 있다. 이에 따라 'A형 성격'을 '심장병 위험이 높은 성격(high cardiac-risk personality)'이라고도 한다.

A형 행동양식【A型 行動様式】 type A behavior pattern 'A형 행동유형'이라고도 한다. 'A형 성격' 참조.

A형 행동유형【A型 行動類型】 type A behavior pattern 'A형 행동양식'이라고도 한다. 'A형 성격' 참조.

B

Babinski (1857~1932) 'Babinski, Joseph Jules Francois Félix (1857~1932)' 참조.

Babinski, Joseph Jules Francois Félix (1857~1932) 프랑스의 신경의학자. 생후 초기 영아들에게서 나타나는 여러 유형의 반사들 가운데 바빈스키반사(Babinski reflex)를 발견한 학자이다. 이 반사는 생후 초기에 신생아의 발바닥을 손가락이나 물건을 사용하여 뒷꿈치에서 발가락 쪽 방향으로 간질이면 엄지발가락을 발등 쪽으로 굽히면서 나머지 네 개의 발가락을 부챗살처럼 펼치는 행동을 나타내는 반사로, 1896년 이 반사를 처음 발견한 Babinski의 이름을 따서 명명된 것이다. '바빈스키'로 표기하기도 한다.

Bandura (1925~) 캐나다 태생의 미국 심리학자. 'Bandura, Albert (1925~)' 참조.

Bandura, Albert (1925~) 캐나다 태생의 미국 심리학자. 교사가 2명뿐인 시골지역의 학교를 다니면서 초등학교 과정부터 고등학교 과정을 졸업한 후, 한때 노동현장에서 활동하다가 대학에 진학하게 된 인물. 영국 컬럼비아대학교에서 심리학을 전공하여 1949년 우수한 성적으로 졸업한 후, 1951년 아이오와대학교 대학원에서 석사학위를, 그리고 1952년에 박사학위를 받았고, 이후 스탠퍼드대학교 교수로 근무하고 있다. 학습이론, 특히 사회학습이론(social learning theory) 분야에서 큰 업적을 이루었다. '반두라', '앨버트 반두라' 또는 '알버트 반두라' 등으로 표기하기도 한다.

Barnum (1810~1891) 미국의 서커스 공연단의 흥행사 · 공연기획자. 'Barnum, Phineas Taylor (1810~1891)' 참조.

Barnum, Phineas Taylor (1810~1891) 미국의 서커스 공연단의 흥행사 · 공연기획자. 19세기 후반 서커스 공연단에서 사람들의 심리적 특징과 성격 등을 파악해주는 일을 하였는데, 이 일을 통해 사람들로부터 많은 호응과 인기를 얻음으로써 흥행에서 크게 성공하였다. 특히, Barnum은 사람들이 보편적으로 공유하고 있는 심리적 특성을 마치 특정 개인의 심리적 특성인 것처럼 묘사함으로써 사람들로부터 마치 자신들의 심리를 정확하게 읽고 파악하고 있는 것처럼 믿도록 만들었고, 이러한 방법을 사용하여 큰 인기와 흥행을 이루었다. 이로부터 유래한 심리적 경향 또는 심리적 현상이 '바넘효과(Barnum effect)'이다. Barnum은 '바넘'이라고 표기하기도 한다. '바넘효과' 참조.

Barnum효과【Barnum效果】Barnum effect '바넘효과' 참조.

Berne (1910~1970) 캐나다 태생의 미국 정신의학자. 'Berne, Eric (1910~1970)' 참조.

Berne, Eric (1910~1970) 캐나다 태생의 미국 정신의학자. 성격, 대인관계 및 의사소통에 관한 체계적인 분석 기법 또는 이론체계인 '교류분석(이론)'의 창시자. 맥길대학교에서 의학을, 예일대학교에서 정신분석을 공부하였고, 유명한 정신분석학자이자 심리학자인 Erikson (1902~1994)의 지도를 받기도 하였다. 정신분석학에 대한 비판적 시각을 가지고 오랜 연구 끝에 개발한 이론이 '교류분석이론('교류분석'이라고도 한다)'이다. 이 이론은 일반사람들 또는 환자들로 구성된 특정 집단의 구성원들 간에 이루어지는 교류(交流: transaction)의 측면에서 상호관계를 분석하는 기법 또는 이론체계이다.

Binet (1857~1911) 지능검사의 아버지로 불리는 프랑스의 심리학자. 'Binet, Alfred (1857~1911)' 참조.

Binet, Alfred (1857~1911) 지능검사의 아버지로 불리는 프랑스의 심리학자. 프랑스 교육부로부터 정규학교 교육을 받기 어려운 학생들을 선별해낼 수 있는 검사를 만들어달라는 의뢰를 받은 후, 1905년 시몽(Theodore Simon: '시몬'이라고도 한다)과 함께 최초의 지능검사를 개발하였다. '비네'로 표기하기도 한다.

Bobo Bandura (1925~)의 관찰학습 실험연구에서 사용된 인형의 이름. 커다란 오뚜기 인형의 일종이다. '보보인형' 또는 '보보'로 표기하기도 한다.

Bowlby (1907~1990) 영국의 정신의학자 · 심리학자. 'Bowlby, John (1907~1990)' 참조.

Bowlby, John (1907~1990) 영국의 정신의학자 · 심리학자. 양육자(부모)와 자녀 간의 관계에서 형성되는 강한 유대인 애착과 애착발달에 관한 연구로 많은 업적을 남겼다. 또한 애착(attachment)의 개념과 애착이론(attachment theory)을 처음으로 제시한 학자로 평가받고 있다. '볼비', '존 볼비'로 표기하기도 한다.

Briggs (1875~1968) 미국의 여성 심리학자 · 성격이론가. 'Briggs, Katharine Cook (1875~1968)' 참조.

Briggs, Katharine Cook (1875~1968) 미국의 여성 심리학자 · 성격이론가. Jung (1875~1961)의 심리유형론을 기초로 하여, 딸인 Isabel Briggs Myers (1897~1980)와 공동으로 성격유형검사인 'MBTI'를 개발하였다. 앞서서 Briggs는 Jung의 저서인 심리유형론(Psychological Types: 1921년에 처음 출간되었고, 영문판은 1923에 출간됨)을 접한 후 이를 딸인 Myers에게 추천하게 되었고, 이를 계기로 오랜 개발과정을 거쳐 성격유형검사인 'MBTI'를 개발하게 되었다. '브릭스' 또는 '캐서린 쿡 브릭스' 등으로 표기하기도 한다. 'MBTI' 참조.

Bronfenbrenner (1917~2005) 러시아 태생의 미국 심리학자. 'Bronfenbrenner, Urie (1917~2005)' 참조.

Bronfenbrenner, Urie (1917~2005) 러시아 태생의 미국 심리학자. 그가 제안한 생태학적 체계이론(ecological system theory)은 인간발달에 관한 가장 영향력 있는 이론들 가운데 하나로 평가받고 있다. 이 이론을 통해, Bronfenbrenner는 인간발달에 영향을 미치는 다섯 개의 환경체계(미시체계, 중간체계, 외체계, 거시체계, 그리고 시간체계 등)를 제안하고 있다. '브론펜브레너' 또는 '유리 브론펜브레너'로 표기하기도 한다.

bulimia '신경성 폭식증' 참조.

bulimia nervosa '신경성 폭식증' 참조.

Burrhus Frederic Skinner (1904~1990) 미국의 심리학자. 'Skinner, Burrhus Frederic (1904~1990)' 참조.

B형 성격【B型 性格】type B personality 성격의 유형을 A형 성격 및 B형 성격으로 구분할 때, 특히 B형 성격은 경쟁적인 경향이 적고, 느긋하고 여유가 있으며, 다른 사람들과의 관계에서 우호적인 행동경향을 나타내는 성격 유형을 말한다. 반면에 A형 성격은 B형 성격과 대조적인 특징을 나타낸다. 특히 A형 및 B형 성격 유형은 심장질환의 발생과 관련이 많은 것으로 알려져 있다. 구체적으로 A형 성격의 심장병 발생위험은 B형에 비해 훨씬 더 높은 것으로 알려져 있다. 이에 따라 'A형 성격'을 '심장병 위험이 높은 성격(high cardiac-risk personality)'이라고 하고, 'B형 성격'을 '심장병 위험이 낮은 성격(low cardiac-risk personality)'이라고 지칭하기도 한다.

C

Calkins (1863~1930) 미국의 심리학자. 'Calkins, Mary Whiton (1863~1930)' 참조.

Calkins, Mary Whiton (1863~1930) 미국의 심

리학자. 1905년 여성 최초로 미국심리학회 회장이 되었다. 하버드대학교 대학원에 재학하면서 학업 수행 및 학위자격 종합시험 등에서 남학생들을 압도하면서 박사학위를 받을 수 있는 필수적인 조건들을 충족시켰음에도 불구하고, 여성들에게 참정권을 부여하지 않았던 당시의 시대적인 상황에서, 하버드대학교는 이 여성 학자에게 학위를 수여하는 것을 거부하였다. 이와 같은 성 차별적인 시대적 및 학문적 상황에서도 컬킨스는 역경을 극복하고 기억 분야에서 뛰어난 연구업적을 남겼고, 또 여성 최초로 미국심리학회 회장이 되었다. 컬킨스가 사망하고 수십 년이 지난 뒤에 하버드대학교에서는 뒤늦게 그녀에게 학위를 수여하였다. 이와 같은 컬킨스의 생애는 심리학 분야에서 뿐만 아니라 남성과 여성 간의 평등(즉, 성평등 또는 양성평등)의 문제와 관련하여 여성학, 여성심리학 등의 분야에서도 중요한 역사적 사건이자 기록으로 평가될 만하다.

Cannon (1871~1945) 미국의 생리학자 · 신경학자. 'Cannon, Walter Bradford (1871~1945)' 참조.

Cannon, Walter Bradford (1871~1945) 미국의 생리학자 · 신경학자. Cannon은 유기체가 자신의 체온, 수분, 혈당 및 산소 등과 같은 생리적인 상태를 일정하게 유지시키려는 자기조절 경향성인 항상성(homeostasis)의 개념을 처음으로 제시하였는데, 이 말은 '동일함'을 의미하는 'homeo'와 '평형상태'를 의미하는 'stasis'를 합성하여 만들어진 말이다. 이외에도 Cannon은 정서와 내분비계 및 신경계 간의 관계, 조영제를 사용한 소화계통의 장기 촬영과 관찰 등에 관한 중요한 연구와 업적을 남긴 학자로 평가받고 있다. '캐넌'으로 표기하기도 한다.

Carl Friedrich Gauss (1777~1855) 독일의 수학자 · 물리학자 · 천문학자. 'Gauss, Carl Friedrich (1777~1855)' 참조.

Carl Gustav Jung (1875~1961) 스위스의 정신의학자 · 분석심리학자. 'Jung, Carl Gustav (1875~1961)' 참조.

Carl Ransom Rogers (1902~1987) 미국의 심리학자. 인간중심치료의 창시자. 'Rogers, Carl Ransom (1902~1987)' 참조.

Cattell (1860~1944) 미국의 심리학자. 'Cattell, James McKeen (1860~1944)' 참조.

Cattell, James McKeen (1860~1944) 미국의 심리학자. Wilhelm Wundt (1832~1920)와 Francis Galton (1822~1911) 등으로부터 지도를 받았고, 개인차 및 성격 분야에 관한 연구로 많은 업적을 남겼다. '카텔' 또는 '커텔' 등으로 표기하기도 한다.

Charcot (1825~1893) 프랑스의 내과의사 · 정신분석가. 'Charcot, Jean Martin (1825~1893)' 참조.

Charcot, Jean Martin (1825~1893) 프랑스의 내과의사 · 정신분석가. 1853년 파리대학교 의학부를 졸업하였고 1882년 사르페트리에르 병원의 신경병과 교수가 되었다. 히스테리 환자들을 이해하고 치료하기 위해 최면술을 사용하였고, 모든 신경증의 원인이 성(性)적인 문제에 있는 것으로 본다. Freud (1856~1939)의 스승이기도 했으며, 이후 Freud의 학문세계에 큰 영향을 미쳤다. '샤르코'로 표기하기도 한다.

Charles Darwin (1809~1882) 영국의 박물학자. 'Darwin, Charles Robert (1809~1882)' 참조.

Charles Robert Darwin (1809~1882) 영국의 박물학자. 'Darwin, Charles Robert (1809~1882)' 참조.

Chomsky (1928~) 미국의 언어학자 · 철학자 · 인지과학자. 'Chomsky, Avram Noam (1928~)' 참조.

Chomsky, Avram Noam (1928~) 유대계 러시아 이민자 가정에서 태어난 미국의 언어학자 · 철학자 · 인지과학자. 펜실베이니아대학교에서 언어학, 수학, 철학을 공부하였고, 1955년에 언어학 박사학위를 받았다. 1956년 MIT의 언어학과 교수가 되었고, 1966년 석좌교수, 1976년부터는 연구교수가 되었다. 변형생성문법(transformational generative grammar) 이론의 창시자로, 언어학 분야에 큰 영향을 미쳤으며, 현대 언어학의 아버지로 평가받고 있다. 또한 사회운동에도 참여해오고 있으며, 가장 대표적인 비판적 지식인으로 평가받고 있다. '촘스키' 또는 '노암 촘스키'로 표기하기도 한다.

Comte, Auguste (1798~1857) 19세기 프랑스의 철학자 · 사회학자. 사회학의 창시자로 평가받고 있다.

CPU 'central processing unit(중앙처리장치)'의 약자. '중앙처리장치' 참조.

Crick (1916~2004) 영국의 분자생물학자. 'Crick, Francis Harry Compton (1916~2004)' 참조.

Crick, Francis Harry Compton (1916~2004) 영국의 분자생물학자. J. D. Watson (1928~)과 함께 DNA의 이중나선구조모델을 제안하였고, 이와 같은 DNA에 관한 연구 업적을 인정받아 1962년 J. D. Watson 및 M. H. F. Wilkins (1916~) 등과 공동으로 노벨상(생리 · 의학상)을 수상하였다. '크릭'으로 표기하기도 한다.

D

Darwin (1809~1882) 영국의 박물학자. 'Darwin, Charles Robert (1809~1882)' 참조.

Darwin, Charles Robert (1809~1882) 영국의 박물학자. 의사였던 아버지인 'Robert Waring Darwin (1766~1848)'의 다섯째 자녀로 태어났다. 처음엔 의학 및 신학을 공부하였으나 적성에 맞지 않았고, 프랑스의 박물학자였던 Lamarck (1744~1829)의 영향을 받아 박물학에 더 많은 관심을 갖게 되었다. 이후 생물학 분야에 대하여 관심과 연구를 기울이게 되었다. 22세 되던 해인 1831년부터 1836년까지 영국 해군측량선이었던 비글호를 타고 세계 각지의 대양과 대륙 및 섬 지역 여행을 통해 태평양의 '갈라파고스 제도' 등지에서 수많은 동물 종들을 관찰하게 되고, 그 경험과 수집한 자료들을 통해 진화론을 지지하는 지리학적, 생물학적 및 해부학적 증거들을 제시하였다. Darwin의 연구는 심리학은 물론 인류의 많은 부분에 큰 영향을 미쳤다. '다윈' 또는 '찰스 다윈'으로 표기하기도 한다.

Darwin, Robert Waring (1766~1848) 영국의 의사. 진화론으로 유명한 영국의 박물학자 '찰스 다윈(Charles Robert Darwin: 1809~1882)'의 아버지.

David Premack (1925~) 미국의 심리학자. 'Premack, David (1925~)' 참조.

DNA 'deoxyribonucleic acid(디옥시리보핵산)'의 약자. 핵산의 일종으로 유전자의 본체라고 할 수 있는 물질이다. 인간의 모든 세포의 핵 안에 들어 있는 염색체를 구성하고 있는 이중으로 꼬인 형상의 분자들로 유전에 관한 정보(즉, 유전정보)를 담고 있다. '디옥시리보핵산'이라고도 한다.

Doppler, Christian Johann (1803~1853) 오스트리아의 물리학자 · 수학자. 1842년 파원(波源)의 접근 또는 멀어짐에 따라 파장의 증감이 나타나게 된다는 도플러효과(Doppler effect)를 발표하였다. '도플러'로 표기하기도 한다.

Down (1828~1896) 영국의 의사. 'Down, John Langdon Haydon (1828~1896)' 참조.

Down, John Langdon Haydon (1828~1896) 영국의 의사. 1866년 상염색체(구체적으로, 21번째 염색체)의 이상에서 비롯되는 다운증후군(Down's syndrome: 인간이 가진 23쌍의 염색체 중에서 21번째 염색체를 정상에 비해 1개 더 가지게 됨에 따라 나타나는 염색체 이상 장애)을 처음으로 보고하였다. 다운증후군(Down's syndrome)이라는 용어는 발견자인 Down의 이름을 따서 붙여진 이름이다.

E

Edward Chase Tolman (1886~1959) 미국의 심리학자. 'Tolman, Edward Chase (1886~1959)' 참조.

Edward Lee Thorndike (1874~1949) 미국의 심리학자. 'Thorndike, Edward Lee (1874~1949)' 참조.

Ellis (1913~2007) 미국의 심리학자. 'Ellis, Albert (1913~2007)' 참조.

Ellis, Albert (1913~2007) 미국의 심리학자. 합리적-정서적 행동치료(Rational-Emotive Behavior Therapy)를 창시하였다. Sigmund Freud (1856~1939), Carl Rogers (1902~1987) 등과 함께 심리학사에서 가장 영향력 있는 심리치료 이론가 가운데 한 명으로 평가받고 있다. '앨리스', '알버트 앨리스' 또는 '앨버트 앨리스' 등으로 표기하기도 한다.

Eric Berne (1910~1970) 캐나다 태생의 미국 정신의학자. 'Berne, Eric (1910~1970)' 참조.

Erik Erikson (1902~1994) 독일 태생의 미국 심리학자 · 정신분석학자. 'Erikson, Erik Homburger (1902~1994)' 참조.

Erik Homburger Erikson (1902~1994) 독일 태생의 미국 심리학자 · 정신분석학자. 'Erikson, Erik Homburger (1902~1994)' 참조.

Erikson (1902~1994) 독일 태생의 미국 심리학자 · 정신분석학자. 'Erikson, Erik Homburger (1902~1994)' 참조.

Erikson, Erik Homburger (1902~1994) 독일 태생의 미국 심리학자 · 정신분석학자. 성격의 발달 과정에서 생물학적 충동과 성적인 측면을 강조했던 Freud (1856~1939)와는 달리, Erikson은 자신의 심리사회적 이론(psychosocial theory)을 통해, 자아의 기능, 능동적 탐색과 적응 및 사회 · 문화적 측면의 영향을 강조하였다. 또한 인간의 발달이 8단계를 거치면서 진행된다고 보았고, 각 단계마다 개인이 해결해 가야할 심리사회적 과제가 있다고 보았다. 각 단계에서 부과되는 심리사회적 과제를 성공적으로 해결하면 긍정적인 자아의 발달과 함께 긍정적인 발달의 토대가 이루어지지만, 그렇지 못하고 불만족스런 해결 과정을 거치게 되면 자아가 손상을 입게 되며, 나아가 다음 단계에서의 부정적인 발달로 이어지게 될 가능성이 증가된다고 보았다. '에릭슨' 또는 '에릭 에릭슨'으로 표기하기도 한다.

estrogen '에스트로겐' 참조.

Eysenck (1916~1997) 독일 태생의 영국 심리학자. 'Eysenck, Hans Jurgen (1916~1997)' 참조.

Eysenck, Hans Jurgen (1916~1997) 독일 태생의 영국 심리학자. 독일 나치의 박해를 피해 영국으로 건너가 런던대학교 등의 교수로 활동하면서 성격, 성격검사 및 이상행동 등의 분야에서 많은 업적을 남겼다. 행동주의적 입장을 취한 학자로 평가받고 있다. '아이젱크' 또는 '한스 아이젱크'로 표기하기도 한다.

F

Fechner (1801~1887) 독일의 물리학자 · 철학자. 'Fechner, Gustav Theodor (1801~1887)' 참조.

Fechner, Gustav Theodor (1801~1887) 독일의 물리학자 · 철학자. 처음에는 의학을 공부하였으나 그 이후 관심 영역을 물리학으로 바꿈. 1834년 Leipzig대학교의 물리학 교수가 되었으며, 그 이후에는 물리적 자극과 감각 및 정신적 경험들 간의 관계에 많은 관심을 가지고 연구한다. 베버(Ernst Heinrich Weber: 1795~1878)의 제자로서, 물리적 자극의 강도와 심리적 감각경험의 강도 간의 관계에 관한 많은 연구를 진행한다. 이를 통해 물리적 자극의 강도를 물리적 단위로 측정하고 이 물리적 자극에 대한 감각경험의 크기(강도)를 심리적 단위를 측정한 후 이 두 값을 비교하여 연관지을 수 있는 방법을 마련했다는 평가를 받고 있다. 정신물리학(psychophysics)이라는 용어를 처음으로 만들어냈으며, 정신물리학 역사에서 가장 중요한 인물 가운데 한 명으로 평가받고 있다. '베버-페히너의 법칙(Weber-Fechner's law: '베버의 법칙'이라고도 함)'으로도 알려져 있다. '페히너' 또는 '페크너'로 표기하기도 한다.

Festinger (1919~1989) 미국의 심리학자. 'Festinger, Leon (1919~1989)' 참조.

Festinger, Leon (1919~1989) 미국의 심리학자. 사회심리학 분야, 특히 '인지부조화이론'과 '사회비교이론' 분야에서 큰 연구 업적을 남겼다.

Flynn (1934~) 뉴질랜드의 심리학자. 'Flynn,

James Robert (1934~)' 참조.

Flynn, James Robert (1934~) 뉴질랜드의 심리학자. 지능에 관한 많은 연구 업적을 남겼다. 특히 지난 20세기 동안에 전 세계적으로 나타난 IQ에서의 지속적인 증가 현상을 관찰하고 발견하였으며, 이 현상에 대해 그의 이름을 따서 명명한 '플린효과(Flynn effect)'로 잘 알려져 있다. '플린' 또는 '제임스 플린' 등으로 표기하기도 한다.

Flynn효과【Flynn効果】Flynn effect 지난 20세기 동안에 전 세계적으로 나타난 지능지수(IQ)에서의 지속적이고 체계적인 증가 현상. 구체적으로, 1940년대 이후로 지능을 측정하고 연구했던 거의 모든 나라들에서 조사대상자들의 지능지수가 매 10년마다 약 3점씩 증가한 것으로 나타났는데, 이처럼 지난 20세기 동안에 전 세계의 여러 나라들에서 나타난 지능지수에서의 지속적이고 체계적인 증가 현상을 지칭하여 'Flynn효과' 또는 '플린효과'라고 한다. 'Flynn효과'라는 명칭은 이 현상을 발견한 뉴질랜드의 심리학자 James Robert Flynn (1934~)의 이름을 따서 붙여진 것이다.

Forer (1914~2000) 미국의 심리학자. 'Forer, Bertram R. (1914~2000)' 참조.

Forer, Bertram R. (1914~2000) 미국의 심리학자. 실험연구를 통해 '바넘효과(Barnum effect)'를 입증하였고, 이를 계기로 '바넘효과(Barnum effect)'를 의미하는 또 다른 표현인 '포러효과(Forer effect)'라는 명칭이 등장하게 되었다. 이 명칭은 Forer의 이름을 딴 것이다. '포러'로 표기하기도 한다.

Forer효과【Forer效果】Forer effect 포러효과. '바넘효과(Barnum effect)'라고도 한다. '바넘효과' 참조.

Frankl (1905~1997) 유태계 오스트리아의 정신의학자 · 신경학자 · 의미치료의 창시자. 'Frankl, Viktor Emil (1905~1997)' 참조.

Frankl, Viktor Emil (1905~1997) 유태계 오스트리아의 정신의학자 · 신경학자 · 의미치료의 창시자. 제2차 세계대전 시 나치에 의한 유태인 대학살 현장인 아우슈비츠에 수용되어 온갖 고초를 겪은 후 극적으로 생존하였으며, 그 경험을 바탕으로 심리치료 이론인 의미치료(logotherapy)를 창시하였다.

Freud (1856~1939) 오스트리아의 신경학자 · 정신의학자. 정신분석학의 창시자이다. 'Freud, Sigmund (1856~1939)' 참조.

Freud (1895~1982) 오스트리아의 정신분석학자. Sigmund Freud (1856~1939)의 딸. 'Freud, Anna (1895~1982)' 참조.

Freud, Anna (1895~1982) 오스트리아의 정신분석학자. Sigmund Freud (1856~1939)의 여섯 번째 자녀이자 막내딸. 아버지를 이어 정신분석학 분야에서 많은 연구를 하였다. 특히 아동 및 청소년에 관한 연구 분야에서 큰 공헌을 하였다는 평가를 받고 있다. 성격발달에 대한 관점에서, 아버지 Freud와 달리 ego 기능과 사회적 영향을 강조하였다. '안나 프로이트'로 표기하기도 한다.

Freud, Sigmund (1856~1939) 오스트리아의 신경학자 · 정신의학자. 정신분석학의 창시자이다.

20세기 이후 지금에 이르기까지 학자이면서 동시에 사상가로서 심리학 및 정신의학에 대해서 뿐만 아니라 인류학, 교육학, 범죄학, 사회학 및 문화계 각 분야에 이르기까지 지대한 영향을 미친 인물이다. 오늘날 체코의 프라이베르크 지역에서 출생하여 빈대학교 의학부를 졸업한 후, 1885년 파리에서 Charcot (1825~1893)의 지도하에 히스테리환자를 관찰하면서 연구하였고, 이후 최면술, 카타르시스 및 자유연상법 등에 관한 연구과정을 거치면서 정신분석이론을 체계화한다. 1939년 83세에 악화된 암으로 인해 사망한다. 프로이드의 대표적인 저서로는 〈꿈의 해석(1900)〉과 〈정신분석입문(1917)〉 등이 있으며, 이외에도 후세의 사람들에게 큰 영향을 미친 다수의 저술이 있다. Freud는 성격 발달 및 형성과정에서 인간의 성(性)과 생후 초기의 경험을 강조함으로써 이에 대한 인식을 증가시키는 계기를 제공했고, 또한 무의식 개념을 도입했다는 점 등에서 인간의 심리와 행동을 이해하는데 있어서 큰 공헌을 했다는 평가를 받고 있다. 반면에 성과 성적 충동, 그리고 생후 초기 경험, 성격의 고정성 등에 대해 지나치게 강조하면서, 인간이 본능적이고 이기적이며 공격적인 특성에 의해 움직인다고 보는 부정적인 관점을 제시했다는 점 등에서 비판을 받고 있다. '프로이트', '프로이드' 또는 '지그문트 프로이트' 등으로 표기하기도 한다.

Freud의 실언 Freudian slip Freud (1856~1939)는 사람들이 하는 말이나 글들 가운데 개인의 의도와 다르게 또는 반대로 표현되는 말이나 글(또는 글쓰기)들은 그 개인의 무의식 속에 억압된 욕망이나 사고 또는 갈등이 반영되어 나타나는 것으로 보았다. 이처럼 개인의 의도와 다르거나 반대로 무의식 속의 욕망이나 사고 또는 갈등을 담아 표현하게 되는 말이나 글을 지칭하여 'Freud의 실언'이라고 한다. 'Freudian slip'을 우리말로 번역하는 과정에서 'slip'은 '과실', '실수', '실언' 등으로 번역되고 있다. 한편, 'Freud의 실언'이라는 표현 대신에 'Freud의 말실수', 'Freud식 실언' 또는 'Freud식 말실수'라는 표현이 사용되기도 한다.

Frisch (1886~1982) 오스트리아 태생의 독일 동물학자. 'Frisch, Karl von (1886~1982)' 참조.

Frisch, Karl von (1886~1982) 오스트리아 태생의 독일 동물학자. 동물들(벌, 피라미 등)의 행동에 관한 관찰과 비교 연구를 통해 많은 업적을 이루었고, 이에 대한 공로를 인정받아 1973년 Lorenz 및 Tinbergen과 공동으로 노벨상(생리 · 의학상)을 받았다. '프리슈' 또는 '프리시'로 표기하기도 한다.

G

GABA gamma-aminobutyric acid의 약자. 주요 신경전달물질의 하나. 억제적 기능을 하며, 뇌의 대부분의 시냅스에서 작용한다. '감마아미노낙산' 또는 '감마아미노뷰티르산'이라고도 한다.

Gallup (1901~1984) 미국의 통계학자 · 심리학자. 'Gallup, George Horace (1901~1984)' 참조.

Gallup, George Horace (1901~1984) 미국의 통계학자 · 심리학자. 아이오와주립대학교에서 심리학을 공부했고, 드레이크 및 컬럼비아대학교 등에서 교수 생활을 했으며, 가장 유명한 여론조사기법의 하나로 알려져 있는 '갤럽여론조사(Gallup poll)'를 개발하였다.

Galton (1822~1911) 영국의 유전학자. 'Galton, Francis (1822~1911)' 참조.

Galton, Francis (1822~1911) 영국의 유전학자. Charles Darwin (1809~1882)의 사촌이며, 우생학(優生學)의 창시자로 평가받고 있다. 인간이 가지고 있는 정신적 능력들을 측정하고 평가하기 위한 연구방법들을 발전시켰으며, 이러한 노력은 오늘날 심리학 연구에서 큰 흐름이 되고 있는 통계적 접근에 영향을 미쳤다. 한편, 개인의 능력이나 우수성과 관련하여 환경요인보다 유전요인의 중요성을 강조하였다. '골턴', '골튼' 또는 '갈톤' 등으로 표기하기도 한다.

Garcia (1917~) 미국의 심리학자. 'Garcia, John (1917~)' 참조.

Garcia, John (1917~) 미국의 심리학자. 미각혐오학습에 관한 연구 분야에서 업적을 남겼다. 특히 쥐와 같은 동물들이 특정한 먹이(또는 음식)의 맛과 그에 따르는 질병 간의 관계를 학습하는 과정에서 신기할 정도로 뛰어나는 능력을 보이는 것을 발견하였는데, 이러한 동물들의 능력 또는 재능을 지칭하여 '가르시아 효과(Garcia effect)'라고 한다. 이것은 발견자인 John Garcia의 이름을 따서 붙여진 명칭이다.

Gardner (1943~) 'Gardner, Haward Earl (1943~)' 참조.

Gardner, Haward Earl (1943~) 미국의 심리학자. 하버드대학교 교수로 재직하면서 지능 분야에서 많은 연구와 업적을 이룸. 특히, Gardner는 지능에 관한 그의 이론인 '다중지능이론(theory of multiple intelligences)'으로 잘 알려져 있다. 1980년대 초에 제안된 이 이론을 통해, 그는 인간의 지능은 최소 7가지 유형의 서로 다른 지능들로 구성되어 있다고 주장하였고, 그 이후 다시 1가지 유형의 지능을 추가하였다. 또 최근에는 또 다른 1가지 유형의 지능을 추가하는 것을 검토하고 있다. 이와 같은 검토가 실제로 반영된다면, Gardner의 이론에서는 인간의 지능이 총 9개의 서로 다른 지능들로 구성된다고 보는 셈이다. 한편, Gardner는 인간의 서로 다른 지능들이 뇌의 서로 다른 부분들에서 담당하고 있거나 관련이 있는 것으로 본다. '가드너' 또는 '하워드 가드너'로 표기하기도 한다.

Gauss (1777~1855) 독일의 수학자 · 물리학자 · 천문학자. 'Gauss, Carl Friedrich (1777~1855)' 참조.

Gauss, Carl Friedrich (1777~1855) 독일의 수학자 · 물리학자 · 천문학자. 수학의 대수학(代數學) 분야의 발전에 큰 공헌을 하였을 뿐만 아니라 물리학과 천문학 등의 분야에서도 많은 업적을 남겼다. 아르키메데스와 뉴턴 등에 비견되는 대수학자로 평가받고 있다.

general mental factor / g factor (g) '일반지능요인' 참조.

George Armitage Miller (1920~) 미국의 심리학자. 'Miller, George Armitage (1920~)' 참조.

George Horace Gallup (1901~1984) 미국의 통계학자 · 심리학자. 'Gallup, George Horace

(1901~1984)' 참조.

George Miller (1920~) 미국의 심리학자. 'Miller, George Armitage (1920~)' 참조.

Gesell 미국의 심리학자. 'Gesell, Arnold Lucius (1880~1961)' 참조.

Gesell, Arnold Lucius (1880~1961) 미국의 심리학자. 심리학, 교육학 및 의학 분야를 거치면서 수학(修學)하였고, 영 · 유아에 관한 연구 분야에서 많은 업적을 남겼다. 특히 발달의 진단방법을 체계화하는 데 크게 기여하였다. '게젤' 또는 '아놀드 게젤'로 표기하기도 한다.

g factor (g) 'g요인', '일반지능요인' 참조.

Gilligan (1936~) 미국의 심리학자 · 페미니스트 · 윤리학자. 'Gilligan, Carol (1936~)' 참조.

Gilligan, Carol (1936~) 미국의 심리학자 · 페미니스트 · 윤리학자. 페미니즘과 윤리 분야에서 많은 연구와 업적을 이루어왔고, 특히 심리학자인 Kohlberg (1927~1987)의 도덕성 발달이론에 대한 비판적 해석으로 잘 알려져 있다. '길리건' 또는 '캐롤 길리건'으로 표기하기도 한다.

G. Stanley Hall (1844~1924) 미국의 심리학자. 'Hall, Granville Stanley (1844~1924)' 참조.

Guilford (1897~1987) 미국의 심리학자. 'Guilford, Joy Paul (1897~1987)' 참조.

Guilford, Joy Paul (1897~1987) 미국의 심리학자. 지능 분야에서 많은 연구와 업적을 남겼다. 특히, 지능을 설명하기 위해 제안한 지능구조모형(structure-of-intellect model)을 통해, 지능이 180개의 서로 다른 정신능력들로 구성되어 있다는 견해를 제시하였다.

Gustav Fechner (1801~1887) 독일의 물리학자 · 철학자. 'Fechner, Gustav Theodor (1801~1887)' 참조.

g요인【g要因】 g factor (g) '일반지능요인' 참조.

H

Hall (1844~1924) 미국의 심리학자. 'Hall, Granville Stanley (1844~1924)' 참조.

Hall, Granville Stanley (1844~1924) 미국의 심리학자. 초대 미국심리학회 회장을 역임하였고 초기 미국심리학 발전에 크게 기여한다. 학문적으로는 아동 · 청소년 분야의 연구에 큰 기여를 하였다. 처음 대학에서 신학을 전공하였으나 현대 심리학의 시조로 일컬어지고 있는 W. Wundt의 저서를 읽고 감명을 받아 심리학 분야로 관심을 전환한 후 하버드대학교에서 박사학위를 받았고, 이후 독일로 건너가 Wundt로부터 지도를 받았다. 이후 다시 미국으로 돌아와 미국 최초의 심리학 실험실을 개설하는 한편, 미국심리학회를 발족하고 초대 미국심리학회장에 오르는 등 초기 미국심리학의 발전에 큰 영향을 미침. 학문적으로는 아동 및 청년 연구에 최초로 질문지법을 사용하는 등 아동 및 청년기의 과학적 연구에 큰 영향을 미침. 대표적인 저서는 생애발달 연구에 관한 저서인 '청년기(1904)'가 있다. 인간발달에 관한 Hall의 기본적인 생각은 '인간은 임신 기간 중 인류의 진화적 진전을 반복한다는, 즉 수정에서부터 출생하기까지 하등동물로부터 인간유아로 변화하는 과정을 거친다'는 진화재현설이었다. '홀' 또는 '지 스탠리 홀'로 표기하기도 한다.

Hans Selye (1907~1982) 캐나다의 의학자 · 스트레스학자. 'Selye, Hans (1907~1982)' 참조.

Havighurst (1900~1991) 미국의 교육학자 · 심리학자. 'Havighurst, Robert James (1900~1991)' 참조.

Havighurst, Robert James (1900~1991) 미국의 교육학자 · 심리학자. 발달 과정에서 개인이 필요로 하는 것과 함께 사회환경이 그 개인에게 요구하는 기대를 나타내기 위해 '발달과업(developmental tasks)'이라는 개념을 사용하였다. 그에 따르면, 발달과업은 개인의 생물학적 변화, 개인적 동기, 사회적 요구와 기대 등과 같은 다양한 요인에 의해 발생하게 되며, 동시에 인생의 시기, 사회계층 및 사회문화에 따라 차이를 보인다. 대표적인 저서로 〈Comparative Perspectives on Education〉(1968), 〈Developmental Tasks and Education〉(1972) 등이 있다. '하비거스트'로 표기하기도 한다.

Head Start '헤드스타트' 참조.

Head Start Program '헤드스타트 프로그램' 참조.

Head Start Project '헤드스타트 프로젝트' 참조.

Helmholtz (1821~1894) 생리학, 물리학 및 심리학 분야에서 뛰어난 업적을 이룬 독일의 학자. 'Helmholtz, Hermann von (1821~1894)' 참조.

Helmholtz, Hermann von (1821~1894) 독일의 베를린에서 프러시아 장교의 아들로 태어나 생리학, 물리학 및 심리학 분야에서 뛰어난 연구 업적을 남긴 학자로, 감각활동에 대한 환경 및 물리적 요인들의 영향에 큰 비중을 두었다. 특히, 인간은 오랜 시간을 살아오는 과정에서 반복해 온 경험의 결과로 지각적 특징들을 추리하게 된다고 보았다. '헬름홀쯔'로 표기하기도 한다.

Herman Rorschach (1884~1922) 스위스의 정신의학자. 'Rorschach, Herman (1884~1922)' 참조.

Horney (1885~1952) 독일 태생의 미국 여성 정신분석학자. 'Horney, Karen (1885~1952)' 참조.

Horney, Karen (1885~1952) 독일 태생의 미국 여성 정신분석학자. Freud (1856~1939)의 전통적인 정신분석학적 견해와 달리, Horney는 개인의 성격 형성 및 발달 과정에서 사회 · 문화적 및 역사적 요인의 영향이 중요하다는 점을 강조하였다. 페미니스트의 입장에서 여성의 지위를 연구하였으며, 또한 신경증 연구 및 이론으로도 유명하다. 신프로이트학파(학자)로 분류된다. '호나이' 또는 '카렌 호나이' 등으로 표기하기도 한다.

I

Ivan Petrovich Pavlov (1849~1936) 옛 제정(帝政) 러시아시대부터 소련에 걸쳐 활동했던 생리학자. 'Pavlov, Ivan Petrovich (1849~1936)' 참조.

J

James (1842~1910) 미국의 심리학자 · 철학자. 'James, William (1842~1910)' 참조.

James McKeen Cattell (1860~1944) 미국의 심리학자. 'Cattell, James McKeen (1860~1944)' 참조.

James Robert Flynn (1934~) 뉴질랜드의 심리학자. 'Flynn, James Robert (1934~)' 참조.

James, William (1842~1910) 미국의 심리학자 · 철학자. 기능주의 심리학의 창시자인 동시에 근대 심리학의 출발과 발전에 많은 공헌을 하였다. 하버드대학교 의대에 입학하여 공부하였고, 졸업 후에는 그곳에서 생리학 및 심리학 강의와 함께 연구를 진행하였다. 또 다른 유명한 심리학자인 Edward Lee Thorndike (1874~1949)의 스승이기도 하다. 한편, James가 약 12년에 걸쳐 집필한 저서 〈The Principles of Psychology(심리학 원리)〉(1890)는 오늘날 심리학 분야의 최고 고전 가운데 하나로 평가받고 있다. '제임스' 또는 '윌리엄 제임스'로 표기하기도 한다.

Jean Piaget (1896~1980) 스위스 태생의 심리학자. 'Piaget, Jean (1896~1980)' 참조.

John Bowlby (1907~1990) 영국의 정신의학자 · 심리학자. 'Bowlby, John (1907~1990)' 참조.

John Garcia (1917~) 미국의 심리학자. 'Garcia, John (1917~)' 참조.

John Langdon Haydon Down (1828~1896) 영국의 의사. 'Down, John Langdon Haydon (1828~1896)' 참조.

Jung (1875~1961) 스위스의 정신의학자 · 분석심리학자. 'Jung, Carl Gustav (1875~1961)' 참조.

Jung, Carl Gustav (1875~1961) 스위스의 정신의학자 · 분석심리학자. 분석심리학을 창시하였고, 성격을 내향성(內向性)과 외향성(外向性)으로 분류하는 등 심리학 및 정신의학 등의 분야에 큰 업적을 남긴 학자이다. 대학에서 의학 및 정신의학을 전공하였고, 이후 정신분열증(병) 등과 같은 정신장애를 이해하는데 Freud의 정신분석이 효과적이라고 인식하고 이와 관련된 연구 활동을 하면서 Freud의 신임을 받아 그의 수제자가 되었다. 그러나 '리비도(libido)'라는 개념과 관련하여 Freud와 큰 이견을 보인 이후, 정신분석학회 탈퇴(1914년)와 함께 Freud와 결별하고 새로운 이론 분야인 분석심리학(分析心理學)을 만들고 발전시켰다. '융' 또는 '칼 융' 등으로 표기하기도 한다.

K

Karen Horney (1885~1952) 독일 태생의 미국 여성 정신분석학자. 'Horney, Karen (1885~1952)' 참조.

Katharine Cook Briggs (1875~1968) 미국의 여성 심리학자 · 성격이론가. 'Briggs, Katharine Cook (1875~1968)' 참조.

Kohlberg (1927~1987) 미국의 심리학자. 'Kohlberg, Lawrence (1927~1987)' 참조.

Kohlberg, Lawrence (1927~1987) 미국의 심리학자. 도덕적 사고 또는 도덕추론능력의 발달에 관한 연구로 심리학 발전에 많은 기여를 한다. 고등학교 졸업 후, 나치의 박해를 받던 유대인 문제로 고민을 하다가 도덕적 사고와 관련된 주제에 관심을 갖게 되며, 이를 계기로 시카고대학교에 진학하여 학부과정과 동대학원의 석사 및 박사과정을 마치고 학위를 받았다. 그의 주 관심분야는 도덕적 사고의 발달과 관련된 분야로, 시카고 지역의 중산층 아동 및 청소년들을 대상으로 도덕적 갈등사태를 담고 있는 이야기(Kohlberg가 사용한 도덕갈등을 담고 있는 스토리 가운데는 '하인즈〈Heinz〉 이야기'가 대표적임)를 들려준 후 이에 대한 피험자들(연구에 참여한 아동 및 청소년)의 견해 및 판단을 분석하여 도덕판단(추론)능력의 발달단계(3수준 6단계)를 제시하게 되었다. Kohlberg가 제시한 도덕판단(추론)능력의 발달단계를 크게 3수준으로 구분되는데, 여기에는 전인습적 수준(preconventional level), 인습적 수준(conventional level) 및 후인습적 수준(postconventional level) 등이 포함되며, 이들 각각의 수준은 다시 하위 2단계를 포함함으로써 모두 6단계로 나뉘어져 있다. '전인습적 수준', '인습적 수준', 및 '후인습적 수준' 참조. '콜버그'로 표기하기도 한다.

Kohler (1887~1967) 독일의 심리학자. 'Kohler, Wolfgang (1887~1967)' 참조.

Kohler, Wolfgang (1887~1967) 독일의 심리학자. 베를린대학교에서 박사학위를 받았다. 학습에 관한 분야에서 '통찰학습' 이론을 제시하였고, 게슈탈트 심리학 분야의 발전에 크게 기여한 인물로 평가받고 있다. 〈Gestalt Psychology〉(1929) 등의 저서를 남겼다. '쾰러' 또는 '볼프강 쾰러'로 표기하기도 한다.

Konrad Lorenz (1903~1989) 오스트리아 출신의 동물행동학자. 'Lorenz, Konrad (1903~1989)' 참조.

Kuhn (1922~1996) 미국의 과학사가(科學史家). 'Kuhn, Thomas Samuel (1922~1996)' 참조.

Kuhn, Thomas Samuel (1922~1996) 미국의 과학사가(科學史家). 오하이오 주에서 태어나 1943년 하버드대학교 물리학과를 졸업하고 1949년 하버드대학교 대학원에서 물리학을 전공하여 박사학위를 받은 뒤 전공을 과학사분야로 전환한다. 하버드대학교와 프린스턴대학교 등에서 교수를 지냈고, 1962년에 출간한 자신의 저서 〈과학혁명의 구조(The Structure of Scientific Revolutions)〉에서 '패러다임(paradigm)', '정상과학(正常科學: normal science)' 등의 개념을 제안하였다. 이 개념들은 오늘날 자연과학분야뿐만 아니라 사회학, 심리학 등의 사회과학분야에서도 중요한 개념으로 사용되고 있다. 대표적인 저서로 〈코페르니쿠스 혁명(The Copernican Revolution)〉(1957), 〈과학혁명의 구조(The Structure of Scientific Revolutions)〉(1962) 등이 있다. '토마스 쿤' 또는 '쿤'으로 표기하기도 한다.

Kulechov효과 【Kulechov效果】 Kulechov effect 어떤 장면이나 상황에 대한 사람들의 해석이 그 장면이나 상황을 접하기 전에 사람들이 가지고 있는 사전기대(事前期待)에 의해 달라지는 현상. 이 명칭은 이 효과를 영화제작 과정에 많이 활용했던 러시아의 영화감독이었던 Kulechov의 이름을 따서 붙여진 이름이다.

Kurt Lewin (1890~1947) 독일 태생의 미국 심리학자. 'Lewin, Kurt (1890~1947)' 참조.

L

LAD 'language acquisition device(언어습득장치)'의 약자. 미국의 언어학자인 Chomsky (1928~)가 제안한 개념으로, 인간이 언어습득을 가능하게 만들어주는 선천적인 가상의 장치. '언어습득장치' 참조.

Langdon Down (1828~1896) 영국의 의사. 'Down, John Langdon Haydon (1828~1896)' 참조.

Lawrence Kohlberg (1927~1987) 미국의 심리학자. 'Kohlberg, Lawrence (1927~1987)' 참조.

Lewin (1890~1947) 독일 태생의 미국 심리학자. 'Lewin, Kurt (1890~1947)' 참조.

Lewin, Kurt (1890~1947) 독일 태생의 미국 심리학자. 나치 치하의 독일에서 학대와 핍박을 피해 미국으로 이주하여 활동한 심리학자로, 특히 사회심리학 분야의 형성과 연구에 큰 업적을 남겼다. Lewin은 인간의 행동을 설명하기 위해, '인간의 행동(B)은 개인(P)과 환경(E) 간의 함수'라는 개념을 제안하였는데, 이것은 어떤 개인(아동, 청소년 또는 성인)을 이해하기 위해서는 그 개인의 성격을 포함한 특성과 그 개인에게 영향을 미치고 있는 환경을 모두 고려해야만 한다는 입장으로, 현재까지도 많은 사람들로부터 공감과 지지를 받고 있는 개념이다. '레빈' 또는 '커트 레빈'으로 표기하기도 한다.

Lewis Terman (1877~1956) 미국의 심리학자. 'Terman, Lewis Madison (1877~1956)' 참조.

LMC 'language-making capacity(언어생성능력)'의 약자. 인간의 뛰어난 언어습득 또는 학습을 가능하도록 만들어주는 언어처리 및 학습과 관련된 고도로 전문화된 인지적 능력. '언어생성능력' 참조.

Locke (1632~1704) 영국의 철학자. 'Locke, John (1632~1704)' 참조.

Locke, John (1632~1704) 경험주의적 전통을 가진 영국의 철학자. 출생 시 인간의 정신은 백지상태(tabula rasa)이며, 살아가는 과정에서 경험들이 축적됨에 따라, 백지에 글을 쓰듯이 백지상태의 정신에 경험의 내용들이 더해지고 채워지는 과정을 통해 정신의 내용과 능력을 형성하게 된다고 보았다. 이러한 관점에서 보면, 인간의 정신(심리)과 정신적 능력은 출생 이후에 이루어진 경험의 결과인 셈이다. 즉, 태어난 이후의 경험이 정신의 발달과 내용을 형성하는 결정적 요인이라고 본 것이다. 이러한 Locke의 후천론적 견해는 오늘날 인간 발달에 대한 선천성-후천성 논쟁의 한 축을 형성하고 있으며, 심리학사(心理學史)에서 중요한 견해로 평가받고 있다. '로크' 또는 '존 로크'로 표기하기도 한다.

Lorenz (1903~1989) 오스트리아 출신의 동물행동학자. 'Lorenz, Konrad (1903~1989)' 참조.

Lorenz, Konrad (1903~1989) 오스트리아 출신의 동물행동학자. 각인(imprinting)에 관한 연구로 유명하며, 동물의 행동과 생태에 관하여 체계적인 연구를 진행하는 학문인 동물행동학(Ethology)의 창시자로 평가받고 있다. 각인에 관한 연구와 함께 동물들의 행동에 관한 관찰과 비교 연구 분야에서 주목한 만한 업적을 이루었고, 이러한 공로를 인정받아 1973년 틴버겐과 함께 노벨상(생리 · 의학상)을 받았다. '로렌츠' 또는 '콘러드 로렌츠'로 표기하기도 한다.

Louis Leon Thurstone (1887~1955) 미국의 심리학자. 'Thurstone, Louis Leon (1887~1955)' 참조.

LSD 'lysergic acid diethylamide(리세르그산 디에틸아미드)'의 약자로, 환각제의 일종이다. 이 약물은 정신병의 상태와 유사한 환각, 도취 및 망상을 유발하는 효과가 있으며, 이러한 효과는 1943년경부터 알려지기 시작하였다. 발음 그대로 '엘에스디' 또는 '리세르그산 디에틸아미드'라고도 한다.

M

magic number '마법의 수 7' 참조.

magical number seven '마법의 수 7' 참조.

Margaret Mead (1901~1978) 미국의 문화인류학자. 'Mead, Margaret (1901~1978)' 참조.

Mary Whiton Calkins (1863~1930) 미국의 심리학자. 'Calkins, Mary Whiton (1863~1930)' 참조.

Maslow (1908~1970) 미국의 심리학자. 인본주의 심리학의 창시자. 'Maslow, Abraham Harold (1908~1970)' 참조.

Maslow, Abraham Harold (1908~1970) 미국의 심리학자. 인본주의 심리학의 창시자로, '욕구 5단계'이론을 제안하였다. 처음에 대학에서 법률을 전공하다가 심리학으로 전공을 바꾸었다. 행동주의 심리학과 정신분석학에 의해 주도되던 심리학 분야에서 이에 대안으로 제 3세력의 심리학으로 평가받는 인본주의 심리학을 주창하였다. 인본주의 심리학은 인간의 자아실현욕구, 비언어적 경험, 마음의 통일성, 변화된 의식상태 및 구속받지 않는 자유의지를 강조하는 학파로, 이 학파는 인간을 지나치게 기계론적이고 결정론적으로 보았던 행동주의 심리학과 정신분석학적 입장에 반대하고, 그 대신에 존엄성과 변화 가능성 및 자유의지를 가진 인간상을 강조한다. '매슬로우' 또는 '에이브럼 매슬로우'로 표기하기도 한다.

MBTI 'Myers-Briggs Type Indicator'의 약자

이다. 모녀(母女)관계인 딸 Isabel Briggs Myers (1897~1980)와 어머니인 Katharine Cook Briggs (1875~1968)가 Jung (1875~1961)의 심리유형론을 기초로 하여 개발한 심리검사이다. 이 검사는 자기보고식 문항들로 구성되어 있으며, 개인의 선천적 선호경향을 알아보고 이를 통해 선호경향과 관련된 성격유형을 파악하고 이해하는 데 목적을 두고 있다. 구체적으로 각 개인이 일상생활 속에서 인식(perception)하고 판단(judgement)할 때 각자 선호하는 경향을 찾고 이러한 선호경향들이 개별적으로 또는 전체적으로 합쳐져서 인간의 행동에 어떤 영향을 미치는지를 파악하여 실생활에 응용할 수 있도록 개발된 심리검사이다. 현재 세계적으로 널리 사용되고 있고, 우리나라에서는 표준화 과정을 거쳐 1990년부터 한국판 'MBTI' 또는 '성격유형검사'라는 이름으로 번안되어 사용되고 있다. '성격유형검사'라고도 하며, 이외에도 '엠비티아이'로 표기하기도 한다.

Mead (1901~1978) 미국의 문화인류학자. 'Mead, Margaret (1901~1978)' 참조.

Mead, Margaret (1901~1978) 미국의 문화인류학자. 1925~1939년 사이에 남태평양에 있는 사모아섬 및 발리섬 등지에서 미개한 여러 부족들의 아동 및 청소년 행동에 대한 조사연구를 통해 인류학 및 심리학 등의 학문발전에 크게 공헌한다. 특히, 원시부족의 아동 및 청소년들의 성역할(性役割) 및 성행동(性行動)에 관한 비교문화연구로 유명하다.

Miller (1920~) 미국의 심리학자. 'Miller, George Armitage (1920~)' 참조.

Miller, George Armitage (1920~) 미국의 심리학자. 하버드대학교에서 박사학위를 받았고, 프린스턴대학교 심리학과 교수로 근무하고 있다. 기억 및 언어 등에 관한 연구를 통해 인지심리학 분야에서 많은 업적을 이루어왔다. 그 중에서도 인간의 평균적인 단기기억(또는 '작업기억'이라고도 함) 능력(용량)이 7±2 항목이라는 견해를 제시한 것으로 유명하다. 흔히 이 숫자를 지칭하여 '마법의 수 7(magical number seven)'이라고 부르고 있으며, 동시에 이러한 단기기억 능력(용량)을 지칭하여 'Miller의 법칙(Miller's Law)'이라고도 한다.

Miller의 법칙【Miller의 法則】Miller's Law 인간이 단기기억(또는 '작업기억'이라고도 함) 능력(용량)에서 한계를 보이는 현상. 인간은 단기기억 능력(용량)에서 평균적으로 7±2 항목이라는 제한된 능력(용량)을 나타내는데, 이러한 현상을 지칭하여 발견자인 미국의 심리학자 Miller (1920~)의 이름을 따서 Miller의 법칙(Miller's Law)이라고 한다. 한편, 단기기억의 능력(용량)을 나타내는 숫자인 '7'을 지칭하여 '마법의 수 7(magical number seven)'이라고 한다.

Morgon (1852~1936) 영국의 동물학자 · 심리학자 · 철학자. 'Morgon, Conwy Lloyd (1852~1936)' 참조.

Morgon, Conwy Lloyd (1852~1936) 영국의 동물학자 · 심리학자 · 철학자. 진화론적인 입장에서 동물의 행동을 바라본 학자로, 비교심리학의 기초를 닦았으며, 동시에 행동주의 심리학의 발전에 큰 영향을 미쳤다. '모건'으로 표기하기도 한다.

Moro (1874~1951) 오스트리아의 내과 및 소아과 의사. 'Moro, Ernst (1874~1951)' 참조.

Moro, Ernst (1874~1951) 오스트리아의 내과 및 소아과 의사. 생후 초기 영아들에게서 나타나는 모로 반사(Moro reflex)를 발견한 학자이다. 이 반사는 영아에게 큰 소리를 들려주거나 아기를 안고 자세를 갑작스럽게 변경시키는 동작(영아를 내려놓거나 흔드는 동작)을 취하면, 영아가 놀람 반응과 함께 등을 활처럼 구부리면서 팔과 다리를 벌리고 손으로는 무언가를 잡으려는 동작을 취하는 반사행동으로, 발견자인 Moro의 이름을 따서 명명된 것이다. '모로'로 표기하기도 한다.

Moro반사【Moro反射】Moro reflex '모로반사' 참조.

Myers (1897~1980) 미국의 여성 심리학자. 'Myers, Isabel Briggs (1897~1980)' 참조.

Myers, Isabel Briggs (1897~1980) 미국의 여성 심리학자. Jung (1875~1961)의 심리유형론을 기초로 하여, 어머니인 Katharine Cook Briggs (1875~1968)와 공동으로 성격유형검사인 'MBTI'를 개발하였다. '마이어스' 또는 '이사벨 브릭스 마이어스' 등으로 표기하기도 한다. 'MBTI' 참조.

N

Nikolaas Tinbergen (1907~1988) 네덜란드 태생의 영국 동물행동학자. 'Tinbergen, Nikolaas (1907~1988)' 참조.

Noam Chomsky (1928~) 미국의 언어학자 · 철학자 · 인지과학자. 'Chomsky, Avram Noam (1928~)' 참조.

P

Pavlov (1849~1936) 옛 제정(帝政) 러시아시대부터 소련에 걸쳐 활동했던 생리학자. 'Pavlov, Ivan Petrovich (1849~1936)' 참조.

Pavlov, Ivan Petrovich (1849~1936) 옛 제정(帝政) 러시아시대부터 소련에 걸쳐 활동했던 생리학자로, 소화선(消化腺) 및 조건반사(條件反射)에 관한 뛰어난 연구 업적을 남겼다. 1904년 '소화의 생리에 관한 연구'의 공로를 인정받아 노벨상(생리 · 의학상)을 수상하였다. 특히, 소화에 관한 생리학적 연구를 진행하는 과정에서 조건반사의 원리를 발견하였고 나아가 이에 관한 체계적인 연구를 진행함으로써 심리학 발전에 지대한 공헌을 한다. '파블로프'로 표기하기도 한다.

Piaget (1896~1980) 스위스 태생의 심리학자. 'Piaget, Jean (1896~1980)' 참조.

Piaget, Jean (1896~1980) 스위스 태생의 심리학자. 처음에는 대학에서 동물학을 전공하여 21세에 연체동물에 관한 연구논문을 제출하여 박사학위를 받았다. 그 이후에는 아동의 인지발달에 관심을 가지고 연구한다. 특히 그의 학문 영역을 일컬어 발생학적 인식론(genetic epistemology)이라고도 하며, 심리학뿐만 아니라 교육학 및 철학 등에 지대한 영향을 미침.

'삐아제', '쟝 삐아제' 또는 '피아제' 등으로 표기하기도 한다.

Premack (1925~) 미국의 심리학자. 'Premack, David (1925~)' 참조.

Premack, David (1925~) 미국의 심리학자. '프리맥 원리(Premack Principle)'를 제시한 학자로 유명하다. 이 원리에 따르면, 어떤 행동을 강화시키기 위해 또 다른 행동을 강화인으로 사용할 수 있다. 즉, 만일 어떤 행위가 다른 행위보다 더 자주 발생한다면 더 자주 발생하는 행위를 사용하여 덜 발생하는 행위를 강화시킬 수 있다는 것이다. '프리맥 원리(Premack Principle)'라는 명칭은 이 원리를 제시한 Premack의 이름을 따서 명명된 것이다. '프리맥' 또는 '데이비드 프리맥' 등으로 표기하기도 한다.

progesterone '프로게스테론' 참조.

R

Ranvier (1835~1922) 프랑스의 해부학자. 'Ranvier, Louis-Antoine (1835~1922)' 참조.

Ranvier, Louis-Antoine (1835~1922) 프랑스의 해부학자. 뉴런의 구조 가운데 한 부분인 '랑비에 결절(Ranvier's nodes)'을 발견하였다. '랑비에 결절'은 뉴런(neuron: 신경세포)을 구성하는 여러 부분들 중 축색(axon)의 주위를 감싸고 있는 절연성 차폐물인 수초(myelin sheath)가 있는데, 이 수초가 일정한 간격을 두고 잘록하게 마디를 형성하는 부분을 지칭한다. 이 구조를 발견한 '랑비에'의 이름을 따서 붙여진 명칭이다. '랑비에' 또는 '란비어'로 표기하기도 한다.

REBT 'Rational-Emotive Behavior Therapy(합리적-정서적 행동치료)'의 약자. '합리적-정서적 행동치료' 참조.

RET 'Rational-Emotive Therapy(합리적-정서적 치료)'의 약자. '합리적-정서적 치료' 참조.

RNA 'ribonucleic acid(리보핵산)'의 약자. 세포에서 암호화된 유전적 지시를 운반하는 두 가지 물질 중의 하나. 또 다른 물질은 DNA('deoxyribonucleic acid'의 약자)로, 흔히 DNA가 모든 동물과 식물 세포에서 유전적 지시의 영구적 기록을 수용하고 있는 반면, RNA는 그 지시를 해독하는 것을 돕는 것으로 알려져 있다. '리보핵산'이라고도 한다.

Robert James Havighurst (1900~1991) 미국의 교육학자 · 심리학자. 'Havighurst, Robert James (1900~1991)' 참조.

Robert Jeffrey Sternberg (1949~) 미국의 심리학자. 'Sternberg, Robert Jeffrey (1949~)' 참조.

Robert Waring Darwin (1766~1848) 영국의 의사. 진화론으로 유명한 영국의 박물학자 '찰스 다윈(Charles Robert Darwin: 1809~1882)'의 아버지.

Rogers (1902~1987) 미국의 심리학자. 'Rogers, Carl Ransom (1902~1987)' 참조.

Rogers, Carl Ransom (1902~1987) 미국의 심리학자. 인간중심치료(처음에는 비지시적 치료, 내담자중심치료 등의 명칭으로 불렸음)의 창시자. 처음에는 대학에서 신학을 전공하였고 이후에 다시 교육심리학과 임상심리학을 전공하였다. 오하이오주립대학교와 위스콘신대학교의 교수와 미국심리학회 회장을 역임하였다. 비지시적 치료 또는 내담자중심치료라고도 하는 '인간중심치료'이론을 창시하였다. 이 치료이론에서는 인간의 자유의지와 잠재력 및 가능성을 강조하며, 치료 과정에서 상담자(또는 치료자)가 내담자에 대하여 무조건적인 관심과 수용 및 공감적 이해를 보내고, 나아가 이러한 분위기 속에서 내담자가 가지고 있는 문제의 해결이나 치료 방향 및 방법의 선택, 그리고 치료 속도 등을 내담자가 중심이 되어 진행해 간다. '로저스' 또는 '칼 로저스'로 표기하기도 한다.

Rorschach (1884~1922) 스위스의 정신의학자. 'Rorschach, Herman (1884~1922)' 참조.

Rorschach, Herman (1884~1922) 스위스의 정신의학자. 로르샤 검사(Rorschach test)의 개발자. Rorschach는 어느 시골지역을 여행을 하는 중에 동행했던 두 아이와 함께 하늘의 구름 모양을 보면서 이 구름 모양에 따라 각자의 성격이 다르게 반영되어 나타난다는 것을 생각을 하게 되었고, 이 경험을 통해 얻은 아이디어를 반영하여 만든 성격검사가 바로 '로르샤 검사(Rorschach Test)'이다. 이 검사는 '로르샤 잉크반점검사(Rorschach Inkblot Test)'로도 알려져 있다. Rorschach의 우리말 표기는 '로르샤' 이외에 '로샤' 또는 '로르샤흐' 등으로 표기하기도 한다.

RT 'Rational Therapy(합리적 치료)'의 약자. '합리적 치료' 참조.

S

SAT 'Scholastic Aptitude Test(학업적성검사)'의 약자. 미국의 대학입시 과정에서 실시하는 일종의 대학입학 자격시험을 말한다. 'SAT' 참조. 1926년 6월 미국 동북부의 사립대학교에서 8,040명을 대상으로 처음 시행되었고, 1956년에서는 조지아주립대학교를 필두로 하여 국공립대학교들로 전면 확대 실시되었다. 2001년 현재 미국 대학들의 약 80%가 채택하고 있으며, 응시 인원은 약 210만 명이 넘는 것으로 보고되고 있다. '학업적성검사'라고도 한다.

SCT 'Sentence Completion Test(문장완성검사)'의 약자. '문장완성검사' 참조.

Selye (1907~1982) 캐나다의 의학자 · 스트레스학자. 'Selye, Hans (1907~1982)' 참조.

Selye, Hans (1907~1982) 캐나다의 의학자 · 스트레스학자. 오스트리아 출생으로 대학에서 의학을 전공한 후, 미국 록펠러연구소 연구원이 되었고, 1934년 캐나다 몬트리올대학교의 교수가 되었다. 그는 인간과 동물의 신체에 대하여 추위, 더위 및 외상 등과 같은 다양한 자극이 가해지면, 그 종류와 관계없이 신체 내에서는 비특이적(非特異的)인 생리적 반응이 초래된다고 하는 '스트레스에 관한 이론'을 제시하였다. 스트레스에 관한 그의 이론은 오늘날 스트레스 연구에 지대한 영향을 미치고 있다. 한편, 그는 스트레스(stress)를 신체에 가해지는 다양한 자극들에 대하여 신체 내에서 일어나는 비특이적(非特異的)인 생리적 반응이라고 보았으며, 이러한 반응을 일으킬 수 있는 모든 외부의 자극들을 스트레서(stressor: '스트레스원'이라고도 한다)로 불렀다. '한스 셀리에' 또는 '셀리에'로 표기하기도 한다.

Sigmund Freud (1856~1939) 오스트리아의 신경학자 · 정신의학자. 정신분석학의 창시자이다. 'Freud, Sigmund (1856~1939)' 참조.

Skinner (1904~1990) 미국의 심리학자. 'Skinner, Burrhus Frederic (1904~1990)' 참조.

Skinner, Burrhus Frederic (1904~1990) 미국의 심리학자. 행동주의 심리학을 대표하는 학자들 가운데 한 사람으로, 동물과 인간은 긍정적인 결과(강화)가 따라오는 행동을 반복하려는 경향이 있음을 보여주는 조작적 조건형성(operant conditioning) 이론을 체계화하였다. 특히 다양한 강화계획(reinforcement schedules)을 통해 나타나는 학습반응에서의 차이에 관한 많은 체계적인 연구를 진행하였다. '스키너'로 표기하기도 한다.

SSCI 'Social Science Citation Index(사회과학논문 인용색인)'의 약자. 전 세계 사회과학 분야의 정기간행물 1,700여 종에 수록된 논문을 포함한 기사의 인용과 서지에 관한 정보를 제공하는 데이터베이스를 말한다. 최근 대학 및 교수평가를 위한 자료로 채택하는 경우가 많다. '사회과학논문 인용색인' 또는 '사회과학논문 인용지수'라고도 한다.

Stanford-Binet 지능검사 **【Stanford-Binet 知能檢査】** Stanford-Binet Intelligence Scale 1905년 프랑스의 심리학자 Binet와 Simon에 의해 개발된 최초의 지능검사인 'Binet-Simon 지능검사'를 1916년 미국 스탠퍼드대학교의 Terman (1877~1956)이 미국의 아동들에게 적용하기 위해 번안 및 개정 과정을 거쳐 출간한 지능검사. 이 검사는 일반지능과 함께 4가지 정신능력인 언어적 사고, 공간적 사고, 양적 사고 및 단기기억 등의 요인들을 측정하는 문항들로 구성되어 있다. 'Stanford-Binet 지능척도'라고도 한다.

Stanford-Binet 지능척도 **【Stanford-Binet 知能尺度】** Stanford-Binet Intelligence Scale 미국의 심리학자 Terman (1877~1956)이 1916년에 출간한 지능척도. 'Stanford-Binet 지능검사' 참조.

Sternberg (1949~) 미국의 심리학자. 'Sternberg, Robert Jeffrey (1949~)' 참조.

Sternberg, Robert Jeffrey (1949~) 미국의 심리학자. 지능과 사랑 등의 분야에서 많은 연구와 업적을 쌓아왔으며, 그의 공로를 인정받아 미국 내외의 대학들로부터 10개의 명예학위를 받았다. 특히, Sternberg는 그가 제안한 지능의 삼두이론(triarchic theory of intelligence)과 사랑의 삼각형이론(triangular theory of love)으로 유명하다.

T

TA 'Transactional Analysis(교류분석)'의 약자. '교류분석' 참조.

technophobia '테크노공포증' 참조.

Terman (1877~1956) 미국의 심리학자.

'Terman, Lewis Madison (1877~1956)' 참조.

Terman, Lewis Madison (1877~1956) 미국의 심리학자. 스탠퍼드대학교의 교수로 재직하였고, 지능, 천재 및 행복한 결혼 등의 주제에 관한 연구를 통해 많은 학문적 업적을 이루었다. 특히, Terman은 1916년에 그가 출간한 Stanford-Binet 지능검사로 잘 알려져 있다. 이 검사는 1905년 프랑스 심리학자 Binet와 Simon에 의해 개발된 최초의 지능검사인 'Binet-Simon 지능검사'를 미국의 아동들에게 적용하기 위해 이를 번안 및 개정하는 과정을 거쳐 제작한 지능검사로, 이 검사는 일반지능과 함께 4가지 정신능력인 언어적 사고, 공간적 사고, 양적 사고 및 단기기억 등의 요인들 측정하는 문항들로 구성되어 있다.

testosterone '테스토스테론' 참조.

Thomas Kuhn (1922~1996) 미국의 과학사가(科學史家). 'Kuhn, Thomas Samuel (1922~1996)' 참조.

Thomas Samuel Kuhn (1922~1996) 미국의 과학사가(科學史家). 'Kuhn, Thomas Samuel (1922~1996)' 참조.

Thorndike (1874~1949) 미국의 심리학자. 'Thorndike, Edward Lee (1874~1949)' 참조.

Thorndike, Edward Lee (1874~1949) 미국의 심리학자. 웨슬레언(Wesleyan)대학교에 다닐 무렵, 기능주의 심리학의 선구자인 William James (1842~1910)의 저서 '심리학의 원리(The Principles of Psychology)'를 접한 후 심리학에 깊은 관심을 갖게 되었고, 이후 하버드대학교 대학원에 입학하여 William James의 지도를 받으면서 심리학 연구(특히, 동물실험연구 분야)에 몰두하여 많은 업적을 이루게 되었다. 고양이 등을 대상으로 한 동물실험연구를 통해 '시행착오를 통한 우연한 성공에 의해 동물들의 학습이 이루어진다'는 견해를 제시하였고, 이러한 그의 연구 성과 및 이론은 그 이후의 학습이론에 큰 영향을 미쳤다. '손다이크' 또는 '에드워드 손다이크'로 표기하기도 한다.

Thurstone (1887~1955) 미국의 심리학자. 'Thurstone, Louis Leon (1887~1955)' 참조.

Thurstone, Louis Leon (1887~1955) 미국의 심리학자. 처음에는 대학에서 공학 분야의 공부를 하였고, 심리학 분야에 흥미를 갖게 된 이후에는 자신의 공학적 및 수학적 능력을 바탕으로 심리적 특성들을 수량적으로 측정해내기 위한 연구에 많은 관심과 노력을 기울였다. 특히 요인분석을 적용한 지능의 연구 분야에서 큰 업적을 남겼다.

Tinbergen (1907~1988) 네덜란드 태생의 영국 동물행동학자. 'Tinbergen, Nikolaas (1907~1988)' 참조.

Tinbergen, Nikolaas (1907~1988) 네덜란드 태생의 영국 동물행동학자. 오리, 갈매기 등과 같은 동물들의 행동에 관한 관찰과 비교 연구를 통해 많은 업적을 이루었고, 이에 대한 공로를 인정받아 1973년 로렌츠 및 프리슈와 공동으로 노벨상(생리 · 의학상)을 받았다. '틴버겐'으로 표기하기도 한다.

Tolman (1886~1959) 미국의 심리학자. 'Tolman,

Edward Chase (1886~1959)' 참조.

Tolman, Edward Chase (1886~1959) 미국의 심리학자. 행동주의 심리학을 주창한 Watson(1878~1958)이 유기체의 행동을 미시적 단위로 분석하여 이해하려는 요소주의적 입장에 반대하면서 그 대신에 행동을 거시적으로 보고, 동시에 환경자극을 포함한 독립변인과 종속변인인 행동 사이에 가시적으로 관찰되지는 않지만 중요하게 작용한다고 생각한 심리적 변인들을 중개변인으로 고려하는 등 신행동주의적 입장을 취함. 인지학습의 한 형태로 분류되는 잠재학습(latent learning), 특히 인지도(cognitive map) 학습 등에 관한 연구 분야에서 많은 업적을 남겼다. '톨먼'으로 표기하기도 한다.

trait 트레이트. '특성' 참조.

tranquillizer 트랭퀼라이저. '진정제' 참조.

U

UCC 'User Created Contents(사용자 제작 콘텐츠)'의 약자. 상업적인 인터넷 사업자나 콘텐츠 제작자(또는 공급자)가 아닌 일반 사용자가 직접 제작하여 인터넷에 유통시키는 콘텐츠를 말한다. 컴퓨터, 인터넷, 휴대전화, 디지털카메라 등 IT 산업의 발전과 관련 제품의 대중화에 따라 일반 사용자 집단에서 손쉽고 빠르게 콘텐츠를 만들어 온라인상에 공급하게 되면서 보급이 확대되었다. 미국에서는 제작자의 창의적인 측면을 강조하여 'UCC(User Created Contents)'라는 표현 대신에 'UGC(User Generated Contents)'라는 표현이 많이 사용된다.

UGC 'User Generated Contents('사용자 생성 콘텐츠' 또는 '사용자 제작 콘텐츠'라고 함)'의 약자. 'UCC' 참조.

Urie Bronfenbrenner (1917~2005) 'Bronfenbrenner, Urie (1917~2005)' 참조.

Viktor Frankl (1905~1997) 유태계 오스트리아의 정신의학자 · 신경학자 · 의미치료의 창시자. 'Frankl, Viktor Emil (1905~1997)' 참조.

Vygotsky (1896~1934) 구소련의 심리학자. 'Vygotsky, Lev Semenovich (1896~1934)' 참조.

Vygotsky, Lev Semenovich (1896~1934) 구소련의 심리학자. 유태계 부모 밑에서 성장한 그는 모스크바대학교를 포함하여 두 개의 대학을 동시에 졸업하고, 1925년 질병(결핵) 치료 중에 집필한 논문인 '예술심리학(The Psychology of Art)'으로 박사학위를 받았다. 인간이 가지고 있는 추상적 사고능력 및 언어 등의 고차적 정신기능은 역사 및 사회적 기원을 가지고 있는 것으로 보았다. 그가 인간의 발달을 설명하기 위해 사용했던 주요 개념들로는 근접발달영역(zone of proximal development: ZPD), 발판화(scaffolding) 등이 있다. '비고츠키'로 표기하기도 한다.

W

Watson (1878~1958) 미국의 심리학자. 'Watson, John Broadus (1878~1958)' 참조.

Watson (1928~) 미국의 분자생물학자. 'Watson, James Dewey (1928~)' 참조.

Watson, James Dewey (1928~) 미국의 분자생물학자. Crick 등과 함께 공동연구를 진행하면서 DNA를 구성하고 있는 4개의 염기가 정확하게 쌍을 이루고 있다는 사실을 발견하였고, 이러한 발견을 토대로 DNA가 이중나선구조로 되어 있다는 DNA의 이중나선구조모델을 제안하였다. 이와 같은 DNA에 관한 연구 업적을 인정받아 1962년 H. C. Crick (1916~2004) 및 M. H. F. Wilkins (1916~) 등과 공동으로 노벨상(생리 · 의학상)을 수상하였다. '왓슨'으로 표기하기도 한다.

Watson, John Broadus (1878~1958) 미국의 심리학자. 최초로 행동주의 심리학을 주창하였다. 행동주의 심리학은 인간 및 다른 동물들의 행동을 환경(자극)과의 관계로 설명하는 이론 체계로 1920년대와 1930년대 미국 심리학의 주류를 형성했고 오늘날에도 심리학 분야에서 가장 영향력 있는 이론 체계의 하나로 받아들여지고 있다. '왓슨'으로 표기하기도 한다.

Wechsler (1896~1981) 루마니아 출신의 미국 심리학자. 'Wechsler, David (1896~1981)' 참조.

Wechsler, David (1896~1981) 루마니아 출신의 미국 심리학자. 전 세계적으로 가장 많이 사용되고 있는 '아동용 지능검사'(웩슬러 아동지능검사: Wechsler Intelligence Scale for Children〈WISC〉)와 '성인용 지능검사'(웩슬러 성인지능검사: Wechsler Adult Intelligence Scale〈WAIS〉)를 개발하였다. '웩슬러'로 표기하기도 한다.

Wilhelm Wundt (1832~1920) 독일의 심리학자 · 철학자. 'Wundt, Wilhelm (1832~1920)' 참조.

Wilkins (1916~) 영국의 생리학자 · 생물물리학자. 'Wilkins, Maurice Hugh Frederick (1916~)' 참조.

Wilkins, Maurice Hugh Frederick (1916~) 영국의 생리학자 · 생물물리학자. DNA에 관한 연구 업적을 인정받아 1962년 J. D. Watson (1928~) 및 H. C. Crick (1916~2004) 등과 공동으로 노벨상(생리 · 의학상)을 수상하였다. '윌킨스'로 표기하기도 한다.

William James (1842~1910) 미국의 심리학자 · 철학자. 'James, William (1842~1910)' 참조.

Wolfgang Kohler (1887~1967) 독일의 심리학자. 'Kohler, Wolfgang (1887~1967)' 참조.

Wundt (1832~1920) 독일의 심리학자 · 철학자. 'Wundt, Wilhelm (1832~1920)' 참조.

Wundt, Wilhelm (1832~1920) 독일의 심리학자 · 철학자. 심리학사(心理學史)에서 최초로 1879년 독일의 라이프치히대학교에 심리 연구를 위한 실험실을 개설하고 인간 심리를 과학적으로 밝히기 위한 실험을 진행했던 학자로서 과학을 표방하고 있는 현대심리학의 시조로 평가받고 있는 인물이다. 분트가 사용했던 대표적인 연구방법은 '내성법(內省法: introspection)'으로, 이 방법은 실험(연구)에 참여하는 피험자에게 자신의 경험(즉 자신의 감정, 지각, 사고 등)을 관찰하고 기록하도록 하는 것이었다. '분트' 또는 '빌헬름 분트'로 표기하기도 한다.

Z

z 점수【z 點數】 z-score / z score 대표적인 표준점수의 하나. 검사나 측정에서 획득한 원점수를 평균값이 0, 그리고 표준편차가 1인 척도로 전환한 점수.

0~9

1종 오류【1種 誤謬】 Type Ⅰ error　통계적 가설 검정에서 발생할 수 있는 오류의 하나로, 영가설(null hypothesis: 둘 이상의 측정치들이나 둘 이상의 조건들 간의 차이가 없다고 보는 가설)이 참인데, 이를 기각하게 되는 통계적 오류.

1차 기억【一次 記憶】 primary memory　'1차적 기억' 참조.

1차 성징【一次 性徵】 primary sex characteristic / primary sexual characteristic　'제 1차 성징' 참조.

1차 순환반응【一次 循環反應】 primary circular reaction　Piaget의 인지발달 이론에서, 감각운동기의 두 번째 하위 단계(생후 대략 1~4개월 사이)에서 나타나는 영아의 활동 경향. 이 시기의 영아는 우연히 자신이 했던 어떤 반응(예를 들면, 자신의 손가락 빨기)이 재미있고 만족스럽다는 것을 발견하게 되면서부터 이 반응을 반복하는 활동 경향을 보이게 되는데, 이와 같은 감각운동기 초기에 자신의 신체를 이용한 반응을 습관적으로 반복하는 활동 경향을 지칭하여 '1차 순환반응'이라고 한다. 1차 순환반응에서 대상이 되는 활동은 항상 영아 자신의 신체에 국한된다. '일차 순환반응'으로 표기하기도 한다.

1차적 기억【一次的 記憶】 primary memory　단기기억과 비슷한 의미로 사용되는 표현으로, 특히 현재 시연 과정을 거치고 있는 기억정보를 지칭한다. '1차 기억', '일차적 기억' 또는 '일차 기억'이라고도 한다.

1차적 정신능력【一次的 精神能力】 primary mental abilities　미국의 심리학자인 Thurstone(1887~1955)이 요인분석을 사용하여 지능을 분석한 후에, 분석 결과를 통해 추출해낸 7개의 요인들(언어, 수, 지각, 공간, 단어, 기억, 귀납적 사고 등의 영역)로 이루어진 정신능력. Thurstone은 이러한 7개의 요인들이 지능을 구성하는 기본적인 능력이라고 보았다.

1차 정신능력【一次 精神能力】 primary mental abilities　'1차적 정신능력' 참조.

2종 오류【二種 誤謬】 Type Ⅱ error　통계적 가설 검정에서 발생할 수 있는 오류의 하나로, 영가설(null hypothesis: 둘 이상의 측정치들이나 둘 이상의 조건들 간의 차이가 없다고 보는 가설)이 거짓인데, 이를 기각하지 못하고 수용하게 되는 통계적 오류.

2차 기억【二次 記憶】 secondary memory　'2차적 기억' 참조.

2차 성징【二次 性徵】 secondary sex characteristic / secondary sexual characteristic '제 2차 성징' 참조.

2차 순환반응【二次 循環反應】 secondary circular reaction Piaget의 인지발달 이론에서, 감각운동기의 세 번째 하위 단계(생후 대략 4~8개월 사이)에서 나타나는 영아의 활동 경향. 이보다 앞선 1차 순환반응에서 영아는 우연히 발견한 자신의 특정한 신체 부위를 이용한 활동이 재미있고 만족스럽다는 것을 발견하고 이 활동을 반복하는 경향을 보이게 되는데 비해, 그 다음 단계인 2차 순환반응 단계에서는 자신의 신체 이외의 물체(예를 들면, 장난감)를 가지고 하는 활동이 재미있고 만족스럽다는 것을 우연히 발견하고 이 활동을 반복하는 경향을 보인다. 이와 같이 감각운동기의 세 번째 순서로 자신의 신체가 아닌 외부의 물체를 가지고 반복하는 활동 경향을 지칭하여 '2차 순환반응'이라고 한다. '이차 순환반응'으로 표기하기도 한다.

2차 순환반응의 협응【二次 循環反應의 協應】 coordination of secondary circular reaction Piaget의 인지발달 이론에서, 감각운동기의 네 번째 하위 단계(생후 대략 8개월~1년 사이)에서 나타나는 영아의 활동 경향. 이 시기의 영아는 자신이 목표로 한 것을 이루기 위해 두 가지 이상의 행동을 협응시키는 활동을 하게 되는데, 이러한 활동 경향을 '2차 순환반응의 협응'이라고 한다. '이차 순환반응의 협응'으로 표기하기도 한다.

2차적 고혈압【二次的 高血壓】 secondary hypertension '속발성 고혈압' 참조.

2차적 기억【二次的 記憶】 secondary memory '장기기억'과 비슷한 의미로 사용되는 표현으로, 특히 장기기억을 기억의 지속시간 차원보다는 기억의 처리수준 차원에서 설명하는 개념이다. '2차 기억', '이차적 기억' 또는 '이차 기억'이라고도 한다.

3차 순환반응【三次 循環反應】 tertiary circular reaction Piaget의 인지발달 이론에서, 감각운동기의 다섯 번째 하위 단계(생후 대략 1년~1년 6개월 사이)에서 나타나는 영아의 활동 경향. 이 시기의 영아는 흥미 있고 새로운 상태나 결과를 만들기 위해 능동적이고 탐색적이며 시행착오적인 다양한 활동을 하게 되는데, 그 과정에서 특정한 상태나 결과를 가져오는 활동을 발견하고 이를 학습하게 된다. 이와 같이 감각운동기의 다섯 번째 하위 단계의 영아가 흥미 있고 새로운 상태나 결과를 만들기 위해 능동적이고 탐색적이며 시행착오적으로 진행하는 활동 경향을 '3차 순환반응'이라고 한다. '삼차 순환반응'으로 표기하기도 한다.

21 삼염색체성【21 三染色體性】 Trisomy 21 '다운증후군' 참조.

찾아보기

A

B

C

D

E

F

G

H

I

J

K

L

M

N

O

P

Q

R

S

T

U

V

W

Y

Z

저자소개

양돈규(梁敦圭)

【 약력 】

1965년 경기도 양평에서 출생
중앙대학교 심리학과 졸업(학사)
중앙대학교 대학원 심리학과 졸업(석사, 발달심리학 전공)
중앙대학교 대학원 심리학과 졸업(박사, 발달심리학 전공)
상담심리전문가(한국심리학회/한국상담심리학회, 상담심리사 1급)
중독상담전문가(한국상담심리학회, 중독상담심리전문가 1급)

【 경력 】

중앙대학교 학생생활상담센터 전임상담연구원
중앙대학교 심리학과 겸임교수
세명대학교 교양과정부 심리학 교수
세명대학교 학생생활연구소 상담교수
한국양성평등교육진흥원 교수
현재 메종프로그레스발달상담심리센터 연구위원
　　한국심리학회, 한국발달심리학회, 한국상담심리학회 정회원

【 저서 및 역서 】

『심리학소사전』(2003)
『성인발달과 노화』(2012)
『인간행동과 심리학』(2010)
『발달심리학』(2000)
『심리학개론』(1995) 외 다수
『심리학용어집』(2003)
『아동 연구의 이해와 방법』(2012)
『ADHD 아동의 재능』(2007)
『청소년 스트레스와 정신건강』(1998)

【 논문 및 연구보고서 】

『부모갈등과 사회적 지지가 청소년의 우울과 비행에 미치는 영향』
『청소년의 감각추구성향과 인터넷중독 경향 및 인터넷 관련 비행 간의 상관성』
『청소년이 지각한 사회적 지지와 인터넷중독 경향 및 인터넷 관련 비행 간의 관계』
『위험행동에 대한 낙관성 및 감각추구성향의 영향』
『지각된 사회적지지, 낙관성 및 해슬간의 상관성』
『인터넷 사용이 대인관계의 발달 및 사회적 참여에 미치는 영향』
『청소년의 인터넷중독 경향에 따른 대인관계 활동 및 만족도의 차이』
『청소년들의 휴대전화 이용과 대인관계 만족도에 관한 연구』
『청소년의 인터넷 음란물 접촉경험과 성비행간의 관계』
『여대생의 의식 및 행동특성에 관한 연구보고서』
『성희롱 행동에 대한 대학생들의 인식 차이』
『대학생들의 성희롱 경험 실태조사』 등 40여 편의 논문과 연구보고서가 있음.

심리학사전

2013년 2월 20일 1판 1쇄 인쇄
2013년 2월 28일 1판 1쇄 발행

지 은 이 | 양돈규
펴 낸 이 | 구본하
펴 낸 곳 | 서울시 마포구 서교동 460-26 동아빌딩 2층
대표전화_ 02-3142-3765
팩스_ 02-3142-3766
등 록 | 제10-2230호
메 일 | book@pakhaksa.co.kr
홈페이지 | www.pakhaksa.co.kr

ISBN | 978-89-98521-05-9
가 격 | 33,000원